To my Korean Readers:
I wish you all
good fortune for making
your influence more
powerful from this book.
— Robert Cialdini

"이 책으로 당신의 설득력이 더욱 강력해지길 바랍니다."
로버트 치알디니

설득의 심리학

설득의 심리학 1
사람의 마음을 사로잡는 7가지 불변의 원칙

설득의 심리학

사람의 마음을 사로잡는 7가지 불변의 원칙

INFLUENCE 1

로버트 치알디니 지음 | 황혜숙·임상훈 옮김

20주년 기념
전면 개정판

21세기북스

《설득의 심리학 1》
개정증보판에 쏟아진 찬사

일과 삶 모두를 좀 더 효과적으로 즐기는 방법을 알려주는 단 한 권의 책을 고르라면, 주저 없이 이 책을 선택하겠다. 워낙에 훌륭했던 책이 치알디니가 다시 손대는 순간 비교할 수 없는 걸작으로 탈바꿈했다.

―케이티 밀크먼(와튼 스쿨 교수)

놀라운 책이다! 판매량을 늘리고, 더 나은 조건에서 거래하고, 사람들과의 관계를 개선하고 싶은 사람에게 이 책은 삶을 송두리째 바꿀 수 있는 과학적 원리들을 제시하고 있다.

―다니엘 샤피로(하버드 협상연구소 소장)

설득에 관한 가장 권위 있는 책이라는 평판을 받아 마땅하다. 나는 이 책을 통해 정말 많은 것을 배웠고, 독자들도 분명 그러리라고 생각한다.

―팀 하포드(《경제학 콘서트》 저자)

경이로운 설득의 세계에 들어설 준비를 해라! 설득의 대부 밥 치알디니가 쓴 이 책은 이미 고전이라 할 수 있다. 다른 사람을 설득하려거나 다른 사람들의 설득을 이해하려면, 이 책은 그 방법을 보여줄 것이다.

―조나 버거(와튼 스쿨 교수, 《컨테이저스 전략적 입소문》 저자)

설득을 위한 놀라운 노력과 성취. 인간 행동의 기본 원리와 더불어 시대에 걸맞는 새로운 과학적 원리까지 훌륭하게 설명하고 있다.

—제프리 페퍼(스탠퍼드 경영대학원 교수)

마케팅과 심리학 분야에 심오한 영향을 미친 현대 경영학계의 고전이다. 로버트 치알디니의 새로운 통찰과 예를 덧붙이며 이미 훌륭한 책을 더욱 빛나게 만들었다.

—도리 클락(듀크 경영대학원 교수)

걸작이라고밖에 할 수 없다. 시대를 초월한 책이자 복잡한 현대 사회를 살아가는 모든 이들이 당장 읽어야만 하는 역작이다.

—조 폴리시(지니어스 네트워크Genius Network 설립자)

의사결정 과정을 이해하고 싶은 사람들을 위한 필독서이자 심리학과 행동과학의 바이블이다.

—베리 리트홀츠(리트홀츠 웰스 매니지먼트 회장이자 최고 투자 경영자)

고전을 더 훌륭하게 업그레이드하여 경영학과 행동과학에서 지난 50년간 가장 중요한 책이었다는 사실을 다시 한 번 일깨워주고 있다. 개정증보판은 정말 기가 막힌다.

—다니엘 핑크(《드라이브》《파는 것이 인간이다》 저자)

이 책은 내가 지난 25년 동안 스탠퍼드대학교 조직심리학 수업에서 필독서로 지정한 유일한 책이다. 학생들은 이 책을 읽은 후 자신의 삶이 얼마나 놀랍게 바뀌었는지를 입에 침이 마르게 이야기하고 있다. 개정증보판은 더욱 유용하고 흥미로운 내용으로 가득하다.

—로버트 서튼(스탠퍼드 경영대학원 교수)

나에게 설득에 대한 지식과 영감을 일깨워준 첫 책이었다. 이 개정증보판은 내 책상에 여전히 자리 잡고 있는 초판을 대체하면서 앞으로도 계속 설득의 기술과 과학으로 향하는 길을 밝혀줄 것이다.

—벳시 레비 팔럭(프린스턴대학교 심리학/공공정책 교수)

볼 때마다 더 놀라움을 안겨주는 헤일리Hailey에게,
볼 때마다 대단한 녀석이 되리라는 확신을 주는 도슨Dawson에게,
볼 때마다 나를 더 행복하게 해 주는 레이아Leia에게.

《설득의 심리학 1》은 처음부터 일반 독자들이 쉽고 편하게 읽을 수 있도록 쓰려고 노력한 책이었다. 그러다 보니 학계에 있는 동료들이 이 책을 '대중' 심리학으로 보지나 않을까 걱정되는 면도 있었다. 법학자 제임스 보일James Boyle의 말처럼 "학계에서는 '대중화하는 사람'이라는 말을 듣는 순간 진정한 빈정거림이 시작된다"라는 사실을 알고 있었기 때문이다. 그런 이유로 이 책의 초판을 쓸 당시 나를 비롯한 대부분의 사회심리학자들은 일반 독자를 대상으로 한 책을 내는 것에 학자로서 불안함을 느꼈다. 사회심리학이 하나의 기업이라면, 아마도 뛰어난 연구 개발 부서를 가지고 있지만, 유통 담당 부서는 없는 것으로 유명했을 것이다. 사회심리학자들은 자신들의 연구 결과를 세상에 내놓지 않는다. 예외가 있다면 학자를 제외한 다른 사람은 전혀 볼 수 없고 하물며 읽지도 않을 학술 논문에 게재하거나 서로에게 보낼 뿐이다.

다행히도 대중적인 글을 쓰면서 나의 두려움이 실체화된 적은 없다.

《설득의 심리학 1》이 '대중' 심리학이라는 근거로 비난을 받은 적도 없다.[1] 그 덕분에 지금 여러분이 보고 있는 개정증보판을 포함한 모든 개정판도 쉽고 편한 스타일로 쓸 수 있었다. 물론 스타일보다는 실험을 통해 나의 주장, 제안, 결론 들을 뒷받침하는 근거들을 제시하고 있다는 점이 더 중요하다. 인터뷰, 인용문, 체계적인 개인적 관찰 등을 통해 나의 결론을 확인하고 설명했지만, 그 결론들은 올바른 절차를 밟아 진행된 심리학 연구에 기반을 두고 있음을 밝혀둔다.

개정증보판에
대하여

《설득의 심리학 1》의 개정증보판은 나에게 도전으로 여겨졌다. 우선 '고장 나지도 않은 것을 고치지 마라'라는 격언이 떠올라서 대규모 수술이 망설여졌다. 생각보다 책이 잘 팔리다 보니, 개정을 거듭하며 무려 44개국 언어로 번역되기도 했다. 번역하니 떠오르는데, 나의 동료인 폴란드 사람 빌헬미나 보신스카Wilhelmina Wosinska 교수는 이 책에 대해 대단히 긍정적이면서도 정신이 번쩍 나는 논평을 해주었다. 그녀는 이렇게 말했다. "글쎄, 로버트, 자네 책이 폴란드에서 워낙 유명하다 보니, 학생들은 모두 자네가 죽은 사람인 줄 알아."

다른 한편으로는 시칠리아 출신인 나의 할아버지가 즐겨 인용하시는 "아무리 지금 그대로의 상태를 유지하길 원해도 모든 것은 바뀌기 마련이다"라는 속담처럼 시대에 뒤떨어지지 않도록 개정판을 만들어야 한다는 주장도 솔깃하게 들렸다. 지난 개정판이 나온 이래 꽤 오랜 시간이 흘렀고, 그 사이에 이 개정증보판을 만들어야 할 만큼의 많은 변화가 있었다. 설득, 동의, 입장 설정 등의 분야에 많은 발전이 있었기에 그런 내용을 본문에 반영해야 했다. 전반적인 자료 업데이트는 물론이고 일상적인 사람들 사이의 상호작용에서 설득의 역할에 대해 보도한 기사에도 관심을 쏟았다. 다양한 기사를 통해 실험실이 아니라 현실 속에서 일어나는 설득의 작동 과정을 눈여겨보려 했다.

또한 독자들의 반응에 자극을 받아, '독자 편지'라는 코너를 추가했다. '독자 편지'는 《설득의 심리학 1》을 읽고 난 후에 특정한 상황에서 이 책에서 소개한 원칙들이 어떻게 도움이 되는지를 깨닫고, 직접 글을 보내준 사람들의 경험을 담고 있다. 각 장의 '독자 편지'는 우리가 일상생활에서 얼마나 쉽게 그리고 자주 설득의 기술에 희생될 수 있는지를 잘 보여준다. 이 코너를 통해 이 책의 원칙이 일상생활의 직업적·개인적 상황에 어떻게 적용될 수 있는지 직접적인 경험에서 우러난 새로운 설명을 볼 수 있을 것이다. 직접 편지를 보내주거나 여러 곳에서 열렸던 설득의 심리학 강의를 통해 '독자 편지'에 도움을 준 사람들에게 고마움을 전하고 싶다. 팻 밥스Pat Bobbs, 하트넛 보크Harnut Bock, 애니 카르토Annie Carto, 마이클 콘로이Michael Conroy, 윌리엄 쿠퍼William Copper, 알리시아 프리드먼Alicia Friedman, 윌리엄 그라지아노William Graziano, 조너선 해리스Jonathan Harries, 마크 헤이스팅스Mark Hastings, 엔데예후 켄디Endayehu Kendie, 캐런 클라워Karen Klawer, 다누타 루브니카Danuta Lubnicka, 제임스 마이클스James Michaels, 스티븐 모이세이Steven Moysey, 케이티 뮐러Katie Mueller, 폴 네일Paul Nail, 댄 노리스Dan Norris, 샘 오마르Sam Omar, 앨런 J. 레스닉Allan J. Resnick, 대릴 레츠라프Daryl Retzlaff, 제프리 로젠버거Geofrery Rosenberger, 조안나 스피할라Joanna Spychala, 로버트 스타우스Robert Stauth, 댄 스위프트Dan Swift, 칼라 바스크스Karla Vasks. 이번 개정판에 새 편지를 보내준 분들께도 감사드린다. 로라 클락Laura Clark, 제이크 엡스Jake Epps, 후앙 고메즈JUan Gomez, 필립 존스턴Philip Johnston, 파올라Paola, 조 세인트 존Joe St. John, 캐롤 토머스Carol thomas, 젠스 트라볼Jens Trabolt, 루카스 웨이먼Lucas Weimann, 안나 로블르스키Anna Wroblewski, 아그리마 야다브Agrima Yadav. 이 책을 읽는 독자 여러분도 미래의 개정판에 실을 수 있도록 ReadersReportsInfluenceAtWork. com으로 편지를 보내주길 바란다. 마지막으로 www.InfluenceAtWork. com.에서는 설득의 심리학과 관련된 더 많은 정보를 얻을 수 있다.

이전의 주요 특징들을 업데이트하고 확장한 데 더하여 이 개정증보판에 처음 등장하는 세 가지 요소가 있다. 하나는 이미 입증된 사회적 설득 전략이 인터넷에서 어떻게 활용되고 있는지 살펴보았다. 소셜 미디어와 전자상거래 사이트들은 설득의 과학에서 얻은 교훈을 잘 받아들인 것으로 보인다. 각 장에 특별히 배치한 사례에서는 설득의 무기들이 현대 테크놀로지 플랫폼에 얼마나 성공적으로 적용되고 있는지를 볼 수 있을 것이다. 두 번째 새로운 특징은 미주를 개선하여 독자들이 책에 소개한 연구의 인용문은 물론 관련 연구와 설명도 쉽게 찾아볼 수 있게 했다는 점이다. 미주에서는 논의 중인 문제들을 좀 더 포괄적으로 자세히 풀어 설명하려 했다. 마지막으로 가장 중요한 것은 일곱 번째 보편적인 사회적 설득의 원칙이라 할 수 있는 연대감을 덧붙였다는 점이다. 연대감을 다루고 있는 장에서 나는 자신과 의사소통하는 사람이 의미 있는 개인적·사회적 정체성을 공유하고 있다고 확신하는 사람일수록 설득의 호소에 좀 더 민감한 반응을 보인다고 설명하였다.

초판
서문

솔직히 말해 나는 평생 사람들의 '봉' 노릇을 해왔다. 돌이켜보면 나는 늘 행상인이나 기금모금인, 이런저런 수완 좋은 사람들의 만만한 표적이었다. 그중에는 불순한 동기를 품은 사람도 있었지만, 자선단체 회원들처럼 선의를 갖고 접근하는 사람도 많았다. 그뿐 아니라 관심도 없는 잡지의 정기구독권이나 환경미화원들의 친목 야구대회 입장권을 하릴없이 받아 들고 서 있는 일도 부지기수였다. 아마 이렇게 오랫동안 남의 말에 휘둘리며 살다 보니 설득 연구에 관심을 갖게 됐을 것이다. 다른 사람의 입에서 '네'라는 승낙을 이끌어내는 요인은 무엇일까? 어떤 기술을 사용해야 상대방을 가장 효과적으로 설득할 수 있을까? 똑같은 요청도 이런 식으로 하면 단칼에 거절당하는데, 방법을 약간만 바꿔 저런 식으로 하면 놀라운 성공을 거두는 이유는 무엇일까?

사회심리학자인 나는 주로 실험적인 방법으로 설득심리학을 연구하기 시작했다. 처음에는 대부분의 연구가 대학생들을 연구실에 모아놓고 실험하는 형태로 진행됐다. 나는 사람들의 설득 과정에 영향을 미치는 심리 원칙들을 찾아내고 싶었다. 지금은 많은 심리학자들이 설득 과정에서 어떤 심리 원칙들이 어떤 식으로 작용하는지 잘 알고 있다. 나는 이 심리 원칙들을 '설득의 무기'라고 하는데, 그중 가장 중요한 원칙 몇 가지를 이 책에서 소개할 생각이다.

하지만 오래지 않아 실험적 연구는 꼭 필요하기는 하지만 충분하지 못하다는 생각이 들기 시작했다. 상아탑 안의 심리학 실험실을 벗어나서 그런 원칙들이 실제 현실 세계에서 얼마나 중요한 역할을 하는지 판단할 방법이 없었기 때문이다. 설득의 심리학을 온전히 이해하고 싶다면 조사 범위를 확대해야 할 것 같았다. 그러기 위해서는 설득 전문가들(나한테 평생 그런 원칙들을 적용해온 사람들)을 직접 살펴볼 필요가 있었다. 어떤 방법이 효과가 있고 없는지 그들보다 더 잘 알고 있는 사람이 있을까? 적자생존의 법칙을 생각해보면 분명해진다. 설득의 달인들은 사람들의 승낙을 얻어내는 일로 생계를 유지한다. 사람들에게서 '네'라는 응답을 끌어낼 줄 모르는 사람은 당장 경쟁에서 낙오하고, 끌어낼 줄 아는 사람은 살아남아 번창한다. 물론 설득의 달인들만이 그런 원칙을 이용해 자신의 목적을 달성하는 것은 아니다. 우리 모두는 어느 정도 이웃이나 친구, 연인, 가족과의 관계에서 그런 원칙들을 사용하고 또 그런 원칙의 희생양이 된다. 그러나 설득의 달인들은 우리 같은 일반인들의 막연하고 아마추어적인 지식보다는 훨씬 풍부한 지식을 갖고 있다. 그들이야말로 내가 설득 관련 정보를 입수할 수 있는 가장 풍요로운 보고라는 확신이 들었다. 그래서 나는 거의 3년에 걸쳐 기존의 실험적 연구에 누가 봐도 훨씬 흥미진진한 새로운 프로그램을 접목하게 됐다. 영업사원, 기금모금인, 광고홍보업자 같은 설득 전문가들의 세계로 직접 뛰어들었다는 뜻이다.

나의 목표는 각계각층에 포진해 있는 설득의 달인들이 가장 보편적으로 사용하는 효과적인 기술과 전략을 내부에서 관찰하는 것이었다. 관찰 프로그램은 설득의 달인들을 직접 만나 인터뷰하거나, 그 달인들 중 일부의 천적이라고도 할 수 있는 사기 사건 전담 형사나 소비자보호원 담당자를 인터뷰하는 형식으로 진행했다. 대대로 전수되는 설득의 기술이 담긴 문서들(판매 매뉴얼 등)을 면밀하게 조사하기도 했다.

하지만 무엇보다도 참여관찰 방법을 가장 자주 사용했다. 참여관찰이란 조사자가 일종의 스파이가 되는 조사 방법이다. 신분과 목적을 위장한 조사자가 흥미로운 환경에 직접 잠입해 정식으로 연구 대상 집단의 일원이 되는 것이다. 따라서 백과사전(진공청소기, 사진촬영권, 댄스강좌 수강권 등 무엇이든 가능하다) 판매 조직의 설득 기술을 배우고 싶다면, 신문에 난 훈련생 모집 광고를 보고 직접 찾아가 배우면 된다. 정확히 일치하지는 않지만 대충 비슷한 경로로 나는 광고회사, 홍보단체, 기금모금 에이전시 등에 침투해 그들이 사용하는 기술을 조사할 수 있었다. 따라서 이 책에 소개한 증거 자료들은 내가 상대로부터 '네'라는 응답을 끌어내는 것을 목적으로 삼은 다양한 단체에서 직접 설득 전문가 혹은 설득 전문가 후보로 활동하면서 축적한 경험의 산물이다.

3년에 걸친 참여관찰 연구 과정을 통해 나는 다음과 같은 유익한 결론에 도달했다. 설득의 달인들이 상대로부터 '네'라는 응답을 끌어내기 위해 사용하는 책략은 수천 가지에 이르지만, 대부분의 책략이 일곱 가지 기본 범주 중 하나에 속한다는 것이다. 이 일곱 가지 범주는 인간의 행동을 조종하고 그 과정에서 온갖 책략을 가능하게 하는 기본적인 심리 원칙의 지배를 받는다. 이 책은 그 일곱 가지 원칙을 중심으로 구성했다. 앞으로 이 일곱 가지 원칙(상호성 원칙, 호감 원칙, 사회적 증거 원칙, 권위 원칙, 희소성 원칙, 일관성 원칙, 연대감 원칙)이 사회에서 담당하는 기능과 설득의 달인들이 상대방에게 구매나 기부, 허락, 투표, 동의 등을 요청할 때 그런 원칙들을 능숙하게 적용해 엄청난 힘을 활용하는 방법 등을 살펴볼 것이다.[1]

각 원칙들이 사람들로부터 확실하게 자동적이고 무의식적인 복종을 이끌어내는 능력, 즉 뭔가 깊이 사고해보기 전에 먼저 '네'라고 응답하게 만드는 능력과 어떤 관계를 맺고 있는지도 살펴볼 것이다. 여러 증거를 바탕으로 미뤄 짐작건대, 급속히 발전하는 정보 과잉의 현대 사회에서 무의식적 복종을 이끌어내는 이런 특별한 기술들은 앞으로 더욱 중요해질 것이다. 따라서 우리 사회에서 이런 무의식적 설득이 왜 그리고 어떻게 일어나는지 이해하는 일도 더욱 중요해질 것이다.

마지막으로, 이 개정증보판에서는 의사소통을 원하는 사람이 메시지를 통해 어떤 설득 목표를 성취하기를 원하느냐에 따라 어떤 원칙이 다른 원칙보다 더 유용하다고 지적해준 나의 동료 그레고리 니더트Gregory Neidert 박사의 통찰을 따라 몇몇 장의 순서를 재배치했다. 물론 설득을 원하는 사람은 다른 사람을 바꾸려고 한다. 그러나 니더트 박사의 사회적 설득의 핵심 동기 모델Core Motives Model of Social Influence에 따르면, 의사소통 송신자에게 당장 가장 중요한 목표가 어떤 설득의 원칙을 우선시해야 하는가에 영향을 미친다. 예를 들어, 니더트 모델은 설득을 원하는 사람의 주요 동기(목표) 중 하나는 긍정적인 관계 쌓기라고 주장한다. 연구에 의하면 의사소통 수신자가 송신자를 긍정적으로 느낄 때 그가 보내는 메시지가 좀 더 성공적인 경향을 보인다. 설득의 원칙 일곱 가지 중에서 상호성 원칙, 호감 원칙, 일관성 원칙이 특히 이런 과제에 적합해 보인다.

다른 상황에서, 예를 들어 이미 좋은 관계가 확보되었을 때는 불확실성 줄이기라는 목표가 우선시될 수 있다. 메시지 수신자와 송신자 사이에 긍정적인 관계가 있다고 해서 수신자가 반드시 설득되리라는 법은 없다. 생각을 바꾸기 전에 사람들은 설득의 결과 바꾸기로 한 선택이 현명한 결정이라고 확신하고 싶어 한다. 이러한 상황에서 니더트 모델은 사회적 증거 원칙과 권위 원칙이 무시될 수 없다고 말한다. 동료 혹은 전문가들이 그 선택이 옳다고 여기고 있다는 근거는 그 선택을 신중한 선택으로 보이도록 만들기 때문이다.

긍정적 관계가 확보되고 불확실성이 줄어든 다음에도, 남아 있는 목표들이 성취되어야 행동 변화의 가능성이 커질 수 있다. 이러한 상황에서는 행동 자극이라는 목표가 주요 목표가 된다. 예를 들어, 호감이 가는 친구가 나에게 매일같이 하는 운동은 몸에 좋다고 거의 모든 사람이 믿고 있으며, 최고의 의학 전문가들도 그러한 운동이 건강에 좋다고 압도적으로 지지하고 있다는 충분한 증거를 보여주지만, 정작 내가 운동을 하게 만들기에 충분치 않을 수 있다. 그 친구는 일관성 원칙과 희소성 원칙을 자신의 주장 속에 포함한다면 훨씬 나은 결과를 얻을 수 있을 것이다. 예를 들어 친구는 내가 과거에 건강의 중요성에 대해 사람들 앞에서 이야기했던 내용을 상기하게 해줄 수도 있고(일관성), 내가 건강을 잃는다면 함께 잃어버릴 수도 있는 독특한 기쁨(희소성)을 말해줄 수도 있을 것이다. 그 메시지야말로 단순한 결심에 그치지 않고, 결심에 따라 구체적인 실천까지 하게 만드는 메시지가 될 수 있다. 그 결과 나를 아침에 일어나자마자 헬스장으로 달려가게 할 가능성이 가장 큰 메시지가 된다.

따라서 어떤 원리가 설득하는 사람의 세 가지 동기를 성취하는 데 가장 적절한가를 고려하며 장들을 배치했다. 관계 쌓기가 가장 중요할 때는 상호성, 호감, 연대감 원칙들이, 불확실성 줄이기가 가장 중요할 때는 사회적 증거와 권위 원칙이, 행동 자극이 중요한 목적일 때는 일관성과 희소성 원칙이 효과적이었다. 이 원칙들이 각각의 목적을 성취하는데 있어서 유일한 방법이라고 제시하는 것은 아니다. 다만 원하는 목표를 성취하는 데 이용할 수 있음에도 불구하고 이 원칙들을 사용하지 않는다면 심각한 실수가 될 수 있다고 말하고 싶다.

로버트 B. 치알디니

차례

PART 1

설득의 무기

◆ ◆

문명의 발전은 인간이 의식적인 사고 없이
자동적으로 수행할 수 있는 작업이 늘어나면서 이뤄진다.
_ 알프레드 노스 화이트헤드

단순함이야말로 궁극적인 정교함이다.
_레오나르도 다빈치

◆
◆

이 책에서 언급한 연구 결과들은 처음에는 당황스럽게 보이지만 사실 모두 자연스러운 인간의 성향을 보여준다. 얼마 전 지원자들에게 정신 능력 향상을 위한 에너지 음료를 마시게 한 연구 결과를 보다가 나 역시 같은 경험을 했다. 이 실험에서는 지원자를 두 그룹으로 나누어 한 그룹에게는 음료를 제공하며 소매가격인 1.89달러를 받았고, 다른 한 그룹에게는 대량구매로 단가를 낮추었다며 훨씬 적은 금액인 0.89달러를 받았다. 그러곤 두 그룹에게 30분의 시간을 주고 얼마나 많은 퍼즐을 풀 수 있는지 살펴보았다. 나는 더 저렴한 가격에 에너지 음료를 마신 두 번째 그룹이 기분이 좋아지며 더 열심히 노력해서 더 많은 문제를 풀 거라고 생각했다. 하지만 잘못된 생각이었다. 오히려 정반대 현상이 일어났다.[1]

그 결과를 보고 있으려니 몇 년 전에 받았던 전화가 떠올랐다. 어느 날 애리조나 주에서 인디언 장신구 상점을 개업한 친구의 전화를 받았다. 친구는 놀라운 일이 있다며 한껏 흥분한 상태였다. 그 흥미진진한 사건에 대해 심리학자인 나에게 뭔가 합리적인 설명을 들을 수 있으리라 기대한 친구는 한동안 판매가 되지 않아 골치를 썩던 터키석 장신구와 관련한 이야기를 꺼냈다. 관광객이 몰려드는 철이라 여느 때와 달리 손님들로 가득 찬 상점에서 터키석 장신구는 가격 대비 품질이 훌륭한 편이었다. 하지만 도무지 팔리지 않았다. 친구는 판매를 유도하기 위해 몇 가지 전략을 시도해봤다. 터키석 장신구를 상점 중앙에 배치해 손님들의 주의를 끌어보려 했지만 별반 효과가 없었다. 판매사원들에게 터키석 장신구 구입을 더 강력하게 권유해보라고 지시했는데도 역시 아무런 소득이 없었다.

제품 구매차 다른 도시로 출장을 떠나기 전날 밤 친구는 잔뜩 화가 난 상태에서 휘갈겨 쓴 메모 한 장을 매니저에게 남겼다. "진열된 물건을 전부 원래 가격의 1/2로 판매할 것!" 손해를 보더라도 그 불쾌한 재고를 얼른 처분하고 싶은 마음에서였다. 며칠 후 출장에서 돌아온 친구는 터키석 장신구가 하나도 남아 있지 않은 진열장을 보고 그러려니 했다. 그러나 이내 자신이 '1/2'이라고 흘려 쓴 글씨를 매니저가 '2'로 착각했다는 사실을 알고 깜짝 놀랐다. 진열장 속의 모든 제품이 원래 가격의 두 배로 팔린 것이다.

이 상황에 몹시 놀란 친구는 도저히 이해되지 않아 나에게 전화를 걸었다고 말했다. 나는 그 이유를 충분히 짐작할 수 있었지만, 제대로 된 설명을 원한다면 다른 이야기부터 들어보라면서 어미 칠면조 이야기를 해줬다. 비교적 최근에 등장한 과학 분야인 '동물행동학(자연 상태인 동물의 서식지에서 동물의 행동을 연구하는 학문)'과 관련이 있는 이야기였다. 어미 칠면조는 성실하고 주의 깊게 새끼를 보호하는 훌륭한 습성을 지녔다. 새끼의 체온을 유지해주고 깨끗하게 닦아주며 품에 안고 보호하는 등 새끼를 보살피면서 많은 시간을 보낸다. 그런데 이런 어미 칠면조의 양육 방법에 뭔가 묘한 점이 있다. 어미의 모든 양육 행동이 새끼 칠면조가 내는 '칩칩' 소리로 촉발된다는 사실이다. 냄새나 촉감, 외모 같은 새끼의 특징들은 어미의 양육 행동을 유발하는 원인에서 부차적인 역할을 하는 듯 보인다. 새끼가 '칩칩' 소리를 내면 어미는 새끼를 보살핀다. 새끼가 '칩칩' 소리를 내지 않으면 어미는 새끼를 무시하거나 죽이는 경우도 있다.

극단적으로 한 가지 소리에만 의존하는 어미 칠면조의 행동은 동물 행동학자 폭스가 어미 칠면조와 박제족제비를 이용해 진행한 실험에서 극적으로 밝혀졌다(M. W. Fox, 1974). 족제비는 칠면조의 천적이기 때문에 족제비가 접근해오면 어미 칠면조는 꽥꽥거리며 부리로 쪼고 발톱으로 할퀴는 등 거친 반응을 보인다. 폭스의 실험에서도 박제족제비를 실에 매달아 어미 칠면조 앞으로 끌고 가자 즉시 어미 칠면조의 난폭한 공격이 이어졌다. 그러나 박제족제비 배 속에 새끼 칠면조의 '칩칩' 소리가 나는 작은 녹음기를 넣어 어미 칠면조에게 접근시키자 어미 칠면조는 족제비를 품에 안기까지 했다. 하지만 녹음기를 끄자 곧바로 족제비를 맹공격하기 시작했다.

— **누르면, 작동한다**

어미 칠면조의 행동은 상당히 우스꽝스럽다. '칩칩' 소리를 낸다는 이유만으로 천적을 품어주고, '칩칩' 소리를 내지 않는다고 새끼를 학대하고 심지어 죽이기까지 하는 어미 칠면조는 마치 단 하나의 소리에 따라 모성본능이 좌지우지되는 자동인형처럼 보인다. 동물행동학자들에 따르면, 칠면조한테서만 이런 행동이 나타나는 것은 아니라고 한다. 맹목적이고 기계적인 행동 패턴이 광범위한 생물 종에서 규칙적으로 관찰된다는 것이다.

'고정행동 패턴fixed-action patterns'이라 불리는 이 행동은 주로 구애나 교미의식 같은 복잡한 행동과 관련 있다. 고정행동 패턴의 기본적인 특징은 패턴을 구성하는 행동이 항상 동일한 방식과 순서로 일어난다는 점이다. 마치 동물 내부의 어떤 기록 장치에 이런 패턴들이 적혀 있기라도 하듯이 말이다. 구애 행동이 필요한 상황이 오면 구애 행동 기록 장치가 작동한다. 양육 행동이 필요한 상황이 오면 양육 행동 기록 장치가 작동한다. 버튼을 누르면 적절한 기록 장치가 작동하고 기록 장치가 작동하면 일련의 표준 행동이 뒤따른다.

여기서 가장 흥미로운 점은 기록 장치가 작동을 시작하는 방식이다. 예를 들어 동물의 텃세 행동을 보자. 동물은 대개 같은 종에 속하는 다른 동물의 침입을 받으면 엄중한 경계 태세를 취하고 침입자를 위협하면서 필요한 경우 공격적인 행동도 감행한다. 그러나 이 시스템에도 묘한 부분이 있다. 텃세 행동을 촉발하는 것이 경쟁 상대의 존재 자체가 아니라 '유발 요인trigger feature'이라는 몇 가지 특징이기 때문이다. 유발 요인은 깃털의 색깔처럼 침입자의 존재 중 극히 일부분의 특성에 해당하는 경우가 많다. 예를 들어 수컷 울새는 진짜 울새가 아니라 자기 영역에 남아 있는 다른 수컷 울새의 가슴에서 빠진 붉은 깃털 뭉치만 보고도 경쟁자 울새한테 텃세권을 침범당한 듯 격렬한 반응을 보인다는 동물행동학자들의 실험 결과도 있다. 한편 붉은 가슴깃털을 '제거한' 완벽한 수컷 울새 모양의 박제에는 철저하게 무관심했다. 다른 종류의 새한테서도 유사한 결과가 나타나는데, 흰눈썹울새의 텃세 행동을 유발하는 요인은 푸른색의 특이한 가슴깃털인 것으로 밝혀졌다.[2]

유발 요인을 조작하면 하등동물의 황당하고 부적절한 반응을 얼마든지 이끌어낼 수 있겠다고 우쭐해하기 전에 먼저 두 가지 사실을 유념해야 한다. 첫째, 동물의 자동적인 고정행동 패턴은 거의 완벽하게 제 역할을 수행한다. 예를 들어 건강하고 정상적인 새끼 칠면조만이 그 특유의 소리를 낼 수 있기 때문에 어미 칠면조가 정상적인 '칩칩' 소리에만 모성 반응을 보이는 것은 당연하다. 평범한 어미 칠면조는 그 자극 하나에만 반응을 보여도 대부분의 경우 올바른 대처가 가능하다. 어미 칠면조의 자동적인 반응이 어리석어 보이는 것은 짓궂은 과학자가 개입해 상황을 조작했을 때뿐이다. 둘째, 우리 인간에게도 나름대로 프로그램된 기록 장치가 있다. 이 기록 장치는 보통 우리에게 이로운 방향으로 작동하지만, 유발 요인이 엉뚱한 순간에 기록 장치를 작동시켜 우리를 바보로 만드는 경우도 간혹 있다.

동물들의 이런 반응과 유사한 사람의 자동반응은 사회심리학자 엘렌 랭어Ellen Langer와 동료 연구진의 실험을 통해 명확히 밝혀졌다. 널리 알려진 인간 행동 원칙 중 한 가지는 누군가에게 부탁할 때 이유를 밝히면 더 성공적인 결과를 얻을 수 있다는 것이다. 사람들은 자신의 행동에 이유가 있기를 원하기 때문이다. 랭어는 도서관 복사기 앞에 줄을 서 있는 학생들에게 "실례합니다. 제가 서류 다섯 장이 있는데 복사기를 먼저 사용해도 될까요? 왜냐하면 지금 제가 몹시 바빠서요"라는 작은 호의를 청하는 실험에서 이런 사실을 입증했다. 이유를 덧붙인 이런 부탁은 거의 절대적인 효과를 발휘했다. 요청받은 사람들 중 94퍼센트가 순서를 양보한 것이다. 이 성공 확률을 "실례합니다. 제가 서류 다섯 장이 있는데 복사기를 먼저 사용해도 될까요?"라고 이유를 덧붙이지 않은 채 물어본 경우의 성공 확률과 비교해보자. 이 경우에는 60퍼센트만 승낙했다. 언뜻 보면 두 실험의 결정적 차이가 '왜냐하면 지금 제가 몹시 바빠서요'라는 추가 정보의 유무에 있는 듯 보인다.

그러나 랭어가 세 번째 실험에서 사용한 또 다른 문장을 살펴보면 전혀 그렇지 않다는 사실을 알 수 있다. 차이를 유발한 것은 이유를 설명하는 문장 전체가 아니라 문장의 첫 단어인 '왜냐하면'이기 때문이다. 랭어는 세 번째 실험에서 양보를 부탁하는 진짜 이유를 밝히는 대신 '왜냐하면'이라는 단어를 말한 후 전혀 새로운 내용 없이 이미 밝혀진 사실을 다시 언급하도록 했다. "실례합니다. 제가 서류 다섯 장이 있는데 복사기를 먼저 사용해도 될까요? 왜냐하면 제가 복사를 좀 해야 하거든요." 실험 결과는 거의 모든 사람인 약 93퍼센트가 복사기를 먼저 사용하게 해주었다. 상대방의 요청을 승낙할 만한 어떤 실제적인 이유나 새로운 정보가 없는데도 말이다. 박제족제비에게서 흘러나오는 새끼 칠면조의 '칩칩' 소리가 어미 칠면조의 자동적인 양육 행동을 촉발했듯이 양보를 요청하는 이유가 전혀 제시되지 않은 경우라도 '왜냐하면'이라는 단어는 랭어의 피험자들로부터 자동적인 승낙을 유발했다. '누르면, 작동하는' 것이다.[3]

물론 랭어는 인간의 행동이 기록 장치가 작동하듯 항상 기계적인 방식으로 이뤄지지 않는 경우도 많다는 사실 또한 추가 실험을 통해 밝혀냈다. 그렇지만 랭어를 비롯한 여러 연구자는 인간 행동 대부분에서 그런 자동반응이 나타난다는 사실을 확신했다. 점원의 실수로 원래 가격의 두 배로 판다는 가격표가 붙자마자 터키석 장신구에 우르르 몰려든 상점 고객들의 기이한 행태를 생각해보자. '누르면, 작동하는' 반응이 아니고서는 그들의 행동을 설명할 방법이 없다.

고객들은 대부분 터키석에 대해 잘 알지 못하는 부유한 여행객들이었기 때문에 '비싼 것이 좋은 것'이라는 원칙, 즉 고정관념을 구매 지침으로 삼았던 것이다. 상품의 품질에 대해 확신이 없는 사람들이 이런 고정관념을 주로 사용한다는 사실이 여러 연구에서 밝혀진 바 있다. '좋은' 장신구를 구매하고 싶었던 여행객들은 가격 외에 마땅한 판단 기준이 없자 가격이 높게 책정된 터키석 장신구를 소장할 가치가 있는 좋은 제품으로 인식한 것이다. 가격이 품질을 가늠할 수 있는 유일한 유발 요인이었으므로 좋은 품질을 원하는 구매자들 사이에서 극적인 가격 인상이 극적인 판매 증가를 이끌어낼 수 있었다.

독자 편지 1.1
경영학 박사 과정 학생이 보낸 편지

최근 우리 동네의 앤티크 장신구 상점 주인이 '비싼 것이 좋은 것'이라는 사회적 통념과 관련한 교훈을 몸소 체험한 일화를 들려줬습니다. 주인의 한 친구가 약혼녀에게 줄 생일 선물을 찾고 있었답니다. 주인은 평소 500달러에 판매하던 목걸이를 하나 골라 친구에게 250달러만 받고 팔려고 했습니다. 친구는 목걸이를 보자마자 매우 마음에 들어 했습니다. 하지만 주인이 250달러를 제시하자 친구는 실망한 표정을 짓더니 구매를 망설였습니다. 장차 아내가 될 여성에게 '정말 멋진' 선물을 하고 싶었기 때문이죠.

다음 날 드디어 상황을 이해한 주인은 친구에게 전화를 걸어 다른 목걸이를 보여줄 테니 다시 한 번 들르라고 했습니다. 이번에도 주인은 평소 500달러에 판매하던 또 다른 목걸이를 보여줬습니다. 친구는 몹시 마음에 들어 하면서 당장 사고 싶어 했습니다. 주인은 친구가 계산하기 직전 결혼 선물 삼아 목걸이 가격을 250달러로 깎아주겠다고 말했습니다. 친구는 감격했습니다. 전날과 달리 이번에는 250달러라는 할인 가격에 불쾌해하기는커녕 매우 기뻐하며 고마워했다고 합니다.

저자의 한마디

터키석 장신구 구매자들이 저렴한 제품을 거들떠보지도 않은 것은 안심하고 질 좋은 제품을 사고 싶었기 때문이다. 우리의 사고에 영향을 미치는 규칙 중에는 '비싼 것이 좋은 것'이라는 규칙뿐 아니라 '싼 게 비지떡'이라는 규칙도 존재한다. '싸다cheap'라는 영어 단어에는 가격이 낮다는 의미와 더불어 열등하다는 의미도 있다.

━ 의사결정의 지름길

터키석 장신구를 산 여행객들의 어리석은 구매 결정을 비웃기는 쉽지만, 유심히 살펴보면 좀 더 관대한 시각을 가질 수 있다. 그들은 '싼 게 비지떡'이라고 배우며 성장했고 현실 속에서 그 규칙이 입증되는 것을 끊임없이 목격하며 살아온 사람들이다. '싼 게 비지떡'이라는 규칙은 오래지 않아 '비싼 것이 좋은 것'이라는 규칙으로 대체됐을 가능성이 높다. 물론 과거에는 '비싼 것이 좋은 것'이라는 고정관념이 확실한 효과를 발휘했을 것이다. 가격은 통상적으로 제품의 가치가 높아질수록 올라가기 때문이다. 높은 가격은 좋은 품질을 반영한다. 따라서 질 좋은 터키석 장신구를 구매하고 싶지만 터키석에 대한 지식은 전무한 여행객들이 장신구의 가치를 결정하기 위해 가격이라는 신뢰할 만한 기준에 의존한 것은 당연하다.

스스로 의식하지는 못했겠지만, 오직 터키석 장신구의 가격에만 반응한 여행객들은 사실상 의사 결정의 지름길을 선택한 셈이다. 터키석 장신구의 가치를 보여주는 모든 특징을 철저하게 파악해 여러 가능성을 탐색하는 대신 제품의 품질과 관련이 있다고 여길 수 있는 단 하나의 특징에만 의존하는 지름길을 택한 것이다. 그들은 가격이 모든 것을 말해준다고 믿었다. 다만 '1/2'을 '2'로 오해하는 누군가의 실수 때문에 잘못된 의사 결정을 하고 말았지만, 장기적인 관점에서 살펴보면 좋은 품질의 제품을 구매하기 위해 높은 가격을 지불하는 구매 결정의 지름길을 선택한 것은 가장 합리적인 선택이라 할 수 있다.

이제 우리는 처음에서 살펴보았던 당혹스러운 실험 결과를 설명할 수 있게 되었다. 더 높은 값을 지불하고 에너지 음료를 마신 사람들이 퍼즐을 더 잘 풀었던 실험 말이다. 연구자들은 비싼 것은 좋은 것이라는 고정관념으로 그 결과를 설명했다. 실험 참가자들은 비싼 음료가 더 효과가 더 좋으리라고 '기대'했고, 놀랍게도 그 기대는 실현되었다. 또 다른 실험에서도 유사한 현상이 나타났다. 실험 참가자들에게 진통제를 준 다음 약간의 전기 충격을 주었다. 실험 참가자 중 절반에게는 진통제 한 알에 10센트라고 하고, 나머지 절반에게는 2달러 50센트라고 했다. 사실 두 집단은 똑같은 진통제를 받았지만, 비싼 진통제를 받았다고 생각하는 사람들이 전기 충격으로 인한 고통을 덜 느꼈다고 보고했다.[4]

우리는 현재 유례를 찾아보기 힘들 정도로 급변하는 복잡하고 혼란스러운 환경에서 살아가고 있다. 이런 환경에 적응하려면 지름길이 필요하다. 단 하루라도 일상에서 만나는 모든 사람과 사건, 상황의 모든 측면을 전부 인식하고 철저히 분석하며 사는 것은 불가능하다. 그럴 만한 시간도, 에너지도, 능력도 부족하다. 따라서 우리는 고정관념이나 경험 법칙 등을 사용해 몇 가지 핵심적인 특징으로 대상을 분류하고, 이런 특징들이 나타날 때에는 특별한 사고 과정 없이 자동적으로 반응할 수밖에 없다.

때로는 정형화된 행동 방식이 주어진 상황에 적절하지 않을 수도 있다. 아무리 훌륭한 고정관념이나 유발 요인이라 할지라도 항상 효과를 발휘하지는 않기 때문이다. 그러나 다른 대안이 없으므로 고정관념의 부정확성을 수용할 수밖에 없다. 그렇지 않으면 우리는 목록을 만들고 평가하고 숙고하느라 꼼짝 못한 채 시간만 보내게 될지도 모른다. 현대 사회의 징후들을 보면 앞으로는 이런 고정관념에 더욱더 의존하게 될 가능성이 높다. 점점 더 복잡다단해지는 삶의 자극에 대처하려면 지름길을 활용할 수밖에 없기 때문이다.

심리학자들은 한 연구에서 우리가 일상적인 판단을 내릴 때 사용하는 여러 가지 의사 결정의 지름길을 밝혀냈다. '휴리스틱스(heuristics, 모든 경우를 고려하는 대신 경험을 통해 나름대로 발견한 편리한 기준에 따라 일부만 고려해 문제를 해결하는 방법 - 옮긴이)'라는 이 지름길은 '비싼 것이 좋은 것'이라는 원칙과 유사한 방식으로 작동한다. 이는 사고 과정을 단순화하기 때문에 대부분의 경우 효과를 발휘하지만 치명적인 실수를 저지를 가능성도 배제할 수 없다. 이 책의 내용과 관련해 특히 주목할 만한 것은 상대방의 말을 믿고 따르게 하는 휴리스틱스이다. 예를 들어 '전문가의 말은 진실'이라는 지름길 원칙을 생각해보자. 5장에서 살펴보겠지만, 우리 사회는 특정 분야의 권위자로 여기는 사람의 발언과 지시를 맹목적으로 추종하는 어리석은 경향이 있다. 전문가의 주장을 스스로 검토한 후 납득하는(또는 납득하지 못하는) 것이 아니라 주장과는 상관없이 '전문가'라는 지위에 설득을 당하는 것이다. 특정 상황에서 주어진 하나의 정보에 기계적으로 반응하는 이런 경향이 바로 '누르면, 작동하는' 방식의 자동반응이다. 반면에 모든 정보를 철저히 분석한 후 반응하는 경향은 '통제반응controlled responding'이라고 말할 수 있다.

여러 연구에 따르면, 사람들은 정보를 신중하게 분석할 의지와 능력이 있을 때 통제반응을 더 많이 보이는 것으로 밝혀졌다. 그렇지 않을 때에는 훨씬 더 쉽고 간편한 '누르면, 작동하는' 반응을 보일 확률이 높다. 미주리대학교 학생들을 대상으로 실시한 연구를 예로 들어보자. 연구진은 피험자들에게 '모든 학생은 졸업 전에 반드시 종합시험을 통과해야 한다'라는 내용의 새로운 학사정책을 지지하는 발언을 녹음해 들려줬다. 자신이 졸업하기 전인 다음해부터 당장 종합시험이 실시된다는 말을 들은 학생들은 감정적인 동요를 보였다. 당연히 발언의 내용도 주의 깊게 분석해보려고 노력했다. 하지만 자신이 졸업하고 나서 한참 후에야 종합시험이 실시된다는 말을 들은 학생들은 감정적인 반응을 거의 보이지 않았다. 주장의 타당성을 주의 깊게 검토할 의지를 찾을 수 없음은 당연했다. 연구 결과는 간단했다. 피험자들은 개인적으로 자신과 관련이 없는 주제에 대해서는 주로 교육 문제에 관한 화자의 전문성을 판단 기준으로 삼았고, 이 경우 주장의 타당성과 상관없이 '전문가의 말은 진실'이라는 규칙을 적용했다. 반면에 개인적으로 자신과 관련이 있는 주제에 대해서는 화자의 전문성과 상관없이 주로 주장의 타당성이 판단 기준이 됐다.

그러므로 우리는 '누르면, 작동하는' 위험천만한 반응을 보이는 경우에도 최소한의 안전망은 설치해놓는다고 볼 수 있다. 자신과 관련 있는 중요한 주제에 관해서는 고려해봐야 할 여러 정보 중 한 가지 유발 요인에 자동적으로 반응을 보이는 일이 드물기 때문이다. 물론 이런 경우는 상당히 많다. 그렇지만 아직 안심하기는 이르다. 그럴 만한 '의지와 능력'이 있을 때에만 심사숙고를 거친 통제반응을 보인다던 말을 기억하라. 요즘처럼 빠르고 복잡한 사회에서는 자신과 관련 있는 중요한 주제조차도 심사숙고해 결정하는 경우가 드물다는 사실이 속속 밝혀지고 있다. 고민해야 할 주제가 복잡한데, 시간은 촉박하고, 주변은 산만한데다 감정적으로는 흥분해 있으며, 정신적으로 피곤하기까지 하면 조리 있게 사고할 여유가 도저히 생기지 않는다. 이런 경우라면 중요한 주제든 아니든 지름길을 선택할 수밖에 없다.

이런 상황을 가장 극적으로 보여주는 사례로 항공 산업 관계자들이 '캡티니티스(captainitis, 항공기 안에서 부기장이 기장captain의 권위에 짓눌려 제 역할을 못하는 상태 - 옮긴이)'라고 부르는 현상의 치명적인 결과를 꼽을 수 있다. 미국 연방항공국 사고 조사단에 따르면, 많은 항공기 추락 사고는 기장의 실수가 명확한데도 승무원들이 이의를 제기하지 못할 때 발생하는 것으로 밝혀졌다. 분명히 자신과 연관된 중요하고 심각한 문제인데도 승무원들이 '전문가의 말은 진실'이라는 지름길 원칙만 고집한 탓에 기장의 치명적인 실수에 적절히 반응하지 못한 것이다.[5]

─   부당이득을 취하는 사람들

지금 광범위하게 사용되고 있을뿐더러 앞으로 더욱 중요해질 것이 분명한 자동화된 행동 패턴에 대해 이상하게도 우리는 아는 바가 별로 없다. 아마도 이런 행동이 거의 기계적이고 무의식적으로 일어나기 때문일 것이다. 이유야 어쨌든 우리는 자동화된 행동 패턴의 특성을 분명히 알아둘 필요가 있다. 그렇지 않으면 이런 행동 패턴의 작동 방식을 '잘' 알고 있는 누군가의 손에 나 자신이 함부로 휘둘릴 가능성이 높기 때문이다.

우리가 이 문제에 얼마나 취약한지 이해하기 위해 다시 한 번 동물행동학자들의 연구를 살펴보자. 알고 보니 '칩칩' 소리를 담은 녹음기나 알록달록한 가슴깃털 뭉치를 사용해 다양한 동물의 자동행동 기록 장치를 작동시킬 수 있는 것은 동물행동학자뿐만이 아니었다. '모방동물 mimics'이라 부르는 일군의 동물들도 다른 동물의 유발 요인을 모방해 다른 동물의 자동화된 행동 기록 장치를 부적절한 순간에 작동시킬 수 있다. 그런 식으로 상대 동물이 보이는 완전히 잘못된 반응을 이용해 자신의 배를 채우는 것이다.

한 예로 포투리스Photuris 속屬에 속하는 암컷 개똥벌레가 포티누스Photinus 속의 수컷 개똥벌레를 잡아먹기 위해 펼치는 섬뜩한 속임수를 살펴보자. 포티누스 속 수컷은 당연히 잔인한 포투리스 속 암컷과의 접촉을 용의주도하게 피해 다닌다. 그러나 오랜 세월 자연선택 과정을 거치면서 포투리스 암컷 사냥꾼은 먹잇감의 치명적인 약점을 찾아냈다. 짝짓기 준비가 끝난 포티누스 속 암수 개똥벌레들이 서로를 향해 깜빡이는 특별한 구애 신호가 그것이다. 포투리스 암컷은 바로 이 짝짓기 신호를 모방해 포티누스 수컷을 잡아먹는다. 사냥꾼 암컷의 거짓 신호에 따라 구애 행동 기록 장치가 작동되면, 가엾은 포티누스 수컷은 사랑이 아닌 죽음의 품에 기계적으로 날아든다.

거의 모든 종류의 생물이 생존 투쟁 과정에서 나름의 모방 기술을 발달시켰다. 가장 원시적인 병원균도 예외가 아니다. 영리한 박테리아나 바이러스는 숙주에게 유익한 호르몬이나 영양 성분의 특징을 모방해 건강한 숙주세포에 접근한다. 그러면 건강한 세포는 순진하게도 광견병이나 전염성 단핵증, 감기 같은 질병의 원인이 되는 병원균들을 열심히 세포 속으로 끌어들인다.[6]

우리 사회에도 슬프지만 똑같은 현상이 나타난다. 유발 요인을 모방해 인간 특유의 자동화된 반응을 이끌어넘으로써 부당이득을 취하려는 자들이 당연히 존재한다. 다만 동물들의 반응은 대체로 본능에서 비롯되지만, 인간의 자동화된 행동의 기록 장치는 대개 학습을 통해 습득한 심리 원칙이나 고정관념에서 비롯된다는 점이 다르다. 그 위력은 천차만별이지만 이 중에는 인간의 행동을 조종하는 놀라운 능력을 갖고 있는 원칙들이 있다. 다만 우리가 아주 어린 시절부터 이런 원칙들에 복종해왔고, 자라면서 계속해서 매우 광범위한 영향을 받고 있기 때문에 그위력을 거의 인식하지 못하고 살아갈 뿐이다.

그러나 다른 사람들은 이런 각각의 원칙들을 쉽게 파악하여 손쉽게 자동화된 반응을 이끌어낸다. 예를 들어 사회적 증거 원칙princeple of social proof을 살펴보자. 사회적 증거 원칙이란 주변 사람들의 믿음이나 행동을 보고 자신도 그대로 믿고 행동하는 경향을 의미한다. 온라인의 상품평이나 별점을 참고하여 제품을 구매할 때 우리는 바로 이 원리에 따라 행동하는 것이다. 하지만 상품평을 볼 때는 먼저 모방 문제를 처리해야한다. 다시 말해 진짜 상품평과 그 상품평을 모방한 가짜 상품평을 구분할 수 있어야 한다. 다행히도 사례 1.1은 가짜 상품평을 알아내는 방법을 알려주고 있다.

사례 1.1
가짜 상품평을 90퍼센트 확률로 알아내는 과학적인 방법

새로운 컴퓨터 프로그램이 놀라울 만큼 정확하게 가짜 상품평을 구분한다.
–제시카 스틸먼Jessica Stillman, 자유기고가

기업에서 혹은 개인적으로 온라인에서 제품을 구매할 때, 상품평은 의사결정에 커다란 영향을 미칠 수 있다. 우리는 아마존에서 다른 구매자의 의견을 참고하여 별 네 개 반보다는 별 다섯 개

짜리 제품을 선택하고, 다른 고객의 평가를 보고 에어비엔비에서 숙소를 예약한다.

물론 그 상품평들이 가짜일 수 있다는 사실을 우리는 잘 알고 있다. 판매자가 돈을 지급한 상품평일 수도 있고, 경쟁사가 나쁜 의도로 써놓은 상품평일 수도 있다. 코넬대학교 연구팀은 가짜 정보를 탐지할 수 있는 컴퓨터 프로그램을 개발하는 것이 유용하다고 판단했다.

별 다섯 개짜리 호텔 방이 비좁고 곰팡이가 가득했다거나, 평점이 높았던 토스터가 식빵 하나도 굽기 전에 고장이 나버렸다면 그 상품평들은 어떤 상품평이었을까? 코넬대학교의 연구자들에 따르면, 다음과 같은 상품평들은 특히 주의할 필요가 있다.

- **자세한 내용이 없는 상품평** 실제로 경험하지 못한 것을 상세히 설명하기는 힘들다. 따라서 가짜 상품평은 구체적인 부분을 파고들지 못하고 일반적인 칭찬에서 그치는 경향이 있다. "예를 들어 믿을 만한 호텔 상품평은 '화장실', '체크인', '가격'과 같이 구체적인 단어를 사용하는 반면, 사기꾼들은 '휴가', '사업상 여행', '남편'과 같이 막연한 상황을 묘사하는 단어를 많이 사용한다."
- **일인칭 대명사가 많은 상품평** 정직한 사람처럼 보이고 싶은 사람은 자신에 대해 더 많이 이야기하려는 경향이 있다. 따라서 '나'라는 단어를 많이 사용하는 상품평은 가짜일 가능성이 높다.

- **명사보다 동사를 더 많이 사용하는 상품평** 언어 분석에 따르면 가짜 상품평에는 동사가 많이 사용된다. 이런 글을 쓰는 사람들은 실제로 경험한 것보다는 근사하거나 놀라운 이야기를 쓰려고 하기 때문이다. 진짜 상품평은 주로 명사를 사용한다.

물론 이 몇 가지 단서만 가지고 가짜 상품평을 판별해내기는 쉽지 않다. 하지만 상품평의 진실성을 판별하는 다른 방법들, 예를 들어 실제로 확인된 구매자 유형이나 문서의 시간 기록과 같은 다른 방법들과 함께 살펴본다면 무작정 모든 일을 운에 맡기는 것보다는 나은 결과를 기대할 수 있다.

저자의 한마디

모방에 유의하라

온라인 리뷰 사이트는 끊임없이 가짜 리뷰어들과 싸우고 있다. 우리는 그 싸움에 동참해야 한다. 다음의 내용을 보면 우리가 왜 가짜 리뷰어들과 싸워야 하는지 분명해진다. 2014년에서 2018년까지 모든 분야에서 온라인 상품평에 대한 고객들의 호의적 반응이 증가했다. (예를 들어 상품평을 읽고 물건을 사는 사람의 비율은 88퍼센트에서 92퍼센트로 상승했다.) 그러나 긍정적인 댓글이 달린 기업을 신뢰하는 사람의 비율만은 72퍼센트에서 68퍼센트로 감소했다. 모방은 우리가 추구하는 지름길 정보 가치에 대한 믿음을 잠식하는 듯하다.

그러나 이런 원칙들을 전부 파악하고 언제 어디서나 자신의 무기로, 즉 상대방에게 자동화된 반응을 이끌어내는 설득의 무기로 사용하는 사람들도 있다. 상대방에게 원하는 반응을 이끌어내는 설득의 무기가 어디에 있는지 잘 알며, 그런 무기를 능숙하게 사용해 자신이 원하는 것을 쟁취하는 사람들이 존재하는 것이다. 그들은 이런저런 사회적 만남을 통해 다른 사람들로부터 자신이 원하는 것을 얻어내는데, 성공 확률은 눈부실 정도다. 그런 성공의 비밀은 자신의 요청을 구조화하는 방법 그리고 사회에 존재하는 다양한 설득의 무기를 파악해 활용하는 방법에 있다. 어쩌면 강력한 심리 원칙을 끌어들여 우리의 자동화된 행동을 유도하는 기록 장치를 작동시킬 적절한 단어 하나만 찾아내면 되는 일인지도 모른다. 심리 원칙에 따라 자동적인 반응을 보이는 인간의 성향을 이용해 이득을 취하는 방법은 부당이득을 취하는 사람들한테서 가장 쉽게 찾아볼 수 있다.

터키석 장신구 상점을 운영하는 내 친구를 기억하는가? 처음에는 우연한 실수로 이익을 봤지만, 친구는 오래지 않아 '비싼 것이 좋은 것'이라는 고정관념을 반복해서 이용하기 시작했다. 관광 시즌이 되면 판매가 부진한 재고상품에 굉장히 높은 가격을 매겨 판매를 부추기는데, 실제로 비용 대비 효과가 놀라울 정도로 좋다고 한다. 순진한 휴가객들을 살살 자극하면 늘 그렇듯이 엄청난 이익을 볼 수 있다는 것이다.

이런 방식으로도 매출이 오르지 않을 경우에는 '가격 인하' 팻말을 붙인 다음 할인 상품을 찾아다니는 사람들에게 원래 가격으로 팔면 된다고 한다. 이때에도 할인 이전 가격에 대한 사람들의 '비싼 것이 좋은 것'이라는 자동반응을 이용하는 것은 마찬가지다.[7]

━ 주짓수의 기술

 '주짓수柔術'라는 일본 무술은 적수를 상대할 때 자신의 힘은 되도록 적게 사용하고 대신 중력이나 지렛대 효과, 가속도, 관성 등 자연법칙에 내재된 힘을 이용한다. 따라서 자연법칙에 숨겨진 힘을 적재적소에 활용하는 방법만 배운다면 힘이 약한 여자도 신체적으로 훨씬 강한 상대를 쉽게 제압할 수 있다. 이와 마찬가지로 자동화된 반응을 이끌어내는 설득의 무기도 우리 주변에 항상 존재하고 있다. 부당이득을 취하는 사람들은 바로 이런 무기들을 사용해 목표물을 공략할 뿐 자기 힘은 거의 들이지 않는다. 이 때문에 부당이득을 취하는 사람들이 누리는 또 하나의 엄청난 부가 이득이 존재하는데, 바로 상대를 조종하는 것처럼 보이지 않으면서도 실제로는 상대를 조종할 수 있는 능력이다. 심지어 설득당하는 입장에 있는 사람 스스로도 이득을 취하려는 사람의 계획에 따라 자신이 설득당한 것이 아니라 자연의 힘에 따라 행동했다고 생각한다.

 적절한 예를 하나 들어보자. 인간의 지각과 관련한 원칙 중에 '대조원칙contrast principle'이라는 것이 있다. 두 개의 대상을 차례로 제시할 때 둘 사이의 차이를 느끼는 방법이 달라진다는 원칙이다. 간단히 설명하자면, 두 번째 대상이 첫 번째 대상과 차이가 심할 경우에는 그 차이가 실제보다 '더' 크게 다가온다는 것이다. 예를 들어 먼저 가벼운 물체를 들었다가 이어서 무거운 물체를 들게 되면 무거운 물체만 들었을 때보다 훨씬 더 무겁게 느낀다. 대조 원칙은 정신물리학(psychophysics, 인지현상과 자극의 물리적 성질과의 관계를 조사하는 학문 분야 - 옮긴이) 분야에서 정립된 원리로 무게뿐 아니라 거의 모든 종류의 인지 과정에 적용 가능하다.

몸무게에 한참 신경을 쓰고 있을 때 점심으로 먹은 치즈버거의 열량을 생각하면, 샐러드와 비교가 되면서 치즈버거가 실제보다 훨씬 더 열량이 높게 느껴진다(실제로 치즈버거는 샐러드보다 칼로리가 38퍼센트 더 높다). 모임에서 매우 매력적인 사람과 대화를 하다가 갑자기 변변찮은 사람과 대화를 하게 되면, 두 번째 사람과의 대화가 실제보다 훨씬 더 지루하게 느껴질 수 있다. 몇몇 연구자들에 따르면 (배우나 모델 등) 대중매체에 등장하는 비현실적으로 매력적인 사람들 때문에 우리 주변 사람들과의 로맨스 가능성이 많이 줄어든다고 한다. 매체에 등장하는 모델들의 과장된 매력에 자주 노출되다 보면 현재 연애 상대의 성적 매력까지 줄어든다고 학자들은 지적한다.[8]

정신물리학 실험실에서 학생들에게 대조 원칙을 소개하기 위해 종종 사용하는 지각대조 실험이 있다. 학생들이 차가운 물, 상온의 물, 뜨거운 물이 담긴 3개의 양동이 앞에 앉는다. 먼저 한 손은 차가운 물, 나머지 한 손은 뜨거운 물에 담갔다가 두 손을 모두 꺼내 동시에 상온의 물에 담근다. 학생들의 표정엔 즉시 어리둥절하면서도 재미있다는 표정이 떠오른다. 두 손을 모두 상온의 물에 담그고 있는데도 차가운 물에 담갔던 손은 마치 뜨거운 물에 담그고 있는 느낌이, 뜨거운 물에 담갔던 손은 마치 차가운 물에 담그고 있는 느낌이 들기 때문이다. 이 실험의 핵심은 똑같은 것, 즉 상온의 물도 그 직전에 일어난 사건에 따라 매우 다르게 느껴질 수 있다는 점이다. 예를 들어 대학 성적에 대한 지각 역시 유사한 방식으로 영향을 받을 수 있다. 사례 1.2의 예를 보자. 한 대학생이 부모에게 보낸 편지로, 몇 년 전 내 책상에서 우연히 발견했다.

집을 떠나 대학에 입학한 후 이런저런 핑계로 좀 더 일찍 소식 전하지 못해 죄송해요. 지금부터 그동안 어떻게 지냈는지 말씀드릴게요. 하지만 편지를 읽으시기 전에 일단 자리에 앉아주세요. 꼭 편안한 자리에 앉은 다음 나머지 내용을 읽으셔야 해요. 아셨죠?

저는 지금 잘 지내고 있어요. 학교에 도착하고 얼마 지나지 않아 기숙사에 화재가 발생하는 바람에 창문에서 뛰어내리면서 입은 두개골 골절상과 뇌진탕도 이제 많이 좋아졌어요. 2주 정도 병원에 입원했다 퇴원했는데, 지금은 시력이 거의 정상으로 돌아왔고 지독한 두통도 하루에 한 번 정도로 줄었어요. 다행히 제가 뛰어내리는 모습을 본 근처 주유소 직원이 소방서와 응급센터에 연락을 취해줬거든요. 그 사람이 병원으로 문병도 와줬고 기숙사가 전부 타버리는 바람에 갈 곳이 없는 저를 친절하게도 자신의 아파트에서 함께 지내도록 해줬어요. 사실은 지하 단칸방에 불과하지만 그런대로 깔끔한 편이에요. 정말 좋은 남자라 그만 사랑에 빠져 그와 결혼을 약속했답니다. 아직 정확한 결혼 날짜는 결정하지 못했지만 배가 너무 부르기 전에 해야 할 것 같아요.

맞아요, 엄마 아빠. 저 임신했어요. 두 분이 얼마나 할아버지, 할머니가 되고 싶어 하시는지 잘 알아요. 틀림없이 어린 시절에 저에게 주셨던 한없는 사랑과 헌신, 보살핌을 손자에게도 듬뿍 베풀어주실 거라 믿어요. 결혼이 늦어지고 있는 이유는 남자친구가 경미한 감염 증세를 보이고 있어서 혼전 혈액 테스트를 통과하지 못했기 때문이에요. 게다가 칠칠맞지 못하게 저까지 병이 옮아버렸거든요. 그래도 엄마 아빠는 제 남자친구를 두 팔 벌려 우리 가족으로 환영해주실 거라 믿어요. 정말 다정한 사람이고 많이 배우지는 못했지만 굉장히 야심만만한 남자랍니다.

제 근황을 이 정도 전해드렸으니 이제 솔직히 말씀드려야겠네요. 사실은 기숙사에 화재가 일어난 적도 없고 두개골 골절상과 뇌진탕도 입지 않았어요. 당연히 입원도 안 했으며 약혼도, 임신도 안 했고 병도 옮지 않았고 남자친구도 없어요. 그렇지만 미국사 과목에서 D학점을 받았고, 화학은 F학점을 받았어요. 그래도 몸 건강히 잘 있으니까 예쁘게 봐주세요.

사랑하는 딸, 샤론

저자의 한마디

대조 원칙을 활용한 이 정도의 편지라면 화학은 낙제일지 몰라도 심리학은 'A'를 받았을 것이다.

대조 원리에서 보여주는 작지만 효과적인 설득의 무기 역시 우리 주변에서 널리 사용되고 있다. 대조 원칙의 장점은 이 원리가 상대를 쉽게 움직이게 만들 뿐 아니라 상대에게 쉽게 간파되지 않는다는 점이다. 대조 원리를 사용하는 사람은 자신에게 유리한 방향으로 상황을 조작한다는 느낌을 상대방이 전혀 알 수 없게 하면서 설득에 성공할 수 있다.

의류 소매상인들이 좋은 예라 할 수 있다. 한 남자가 고급 남성복 매장에 들러 스웨터 하나와 쓰리피스 양복 한 벌을 찾는다고 해보자. 판매사원인 당신이 가장 높은 매상을 올리고 싶다면 어떤 제품부터 권하겠는가?

의류 매장에서는 가장 비싼 제품부터 권하라고 직원들에게 가르친다. 이는 일반 상식과 어긋나는 이야기처럼 들릴 것이다. 손님이 값비싼 양복을 구매했다면 스웨터에 돈을 더 쓰고 싶지 않을 테니 말이다. 그러나 판매 전문가들인 의류 매장 직원들은 대조 원칙을 고려해 행동한다. 비싼 값을 치르고 고급 양복을 구입한 후라면 아무리 비싼 스웨터를 내놓아도 양복과 비교하면 상대적으로 저렴하게 느껴진다. 새 양복과 어울리는 셔츠나 구두, 허리띠 등을 구매하고자 하는 손님에게도 같은 원칙을 적용한다. 이처럼 일반 상식의 관점과는 반대로 대조 원칙을 효과를 나타내는 증거는 많다.

앞서 말했듯 판매사원들은 비싼 제품을 먼저 소개해야 더 많은 매상을 올릴 수 있다. 그렇지 않을 경우에는 대조 원칙이 발휘하는 설득의 힘이 사라지면서 오히려 역효과가 나타날지도 모른다. 저가의 제품을 먼저 제시하고 이어서 고가의 제품을 제시하면 고가의 제품이 더욱 비싸게 느껴진다. 이것은 판매사원에게 결코 바람직한 결과라 할 수 없다. 다시 말해 한 양동이에 담긴 똑같은 물이 먼저 손을 담갔던 물의 온도에 따라 더 뜨겁거나 더 차갑게 느껴지듯이 똑같은 제품 가격도 먼저 제시된 제품의 가격에 따라 더 비싸거나 더 싸게 느껴질 수 있다.

인지적 대조 원칙을 영리하게 활용하는 것은 의류 매장 직원들뿐만이 아니다. 나는 부동산 회사에 위장 취업해 설득의 기술을 조사하다가 대조 원칙을 활용한 기술을 사용하는 모습을 목격했다. 어느 주말 부동산 중개 요령을 배우기 위해 주택 구매 가능성이 있는 고객들에게 주택을 보여주러 가는 영업사원을 따라나섰다. 이 영업사원(필이라고 하자)은 수습 기간을 무사히 마치는 데 필요한 여러 가지 조언을 해줬다. 내가 제일 먼저 간파한 사실은 필이 새로운 고객들에게 매물을 보여줄 때 반드시 형편없는 매물부터 시작한다는 점이다. 왜 그런지 물어보자 필이 웃으며 설명해줬다. 필은 그런 형편없는 매물들을 일종의 '밑밥'이라고 불렀다. 회사의 매물 목록에는 거의 쓰러져가다시피 하는 낡은 주택이 항상 한두 채 포함돼 있었다. 이런 집들은 고객에게 판매할 목적이 아니라 진짜 판매할 집들과 대조 효과를 만들기 위해 보여줄 목적으로 보유한 상품이었다. 모든 영업사원이 이 밑밥 매물을 사용하지는 않았지만 필은 반드시 사용했다. 필은 형편없는 집을 먼저 보여준 다음 판매하고 싶은 괜찮은 집을 보여줬을 때 고객들의 눈이 반짝반짝 빛나는 모습이 정말 보기 좋다고 말했다. "흉물스러운 집을 한두 채 보고 나면 평범한 집도 굉장히 훌륭해 보이게 마련이지."

자동차 판매상들도 대조 원칙을 사용한다. 그들은 자동차 협상이 완전히 마무리될 때까지는 이런저런 옵션 설치를 권하지 않는다. 수만 달러짜리 거래를 마무리짓고 나면 음향기기 업그레이드 같은 사소한 옵션을 위해 수백 달러 정도의 비용을 추가로 부담하는 일은 비교적 하찮게 느껴진다. 판매상들이 연달아 권유하는 차 유리 선팅이나 타이어 업그레이드, 각종 액세서리 장착 등을 위한 추가 비용도 마찬가지다. 비결은 각종 옵션들을 하나씩 따로따로 제시함으로써 그렇지 않아도 적은 비용을 이미 결정된 자동차 본체 가격과 비교해 더욱 하찮아 보이게끔

하는 것이다. 자동차를 구매해본 사람들은 알겠지만, 이런저런 사소한 옵션들을 추가하다 보면 예산에 맞춰 계약해놓은 최종 구매 가격이 말도 안 되는 수준으로 부풀곤 한다. 구매자들이 서명한 계약서를 손에 들고 황당한 얼굴로 머리를 쥐어뜯고 있을 때 자동차 판매상은 노련한 주짓수 고수의 미소를 짓는다.

독자 편지 1.2
시카고 대학교 경영대학원 학생이 보낸 편지

시카고 오헤어 공항에서 탑승을 기다리고 있는데, 항공권 예약이 중복됐으니 혹시 다음 항공편을 이용해주는 승객이 있으면 보답으로 1만 달러짜리 상품권을 지급하겠다는 안내 방송이 나오더군요. 물론 그 터무니없는 금액은 농담이었습니다. 항공사 직원이 승객들을 웃기고 싶었던 모양입니다. 다행히 승객들은 웃음을 터뜨렸습니다. 그러고 나서 실제로 지급할 상품권 금액(200달러)을 알려줬는데 나서는 승객이 아무도 없었습니다. 결국 지급 금액을 300달러로, 다시 500달러로 두 번이나 인상하고 나서야 겨우 자원자가 나섰답니다.

당시 저는 당신이 쓴 책을 읽고 있어서 그 항공사 직원이 승객들을 웃기는 데는 성공했을지 몰라도 대조 원칙의 효과에 무지한 탓에 일을 망쳤다는 사실을 알 수 있었습니다. 1만 달러와 비교해 몇백 달러는 푼돈처럼 보이는 상황을 만들어놓은 겁니다. 매우 값비싼 웃음이 아닐 수 없었지요. 덕분에 항공사는 자원한 승객한 명당 300달러가 초과된 돈을 지급해야 했으니까요.

항공사 직원이 대조 원칙을 사용해 자신에게 불리한 상황이 아니라 유리한 상황을 만들어낼 수는 없었을까? 일단 농담 삼아 5달러를 제시한 다음 훨씬 매력적으로 들리는 200달러짜리 상품권을 제시했을 수도 있었다. 그렇게 했다면 승객들에게 웃음을 주면서 자원자도 충분히 확보할 수 있었을 것이다.

◆ **KEY**
◆ **POINT** _____

◆ 자연 상태에서 동물의 행동을 연구하는 동물행동학자들은 수많은 동물 종들 사이에서 기계적이고 규칙적인 행동 패턴이 나타난다는 사실을 발견했다. '고정행동 패턴'이라 불리는 이런 기계적 행동들은 '누르면, 작동하는' 인간의 자동화된 반응과 상당히 유사하다는 점에서 주목할 만하다. 인간과 동물의 이와 같은 자동행동 패턴들은 주어진 상황과 관련이 있는 단 하나의 요인에 따라 촉발되는 경향이 있다. '유발 요인'이라고도 하는 이 하나의 요인은 주어진 모든 정보를 철저하게 심사숙고하지 않고도 올바른 행동 방향을 결정할 수 있게 해준다는 점에서 상당히 가치 있는 역할을 한다.

◆ 이런 '지름길 반응'의 장점은 효율성과 경제성이다. 대체로 유용한 정보를 제공하는 유발 요인에 자동적으로 반응함으로써 생존에 필수적인 시간과 에너지, 사고 능력 등을 절약할 수 있기 때문이다. 단점이라면 어리석고 치명적인 실수에 취약하다는 것이다. 접근 가능한 정보 중 오직 하나의 정보(아무리 예측 능력이 뛰어난 정보라도)에만 반응하기 때문에 실수를 저지를 확률

이 높아진다. 더욱이 자신의 이득을 위해 (유발 요인을 조작해서) 부적절한 순간에 자신이 원하는 행동을 이끌어내려는 교활한 상대라도 만난다면 상황은 더욱 위험해진다.

◆ 한 사람이 다른 사람의 요구를 따르는 승낙 과정은 사람들의 자동적인 '지름길 반응'의 관점에서 볼 때 충분히 이해할 수 있다. 현대인들 대부분은 일련의 승낙 유발 요인, 즉 언제 상대방의 요구에 응해야 자신에게 가장 이익이 될지 알려주는 특별한 정보들을 갖고 있다. 이런 승낙 유발 요인들은 특정 요구에 사람들을 따르게 만드는 (설득의) 무기로 사용할 수 있다.

◆ 서로 다른 두 물건을 실제보다 더 다르다고 생각하는 경향을 가리키는 인지적 대조 원리는 설득의 달인들이 즐겨 이용하는 무기이다. 예를 들어 부동산 중개업자는 집을 구매하려는 사람에게 형편없는 매물을 먼저 한두 개 보여주고 난 다음에야 비로소 근사한 집을 보여준다. 그러면 그 집은 다른 집을 먼저 보여주었을 때보다 더 멋지게 보인다. 이 전략 무기는 여러 번 사용해도 사람들이 잘 알아채지 못한다는 것이 커다란 장점이다.

PART 2

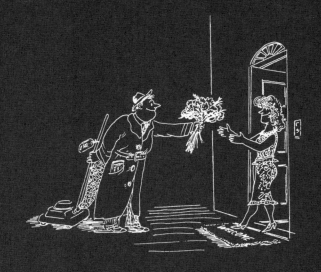

상호성 원칙
받은 대로 갚아야 한다

◆ ◆

받아내려고 손을 내밀지 말고,
갚아야 할 때 손을 거두지 마라.
_집회서 4:31

몇 년 전 한 대학 교수가 간단한 실험을 실시했다. 생면부지의 사람들을 무작위로 선택한 다음 그들에게 크리스마스 카드를 발송한 것이다. 모종의 반응을 예상하긴 했지만, 실제로 벌어진 결과는 깜짝 놀랄 정도였다. 교수를 만나본 적이 없음은 물론 이름조차 들어본 적 없는 사람들로부터 엄청난 양의 답장이 쏟아진 것이다. 그러나 답장을 보내온 사람들 중 정체불명인 교수에게 신원을 묻는 사람은 거의 없었다. 그저 그들은 카드를 받으면 무조건 답장을 보내야 한다는 자동화된 반응에 따라 행동했을 뿐이다.

비록 실험 규모는 작았지만 이 연구는 가장 강력한 설득의 무기 중 하나인 '상호성 원칙'이 작동하는 방식을 훌륭하게 보여준다. 상호성 원칙에 따르면, 우리는 다른 사람한테 뭔가를 받으면 그에 상응하는 보답을 해야 한다는 강박관념에 시달린다. 누군가 우리에게 호의를 베풀면 우리도 호의로 갚아야 한다. 누군가에게 생일 선물을 받으면 우리도 상대의 생일을 기억했다가 선물을 해야 하며, 누군가 우리를 파티에 초대하면 우리도 파티를 열어 상대를 초대해야 한다. 카드와 생일 선물을 주고받고 서로를 파티에 초대하는 것이 이 원칙의 힘을 보여주는 대단치 않은 증거로 보일 수도 있다. 하지만 그 힘을 만만하게 보아서는 안 된다. 이 원칙은 커다란 행동의 변화를 가져올 수 있기 때문이다. 영국의 한 자선기금 모금 단체가 출근을 하고 있는 투자 전문 은행가 몇 명에게 찾아가 상당한 금액의 기부금을 요청했다. 어떤 사람에게는 하루치 임금에 해당하는 1,000달러를 이상을 요구하기도 했다. 그런데 기부금을 요청하기 전에 작은 사탕 한 봉지를 선물로 주자, 기부금이 두 배 이상 증가했다.

이 원칙은 국가의 행위로까지 확장된다. 1215년에 제정된 영국의 마그나 카르타는 전쟁 시 적국의 상인들을 어떻게 대우해야 하는지에 대해 이 원칙을 적용하여 다음과 같이 적고 있다. "우리나라 사람들이 그곳에서 안전하다면, 다른 나라 사람들도 우리 땅에서 안전해야 한다." 상호성 원칙에 따라 우리는 다른 이들에게 받은 호의, 선물, 초대, 선의의 행동 등을 미래에 갚아야만 한다. 이런 부채의식이 얼마나 보편적인지 '당신에게 갚아야 할 의무가 있습니다much obliged'라는 말이 '감사합니다thank you'와 동의어로 쓰일 정도이며, 이런 현상은 영어뿐 아니라 다른 언어권(예를 들어 '감사합니다'라는 의미의 포루투갈어는 'obrigado'이다)도 마찬가지다. 고맙다는 뜻을 지닌 일본어 '스미마셍すみません(상대에게 신세를 지거나 도움을 받았을 때 스미마셍이라고 표현하여 고마움을 드러내는 일본식 문화 - 옮긴이)'은 미래에 자신의 의무를 다하겠다는 의미를 함축하는데, 글자 그대로 해석하면 '끝나지 않을 것입니다, 다 갚지 못할 것입니다'라는 뜻이다.

부채의식을 수반하는 상호성이라는 강력한 특징은 인류 문화 전반에 널리 퍼져 있다. 사회학자 앨빈 굴드너Alvin Gouldner와 동료 연구진은 집중적인 연구를 통해 모든 인간 사회가 상호성 원칙을 따르고 있음을 밝혀낸 바 있다. 상호성 원칙은 모든 사회에 널리 퍼져 있으며 거의 모든 종류의 교환관계에 영향을 미치고 있다. 사실 상호성 원칙에서 비롯된 고도의 부채 시스템은 인류 문명의 독특한 특징이라 할 수 있다. 저명한 인류학자 리처드 리키Richard Leakey는 인간을 인간답게 하는 핵심을 상호성의 체계에서 찾았다. 그는 우리가 인간으로 살아남을 수 있었던 것은 선조들이 '의무감으로 이뤄진 명예로운 네트워크 안에서' 식량과 기술을 공유하는 방법을 배웠기 때문이라고 주장한다. 라이오넬 타이거 Lionel Tiger와 로빈 폭스Robin Fox 같은 문화인류학자들은 이 '부채의 거미줄'을 인류만의 고유한 적응 메커니즘이라고 평가한다. 그리고 이 메커니즘을 통해 분업, 다양한 상품과 서비스의 교환이 이루어지고 상호의존성이 발달하며 개인을 매우 효율적인 단위로 묶일 수 있었다고 생각한다.

타이거와 폭스는 사회 발전을 이루는 데 가장 핵심이 되는 요소가 바로 미래지향적 의무감이라고 주장한다. 인간 사회는 강력하고 광범위한 미래지향적 의무감을 공유함으로써 엄청난 발전을 이뤘다는 것이다. 즉, 미래지향적 의무감이 광범위하게 퍼져 있고 채택돼 있는 인간 사회에서는 누구라도 안심하고 다른 사람에게 음식이나 에너지, 보살핌 등의 호의를 기꺼이 베푸는데, 이런 호의는 나중에 자신에게 호의가 필요할 때 되돌려받을 수 있다는 믿음이 있기 때문이라는 주장이다. 이렇듯 원조와 무상제공, 방어와 거래 등의 세련된 협력 체계가 가능해지면서 사회 전체에 엄청난 이익이 발생했다. 그러므로 인류 문명에 이토록 긍정적인 결과를 가져다준 상호성 원칙이 사회화 과정을 통해 우리 내면에 깊이 새겨진 것은 당연한 일일 것이다.[1]

의무감이 미래지향적이기는 하지만 지속 기간에는 한계가 있다. 특히 비교적 작은 호의의 경우에는 시간이 흐르면서 보답하려는 마음이 약해진다. 그러나 기억에 남을 만한 대단한 선물을 받았을 때에는 의무감이 상당히 오래 지속된다. 상호의무감이 얼마나 강력하게 오랫동안 지속되는지 가장 생생하게 보여주는 사례가 바로 멕시코와 에티오피아가 주고받은 5,000달러의 구호자금과 관련한 놀라운 이야기다. 1985년 에티오피아는 극심한 궁핍과 혼란으로 국제 사회에 원조를 요청해야 하는 상황이었다. 경제는 무너졌고 수년에 걸친 가뭄과 내전으로 식량 수급도 악화됐다. 기아와 질병으로 국민들이 수천 명씩 죽어나갔다. 이렇듯 도움이 절실한 에티오피아에 멕시코가 5,000달러 상당의 구호자금을 보냈다 해도 전혀 놀라운 일이 아닐 터였다. 그러나 내가 읽은 신문 기사는 구호자금 전달 방향이 정반대였다는 내용이었다. 에티오피아 적십자 회원들이 같은 해에 발생한 멕시코시티의 지진 피해자들에게 5,000달러를 보냈다는 것이다.

나는 사람들의 어떤 행동 때문에 혼란에 빠질 때면 그것에 대해 더 깊이 조사해보고 싶은 충동을 느끼는데, 그것은 개인적으로는 고통이지만 직업적으로 축복이라 할 수 있다. 다행히 에티오피아의 행동에 나만큼이나 당황한 어느 기자가 에티오피아 측에 해명을 요청했다. 그에게 돌아온 답변은 상호성 원칙이 얼마나 유효한지 여실히 증명해줬다. 에티오피아 곳곳에서 도움의 손길이 필요한 상황인데도 굳이 그 돈을 멕시코로 보낼 수밖에 없었던 이유는 1935년 에티오피아가 이탈리아의 침공을 당했을 때 멕시코의 도움을 받은 적이 있었기 때문이다. 답변을 듣고 나니 여전히 놀랍긴 했지만 궁금증은 풀렸다. 상호성 원칙이 문화적 차이와 지리적 거리, 극심한 기근, 오랜 세월, 자국의 절박한 상황 등을 모두 초월한 것이다. 간단히 말해 상호성에서 비롯한 의무감이 반세기가 지난 후에 온갖 장애물을 극복하고 승리를 거뒀다.

50년 동안 이어진 의무감이 에티오피아 문화만의 독특한 특징으로 설명할 수 있는 예외적인 현상이라면, 역시 당황스럽기 그지없는 또 다른 사례를 살펴보자. 2015년 당시 94세였던 영국의 저명한 출판인인 아서 조지 웨이덴펠드Arthur George Weidenfeld 경은 ISIS가 장악한 중동 지역에서 위험에 처한 기독교도 가정들을 구조해 다른 나라의 안전한 장소까지 수송하는 '안전한 피난처 작전'을 펼쳤다 이를 지켜본 사람들은 그의 선행에는 찬사를 보냈지만, 종교적으로 비슷한 위협을 받고 있는 인근의 드루즈족, 알라위족, 야디지족 등의 종교 집단을 구하려는 노력이 없었다는 점에서 그 작전의 편협함을 비판했다.

이 작전에 대해 기독교도인 웨이덴펠드 경이 같은 기독교도만을 구하려 했다고 오해할 수 있다. 하지만 그가 기독교도가 아닌 유대인이라는 사실을 알고 나면 그 생각이 잘못된 것임을 알 수 있다. 사실 웨이덴펠드 경은 1938년 유럽에서 나치의 박해를 피해 유대인 아이들을 대피시키기 위해 기독교 단체가 조직한 '유대인 아이들 구하기 운동Kindertransport'을 통해 영국으로 건너갔다. 그는 자신의 행동을 상호성 원칙이 가진 우선적인 힘으로 설명하며 다음과 같이 말했다. "나는 세상을 구할 수는 없습니다. 하지만 유대인과 기독교도의 입장에서 갚아야 할 빚이 있습니다." 상호성 원칙에 따른 부채감은 생명을 살리기도 하고 평생 동안 영향을 미치기도 한다.[2]

독자 편지 2.1
오리건 주에서 직장 여성이 보낸 편지

입사 초기에 제 전임자가 인수인계를 해주면서 사장님이 굉장히 관대하고 좋은 분이라 일하기 편할 거라고 말해줬습니다. 간혹 꽃다발도 선물해주고 상황마다 선물도 잘 챙겨준다고 했지요. 자신은 곧 아기를 낳을 예정인데 육아에 전념하기 위해 퇴사하게 됐다고 안타까워했습니다. 그런 사정만 아니라면 틀림없이 직장생활을 계속하지 않았을까 싶었습니다.

현재 6년째 그 사장님을 모시고 있는데, 저도 전임자와 똑같은 경험을 하고 있습니다. 사장님은 크리스마스 때마다 우리 가족에게 선물을 보내주고 제 생일도 꼭 챙겨줍니다. 저는 제 직급에서 최고 급여를 받은 지 2년이 지났고, 업무 특성상 승진 가능성도 없습니다. 현재 제가 선택할 수 있는 대안은 다른 부서로 옮기거나 이직하는 방법뿐입니다. 그러나 부서를 옮기는 것도, 이직하는 것도 망설여집니다. 사장님이 은퇴할 날이 얼마 남지 않았으니 그분이 은퇴한 뒤에나 이직을 고려해볼 생각입니다. 사장님이 그동안 제게 너무 잘해줬기 때문에 머물러 있어야 할 것 같은 의무감이 듭니다.

사장님이 은퇴를 한 후에야 이직을 할 수 있다고 말하며 지금 더 나은 대안을 생각하지 않는 이 독자의 편지를 읽고 나는 충격을 받았다. 사장님의 작은 친절이 부채의식으로 작용해 그녀가 더 나은 보수를 받는 자리를 찾지 못하게 만든 것 같다. 이 사례는 직원들에게 충성심을 심어주고자 하는 관리자들이 새겨들을 만하다. 하지만 우리 모두에게 적용되는 교훈도 있다. 사소한 것이 항상 사소한 것은 아니다. 특히 그것이 상호성 원칙 같은 삶의 중요한 원칙과 관련이 있을 때는 더욱 그렇다.

― 상호성의 작동 방식

분명한 사실은 인간 사회는 상호성 원칙을 통해 상당한 경쟁적 우위를 차지할 수 있고, 그 결과 사회구성원들은 상호성 원칙을 신뢰하고 따르도록 훈련받는다는 것이다. 우리는 모두 어린 시절부터 상호성 원칙을 지키도록 교육받았으며, 이를 어길 경우 사회적 제재와 비난을 받는다는 사실을 잘 알고 있다. 받기만 하고 내주려 하지 않는 사람들은 대체로 혐오의 대상이 되기 때문에 우리는 파렴치하고 배은망덕한 인간, 무임승차자 등으로 보이지 않기 위해 항상 최선의 노력을 기울인다. 그러다 보면 우리의 부채의식을 이용해 이득을 취하려는 이들에게 걸려들 때도 많다.

상호성 원칙이 설득의 무기가 될 수 있다는 사실을 인식한 사람들이 그 원칙을 얼마나 능수능란하게 이용하는지 알고 싶다면 심리학자 데니스 레건Dennis Regan이 실시한 실험을 살펴볼 필요가 있다. 연구진은 피험자를 다른 피험자 한 사람과 함께 미술 작품 몇 점을 평가하도록 하는

'미술 감상' 실험에 참가시켰다. 다른 한 피험자('조'라고 하자)는 동료 피험자인 척했지만 사실 레건 박사의 조수였다. 실험은 두 가지 서로 다른 조건에서 진행됐다. 첫 번째 실험에서 조는 요청하지도 않은 작은 호의를 진짜 피험자에게 베풀었다. 실험 도중 휴식 시간에 조는 몇 분 동안 실험실을 나갔다가 콜라 두 병을 들고 들어와 한 병은 자신이 마시고 나머지 한 병은 피험자에게 건네주면서 "실험자한테 콜라 좀 마셔도 되냐고 물어보니 괜찮다고 해서 같이 마시려고 한 병 더 사왔어요"라고 말했다. 두 번째 실험에서 조는 피험자에게 아무런 호의도 베풀지 않고 휴식 시간에 잠깐 밖으로 나갔다가 빈손으로 돌아왔다. 하지만 그 밖에 조의 모든 행동은 첫 번째 실험과 동일했다.

미술 작품 평가가 끝나고 실험자가 잠깐 실험실을 비운 사이 조는 피험자에게 한 가지 부탁을 했다. 당첨되면 신차를 받을 수 있는 복권을 자신이 지금 판매 중인데, 복권 최다 판매자는 상금으로 50달러를 받게 되어 있으니 한 장에 25센트짜리 복권을 구매해달라는 내용이었다. "한 장만 사주셔도 됩니다. 물론 많으면 많을수록 좋지만요." 이 연구의 주목적은 두 가지 조건에서 피험자가 구입하는 복권의 매수가 얼마나 달라지는가를 보는 것이었다. 조는 당연히 처음에 콜라를 건네며 호의를 베풀었던 피험자에게 더 많은 복권을 팔았다. 조에게 뭔가 신세를 졌다는 생각을 한 첫 번째 피험자들은 아무런 호의도 제공받지 못한 두 번째 피험자들보다 두 배나 많은 복권을 구매했다. 레건의 연구는 상호성 원칙의 작동 방식을 매우 간략하게 보여주고 있지만, 조금 더 깊이 생각해보면 상호성 원칙을 이용해 개인적인 이득을 취하는 일이 가능하다는 사실을 깨닫게 해준다.

상호성의 압도적인 위력

상호성 원칙이 다른 사람의 승낙을 얻어내는 효과적인 도구로 이용되는 이유는 그것이 지닌 압도적인 위력 때문이다. 그 힘은 몹시 강력해서 부채의식 같은 감정이 없다면 단박에 거절당할 법한 요청에도 '네'라는 응답을 이끌어내는 경우가 많다. 레건의 두 번째 실험 결과를 보면 상호성 원칙의 위력이 어떤 요청의 수락 여부에 영향을 미칠 만한 특정 요인들을 무력화하는 일반적인 경우를 볼 수 있다. 레건은 상호성 원칙이 승낙에 미치는 영향뿐만 아니라 상대에 대한 호감이 승낙에 미치는 영향에도 관심을 뒀다. 조에 대한 호감도가 복권 구매 결정에 얼마나 영향을 미치는지 측정하기 위해 레건은 먼저 설문 조사를 통해 조에 대한 피험자들의 호감도를 평가했다. 그러고는 피험자의 호감도와 그가 조한테서 구입한 복권의 매수를 비교해봤다. 조에 대한 호감도가 높을수록 복권 구매량도 확실히 높아졌다. 이 정도로는 놀라운 발견이라 하기 어려울 것이다. 좋아하는 사람한테 더 큰 호의를 베풀고 싶은 것은 인지상정이니 말이다.

그러나 레건의 실험에서 나타난 흥미로운 결과는 조한테 콜라를 받은 피험자의 경우 호감도와 승낙 사이의 정비례관계가 완전히 사라졌다는 것이다. 일단 조에게 신세를 지고 나자 조를 좋아하든 싫어하든 상관이 없었다. 피험자는 조에게 보답을 해야 한다는 의무감을 느꼈고 실제로 보답을 했다. 조를 싫어한다고 답했던 피험자도 조를 좋아한다고 답했던 피험자와 동일한 수량의 복권을 구매했다. 상호성 원칙은 매우 강력해서 평소라면 승낙 여부에 영향을 미쳤을 상대에 대한 호감이라는 요인마저 압도해버렸던 것이다.

이 실험은 우리가 평소에 싫어하는 사람, 가령 불쾌하고 달갑지 않은 영업사원이나 기분 나쁜 이웃, 왠지 이상하고 의심스러운 단체 회원 등의 사람들도 우리에게 어떤 요청을 하기 전에 작은 호의를 베풀면 원하는 결과를 얻어낼 확률이 높아진다는 사실을 암시한다. 비교적 최근 사례를 살펴보자. 아프가니스탄에서 탈레반에 맞서 군사 작전을 펼치는 동안 미국 정보 장교들은 심각한 설득 문제에 직면했다. 이들은 탈레반의 활동 및 위치와 관련해서 지역 주민들로부터 정보를 얻으려 했지만, 주민들은 미군에게 정보를 제공하는 것을 꺼려했다.

이런 행동에는 몇 가지 이유가 있었다. 우선, 정보를 제공했다가는 탈레반의 보복을 받을 우려가 있었다. 둘째, 많은 주민은 미국의 아프가니스탄 주둔과 그 목적, 게다가 미군 대표들에 대해 반감을 품고 있었다. CIA 간부는 한 부족장이 이런 두 가지 이유에서 미군을 꺼리고 있다는 사실을 알게 되었다. 그런데 가만히 살펴보니 그 부족장은 부족장의 역할과 네 명의 젊은 아내를 둔 남편 역할로 인해 완전히 지쳐 보였다. 얼마 후 그는 부족장을 위한 작은 선물을 준비해서 조심스럽게 그의 손에 쥐어주었다. 네 명의 부인을 위한 네 알의 비아그라였다. 이 선물은 정말 '효과'가 있었다. 일주일 후 CIA 간부가 부족장을 다시 찾아갔을 때 그는 '탈레반의 움직임과 물자 공급 경로에 관한 정보'를 그 간부의 손에 쥐어주었다.

나 또한 몇 년 전에 개인적으로 비슷한 경험을 했다. 국내선 비행기를 타면서 나는 세 번째 줄 통로 쪽 좌석을 배정받았다. 나는 통로 쪽 좌석을 좋아하지만, 창가 쪽 좌석을 배정받아 5시간 내내 갇힌 듯 앉아 있어야 한다며 힘들어하던 사람과 기꺼이 자리를 바꿔주었다. 그는 깊은 감사를 표했다. 평생 배워왔던 것처럼 호의를 베풀며 (실제 마음과는 달리 거짓으로) 사소한 일이므로 신경 쓰지 않아도 된다고 말하는 대신, 나는 "당신이라도 저처럼 했을 겁니다"라고 말했다. 그는 내 말이 옳다고 말해주었다.

그 이후 비행은 근사했다. 내가 자리를 바꿔주어 통로 쪽에 앉은 사람과 가운데에 앉은 사람은 대화를 시작하자마자 너무도 많은 공통점을 찾아냈다. 두 사람은 예전에 애틀랜타에서 매우 가까운 거리에 살았고, 같은 정치적 견해를 가진 총기 수집가였으며, 종합 스톡 자동차 경주대회라면 사족을 못 쓰는 사람들이었다. 두 사람은 금세 둘도 없는 친구가 된 것 같았다. 하지만 통로 쪽에 앉은 사람이 땅콩, 껌, 신문과 같은 것 등 전해주어야 할 때, 그는 무엇이든 내게 먼저 주려고 했다. 때로는 가운데 앉은 새로운 친구의 얼굴을 밀치듯이 하며 나에게 먼저 물건을 전해주기도 했다. 그때 이렇게 생각했던 기억이 난다. "아, 이 사람에게는 누가 더 가까이 앉아 있는지, 누구와 공통점이 더 많은지, 누구와 더 많이 이야기를 나누었는지는 중요하지 않구나. 그보다는 나에게 갚을 게 있다는 것이 가장 중요하구나."

한 가지 충고를 한다면, 호의를 베풀고 그로 인해 감사를 받을 때는 너무나 흔한 말로 호의를 별것이 아닌 것으로 만들어 상대방에게 상호성의 의무에서 벗어나게 해서는 안 된다. 예를 들어 '대단한 일도 아닌걸요', '괘념치 마세요', '누구에게라도 그랬을 거예요'와 같은 말은 하면 안 된다. 그 대신 '입장이 바뀌었다면 당신도 제게 똑같이 해주었을 거예요'와 같은 말로 보답에 대한 의무감을 남겨 놓으라고 권하고 싶다. 그렇게 받는 보답이 상당할 수도 있으니 말이다.[3]

작은 선물을 이용해서 평소라면 어림도 없을 행동을 유도할 수 있다는 사실을 파악하고, 이미 활용하는 단체도 적지 않다. 설문 조사원들은 설문지를 발송할 때 소액의 현금(1달러 은화나 5달러 수표 등)을 선물로 넣어 보내면 동일한 금액을 설문 응답 이후 보답으로 제공하는 경우보다 설문 응답 확률이 눈에 띄게 높아진다는 사실을 발견했다. 한 예로 어느 연구에서는 보험 관련 설문지에 5달러짜리 수표를 '선물'로 동봉해 보낼 경우 설문 응답 후 보답으로 50달러를 지급하는 경우보다 두 배나 높은 효과를 얻었다. 식당 종업원들 역시 손님들에게 영수증과 함께 사탕이나 껌 등을 제공하는 것만으로도 더 많은 팁을 받을 수 있었다. 전 세계에서 관광객들이 몰려오는 레스토랑에서도 고객의 국적과는 상관없이 이 규칙은 유효했다.

나의 동료 스티브 마틴Steve J. Martin과 헬렌 맨킨Helen Mankin은 브라질과 콜롬비아의 맥도날드 매장에서 먼저 작은 선물을 주는 것이 고객들에게 어떤 영향을 미치는지 연구했다. 절반의 매장에서는 성인 고객과 같이 온 아이들에게 매장을 떠날 때 풍선을 주었고, 나머지 절반의 매장에서는 아이들이 매장에 들어올 때 풍선을 주었다. 그 결과 풍선을 먼저 주었을 때 부모들이 매장에서 구입하는 금액이 25퍼센트 더 증가했다. 그리고 놀랍게도 아이들이 마실 것 같지 않은 커피 주문도 20퍼센트 증가했다. 왜 그럴까? 내 아이에게 주는 선물은 나에게 주는 선물과 다름없다는 것을 우리 모두 알고 있기 때문이다. 판매사원들도 뭔가 선물을 받은 고객들이 평소라면 거절했을 제품과 서비스를 기꺼이 구매하려는 경향을 보인다는 사실을 발견했다.[4]

뉴욕 주의 어느 직장 여성이 보낸 편지

뉴욕 주 로체스터의 한 기업에서 법률자문 일을 하는 저는 주로 주간 근무를 합니다. 그런데 어느 날 저녁 중요한 업무를 마무리 짓느라 밤늦게까지 남아 있게 됐지요. 텅 빈 주차장을 빠져나오던 중 자동차가 빙판 위를 미끄러지면서 바퀴가 그만 구덩이에 빠지고 말았습니다. 늦은 시간이었고 주위는 춥고 어두웠죠. 회사 직원들은 대부분 퇴근하고 난 후였습니다. 다행히 지나가던 다른 부서 직원이 저를 발견하고 다가와 차를 끌어내줬습니다.

그로부터 2주 후 인사 관련 서류를 검토하던 중 저는 바로 그 직원이 몇가지 심각한 회사 규정 위반으로 고발 조치된 사실을 알게 됐습니다. 그 직원의 도덕성에 대해서는 전혀 아는 바가 없었지만 저는 사장 앞에서 그 직원을 변명해줬습니다. 아직까지도 꽤 많은 직원들이 그 직원의 인품에 의문을 제기하고 있지만 저는 여전히 그에게 신세를 진 기분이 들어 계속 지원을 아끼지 않고 있답니다.

저자의 한마디

레전의 실험에서 밝혀졌듯이, 그 직원의 인품보다는 그가 이 독자를 도와주었다는 사실이 독자의 결정에 더 큰 영향을 미쳤다.

정치가의 착각 또는 은폐

정치판 역시 상호성 원칙이 위력을 발휘하는 영역이다. 지위고하를 막론하고 거의 모든 정치가가 상호성 원칙을 사용한다.

- 고위 선출직 공무원들이 서로 호의를 주고받는 '정실주의'를 통해 정치판을 부도덕한 동료애로 오염시키고 있다. 어떤 법안에 대한 투표 과정에서 자신의 정치 노선과 어긋난 표를 던지는 의원이 있다면 대부분 해당 법안의 발안자에게 신세를 갚는 경우라고 보면 된다. 집권 초기에 린든 존슨 대통령이 추진하는 법안들이 전혀 무리 없이 의회에서 통과되는 모습을 보고 많은 정치 분석가들이 깜짝 놀랐다. 해당 법안을 결사반대할 거라고 생각했던 의원들까지 찬성표를 던졌기 때문이다. 정치학자들은 면밀한 조사를 바탕으로 그 이유가 존슨의 뛰어난 정치 역량 때문이라기보다는 오랜 세월 상하원 의원으로 활동하면서 동료 의원들에게 베푼 수많은 호의 때문이었음을 밝혀냈다. 대통령이 된 존슨은 그간 베푼 호의들을 회수함으로써 단기간에 방대한 법안을 통과시킬 수 있었다. 카터Carter, 클린턴Clinton, 오바마Obama, 트럼프Trump와 몇몇 대통령이 의회와 겪었던 문제들을 똑같은 과정을 통해 설명할 수 있다. 이 대통령들은 기존 정당 정치와 거리를 두고 있었고, 선거운동에서도 워싱턴 외부 인사라는 정체성을 강조하며 자신들은 워싱턴의 어느 누구에게도 빚을 지지 않았다고 말했다. 하지만 취임 초기 그들은 자신들에게 빚을 진 사람이 아무도 없다는 바로 그 사실 때문에 어려움을 겪었다.
- 기업과 개인이 사법 및 입법 공무원들에게 각종 선물과 호의를 제공

하는 한편 일련의 법적 규정에서 그런 선물과 호의를 규제하고 있다는 점 또한 상호성 원칙이 얼마나 강력한지 보여주는 예라 할 수 있다. 선호하는 후보를 지원하는 합법적인 후원금에는 부채의식을 비축하려는 의도가 숨어 있다. 주요 선거에서 유력 후보 두 명의 선거운동을 모두 지원하는 기업이나 단체들을 보면 이런 동기를 금방 파악할 수 있다. 후원자들이 기대하는 '기브 앤 테이크'의 직접적인 증거를 원한다면, 선거운동자금개혁과 관련한 의회 청문회에서 사업가 로저 탐라즈Roger Tamraz의 뻔뻔스러운 자백을 들어보면 된다. 30만 달러의 후원금에 대해 적당한 보상을 받았다고 생각하느냐는 질문에 그는 웃으며 대답했다. "다음번에는 60만 달러를 기부할 생각입니다."

정치권에서 이런 수준의 솔직한 고백은 찾아보기 어렵다. 대부분의 경우 주는 사람이나 받는 사람 모두 한목소리로 후원금이나 무료 여행, 슈퍼볼 티켓 등이 '건전하고 양심적인' 정부 공무원들의 견해에 절대 영향을 미치지 않는다고 주장한다. 한 로비 단체 대표는 "정부 공무원들은 자기 분야에서 가장 똑똑하고 성숙하며 세련된 사람들이고, 대부분 훈련을 통해 분별력과 비판력, 조심성을 겸비"하고 있어 전혀 우려할 필요가 없다고 주장한다. 물론 정치가들도 같은 의견이다. 다른 사람은 몰라도 자신들만은 그런 의무감으로부터 철저히 자유롭다고 주장하는 정치인들이 많다. 우리 주 출신의 어느 의원은 자신은 어떤 선물을 받든지 "모든 사람을 공평하게 대한다"라고 확언하면서 의심의 여지를 남기지 않았다.

이런 주장을 들으면 나는 과학자로서 웃음을 참을 수 없다. 이 문제에 대해서는 '건전하고 양심적인' 과학자들이 더 잘 알고 있다. 그 이유는 '자기 분야에서 가장 똑똑하고 성숙하며 세련된' 과학자들이 상호성 원칙에 누구 못지않게 영향을 받는다는 사실을 직접 확인했기 때문이다. 심장병 치료약의 한 종류인 칼슘통로차단제의 안전성 여부를 둘러싼 의학 논쟁을 예로 들어보자. 한 연구에 따르면 해당 약물의 안전성을 지지하는 연구 결과를 발표한 과학자들 전원이 사전에 제약회사의 지원, 즉 무료 여행, 연구 기금, 고용 등의 혜택을 받은 경험이 있는 것으로 밝혀졌다. 반면 해당 약물에 대해 부정적인 의견을 발표한 과학자들 중에 사전 지원을 받은 경우는 37퍼센트에 지나지 않았다. '훈련을 통해 분별력과 비판력, 조심성을 겸비'하고 있는 과학자들이 끈질긴 상호 교환의 유혹에 흔들린다면 정치가들 역시 마찬가지라고 예상할 수 있다. 아마도 이 예상이 옳을 것이다. 예를 들어 2002년 총선 기간 동안 여섯 가지 핵심 사안에 대해 이익집단의 자금 지원을 가장 많이 받은 미국 의회 의원들을 조사한 AP통신 보도에 따르면, 이들은 선거운동에 가장 많은 자금을 지원한 집단의 이익에 부합하는 법안에 찬성표를 던질 확률이 일곱 배나 높았다. 실제 그 이익집단은 83퍼센트에 달하는 법안 통과율을 보였다. 세금 정책 입법 위원회의 일원이자 기업으로부터 많은 기부금을 받는 미국 의원들을 대상으로 한 연구에서도 같은 결과가 나타났다. 이들에게 기부금을 준 회사는 그 이후에 세율이 크게 낮아졌다. 선출직 및 임명직 공무원들은 종종 국민 모두에게 적용되는 규칙, 가령 주차 위반 등의 규정에서 자신들은 예외라고 생각하는 경향이 있다. 그러나 상호성 원칙과 관련하여 이렇듯 오만한 태도를 보였다가는 웃음거

리가 될 뿐만 아니라 매우 무책임한 것이다.[5]

　국가 간 협상의 역사를 보면 호혜적인 상호 교환을 통해서 위험한 갈등으로 발전할 수 있었던 상황을 평화롭게 해결한 사례를 쉽게 찾아볼 수 있다. 그중에서도 세계를 구한 협정으로 중요한 역사적 의미가 있지만, 정치적 이유로 그 공로를 인정받지 못한 유명한 예를 살펴보자. 1962년 10월 22일 미국과 소련의 냉전은 일촉즉발의 위기로 치닫고 있었다. 존 F. 케네디John F. Kennedy 대통령은 텔레비전 연설을 통해 러시아의 핵 미사일이 비밀리에 쿠바로 이송되어 미국을 향해 발사 준비를 마쳤다는 사실이 미국 정찰기에 의해 밝혀졌다고 발표했다. 그는 소련의 지도자 니키타 흐루쇼프Nikita Khurushchev에게 쿠바에 설치된 미사일을 회수하라고 요구하며, 쿠바의 미사일이 제거될 때까지 쿠바에 추가 미사일이 들어갈 수 없도록 해상을 봉쇄하겠다고 선언했다. 이에 대해 흐루쇼프는 미국의 해상 봉쇄를 "완전한 해적 행위"라고 일축하며, 쿠바로 향하는 소련의 선박은 이런 "해적 행위"를 무시할 것이라고 응답했다. 또한 소련 선박의 진입을 가로막는 모든 시도는 공격으로 간주할 것이며, 그에 따른 전쟁은 불가피할 것이라고까지 말했다. 인류의 3분의 1을 파괴할 수도 있는 핵전쟁이 코앞에 닥쳤던 셈이다. 13일 동안 두 지도자가 험악한 말을 주고받는 상황을 전 세계 사람들은 희망을 버리지 않고 지켜보았다. 마침내 기세 싸움에서 패배한 흐루쇼프는 타협은 없다는 케네디의 협상 자세에 굴복하여 미사일을 본국으로 송환하겠다고 약속했다. 여기까지가 우리가 들었던 쿠바 미사일 위기의 자초지종이다.

　하지만 최근 기밀자료에서 해제된 녹음 자료와 문서에 따르면 상황은 완전히 달랐다. 케네디의 '승리'는 그의 단호한 태도가 아닌 흐루쇼프가 쿠바에서 미사일을 철수하는 대가로 미국 또한 터키와 이탈리아에서 주피터 미사일을 철거하겠다는 의사를 밝혔기 때문이었다. 케네디는 정치적 인기를 위해 미사일과 관련된 상호 협정의 내용을 비밀로 할 것을 최종 협정 조건에 포함시켰다. 어떤 것도 소련에 양보한다는 인상을 주지 않으려 한 것이다. 아주 오랜 시간 동안, 심지어 오늘날까지도 '세상을 구한' 상호성의 힘은 인정받지 못하고, 오히려 세상을 파괴할 뻔한 비타협적인 태도가 칭송을 받아왔다는 사실은 아이러니하면서도 안타까운 일이다.[6]

정치 영역을 떠나서 '한 걸음도 물러서지 않는 태도'보다는 '주고받는 태도'가 협상에서 갖는 장점에 대해서는 사회심리학자 리 로스Lee Ross가 들려준 자신의 사촌들의 이야기에서도 잘 드러난다. 로스의 사촌인 두 형제는 캐나다에 대규모 애완용품 할인기업을 소유하고 있는데, 자신들의 상품이 판매되고 있는 여러 도시에서 창고 공간을 마련하기 위해 각각의 도시와 협상해야 한다. 형제 중 한 사람이 말했다. "나는 각 도시의 적정 창고 가격이 얼마인지 정확하게 알고 있어요. 그래서 각 도시별로 적절한 가격을 제안하고, 절대 거기에서 물러서지 않는 전략을 취합니다. 그러다 보니 제 형이 모든 협상을 다 처리하죠."

공짜 샘플은 없다

상호성 원칙은 판촉 분야에서도 찾아볼 수 있다. 수많은 예가 있지만 먼저 몇 가지 잘 알려진 사례만 살펴보자. 공짜 샘플은 오랜 역사를 자랑하는 효과적인 마케팅 기술 중 하나다. 공짜 샘플 판촉은 대부분 잠재 고객에게 관련 제품의 일부를 미리 제공해 선호도를 조사하는 방식으로 진행된다. 제조사 입장에서는 당연히 대중에게 제품의 장점을 소개하고 싶을 것이다. 그러나 공짜 샘플의 진짜 매력은 이 역시 일종의 '선물'이다 보니 상호성 원칙이 적용된다는 것이다. 공짜 샘플로 판촉을 하는 업체들은 마치 주짓수 고수들처럼 제품 홍보에만 목적이 있는 척하면서 사람들에게 공짜 선물이 주는 자연스러운 부채의식을 심는다.

연구자들은 남부 캘리포니아의 사탕 가게에서 상점에 들어올 때 무료 사탕을 받은 사람들과 받지 못한 사람들의 구매 패턴이 어떻게 다른지 살펴보았다. 무료 사탕 선물을 받은 사람들은 42퍼센트 더 많이 사탕을 구매했다. 물론 그들이 더 많은 사탕을 구매한 것을 모두 상호성 원칙 때문이라고 할 수는 없다. 단순히 자신이 맛본 사탕이 너무 맛이 있어서 그 사탕을 더 구입한 것일 수도 있다. 하지만 그들의 구매 내역을 좀 더 자세히 들여다본 결과 이런 설명은 틀린 것으로 판명되었다. 무료로 사탕을 받은 사람들은 자신이 받았던 사탕을 더 사지 않고, 오히려 다른 사탕을 샀다. 이는 자신들이 받은 사탕이 맛이 있었다기보다 무언가를 구매함으로써 호의에 보답해야 한다는 의무감을 느꼈다고 볼 수 있다.

공짜 샘플이 가장 흔한 곳은 슈퍼마켓으로, 판매사원들은 고객에게 이런저런 제품을 조금씩 나눠주며 시식을 권한다. 활짝 웃고 있는 판매사원한테 음식을 받아먹고는 이쑤시개와 빈 컵만 돌려주고 매몰차게 돌아서기란 쉬운 일이 아니다. 그래서 별로 좋아하지도 않는 제품을 구매한다. 거대 소매기업 코스트코의 판매 수치에 따르면 맥주, 치즈, 냉동 피자, 립스틱을 포함한 모든 제품은 무료 샘플을 제공할 때 판매가 급증한다. 모두가 무료 샘플을 받은 쇼핑객들 덕분이다. 이런 마케팅 전략을 보다 효과적으로 변형시킨 사례가 밴스 패커드Vance Packard의 《숨은 설득자Hidden Persuader》(1957)에 실려 있는데, 인디애나 주의 어느 슈퍼마켓 주인은 치즈를 덩어리째 밖에 내놓고 고객들에게 공짜 샘플을 마음 대로 잘라가게 하는 방법으로 몇 시간 만에 1,000파운드짜리 치즈를 전부 팔아치웠다고 한다.

또 다른 유형의 공짜 샘플 전략은 전 세계적 방문판매 조직을 활용해 가정 및 개인 생활용품 등을 생산, 유통하는 암웨이Amway 사가 사용한 전략이다. 작은 지하실 공장에서 출발해 연매출 88억 달러의 대기업으로 성장한 암웨이 사는 벅BUG이라는 도구를 이용해 고객들에게 공짜 샘플을 제공했다. 벅이란 가구광택제, 세제, 샴푸, 탈취제, 살충제, 유리 세정제 등 여러 가지 암웨이 제품을 한데 모아놓은 것으로, 암웨이의 판매사원들은 이것을 특별 제작한 상자나 비닐봉지 등에 담아 고객의 집으로 배달했다. 대외비인 '암웨이 판매 매뉴얼'을 보면, "판매사원이 어떤 비용이나 의무사항 없이 24시간이나 48시간 또는 72시간 동안" 벅을 고객에게 맡겨놓고 '일단 한번 사용해보라고 말하면 거절하는 사람이 아무도 없을 것이다'라고 적혀 있다. 시험 사용 기간이 끝나면 암웨이 판매사원이 고객을 방문해 샘플 중 고객이 원하는 제품을 주문받는다. 그렇게 짧은 기간 동안 제공된 샘플을 전부 다 사용할 수 있는 고객은 거의 없으므로 판매사원은 남은 제품을 수거해 다음 잠재 고객에게 다시 제공했다. 암웨이 판매사원 대다수가 자신의 판매 구역 안에서 한번에 여러 개의 벅을 회전시킨다.

이제 우리는 벅을 받아서 사용한 암웨이 고객들이 상호성 원칙의 덫에 걸렸다는 사실을 알고 있다. 수많은 고객들이 의무감에 굴복해 자신이 시험 삼아 일부 사용해본 제품을 주문한다. 현재는 암웨이도 벽의 성공 이유를 알고 있다. 하지만 처음에는 암웨이처럼 기록적인 성장을 거듭한 기업에서조차 벽이라는 도구는 굉장한 화젯거리였다. 각 주의 총판업자들이 본사에 올린 보고서를 보면 벽의 효과가 얼마나 대단했는지 짐작할 수 있다.

"믿을 수가 없습니다. 이렇게 흥분되는 일은 처음입니다. 제품이 말도 안 되는 속도로 팔려나가는데 이제 시작일 뿐입니다. … 각 지역 유통업자들이 벽을 받아 갔는데 매출이 놀라운 속도로 증가했습니다."(일리노이 주 총판업자)

"이제껏 본 가장 환상적인 판매 전략입니다. … 벽을 회수하러 가면 고객들이 평균적으로 벽 전체 금액의 절반 정도에 해당하는 제품을 구매합니다. … 한마디로 기가 막힙니다. 우리 조직 전체에서 이런 반응은 정말 처음 봅니다."(매사추세츠 주 총판업자)

각 주의 암웨이 총판업자들은 벽의 놀라운 위력에 당황했다. 유쾌한 당황이긴 했으나 어쨌든 당황스러운 것은 사실이었다. 물론 지금 우리에게는 전혀 당황스러운 일이 아니다.

상호성 원칙이 돈이나 상거래와 상관없는 순전히 개인적인 상황을 지배하는 경우도 많다. 상호성의 위력과 관련해 매우 흥미진진한 또 하나의 사례는 선물을 '주는' 행동을 통해서가 아니라 선물과 선물에 따르는 강력한 의무감을 '거절'함으로써 자기 목숨을 구한 여성의 이야기다. 1978년 11월 가이아나(남미 북동부에 위치한 국가 - 옮긴이) 존스타운의 교주 짐 존스Jim Jones 목사는 마을 주민 모두에게 집단 자살을 명령했다. 대부분의 주민들이 순순히 독이 든 음료를 받아 마시고 죽었다. 그러나 다이앤 루이라는 여성만 존스의 명령을 거역하고 존스타운을 탈출해 정글로 도망쳤다. 그녀가 감히 도망칠 생각을 할 수 있었던 것은 도움이 필요한 순간에 교주의 특별한 호의를 거절했기 때문이다. 그녀는 병석에 누워 있을 때 교주가 주는 특별한 음식을 거부했는데 "한번 교주의 특혜를 누리기 시작하면 그에게 좌지우지될 것" 같았기 때문이다. 아마도 존스 목사의 실수는 다이앤에게 성경을 너무 잘 가르친 일이었을 것이다. 특히 「출애굽기」 23장 8절, "너희는 뇌물을 받아서는 안 된다. 뇌물은 사람의 눈을 멀게 하고 의로운 사람의 말을 왜곡시킨다"라는 구절을 말이다.[7]

고객 맞춤화를 통한 개인화

상호성 원칙의 힘은 워낙 강력하지만, 이 힘을 더욱 강화하는 몇 가지 조건이 있다. 받는 사람의 필요나 선호에 딱 들어맞는 선물을 하는 것이다. 컨설턴트로 일하고 있는 내 친구는 컨설팅 비용을 늦게 지급하는 것으로 악명이 높은 고객에게 청구서를 보내면서 고객 맞춤형 선물을 함께 보내 돈을 빨리 받아낸 경험에 대해 들려주었다. 얼마 전부터 그녀는 고객에게 청구서와 함께 작은 선물을 보내기 시작했다. 품질이 좋은 문구류, 작은 초콜릿, 스타벅스 카드 같은 소소한 선물이었다. 그러자 수수료 지급이 미뤄지는 비율이 반으로 줄어들었다. 좀 더 최근에는 지역 미술관에서 그 고객이 수집하고 있는 분야의 현대 미술품을 찍은 엽서를 구매해서 보냈다. 그러자 청구서는 보내는 즉시 결제되었다고 한다.

그녀와 같은 분야에서 일하는 사람들은 놀라워하며 그녀의 비결을 알고 싶어하지만, 지금까지는 비밀에 부치고 있다고 한다.

고객이 선호하는 물건을 선물하는 것 외에도 고객이 지금 필요로 하는 것을 선물함으로써 선물의 효과를 극대화할 수 있다. 한 패스트푸드 매장에서 이루어진 연구는 고객 맞춤형 선물의 놀라운 효과를 보여준다. 이 연구에서는 매장에 들어온 일부 고객에게는 반갑게 인사만을 건넨 반면, 다른 고객에게는 인사와 함께 멋진 열쇠고리를 선물로 주었다. 열쇠고리를 받은 고객은 열쇠고리를 받지 못한 고객보다 12퍼센트 더 많은 음식을 주문했다. 여기까지는 상호성 원칙에 대한 일반적인 사례와 다를 바가 없다. 하지만 이 연구에서는 또 하나의 실험이 추가되었다. 또 다른 고객들에게 반가운 인사와 함께 작은 컵에 요구르트를 제공한 것이다. 요구르트와 열쇠고리의 소매가는 같았지만, 요구르트를 받은 사람들은 24퍼센트 더 많은 음식을 주문했다. 왜 그랬을까? 패스트푸드 매장을 찾는 사람들은 음식에 대한 욕구를 가지고 있고, 그 욕구에 맞는 선물을 하는 것이 차이를 가져온 것이다.

얼마 전 나의 동료 브라이언 에이헌Brian Ahearn이 잡지에서 본 기사 하나를 나에게 보내왔다. 세계적인 호텔 체인의 고위 임원이 자신의 호텔에서 진행했던 고가의 '매끄러운 고객 경험' 프로그램 결과에 충격을 받았다는 기사였다. 그를 놀라게 한 것은 호텔에 머무는 동안 완벽한 서비스를 받고 매우 만족하며, 앞으로도 계속 이 호텔에 묵겠다고 대답한 고객들의 평가가 아니었다. 오히려 호텔 측이 실수를 하고 난 후 즉시 그 실수를 바로잡는 모습을 본 고객들이 더 높은 점수를 주었다는 사실이 그에게 충격을 주었다. 왜 그런지는 여러 가지로 분석할 수 있다. 가령 효율적으로 실수를 바로잡는 호텔의 모습에서 고객들은 앞으로 일어날 일에도 잘 대처할 수 있으리라는 믿음을 갖게 되었을 수 있다. 이런 해석을 부정하는 것은 아니지만, 나는 또 다른 요인도 작용하고 있다고 생각한다. 고객들은 실수를 바로잡은 것을 호텔이 매우 예외적으로 '특별하고, 개인적인 도움'을 준 것으로 받아들였을 수 있다. 그 결과 상호성 원칙에 따라 고객들은 호텔에 특별한 보답을 해주어야 한다고 생각하게 되었고, 그것이 고객들의 훌륭한 평가와 재방문이라는 충성도로 나타났을 수 있다.

나는 기업들의 회의에 참석할 때마다 호텔 임원이 발견한 이 뜻밖의 사실과 그에 대한 나의 설명을 이야기하곤 한다. 한 번은 이 호텔의 총지배인이 하나의 사례에 대해 이야기하면서 그것을 상호성 원칙으로 설명한 나의 주장을 확인해주기도 했다. 고객 한 명이 어린 두 자녀와 테니스를 치고 싶어 했다. 하지만 어린이용 테니스 라켓은 모두 사용 중이었고, 총지배인은 직원에게 가까운 스포츠용품점에서 어린이용 라켓을 구해오라고 했지만, 새 라켓을 사왔을 때는 벌써 20분이나 지나 있었다. 하지만 나중에 아이들 엄마는 총지배인 사무실에 들러 이렇게 말했다. "독립기념일 주간에 가족 전부가 이 호텔에 머물기로 해서 지금 막 예약하고 오는 길에요. 당신이 저희에게 보여준 행동 때문입니다."

호텔에 어린이용 라켓이 두 개 더 갖춰져 있어서 그 고객에서 원활한 서비스를 제공했다면, 그 고객이 호텔의 특별한 서비스에 감사하며 한 번 더 이 호텔에 머물기로 결심했을지 생각해보면 흥미롭다. 그랬다면 그 고객은 라켓을 특별한 서비스라고 생각하지 못하고 그냥 지나쳐버렸을 것이다.

나는 어떤 실수에 대해 고객에게 맞춤화된 방식으로 대처함으로써 그것을 개인적인 선물 혹은 서비스로 느끼게 해줄 수 있다고 생각한다. 상호성 원칙이 가지고 있는 이런 특징 때문에 실수를 통해 오히려 기업에 대한 만족도와 충성도를 극대화할 수 있다. 다시 말해, 실수가 없는 것보다는 실수를 잘 만회하려는 모습이 고객들에게 더 좋은 인상을 줄 수 있다.[8]

원치 않는 호의도 갚아야 한다

앞에서 우리는 상호성 원칙에 따르면 아무리 이상하고 불쾌하고 달갑지 않은 사람이라도 호의를 먼저 베풀 경우 상대의 승낙을 받아낼 확률이 눈에 띄게 높아진다는 사실을 알았다. 상호성 원칙에는 그 막강한 위력 외에도 이런 현상을 가능하게 하는 또 다른 측면이 있다. 원치 않는 호의를 받았을 때도 부채의식이 촉발된다는 점이다. 상호성 원칙은 상대에게 받은 대로 돌려줘야 한다는 것이다. 자신이 원해서 요청한 것을 제공받았을 때에만 부채의식이 생기는 것은 아니라는 뜻이다. 미국 상이군인협회의 보고에 따르면, 단순한 기부금 요청 편지에 대한 응답률은 18퍼센트 정도라고 한다. 그런데 편지와 함께 상대가 부탁하지도 않은 선물(접착제를 바른 주소 라벨)을 동봉해 보내자 성공 확률이 거의 두 배나 치솟아 35퍼센트에 달했다. 물론 자신이 부탁한 호의를 제공받았을 경우엔 보답해야 한다는 의무감이 더 강하게 들 것이다. 그렇지만 먼저 요청했을 경우에만 부채의식을 느끼는 것은 아니다.

상호성 원칙의 사회적 목적을 잠시 생각해보면 왜 이런 현상이 벌어지는지 이해할 수 있다. 상호성 원칙의 목적은 사람들 사이에 호혜적 관계의 발전을 촉진해 누구나 손실에 대한 두려움 없이 호혜적 관계를 '시작'할 수 있도록 하는 것이다. 상호성 원칙의 목적이 그러하다면 상대방의 요청 없이 제공하는 첫 번째 호의에도 부채의식을 불러일으킬 수 있어야 한다. 또한 호혜적 관계는 그런 관계를 조장하는 사회에 상당한 이익이므로 사회에는 상호성 원칙을 제대로 작동시키려는 강한 압력이 존재한다. 이에 따라 저명한 프랑스 인류학자 마르셀 모스^{Marcel Mauss}가 선물 교환과 관련해 인류 문화에 존재하는 사회적 압력을 설명하면서 세상에는 '줄 의무'와 '받을 의무', '갚을 의무'가 있다고 말한 것을 이해할 수 있다.

갚을 의무가 상호성 원칙의 핵심이라면, 받을 의무는 상호성 원칙을 이용해 부당이득을 취하는 것을 가능하게 한다. 받을 의무가 있기 때문에 자신이 빚을 지고 싶은 사람만 선택해 빚을 질 수 없다. 결국 호혜적 관계의 주도권은 남의 손으로 넘어가게 된다. 이 과정을 알아보기 위해 앞에서 언급했던 사례들을 다시 살펴보자. 첫째, 레건의 연구에서 조가 제공한 콜라를 받아 마신 피험자는 조가 판매하는 복권을 두 배나 많이 구입했지만 그 콜라는 애초에 피험자가 원한 것이 아니었다. 조는 자발적으로 실험실을 나가 자신이 마실 콜라와 피험자에게 줄 콜라를 사들고 돌아왔다. 그러나 피험자는 콜라를 거절하지 않았다. 조의 호의를 거절하는 일이 왜 곤란했는지는 쉽게 알 수 있다. 첫째, 조는 콜라 구입에 이미 돈을 썼다. 둘째, 실험이 잠시 중단돼 조 자신이 콜라 한 병을 마시며 쉬는 상황에서 동료 피험자에게 콜라 한 병을 권하는 것은 매우 적절한 호의였다. 셋째, 그런 상황에서 피험자가 조의 배려를 거절한다면 무례하게 보일 수도 있다. 이런 이유로 콜라를 받아 마신 피험자는 조에게 부채의식이 생겼고, 조가 복권 구매를 부탁하는 순간 이 부채의식은 더욱 분명해졌다. 여기서 나타난 불균형에 주목해야 한다. 사실 이 실험에서 자유로운 선택은 전부 조의 몫이었다. 맨 처음 제공한 호의의 형태도, 이후 보답의 형태도 조가 선택했다. 물론 피험자에게 조의 제안을 모두 거부할 선택권이 있었던 것 아니냐고 반문할 수 있겠지만 그런 선택은 쉽지 않았을 것이다. 어느 쪽 제안이든 거절을 하려면 피험자는 상호성 원칙을 지지하는 문화적 압력에 맞서야 했을 테니 말이다.

많은 단체들이 뜻밖의 선물이 일으키는 의무감을 이용한다. 기부금을 요청하는 편지와 함께 작은 선물, 개인용 주소 라벨, 축하 카드, 열쇠고리 등을 동봉한 편지를 보내는 자선단체들이 얼마나 많은가. 나는 작년 한 해에만 이런 편지를 다섯 통이나 받았는데 두 통은 상이군인단체에서, 나머지 세 통은 기독교 단체와 병원 등에서 온 편지였다. 모든 편지의 내용은 비슷했다. '동봉한 물건은 우리 단체에서 드리는 선물로 생각해달라, 우리가 요청하는 것은 물건 대금이 아니라 선물에 대한 작은 성의 표시일 뿐이다.' 대충 이런 내용이었다. 기독교 단체 한 곳에서 보낸 편지에는 내가 받은 카드 한 세트는 판매가 아니라 '나의 친절한 마음을 불러일으키기 위해' 제공한 것이라고 쓰여 있었다. 세금 혜택은 논외로 하더라도 카드를 상품이 아니라 선물이라고 주장하는 것이 해당단체에 어떤 이득이 되는지 쉽게 짐작할 수 있다. 아무리 원하지 않는 선물이라도 일단 선물에 대해서는 보답을 해야 한다는 강력한 문화적 압력이 있지만 원하지 않는 '상품'을 억지로 구매해야 한다는 압력은 전혀 없기 때문이다.[9]

남자 대학생이 보낸 편지

작년에 추수감사절 휴가를 보내기 위해 집으로 향하던 중 자동차 바퀴가 터지면서 상호성 원칙의 막강한 위력을 직접 실감했습니다. 간호사 옷을 입은 한 여성 운전자가 차를 세우더니 나를 집까지 태워다주겠다고 제안했습니다. 우리 집이 25마일이나 떨어져 있는 데다 방향도 그녀의 목적지와 반대쪽이라 그녀의 호의를 극구 사양했지만 그녀는 계속 돕고 싶다며 고집했고 사례금도 받지 않으려 했습니다. 사례도 못한 채 그녀를 보내고 나니 이 책에서 설명한 불편한 감정이 엄습해왔습니다. 다음 날이 되자 나의 불안은 부모님한테까지 전염되고 말았습니다. 상호성 원칙과 남의 호의를 갚지 못한 데서 비롯된 불편한 감정은 우리 가족에게 약간의 노이로제 증상까지 일으켰습니다. 우리는 꽃이나 선물이라도 보내려고 그 간호사의 소재를 수소문했지만 아무 소용이 없었습니다. 만약 그녀를 찾을 수만 있다면 우리 가족은 그녀가 어떤 부탁을 하든 들어줬을 것입니다. 빚진 느낌에서 벗어날 길을 찾을 수 없자 어머니는 남아 있는 유일한 방법에 의지했습니다. 바로 천국에서라도 그녀에게 합당한 보상을 해달라고 추수감사절 만찬 식탁에서 하나님께 기도를 드리는 방법이었습니다.

저자의 한마디

이 일화는 요청하지 않은 호의도 부채의식을 일으킨다는 사실 외에도 상호성 원칙에 따르는 의무감에 대해 몇 가지 주목할 만한 특징을 보여준다. 상호성 원칙은 처음에 직접 호의를 주고받은 사람들한테만 국한되지 않고 그 사람들이 속해 있는 집단 구성원한테까지 확대 적용된다. 남학생이 받은 도움 때문에 가족 전체가 빚진 기분을 느꼈을 뿐 아니라 새로운 연구에 따르면, 가능하기만 했다면 간호사뿐 아니라 간호사의 가족을 도와서라도 빚을 갚으려 했을 것이다. 추가적인 연구에 따르면 이렇게 집단에 기반을 둔 상호성은 괴롭힘의 영역까지 확대된다. 어떤 집단에 속한 성원에 괴롭힘을 당했는데 그 사람을 괴롭힐 수 없다면, 우리는 그 집단에 속한 다른 사람을 괴롭히는 것으로 복수하려는 경향이 있다(Hugh-Jones, Ron, & Zultan, 2019).

상호성 원칙은 불공평한 교환을 일으킨다

상호성 원칙에는 부당이득의 도구로 이용될 수 있는 또 다른 특징이 있다. 서로 간의 공평한 교환을 촉진하기 위해 발전한 상호성 원칙이 역설적이게도 완전히 불공평한 결과를 초래하는 데 이용될 수 있다. 상호성 원칙에 따르면, 우리는 어떤 행동에 대해서든 그와 유사한 행동으로 갚아야 한다. 호의는 호의로 보답해야 한다. 호의를 무시나 공격으로 갚으면 안 된다. 그러나 이 규칙에는 융통성이 발휘될 여지가 크다. 작은 호의로 비롯된 의무감이 훨씬 더 큰 호의에 대한 승낙으로 이어질 수도 있다는 것이다. 앞에서 살펴봤듯이 상호성 원칙에 따르면, 처음 호의를 제공하는 사람이 첫 번째 호의는 물론 보답의 형태까지 결정할 수 있는 까닭에 상호성 원칙을 이용해 부당이득을 취하려는 사람은 얼마든지 불공평한 교환을 유도할 수 있다.

그 증거를 찾기 위해 다시 한 번 레건의 실험으로 돌아가보자. 실험에서 조는 한 그룹의 피험자에게만 먼저 선물로 콜라를 제공한 다음 실험

마지막에 전체 피험자에게 한 장에 25센트짜리 복권을 구매해달라고 부탁했다. 레건의 실험은 1960년대 후반, 즉 콜라 한 병 가격이 10센트이던 시절에 실시됐다. 물론 10센트짜리 콜라 한 병을 받고 티켓을 일곱 장까지 구입한 인심 좋은 피험자도 있었지만 피험자들은 평균적으로 복권을 두 장 정도 구입했다. 평균만 따져도 조는 상당한 이득을 올린 셈이다. 투자 대비 수익률이 500퍼센트라면 엄청난 성과이지 않은가.

하지만 조가 거둔 수익률이 아무리 500퍼센트라 해도 총금액은 50센트에 지나지 않는다. 그렇다면 상호성 원칙이 이보다 훨씬 큰 불공평한 상호교환도 일으킬 수 있을까? 상황만 적절하면 얼마든지 가능하다. 내가 가르치는 한 여대생이 다시 떠올리기도 싫은 끔찍한 일로 기억하는 다음 사건을 예로 들어보자.

1년 전쯤 어느 날 주차장에 있던 차가 갑자기 시동이 걸리지 않았습니다. 당황스러워하고 있는데 한 남자가 다가오더니 점프 케이블로 시동을 걸어주더군요. 저는 감사를 표하면서 혹시 필요한 일이 있으면 언제든 찾아오라고 연락처를 건넸습니다. 한 달쯤 지났을 무렵 그 남자가 찾아오더니 지금 자기 차가 정비소에 들어갔는데 미안하지만 2시간 정도만 제 차를 빌릴 수 있겠느냐고 물었습니다. 저는 부탁을 들어줘야 할 것 같은 의무감이 들었지만 갓 구입한 신차인 데다 남자가 너무 어려 보여 사실 좀 불안했습니다. 나중에 알고 보니 그 남자는 미성년자에 보험도 들지 않았더군요. 어쨌든 저는 차를 빌려주었고, 결국 거의 폐차 직전의 너덜너덜한 차를 돌려받게 됐답니다.

어떻게 한 달 전에 도움을 받았다는 이유만으로 사실상 전혀 모르는 남자(그것도 미성년자)한테 자신의 신차를 순순히 빌려줬을까? 좀 더 일반화하자면, 어떻게 처음 받은 작은 호의 하나가 훨씬 더 큰 보답으로 이어진 것일까? 한 가지 중요한 이유는 부채의식이 상당히 불쾌한 감정이라는 점이다. 누구나 빚진 느낌을 싫어한다. 마음이 불편하기 때문에 빨리 갚아버리고 싶어 한다. 이런 기분의 원인을 찾는 것은 어렵지 않다. 호혜적 관계는 인간 사회에 매우 필수적이라 우리는 누구한테 신세를 지면 불편한 느낌이 들게끔 조건화돼 있다. 만약 우리가 누군가의 호의에 보답하지 않는다면, 호혜적 관계가 붕괴되면서 상대방이 다시는 먼저 호의를 베풀지 않을 가능성이 높다. 이런 상황은 사회에 전혀 도움이 되지 않는다. 우리는 어린 시절부터 갚아야 할 의무가 있을 때에는 불안한 느낌이 들도록 훈련을 받는다. 그렇다 보니 불편한 부채의식을 벗어버리기 위해서라도 자신이 받은 것보다 더 큰 호의를 베푸는 일까지 기꺼이 승낙한다. 한 일본 속담은 이러한 상황을 적절하게 지적하고 있다. "공짜로 얻는 것이야말로 가장 비싼 것이다."

또 다른 이유도 있다. 다른 사람의 호의를 받기만 하고 보답은 하지 않는 등 상호성 원칙을 어기는 사람은 사회적으로 배척당한다. 물론 능력이 부족하거나 상황이 여의치 않아 호의를 받기만 해도 괜찮은 예외적인 경우도 있다. 그러나 대부분의 경우 상호성 원칙을 어기는 사람은 사회적으로 반감을 사게 된다. 남을 등쳐 먹는 배은망덕한 사람이라는 고약한 딱지는 피해야 하고, 그런 불쾌한 꼬리표를 달지 않기 위해 사람들은 불평등한 교환을 받아들인다.

내적인 불쾌감과 외적인 수치심이 결합하면 상당한 심리적 비용이 발생한다. 이 심리적 비용이라는 관점에서 보면, 상호성 원칙에 따라 종종 받은 것보다 더 많이 내주는 사람들의 행동도 그다지 이상해 보이지 않는다. 또한 보답할 수 없는 처지일 때는 꼭 필요한 부탁조차 하지 않으려는 심정도 이해할 수 있다. 차라리 물질적 손실을 감수하는 것이 심리적 비용을 치르는 것보다 낫기 때문이다.

또 다른 종류의 손실에 대한 위험을 우려해 다른 사람의 선물이나 호의를 거절하는 경우도 있다. 남성에게 고가의 선물을 받거나 값비싼 저녁식사를 대접받은 여성들은 신세를 갚아야 할 것 같은 불편한 감정이 든다고 한다. 술 한 잔을 얻어 마신 경우에도 부채의식이 생길 수 있다. 내 강의를 듣는 한 여학생은 그런 느낌을 보고서에 이렇게 표현했다. "상호성 원칙을 배우고 난 후로는 더 이상 술집에서 남자들한테 술을 얻어 마시지 않게 됐다. 남자한테든 나 자신한테든 내가 성적으로 뭔가 보답을 해야 한다는 느낌을 주는 것이 싫기 때문이다." 연구 결과에 따르면 이 여학생의 우려에는 근거가 있다. 여성이 자신의 술값을 남성에게 부담하게 하는 순간 (남성과 여성 모두에게) 상대 남성과 성적인 관계를 가질 확률이 높은 여성으로 취급받았다는 연구 결과가 있다.

상호성 원칙은 대부분의 인간관계에 적용되지만, 가족이나 오랜 친구 같은 장기적인 관계에는 가장 순수한 형태의 상호성은 필요하지도, 바람직하지도 않다. 이런 '공유적' 관계에서는 상대에게 뭔가 필요할 때 자발적으로 그것을 제공하려는 형태의 상호성만 나타난다. 이런 유형의 관계에서는 상호성 원칙을 적용한다 해도 누가 더 많이 또는 더 적게 내놓았는지 계산할 필요가 없으며, 양쪽 모두 일반적인 규칙을 준수하며 살아가고 있는지를 더 중요하게 여긴다.[10]

오스트레일리아에 이민 간 미국인이 보낸 편지

얼마 전 저희는 오스트레일리아에 이민 왔습니다. 다섯 살 난 딸은 새로운 문화에 적응하고 새 친구들을 찾느라 열심입니다. 최근 아내와 함께 동네 산책을 하던 중에 딸은 이웃집 편지함에 '선물'을 남겼습니다. 사실은 크레용으로 낙서한 종이를 접어 편지처럼 만든 데 불과하지요. 저는 별일 아니라고 생각했고, 받는 집이 귀찮지 않으려나 하는 생각은 조금 했습니다. 또 우리가 '유령 편지 투척꾼'이라 알려지는 건 아닌지 걱정도 되었습니다. 그런데, 재미있는 일이 일어나기 시작했습니다. 저희 집 우편함에 카드가 쌓이기 시작한 겁니다. 그것도 홀마크 사에서 판매하는 정식 카드가 말입니다. 카드는 저희 딸아이 앞으로 왔는데, 보아하니 보내는 데 3달러에서 5달러 정도 비용도 들어 보였습니다. 그리곤 이내 사탕과 작은 장난감들이 쌓이기 시작했어요. 이 책을 읽지 않았다면, 대체 무슨 일이 벌어지고 있는지 이해하지 못했을 겁니다. 상호성 원칙의 힘은 믿기 힘들 정도로 강력했습니다. 이제 딸아이에게는 매일 같이 길 건너 공원에서 함께 뛰어놀 친구들이 많이 생겼습니다.

저자의 한마디

이 이야기는 상호성 원칙이 가진 특징을 잘 보여준다. 상호성 원칙은 불평등한 교환을 유발할 뿐 아니라 지속적인 사회적 관계를 시작하게 해준다. 무엇보다 어린아이들까지도 상호성 원칙을 사회적 관계 형성을 위한 하나의 방법이라고 생각하고 있다.

━ 상호 양보

상호성 원칙을 이용해 상대방의 승낙을 얻어내는 또 하나의 방법이 있다. 이 방법은 상대에게 먼저 호의를 제공하고 보답을 요구하는 직접적인 방법보다는 약간 미묘하지만 어떤 면에서는 훨씬 더 효과적이다. 나 역시 몇 년 전 이런 설득의 기술이 어떻게 작동하는지 직접 경험한 바 있다.

어느 날 거리를 걷고 있는데 열한 살이나 열두 살쯤으로 보이는 남자아이가 다가왔다. 아이는 자기소개를 하더니 다가오는 토요일에 열릴 예정인 연례 보이스카우트 서커스 행사의 입장권을 판매 중이라고 말했다. 그러면서 혹시 5달러짜리 티켓을 사줄 수 있겠느냐고 물었다. 토요일 저녁을 보이스카우트 꼬마들과 함께 보낸다는 것이 생각만 해도 끔찍해 나는 바로 거절했다. 그러자 꼬마가 물었다. "티켓을 사주실 수 없다면 초콜릿 바 몇 개만 사주시겠어요? 하나에 1달러밖에 안 해요."

그렇게 초콜릿 바를 두 개 사주고 나니 뭔가 이상하다는 느낌이 들었다. 첫째, 나는 초콜릿 바를 싫어한다. 둘째, 나는 돈을 좋아한다. 셋째, 나는 초콜릿 바 두 개를 들고 멍하니 서 있다. 넷째, 보이스카우트 꼬마는 내 돈을 들고 유유히 걸어간다. 이 모든 상황이 석연치 않았다.

나는 당시 상황을 정확히 이해하기 위해 연구실로 돌아가자마자 연구원들을 소집해 회의를 열었다. 논의를 거듭하다 보니 내가 소년의 부탁대로 순순히 초콜릿 바를 구매하는 과정에 상호성 원칙이 어떤 영향을 미쳤는지 보이기 시작했다. 일반적으로 우리에게 어떤 행동을 한 사람은 같은 행동으로 보답받을 자격이 생긴다. 앞에서 봤듯이 다른 사람의 호의에 우리도 호의로 보답해야 하는 것은 그런 이유 때문이다. 그렇다면 다른 사람의 양보에 우리도 양보로 보답해야 한다는 결론이 나온다. 보이스카우트 소년은 나를 바로 그런 상태에 빠뜨렸던 것이다. 나한테 1달러짜리 초콜릿 바를 사달라고 부탁한 것은 소년 입장에서는 일종의 양보였다. 소년은 5달러짜리 입장권을 사달라는 부탁에서 한발 물러났고, 상호성 원칙에 따른다면 내 편에서도 그에 걸맞은 양보를 해야만 했다. 그리고 실제로 소년은 나에게서 그런 양보를 얻어냈다. 소년이 큰 부탁을 철회하고 작은 부탁으로 바꾸자 나도 거절에서 승낙으로 입장을 바꾸고 만 것이다. 나는 입장권에도, 초콜릿 바에도 관심이 없었는데 말이다.

이것은 설득의 무기를 이용해 승낙을 받아내는 전형적인 사례라 할 수 있다. 내가 뭔가 구매할 마음이 든 것은 그 물건이 마음에 들어서가 아니라 상대가 상호성 원칙이 작동되는 방식으로 구매를 부탁했기 때문이다. 내가 초콜릿 바를 싫어한다는 사실은 전혀 문제가 되지 않았다. 보이스카우트 소년이 한발 물러나자 '누르면, 작동하는' 반응으로 나 역시 한발 물러났다. 물론 상대방의 양보에 양보로 보답하려는 경향은 모든 상황, 모든 사람에 적용될 만큼 강력한 것은 아니다. 이 책에서 소개하는 설득의 무기 중 그렇게까지 강력한 것은 없다. 그러나 나와 소년의 거래 과정에서 이 방식은 나로 하여금 좋아하지도 않고 값도 비싼 초콜릿 바를 엉겁결에 구매하게 만들 정도로 충분히 강력했다.

그렇다면 나는 왜 소년의 양보에 양보로 보답해야 한다는 의무감을 느꼈을까? 다시 한 번 말하지만 그런 경향이 사회에 이익이 되기 때문이다. 모든 인간 집단은 그 구성원들이 공동의 목표를 위해 협력하기를 원한다. 그러나 실제로 구성원들은 상대가 수용할 수 없는 무리한 요구부터 내놓는 경우가 많다. 따라서 사회 전체에 이익이 되는 협동 과정을 끌어내기 위해서는 사회에서 수용 불가능한 첫 번째 요구를 철회하도록 해야 한다. 이를 위해서는 타협을 촉진하는 과정이 필요한데, 상호 양보가 바로 그런 과정이다.

상호성 원칙은 두 가지 방법으로 사회 구성원의 상호 양보를 이끌어낸다. 첫 번째 방법은 상당히 분명하다. 먼저 양보를 받은 사람한테 그에 상응하는 양보로 보답하라고 압력을 가하는 것이다. 두 번째 방법은 첫 번째 방법만큼 명확하진 않지만 그에 못지않게 중요하다. 양보를 받은 사람은 양보로 보답해야 하는 의무가 있기에 사람들은 부담 없이 '먼저' 양보를 함으로써 사회에 유익한 교환 과정을 시작할 수 있다. 양보에 양보로 보답해야 한다는 사회적 의무가 없다면 과연 누가 먼저 희생하려 들겠는가? 그랬다가는 자신만 뭔가를 포기하고 아무것도 돌려받지 못해 손해를 보게 될 텐데 말이다. 상호성 원칙이 작용할 때 우리는 안심하고 상대를 위해 먼저 희생할 수 있고, 상대방한테도 그 희생에 보답해야 한다는 의무감이 생긴다.

'거절 후 양보' 전략

상호성 원칙은 타협 과정을 지배하기 때문에 '먼저' 양보를 하는 것은 매우 효과적인 설득의 기술이 될 수 있다. 이 간단한 전략을 '거절 후 양보rejection-then-retreat'전략이라고 하며, 흔히 '문전박대door-in-the-face' 전략이라고도 한다. 당신이 나한테 어떤 부탁을 하고 싶다고 가정해보자. 승낙 확률을 높이는 한 가지 방법은 내가 틀림없이 거절할 만한 무리한 부탁을 먼저 하는 것이다. 그래서 거절을 당하면 그제야 원래 염두에 뒀던 작은 부탁을 한다. 부탁의 순서만 제대로 설정한다면, 나는 당신이 두 번째 내놓은 작은 부탁을 나에 대한 양보로 인식하고 나도 그에 걸맞은 양보를 해야 한다는 의무감에 결국 당신의 두 번째 부탁을 들어줄 수밖에 없을 것이다.

보이스카우트 소년이 나에게 초콜릿 바를 팔려고 일부러 이 전략을 사용한 것일까? 그렇다면 5달러짜리 입장권에서 한발 양보해 1달러짜리 초콜릿 바를 권한 것은 처음부터 초콜릿 바를 팔기 위해 의도적으로 꾸민 교묘한 계획이었을까? 보이스카우트 우수단원 배지를 아직도 간직하고 있는 나로서는 제발 아니었다고 믿고 싶다. 큰 부탁을 먼저 하고 작은 부탁을 나중에 하는 것이 계획적이었든 아니든 결과는 같았다. 효과가 있었던 것이다. 효과가 있으므로 당연히 이 전략을 '의도적으로' 이용하는 사람도 있을 것이다. 따라서 먼저 이 전략이 어떻게 믿을 만한 설득의 도구로 이용되는지 알아보고, 실제로 이용된 예를 살펴본 다음 마지막으로 이 전략을 가장 영향력 있는 설득의 기술로 만들어주었지만 아직 잘 알려지지 않은 몇 가지 특징을 살펴보도록 하자.

앞에서 말했듯이 보이스카우트 소년을 만난 후 나는 상황을 파악하기 위해 연구원들을 불러 모았고, 우리는 내가 설득당해 구입한 증거물을 함께 먹어치웠다. 물론 먹기만 한 것은 아니다. 우리는 무리한 부탁을 먼저 해서 거절당한 다음 원래 하려던 작은 부탁을 하는 방법이 얼마나 효과가 있는지 알아보기 위한 실험을 설계했다. 실험의 목적은 두 가지였다. 첫 번째 목적은 이런 방법이 나 이외의 다른 사람에게도 효과가 있는지 확인하는 것이었다. 그날의 경험으로 미루어볼 때 나에게는 분명 효과가 있었지만, 나는 온갖 종류의 설득의 기술에 넘어간 전력이 있었다. 따라서 "'거절 후 양보' 전략이 과연 승낙을 얻어내는 유용한 방법으로 인정받을 만큼 많은 사람들한테 효과가 있는가?"라는 질문의 답을 구해야 했다. 만약 그렇다면 우리가 반드시 익혀야 하는 중요한 전략이 될 터였다.

연구의 두 번째 목적은 그 전략의 위력이 어느 정도인지 판단하는 것이었다. 상당히 부담스러운 부탁에 대해서도 승낙을 얻어낼 수 있을까? 다시 말해 무리한 부탁을 앞세워 승낙을 유도하는 작은 부탁이 반드시 '작은' 부탁이어야 할까? 만약 이 전략이 효과를 발휘하는 이유가 우리의 생각대로라면 두 번째 부탁이 반드시 작을 필요는 없지 않을까 싶었다. 첫 번째 부탁보다 작기만 하면 된다. 우리는 큰 부탁에서 작은 부탁으로 한발 물러나는 과정에서 가장 중요한 요소는 양보라는 '형식'일 거라고 가정했다. 그렇다면 두 번째 부탁은 첫 번째 부탁보다 작기만 하면 객관적으로 큰 부탁이어도 상관이 없지 않을까? 그래도 여전히 효과가 있을 것이 분명했다.

잠깐의 논의를 거쳐 우리는 이 전략을 사용해 아무도 승낙하지 않을 만한 부탁을 해보기로 했다. 우리는 지역 청소년상담센터 회원처럼 꾸며 어느 대학 교정에서 학생들에게 접근해 혹시 비행청소년들을 인솔해 하루 동안 동물원 관람을 해줄 수 있는지 물어봤다. 보수도 없이 불특정 다수의 비행청소년을 몇 시간 동안 공공장소에서 인솔해달라는 부탁은 학생들에게 전혀 달갑지 않은 제안일 터였다. 예상대로 대다수 학생들(83퍼센트)이 제안을 거절했다. 그러나 같은 질문을 조금 다른 방식으로 하자 전혀 다른 결과가 나왔다. 보수도 없이 동물원까지 비행청소년을 인솔해달라는 요구를 하기 전에 최소 2년 동안 매주 2시간씩 비행청소년 상담을 해달라는 내용으로 훨씬 더 큰 부탁을 한 것이다. 우리는 이 극단적인 부탁을 거절당한 직후 한발 물러나 동물원 관람이라는 '작은' 부탁을 했다. 그러자 성공 확률이 극적으로 높아졌다. 이런 방법을 사용하자 동물원 관람을 인솔하겠다고 자원한 학생이 세 배로 급증한 것이다.

중요한 부탁에 대한 승낙 확률을 세 배나 높이는(우리 실험에서는 17퍼센트에서 50퍼센트로 높아졌다) 전략이 있다면 당연히 현실에서도 다양하게 활용될 수 있다. 예를 들어 노사협상에서 처음에는 상대가 받아들일 리 없는 극단적인 요구를 했다가 한발 물러나면서 상대한테서도 양보를 이끌어내는 전략을 자주 사용한다. 그렇다면 첫 번째 요구가 크면 클수록 양보하는 척할 여지도 커져서 더 효과적인 협상이 가능해질까? 그렇지 않다. 이런 전략은 일정 수준까지만 효과를 발휘한다. 이스라엘 바르일란대학교 연구진의 '거절 후 양보' 전략과 관련한 연구에 따르면, 처음에 제시하는 요구가 터무니없을 정도로 극단적이면 오히려 역효과가 나타나는 것으로 밝혀졌다. 이런 경우 처음에 너무 무리한 요구를 하면 거래에 성실하게 임할 사람으로 보이지 않는다. 매우 비현실적인 요구를 먼저 제시한 다음 한발 물러서는 행동은 진짜 양보처럼 보이지 않으며, 보답도 받지 못하는 결과가 나왔다. 따라서 정말 뛰어난 협상가는 첫 번째 요구를 적당히 과장해 제시한 후 상대와 작은 양보와 대안을 주

고받다가 결국 상대방으로부터 자신이 원래 원하던 바람직한 결과를 이끌어내는 사람이라 할 수 있다.[11]

독자 편지 2.5
독일 소프트웨어 엔지니어가 보낸 편지

저는 대학에서 전자공학을 전공하고 에너지 분야에서 4년간 일한 후 직장을 그만두고 소프트웨어 개발자로서 새롭게 경력을 시작했습니다. 저의 소프트웨어 지식이란 모두 독학으로 얻은 것이다 보니, 직원 10명의 소규모 회사에서 처음 시작할 때는 형편없는 대우를 받을 수밖에 없었습니다. 2년이 지나 저는 회사에 임금인상을 요구하기로 마음먹었습니다. 그런데 문제가 있었습니다. 사장은 임금을 인상해주지 않는 것으로 악명 높았습니다. 그래서 저는 다음과 같은 방법을 사용했습니다.

우선, 제가 잔업도 마다하지 않고 얼마나 많은 시간 동안 일했는지, 그리고 회사에 얼마나 많은 이익을 가져다주었는지를 사장에게 이야기했습니다. 그리곤 이렇게 말했죠. "저는 평범한 직원이 아니라고 생각합니다. 평범한 직원에 비해 훨씬 많이 일합니다. 그리고 저는 제 위치에 있는 사람들이 받는 평균 임금을 받고 싶습니다." (당시 제 임금은 평균 임금보다 30퍼센트 적었습니다.) 사장은 단칼에 거절하더군요. 저는 5초간 침묵을 지킨 후 다시 말했습니다. "알겠습니다. 그렇다면 매달 000유로를 더 주시고, 하루는 재택근무를 할 수 있을까요?" 그는 그러라고 대답했습니다.

저는 사장이 평균 임금을 주지 않으리라는 것을 이미 알고 있었습니다. 그렇지만 어느 정도의 임금 인상과 더불어 하루라도 재택근무를 하고 싶었습니다. 집에서 약혼녀와 더 많은 시간을 보내고 싶었거든요. 어쨌든 저는 두 가지를 얻어 사장실을 나올 수 있었습니다. 하나는 23퍼센트의 임금 인상이고, 다른 하나는 '거절 후 양보' 전략에 대한 고마운 마음입니다.

저자의 한마디

'거절 후 양보' 전략은 대체로 대조 원칙과 함께 사용된다. 처음에 커다란 양을 제시한 후 두 번째 요구를 제시하면, 그 요구는 양보처럼 보일 뿐 아니라, 또 대단히 적은 양처럼 보인다.

P. S. 이 편지를 보낸 독자의 이름은 그의 요청에 따라 서문에 밝히지 않았다.

워터게이트 사건의 미스터리

'거절 후 양보' 전략이 효과를 발휘하는 이유가 상호성 원칙 때문이라는 점은 앞에서 말한 바 있다. 그러나 몇 가지 다른 요인도 효과에 영향을 미친다. 첫 번째 요인은 1장에서 살펴본 인지적 대조 원칙과 관련이 있다. 대조 원칙이란 값비싼 양복을 구매하기 '전'이 아니라 '후'에 스웨터를 구매할 경우 돈을 더 많이 쓰는 현상을 설명하는 원칙이다. 고가의 제품을 먼저 접했기에 저가의 제품이 상대적으로 더 저렴하게 느껴지는 것이다. 마찬가지로 큰 부탁을 먼저 하고 나중에 작은 부탁을 하면 대조 원칙에 따라 작은 부탁이 큰 부탁에 비해 더 작게 느껴진다. 10달러를 빌리고 싶을 때는 먼저 20달러를 빌려달라고 부탁하면 10달러를 실제보다 적은 금액으로 느끼게 할 수 있다. 이 전략의 장점 중 한 가지는 먼저 20달러를 부탁했다가 한발 물러나 10달러를 부탁하면서 상호성 원칙과 대조 원칙을 동시에 활용할 수 있다는 점이다. 20달러 제시 후 금액을 낮춰 10달러를 빌려달라는 부탁은 상대한테 뭔가 보답해야 할 양보로 보일 뿐 아니라 다짜고짜 10달러를 빌려달라고 부탁하는 경우보다 금액도 더 적어 보인다.

상호성 원칙과 인지적 대조 원칙이 '거절 후 양보' 전략을 통해 결합하면 가공할 만한 위력을 발휘한다. 우리 시대 최악의 정치 공작 중 하나로, 리처드 닉슨 미국 대통령을 파멸로 이끌었던 워터게이트 사건 역시 이런 관점에서 살펴보면 이해하기 쉽다. 워터게이트 사건이란 닉슨 대통령의 재선을 획책하던 비밀공작반이 당시 민주당 전국위원회 본부인 워터게이트 건물에 불법침입해 도청장치를 설치하려다 발각된 사건이다. 당시 불법침입 결정에 관여했던 사람 중 하나인 제프 스튜어트 매그루더Jep Stuart Magruder는 워터게이트 침입 작전이 발각됐다는 보고를 듣고 당연한 일이지만 몹시 당황한 반응을 보였다. "어떻게 우리가 그토록 어이없는 결정을 내렸을까?" 정말이지 어떻게 그랬을까?

불법침입 작전이 당시 닉슨 행정부에 얼마나 어이없고 황당한 결정이었는지 다음 몇 가지 사실만 살펴보면 알 수 있다.

- 불법침입 계획은 당시 대통령재선위원회CREEP의 정보수집 담당자 고든 리디G. Gordon Liddy의 아이디어였다. 리디는 행정부 고위 인사들 사이에서 괴짜로 유명한 인물이었고, 신뢰성이나 판단력 면에서도 여러모로 의심받고 있었다.

- 리디의 계획은 비용 또한 만만치 않아 추적이 불가능한 현금으로 25만 달러의 예산이 필요했다.
- 대통령재선위원회의 위원장 존 미첼John Mitchel과 그의 보좌관인 매그루더와 프레더릭 라루Frederick LaRue 등이 회의를 열어 리디의 계획을 승인한 3월 하순 무렵은 11월 대선에서 닉슨이 재선에 성공할 전망이 그 어느 때보다 밝은 시점이었다. 초기 여론 조사에서 닉슨에 맞설 경쟁자로 유일하게 점쳐졌던 민주당 경선 후보 에드먼드 머스키Edmund Muskie는 예비선거에서 뜻밖의 고배를 마셨는데, 이는 가장 만만한 후보인 조지 맥거번George McGovern이 민주당 대선 후보가 될 가능성이 높다는 뜻이었다. 따라서 공화당의 승리는 거의 확실해 보였다.
- 침입 작전 자체도 참여 인원 10명에 대한 철저한 보안 유지가 필요한 위험한 일이었다.
- 불법침입과 도청의 대상이었던 민주당 전국위원회와 회장 로렌스 오브라이언Lawrence O'Brien의 워터게이트 사무실에는 현직 대통령을 낙마시킬 만한 위력적인 정보가 없었다. 닉슨 정부가 '엄청나게' 어리석은 짓을 저지르지 않는 한 민주당이 그런 정보를 입수할 가능성도 없었다.

이런 부정적 이유가 있었음에도 판단력조차 의심받던 한 '괴짜'가 제안한 비용도 많이 들고, 불확실하고, 무의미하며, 장차 심각한 재앙을 불러올 수도 있는 계획이 무리 없이 통과됐다. 미첼이나 매그루더처럼 지적이고 교양 있는 인물들이 어째서 그런 '엄청나게' 어리석은 일을 저질렀을까? 아마도 그 답은 세상에 거의 알려진 적이 없는 다음 사실에서 찾을 수 있을 것이다. 그들이 승인한 25만 달러짜리 계획은 리디의 첫 번째 제안이 아니었다. 리디의 입장에서 볼 때 그 계획은 훨씬 큰 규모의 두 가지 계획을 양보한 결과였다. 두 달 전 리디가 미첼, 매그루더, 존 딘John Dean과의 회의석상에서 처음 제안한 내용은 (워터게이트 불법침입과 도청 외에도) 특수 통신장치를 탑재한 '추격기', 납치, 습격, 민주당 정치가들을 함정에 빠뜨리기 위한 '고급 콜걸'을 태운 호화 요트 등을 포함한 100만 달러짜리 계획이었다. 그로부터 일주일 후 리디가 미첼, 매그루더, 딘에게 다시 제안한 두 번째 계획은 첫 번째 계획에서 몇 가지 프로그램을 제외하고 비용도 50만 달러로 축소됐다. 리디는 두 계획이 모두 거절되자 미첼과 매그루더, 프레더릭 라루에게 제법 '저렴한' 25만 달러짜리 계획을 제시했다. 황당하긴 마찬가지였지만 앞의 두 계획에 비하면 한결 그럴듯해 보이는 마지막 계획은 그렇게 통과됐다.

나 같은 '봉'과 존 미첼 같은 산전수전 다 겪은 노련한 정치가가 어떻게 똑같이 나는 초콜릿 바를 사달라고 한 보이스카우트 소년의, 미첼은 정치적 파멸을 판매한 괴짜의 설득 기술에 넘어가 그토록 어리석은 거래를 하고 만 걸까?

워터게이트 조사위원회에서 리디의 계획이 통과된 회의와 관련해서 가장 믿을 만한 증언이라고 평가한 제프 매그루더의 증언을 검토해보면 중요한 단서를 발견할 수 있다. 매그루더는 자신의 저서에서 다음과 같이 밝혔다. "우리 중 누구도 리디의 계획에 적극 찬성하지는 않았다." 그러나 "100만 달러라는 엄청난 금액에서 시작했기에 25만 달러 정도면 수용 가능한 금액이라고 생각했다. (중략) 리디를 빈손으로 돌려보내기 곤란했던 것이다." 미첼은 "'좋아, 100만 달러의 4분의 1만 내주고 뭘들고 오나 보자'라는 의미로 리디에게 뭔가 작은 것을 승인해줘야 한다는 느낌"에 사로잡혔다. 리디의 첫 제안이 워낙 어마어마했던 탓에 '100만 달러의 4분의 1'은 리디의 양보에 대한 보답으로 제공할 수 있는 '작은 것'으로 보였던 모양이다. 매그루더는 몇 년이 지난 뒤 당시 일을 회상하며 리디의 접근 방식을 가장 간단명료한 '거절 후 양보' 전략의 사례로 기억했다. "만약 리디가 처음부터 우리한테 '래리 오브라이언의 사무실에 불법침입해 도청장치를 설치할 계획입니다'라고 말했다면 우리는 즉시 거절했을 것이다. 하지만 리디는 일단 콜걸 투입, 납치, 습격, 파괴, 도청 등의 계획을 한아름 들고 왔다. 절반, 아니 4분의 1만 받아도 충분하다고 생각하면서 먼저 빵 한 덩어리를 전부 요구했던 것이다."

비록 상사의 결정에 굴복하고 말았지만, 회의 참석자들 중 오직 프레더릭 라루만이 리디의 제안에 직접적인 반대 의견을 표했다는 점도 주목할 만하다. 라루는 상식적인 차원에서 "그런 위험을 감수할 만한 가치가 없는 일인데"라고 반발하면서 미첼과 매그루더 같은 동료들이 왜 자신과 같은 생각을 못하는지 분명 궁금했을 것이다. 리디의 계획에 대해 라루가 그 두 사람과 다른 의견을 갖게 된 데는 여러 가지 이유가 있겠지만, 유난히 눈에 띄는 이유를 하나 꼽자면 바로 세 사람 중 라루만이 리디가 훨씬 더 야심만만한 계획을 제시한 첫 번째와 두 번째 회의에 참석하지 않았다는 점이다. 따라서 라루만이 그 두 사람에게 작용하던 상호성 원칙과 대조 원칙의 영향권에서 벗어나 세 번째 계획을 객관적으로 판단하고 그 황당함을 알아봤던 것이다.

'거절 후 양보' 전략의 효과와 부작용

'거절 후 양보' 전략의 성공에는 상호성 원칙 외에도 몇 가지 다른 요인이 작용한다고 앞서 말한 바 있다. 첫 번째 요인인 인지적 대조 원칙은 이미 살펴봤다. '거절 후 양보' 전략에 영향을 미치는 또 다른 요인은 앞의 두 요인 같은 심리 원칙이 아니다. 오히려 부탁 순서와 관련이 있는 순전히 구조적인 특징이라 할 수 있다. 다시 한 번 10달러를 빌려야 할 상황을 가정해보자. 나는 처음에 20달러를 부탁해도 전혀 손해 볼 것이 없다. 상대가 허락한다면 처음 기대했던 10달러의 두 배를 빌릴 수 있고, 상대가 거절한다 해도 한발 물러나 원래 원했던 10달러를 부탁하면 된다. 그렇게 한다면 상호성 원칙과 대조 원칙에 따른 부탁이 성공할 확률이 매우 높아진다. 어떤 경우라도 나는 이익이다. 동전 던지기로 치면 앞이 나오든 뒤가 나오든 이기는 경우라 할 수 있다.

'거절 후 양보' 전략이 이토록 강력한 효과를 발휘한다면 부작용도 만만치 않으리라 예상할 수 있다. 궁지에 몰려 어쩔 수 없이 부탁을 수락한 희생자들이 분노할지도 모른다. 희생자들은 여러 가지 방식으로 분노를 표현할 수 있다. 첫째, 희생자가 상대한테 구두로 허락한 내용을 행동으로 실천하지 않을 가능성이 있다. 둘째, 희생자가 상대를 불신하게 돼 앞으로 다시는 상종하지 않겠다고 결심할 수도 있다. 이런 결과가 자주 벌어진다면, 부탁하는 사람은 '거절 후 양보' 전략의 사용을 다시 생각해봐야 할 것이다. 그런데 연구 결과에 따르면, '거절 후 양보' 전략의 희생자들에게서 이런 부정적 반응이 증가하지 않았다. 놀랍게도 오히려 감소하는 것으로 밝혀졌다. 그 이유를 알아보기 전에 먼저 근거부터 살펴보자.

헌혈 장기 약정

캐나다에서 실시한 어느 연구를 참조하면, '거절 후 양보' 전략에 넘어가 부탁을 수락한 희생자가 실제로 약속을 실천하는지, 그리고 상대의 추가 부탁까지 수락하는지 여부를 알아볼 수 있다. 캐나다 연구진은 실험을 통해 '거절 후 양보' 전략을 사용하면 피험자가 부탁(지역 정신병원에서 하루에 2시간 무료 봉사)을 승낙하는지뿐 아니라 약속대로 정말 봉사하러 현장에 나타나는지도 조사했다. 예상대로 무리한 부탁(지역 정신병원에서 일주일에 2시간씩 최소 2년 동안 무료 봉사)을 먼저 제시한 다음 한발 양보해 비교적 쉬운 부탁을 제시한 경우(76퍼센트)가 처음부터 쉬운 부탁만 제시한 경우(29퍼센트)보다 구두 승낙 확률이 더 높았다. 그러나 연구진은 과연 자원봉사를 약속한 희생자들이 약속에 따라 실제로 봉사 현장에 나타날까에 더 관심이 많았다. 실험 결과 약속의 실천에서도 '거절 후 양보' 전략을 사용한 경우가 훨씬 더 효과적인 것으로 밝혀졌다(85퍼센트 대 50퍼센트).

우리는 또 다른 실험을 통해 혹시 '거절 후 양보' 전략에 넘어간 희생자들이 조종당한다는 불쾌한 느낌을 받아 추가 부탁을 거절하는지에 대해서도 관찰했다. 대학생 피험자들에게 캠퍼스 연례 헌혈 캠페인 중하나로 약 0.5리터의 혈액을 기증해달라고 부탁하는 실험이었다. 한 집단의 피험자들에게는 먼저 최소 3년 동안 매 6주마다 혈액 0.5리터를 기증해달라고 부탁했다가 거절당한 후 한발 양보해 일단 0.5리터만 기증해달라고 부탁했고, 다른 집단의 피험자들에게는 처음부터 0.5리터의 혈액만 기증해달라고 부탁했다. 연구진은 헌혈을 약속하고 헌혈센터를 방문한 피험자들에게 혹시 필요한 경우 재헌혈을 요청할 수 있도록 전화번호를 알려달라고 부탁했다. '거절 후 양보' 전략을 사용해 헌혈 승낙을 받아낸 학생들은 거의 대부분(84퍼센트)이 재헌혈에 동의한 반면, 단번에 승낙을 받아낸 학생들은 절반도 안 되는 수(43퍼센트)만 재헌혈에 동의했다. 추가 부탁을 해야 하는 경우에도 '거절 후 양보' 전략이 뛰어난 효과를 발휘한 것이다.

기분 좋은 부작용

이상하게도 '거절 후 양보' 전략에 넘어간 사람들은 부탁을 수락할 뿐 아니라 약속도 성실히 이행하고, 심지어 상대의 추가 부탁까지 쉽게 수락하는 모습을 보인다. 이 전략의 어떤 점 때문에 한 번 승낙으로도 모자라 추가 부탁까지도 계속 승낙하는 걸까? 그 답은 이 전략의 핵심이라 할 수 있는 양보 행동에서 찾을 수 있다. 앞에서 살펴봤듯 양보는 명백한 속임수로 보이지만 않는다면 항상 상대방의 양보를 이끌어낼 확률이 높다. 그러나 양보 행동에는 우리가 아직 살펴보지 않은 두 가지 긍정적인 부작용이 따르는데, 합의 사항에 대한 '책임감'과 높은 '만족도'다. 희생자들이 약속을 준수하는 것은 물론 한 걸음 더 나아가 추가 부탁까지 수락하는 것은 바로 이 두 가지 기분 좋은 부작용 때문이다.

양보 행동의 바람직한 부작용은 사람들의 거래 방식에 관한 연구, 특히 UCLA 대학교 사회심리학자들의 연구에서 잘 드러난다. 연구진은 피험자들에게 일정 금액의 현금을 지급하고 '협상 상대'와 마주 앉아 돈의 배분 방식을 협상하라고 지시했다. 그리고 만약 일정 시간이 지난 뒤에도 서로 합의하지 못하면 아무도 돈을 가질 수 없다는 조건을 달았다. 피험자에게는 비밀로 했지만 사실 협상 상대는 피험자와 세 가지 방식으로 협상을 진행하라고 지시를 받은 연구진의 일원이었다. 협상 상대는 첫 번째 집단을 상대로 처음부터 돈을 혼자 다 갖겠다는 식의 무리한 요구를 하면서 협상 내내 자기 입장만 고집했다. 두 번째 집단에게는 적당히 유리한 수준으로 요구하면서 이번에도 역시 협상 내내 자기 입장만 고집했다. 세 번째 집단에게는 처음에는 상당히 무리한 요구로 시작했지만, 협상을 진행하는 동안 점점 자기 입장을 철회하고 합리적인 요구로 물러났다.

이 실험에서 나타난 세 가지 결과는 '거절 후 양보' 전략이 강력한 효과를 발휘하는 이유를 보여준다. 첫 번째 결과는 협상 상대가 무리한 요구로 시작해 점점 합리적인 요구로 양보하는 전략을 사용한 경우 피험자들로부터 가장 많은 돈을 받아냈다는 점이다. 큰 요구 후 작은 요구를 하는 전략이 유리한 합의를 이끌어내는 힘이 있다는 점은 앞에서 여러 실험을 통해 확인한 바 있기에 그리 놀랍지 않을 것이다. 놀라운 것은 다음의 나머지 두 가지 결과다.

책임감

협상 상대가 '거절 후 양보' 전략을 사용했을 때 피험자들의 승낙 확률이 높아졌을 뿐 아니라 피험자들은 합의사항 이행에 대해서도 더 강한 책임감을 느꼈다. 이 결과를 보면, '거절 후 양보' 전략을 사용했을 때 희생자가 그렇지 않은 경우에 비해 약속을 더 잘 지키는 불가사의한 현상도 이해가 가능해진다. 합의사항에 더 책임감을 느끼는 사람이 합의사항을 이행할 확률도 높을 테니 말이다.

만족도

피험자들은 협상 상대가 '거절 후 양보' 전략을 사용했을 때 가장 많은 돈을 내줬으면서도 합의사항에 대한 만족도가 가장 높았다. 상대의 양보를 통해 합의에 도달했다는 사실 자체를 매우 만족스러워했다. 이런 점을 고려하면, '거절 후 양보' 전략의 두 번째 불가사의한 현상, 즉 희생자가 추가 요구를 기꺼이 승낙하는 현상도 이해가 가능하다. '거절 후 양보' 전략은 양보를 통해 승낙을 얻어내기에 희생자는 합의사항에 더 만족감을 느낀다. 기존 합의에 만족도가 높은 사람이 유사한 합의에 동의할 가능성이 높은 것은 당연하다. 소매 판매와 관련한 연구에서 알 수 있듯이 자신이 주도적으로 가격 협상을 진행했다고 생각하는 사람들은 구매 과정 전반에 대한 만족도가 높았고 구매량도 증가했다.[12]

독자 편지 2.6
전직 가전제품 판매사원이 보낸 편지

저는 한동안 대형 가전매장의 텔레비전 및 오디오 판매 코너에서 근무했습니다. 당시 판매사원들의 실적은 제품 판매가 아니라 매장 측에서 따로 제공하는 A/S 연장 계약의 판매에 달려 있었습니다. 이를 알고 저는 (물론 당시에는 이름을 몰랐지만) '거절 후 양보' 전략을 활용하여 다음과 같은 판매 전략을 고안했습니다.

고객들은 제품 구매 시 각각 1년, 2년, 3년 동안 유지되는 A/S 연장 계약을 선택 구매했는데, 몇 년짜리 계약을 판매하든 판매사원의 실적은 동일했습니다. 고객들은 대부분 3년짜리 계약을 꺼리기 때문에 저는 일단 고객들한테 가장 기간이 길고 비용이 비싼 3년짜리 A/S 계약부터 제안했습니다. 3년짜리 계약을 판매하려고 열심히 노력하다가 거절당하면, 얼른 한발 양보해 상대적으로 저렴한 1년짜리 연장 계약을 제안하는 식이었습니다. 어차피 실적은 마찬가지였으니까요. 이 전략은 매우 효과가 좋아 저에게 제품을 구매하는 고객들 중 70퍼센트 정도가 A/S 계약을 구매했습니다. 반면에 같은 부서 동료들의 구매율은 대체로 40퍼센트 선에 머물렀죠. 동료들에게는 미안하지만 당시에는 아무한테도 비법을 공개하지 않았답니다.

저자의 한마디

연구에서 알 수 있듯이, '거절 후 양보' 전략은 동의하는 고객의 숫자와 함께 고객의 만족도까지 향상시킨다.

― 상호성 원칙에 대응하는 자기방어 전략

상호성 원칙을 이용한 상대의 부탁은 거절하기 어렵다. 먼저 호의를 베풀거나 양보를 하고 나면 설득의 전쟁터에서 이미 천군만마를 얻은 셈이다. 그런 전투에 나서야 하는 우리의 운명은 암울하게만 보인다. 우리는 상대의 부탁을 수락해 상호성 원칙에 굴복하든가, 아니면 부탁을 거절한 뒤에는 상호성 원칙을 어겼을 때 뒤따르는 불공평하다는 또는 무책임하다는 자책에 시달려야 한다. 굴복하든 자책하든 고통스럽긴 마찬가지다. 우울한 전망이 아닐 수 없다.

그러나 다행히 다른 방법이 있다. 적의 실체를 정확히 파악할 수만 있다면, 설득의 전장에서 무사히 빠져나올 수 있을 뿐 아니라 전보다 더 강해질 수도 있다. 명심해야 할 사실은 우리의 승낙을 얻으려고 상호성 원칙(또는 다른 어떤 설득의 무기)을 이용하는 사람은 우리의 진짜 적수가 아니라는 사실이다. 그런 사람들은 마치 주짓수 고수가 자연법칙에 내재된 힘을 이용하듯이 호의나 양보를 먼저 제공해 상호성 원칙의 힘을 이용하려는 것뿐이다. 진짜 적은 바로 상호성 원칙 자체다. 상호성 원칙에 휘둘리지 않으려면 그 위력을 차근차근 약화하는 방법을 알아야 한다.

호의와 설득 전략을 구분하라

상호성과 같은 사회적 원칙의 영향력을 무력화하는 방법은 무엇일까? 이런 원칙들은 일단 활성화되면 매우 광범위하고 강력한 영향력을 미치기 때문에 벗어나기가 쉽지 않다. 그렇다면 해결책은 상호성 원칙이 활성화되기 전에 방지하는 방법뿐이다. 아예 상호성 원칙과 직접 대결하는 것을 피하는 것이다. 상대가 어떤 호의나 양보를 먼저 베풀려 할 때 무조건 거절하면 되지 않을까? 가능할 수도 있고, 불가능할 수도 있다. 하지만 상대가 먼저 제공하는 호의나 양보를 무조건 거부하기란 말처럼 쉽지 않다. 무엇보다 상대의 호의나 양보를 처음 접할 때 그것이 상호성 원칙을 이용하려는 첫 단계인지 아닌지 구분하기 힘들다는 점이 문제다. 항상 최악의 경우만 가정하고 무조건 거절한다면, 상호성 원칙을 이용할 의도가 전혀 없는 순진한 사람들이 제공하는 선의의 호의나 양보의 혜택을 누리지 못할 것이다.

내 동료는 무시무시한 상호성 원칙을 피하겠다는 일념으로 어린아이의 친절까지 무참히 짓밟은 한 남자 때문에 자신의 열 살 난 딸이 마음에 엄청난 상처를 입었다고 매우 분개했다. 학교에서 개최한 조부모 초청 잔치에서 동료의 딸아이는 학교로 오는 손님들에게 꽃을 한 송이씩 나눠주는 임무를 맡았다고 한다. 아이가 꽃을 들고 한 남자에게 다가서자 남자가 공격적인 태도로 말했다. "필요 없어." 당황한 아이가 다시 한 번 꽃을 내밀자 남자는 "대가로 뭘 원하는데?"라고 물었다. 아이가 기어들어가는 목소리로 "없어요. 그냥 선물이에요"라고 대답하자 남자는 의심의 눈초리를 던지며 '무슨 수작'인지 다 안다고 내뱉고는 획 지나쳤다. 마음에 큰 상처를 입은 아이는 감히 다른 사람한테 접근할 엄두도 못 내고 그대로 임무를 포기하고 말았다. 그토록 설레는 마음으로 기대했던 일을 말이다. 무신경한 그 남자를 비난해야 할지, 아니면 선물을 받으면 보답하려는 남자의 성향이 그토록 비뚤어질 때까지 이용한 사기꾼들을 비난해야 할지는 잘 모르겠다. 누가 더 문제든 결론은 명확하다. 우리 주변엔 상호성 원칙을 이용하려는 사람보다 진정으로 상호성 원칙을 공평하게 따르려는 사람이 더 많다는 사실이다. 그런 사람들의 선의를 계속 거절하는 행동은 모욕이다. 그리고 계속 그렇게 행동한다면 사회적 갈등과 고립을 피할 수 없다. 따라서 다른 사람의 호의와 양보를 모조리 거부하는 것은 추천할 만한 전략이 아니다.

보다 바람직한 해결 방법이 있다. 누군가의 호의를 받아들일 때 무조건 선의로 받아들이는 것이 아니라 그 본질을 파악하는 방법이다. 누군가 호의를 베풀면 우선 고마운 마음으로 받아들이면서 언젠가 보답을 하겠다고 다짐한다. 이런 식의 관계는 상호성 원칙에 따라 상대한테 이용당하는 것이 아니다. 오히려 인류 문명의 형성기부터 개인적으로나 사회적으로 우리 모두에게 유익했던 '명예로운 의무의 네트워크'에 공평하게 참여하는 일이다. 그러나 만약 상대의 호의가 그에 보답하는 더 큰 호의를 노리고 특별히 계획한 수단이자 술책이며 계략으로 밝혀진다면 상황은 전혀 달라진다. 이런 상대는 호의를 베풀려는 사람이 아니라 우리를 이용하려는 사람이다. 이 경우에는 우리도 정확히 동일한 반응을 보여야 한다. 우선 상대의 제안이 호의가 아니라 설득 전략이라고 판단했다면 그에 알맞은 대응으로 상대의 영향력에서 벗어나야 한다. 상대의 행동이 호의가 아니라 설득의 기술이라고 우리가 인식하는 한 상대는 더 이상 상호성 원칙을 동맹군으로 활용할 수 없다. 상호성 원칙이란 호의를 호의로 갚는 것이지 속임수를 호의로 갚는 것이 아니기 때문이다.

상대의 실체를 파악하라

실제 사례를 보면 좀 더 구체적으로 이해할 수 있다. 어느 날 가정화재안전협회의 조사원이라는 여자가 전화를 걸어왔다고 가정하자. 여자는 당신에게 혹시 가정화재 안전교육과 안전점검은 물론이고 가정용 소화기까지 전부 무료로 받을 생각이 있는지 묻는다. 관심이 생긴 당신은 제안을 받아들였고, 저녁 약속 시간에 맞춰 도착한 조사원은 작은 가정용 소화기 한 대를 건네주고는 집 안의 화재위험 요인을 점검하기 시작한다. 그런 다음 일반적인 화재위험에 대한 약간 무섭지만 흥미로운 정보를 말한 후 당신 집의 화재위험 점검 결과를 알려준다. 마지막으로 집 안에 화재경보장치를 설치하라고 권유한 후 돌아간다.

현실에서 얼마든지 벌어질 수 있는 상황이다. 실제로 많은 지역에서 현직 소방서 직원들로 구성된 비영리 화재예방협회에서 이런 종류의 무료 화재안전점검을 해준다. 그런 경우라면 분명 조사원이 당신에게 호의를 베푼 셈이다. 그렇다면 당신도 언젠가 그 조사원에게 도움이 필요한 상황이 발생하면 상호성 원칙에 따라 기꺼이 돕겠다는 마음의 준비를 하면 된다. 이런 식으로 서로 호의를 교환하는 관례는 상호성 원칙의 가장 훌륭한 전통이라 할 수 있다.

그러나 이와 유사한 사건이 전혀 다른 결과로 이어질 수도 있다. 조사원이 화재경보장치 설치를 권유하고 돌아서는 대신 자기 회사에서 제조한 고가의 열감지 경보장치를 판매하려고 나서는 것이다. 화재경보기 방문판매 회사들이 이런 방법을 주로 사용한다. 이때 판매하는 제품들이 성능은 뛰어날지 몰라도 대부분 가격이 높게 책정돼 있다. 이들은 소비자들이 화재경보장치의 시중 가격을 알 리도 없을뿐더러 어차피 경보장치를 설치할 생각이라면 무료 안전점검과 소화기까지 제공하는 자사 제품을 구매할 것이 틀림없다고 생각하면서 무료점검 직후 화재경보장치 구입을 종용한다. 이런 식으로 정보 및 안전점검 무료제공 책략을 사용하는 화재경보장치 판매 조직들이 전국적으로 활개를 치고 있다.

이렇듯 조사원의 방문 목적이 값비싼 경보장치를 판매하는 데 있다는 사실을 깨달았다면, 아주 간단한 방법으로 효과적인 대처를 할 수 있다. 마음속으로 조용히 상황을 재정의하는 것이다. 조사원한테 받은 모든 것, 즉 소화기, 화재안전 정보, 화재위험 진단 등이 선물이 아니라 영업 도구였다고 재정의하면 상호성 원칙에 걸려들지 않고 자유롭게 구매 제안을 거절(또는 수락)할 수 있다. 상대의 호의에는 보답해야 하지만 영업 전략에는 보답할 필요가 없기 때문이다. 구매를 거절당한 조사원이 최후의 방편으로 연락을 취할 만한 지인의 이름과 전화번호만이라도 알려달라고 부탁한다면 다시 한 번 마음속으로 조치를 취하라. 한발 물러나 보다 작은 부탁을 하는 조사원의 이런 태도 역시 설득 전략으로 재정의한다. 이렇게 재정의를 하고 나면 상대의 양보에 대한 보답으로 지인의 이름을 제공해야 한다는 압박감에서 벗어날 수 있다. 상대의 작은 부탁이 진심 어린 양보로 보이지 않을 테니 말이다. 그러고 나면 부적절하게 빚어진 의무감에서 벗어나 다시 한 번 승낙 여부를 자유롭게 결정할 수 있다.

당신이 원한다면 조사원이 사용한 설득의 무기로 조사원에게 역공을 가할 수도 있다. 상호성 원칙이란 상대의 어떤 행동이든 같은 행동으로 갚아주라는 뜻이다. 화재안전 조사원의 선물이 진짜 선물이 아니라 당신에게 이익을 취하려는 수단이라고 판단하면 당신도 그 선물을 이용해 이익을 취할 수 있다. 화재안전 정보든 가정용 소화기든 조사원이 제공하는 것을 조용히 받아 챙긴 다음 정중하게 감사 인사를 하고 조사원을 현관 밖으로 안내하면 된다. 상호성 원칙에 따르면 남을 이용하려는 사람은 자신도 이용당하는 것이 공평하기 때문이다.

독자 편지 2.7
스위스, 취리히에 있는 화학공학 전공자가 보낸 편지

저는 행동심리학에 관심이 많습니다. 그러다 보니 《설득의 심리학 1》을 읽게 되었고, 마침 어제 상호성 원칙을 다룬 장을 다 읽었습니다. 오늘은 슈퍼마켓에 가는 길에 자신을 요기라고 부르는 사람을 만났습니다. 그는 저를 멈춰 세우고는 저의 기를 읽었다며 저에게 침착하고 다른 사람에게 기꺼이 도움을 주는 사람이라고 하더군요. 그리고는 주머니에서 조그마한 진주를 꺼내어 선물이라며 주었습니다. 그리곤 곧 기부를 해달라고 했습니다. 제가 원래 가난한 데다 여분의 돈도 없다고 하니, 자신이 진주를 주었던 사실을 강조하며 그에 대한 보답으로 기부를 해야 한다고 하더군요. 상호성 원칙에 대해 읽은 지 하루도 지나지 않았기 때문에 저는 그가 진주로 무엇을 하려는지 정확하게 파악할 수 있었습니다. 저는 분명하게 거부의 의사를 밝혔습니다. 그랬더니 더는 논쟁을 하려 들지 않고 가버리더군요.

저자의 한마디

'지식은 사람을 자유롭게 한다'라는 오래된 속담이 적용될 수 있는 사례이다. 상호성 원칙에 맞서 자신을 지키는 방법을 알고 있던 학생은 요청하지도 않았던 가짜 선물이 주는 압박에 저항할 수 있었다. 학생의 이야기를 들어보니 그가 받은 것은 진짜 진주는 아니었을 테지만, 그의 이야기는 진주와 같은 지혜로 우리를 밝혀주고 있다.

◆ **KEY**
◆ **POINT** _____

◆ 사회학자 및 인류학자들에 따르면, 상호성 원칙에는 인류 문화의 가장 보편적이고 기본적인 규범이 담겨 있다. 무엇이든 받은 대로 갚아야 한다는 것이다. 뭔가 받은 사람은 상호성 원칙에 따라 갚을 의무가 생기므로 사람

들은 자기만 손해를 볼지도 모른다는 불안감에서 벗어나 다른 사람에게 뭔가를 제공할 수 있다. 상호성 원칙에 내재된 미래지향적 의무감 덕분에 사회에 유익한 온갖 종류의 지속적 인간관계, 상호작용, 교환 등이 가능해진다. 따라서 사회 구성원들은 어린 시절부터 상호성 원칙을 준수하도록 훈련받으며, 규칙을 어기면 사회적으로 심각한 제재와 비난을 받는다.

◆ 상호성 원칙은 누군가의 부탁에 대해 승낙 여부를 결정할 때 자주 영향을 미친다. 설득의 달인들이 선호하는 효과적인 전략 중 하나는 먼저 호의를 제공하고 보답을 요구하는 방법이다. 이 전략을 이용해 이득을 얻을 수 있는 것은 상호성 원칙의 세 가지 특징 때문이다. 첫째, 상호성 원칙은 그 힘이 매우 강력해서 어떤 부탁의 승낙 여부를 결정하는 데 영향을 미치는 다른 요소들까지 압도해버린다. 둘째, 상호성 원칙은 자신이 원치 않는 호의에도 적용되기에 신세지고 싶은 대상을 선택할 수 없으며, 결국 선택권은 다른 사람의 손에 넘어간다. 셋째, 상호성 원칙은 불평등한 교환을 일으킬 수 있다. 사람들은 부채의식에 따른 불편한 느낌에서 빨리 벗어나기 위해 간혹 자신이 받은 호의보다 훨씬 더 큰 호의를 요구하는 부탁도 승낙한다.

◆ 상호성 원칙의 기본 원리를 살짝 변형한 또 다른 방법으로도 상대의 승낙을 유도할 수 있다. 호의를 베풀어 상대의 보답을 유도하는 대신 먼저 양보를 함으로써 상대의 양보를 끌어내는 방법이다. '거절 후 양보' 전략 또는 '문전박대' 전략이라고도 하는 이 설득 기술은 상대가 양보를 하면 나도 양보를 해야 한다는 부담감을 이용한다. 처음엔 거절당할 것이 뻔한 무리한 요구를 하고 나서 한발 물러나 작은 요구(원래 바라던 것)를 하면 마치 양보처럼 보여 상대의 승낙을 받아낼 확률이 높아진다. 연구 결과에 따르면, '거절 후 양보' 전략을 사용하면 승낙을 받아낼 확률이 높아질 뿐만 아니라 상대가 합의사항을 실천할 확률, 미래에도 이와 유사한 요구를 승낙할 확률까지 높인다고 한다.

◆ 상호성 원칙의 위력을 이용해 승낙을 얻어내려는 사람을 상대하는 최선의 방어 전략은 상대의 제안을 무조건 거부하는 것이 아니다. 오히려 첫 번

째 호의나 양보는 선의로 받아들이되, 나중에 음흉한 속셈이 드러날 경우 호의나 양보를 술책으로 재정의하는 방법을 사용하면 된다. 일단 그런 식으로 재정의하고 나면 상대에게 호의나 양보로 보답해야 한다는 부담감에서 벗어날 수 있다.

PART 3

호감 원칙
우호적인 도둑

◆ ◆

당신이 고객을 좋아한다고 진심으로 믿게 하는 것보다
더 효과적인 판매 방법은 없다.
_조 지라르

우리가 좋아하는 사람, 예를 들자면 친구들에게 부탁을 받으면 거절하기 힘들다는 사실은 모두가 잘 알고 있다. 하지만 놀랍게도 이 간단한 호감 원칙은 우리가 잘 알지도 못하고, 심지어 만나본 적도 없는 사람들에게까지 적용될 수 있다. 과학 커뮤니케이터들이 이런 경향을 이용해 수십 년 동안 그들이 씨름해온 문제에 대해 어떤 해결책을 내놓았는지 먼저 살펴보자. 그들이 씨름해온 문제는 인간을 포함한 모든 생명체가 자연선택과 같은 체계적인 진화 과정을 통해 현재의 형태를 갖게 되었다고 주장하는 다윈의 진화론을 더 많은 사람들이 받아들이게 하는 것이었다. 커뮤니케이터들에게 이는 해결하기 힘든 문제였다. 하느님이 인간을 창조했다는 종교 단체의 생각과 상충하는 것이었기 때문이다. 최근 설문 조사에서 밝혀진 바에 따르면, 인간이 오직 자연적인 진화의 과정을 통해 하나의 종으로 발전했다고 믿는 미국인은 33퍼센트에 불과했다.

과학자와 교사, 진화론의 지지자들은 진화론을 믿는 사람들의 비율을 높이기 위해 다음과 같은 네 가지 방법을 이용했다. 우선 거의 모든 과학자들이 진화론의 타당성을 인정하고 있다고 설명했고, 진화론을 입증하는 수많은 연구에 대해서도 이야기했으며, 진화론의 원리를 응용하여 이루어진 의학, 유전학, 농업 분야의 발전을 사례로 들기도 했다. 마지막으로 철저한 교육을 통해 진화론의 논리에 공감하게 만들려 노력하기도 했다. 하지만 어떤 방법도 큰 효과를 거두지 못했다. 가령 교육을 통해 진화론을 받아들이게 하려는 시도는 소용이 없었는데, 연구에서도 알 수 있듯이 진화론에 대한 믿음과 진화론의 논리에 대한 이해 사이에 아무런 연관성이 없기 때문이다. 이와 같은 진화론에 대한 믿음과 이해 사이의 단절에는 그럴 만한 이유가 있다. 진화론에 대한 거부감은 그 논리를 이해하지 못했기 때문이 아니라, 그들의 종교에 기반한 선호, 믿음, 가치와 같은 감정적인 요소와 일치하지 않기 때문이다.

　종교에 기반을 두고 있으며 감정적으로 지지하고 있는 믿음을 논리적 주장으로 극복하려고 하는 것은 바보 같은 짓이다. 이는 완전히 다른 지적 믿음이기 때문이다. 영국 작가 조너선 스위프트Jonathan Swift는 이미 300년 전에 이 핵심을 꿰뚫어보고 다음과 같이 말했다. "한 번도 논리적으로 깊이 생각해본 적이 없는 문제를 논리적으로 잘 생각해서 그 문제에서 벗어나라고 설득하는 것은 쓸데없는 짓이다." 참으로 중요한 전략적인 교훈이지만, 과학 커뮤니케이터들은 이 교훈을 체득하지 못했다. 과학 커뮤니케이터들은 어떠한 지적 믿음보다도 논리적 사유를 중요시했기 때문에, 진화론에 대해 감정적 반응을 보이는 사람들이라도 결국 과학적 사실을 통해 설득할 수 있다고 믿었다. 이렇게 방향을 잘못 잡은 커뮤니케이터들을 구원할 수 있는 설득력 있는 접근 방법은 무엇일까?

이 지점에서 호감 원칙이 등장한다. 캐나다의 심리학자로 구성된 연구팀은 많은 이들이 좋아하는 유명인사가 진화론을 지지한다는 간단한 뉴스만으로도 진화론에 대한 태도의 변화를 가져올 수 있다고 생각했다. 그리고 다윈의 지지자로 어떤 사람이 좋지 고민한 끝에 영화배우인 조지 클루니를 선택했다.

이 연구에 따르면, 조지 클루니가 진화론은 지지하는 책을 호의적으로 평가했다고 믿을 때 사람들은 진화론을 수용하는 경향이 높아졌다. 이런 변화는 사람들의 나이, 성별, 종교와 관계없이 일어났다. 이 결과가 조지 클루니를 이용했을 때만 나타나는 현상인지, 혹시 조지 클루니가 남성이라는 사실 때문은 아닌지 확인해보기 위해 연구자들은 여성 유명인사인 엠마 왓슨을 이용하여 똑같은 연구를 해보았다. 그러자 엠마 왓슨이 참여한 실험에서도 똑같은 변화가 나타났다. 누군가를 설득하려는 사람에게 이 실험이 보여주는 메시지는 분명하다. 사람들의 감정을 바꾸고, 다른 감정으로 그들의 감정에 대처하라는 것이다. 어떤 사실을 전달하는 사람에 대해 호감을 가지고 있으면 그 사실에 대해서도 호감을 느낄 수 있다.

호감이라는 감정이 사람들의 선택에 얼마나 강력한 영향을 미치는지 알 수 있는 하나의 사례로 의료 과실 분야에서 최고의 변호사로 손꼽히는 앨리스 버킨Alice Burkin의 인터뷰를 살펴보자.

인터뷰어 의사들은 모두 이따금 실수를 합니다. 하지만 대부분의 실수가 의료 과실 소송으로 번져가지는 않죠. 왜 어떤 의사는 다른 의사에 비해 더 많은 소송에 휘말리는 걸까요?

버킨 주의 태만을 제외하면 대부분 소송에서 가장 중요한 요소는 의사와 환자 사이의 관계입니다. 저는 의료 소송을 진행하면서 '저는 정말이 의사를 좋아하지만, 고발하고 싶어요'라고 말하는 의뢰인은 한 번도 본 적이 없습니다. 좋아하는 의사라면 고소하지 않습니다.[1]

一 　이익을 위한 호감

호감 원칙을 사업적으로 활용해 가장 큰 성공을 거둔 사례가 바로 주방용품 브랜드인 타파웨어Tupperware의 독특한 마케팅 방식인 홈파티다. 타파웨어의 홈파티는 파티 주최자인 주부가 이웃이나 친지들을 불러 모으면 판매원이 직접 가정에 방문하여 타파웨어 제품의 사용법과 다양한 살림 관련 정보를 제공하는 서비스이다. 그곳에서 지금까지 우리가 살펴본 다양한 설득의 무기들이 총동원된다.

* **상호성** 파티가 시작되면 참석자들은 먼저 간단한 게임을 통해 상품을 하나씩 받는다. 상품을 받지 못한 사람들은 타파웨어 선물 꾸러미에서 선물을 선택할 수 있어 결국 제품 구매를 시작하기 전에 참석자 전원이 어떤 식으로든 선물을 하나씩 받는다.
* **권위** 전문가가 타파웨어 제품의 질과 안전성을 확인해준다.
* **사회적 증거** 일단 누군가 구매를 시작하면, 참석자들은 자신과 비슷한 이웃 사람이 구매하는 제품이므로 틀림없이 좋은 제품일 거라는

확신을 갖는다.

- **희소성** 제품의 독특한 장점과 제품을 소유할 수 있는 한정된 시간을 항상 언급한다.
- **일관성** 참석자들은 자신이 구매해서 현재 사용하는 타파웨어 제품의 품질이나 장점 등을 공개적으로 발표해야 한다.
- **연대감** 제품을 구매하는 순간, 고객은 '타파웨어 가족'의 일원으로 받아들여지며 환영을 받는다.

　판매를 촉진하기 위한 방법으로 이처럼 다양한 설득의 무기들이 등장하지만, 타파웨어 홈파티의 진짜 위력은 호감 원칙을 이용한 특별한 전략에서 나온다. 물론 타파웨어 판매원도 화기애애한 분위기를 조성하며 설득력 있는 판촉 활동을 펼치긴 하지만, 사실 진짜 제품 구매를 부추기는 것은 판매원이 아니다. 바로 참석자들의 친한 친구가 그 역할을 맡는다. 물리적으로는 타파웨어 판매원이 제품을 소개하고 구매 주문을 받지만, 심리적으로는 한쪽에서 환한 얼굴로 다과를 대접하며 참석자들과 담소를 나누고 있는 파티 주최자가 더 강력한 역할을 한다. 파티 주최자야말로 친구들을 자기 집으로 불러 모아 타파웨어 제품을 소개하고, (알다시피) 파티에서 판매되는 제품에 대해 일정 부분 수수료를 챙기는 사람이다.

　타파웨어 사는 파티 주최자에게 매출의 일부를 수수료로 지급함으로써 고객들이 낯모르는 영업사원이 아니라 자신의 '친구한테서' 그리고 '친구를 위해서' 제품을 구매하도록 한다. 파티 참석자들은 친구가 제공하는 편안하고 따뜻한 환대를 즐기면서 왠지 친구의 호의에 보답해야 할 듯한 부담감을 느낀다. 소비자 연구 단체들도 타파웨어 홈파티의 위력이 파티 주최자와 손님들 사이의 사회적 관계에서 비롯된다고 본다. 제품 자체가 마음에 들어서가 아니라 친구와의 인간관계를 고려해 제품을 구매하는 경우가 두 배나 많다는 것이다.

이런 판매 방식은 놀라운 결과로 이어졌다. 한 조사에 따르면, 타파웨어의 하루 매출이 550만 달러를 넘어섰다. 또한 타파웨어의 성공은 미국보다 가족이나 친구 사이의 유대관계를 훨씬 중요하게 생각하는 유럽, 라틴아메리카, 아시아 등지로 크게 확대됐다. 그 결과 현재 타파웨어의 총매출 중 북아메리카의 비중은 겨우 4분의 1 정도에 불과하다.

흥미로운 점은 홈파티 참석자들도 좋아하는 친구가 권하니까 어쩔 수 없이 타파웨어 제품을 구매한다는 사실을 인식하고 있다는 점이다. 그런데도 별 상관없이 홈파티에 참석하는 사람이 있는 반면, 그런 상황이 불편한데도 거절을 못해서 어쩔 수 없이 참석하는 사람도 있다. 한 여성은 절망적인 목소리로 타파웨어 파티에 대해 불만을 털어놓았다.

이젠 타파웨어 홈파티라면 지긋지긋해요. 필요한 그릇은 벌써 다 장만했거든요. 그릇이 더 필요하면 차라리 마트에 가서 더 저렴한 브랜드로 사고 싶어요. 하지만 친구가 전화를 하면 참석해야 할 것 같은 느낌이 들어요. 그래서 참석하면 꼭 구매해야 할 것 같은 느낌이 들고요. 친구를 위해서이니 어쩌겠어요?

우정이라는 강력한 지원군을 얻었으니 타파웨어 사가 전통적인 소매 영업을 포기하고 홈파티에만 전념하는 것도 무리가 아니다. 한 예로

2003년 타파웨어 사는 비즈니스의 기본 논리를 파괴하는 파격적인 조치를 단행했다. 타파웨어의 매출이 너무 높다는 이유로 소매점인 타깃 스토어Target Store에 제품 공급을 중단한 것이다. 소매점 매출이 너무 높으면 결과적으로 홈파티에 악영향을 미칠 수 있다는 이유에서였다.

통계에 따르면, 지금 이 순간에도 전 세계 어딘가에서 1.8초에 한 번씩 타파웨어 홈파티가 열리고 있다. 물론 활동 분야를 막론하고 모든 설득의 달인들은 사람들이 익숙하고 좋아하는 사람의 부탁은 웬만하면 허락한다는 사실을 잘 알고 있다. 예를 들어 자원봉사자들을 모금 활동에 투입할 때 자신의 거주지 근처에서 모금 활동을 하도록 배치하는 자선단체가 점점 많아지고 있다. 친구나 이웃이 모금을 요청하면 얼마나 거절하기 어려운지 잘 알고 있기 때문이다.

설득의 달인 중 일부는 친구가 판매 현장에 없어도 우정이 발휘하는 효과에는 크게 영향을 주지 않는다는 사실을 알아차렸다. 그저 친구의 이름을 언급하는 것만으로도 충분히 우정의 효과를 얻을 수 있다. 가정용품 방문판매 업체인 샤클Shaklee 사는 영업사원들한테 '무한 체인' 전략을 사용해 신규 고객을 발굴하라고 교육한다. 일단 고객이 제품을 마음에 들어 하는 듯 보이면 얼른 제품을 소개하고 싶은 지인의 이름을 알려달라고 졸라대는 것이다. 그렇게 알아낸 지인을 찾아가 제품을 판매한 다음 '또' 그 지인의 지인을 소개받는 식으로 고객 리스트를 무한 확장하는 방법이다.

이런 판매 방식이 성공을 거두려면 영업사원이 신규 고객을 방문할 때 '추천해준' 친구의 이름을 들고 가는 것이 핵심이다. 친구의 소개로 찾아온 영업사원을 문전박대하기란 쉽지 않다. 자신을 추천해준 친구를 문전박대하는 느낌이 들기 때문이다. 샤클 사의 판매 매뉴얼에는 다음과 같이 밝히면서 이 전략을 적극 권유한다. "매우 중요한 판매 전략이다. 전화나 직접 방문으로 잠재 고객과 접촉할 때 '친구 되시는 아무개 씨께서 한번 방문해보라고 추천해주셨습니다'라고 말하면 일단 50퍼센트는 성공하고 들어가는 셈이다."

샤클 사의 '무한 체인' 기법이 성공적이었던 이유는 닐슨 사의 조사를 통해 알 수 있다. 소비자의 92퍼센트는 자신들이 알고 있는 사람, 예를 들어 좋아하는 친구가 추천한 제품을 신뢰한다. 이는 다른 어떤 추천 수단보다도 높은 신뢰 수준으로, 두 번째로 신뢰도가 높은 온라인 상품평보다도 22퍼센트나 높다. 친구의 추천에 대한 높은 신뢰도는 추천을 받은 회사의 '놀라운 이익'으로 이어졌다. 한 은행에서 실행했던 친구 소개 프로그램을 분석해보았더니, 일반적인 새로운 고객보다 친구의 소개로 온 고객이 3년이라는 기간 동안 18퍼센트 더 높은 충성도를 보였을 뿐만 아니라 은행의 이익에 16퍼센트 더 이바지했다고 한다.[2]

> **독자 편지 3.1**
> ## 시카고에서 한 남성이 보낸 편지
>
> 저는 타파웨어 홈파티에 참석해본 적은 없지만, 최근 한 장거리 전화회사 영업사원의 전화를 받고 우정을 이용한 판매 전략에 넘어가고 말았습니다. 영업사원은 브래드라는 제 친구가 제 이름을 'MCI 가족친구 전화연락망'에 포함했다고 알려줬습니다. 브래드라는 친구는 제 죽마고우인데 작년에 직장 관계로 뉴저지

로 이사를 갔습니다. 저와는 요즘도 자주 전화 통화를 하면서 어릴 적 친구들 소식을 나누는 사이입니다. 브래드가 'MCI 가족친구 연락망'에 포함한 사람들에게 전화를 하면 전화요금을 20퍼센트 할인받을 수 있는데, 그렇게 하려면 브래드의 'MCI 가족친구 연락망'에 포함된 사람들도 MCI 전화에 가입해야 한다고 이야기했습니다. 결론은 MCI로 전화회사를 옮기면 이런저런 서비스를 받을 수 있는 데다 브래드의 전화요금까지 절약해줄수 있으니 당장 전화 회사를 MCI로 옮겨보라는 말이었죠.

저로서는 MCI로 옮길 이유가 전혀 없었습니다. 기존 시외전화 회사도 충분히 만족스러웠거든요. 하지만 브래드의 전화요금을 절약해주고 싶었습니다. 제가 MCI로 옮기지 않겠다고 말하면 브래드의 연락망에 이름을 올릴 생각도, 브래드의 전화요금을 절약해줄 생각도 없다고 말하는 셈이니 혹시라도 브래드가 알면 얼마나 상처를 받을까 걱정이 됐던 겁니다. 결국 브래드의 기분을 고려해서 MCI로 전화회사를 옮기고 말았답니다. 많은 사람들이 친구가 초대한다는 이유만으로 타파웨어 홈파티에 끌려다니며 원하지도 않는 그릇들을 왜 사들고 들어오는지 늘 궁금했는데 이젠 그 이유를 알게 됐습니다.

저자의 한마디

이 편지를 보낸 독자 이외에도 'MCI 가족친구 연락망'의 위력에 대해 이야기하는 사람들이 많다. 〈컨슈머 리포트Consumer Reports〉가 이런 판매 방식에 대해 물었을 때, 인터뷰를 한 MIC 영업사원은 "열에 아홉은 효과가 있습니다"라고 간단하게 대답했다.

MCI도 '가족친구 연락망'도 지금은 낡은 이야기지만, 이 사례를 언급하는 이유는 상당히 교훈적이기 때문이다. 친구 소개 프로그램은 여러 기업이 도입하며 계속해서 새로운 형태로 등장하고 있으며, 대단히 효과적이라고 판명되고 있다. 테슬라 소유자 한 명이 자신의 SNS에서 188명을 소개하고는 13만 5,000달러의 보상을 받았고, 테슬라는 1,600만 달러의 매출을 올렸다. 개인적인 예를 들자면, 같은 헬스클럽에 다니는 친구 하나가 콕스 커뮤니케이션이라는 통신사에서 '친구를 소개해주세요'라는 판촉 활동을 진행하고 있는데, 고객 한 명을 콕스에 소개하면 자신이 100달러 할인을 받을 수 있다고 말한 적이 있다. 나는 콕스가 어떤 기업인지 알고 있었기 때문에 친구의 부탁을 거절했지만, 그 후 몇 주 동안은 그 친구를 볼 때마다 마음이 편치 않았다.

설득하고 싶다면 친구가 되어라

설득의 달인들이 친구 사이의 유대감을 널리 이용하는 걸 보면 호감 원칙이 동의를 얻어내는 데 매우 효과적이라는 사실은 분명해 보인다. 사실 설득의 달인들은 아직 우정이 형성되지 않은 관계에서도 호감 원칙을 이용해 이득을 취한다. 이런 경우에는 호감 원칙을 이용하기 위해 상당히 직접적인 설득 전략을 사용하는데, 바로 자신을 '좋아하게' 만드는 것이다.

디트로이트에 사는 조 지라드Joe Girard는 호감 원칙을 이용해 쉐보레 자동차를 판매하는데, 연 수익이 수십만 달러에 달한다. 자동차 판매로 그 정도 수입을 올리려면 GM 사 중역이나 쉐보레 대리점장쯤 될 거라 생각하겠지만 전혀 그렇지 않다. 순전히 대리점 영업사원으로 그 정도 수익을 올리고 있다. 사실 지라드는 자동차 영업사원들 사이에서 전설적인 인물이다. 하루 평균 다섯 대가 넘는 자동차를 팔아치우며 12년 연속 '자동차 판매왕' 자리를 지켰을 뿐 아니라 세계 '최고의 자동차 영업사원'으로 기네스북에까지 이름을 올렸으니 말이다.

이런 눈부신 성공에 비해 그가 사용하는 전략은 의외로 단순하다. 지라드가 고객들에게 제공한 것은 단 두 가지였다. 바로 합리적인 가격과 왠지 자동차를 구매하고 싶은 호감 가는 영업사원이 되는 것이다. "그 두 가지면 충분합니다." 지라드는 인터뷰에서 이렇게 단언했다. "마음에 드는 영업사원과 합리적인 가격, 두 가지만 있으면 거래는 성사됩니다."

지라드의 성공 전략을 보면 호감 원칙이 영업에서 얼마나 중요한 역할을 하는지 알 수 있지만 쉽게 이해되지 않는 부분이 있다. 무엇보다 고객들이 왜 똑같이 합리적인 가격을 제시하는 다른 영업사원보다 지라드를 더 좋아하는지 알 수 없다는 사실이다. 지라드의 성공 전략에는 드러나지 않지만 사실 가장 중요하고 흥미로운 질문은 바로 이것이다. "사람이 누군가를 좋아하는 데는 어떤 요인들이 작용하는 것일까?" 이 질문에 답할 수만 있다면 지라드 같은 사람들이 어떻게 고객들의 호감을 얻어내는지, 그리고 우리가 다른 사람들의 호감을 얻어내려면 어떻게 해야 하는지 알 수 있을 것이다. 다행인 것은 사회과학자들이 이미 수십 년에 걸쳐 같은 질문을 해왔다는 점이다. 과학자들은 오랜 연구를 통해 확실하게 호감을 불러일으키는 여러 요인들을 발견했다. 앞으로 살펴보겠지만 설득의 달인들은 바로 그런 요인들을 교묘하게 사용해 우리한테서 '네'라는 대답을 끌어내고 있다.

一   누군가를 좋아하는 이유

신체적 매력

매력적인 외모가 사회생활에 유리하다는 점은 누구나 알고 있지만, 연구 결과를 보면 우리가 신체적 매력이 영향을 미치는 범위와 그 위력을 과소평가하고 있음을 알 수 있다. 매력적인 사람들은 '누르면, 작동하는' 반응을 유발하는 것으로 보인다. 대부분의 '누르면, 작동하는' 반응이 그렇듯 매력적인 외모에 대한 반응 또한 자동적이고 무의식적으로 나타나는데, 사회과학자들은 이런 반응을 일종의 '후광 효과halo effect'로 본다. 후광 효과란 한 사람의 긍정적인 특성 하나가 그 사람 전체를 달라 보이게 하는 효과로, 신체적 매력도 바로 그런 특성을 갖고 있다는 연구 결과가 있다.

연구에 따르면 우리는 외모가 매력적인 사람을 보면 자동적으로 능력 있고, 친절하고, 정직하고, 지적인 사람일 거라 생각하는 경향이 있다. 하지만 상대의 신체적 매력이 자신의 판단에 영향을 미쳤다는 사실은 인식하지 못한다. '외모가 훌륭하면 다른 모든 것이 훌륭하다'는 식의 무의식적 판단은 종종 염려스러운 결과로 이어진다. 그 예로 캐나다 연방총선 연구 결과에서 외모가 매력적인 후보가 그렇지 않은 후보에 비해 2.5배 이상 득표한 것으로 밝혀졌다. 그러나 이렇듯 분명한 증거에도 유권자들은 자신들이 잘생긴 후보에 대해 편견을 갖고 있다는 사실을 전혀 자각하지 못하는 것으로 드러났다. 조사에 참여한 캐나다 유권자 중 73퍼센트가 투표 때 후보의 외모에 영향을 받았다는 사실을 강력하게 부인했다. 영향을 받았을지도 모른다고 응답한 유권자는 14퍼센트에 지나지 않았다. 하지만 유권자들이 아무리 부인해도 후보자의 매력적인 외모가 선거 결과에 영향을 미친다는 연구 결과가 속속 발표되고 있다.

채용 과정에서도 유사한 효과가 나타난다. 모의 면접 실험에서 외모가 단정한 구직자가 학력이나 경력 등 능력이 뛰어난 구직자보다 채용 확률이 높게 나타났다. 물론 이 경우에도 면접관들은 구직자의 외모가 채용 선택에 미친 영향은 극히 적었다고 주장했다. 매력적인 사람은 구직 때뿐만 아니라 급여를 받을 때도 유리하다. 경제학자들이 미국과 캐나다 기업을 대상으로 연구한 결과 매력적인 사람은 그렇지 않은 사람보다 급여가 훨씬 높았다. 외모와 수입 사이의 상관관계를 다룬 책을 집필한 대니얼 해머메시Daniel Hamermesh에 따르면 한 사람의 이력 전체를 놓고 볼 때 매력적인 사람이 그렇지 못한 사람보다 23만 달러를 더 번다고 한다. 해머메시는 연구 결과를 발표하며 10점 만점으로 평가했을 때 자신의 외모는 3점에 불과하다는 말도 덧붙였다.

또한 여러 가지 실험을 통해 매력적인 사람은 위급 상황에서 도움을 받을 확률도 더 높고, 청중의 의견을 바꾸는 데도 더 높은 설득력을 발휘하는 것으로 밝혀졌다. 확실히 외모가 매력적인 사람들이 사회적으로 훨씬 더 많은 혜택을 누린다고 생각할 수 있다. 이들은 더 많은 호감을 얻었고, 더 높은 설득력을 발휘했으며, 더 자주 도움을 받았고, 성격이 더 좋고 지적 능력도 더 뛰어난 사람으로 평가받았다. 매력적인 외모로 사회적으로 혜택을 보는 경향은 상당히 어린 시절부터 시작된다고 볼 수 있다. 초등학생을 대상으로 한 연구에 따르면, 외모가 귀여운 아이가 무례한 행동을 할 때는 어른들이 별로 버릇없게 생각하지 않는 것으로 밝혀졌다. 학교 교사들도 외모가 뛰어난 아이는 그렇지 않은 또래 아이보다 더 똑똑할 거라고 추측했다.

그렇다면 설득의 달인들도 당연히 신체적 매력의 후광 효과를 자주 사용할 것이다. 우리가 매력적인 사람을 좋아하고 또 좋아하는 사람의 부탁은 웬만하면 들어주려 하기 때문에 영업 훈련 프로그램에 외모를 가꾸는 방법이 포함되고, 트렌디한 의류 매장에서는 외모가 뛰어난 점원을 선호하며, 사기꾼 중에는 매력적인 외모를 가진 이들이 많다.[3]

유사성

외모가 뛰어나지 못한 사람은 어떻게 해야 할까? 외모가 평범한 대부분의 사람들이 다른 사람에게 호감을 얻을 수 있는 방법은 없을까? 설득의 달인들과 연구자들은 외모 외에도 호감을 끌어낼 수 있는 방법을 몇 가지 알고 있는데, 그중 하나가 바로 '유사성'이다.

사람들은 자신과 비슷한 사람을 좋아한다. 의견, 성격, 배경, 라이프 스타일 등 어떤 분야에서든 자신과 비슷한 점이 있는 사람을 좋아하는 것은 9개월 된 아이에서부터 모든 연령대에 적용되는 사실이다. 한 온라인 데이트 사이트에서 4억 2,100만 명을 대상으로 연구한 결과, 파트너에게 호감을 갖게 만드는 가장 중요한 요소는 유사성이었다. 연구자 중 한 명은 이렇게 말했다. "모든 부분에서 비슷한 점이 많을수록 서로를 바람직하다고 여기고 직접 만나볼 가능성이 더 커졌다."

그렇다면 우리의 호감을 얻어서 어떤 승낙을 받아내려는 사람들도 당연히 목적 달성을 위해 다양한 부분에서 우리와 비슷해 보이려고 시도할 것이다. 복장이 그 좋은 예라 할 수 있다. 사람들은 복장이 비슷한 사람을 도와줄 확률이 높다는 사실이 여러 연구를 통해 입증됐다. 한 연구는 사람들이 같은 옷을 입고 있는 사람들에게 얼마나 자동적으로 긍정적인 반응을 보이는지를 보여주었다. 반전 시위에 참여하고 있는 사람들은 자신과 비슷한 옷을 입고 있는 사람들이 청원서에 서명 요청을 하면, 다른 사람의 요청에 비해 더 많이 응해주었으며, 내용도 읽어보지 않고 서명해주기도 했다. 그야말로 '누르면, 작동하는' 반응이었다.

유사성을 강조해 상대의 호감과 승낙을 끌어내는 또 하나의 방법은 배경이나 관심사를 공유하는 척하는 것이다. 한 예로 중고차를 매입하는 조건으로 신차를 판매하는 영업사원들의 경우 고객의 중고차를 살펴보면서 고객과의 유사성을 찾으라고 훈련받는다. 만약 당신의 트렁크에서 캠핑 장비를 발견한다면, 영업사원은 자신도 기회가 있을 때마다 도시에서 벗어나 여행 다니는 것을 정말 좋아한다고 이야기할 것이다. 만약 뒷좌석에서 골프공을 발견한다면, 내일 18홀을 돌 예정인데 비가 안 왔으면 좋겠다고 말할지도 모른다.

이처럼 상대방과 유사한 점을 언급하는 것은 사소해 보일지 몰라도 확실한 효과를 발휘한다. 비슷한 지문 패턴이 있다는 사실이 알려지면서, 사람들은 자신과 지문 패턴이 같은 사람들에게 도움을 주려 한다. 어떤 상품 브랜드명이 자기 이름의 첫 글자와 같다는 이유로 그 제품을 사는 사람도 많다. 또 다른 연구에서는 우편으로 설문을 요청할 때 아주 작은 부분을 변경하는 것만으로 응답률을 상당히 높였다. 바로 설문 조사자의 이름을 응답자의 이름과 비슷하게 바꿔놓은 것이다. 로버트 그리어Robert Greer에게 설문 응답을 요청할 때는 요청자의 이름을 밥 그리거Bob Gregar로, 신시아 존슨Cynthia Johnson에게 설문 응답을 요청할 때는 요청자의 이름을 신디 조핸슨Cindy Johanson으로 바꾸었다. 각기 다른 두 가지 연구에서 이런 식으로 이름에 약간의 변화를 주자 설문 응답률이 거의 두 배로 높아졌다.

　이름이 비슷하거나 같은 것을 과대평가하는 경향은 기업에서도 찾아볼 수 있다. 〈롤링스톤〉이라는 잡지에서 로큰롤 50주년을 기념하여 록을 대표하는 500곡의 리스트를 발표했다. 〈롤링스톤〉의 편집자들이 선정한 록을 대표하는 곡 1위와 2위는 각각 밥 딜런Bob Dylan의 〈라이크 어 롤링 스톤Like a Rolling Stone〉과 롤링 스톤스Rolling Stones의 〈새티스팩션 Satisfaction〉이었다. 하지만 이 글을 쓰고 있는 지금까지 나는 여러 곳에서 선정한 위대한 로큰롤 10곡을 비교해보았지만, 어디에도 〈롤링스톤〉이 1위와 2위로 꼽은 곡이 그 정도로 높은 평가를 받고 있지는 못했다.4

　이것이 전부는 아니다. 교육 분야에서도 청소년 멘토 프로그램의 성공을 좌우하는 가장 커다란 요소는 학생과 멘토가 유사한 관심사를 공유하고 있는가이다. 한 연구에서 9학년 학생들은 교사와 자신이 유사하다는 사실을 알게 되자, 그 교사가 담당하는 과목의 성적이 크게 향상되었다. 마찬가지로 협상에 임한 사람들은 상대방과 유사성을 발견하는 경우 합의에 이를 가능성이 더 커진다. 그렇다면 유권자가 조금이나마 자신과 얼굴이 비슷한 후보자를 선호하는 현상이 놀랍지 않고, (사용하는 단어나 표현 방법 등의) 말하는 스타일이나 문자 보내는 스타일의 유사성으로 인해 사랑에 빠지거나 심지어 인질 협상이 평화롭게 끝나는 일도 대수롭지 않게 여겨진다.

　아주 사소한 유사성으로도 호감을 느낄 수 있지만, 유사성은 쉽게 조작할 수 있다는 점에서 "우린 정말 똑같아요"라고 말하면서 어떤 것을 요구하는 사람을 특히 조심하라고 권하고 싶다. 실제로 요즘 같은 시기에는 당신과 비슷한 면을 가진 이들이 당신을 설득하려고 한다면 주의하는 것이 좋다. 그 이유는 우리는 유사성이 호감에 미치는 영향을 과소 평가하는 데 반해, 설득의 기술을 가르치는 많은 프로그램은 고객의 자세나 말하는 방식을 의식적으로 모방하라고 충고하고 있기 때문이다. 이러한 유사성은 긍정적인 결과를 낳는다. 고객의 말을 모방하도록 훈련받은 웨이터가 더 많은 팁을 받고, 고객의 언어적·비언어적 행동을 모방하라고 배운 판매 직원이 더 많은 가전제품을 판매하며, 국적과 관계없이 상대방의 언어나 신체 움직임을 모방하라고 배운 협상가가 더 나은 결과를 얻는다는 사실이 그 증거가 될 수 있다. 이익을 얻기 위해 이 분야의 지식을 이용하는 사람들에게 뒤처지지 않기 위해 관계 전문가들도 조작을 해서라도 유사성을 사용하라고 충고하고 있으며, 이런 방식은 큰 성공을 거두고 있다. 온라인 데이트 사이트에서 상대방의 말이나 신체 언어를 모방해보라는 충고를 받은 여성들은 성적으로 매력적이라는 평가를 받았고, 다시 만나게 해달라는 요청이 줄을 이었다.[5]

조작된 유사성이 비윤리적으로 느껴지고 심지어 사기처럼 보인다는 사실을 부정하지는 않는다. 다른 사람이 나를 좋아해주기를 바라는 것은 모든 인간의 기본적인 욕망이다. 하지만 거짓으로 꾸며 호감을 얻어내는 경우 그 결과가 반드시 수단을 정당화해주지는 않는다. 반면에 다른 사람과의 공통점을 발견하고 소통하기 위해 노력하는 것과 같은 호감을 얻기 위한 전략적인 행동은 전혀 불쾌하게 느껴지지 않는다. 오히려 다양한 상황에서 원만한 관계를 촉진하는 방법으로 칭찬할 만하다고 생각한다. 칭찬할 만한가 아닌가를 떠나, 다른 사람과의 유사성을 발견하기 위해 노력하는 것 자체가 쉽지 않은 일이다. 우리는 유사성보다는 차이점에 더 큰 관심을 보이는 경향이 있기 때문이다.

일반적으로 사람들은 서로를 연결해주는 특성보다는 구별해주는 특성을 더 쉽게 찾고 기억한다. 물건의 크기나 무게와 같은 물리적 차원에서도 관찰자들은 유사성보다는 차이를 더 쉽게 잘 발견한다. 상호작용하고 있는 집단의 관계를 파악하는 것과 같은 사회적 차원에서도 관찰자들은 마찬가지 성향을 보인다. 32개의 개별 협상에 대한 리 톰슨Leigh Thompson 박사의 분석에 따르면, 경쟁 관계에 있는 협상가들이 공통되는 이익과 목표를 식별하고 참조하는 데 실패하는 경우가 50퍼센트에 달했다. 실제로 협상가들의 이해관계나 목적에서 분명히 공통되는 부분이 있었고, 그것을 활용할 경우 서로에 대한 호감은 물론이고 상호이익 또한 증가할 것이 분명했는데도 말이다.

인종이나 민족 집단의 구성원들이 자신들과 다른 집단의 개인들 사이에 사회적 거리를 유지하는 것 역시 이런 안타까운 경향으로 설명할 수 있다. 그들은 집단 간의 차이에 초점을 맞추는데, 이런 경향은 외부 구성원과의 상호작용이 가져올 수 있는 긍정적인 면을 과소평가하게 만들 뿐만 아니라 실제로 그런 상호작용의 기회까지 축소할 수 있다. 연구자들은 이런 추론을 뒷받침하는 실험을 실행했다. 흑인 대학생과의 대화를 기대하다가 실제로 그 기회를 얻게 된 백인 대학생은 흑인 대학생과의 대화에서 느낀 즐거움에 대해 과소평가했는데, 이는 사전에 상대방과의 차이에 지나칠 정도로 주목하고 있었기 때문으로 밝혀졌다. 하지만 같은 실험 조건에서 다른 학생들에게 앞으로 대화하게 될 상대방과 자신의 유사성에 주목해달라고 요청하자 실험 결과는 완전히 달라졌다. 일부러 상대방과의 유사성에 집중하자, 백인 학생들이 흑인 학생들과의 대화에 대해 가지고 있는 부정적인 시각이 완전히 사라진 것이다. 그러자 백인 학생들의 긍정적인 기대는 흑인 대학생들과의 긍정적인 경험과 일치하게 되었다.

이러한 결과는 우리에게 만족스러운 개인 관계의 확장 방법을 제시하고 있다. 우리는 우리와 다르게 보이는 사람들에게서 유사점을 찾음으로써 그들을 지나치게 낮춰 보는 실수를 피할 수 있다.[6]

사례 3.1

저자의 한마디

온라인에서 활동하는 설득의 달인 역시 상대방의 얼굴을 직접 보면서 설득하는 데 사용되는 것과 똑같은 방법을 이용해서 호감을 증폭시키려 한다. 따라서 전자상거래 플랫폼에서도 상황은 마찬가지라는 사실을 깨달아야 한다. 예를 들어, '마케터를 위한 심리학'이라는 인상적인 웹사이트는 유사성과 우정이라는 관행을 통해 호감 원칙을 이용하라고 온라인 마케팅 담당자들에게 조언하면서 다음과 같이 말한다.

호감

여러분은 이미 여러 번 이 원리를 경험했으리라 확신합니다. 친구가 부탁할 때 거절하기란 무척 어려운 법이죠. 여러분도 간단한 몇 개의 방법으로 친구를 설득할 수 있습니다. 곁에 있으면서 친근한 느낌을 주고, 둘 사이의 유사성을 언급하고, 행동을 모방하고, 작은 호의를 베풀고, 좋아하는 마음을 보여주는 겁니다.

온라인 마케팅에서 사용하는 방법

당신의 말을 듣고 있는 사람의 언어를 사용해야 합니다. 당신의 말을 듣는 집단에서 사용하는 고유한 낱말, 표현 혹은 전문용어를 효과적으로 이용해야 합니다. 듣는 사람이 사용하지 않거나 이해하지 못하는 말을 사용한다면, 거리감만 생길 뿐이며 당신과 어떤 관계가 있다는 느낌은 전혀 주지 못하게 될 것입니다.

소셜 미디어와 이메일은 여러분 이야기를 듣는 사람과 소통할 수 있는 훌륭한 도구입니다. 친구에게 그러듯이 아무것도 요구하지 말고, 그냥 연락부터 하세요.

칭찬

1713년 조너선 스위프트는 한 유명한 시에서 이렇게 말했다. "학교에서 배운 오랜 경구라네/ 아부야말로 바보들이 즐기는 음식이라는." 하지만 그는 이 영양가라고는 전혀 없는 음식을 사람들이 얼마나 갈망하는지는 말하지 않았다. 코미디 배우 맥클린 스티븐슨McLean Stevenson은 아내가 자신을 속여 결혼을 하게 되었다며 이렇게 말했다. "아내가 저를 좋아한다고 하더군요." 물론 웃자고 한 이야기지만, 그저 웃고 넘길 수만은 없는 교훈이 담겨 있다. 오늘날 온라인에서 흔하게 '좋아요'를 주고받는데, 이는 우리에게 긍정적인 감정을 불러일으킨다. 뇌 영상 연구에 따르면, 자신의 소셜 미디어에 올린 사진에서 '좋아요'를 많이 받은 십대들의 두뇌에서 보상을 담당하는 영역이 마치 크리스마스트리에 불이 환하게 들어오는 것처럼 활성화되었다고 한다. 이 영역은 초콜릿을 먹거나 돈이 생기는 것과 같이 기분이 좋은 상황에서 활성화되는 영역이다.

누군가가 우리를 좋아한다는 정보는 그에 대한 호감과 자발적인 순응을 이끌어낼 수 있는 매혹적이면서도 매우 효과적인 수단이 될 수 있다. 따라서 누군가가 우리에게 아첨을 하거나 친밀감을 표현한다면 그는 우리에게 무언가를 원하는 것일지 모른다. 그리고 그는 자신이 원하는 것을 우리에게 얻어낼 가능성이 크다. 레스토랑에서 웨이터에게 ('훌륭한 선택입니다'와 같은) 칭찬을 받았을 때나 미장원에서 헤어스타일리스트에게 ('어떤 헤어스타일도 잘 어울리시는군요'라는) 칭찬을 들었을 때, 고객은 후한 팁으로 반응하기 마련이다. 마찬가지로 취업 인터뷰 중 면접관을 칭찬하는 지원자는 더 호의적인 평가를 받았을 뿐만 아니라 최종 합격자 명단에 오르기도 했다.

심지어 우리가 사용하는 기계 장치들도 칭찬을 통해 이익을 얻는다. 컴퓨터 작업을 하면서 컴퓨터로부터 ('자료를 논리적으로 구성하는 능력이 대단하군요'와 같은) 피드백을 받은 사람들은 그 기계에 호감을 느낀다. 아무리 그 피드백이 미리 프로그램되어 있는 것이며, 실제 자신이 한 작업 성과와는 아무런 상관이 없다고 이야기해줘도 소용없다. 더욱 놀라운 것은 아무 의미 없는 이런 칭찬을 듣고 난 후, 자신의 작업에 대한 자부심이 더 커진다는 사실이다. 우리는 자신에 대한 모든 칭찬을 믿는 경향이 있고, 자신을 칭찬해주는 사람들은 누구든 좋아하게 된다.[7]

세계 최고의 자동차 영업사원 조 지라드가 고객들의 호감을 얻는 것이 성공의 비결이라고 했던 말을 기억하는가? 지라드는 이를 위해 쓸데없는 돈 낭비로 보이는 어리석은 행동을 했다. 매달 1만 3,000명이 넘는 고객들에게 메시지를 새겨넣은 축하 카드를 보낸 것이다. 축하 카드의 종류는 (새해, 밸런타인데이, 추수감사절 등의 시기에 따라) 매달 달랐지만, 새겨 넣은 메시지는 언제나 "고객님, 사랑합니다 I like you"였다. 지라드는 이렇게 설명한다. "다른 내용은 없어요. 마지막에 제 이름만 적어넣는 거죠. 그저 고객님을 사랑한다고만 말하는 겁니다."

'고객님, 사랑합니다'라는 말이 1년에 열두 번, 시계처럼 정확히 고객의 우편함에 도착했다. 물론 1만 3,000명의 고객들이 똑같은 말이 새겨진 똑같은 카드를 받았다. 오로지 자동차 판매를 위해 제작한 그토록 비개인적인 사랑의 말이 과연 효과가 있을까? 지라드는 효과가 있다고 생각했고, 지라드 같은 영업의 천재가 그렇게 생각했다면 우리도 관심을 가져볼 만하다. 지라드는 인간 본성의 중요한 면을 이해했다. 인간이란 바로 아부에 한없이 약한 존재라는 사실이다.

노스캘리포니아 주에서 실시한 실험은 우리가 칭찬에 얼마나 무력한 존재인지 보여준다. 피험자한테서 뭔가 얻어낼 것이 있는 사람이 피험자들한테 세 가지 종류의 말을 했다. 첫 번째 피험자 집단에게는 긍정적인 말만, 두 번째 집단에게는 부정적인 말만, 그리고 세 번째 집단에게는 긍정적인 말과 부정적인 말을 섞어서 했다. 이 실험에서 세 가지 흥미로운 결과가 나왔다. 첫째, 피험자들은 긍정적인 말만 해준 사람을 제일 좋아했다. 둘째, 긍정적인 말을 해준 사람이 뭔가 얻어낼 것이 있어 아부한다는 사실을 알아도 피험자들의 태도에는 변화가 없었다. 셋째, 긍정이나 부정의 말과 달리 칭찬만 하는 경우에는 칭찬의 내용이 꼭 사실일 필요가 없었다. 진실이든 거짓이든 상관없이 일단 아부꾼의 칭찬을 들은 사람들은 아부꾼을 좋아했다.

사람들은 칭찬만 들으면 자동적으로 긍정적인 반응을 보이므로 호감을 얻으려는 의도가 노골적으로 드러나는 칭찬에도 쉽게 넘어간다. '누르면, 작동하는' 반응이다. 이런 관점에서 보면 매년 15만 통이 넘는 '고객님, 사랑합니다' 카드를 보내는 지라드의 노력과 비용이 별로 어리석거나 낭비가 아니라는 생각이 든다.[8]

조작한 유사성과 마찬가지로 거짓 칭찬이 우리가 받을 수 있는 유일한 칭찬이 아니라는 것은 다행스러운 일이다. 물론 마음에서 우러나온 칭찬도 거짓 칭찬만큼이나 효과적으로 호의적인 결과를 끌어낼 수 있다. 말이 나온 김에 고백하자면, 이 책에서 설명한 모든 설득 방법 중 내가 가장 취약한 부분이 바로 이 대목이다. 어떤 이유인지는 모르겠지만 (아마도 후천적인 양육이 문제인 듯하다) 나는 당연한 칭찬에도 늘 인색하다. 대학원생과의 학술 모임에서 마음으로는 "제시카 (브래드, 린다, 블라드, 노아, 채드, 로산나, 누구든) 이야기가 정말 좋군요"라고 얼마나 헤아릴 수도 없이 많이 말했는지 모른다. 하지만 그 인정의 말을 마음에서 입으로 옮기지는 못했다. 그 말만 할 수 있었더라면 얻을 수 있었던 모든 호감을 놓쳤음은 물론이다.

하지만 이제는 그러지 않으려고 한다. 지금까지 말로 표현하지 못했던 칭찬을 큰 소리로 이야기해주며 나의 단점을 고치기 위해 의식적으로 노력하고 있다. 지금까지는 이런 노력이 모든 사람에게 효과가 있었다. 의식적으로 칭찬을 한 결과가 너무 좋다 보니, 진심 어린 칭찬을 하는 사람에게 특히 도움이 되는 환경은 없는지 찾아보기 시작했다. 한 가지 분명한 경우가 있기는 했다. 칭찬을 받은 사람이 한동안 힘을 내게 되거나, 스스로 약점이라고 생각하는 부분에서 이전보다 향상되는 경우였다. 이 문제는 여기까지만 다루기로 하고, 사람들이 깨닫지 못하고 있지만 주목할 만한 두 가지 다른 문제로 넘어가기로 하자.

칭찬을 받아 마땅한 사람을 격려하며 칭찬해주어라. 연구 모임에서 공공연히 학생을 칭찬하는 나의 새로운 습관은 다른 누구보다 내게 가장 도움이 되었다. 연구 모임은 내가 주도하는 것이었기에 나는 학생들에게 칭찬을 아끼지 않았지만, 당신이 주도하지 않는 모임에서 서슴없이 누군가를 칭찬하는 것은 부적절할 수도 있다. 예를 들어 직장 회의 중에 사장이 당신이 훌륭하다고 생각하는 누군가의 아이디어를 칭찬한다고 하자. 그런 경우 큰 소리로 동의한다면 아주 어색할뿐더러 이기적인 사람으로 보일 수도 있다. 그렇다면 어떻게 해야 할까? 내가 가르치는 학생들은 안타깝게도 이런 상황에 처해본 적이 없다. 하지만 해답은 있다. 커피를 마시는 휴식 시간이나 회의가 끝난 다음, 사장 비서에게 다음과 같이 당신의 의견을 말하는 것이다. "잘 알고 계시겠지만, 이 부분에 대한 샌디의 생각은 아주 훌륭한 것 같습니다."

그럴 경우 몇 가지 결과를 예상할 수 있다. 첫째, 사람들은 다른 사람들 마음속에 좋은 소식과 함께 기억되고 싶어 하고 적극적으로 그러한 상황을 모색하기 때문에, 아마도 비서는 사장에게 당신의 말을 그대로 전할 것이다. 둘째, 사장의 앞에서 직접 긍정적인 평가를 전하지 않았기 때문에 (사장을 포함해 지켜본 사람들) 누구도 당신에게 다른 의도가 있다고 생각하지 않을 것이다. 셋째, 칭찬의 심리학에 따르면, 사장은 당신의 (진심 어린) 칭찬을 믿고, 더욱 당신에게 호감을 느끼게 될 것이다.[9]

당신이 그 사람에게 기대하는 부분을 찾아서 진심을 담아 칭찬하라. 사람들은 칭찬을 받으면 기분이 좋아지며, 칭찬을 받은 자신의 특성이나 행동에 자부심을 느낀다. 따라서 누군가가 지금까지 했던 훌륭한 행동을 계속 해주기를 바랄 때 하는 칭찬은 진심 어린 칭찬의 바람직한 형태라 할 수 있다. 그런 칭찬을 받은 사람은 동기가 부여되어 앞으로도 기대에 부응해서 훌륭한 일을 계속하려 들 것이기 때문이다. 이러한 생각은 '새로운 정체성 형성altercasting'이라는 설득의 전략이다. 다시 말해 개인에게 특정한 사회적 역할을 부여하여, 그 역할에 부응하는 행동을 하게 만드는 것이다. 예를 들어, 보험 대리인은 부모에게 보호자 역할을 강조함으로써 가족을 위해 기꺼이 생명 보험에 들게 만든다.

이 책을 쓰기 위해 자료 조사를 하던 중에 나는 우연히도 이 방법의 놀라운 효력을 직접 목격했다. 당시 나는 연구실 밖으로 나가 판매원, 마케팅 전문가, 광고업자, 채용담당자, 자선기금 권유자 등 실제 설득의 달인들로부터 효과적인 설득 전략에 대해 직접 배우고 싶었다. 무엇보다 이들에게 경제적 생존은 이용 가능한 전략의 성공 여부에 달려 있으므로, 오랜 시행착오 끝에 가장 강력한 무기를 파악하고 장착했으리라고 생각했다. 하지만 내가 부탁한다고 해서 스스로 노력하여 힘겹게 터득한 지식을 기꺼이 나눠주지 않으리라는 데에도 생각이 미쳤다. 설득의 달인들은 효과적인 전략을 드러내지 않는 것으로 악명이 높기 때문이다.

그래서 나는 다른 방법을 써보기로 마음먹었다. 광고를 보고 익명으로 설득의 달인들이 담당하는 훈련 과정에 등록한 것이다. 정작 훈련 과정에 참여해 보니, 오히려 그들은 자신들이 체득한 모든 교훈을 전달하고 싶어 안달이었다. 예상했던 대로 수업에 참여하며 설득의 기술을 배우려는 태도를 보여주자, 다가갈 수 없다고 생각했던 보물과 같은 정보에 어렵지 않게 접근할 수 있었다. 하지만 모든 훈련이 끝나고 내 진짜 정체와 목적을 밝힌 다음, 내가 수집한 자료를 사용해도 좋은지 물었을 때 부정적인 대답이 나오지나 않을까 걱정이었다. 누가 보더라도 내 제안은 모든 이익은 내가 독식하고, 그들은 손해가 되는 것으로 보일 게 뻔했으니 말이다.

내 이름은 롭 콜더가 아니고, 실제로 수습생도 아니며, 여기서 수집한 정보를 바탕으로 책을 한 권 쓰려고 하니 그들의 독점적 정보를 사용하는 것에 대한 서면 동의서를 작성해줄 수 있을지 물었을 때는 대부분의 경우처럼 사람들의 얼굴이 붉어지고 시선이 굳어지는 듯이 보였다. 상황이 그렇게 진행되는 듯이 보였을 때, 나는 그것이 미칠 영향을 모른 채 한 가지 사실을 더 이야기했다. 나는 그들에게 내가 사회적 영향력을 연구하는 대학교수라는 사실을 밝히며 "여러분에게 이 문제를 배우기를 원합니다"라고 말했다. 이 말을 들은 그들의 반응은 대체로 다음과 같았다. "당신은 대학교수이고, 이 문제 전문가인데, 저희가 당신의 선생이었다고요?" 그 말이 맞다고 확인해주면, 그들은 보통은 가슴을 한껏 내밀고는 (손을 흔들며) 이렇게 말했다. "그럼요. 저희가 알고 있는 건 모두 나눠드리죠."

돌이켜보니, 설득의 달인들에게서 협조적인 반응을 끌어낼 수 있었던 이유를 알 수 있을 것 같다. 그들에게 배우고 싶다는 나의 말은 그들에게 선생의 역할을 맡기는 것이었기 때문이다. 선생이란 정보를 쌓아두지 않는 법이다. 정보를 나누어주는 것이 선생의 역할이다.

그 이후 나는 정체성 형성 기법과 진심 어린 칭찬을 성공적으로 결합하는 방식을 깨닫게 되었다. 즉, 어떤 사람에게 보호자 혹은 교사와 같은 역할을 그저 할당하는 데 그치지 않고, 다른 사람을 도우려 하거나 성실한 태도와 같이 칭찬할 만한 특성을 보여줄 때 그를 솔직하게 칭찬하는 것이다. 그럼으로써 우리는 그 사람이 가지고 있는 특성이 앞으로도 더 많이 드러나리라고 기대할 수 있다. 어떤 일에서 성실하다고 칭찬받은 아이들은 나중에 그와 비슷한 일을 할 때 더욱 성실하게 처리한다. 마찬가지로, 다른 사람을 도왔다고 칭찬을 받은 사람은 나중에 완전히 다른 환경에서도 사람들에게 더 많은 도움을 주려는 경향을 보인다.

얼마 전에는 집에서 이 방법을 시도해보았다. 칼이라는 친구가 몇 년 동안 우리 집에 계속 신문을 배달해주었는데, 그는 매일 아침 진입로까지 차를 몰고 들어와 신문을 던지고 가곤 했다. 대부분의 경우 신문은 진입로 한가운데에 떨어져서 비슷한 시간에 마당에서 나오는 자동 급수에 젖지 않는다. 해마다 명절이 되면 칼은 신문과 함께 자신의 주소를 적은 봉투를 남긴다. 자신의 서비스에 감사의 표시로 돈을 보내라는 의미이고, 나는 늘 그렇게 해왔다. 하지만 얼마 전에는 수표만 보내지 않고, 쪽지를 하나 동봉했다. 쪽지에서는 신문이 젖지 않도록 정확하게 진입로 한가운데에 신문을 던져놓는 꼼꼼함을 칭찬했다. 예전에 칼이 진입로 한가운데 신문을 던져놓는 비율은 75퍼센트였지만, 쪽지를 보낸 이후 그 비율은 100퍼센트가 되었다.

이 일이 의미하는 것은 무엇일까? 예를 들어 회의 준비를 꼼꼼히 해오는 동료라든지, 당신의 아이디어에 유용한 피드백을 주려고 애쓰는 친구와 같이 주변에 일상적으로 칭찬할 만한 행동을 하는 사람이 있다면, 그 사람의 행동뿐 아니라 그 사람의 특성을 칭찬해주어라. 특성을 칭찬한다면 행동은 칭찬하지 않아도 좋다. 그러면 그 행동을 훨씬 자주 보게 될 것이다.[10]

애리조나 주에서 경영대학원 학생이 보낸 편지

제가 보스턴에서 직장 생활을 하던 시절 크리스라는 직장 동료가 그러잖아도 일이 많은 저에게 항상 일을 떠맡기곤 했습니다. 평소에는 그런 종류의 부탁을 꽤 잘 거절하는 편이지만, 크리스는 부탁을 하기 전에 항상 아주 교묘하게 저를 칭찬하는 바람에 도저히 거절할 수가 없었습니다.

그는 보통 이런 식으로 말을 꺼내곤 합니다. "자네가 이런저런 프로젝트를 끝내주게 해결했다는 말을 들었는데, 나도 지금 딱 그런 프로젝트를 맡았거든. 나 좀 도와주면 고맙겠어." 또는 "자네는 이런저런 일에 완전 전문가라면서? 내가 맡은 일 좀 도와주면 안 될까?" 사실 저는 크리스란 친구가 별로 마음에 들지 않았습니다. 그런데 그런 말을 듣다 보면 금방 마음이 바뀌어 크리스가 괜찮은 친구일지도 모른다는 생각이 들기 시작하는 겁니다. 그러다 결국엔 그 친구의 부탁을 들어주고 마는 거죠.

저자의 한마디

크리스는 단순히 아부만 한 것이 아니다. 교묘한 방식으로 칭찬을 해서 독자가 칭찬받은 대로 행동할 수밖에 없도록 했다.

반복적인 접촉과 협력

우리는 대부분 익숙한 것을 좋아한다. 직접 확인해보고 싶다면 작은 실험을 해보라. 자신의 얼굴 전면을 셀카로 찍어 인쇄하라. 그런 다음, 휴대전화에서 (오른쪽과 왼쪽이 바뀌도록) 반전 이미지를 만든 다음 역시 인쇄하라. 두 장의 사진 중에 마음에 드는 사진을 한 장 선택하고, 친한 친구에게도 마음에 드는 사진을 한 장 선택해달라고 부탁한다. 아마 이와 유사한 실험에 참가했던 밀워키 주의 여성들과 똑같이 재미있는 반응이 나타날 것이다. 당신 친구는 원래 이미지를 더 좋아하는 데 비해 당신은 반전 이미지를 더 좋아할 것이다. 왜 이런 결과가 나타나는 걸까? 두 사람 '모두' 자신에게 익숙한 얼굴에 더 호의적인 반응을 보이기 때문이다. 친구는 누구나 보는 당신의 원래 얼굴에, 당신은 매일 거울에서 보는 자신의 반전 얼굴에 더 익숙한 것이다.

어떤 물건을 보는 우리의 태도는 그 물건의 노출 빈도에 영향을 받는다는 사실을 간과하는 경우가 많다. 예를 들어 온라인 광고 연구에서 실험 참가자가 기사를 읽고 있는 컴퓨터 화면 위로 참가자들이 인식하지 못할 만큼 짧은 시간 동안 카메라 배너 광고를 각각 다섯 번, 스무 번 보여주거나, 한 번도 보여주지 않았다. 실험 참가자들은 자신이 광고를 봤다는 사실조차 알지 못했지만, 광고에 더 많이 노출된 사람일수록 그 카메라에 더 호감을 느꼈다. 사람의 얼굴을 가지고 한 실험에서도 비슷한 결과가 나타났다. 실험 참가자들이 컴퓨터 화면을 보는 동안 몇 사람의 얼굴을 빠르게 화면에 띄웠다. 참가자들이 누구의 얼굴도 기억할 수 없을 만큼 빠른 속도로 사람들의 얼굴이 화면을 지나갔다. 그러나 참가자들은 화면에 얼굴이 더 자주 등장한 사람에게 더 많은 호감을 느꼈다. 호감이 클수록 사회적 영향력도 커지므로, 참가자들은 화면에 더 자주 등장했던 사람들의 의견에 더 많이 설득되었다.

지금처럼 가짜 뉴스, 인터넷 봇, 매체에 집착하는 정치인들이 난무하는 세상에서, 사람들은 자신들이 가장 자주 노출되는 정보를 믿게 된다는 이야기는 실로 무시무시하기까지 하다. 나치 선전상 요제프 괴벨스 Joseph Goebbels의 "거짓말도 자주 반복하다 보면 진실이 된다"라는 주장이 현대에 와서 되살아나는 듯하다. 가짜 뉴스 생산자들의 터무니없는 주장도 반복해 듣다 보면 믿을 만한 것이 된다는 유사 연구도 마찬가지로 대단히 불편하다.[11]

사람들이 자주 접촉한 대상에 대해 더 호감을 보인다는 사실을 바탕으로 '접촉'을 이용해 인종 갈등을 해결하자고 주장하는 사람들도 있다. 인종적 배경이 서로 다른 사람들을 동등한 입장에서 자주 접촉하도록 하면 자연스럽게 서로를 좋아하게 될 거라는 판단에서였다.

그러나 과학자들이 접촉을 통해 호감을 유도하는 실험을 하기에 최적의 장소인 학교에서 인종 통합에 관한 실험을 실시했을 때 전혀 다른 결과가 나타났다. 인종 통합 교육이 오히려 흑인과 백인 학생 사이에 편견을 더 심화시킨 것으로 밝혀진 것이다.

접촉을 통한 인종 통합 교육

인종 통합 교육 문제를 잠시 살펴보자. 접촉을 늘려 인종 간 화합을 이루겠다는 의도는 좋았지만, 그만한 성과가 없었던 것은 그 주장의 바탕이 되는 이론이 완전히 잘못됐기 때문이다. 첫째, 학교는 한 인종 집단의 아이들이 다른 인종 집단의 아이들과 똑같이 서로 어울리며 지내는 '용광로Melting Pot'가 아니다. 공식적으로 인종 통합 교육을 실시한 지 몇 년이 지났지만 실제로 학생들은 인종이 다른 학생들과 어울리지 않왔다. 학생들은 대부분의 시간을 같은 인종끼리 무리지어 몰려다닐 뿐이다. 둘째, 인종 간 접촉이 늘어난다 해도 반복적인 접촉으로 뭔가에 익숙해진다는 것이 반드시 그것을 좋아하게 된다는 의미는 아니다. 사실 불쾌한 상황에서 어떤 인물이나 대상과 지속적으로 접촉하다 보면 오히려 호감이 떨어질 수 있다.[12]

전형적인 미국 학교 교실은 오히려 이런 불쾌한 상황을 조장하는 곳이다. 텍사스 주 오스틴의 학교 문제와 관련해 교육 당국의 컨설팅을 의뢰받은 심리학자 엘리엇 에런슨Elliot Aronson의 생생한 보고서를 살펴보자. 에런슨이 텍사스 주의 평범한 학교 교실에서 관찰해 서술한 교육 과정은 미국의 어느 공립학교에나 적용할 수 있다.

수업 진행 방식은 대체로 다음과 같다. 선생님이 교단에 서서 학생들에게 질문을 한다. 6~10명 정도의 학생들이 자기 자리에서 열심히 손을 들며 멋진 답변으로 자신이 얼마나 똑똑한지 자랑하고 싶어 안달한다. 그런가 하면 잔뜩 움츠러든 몇몇 학생은 조용히 선생님의 시선을 피한다. 선생님이 한 학생을 지목하면 열심히 손을 들었으나 선생님에게 인정받을 기회를 놓친 아이들의 얼굴에 금세 실망과 낙담의 표정이 떠오른다. 반면에 정답을 모르는 아이들의 얼굴엔 안도감이 가득하다. 학생들은 선생님의 질문에 답하는 일을 매우 중요하게 생각하며 치열하게 경쟁한다. 아마도 그 또래의 아이들한테는 부모 다음으로 중요한 선생님의 인정과 사랑이 달린 일이기 때문이다.

더욱이 이런 교육 방식으로는 아이들이 서로를 좋아하고 이해하는 법을 배울 수가 없다. 각자 자신의 경험을 떠올려보자. 만약 당신이 정답을 알고 있는 문제를 선생님이 다른 아이에게 질문한다면, 그 아이가 틀린 답을 말해 당신이 지식을 과시할 기회가 오기를 은근히 바라지 않겠는가. 만약 당신한테 기회가 왔는데 틀린 답을 말했거나 감히 경쟁적으로 손을 들지도 못했다면, 정답을 말한 친구를 부러워하고 미워하지 않겠는가. 이 경쟁 시스템에서 실패한 아이들은 성공한 아이들을 질투하고 미워하면서 선생님의 귀염둥이라고 깎아내리거나 학교 뒤로 몰래 불러 폭력을 행사할 수도 있다. 성공한 아이들도 나름대로 실패한 아이들을 '멍청이'나 '바보'라고 부르면서 무시하고 경멸한다.

그렇다면 강제 버스 통학이나 학군 변경, 학교 폐쇄 등 강제적인 학교 통합 정책으로 편견이 줄어들기는커녕 더 늘어나는 이유를 짐작할 수 있다. 어린이들이 같은 인종 집단 안에서는 우호적이고 유쾌한 경험을 하는 반면, 다른 인종 집단과는 계속 경쟁적인 경험만 한다면 당연히 그럴 수밖에 없다.

이 문제에 대한 적절한 해법은 없을까? 다행인 점은 교육 전문가들이 내놓은 '협동 학습'이라는 개념에서 인종 간 반목을 줄일 수 있는 희망이 보인다는 사실이다. 인종 통합 학급에서 편견이 높은 이유의 상당 부분이 상대 집단을 지속적인 경쟁자로 인식하는 데서 비롯됐으므로 이들은 경쟁이 아니라 협동이 중심되는 새로운 학습 방법을 실험하고 있다.[13]

협동 학습을 위한 조건

터키 출신의 사회과학자 무자파 셰리프Muzafer Sherif와 동료 연구진이 40년 전에 실시한 흥미진진한 실험을 살펴보면 협동 학습의 논리를 이해하는 데 도움이 된다. 집단 간의 갈등이라는 주제에 관심이 있었던 연구진은 소년들의 여름 캠프를 연구 대상으로 설정했다. 자신들이 이 실험에 참가하고 있다는 사실을 전혀 모르는 소년들을 상대로 셰리프와 동료들은 캠프의 사회적 환경을 지속적으로 교묘하게 조작하면서 집단 간의 관계가 어떤 식으로 변화하는지 관찰했다.

소년들 사이에 어떤 악의를 조장하는 것은 전혀 어렵지 않았다. 숙소인 오두막을 둘로 분리하기만 해도 두 집단 간에 '우리 대 저들'이라는 감정을 충분히 자극할 수 있었고, 두 집단에 각각 이름을 짓게 하자(독수리 대 방울뱀) 경쟁의식은 더 격화됐다. 소년들은 상대 집단의 능력과 성과를 깎아내리기 시작했다. 그 과정에서 연구진이 일부러 경쟁적인 활동을 도입하자, 두 집단 사이에 이전과는 비교도 할 수 없는 적대적인 감정이 생기기 시작했다. 팀 대항 보물찾기와 줄다리기, 운동 경기 등을 진행하면서 서로 욕설을 하며 대립했고, 경쟁을 벌이는 동안 상대 팀을 '사기꾼', '고자질쟁이', '왕재수' 등으로 불렀다. 나중에는 서로의 오두막을 습격하고, 깃발을 훔쳐다 불태우고, 위협적인 현수막을 내걸고, 식당에서 난투극을 벌이는 일이 일상화됐다.

이 지경에 이르자 셰리프는 집단 간에 불화를 일으키는 방법이 퍽 쉽고 간단하다는 사실을 알게 됐다. 그저 집단을 나눠놓고 잠시 기다리며 적대감이 쌓이기를 지켜보면 됐다. 그러고 나서 집단을 한데 모아놓고 경쟁적인 활동을 계속 부과한다. 그러면 집단 간에 미움이 눈덩이처럼 불어난다.

이후에는 훨씬 더 어려운 문제가 연구진을 기다리고 있었다. 이렇게 형성된 집단 간의 적개심을 어떻게 제거할지가 문제였다. 아무리 영화 관람이나 사교 모임 같은 즐거운 활동을 함께하도록 유도해도 결과는 끔찍하기만 했다. 함께 소풍을 가면 음식을 놓고 싸움이 벌어졌고, 오락은 고함이 오가는 경쟁으로 변질됐으며, 식당에 함께 줄이라도 서 있다가는 이내 육탄전이 벌어졌다. 셰리프의 연구진은 마치 프랑켄슈타인 박사처럼 자신들이 통제 못 할 괴물을 만든 것은 아닌지 두려워지기 시작했다. 그렇게 불화가 절정에 달할 즈음 연구진은 새로운 전략을 도입했다. 그러자 놀랍게도 금세 효과가 나타났다.

연구진은 두 집단이 경쟁을 하면 둘 다 손해를 보고, 협동을 하면 둘 다 이익을 보는 상황을 마련했다. 두 집단이 함께 소풍을 갔는데 음식을 구하러 시내로 나갈 수 있는 유일한 수단인 트럭이 도랑에 빠지는 '사고'가 발생했다. 소년들은 힘을 모아 트럭을 밀고 당겨 도로 위에 올려놓았다. 연구진은 멀리 있는 물탱크에서 파이프로 공급하는 캠프 급수를 중단하기도 했다. 공통의 위기에 직면해 협동의 필요성을 깨달은 소년들은 효과적인 협력을 통해 단 하루 만에 급수 문제를 해결했다. 재미있는 영화를 빌려볼 기회가 왔는데 캠프 측에서 대여 비용을 대주지 못하겠으니 참가자들이 협력해 비용을 마련해보라고 했다. 협조해 돈을 모으는 것이 유일한 해결책이라는 사실을 알게 된 소년들은 돈을 모아 영화를 대여한 다음 함께 즐거운 저녁 시간을 보내기도 했다.

이런 협동 작업의 결과는 시간이 흐르면서 점점 더 분명해졌다. 공동의 목적을 위해 함께 노력해 성공을 거두자 두 집단 사이의 거리가 서서히 좁혀졌다. 오래지 않아 말싸움이 잦아들고, 줄을 설 때마다 벌어지던 몸싸움도 멈췄으며, 식당에서도 다른 집단 소년들과 섞어 앉기 시작했다. 더욱이 친한 친구 이름을 적으라고 하자 전에는 자기 집단 소년들의 이름만 적던 아이들이 다른 집단 소년들의 이름도 적기 시작했다. 어떤 아이들은 다른 집단 아이들에 대한 첫인상이 많이 달라졌다면서 그런 식으로 친구들을 재평가할 기회를 준 연구진에게 감사를 표하기도 했다. 더욱이 캠프파이어를 마치고 숙소로 돌아올 무렵에는 (예전 같으면 대소동이 벌어졌을 텐데) 모든 소년들이 버스 한 대를 함께 타고 돌아오기도 했다. 그것도 특별히 소년들의 요청으로 이뤄진 일이었다. 휴게소에 버스가 멈춰 서자 한 집단의 소년들이 한때는 그토록 미워하던 다른 집단의 소년들에게 밀크셰이크를 사주기도 했다.

이런 놀라운 방향 전환의 계기는 소년들이 서로를 적이 아니라 동지로 여기게 된 일이었다. 연구진이 두 집단에 공동으로 추구할 목표를 부과한 것이 결정적이었다. 목표를 달성하기 위해 협력하다 보니 마침내 경쟁 집단의 구성원들을 나를 도와주는 소중한 친구이자 합리적인 동료, 또 그런 친구들의 친구들로 보게 된 것이다. 서로 협력해 성공을 일궈냈기에 그 성공을 함께한 동료에 대해 적대적인 감정을 유지하기가 곤란했던 것이다.

협동 학습을 위한 전략

교육심리학자들은 인종 차별 철폐의 결과로 나타난 복잡한 인종 갈등을 해결하기 위해 셰리프의 연구 결과를 교실에 적용하기로 했다. 교육 과정에 약간의 변화를 도입해 다양한 인종의 학생들이 공동의 목표를 위해 서로 협력하는 기회를 제공한다면, 여러 인종의 학생들이 우정을 형성할 수 있을지도 모른다는 판단에서였다. 유사한 프로젝트들이 다양한 주에서 시행됐지만, 이런 방향에서 이루어진 특히 흥미로운 접근은 엘리엇 에런슨과 동료 연구진이 텍사스 주와 캘리포니아 주에서 실시한 '직소 학급jigsaw route'이라는 프로그램이었다. 직소 학급의 핵심 개념은 학생들이 친구들과 함께 시험 준비를 하도록 한 것이다. 방법은 학생들을 여러 모둠으로 나눈 다음 모둠별로 학생들에게 시험에 필요한 정보를 직소 퍼즐 조각처럼 일부분씩만 나눠주는 것이다. 그러면 학생들은 시험 준비를 위해 모둠별로 서로를 가르치고 배우며 도울 수밖에 없다. 모두가 서로에게 필요한 존재가 되는 것이다. 그러자 셰리프의 캠프에서 소년들이 공동의 이익이 걸린 임무를 힘을 모아 수행했듯이, 학생들도 경쟁자가 아닌 동지가 돼 시험 공부를 함께하게 되었다.

인종 차별이 철폐돼 다양한 인종의 학생들이 어울려 공부하는 교실에서 직소 프로그램을 실시했을 때 상당히 인상적인 결과가 나왔다. 연구에 따르면 전통적인 경쟁방식으로 공부한 같은 학교의 다른 학급 학생들과 비교할 때 직소 프로그램으로 공부한 학생들은 확실히 타 인종 학생들에 대해 편견보다는 우정을 느꼈다. 적대감이 확연히 줄어든 것 외에 또 다른 장점도 있었다. 소수 인종 학생들의 자존감과 학교에 대한 애정, 시험 성적 등이 모두 향상된 것이다. 백인 학생들에게도 이점이 있었다. 자존감과 학교에 대한 애정이 높아졌으며, 시험 성적 면에서도 전통적 학습 방법으로 공부한 학급의 백인 학생들과 차이가 없었다.

직소 학급의 경우처럼 어떤 긍정적인 결과를 얻고 나면 사람들은 그것이 어려운 문제를 해결하는 유일한 해결책인 양 과신하는 경향을 보인다. 그러나 복잡하고 어려운 문제가 간단하고 단순한 한 가지 처방으로 해결되는 경우는 별로 없다. 이 문제도 마찬가지다. '협동을 통한 학습'이라는 범주 안에도 매우 다양한 접근 방법이 존재한다. 직소 학급을 비롯해 협동 학습을 통해 인종 간 호감을 형성하는 프로그램들을 안심하고 도입하기 위해서는 일단 수많은 연구를 통해 협동 학습 전략을 얼마나 자주, 어떤 규모로, 어느 연령대에, 어떤 종류의 집단에 적용해야 할지 결정을 내려야 한다. 교사들이 협동 전략을 교실에 도입할 의사가 있다면, 어떤 방식으로 도입하는 것이 가장 좋은 방법인지도 찾아내야 한다. 협동 학습 전략은 교사들에게 익숙한 전통적인 교수 방법과 매우 다른 획기적인 방법일 뿐 아니라 학생들이 서로를 가르치는 방식이다 보니 학급에서 교사의 역할이 상당히 위축될 위험도 있기 때문이다. 마지막으로 경쟁적인 학습 방법도 나름의 장점과 역할이 있다는 점을 인정해야 한다. 학생들이 바람직한 행동을 할 수 있도록 동기를 부여하고 자아 개념을 형성해주는 중요한 도구가 될 수 있기 때문이다. 따라서 우리의 임무는 학교의 경쟁 시스템을 파괴하는 것이 아니라 모든 인종의 학생들이 힘을 모아 성공적인 결과를 얻어낼 수 있는 협력 경험을 주기적으로 도입함으로써 경쟁 시스템의 지나친 독주를 막는 일이다.

고대의 설교자였던 롬시쇼크의 랍비 하임Rabbi Haim이 들려준 천국과 지옥의 정의를 살펴보자.

지옥 배고픈 사람으로 가득한 호화로운 연회장인데, 사람들의 두 팔이 부목으로 고정되어 있어 팔꿈치를 굽혀 입으로 음식을 넣을 수 없다.
천국 지옥과 똑같다. 다만 사람들이 서로에게 음식을 먹여준다는 점만 다르다.

이 정의는 교실에서 유용한 협력 방식이 어떤 것인지 생각하게 만든다. 이처럼 협동적인 방식을 선택하면 모든 사람들이 충분히 음식을 섭취할 기회를 가질 수 있다. 랍비의 설명대로 협력이라는 행위는 호의적인 반응을 이끌어낼 뿐만 아니리 공통의 문제를 해결하는 방안을 만들어낸다. 예를 들어, 여러 연구에 따르면 협상을 시작하며 손을 내밀어 악수를 청하는 협상가는 그 행동으로써 먼저 자신의 협력 의사를 밝히는 것이고, 그로 인해 모든 관련 당사자가 더 많은 경제적 이익을 얻을 수 있게 된다.[14]

인종 통합 교육이 여러 인종 간의 관계에 미치는 영향에 대해 지금까지 논의한 내용의 핵심은 무엇일까? 첫째, 잦은 접촉으로 익숙해지면 서로에 대한 호감이 커지지만, 만약 접촉으로 불쾌한 경험을 한다면 정반대의 반응이 나타날 수도 있다. 그러므로 인종이 다른 아이들을 전형적인 미국 교실의 무한경쟁 분위기 속에 던져넣으면 당연히 적대감이 커질 수밖에 없다는 사실을 예상해야 한다. 둘째, 모둠 중심의 협동 학습이 이런 문제의 해결책이 될 수 있다는 사실은 아이들이 협력을 통해 서로에 대한 호감을 키워나갈 수 있음을 의미한다.

협력을 통해 강렬한 호감을 키울 수 있다는 가정을 인정하기 전에 한 가지 짚고 넘어갈 사실이 있다. 혹시 설득의 달인들도 체계적인 협력을 통해 우리의 호감을 얻은 다음 승낙을 받아낼 요량으로 부탁하는 것은 아닐까? 그렇다면 협력이 필요한 상황에서 자연스럽게 협력하는 것일까, 아니면 협력이 필요한 기미가 약간만 보여도 짐짓 협력하려고 애쓰는 것은 아닐까? 그도 아니면 협력이 전혀 필요하지 않은 상황에서 일부러 협력의 기회를 만들어내는 것일까?

사실 설득의 달인들은 모든 종류의 협력을 이용한다. 어떤 공동의 목표를 위해 함께 노력할 기회, 서로의 이익을 위해 함께 협력할 기회, 무엇보다 우리의 동료로 보일 기회를 잡으려고 끊임없이 노력한다. 이런 예는 상당히 많다. 그중 가장 익숙한 사례는 최대한 고객에게 유리한 거래 조건을 제시하려고 자기 상사와 '대립'하면서까지 고객 편을 드는 신차 영업사원들이다. 사실 그런 상황에서 상사의 사무실에 쫓아 들어가 상사와 다투는 영업사원은 거의 없다. 영업사원들은 대체로 지켜야 할 가격을 정확히 알고 있기 때문에, 상사의 의견에 반대하는 것처럼 보여도 사실 상사와 아무런 대화도 나누지 않는 경우도 흔하다. 이 책을 쓰기 위해 내가 은밀하게 취재했던 자동차 대리점의 경우, 게리라는 영업사원은 고객에게 상사와 의견 대립이 있는 것처럼 말하고는 상사가 일에 열중하고 있는 사무실에 들어와 혼자 아무 말 없이 커피나 청량음료를 마시곤 했다. 필요한 시간이 흘렀다고 생각하면, 게리는 넥타이를 풀고 기진맥진한 표정을 지으며 고객에게 돌아갔다. 손에는 방금 고객을 위해 상사로부터 '가까스로 쟁취한' 가격이 들려 있었지만, 사실 그것은 사무실에 들어서기 전 생각해놓았던 가격이었다.

또 다른 흥미로운 사례는 우리가 거의 경험해보지 못한 상황에서 일어나는 일이다. 바로 경찰관들이 용의자의 자백을 받아낼 때 사용하는 방법이다.

최근 들어 경찰에서 용의자를 취조하는 방법, 특히 자백을 받아내는 방법과 관련해 법원에서 여러 제한을 두고 있다. 자백을 받아내기 위해

주로 사용하던 과거의 방법들은 지금 재판 과정에서 인정하지 않아 사용할 수 없다. 그러나 미묘한 심리적 방법을 동원하는 방식의 취조는 법원도 인정하고 있으므로 용의자를 취조할 때 이른바 '착한 경찰관 나쁜 경찰관' 계책을 사용하는 경우가 점차 늘어나고 있다.

'착한 경찰관 나쁜 경찰관' 계책은 다음과 같은 방식으로 진행된다. 강도 사건의 용의자인 젊은 남자가 취조실로 잡혀 왔다고 가정하자. 용의자는 경찰관 두 명에게 취조를 받으면서 계속 자신의 결백을 주장한다. 여기서 경찰관 두 명 중 한 명이 나쁜 경찰관 역할을 맡는다(원래 성격이 나빠서일 수도 있고, 돌아가면서 맡는 경우 차례가 돼서일 수도 있다). 나쁜 경찰관은 용의자가 자리에 앉기도 전에 어떤 '××새끼'가 강도짓을 저질렀냐며 윽박지르기부터 한다. 그러고는 취조 내내 으르렁거리며 용의자를 괴롭힌다. 가끔씩 용의자의 의자를 걷어차기도 하고, 마치 쓰레기를 쳐다보듯 혐오스러운 눈빛을 보내기도 한다. 만약 용의자가 혐의를 부인하거나 질문에 제대로 대답하지 않으면 나쁜 경찰관은 미친 듯이 화를 내며 고함을 친다. 무슨 일이 있어도 네 녀석을 감옥에 처넣고 말겠다고 악담을 한다. 검사 친구한테 부탁해서 수사에 비협조적인 용의자에게 무거운 형을 구형하도록 하겠다는 위협도 한다.

나쁜 경찰관이 난폭한 연기를 하는 동안 착한 경찰관은 뒤에서 조용히 앉아 기다린다. 그러다 천천히 끼어들기 시작한다. 처음에는 나쁜 경찰관에게 말을 걸며 험악한 분위기를 진정시키려 한다. "프랭크, 좀 진정해." 그 말을 들은 나쁜 경찰관이 거칠게 대꾸한다. "진정하라고? 이 자식이 내 면전에서 거짓말을 늘어놓잖아! 이런 새끼들은 아주 질색이야." 잠시 후 착한 경찰관은 용의자의 편을 들어주기 시작한다. "살살해,

프랭크. 아직 어린애잖아." 별로 도움이 되는 말은 아니지만 나쁜 경찰
관의 폭언에 비하면 용의자의 귀에 달콤한 음악처럼 들릴 것이다. 하지
만 나쁜 경찰관은 요지부동이다. "어린애? 이 자식이 무슨 어린애야. 양
아치 새끼지. 그냥 양아치라고. 이거 알아? 이 자식은 이미 열여덟 살이
넘었다고. 감방에 보내면 예쁨 좀 받겠는걸."

이윽고 착한 경찰관이 용의자에게 직접 말을 건넨다. 친근하게 이름
을 부르며 사건의 긍정적인 부분들을 지적한다. "케니, 자네는 무장도
안 했고 상해를 입히지도 않았으니 정말 다행이야. 덕분에 재판받을 때
정상참작도 될 테고." 그런데도 용의자가 무죄를 주장하면서 계속 버티
면 나쁜 경찰관이 다시 등장해 한바탕 욕설과 위협을 늘어놓는다. 이때
다시 착한 경찰관이 만류하면서 나쁜 경찰관에게 돈을 쥐어주며 내보
낸다. "그만해, 프랭크. 다 같이 커피나 한 잔씩 하자고. 나가서 커피 세
잔만 사다줄래?"

나쁜 경찰관이 자리를 뜨고 나면 착한 경찰관이 본격적으로 작전에
돌입한다. "이유는 모르겠지만 자네 프랭크한테 아주 밉보인 것 같아.
프랭크가 자네를 감방에 넣으려고 혈안이 돼 있어. 확보한 증거가 많으
니까 아마 충분히 가능하겠지. 수사에 비협조적으로 나오면 검사한테
말하겠다는 것도 진심일 거야. 그럼 5년형은 구형할 걸? 5년 말이야! 나
는 자네가 그렇게 되는 걸 보고 싶지 않아. 그러니 프랭크가 돌아오기
전에 강도 혐의를 인정하면 내가 알아서 검사한테 잘 말해줄게. 협조만
잘하면 형량을 2년, 아니 1년까지 줄일 수 있을지도 몰라. 잘 좀 해보자
고, 케니. 일단 범행 사실을 솔직히 털어놓고 최대한 형량을 줄여보자는
말이야." 이 정도면 대부분 자백이 술술 이어진다.

'나쁜 경찰관 착한 경찰관' 책략이 효과를 발휘하는 이유를 몇 가지 꼽을 수 있다. 먼저 나쁜 경찰관이 무거운 형량을 언급하며 공포 분위기를 조성했다. 악의에 차서 광분하는 나쁜 경찰관과 비교하면 인지적 대조 원칙(1장 참조)에 따라 착한 경찰관은 '유난히' 합리적이고 친절한 사람으로 보인다. 또한 자기 돈으로 커피까지 대접하는 등 착한 경찰관이 거듭 용의자 편을 들어주면 상호성 원칙에 따라 용의자는 보답하려는 마음이 든다. 하지만 이 방법이 효과를 발휘하는 가장 주된 이유는 착한 경찰관이 용의자 편이 돼주고, 용의자의 행복에 마음을 써주며, 용의자를 위해 노력하는 사람이라는 인상을 심어준 데 있다. 그런 사람이라면 어떤 상황에서든 좋은 사람으로 보이겠지만, 이 용의자처럼 곤란한 상황에 처한 사람에게는 거의 구세주나 마찬가지로 느껴질 것이다. 그러다 보면 자연스럽게 마음을 열고 범죄를 자백한다.

조건화와 연상작용

"박사님, 사람들은 왜 '저를' 비난하는 걸까요?"

내가 사는 지역의 텔레비전 기상 캐스터가 떨리는 목소리로 전화를 했다. 오랫동안 자신을 괴롭히는 질문에 답해줄 사람을 찾아 내가 근무하는 대학교 심리학과에 전화를 걸어 내 번호를 알아냈다고 했다.

"정말이지 이상하지 않아요? 기상 캐스터란 날씨를 보도하는 사람이지 날씨를 좌지우지하는 사람은 아니잖습니까? 그런데 왜 날씨만 나쁘면 저를 비난하죠? 작년 홍수 때는 협박 편지까지 받았어요. 당장 비를 그치게 하지 않으면 날 쏴 죽인다더군요. 요즘도 섬뜩해서 가끔 뒤를 돌아본다니까요. 게다가 같은 방송국에 근무하는 동료들까지 똑같은 짓을 하지 뭡니까! 심지어 방송 중에도 폭염이니 뭐니 하는 문제로 저를 비난하곤 합니다. 날씨가 나쁜 게 제 탓이 아니라는 걸 다들 알 텐데 도대체 왜 그러는 걸까요? 제발 좀 알려주십시오. 정말 심각합니다."

나는 이분을 내 사무실로 초대해 당신은 사람들이 오래전부터 가지고 있는, 조금이라도 관련이 있으면 같은 것으로 지각하는 '누르면, 작동하는' 반응의 희생양이 됐을 뿐이라고 설명해줬다. 물론 현대 사회에도 이런 반응이 넘쳐나지만, 보다 오래된 역사적 사례를 들려주는 편이 의기소침한 기상 캐스터한테 더 큰 위로가 될 것 같았다. 바로 고대 페르시아군 전령의 아슬아슬한 운명에 관한 이야기였다. 사실 페르시아군이 전투에서 승리하기를 가장 간절히 바란 사람들은 바로 전령들이었을 것이다. 승전보를 들고 돌아가면 궁전에 도착하자마자 영웅 대접을 받으며 산해진미로 배를 채울 테지만, 패전보를 들고 돌아가면 당장목이 잘릴 테니 말이다.

나는 기상 캐스터가 내 이야기의 핵심을 제대로 이해하길 바랐다. 고대 페르시아나 현대 미국이나 같은 원칙, 즉 셰익스피어가 〈안토니와 클레오파트라〉에서 말했던 나쁜 소식은 소식을 전하는 사람까지 전염시킨다는 원칙의 지배를 받고 있다는 사실 말이다. 사람들은 불쾌한 소식을 전하는 사람을 싫어하는 경향이 있다. 소식만 전했을 뿐 전혀 사건의 원인을 제공하지 않은 사람도 예외가 아니다. 그저 사건과 관련이 있다는 이유만으로 충분히 혐오감을 불러일으킨다.

11건의 통합 연구 결과에 따르면, 나쁜 소식을 소리 내어 읽은 사람은 바로 그 이유로 혐오의 대상이 되었다. 나쁜 소식을 전하는 사람은 사악한 동기가 있는 사람 취급을 받았고, 다른 사람에 비해 능력이 모자라다고 평가받았다. 반면에 앞에서 살펴본 것처럼 호감을 주는 특성은 '후광 효과'를 발휘하여 그 사람을 모든 면에서 호감이 가는 사람으로 생각하게 된다. 좋은 소식과는 달리 나쁜 소식을 전달하는 것은 정반대의 반응을 불러일으키는 듯하다. 이를 '도깨비 뿔 효과horns effect'라고 부른다. 부정적인 소식을 전달하는 것만으로도 마치 도깨비 뿔이 있는 것처럼 보이고, 그 밖에도 여러 가지 부정적인 이미지가 떠오른다는 데에서 나온 표현이다.

나는 기상 캐스터가 페르시아의 역사적 사례에서 앞서 언급한 내용 외에 한 가지 교훈을 더 얻길 바랐다. 자신이 고대 페르시아의 전령들과 같은 곤경에 처했지만, 그들과 비교하면 상당히 운이 좋은 편이라는 사실 말이다. 상담이 끝날 무렵 기상 캐스터의 말을 들어보니 다행히 내 말의 요점을 정확히 이해한 듯했다. 그는 나가면서 이렇게 말했다. "박 사님, 이제 제 직업이 훨씬 더 좋아졌습니다. 저는 1년에 300일은 해가 쨍쨍한 애리조나 주 피닉스에서 기상 캐스터 노릇을 하고 있잖아요. 뉴욕 주 버팔로 같은 곳이 아니라 천만다행입니다."

마지막 말로 짐작하건대 이 기상 캐스터는 내가 설명한 것 이상으로 자신에 대한 시청자의 호불호에 영향을 주는 원칙을 제대로 이해한 듯했다. 궂은 날씨를 전하면 미움을 받지만, 화창한 날씨를 전하면 인기가 급상승한다는 사실을 깨달은 것이다. 연상작용은 일반 원칙이므로 부정적인 연상과 긍정적인 연상 모두에 적용된다. 긍정적이든 부정적이든 모든 악의 없는 연상작용은 상대방에 대한 우리의 느낌에 영향을 미친다.

부정적인 연상작용의 효과에 대해서는 부모들이 특히 잘 알고 있다.

누구나 어렸을 때 불량스러운 동네 친구들과 어울려 다니지 말라는 부모의 말을 들으며 자랐을 것이다. 아무리 자신이 나쁜 짓을 하지 않는다 해도 이웃 어른들 눈에는 '끼리끼리 몰려다니는' 것으로 보인다면서 말이다. 이런 말을 하는 부모는 나쁜 친구 옆에만 있어도 똑같이 나쁜 아이로 보이는 연상작용의 부정적인 측면을 이해한 셈이다. 부모들의 충고는 옳다. 사람들은 친구로 지내는 사람들끼리 성격이 비슷하다고 생각하는 경향이 있다.

긍정적인 연상작용과 관련해서 설득의 달인들에게 배울 것이 많다. 설득의 달인들은 자신이나 자신이 판매하는 제품을 사람들이 좋아하는 것과 어떻게든 관련지으려고 애를 쓴다. 자동차 광고에는 왜 매력적인 모델이 반드시 함께 등장할까? 광고주들이 모델의 긍정적인 특징인 '아름다운 욕망의 대상'이 자동차로 전이되기를 원하기 때문이다. 자동차를 볼 때마다 자동적으로 매력적인 모델을 연상해 동일한 반응을 보이길 바라는 것이다. 그리고 우리는 실제로 그런 반응을 보인다.

한 연구에 따르면, 남성들은 매혹적인 여성 모델이 함께 등장한 자동차 광고를 볼 때 그렇지 않은 광고를 볼 때보다 자동차가 더 빠르고, 매력적이며, 디자인도 멋지고, 가격도 비싸 보인다고 평가했다. 그리고 나중에 질문을 해보니 젊은 여성의 존재가 자신의 판단에 영향을 미쳤다는 생각은 전혀 하지 못했다.

물론 여러 연구 결과가 있지만, 연상작용이 무의식적인 소비를 조장한다는 가장 흥미로운 증거는 신용카드와 소비에 관한 연구에서 찾아볼 수 있다. 현대 사회에서 신용카드라는 결제 수단은 상당히 주목할 만한 심리적 효과를 발휘한다. 상품과 서비스의 혜택은 즉시 제공하되 비용의 지불은 몇 주일 후로 연기해주기 때문이다. 결과적으로 우리는 신용카드와 카드의 상표, 상징, 로고 등을 접하면서 소비의 부정적인 측면보다는 긍정적인 측면을 떠올린다.

소비자학자인 리처드 파인버그Richard Feinberg는 신용카드 및 그와 관련된 물건들이 우리의 소비 성향에 어떤 영향을 미치는지 알아봤다. 실험에서 파인버그가 얻은 결론은 상당히 흥미롭지만 조금 염려스러운 부분도 있다. 첫 번째 실험에서 식당 고객들은 현금보다 신용카드로 결제할 때 더 후한 팁을 내놓았다. 두 번째 실험에서는 대학생들을 실험실에 모아놓고 통신 판매 카탈로그를 제공한 뒤 구매 결정을 내리도록 했다. 마스터카드 로고가 붙어 있는 실험실에서 구매 결정을 내린 학생들이 그렇지 않은 학생들보다 물품 구매 금액이 평균 29퍼센트 더 높았다. 더욱이 학생들은 마스터카드 로고가 실험의 일부분인지 인식하지도 못했다. 마지막 실험에서는 대학생들을 상대로 '유나이티드 웨이'라는 자선단체에 기부를 요청했는데, 실험실에 마스터카드 로고가 붙어 있을 때의 기부 확률이 그렇지 않은 경우보다 훨씬 높게 나타났다(87퍼센트 대 33퍼센트). 마지막 실험 결과를 보면 연상작용이 무의식적 승낙을 이끌어내는 능력과 관련이 있다는 사실을 알 수 있다. 기부는 신용카드가 아니라 현금으로 이루어졌는데도 마스터카드 로고가 실험실에 있다는 이유(그리고 그에 따른 긍정적 연상작용)만으로 학생들이 더 많은 '현금'을 내놓은 것이다. 이 마지막 실험의 결과는 또 다른 두 건의 실험에서도 그대로 반복됐다. 식당 고객들에게 신용카드 로고가 새겨진 팁 쟁반과 새겨지지 않은 팁 쟁반에 각각 영수증을 올려서 건네주자 고객들은 현금으로 결제하는 경우에도 신용카드 로고가 새겨진 쟁반에 훨씬 더 많은 팁을 올려놓았다.

파인버그의 후속 연구를 보면 연상작용의 힘을 확인할 수 있다. 실험실에 붙어 있는 신용카드 로고는 신용카드와 관련해서 긍정적인 기억을 가진 사람들에게만 소비를 자극했다. 하지만 이전 해에 과도한 지출로 곤란을 겪는 등 신용카드에 부정적인 기억을 가진 사람들에게는 소비 촉진 효과를 찾아볼 수 없었다. 그런 사람들은 신용카드 로고만 봐도 지출에 보수적인 태도를 보였다.[15]

연상작용이 소비자에게 놀라우면서도 무의식적인 효과를 발휘한다는 사실을 깨달은 기업들은 자사 제품을 당대의 문화적 트렌드와 관련 지으려고 지속적으로 노력한다. '자연주의'가 대중문화의 키워드로 등장하자 자연을 강조하는 경향이 붐을 이루기 시작했다. 때로는 얼토당토않은 데까지 '네추럴'이라는 단어를 사용하면서 '여러분의 머리 색깔을 내추럴 색으로 바꿔보세요'라는 텔레비전 광고가 인기를 끌기도 했다. 몇몇 학자들이 2019년에 유행한 주제에 대해 어떻게 이야기하는지 들어보자.

현존하는 자연친화적 제품과 서비스의 양을 보면 자연친화적 제품이 전성기를 맞이하고 있다고 볼 수 있다. 사람들은 더운 여름날 7세대 내추럴 세척기 세제로 청소한 덱에 앉아 애플게이트 내추럴 비프 핫독에 네이처스 케첩과 머스터드를 뿌려 버몬트 브랜드 컴퍼니의 올 내추럴 번에 넣어 먹을 수 있다. 내추럴 레이스 감자 칩을 사이드로 먹고, 한센스 내추럴 소다로 깔끔하게 마무리할 수 있다. 그리고는 느긋하게 내추럴 아메리칸 스피릿 담배를 피우며, 내추럴 론 오브 아메리카에서 파견된 직원이 잔디 깎는 것을 지켜볼 수 있다. 저녁에 소화가 안 되면, 내쳐라이트 내추럴 제산제를 먹는다.

미국이 최초로 달 착륙에 성공했을 때는 아침 음료에서 탈취제까지 온갖 제품들이 다 우주 탐사 계획과의 관련성을 내세웠다. 그렇게 시작된 연상작용은 오랜 기간 동안 지속되었다. 2019년에는 달착륙 50주년을 기념하여, 오메가, IBM은 물론이고 지미 딘 소시지까지 전면 광고를 통해 그 유명한 사건과 자사와의 관련성을 주장했다.

올림픽 시즌이 되면, 우리는 어떤 제품이 미국 대표팀의 공식 헤어스프레이인지, 공식 티슈인지 알게 된다. 그러한 연상은 손쉽게 얻을 수 있는 게 아니다. 기업 담당자는 상당한 돈을 지불하고 후원 자격을 얻는다. 하지만 이 엄청난 돈도 이 기업이 올림픽과 연관이 있다고 광고를 하는 비용에 비하면 푼돈에 불과하다. 물론 그 대가로 기업이 광고를 통해서 거두는 수입은 비교할 수 없을 정도로 큰돈이다. 〈애드버타이징 에이지Advertising Age〉의 설문에 따르면 소비자 3분의 1이 가능하면 올림픽과 연관된 상품을 사려고 한다.

1997년 미국이 패스파인더Pathfinder 로켓을 발사해 화성에 '마스 로버 Mars Rover'라는 탐사선을 착륙시킨 후에 같은 이름의 탐사선 모형 장난감의 매출이 급증한 것은 충분히 이해할 수 있다. 그러나 우주 계획과는 아무 상관도 없는 제과업체 창업주 프랭클린 마스Franklin Mars의 이름을 따서 만든 '마스 초콜릿 바'의 매출까지 급증한 것은 아무리 생각해도 이해하기 힘들다. 2016년 스타워즈 시리즈 〈로그 원Rogue One〉이 개봉된 후 닛산 '로그' SUV의 판매가 치솟은 것도 이해하기 힘든 예이다. 연구자들은 '세일'이라는 간판을 내걸기만 해도(실제로는 할인이 되지 않아도) 매출이 증가하는 것을 발견했다. 고객들이 의식적으로 '아, 세일이니까 싸게 살 수 있겠다'라고 생각하기 때문만은 아니다. 그런 간판들은 과거에 저렴한 가격으로 물건을 구매했던 경험을 연상시키기 때문에 다시 구매가 일어날 확률이 높아진 것이다. 결국 사람들은 '세일' 간판과 관련한 제품에 대해서는 자동적으로 더 호의적인 평가를 내린다.

광고주들이 연상작용을 이용해 수익을 올리는 또 다른 방법은 유명인사들을 제품과 연관시키는 것이다. 프로 운동선수들은 많은 돈을 받고 자기 분야와 직접적인 관련이 있는 제품(운동화, 테니스 라켓, 골프 공 등)이나 전혀 관련이 없는 제품(청량음료, 팝콘 냄비, 손목시계 등)의 기업과 광고 및 후원 계약을 맺는다. 광고주들에게는 그렇게 관계를 맺는다는 사실 자체가 중요하다. 관계가 논리적으로 보일 필요는 전혀 없다. 긍정적이기만 하면 된다. 사실 매튜 맥커너히Matthew McConaughey가 링컨 자동차와 무슨 관련이 있는가?

대중은 유명 연예인 자체를 열망하기 때문에 기업들은 자사 제품을 연예인과 연결지으려고 고액의 광고비나 후원금을 지불한다. 최근에는 정치가들도 유명인을 영입하면 유권자들을 움직일 수 있다는 사실을 깨달은 듯하다. 따라서 대선 후보들은 정치권 밖의 유명 인사들을 영입하려 애쓰는데, 이런 유명인들 중에는 선거운동에 적극적으로 참여하는 사람이 있는가 하면 그냥 이름만 빌려주는 사람도 있다. 지방 정부 차원에서도 비슷한 일이 벌어진다. 내가 만난 로스앤젤레스의 한 여성은 캘리포니아 주에서 공공장소 금연 법안을 위해 실시한 주민투표와 관련해 매우 혼란스러워하며 말했다. "정말 결정하기 어렵네요. 어떤 스타들은 찬성하라고 권유하는데 또 다른 스타들은 반대하라고 주장하니까요. 어느 쪽에 표를 던져야 할지 난감할 뿐이에요."[16]

정치가들은 모성애, 조국, 애플파이 등과 같이 국민들이 소중히 여기는 가치와 자신을 연결하려고 오랫동안 노력해왔으며, 그중에서도 애플파이, 즉 음식의 가치와 자신을 연결하는 데 특히 뛰어났다. 예를 들어 백악관에는 특정 법안에 대해 입장을 결정하지 못한 의원들을 식사에 초대해 설득하는 전통이 있다. 식사 종류는 성대한 조찬일 수도 있고 간단한 야외 오찬, 우아한 만찬일 수도 있지만, 그 사실과 별개로 중요한 법안인 경우 반드시 은식기로 식사를 대접한다. 요즘은 정치자금 모금 행사에도 음식이 제공된다. 전형적인 자금모금 만찬에서는 식사 도중이나 식사가 끝난 후에 반드시 참석자들에게 지지와 후원을 부탁한다. 이런 방법을 사용하면 시간을 절약할 수 있고, 상호성 원칙도 이용할 수 있는 등 여러 가지 장점이 있다. 그러나 1930년대에 저명한 심리학자 그레고리 라즈란Gregory Razran이 실행한 연구에서 그동안 사람들이 잘 몰랐던 또 하나의 장점이 밝혀졌다.

라즈란은 '오찬 기법'이라는 실험에서 피험자들이 식사를 하면서 만난 사람이나 겪은 일에 더 호감을 보인다는 사실을 발견했다. 우리의 관심사와 가장 관련 있는 실험 하나를 예로 들면, 연구진은 피험자들에게 여러 상황에서 다양한 정치적 슬로건을 들려준 다음 각 슬로건에 대한 지지도를 측정했다. 실험 결과 피험자들은 식사를 하면서 들었던 정치 슬로건에 가장 높은 지지도를 보였다. 그러나 본인들은 식사를 하면서 들었던 슬로건이 무엇인지 기억하지 못하는 것으로 볼 때 이런 반응은 무의식적으로 일어나는 듯하다.

연상 원리는 불쾌한 경험에서도 작동한다는 것을 입증하기 위해 라즈란은 실험 참가자들이 들어간 방에 정치 구호를 보여주면서 악취를 피우는 실험을 했다. 이 경우 정치 구호에 대한 호감도는 떨어졌다. 다른 연구에서는 거의 의식할 수 없을 정도로 악취를 약하게 했는데도 여전히 비슷한 결과가 나왔다. 사람의 얼굴 사진을 보여주었을 때에도 좋은 냄새를 맡았는지 혹은 불쾌한 냄새를 맡았는지에 따라 그 얼굴을 더 좋아하느냐 덜 좋아하느냐로 나뉘었다.

라즈란은 '오찬 기법'을 어떻게 고안해냈을까? 오찬 기법이 효과가 있으리라고 확신한 근거는 무엇일까? 아마도 라즈란이 학문 분야에서 차지한 두 가지 역할 때문일 것이다. 라즈란은 저명한 과학자이자 러시아의 선구적인 심리학 서적을 처음 영어로 옮긴 번역가이기도 했다. 그가 번역한 연구가 바로 러시아 과학자 이반 파블로프Ivan Pavlov의 사상을 중심으로 연상작용과 관련한 연구를 다룬 책이었다.

파블로프는 매우 다양한 분야에서 뛰어난 재능을 보인 과학자였지만 (그는 소화 체계와 관련한 연구로 노벨상을 수상했다) 그의 가장 중요한 실험은 비교적 단순했다. 파블로프는 동물에게 반복 경험을 통한 연상작용을 일으킴으로써 먹이와 아무 상관없는 자극(종소리)에도 먹이를 봤을 때 나타나는 전형적인 반응(침 분비)을 유도했다. 개에게 먹이를 줄 때마다 종소리를 함께 들려주면 나중에는 음식을 주지 않고 종만 울려도 침을 흘린다는 것이다.

라즈란은 파블로프의 고전적인 실험에서 오찬 기법을 쉽게 이끌어냈다. 음식에 대한 정상적인 반응이 연상작용을 통해 다른 대상으로 전이될 수 있다는 사실은 파블로프의 실험에서 분명히 밝혀졌다. 하지만 음식을 보면 나타나는 반응에는 침 분비만 있는 것이 아니다. 음식을 마주하는 순간 여러 가지 반응이 나타나는데, 그중 하나가 바로 기분이 좋아지는 것이다. 따라서 맛있는 음식을 어떤 대상(한 예가 정치 슬로건이었다)과 연결시키면 음식에 대한 좋은 감정과 긍정적인 태도를 다른 대상으로 전이시키는 것도 가능하리라고 봤다.

따라서 설득의 달인들이 이런 오찬 기법을 확대 적용해 비단 음식뿐만 아니라 여러 종류의 바람직한 대상에 대해 사람들이 갖고 있는 긍정적인 감정을 자신의 아이디어나 제품 또는 자기 자신과 연결짓는 것도 얼마든지 가능하다. 잡지 광고에 매력적인 모델들이 넘쳐나는 것도 마찬가지 이유다. 라디오 프로그램에서 히트곡을 틀어주기 전에 어김없이 방송국 이름과 호출 부호를 삽입하는 것, 타파웨어 홈파티에서 주부들이 빙고 게임을 하면서 '빙고'가 아니라 '타파웨어'를 외치며 뛰어나가야 선물을 받을 수 있는 것도 모두 같은 이유다. 주부들이 '타파웨어'를 외칠 때마다 타파웨어 사는 속으로 '빙고!'를 외칠 것이다.

이렇듯 우리는 자신도 모르게 설득의 달인들이 사용하는 연상작용의 희생양이 되곤 하지만, 사실 우리 또한 연상작용의 작동 방식을 모르거나 전혀 사용하지 않는 것은 아니다. 고대 페르시아 전령이 패전보를 전할 때나 현대 기상 캐스터가 궂은 날씨를 전할 때 처하는 곤경을 우리 역시 분명히 인식하고 있음을 보여주는 증거는 많다. 사실 우리는 그들과 같은 처지가 되지 않으려고 여러 가지 조치를 취한다. 조지아대학교에서 실시한 연구를 보면, 좋은 소식이나 나쁜 소식을 전달해야 할 때 사람들이 어떤 식으로 행동하는지 알 수 있다. 연구진은 한 실험에 참가하려고 대기하던 피험자를 잠깐 밖으로 불러내 동료 피험자한테 중요한 전화가 걸려왔다는 이야기를 전해달라고 부탁했다. 절반의 피험자에게는 전화 내용이 기쁜 소식이라고 알려줬고, 나머지 절반에게는 전화 내용이 나쁜 소식이라고 알려줬다. 피험자들은 전화가 왔다는 말을 동료 피험자에게 전달할 때 전화 내용에 따라 전혀 다른 행동을 보였다. 전화 내용이 긍정적인 소식이라는 말을 들은 피험자는 대부분 동료 피험자에게 전화 내용도 함께 전달했다. "너한테 전화가 왔는데 굉장히 좋은 소식인 것 같아. 실험자에게 가서 자세한 내용을 알아봐." 그러나 전화 내용이 부정적인 소식이라는 말을 들은 피험자는 되도록 전화 내용과 거리를 유지하려 했다. "너한테 전화가 왔대. 실험자에게 가서 자세한 내용을 알아봐." 이 실험의 피험자들도 상대의 호감을 얻으려면 나쁜 소식이 아니라 좋은 소식을 전해야 한다는 사실을 알고 있었던 것이다.[17]

긍정적 관계는 과시하고, 부정적 관계는 은폐한다

사람들은 연상작용을 인식하고 있으므로 최대한 긍정적인 사건과는 관련을 맺으려 하고, 부정적인 사건과는 자신이 일으킨 사건이 아닐지라도 거리를 두려 한다. 그러다 보니 여러 가지 이상한 행동을 보이는데, 그중에서도 가장 이상한 행동이 벌어지는 장소가 바로 스포츠 경기장이다. 문제는 운동선수들의 행동이 아니다. 사실 격렬한 경기를 치르다 보면 선수들이야 종종 상식에서 벗어난 난폭한 행동을 할 수도 있다. 그런데 팬들도 이성을 잃고 무분별한 광기를 폭발시키는 경우가 많다. 폭동을 일으키는 유럽 축구팬들이나, 선수나 심판을 살해하기까지 하는 남미 축구팬들 또는 수백만 달러를 벌어들이는 부유한 스포츠 스타들에게 엄청난 선물 공세를 퍼붓는 연고지 팬들의 열정을 어떻게 설명해야 할까? 논리적으로는 이런 행동들이 이해가 되지 않는다. 스포츠는 단순히 게임일 뿐이다.

하지만 사실은 그렇지 않다. 스포츠 스타와 열성 팬의 관계는 치명적일 만큼 진지하다. 콜롬비아의 축구선수 안드레스 에스코바르Andres Escobar의 사례를 보자. 그는 콜롬비아 국가대표팀 일원으로 1994년 월드컵에서 공을 잘못 건드려 자기 팀 골망을 흔들고 말았다. 이 자책골로 콜롬비아는 예선 탈락하고 말았다. 2주 후 고향에 돌아온 에스코바르는 한 레스토랑에서 실책에 대한 대가로 12발의 총탄을 맞고 살해되었다.

우리는 자신과 연관 있는 스포츠 팀이 승리해 우리의 우월함을 입증해주길 바란다. 그렇다면 도대체 누구에게 입증하려는 것일까? 우리 자신 그리고 당연히 세상 모든 사람에게 입증하려는 것이다. 연상원칙에 따르면 아무리 (거주 지역과 같은) 피상적인 관계라도 자신과 관련 있는 사람이나 팀이 승리를 거두면 자신의 위상도 덩달아 높아진다고 생각한다.

그렇다면 다른 사람들에게 잘 보이려고 자신과 승자 또는 패자와의 관계를 조작하는 것도 가능하다. 긍정적인 관계는 과시하고 부정적인 관계는 은폐함으로써 다른 사람들의 높은 평가와 호감을 얻어내기 위해 노력할 수 있다. 이를 목적으로 삼는 여러 가지 방법이 있겠지만, 가장 간단하면서도 널리 사용하는 방법은 바로 '대명사'를 이용하는 것이다. 예를 들어 홈팀이 승리를 거두면 홈팬들이 텔레비전 카메라 앞에 몰려들어 대부분 엄지를 치켜들고 '우리가 이겼다!'라고 고함을 친다. '선수들이 이겼다! ××팀이 이겼다!'라고 소리치는 경우는 거의 없다. 그보다는 대명사 '우리'를 사용해 자신과 팀의 정체성을 가장 가까이 결합시킨다.

하지만 홈팀이 패배한 경우엔 전혀 다른 현상이 나타난다. '우리가 졌다!'라고 연호하는 소리는 들어본 적이 없을 것이다. 홈팀이 패배하면 팬들은 바로 팀과 거리를 둔다. '우리'보다는 확실히 멀게 느껴지는 '그들'을 사용한다. 이를 입증하려고 나는 애리조나 주립대학교 학생들에게 전화를 걸어 몇 주 전 애리조나 주립대학이 출전했던 미식축구 경기의 결과를 물어보는 실험을 실시했다. 한 집단의 학생들에게는 애리조나 주립대학 팀이 패배한 경기 결과에 대해 질문했고, 또 다른 한 집단의 학생들에게는 다른 경기, 즉 애리조나 주립대학 팀이 승리한 경기 결과를 물었다. 동료 연구자인 에이브릴 손Avril Thorne과 나는 학생들의 말을 듣고 그들이 '우리'라는 표현을 사용하는 비율을 기록했다.

기록한 결과를 정리해보니 애리조나 주립대학 팀이 승리한 경기를 묘사할 때는 확실히 '우리'라는 표현을 사용해 "우리가 휴스턴을 17 대 14로 이겼어요" 또는 "우리가 이겼어요" 등 팀의 승리와 자신을 연결지으려는 시도가 나타났다. 그러나 애리조나 주립대학 팀이 패배한 경기 결과를 알려주는 학생들은 '우리'라는 표현을 거의 사용하지 않았다. 오히려 패배한 팀과 거리를 두려는 표현, 즉 "그들이 미주리 대학에 30 대 20으로 패했어요" 또는 "점수는 잘 모르겠지만 애리조나가 졌어요" 등과 같이 표현했다. 자신을 승리와 연결짓고 패배와는 거리를 두려는 이런 이중적인 욕망이 가장 완벽하게 결합돼 나타난 것은 바로 한 학생의 다음과 같은 발언이다. 애리조나 주립대학 팀이 패배한 경기의 점수를 무미건조한 말투로 "애리조나가 30 대 20으로 졌어요"라고 이야기하고 나서 학생은 울화통이 터진다는 듯 투덜거렸다. "우리가 우승할 수 있는 기회였는데 그 녀석들이 날려버린 거예요."

노골적으로 자신을 승리와 연결지으려는 성향은 스포츠 분야에서만 나타나는 것이 아니다. 벨기에 총선 직후 연구자들은 집주인들이 마당에 세워둔 특정 정당을 지지하는 표지판을 며칠 만에 철거하는지 조사했다. 그 결과 지지하는 정당의 총선 결과가 좋으면 좋을수록 집주인들은 표지판을 그대로 세워두고 승리 정당과의 긍정적인 관계를 오랫동안 과시했다.

'후광 반사 효과bask in reflected glory'를 누리려는 성향은 모든 사람이 어느 정도 갖고 있지만, 이런 성향을 극단적으로 밀고 나가는 사람들에게는 뭔가 특별한 면이 있는 듯하다. 그런 사람들의 특징은 무엇일까? 내 짐작이 틀리지 않다면 그런 사람들은 단순한 스포츠 광팬이 아니라 성격에 숨겨진 결함이 있는 사람들이다. 바로 자존감 부족이다. 자신의 가치에 대한 확신이 없는 탓에 자신이 직접 뭔가를 달성하는 상황이 아니라 다른 사람이 달성한 일에 자신을 연관짓는 데서 성취감을 느끼는 것이다. 우리 문화권에는 이런 종류의 사람이 아주 많다. 끊임없이 저명인사의 이름을 팔고 다니는 사람이 가장 대표적이다. 유명 스타를 쫓아다니다가 우연히 하룻밤을 함께 보낸 다음 사방팔방에 유명 가수와 한동안 사귀었다고 자랑하고 다니는 오빠 부대도 이런 부류에 속한다. 형태는 달라도 그런 사람들의 행동에는 공통적인 특징이 있다. 슬프게도 자신이 아닌 다른 사람한테서 성취감을 발견하려는 것이다.

이런 사람들 중에는 약간 다른 방식으로 연상작용을 적용하는 경우도 있다. 다른 사람의 성공을 자신과 연관지어 과시하려 애쓰는 대신에 자신과 실제로 관련이 있는 누군가를 성공시키려고 노력한다. 자녀를 스타로 만들려고 동분서주하는 악명 높은 '매니저 엄마'들이 가장 대표적인 예라고 할 수 있다. 물론 엄마들만 그런 것은 아니다. 몇 년 전 아이오와 주 대번포트에서 어느 산부인과 의사가 세 명의 학교 교직원 부인들의 진료를 거부해 화제가 된 적이 있다. 자신의 아들이 학교 농구 경기에 오랜 시간 뛰지 못한 데 앙심을 품고 벌인 일이었다. 당시 교직원 부인 세 명 가운데 한 사람은 만삭이었다.[18]

독자 편지 3.3
로스앤젤레스 영화사 직원이 보낸 편지

직업이 직업이다 보니 저는 정말 영화 광팬입니다. 1년 중 저에게 가장 중요한 날은 아카데미 시상식이 열리는 밤입니다. 시상식을 전부 녹화해뒀다가 존경하는 배우나 감독 등의 수상 소감을 몇 번이고 돌려보곤 합니다. 제가 가장 좋아하는 수상 소감은 1991년 〈늑대와 춤을〉으로 최우수 작품상을 수상한 케빈 코스트너의 수상 소감인데요. 그 영화의 주제를 폄하하는 비평가들에 대한 코스트너의 반격이 아주 마음에 들었기 때문입니다. 정말로 마음에 들어 종이에 받아쓰기까지 했습니다. 그런데 코스트너의 수상 소감에서 이해되지 않는 부분이 한 군데 있었습니다. 최우수 작품상 수상에 대한 코스트너의 수상 소감은 다음과 같습니다.
"물론 세상에는 이보다 훨씬 중요한 일이 많겠지만 우리에게는 매우 중요한 일 중 하나로 남을 것입니다. 오늘 밤의 영광을 우리 가족은 결코 잊지 못할 것이고, 우리 인디언 형제자매들 특히 라코타 수(〈늑대와 춤을〉에서 주인공과 교류했던 아메리칸 인디언 수족의 후손)

도 결코 잊지 못할 것입니다. 그리고 제 고등학교 동창들도 절대 잊지 못할 것입니다."

케빈 코스트너가 그 영광스러운 밤을 결코 잊지 못한다는 것은 이해가 됩니다. 물론 가족들도 잊지 못하겠죠. 인디언들도 잊지 못할 겁니다. 자신들에 관한 영화니까요. 그런데 고등학교 동창들은 왜 언급했는지 이해할 수가 없었습니다. 그러던 중 스포츠 팬들이 자신의 홈팀과 홈팀 스타 플레이어들의 '후광 반사 효과'를 누린다는 내용을 읽었습니다. 결국 두 가지가 같은 것이라는 생각이 들었습니다. 코스트너의 고등학교 동창들은 아카데미 시상식 다음 날 바로 자신이 코스트너와 같은 학교를 다녔다고 자랑했을 겁니다. 코스트너의 영화와는 아무 상관이 없으면서도 그 영화가 작품상을 수상하자 우쭐해졌을 게 분명합니다. 실제로도 주변의 시선이 달라졌을 테고요. 꼭 스타가 돼야만 그런 영광을 누릴 수 있는 것은 아닙니다. 스타와 어떻게든 연관만 있으면 되는 거죠. 정말 재미있는 일이 아닐 수 없습니다.

저자의 한마디

나도 이런 일을 실제로 경험한 적이 있다. 건축가 친구에게 내가 저명한 건축가였던 프랭크 로이드 라이트Frank Lloyd Wright와 같은 곳에서 태어났다고 말했을 때였다. 사실 나는 건축은커녕 선도 똑바로 못 그리지만 내 친구의 눈에 금방 호의적인 반응이 떠올랐다. 친구의 시선은 이렇게 말하는 듯했다. '와, 너랑 프랭크 로이드 라이트가 그런 사이였어?'

一 　호감 원칙에 대응하는 자기방어 전략

　　호감을 높이는 방법은 매우 다양하기에 호감 원칙을 사용해 접근하는 설득의 달인을 방어할 때는 역설적으로 간단한 전략이 필요하다. 호감을 높이는 수많은 방법에 대해 일일이 방어 전략을 세우는 것은 무척이나 비효율적이다. 그런 일대일 대응 전략으로 차단하기에는 호감을 높이는 방법이 너무나 많다. 더욱이 신체적 매력이나 익숙함, 연상 작용 등 호감을 이끌어내는 요소들은 거의 무의식적으로 작용해 우리에게 영향을 미치기 때문에 각각의 요소에 대해 정확한 순간에 정확한 방어 전략을 적용하기란 쉽지 않다.

　　대신에 호감을 일으키는 요소가 우리의 결정에 바람직하지 않은 영향을 미치려 할 때마다 언제나 적용할 수 있는 보다 일반적인 전략을 찾아내는 편이 유리하다. 그런 접근 방식의 비밀은 '타이밍'에 있다. 호감을 일으키는 요소가 작동하기 전에 미리 알아채고 차단하는 것이 아니라 우선 작동하도록 내버려둔다. 설득의 달인을 필요 이상으로 좋아하게 하는 호감 유발 요인에 주의를 기울이는 것이 아니라 설득의 달인을 필요 이상으로 좋아하게 됐다는 '사실 자체'에 주의를 기울여야 한다. 즉, 특정 상황에서 특정 설득의 달인에 대해 필요 이상의 호감을 느끼면 바로 그 순간 방어 전략을 사용하는 것이다.

　　이런 식으로 호감을 일으키는 원인이 아니라 결과에 집중하면, 호감에 영향을 미치는 수많은 심리적 요인들을 파악하고 그것을 피하려고 힘들게 노력할 필요가 없다. 대신 설득의 달인들과 접촉할 때 호감과 관련해 오직 한 가지만 주의하면 된다. 상대를 필요 이상으로 빨리 그리고 깊이 좋아하는 것은 아닌가 하는 느낌이다. 일단 그런 느낌이 든다면,

뭔가 술책이 개입됐다는 사실을 눈치채고 당장 필요한 조치에 들어가야 한다. 사실 내가 제안한 전략은 설득의 달인들이 좋아하는 주짓수 기술을 역이용하는 것이다. 우리는 호감을 일으키는 요인에 영향받는 일을 굳이 막을 필요가 없다. 오히려 그 반대다. 그런 요인들이 충분히 위력을 발휘하도록 내버려뒀다가 그 위력을 이용해 상대에게 반격을 가하는 것이다. 위력이 강하면 강할수록 우리 눈에 더 잘 띨 것이고, 그러면 우리가 정신을 차리고 방어 전략을 사용하기도 더 쉬울 것이다.

예를 들어 은퇴한 조 지라드의 '자동차 판매왕' 타이틀을 노리는 유능한 판매사원 '차팔아' 씨와 신차 구입과 관련해 가격을 협상하는 중이라고 가정해보자. 한참 협상을 진행하던 차팔아 씨가 이제 그만 협상을 마무리짓고 계약하고 싶어 한다. 덜컥 구입 결정을 내리기 전에 일단 중요한 질문을 스스로에게 던져야 한다. "이 남자를 알게 된 지 25분이 지났는데 내가 혹시 너무 큰 호감을 느끼는 것은 아닐까?" 만약 '그렇다'라는 답이 나온다면 차팔아 씨가 그 25분 동안 과연 어떤 행동을 했는지 되짚어본다. 차팔아 씨는 음식(커피나 도넛)을 대접했을 수도 있고, 자동차 컬러나 옵션 선택 등이 훌륭하다고 칭찬했을 수도 있으며, 재미있게 해줬거나, 자기 상사의 반대를 무릅쓰고 최대한 유리한 가격을 제시했을지도 모른다.

물론 그런 식으로 사건들을 되짚어보면 정확한 정보를 얻을 수 있겠지만, 앞서 말했듯이 반드시 그런 단계를 거쳐야만 호감 원칙으로부터 스스로를 보호할 수 있는 것은 아니다. 일단 차팔아 씨에게 생각보다 큰 호감을 느끼고 있다는 사실을 깨달았다면 그 이유를 꼭 알 필요는 없다. 부당한 호감이 생겼다는 사실만 알면 충분히 방어할 수 있다.

한 가지 방법은 완전히 반대로 차팔아 씨를 싫어하려고 노력하는 것이다. 그러나 이는 차팔아 씨에게 부당하고 우리의 이익에도 배치되는 방법이다. 사실 주는 것 없이 그냥 좋은 사람이 있는 법인데, 차팔아 씨가 바로 그런 사람일지도 모르기 때문이다. 그렇게 남의 호감을 사는 데 타고난 설득의 달인을 무조건 거부하는 것은 좋지 않다. 자신의 이익을 위해서도 그런 멋진 사람들과 아예 거래를 하지 않는 것은 바람직하지 않다. 그런 사람들이 우리에게 가장 유리한 거래를 제안할지도 모르니 말이다.

나는 다른 방법을 추천하고 싶다. 만약 위에서 언급한 중요한 질문을 스스로 던졌을 때 "그래. 이 사람한테는 이상하게 강렬한 호감이 느껴져"라는 답이 나온다면 재빨리 방어 전략을 실행한다. 차팔아 씨를 그가 판매하는 쉐보레나 도요타 같은 자동차와 철저히 분리해서 생각하는 것이다. 아무리 차팔아 씨에게 차를 산다 해도 우리가 집으로 가져가는 것은 차팔아 씨가 아니라 '자동차'라는 사실을 기억해야 한다. 차팔아 씨가 잘생기고, 나와 취미가 일치하고, 재미있고, 내 고향 사람이라 마음에 든다 해도 현명한 자동차 구매와는 완전히 별개의 일이다.

이런 상황에서 우리의 적절한 반응은 차팔아 씨가 제안한 자동차와 거래에만 온전히 집중하려고 의식적으로 노력하는 것이다. 어떤 부탁이나 거래 등을 승낙할 때는 항상 상대에게 느끼는 감정을 부탁이나 거래와 분리해서 생각하는 것이 좋다. 하지만 일단 상대와 약간이라도 개인적이거나 사회적인 접촉을 하면 구분이 흐려지기 쉽다. 물론 상대에 대해 별다른 호감을 느끼지 못하는 경우에는 구분이 흐려져도 특별히 문제될 게 없다. 그러나 상대에게 호감을 느끼는 경우에는 큰 실수를 하게 될 확률이 높다.

설득의 달인에게 불필요한 호감을 느끼지 않는지 항상 주의해야 하는 이유가 바로 그 점에 있다. 그런 호감을 감지하면 즉시 상대가 제시하는 거래와 상대를 분리해 생각하면서 오직 거래 조건만으로 구매 결정을 내려야 한다. 이런 과정만 유의한다면, 설득의 달인들과 거래할 때마다 항상 만족스러운 결과를 얻을 수 있을 것이다. 물론 차팔아 씨는 불만이 약간 있겠지만 말이다.

◆ **KEY**
◆ **POINT** _____

◆ "사람들은 자신이 잘 알고 좋아하는 사람의 부탁은 더 잘 들어준다." 설득의 달인들은 이런 사실을 알고 있기 때문에 자신의 매력과 호감도를 높일 만한 요소를 더욱 부각시켜 상대에게 효과적으로 접근한다.

◆ 전반적인 호감도를 높이는 요인 중 하나가 '신체적 매력'이다. 외모가 매력적인 사람이 사회생활에 유리하다는 점은 오래전부터 널리 알려진 사실이지만, 연구 결과에 따르면 그 정도가 생각보다 심각하다. 신체적 매력은 일종의 후광 효과를 일으켜 재능이나 인품, 지성 등 다른 특성에도 긍정적인 영향을 미친다. 결과적으로 매력적인 사람은 자신이 원하는 것을 얻어내거나 다른 사람이 태도를 바꾸도록 하는 데 더 뛰어난 설득력을 발휘한다.

◆ 호감과 승낙에 영향을 미치는 두 번째 요인은 '유사성'이다. 우리는 자신과 닮은 사람을 좋아하고, 그런 사람의 부탁에는 자신도 모르게 승낙한다. 호감도를 높이는 세 번째 요인은 '칭찬'이다. 일반적으로 칭찬은 호감도를 증폭시켜 설득이라는 결과를 낳는다. 진정한 칭찬이면서도 유용할 수

있는 두 가지 종류의 칭찬이 있는데, 하나는 듣는 사람 뒤에서 하는 칭찬이고, 다른 하나는 듣는 사람이 바람직한 행동을 계속할 수 있도록 부추기는 칭찬이다.

◆ 반복적인 접촉으로 '익숙함'이 커져도 대체로 호감도가 높아진다. 물론 부정적인 접촉보다는 긍정적인 접촉이 이뤄져야 한다. 가장 효과가 좋은 긍정적인 상황은 서로 협동해 어떤 일에 성공하는 경우다. 호감도를 높이는 다섯 번째 요인은 '연상'이다. 광고주나 정치가들은 자기 자신이나 자사 제품을 긍정적인 것들과 관련지음으로써 연상작용으로 긍정적인 측면을 공유하려 한다. (예를 들어 스포츠팬과 같은) 사람들도 간단한 연상작용의 효과를 알고 있어 긍정적인 사건과 자신을 관련짓고 부정적인 사건과는 거리를 두려 한다.

◆ 중요한 상황에서 호감 때문에 자신에게 불리한 결정을 내리는 일을 줄이려면 혹시 상대에게 필요 이상의 호감을 느끼는 것은 아닌지 주의를 기울여야 한다. 상대에게 호감이 지나치게 느껴진다는 판단이 들면 일단 상호작용을 멈추고 상대와 상대의 제안을 분리해서 생각해야 한다. 그리고 상대의 제안이나 부탁만을 평가해 의사결정을 내린다.

PART 4

사회적 증거 원칙
우리가 진리다

◆ ◆

사람들을 자기 멋대로 하도록 내버려 두면,
보통은 서로를 모방한다.
_에릭 호퍼

◆

◆

몇 년 전 중국 베이징의 한 레스토랑 매니저는 연구자들과 더불어 비용
은 들이지 않고 효과적으로 몇몇 메뉴 판매를 촉진하는 방법을 연구했
다. 이들은 음식값을 내리거나, 값비싼 재료를 더하거나, 노련한 요리사
를 고용하거나, 비싼 비용으로 컨설턴트에게 의뢰해 그럴듯한 음식 설
명을 메뉴에 더하지 않으면서도 음식을 더 많이 파는 방법이 없을까 알
고 싶어 했다. 결국 이들은 메뉴에 꼬리표를 붙이는 방법을 선택했다.
이전에도 '본점의 특별 음식'이나 '오늘의 셰프 추천 음식'과 같은 꼬리
표를 이용하여 재미를 본 적은 있었지만, '가장 인기 있는'과 같은 꼬리
표는 이용해본 적이 없었다.

결과는 놀라웠다. 꼬리표를 붙인 음식의 판매가 13~20퍼센트 증가한
것이다. 간단히 말해서 음식들은 인기가 있다는 이유로 더 인기를 끌었
다. 주목할 만한 것은 돈 한 푼 들이지 않고 완벽하게 윤리적이면서도(실
제로도 그 음식들은 인기가 있었으니 거짓말을 한 것은 아니다) 간단한 방법으로 큰

효과를 거둔 것이다. 이런 방식은 이전에는 한 번도 시도해보지 않았던 것이었다. 런던의 한 펍에서도 비슷한 일이 있었다. 이 펍은 그 주에 가장 인기 있는 맥주가 흑맥주라고 적어놓은 간판을 가게 안에 세워두었다. 그러자 흑맥주 판매는 당장 두 배로 늘었다. '누르니, 작동한' 것이다.

이 같은 결과를 보면 다른 소매업자들이 왜 유사한 정보를 고객에게 제공하지 않는지 궁금해진다. 아이스크림이나 냉동 요구르트 상점에서 고객들은 토핑을 직접 선택해야 한다. 토핑은 초콜릿, 코코넛, 쿠키 조각 등 셀 수 없을 만큼 다양하다. 매니저라면 그 달에 가장 많이 판매된 토핑이나 토핑 조합에 대한 정보를 알려주는 것만으로도 많은 고객들이 그 제품을 구입한다는 사실을 알고 있을 것 같지만 그렇지 않다. 안타까운 일이다. 특히 토핑을 주문하지 않거나 토핑 하나만을 주문하는 고객이라면 토핑의 인기 정보를 보고 훨씬 더 많은 선택을 할 수도 있는데 말이다. 예를 들어, 많은 맥도널드 매장에는 '맥플러리' 디저트가 있다. 주문하는 고객에게 "디저트는 어떤 걸로 하실까요? 맥플러리가 제일 많이 팔려요"라는 말 한마디를 덧붙이자 맥플러리 판매가 55퍼센트 증가했다. 그리고 맥플러리를 주문한 고객에게 "맥플러리 토핑 중에서는 이 맛이 가장 많이 선택되죠"라고 하자 추가로 토핑을 구매하는 고객들이 48퍼센트 증가했다.

사례 4.1

인기를 이용하여 수익을 올리는 방법을 모든 기업이 알고 있다고 생각하면 착각이다. 그러나 미디어 업계의 거인 넷플릭스는 스스로 축적한 자료를 통해 그 방법을 알아내어 즉시 실천에 옮겼다. 테크놀로지와 연예 담당 기자 니콜 라포트Nicole LaPorte에 의하면, 넷플릭스는 "오랫동안 시청 시간과 시청률 등을 밝히지 않는 데 자부심을 가지고 있었고, 광고주들에게 대답할 필요가 없기 때문에 어떤 숫자도 공개할 필요가 없다는 사실을 즐기고 있었다." 하지만 2018년 느닷없이 정책이 바뀌면서 작품에 관한 수없이 많은 정보를 쏟아내고 있다. 라포트는 "주주들에게 보내는 편지에서 넷플릭스는 마치 중무장한 전함을 얼떨결에 지휘하게 된 주정뱅이 선원처럼 어떤 작품들을 얼마나 많은 사람이 스트리밍해 보았는지 줄줄 읊어대며 영업 비밀을 흘리고 있다"라고 말했다.

왜 그랬을까? 그즈음 기업의 중역들은 인기가 인기를 낳는다는 사실을 알아챘기 때문이다. 최고 제품 책임자 그렉 피터스Greg Peters는 어떤 프로그램이 인기 있는지 알게 된 회원들이 그 프로그램의 인기를 더욱 끌어 올린다는 내부 실험 결과를 공개했다. 회사의 다른 임원진도 결과를 빠르게 받아들였다. 콘텐츠 부서장 테드 서랜드로스Ted Sarandros는 앞으로 넷플릭스는 '전 세계적으로 사람들이 무엇을 시청하고 있는지' 앞장서 공개하겠다고 선언했다. 회장이자 CEO 리드 헤이스팅스Reed Hastings는 이 선언을 확인하면서 말했다. "이제야 비로소 자료 공개를 시작한 셈입니다. 분기별로 자료를 잘 정리해서 활용할 작정입니다."

저자의 한마디

넷플릭스 임원들의 말을 듣고 있노라면, 넷플릭스는 탄탄한 리더십을 갖고 있다는 생각이 든다. 그중에서도 서랜드로스의 말이 가장 인상적이었다. "인기란 사람들이 이용할 수 있는 기준점입니다… 회원들에게 도움이 되는 한 우리는 인기 있는 프로그램을 계속 공개할 것입니다." 예전처럼 인기 있는 프로그램을 밝히지 않는 것은 당장의 이익에는 물론 회원들의 신중한 선택과 만족감, 더 나아가 기업의 장기적인 이익에도 도움이 되지 않는다는 사실을 넷플릭스는 깨달은 것이다.

— 인기가 높을수록 더 인기가 높아진다

인기가 왜 그리 효과적인지 이해하려면, 또 하나의 강력한 설득 무기인 '사회적 증거 원칙'을 살펴보아야 한다. 이 원칙에 따르면 우리는 옳고 그름을 판단할 때 다른 사람들이 내린 판단을 근거로 삼는다. 특히 어떤 행동이 옳고 그른지 결정해야 할 때 더욱 그렇다. 우리는 특정 상황에서 특정 행동의 옳고 그름을 판단할 때 얼마나 많은 사람들이 같은 행동을 하는지 살펴본다. 그래서 광고업자들은 어떤 제품이 '빠르게 성장'하고 있는지 혹은 '가장 많이 판매'되고 있는지 우리에게 알리고 싶어 안달이다. 굳이 그 제품이 훌륭하다고 우리를 설득하지 않아도 많은 사람이 그렇게 생각하고 있다면 그것으로 충분한 증거가 되기 때문이다.

다른 사람들이 많이 하는 행동을 옳은 행동으로 보는 경향은 대체로 유익하게 작용한다. 사회적 증거에 부합하는 행동을 할수록 실수할 확률이 눈에 띄게 줄어들기 때문이다. 일반적으로 다수가 하는 행동은 올바른 행동인 경우가 많다. 그러나 사회적 증거 원칙이 보여주는 이런 특징은 장점인 동시에 약점이 될 수 있다. 여느 설득의 무기들처럼 사회적 증거 원칙도 행동 방식을 결정할 때 편리한 지름길로 이용할 수 있지만, 언제나 그렇듯 지름길에는 그런 성향을 이용해 이득을 취하려는 교활한 사람들이 매복하고 있기 때문이다.

문제가 되는 것은 우리가 사회적 증거에 너무 맹목적이고 반사적인 반응을 보이면 부분적인 증거나 거짓 증거에도 쉽게 속을 수 있다는 점이다. 어떤 상황에서 어떻게 행동할지 결정하기 위해 다른 사람의 행동을 이용하는 게 문제는 아니다. 이는 '사회적 증거'라는 충분히 근거 있는 원리에 입각한 행위이기 때문이다. 문제는 사람들의 그런 특징을 이용하려는 이들이 제시하는 거짓 증거에 자동적인 반응을 보일 수 있다는 점이다. 이와 관련된 많은 사례들이 있다. 몇몇 나이트클럽 주인들은 내부에 공간이 충분한데도 손님들을 문밖에 길게 세워놓고는 인기 있는 나이트클럽이라는 눈에 띄는 사회적 증거를 만든다. 영업사원들은 구매 상담을 할 때 많은 사람이 이미 제품을 구매했다는 이야기를 꾸며내라고 배운다. 바텐더들은 영업 시작 전에 마치 손님이 남긴 팁인 것처럼 병에 미리 지폐를 몇 장 넣어두어 팁을 받을 가능성을 높인다. 교회 안내인도 같은 이유로 헌금 바구니에 미리 돈을 넣어두고는 더 많은 이들이 헌금을 하기를 기대한다. 복음주의 목사들은 예배 시작 전에 신도들 가운데 미리 정해놓은 사람 몇 명을 배치해두었다가, 약속한 시각이 되면 제일 먼저 간증이나 헌금을 하러 나오도록 한다고 한다. 그리고 물론 제품 평가 웹사이트는 제조업자가 거짓으로 조작하거나 사람들에게 돈을 주어 쓰도록 만든 호평 일색의 상품평으로 뒤덮이곤 한다.[1]

95퍼센트의 따라쟁이들

우리에게 부당한 이익을 취하려는 사람들은 왜 이렇게까지 사회적 증거를 이용하지 못해 안달일까? 그들은 다른 사람의 행동을 올바른 행동으로 믿어버리는 우리의 성향이 여러 다른 환경에서도 고스란히 나타난다는 사실을 알고 있기 때문이다. 영업 및 동기부여 컨설턴트 카베트 로버트Cavett Robert는 영업 교육 중 이 원칙의 핵심을 다음과 같이 정확히 표현한 바 있다. "주도자는 5퍼센트뿐이고, 나머지 95퍼센트는 따라쟁이들이다. 다른 사람의 행동은 영업사원이 제시하는 어떤 증거보다 설득력이 있다." 그의 말이 옳다는 근거는 어디에서나 찾아볼 수 있다. 그중 몇 개의 보기를 살펴보기로 하자.

우선 윤리적 생각과 관련된 실험을 보자. 한 연구에서 범인을 심문하는 과정에서 고문을 하는 것에 과반수 이상의 사람들이 찬성했다는 이야기를 들은 대학생 80퍼센트가 고문을 윤리적으로 용납할 수 있다고 말했다. 범죄와 관련해서는 음주운전, 장애인 주차구역 주차, 상점 절도, 뺑소니 등을 저지른 사람은 다른 사람도 자신과 같이 범법 행위를 흔히 저지른다고 믿게 되면서 그런 일을 더 많이 저지른다. 배우자의 폭력 행사가 흔한 일이라고 믿는 사람일수록 나중에 그러한 폭력을 저지르기 쉽다. 사회적 증거 원칙은 우리의 일상생활에도 영향을 미치고 있다. 친구 대부분이 건강을 위해 과일을 먹으려 애쓰고 있다는 말을 들은 네덜란드 고교생들이 과일을 섭취하는 양이 35퍼센트 늘어났다. 하지만 사춘기 청소년답게 아이들은 그 이야기를 듣고 과일 섭취를 늘린 것은 아니라고 주장했다. 온라인 구매에서 제품 추천이 새로운 현상이라고는 할 수 없지만, 인터넷을 통해 잠재 고객들이 수많은 기존 사용자들의 제품 평가에 쉽게 접근하게 되면서 시장은 완전히 바뀌었다. 그 결과 온라인 쇼핑객의 98퍼센트가 실제 고객들의 상품평이 구매 결정에 영향을 미치는 가장 중요한 요소라고 말했다. 이밖에도 더 다양한 사례는 얼마든지 있다. 켄터키 주 루이빌시가 주차 위반 벌금을 고지하면서 대부분의 사람들이 2주 이내에 벌금을 납부한다는 사실을 함께 알리자, 벌금 납부율이 130퍼센트 증가하며 주차 위반 수입이 두 배 이상 늘어났다. 2020년 코로나19가 유행하던 동안 연구자들은 일본 보건학자들의 요청을 받고 일본 시민들이 마스크를 쓰는 이유에 대해 조사했다. 일본인들이 마스크를 착용하는 이유는 질병의 심각성, 마스크가 감염을 막아줄 가능성, 다른 사람에게 전염을 차단할 가능성 등 여러 가지가 있었다. 하지만 그중에서도 가장 압도적인 이유는 다른 사람이 마스크를 쓰고 있는 것을 보았기 때문이었다. 환경 분야에서도 다른 사람들이 환경을 지키고 보호하기 위해 물건을 재활용하고, 에너지를 절약하고, 물을 아끼는 것을 본 사람들은 그와 유사한 행동을 했다.

환경운동 분야에서 사회적 증거는 기업에도 같은 영향을 미친다. 많은 정부는 대기와 물을 오염시키는 기업들을 규제하고 감시하고 제재하는 데 상당한 비용을 지출한다. 이러한 지출은 규제를 완전히 무시하거나 규제에 따르느니 벌금을 내는 편을 택하는 몇몇 기업들에 낭비되는 것처럼 보인다. 하지만 몇몇 국가에서는 사회적 증거를 이용하여 비용을 거의 들이지 않으면서도 효율적인 프로그램을 개발했다. 우선 한 산업 내에서 오염 기업들의 환경 실적을 평가한다. 그리곤 그 평가 내용을 발표하여 그 산업 내 모든 기업이 다른 기업과 비교하여 자신의 기업이 어느 위치에 있는지 상대적 위치를 파악하게 하는 것이다. 그러자 30

퍼센트 이상 환경 개선이 이루어지며 극적인 변화가 나타났다. 거의 모든 변화는 심각할 정도로 환경을 오염시키던 기업에서 일어났는데, 다른 기업에 비해서 자신들이 얼마나 형편없는 짓을 해왔는지를 깨달았기 때문이다. 사회적 증거는 어린 시절부터 영향을 미칠 수 있으며, 때로는 놀라운 결과를 낳기도 한다.

특히 심리학자 앨버트 반두라Albert Bandura와 동료 연구진은 사회적 증거 원칙을 이용해 바람직하지 못한 행동을 교정하는 방법을 발견했다. 사람들의 극심한 공포증을 치료할 수 있는 놀랍도록 간단한 방법을 찾아낸 것이다. 초창기 연구에서 이들은 개를 두려워하는 유치원생들을 모아놓고, 한 남자아이가 개를 데리고 재밌게 노는 모습을 하루에 20분씩 보여줬다. 그러자 개를 두려워하던 아이들 사이에서 나흘 만에 놀라운 변화가 일어났다. 무려 67퍼센트의 아이들이 개를 데리고 놀이기구에 올라갔을 뿐 아니라 옆에 어른이 없는데도 전혀 무서워하지 않고 개를 안고 놀았다. 한 달 후 아이들의 공포 수준을 다시 측정해본 결과 개선 효과가 전혀 떨어지지 않은 것으로 밝혀졌다. 아이들은 전보다 더 적극적으로 개와 놀고 싶어 했다.

역시 유난히 개를 두려워하던 아이들을 대상으로 한 두 번째 연구에서도 중요한 사실이 밝혀졌다. 아이들의 두려움을 없애기 위해 개와 노는 다른 아이의 모습을 보여주는 대신 이번에는 아이들이 개와 노는 장면이 담긴 영화를 보여줬다. 하지만 효과는 같았다. 특히 여러 명의 아이들이 각자 자신의 애완견과 즐겁게 놀고 있는 장면을 편집해 보여주자 효과가 가장 강력하게 나타났다. 사회적 증거 원칙은 많은 사람들이 같은 행동을 한다는 증거가 많을수록 더 높은 효과를 발휘하는 듯하다.

'많은 사람들'이 보여주는 증거의 상승효과에 대해서는 뒤에서 다시 살펴보기로 하자.[2]

독자 편지 4.1

오클라호마 주 털사 도요타 대리점 직원 채용 및
훈련 담당자가 보낸 편지

저는 오클라호마에서 가장 규모가 큰 자동차 대리점에서 일하고 있습니다. 저희의 가장 커다란 문제는 영업 능력이었습니다. 신문에 광고를 게재해도 별다른 반향이 없었습니다. 그래서 저희는 퇴근 시간에 라디오에 채용 광고를 하기로 했습니다. 저희 차량을 구입한 사람들을 언급하면서 저희 차량에 대한 수요가 많고, 이 추세를 유지하기 위해 판매사원을 더욱 늘려야 할 필요가 있다는 데 초점을 맞춘 광고였습니다. 기대하던 대로 영업 팀에 지원이 쇄도했습니다.

하지만 가장 커다란 효과는 고객들에게서 나타났습니다. 신차는 물론 중고차 판매도 늘고, 고객 태도도 눈에 띄게 바뀌었습니다. 자동차 총판매량이 이전 1월과 비교해 41.7퍼센트 증가한 것은 정말 놀라웠습니다. 결국 자동차 시장 전체 규모가 4.4퍼센트 줄어든 해에 전년보다 1.5배 더 성장할 수 있었습니다. 물론 이 성공에는 다른 이유도 있겠죠. 경영진 변화라든지, 시설 업그레이드도 있었으니까요. 하지만, 그 후로도 우리 차량 수요를 충당하기 위해 도움이 필요하다는 광고를 게재할 때마다 차량 판매가 상당히 늘어난 것은 부정할 수 없는 사실입니다.

저자의 한마디

소비자들의 수요가 많다는 언급이 이 대리점 차량에 대한 소비자들의 태도와 행동에 큰 영향을 미쳤다. 이 장에서 설명했던 내용과 잘 들어맞는 예이다. 하지만 예상을 초과한 광고 효과를 설명하기 위해서는 지금까지의 설명만으로는 부족하다. 수요가 많다는 정보는 영업사원 채용 광고에 '슬쩍 들어간' 것이다. 이 광고가 성공한 원인은 따로 있다. 사람들은 (사회적 증거에 대한 정보를 포함하여) 설득을 위한 것이라고 생각되지 않는 정보에 쉽게 설득당하는 경향이 있기 때문이다(Bergquist, Nilsson, & Schultz, 2019; Howe, Carr, & Walton). 대리점 광고가 "사람들이 미친 듯이 우리 차량을 사고 있어요! 빨리 와서 당신도 사세요"라는 식으로 직접 구매를 권유하는 것이었다면, 그 효과는 훨씬 덜했으리라고 확신한다.

예언 실패, 그 후

사회적 증거의 위력을 구체적으로 제시할 때 내가 가장 즐겨 사용하는 사례가 하나 있다. 이 사례에는 다음과 같은 몇 가지 매력이 있다. 첫째, 참여관찰이라는 비교적 생소한 연구 방법을 사용한 최고의 연구 사례다. 참여관찰이란 연구자가 연구 대상 집단에 직접 잠입해 집단의 일원으로 대상을 관찰하는 연구 방법이다. 둘째, 역사학, 심리학, 신학 등 다양한 학문 분야에 흥미로운 정보를 제공한다. 셋째, 무엇보다도 다른 사람이 아닌 바로 우리 자신이 사회적 증거를 이용해 자신이 믿고 싶은 것을 진리로 믿는 과정을 생생히 보여주는 사례라 할 수 있다.

이야기 자체는 전혀 새롭지 않다. 고대 자료를 검토해보면 천년 왕국과 관련한 종교운동은 역사가 매우 오래됐다는 사실을 알 수 있다. 다양한 종파와 사교 집단들은 특정 시점이 되면 구원의 날이 도래해 자기 집단의 가르침을 따르는 신도만 지복을 누리게 될 거라고 예언한다. 이들은 하나같이 구원의 날이 도래하기 직전에 지구 종말이라는 충격적 대재앙이 먼저 닥친다고 믿었다. 물론 이런 예언들은 한 번도 들어맞은 적이 없었고, 집단 구성원들은 극도의 좌절감을 맛봐야 했다.

그러나 역사의 기록에 따르면, 예언이 실패하고 나면 늘 대단히 불가사의한 패턴이 나타났다. 광신자들이 환멸에 빠져 흩어지는 게 아니라 오히려 자신의 신념에 더 확신을 품게 되는 것이다. 이들은 예언이 어긋난 후에도 대중의 조롱을 무릅쓰고 거리로 나가 공공연히 집단의 교의를 주장하고 열정적으로 포교에 전념했다. 예언이 실패해도 열정이 약화되지 않고 더 강화된 셈이다. 2세기 터키의 몬타니스트Montanists, 16세기 네덜란드의 재세례파Anabaptists, 17세기 이즈미르의 사바타이스트Sabbataists, 19세기 미국의 밀러파Millerites 등이 모두 그랬다. 이런 현상에 흥미를 느낀 세 명의 사회과학자 레온 페스팅어Leon Festinger, 헨리 리켄Henry Riecken, 스탠리 샤흐터Stanley Schachter는 당시 시카고를 중심으로 활동하던 종말론 사교 집단도 이와 다르지 않을 거라고 생각했다. 미네소타대학의 동료인 세 과학자는 이 시카고 종교 집단 이야기를 듣고는 밀착 연구를 결심했다. 신분을 위장한 채 새 신자로 직접 집단에 잠입했음은 물론이고 비밀리에 몇 사람을 더 고용해 추가로 침투시킨 결과, 대재앙 예정일을 전후해 종교 집단에서 나타나는 각종 반응을 직접 관찰해 풍부한 자료를 얻는 데 성공했다. 그 자료는 대단히 흥미진진한 책《예언 실패, 그 후When Prophesy Fails》에서 볼 수 있다.

시카고 종교 집단은 신도 수가 대략 30명 안팎으로 규모가 작았다. 지도자는 중년의 남녀였는데, 연구진은 실명 공개를 피하기 위해 이들을 토머스 암스트롱Thomas Armstron 박사와 매리언 키치Marian Keech 부인이라는 가명으로 불렀다. 암스트롱 박사는 대학 보건소에서 근무하는 내과의사로 오랜 세월 신비주의와 오컬트, UFO 등에 관심을 갖고 있던 터라 집단 내에서 이 분야의 전문가로 존경받았다. 그렇지만 집단의 실질적인 핵심 인물은 키치 부인이었다. 그녀는 연초부터 '수호자Guardian'라는 다른 행성의 영적 존재에게 메시지를 받기 시작한 참이었다. 키치의 손을 통해 '자동 기술'이라는 방법으로 기록된 메시지들이 집단의 신앙 체계를 형성하고 있었다. 수호자의 가르침은 뉴에이지 개념들을 모아놓은 것으로, 전통적인 기독교와 크게 다르지 않았다. 수호자들이 북부 캘리포니아를 방문하던 중 성경을 한 권 구해 읽은 게 아닌가 하는 생각마저 들 정도였다.

신도들은 평소에도 수호자가 보내는 메시지들을 열심히 해석하고 토론했지만 대재앙이 임박했다는 예언, 즉 서반구에서 시작된 홍수가 전 세계를 삼켜버린다는 내용이 발표되면서 메시지에 더 집착하는 모습을 보였다. 신도들은 처음에 당연히 깜짝 놀랐지만, 키치 부인을 통해 전달되는 가르침을 믿는 자들은 구원받을 수 있다는 추가 메시지를 듣고는 다들 한시름 놓았다. 대재앙이 닥치기 직전 외계인이 비행접시를 타고 날아와 신자들을 다른 행성 같은 안전한 장소로 데려갈 예정이라는 내용이었다. 구조 방법에 대한 자세한 설명은 거의 없었고, 다만 수호자가 데리러 올 때를 대비해 교신 암호('모자를 집에 두고 왔다', '당신 질문은 무엇인가?', '나는 나를 운반한다')를 연습하고, 옷에 붙은 모든 쇠붙이를 제거하라는 지시만 떨어졌다. 쇠붙이를 몸에 지니고 있으면 비행접시 여행이 '굉장히 위험'해지기 때문이었다.

페스팅어와 리켄, 샤흐터는 홍수 예정일 직전의 일주일 동안 이 종교 집단의 동향을 관찰하면서 신도들의 행동에서 매우 흥미로운 특징 두 가지를 발견했다. 첫 번째 특징은 집단의 신념 체계에 대한 헌신도가 급격히 높아졌다는 점이다. 저주받은 지구를 떠나 우주로 날아갈 날을 고대하면서 신도들은 돌이킬 수 없는 선택을 시작했다. 물론 대부분 가족과 친구의 반대에 부딪혔지만, 그들과 인연을 끊는 한이 있어도 신념은 포기하지 않았다. 일부 신도는 가족과 이웃에게 법적 절차를 밟아 정신 이상 판정을 받아내겠다는 위협을 받기도 했다. 암스트롱 박사의 누이동생도 두 자녀에 대한 박사의 양육권을 박탈하려고 소송을 제기했다. 많은 신도들이 직업이나 학업을 포기한 채 신앙에만 매달렸다. 어떤 사람은 조만간 쓸모없어질 것이라며 개인 소지품마저 처분해버렸다. 그들은 자기 신념이 진리임에 틀림없다는 확신 때문에 극도의 사회적·경제적·법적 압력을 견뎌냈으며, 압력에 맞서면서 교리에 대한 헌신은 커져갔다.

홍수 예정일 직전 신도들이 보여준 두 번째 중요한 특징은 기이할 정도로 무기력했다는 점이다. 개인적으로는 집단의 신조를 그토록 신뢰하는 사람들이 신조를 전파하는 데는 전혀 관심이 없었다. 초기에 대재앙이 임박했다는 예언을 공개하기는 했지만 적극적으로 교인을 확보하려고 노력하지 않았다. 위험 경보를 보내고 그 경보에 자발적으로 반응하는 사람들에게만 조언했을 뿐 더 이상 어떤 행동도 취하지 않았다.

신도들이 포교 활동을 하지 않았다는 점 외에도 집단 전체가 교인 확보에 소극적이었다는 여러 증거가 있다. 많은 문제가 비밀에 부쳐졌다. 수호자의 가르침이 담긴 문서는 즉시 소각됐고, 암호와 비밀신호가 설정됐으며, 집단 내부에서 녹음한 일부 내용들은 외부인과의 논의가 금지됐다(철저한 비밀 유지를 위해 그런 녹음 내용들은 열성 신자들조차 녹취할 수 없었다). 매체와의 접촉도 피했다. 대재앙의 날이 다가올수록 점점 더 많은 신문·TV·라디오 기자들이 키치 부인의 집에 마련된 본부로 몰려들었다. 그러나 대부분 문전박대를 당했다. 기자들의 질문에는 '노코멘트'로 일관했다.

이런 무반응에 한동안 잠잠했던 기자들은 암스트롱 박사가 종교적인 이유로 대학 보건소에서 해고됐다는 소식이 전해지자 다시 벌떼처럼 몰려들었다. 유난히 악착같이 굴던 어느 기자는 소송 위협에 시달리기도 했다. 대홍수 전날 밤에도 한 무리의 기자들이 정보를 달라고 신도들을 괴롭히다가 모두 쫓겨났다. 후에 연구진은 대홍수 직전 언론과의 관계나 선교 등에서 신도들이 보인 태도를 다음과 같이 정중하게 표현했다. "이들은 언론에서 폭발적인 관심을 보였으나 유명세를 피하려고 최대한 노력했으며, 선교할 기회도 여러 번 있었지만 조용히 은신한 채 철저한 무관심으로 일관했다."

마침내 귀찮은 기자들과 개종을 해볼까 하고 기웃거리던 사람들까지 전부 물러가자 신도들은 그날 밤 자정에 도착할 예정인 우주선을 맞이할 마지막 준비에 들어갔다. 페스팅어와 리켄, 샤흐터의 눈에는 신도들의 모습이 마치 한 편의 부조리 연극처럼 보였을 것이다. 이런 일만 아니었다면 평범하게 살았을 가정주부, 대학생, 고등학생, 출판업자, 내과 의사, 철물점 직원과 그의 어머니 등이 진지한 얼굴로 희비극을 공연했다. 연출자는 수호자들과 주기적으로 접촉한다는 두 명의 여성이었다. 그날 밤은 키치의 메시지 외에도 '창조자'의 지시를 직접 받는다는 전직 미용사 '버사'의 메시지가 추가됐다. 신도들은 비행접시에 오르기 전 외계인과 교환할 암호문 '나는 나를 운반한다', '나는 나를 가리킨다'라는 문장을 한목소리로 열심히 연습했다. 그러고는 자칭 '캡틴 비디오(당시 텔레비전 SF시리즈의 주인공)'라는 사람이 전화로 전한 메시지를 농담으로 받아들여야 할지 아니면 구원자로부터 온 암호로 해석해야 할지 진지하게 논의했다.

쇠붙이를 지니고 비행접시에 오르면 안 된다는 지시에 따라 신도들은 옷에 붙은 금속을 전부 제거했다. 심지어 구두끈 구멍의 금속 테두리까지 뽑아냈다. 여자들은 브래지어 와이어를 제거하고 착용하거나 브래지어를 아예 착용하지 않았다. 남자들은 바지 지퍼를 뜯어내고 허리띠 대신 멜빵을 달아 입었다.

이 쇠붙이 제거에 얼마나 광적으로 집착했는지를 보여주는 일화가 있다. 한 연구자가 자정 25분 전에 깜빡 잊고 바지 지퍼를 제거하지 않았다고 고백했을 때였다. 기록에 따르면 "이 사실을 알자 모두가 패닉에 빠졌다. 그는 순식간에 암스트롱 박사의 방으로 끌려갔는데, 박사는 거의 초 단위로 벽시계를 확인하면서 양손을 벌벌 떨며 면도날로 지퍼 부위를 오려내고는 철사 절단기로 버클을 잡아 뜯었다." 쇠붙이 제거 작업은 순식간에 마무리됐고, 연구자는 얼굴이 하얗게 질린 채 거실로 돌아왔다.

지구를 떠나기로 약속한 시간이 가까워지자 신도들은 조용히 기다렸다. 다행히 이 중요한 순간에 벌어진 사건들을 뛰어난 과학자들이 상세한 기록으로 남겨뒀다.

마지막 10분 동안 거실엔 긴장감이 감돌았다. 신도들은 외투를 품에 안고 조용히 앉아 기다리는 수밖에 없었다. 침묵 속에서 벽시계 두 개가 째깍째깍 요란한 소리를 내며 긴장을 고조시켰다. 시계 하나가 다른 시계보다 10분 정도 빨랐다. 빠른 쪽 시계가 12시 5분을 가리키자 신도 하나가 큰 소리로 시간을 알렸다. 그러자 다른 신도 여럿이 합창이라도 하듯 아직 자정이 아니라고 목소리를 높였다. 밥 이스트먼이 느린 쪽이 정확하다고 확인해줬다. 오후에 자신이 직접 시계를 맞췄다는 것이다. 드디어 자정까지 4분밖에 남지 않았다.

4분이 흐르는 동안 아무도 입을 열지 않았다. 단 한 사람 키치 부인만이 벽난로 위 시계가 자정 1분 전을 가리키는 순간 새된 목소리로 "계획이 잘못될 리 없어!"라고 외쳤을 뿐이다. 마침내 시계가 12시를 쳤다. 모두들 숨죽이고 기다리는 분위기라 종소리 한 번 한 번이 아프도록 또렷하게 들렸다. 신도들은 꼼짝 않고 앉아 있었다.

그렇게 자정이 지났다. 하지만 아무 일도 일어나지 않았다. 이제 대재앙까지는 채 7시간도 남지 않았다. 그러나 거실 안의 신도들은 별다른 반응을 보이지 않았다. 아무도 말이 없었다. 얼어붙은 듯 표정 없는 얼굴로 가만히 앉아 있을 뿐이었다. 마크 포스트만이 약간의 움직임을 보였다. 소파에 누워 눈을 감았지만 잠든 것은 아니었다. 나중에 말을 걸어보니 단음절로 대답하기는 했지만 마치 죽은 듯이 누워 있었다. 다른 사람들도 겉으로는 아무렇지 않아 보였다. 하지만 나중에 알고 보니 모두들 엄청난 충격을 받은 상태였다.

신도들은 점점 절망과 혼란에 빠져 고통스러워했다. 각자 예언과 관련 메시지들을 재검토했고, 암스트롱 박사와 키치 부인은 예언이 틀릴 리 없다고 되뇌었다. 신도들은 상황을 곰곰이 생각해보며 이런저런 설명으로 합리화를 시도했지만 어느 것도 만족스럽지 못했다. 새벽 4시쯤 키치 부인이 갑자기 서럽게 울기 시작했다. 부인은 몇몇 사람이 예언을 의심하기 시작한 것을 알아차렸다. 그런 사람들을 진리의 말씀으로 깨우쳐 어떻게든 신도들을 단결시켜야 했다. 나머지 신도들도 흔들리기 시작했다. 모두들 몸을 떨었고 눈에는 눈물이 그렁그렁했다. 시계는 거의 4시 30분을 가리켰지만, 이 실망스러운 사태에 어떻게 대처해야 할지 대책이 서지 않았다. 이쯤 되자 신도들 대부분이 예언이 실패한 것 아니냐고 대놓고 웅성거리기 시작했다. 다들 무너지기 일보 직전이었다(《예언 실패, 그 후》, pp. 162-163, 168).

의심이 쌓이면서 신도들의 믿음에도 금이 가기 시작할 무렵 두 가지 놀라운 사건이 연이어 발생했다. 첫 번째 사건은 새벽 4시 45분에 벌어졌다. 키치 부인이 위에서 내려오는 신성한 메시지를 '자동 기술'로 받아 적기 시작한 것이다. 받아 적은 메시지를 읽어보니 그날 밤 사건에 대한 그럴듯한 설명이 담겨 있었다. "작은 무리가 밤새도록 홀로 깨어 세상에 빛을 발하니 신께서 인류를 멸망에서 구원하셨다"라는 내용이었다. 깔끔하고 효과적인 설명이었으나, 신도들을 충분히 납득시키기엔 역부족이었다. 한 신자는 그 말을 듣자마자 벌떡 일어나 외투를 챙겨 입고 나가더니 다시는 돌아오지 않았다. 신자들의 믿음을 이전 수준으로 되돌리려면 뭔가 다른 조치가 필요했다.

바로 그 순간 두 번째 놀라운 사건이 벌어져 그 필요를 채워줬다. 다시 한 번 현장에 있었던 과학자들의 생생한 기록을 살펴보자.

신도들 사이의 분위기가 급변하더니 그들의 행동에도 변화가 나타났다. 예언이 실패한 이유가 담긴 메시지를 받고 난 뒤 몇 분 지나지 않아 키치 부인은 또 다른 메시지를 받았다. 첫 번째 메시지를 세상에 공표하라는 내용이었다. 부인은 수화기를 집어들더니 신문사에 전화를 걸기 시작했다. 연결을 기다리는 동안 누군가 물었다. "신문사에 직접 전화하시는 건 처음 아닌가요?" 부인은 즉각 대답했다. "맞아요. 처음이에요. 전에는 신문사에 전할 말이 없었거든요. 하지만 지금은 급히 전할 소식이 있어요." 아마 모든 신도가 부인의 말에 공감했을 것이다. 모두들 뭔가 급박한 느낌이 들었다. 키치 부인이 전화를 끊자마자 다른 신도들이 일제히 신문사나 통신사, 라디오 방송국, 잡지사 등에 전화를 돌려 홍수가 일어나지 않은 진짜 이유를 널리 알렸다. 그 이유를 어떻게든 빨리 전하고픈 마음에 그동안 철저히 비밀에 부친 문제들을 언론에 공개하기 시작했다. 몇 시간 전만 해도 기자들을 피하며 대중의 관심을 고통스러워하던 사람들이 이제 자기 홍보에 열을 올렸다(앞의 책, 앞의 책, p. 170).

노출을 꺼리며 철저히 비밀을 유지하던 정책이 백팔십도 바뀌었을 뿐 아니라 선교에 대한 태도도 완전히 변했다. 전에는 관심을 갖고 찾아오는 사람들을 되는 대로 대접하거나 무시하고 심지어 배척하던 신도들이 예언이 빗나가자마자 전혀 다른 모습을 보이기 시작했다. 모든 방문객을 환영했고, 온갖 질문에 성실히 답했으며, 한 사람이라도 더 개종시키려고 애를 썼다. 신도들이 선교를 위해 얼마나 적극적으로 노력했는지는 예언이 실패한 다음 날 고등학생 아홉 명이 키치 부인을 찾아왔을 때 벌어진 일을 보면 확실히 알 수 있다.

학생들이 거실로 들어섰을 때 키치 부인은 비행접시 문제로 '외계인'이라는 사람과 열심히 전화 통화 중이었다. 비행접시 토론도 멈출 수 없고, 막 도착한 손님도 소홀히 할 수 없었던 키치 부인은 학생들을 모두 대화에 끌어들여 1시간 넘게 외계인과 토론을 하면서도 번갈아 가며 학생들과 대화를 했다. 신도를 늘리고 싶은 열망이 너무 커서 어느 쪽도 포기할 수 없었다(앞의 책, p. 178).

신도들이 이런 급격한 변화를 보인 이유는 무엇일까? 과묵하고 배타적인 태도로 '신의 말씀'을 수호하던 사람들이 불과 몇 시간 만에 열정적이고 개방적인 선교사로 변신했다. 그것도 하필이면 예언이 실패하는 바람에 세상의 비웃음을 피할 도리가 없게 된 최악의 순간에 말이다.
결정적 계기는 홍수 전날 밤 예언이 무참히 무너졌기 때문이다. 이상하게 들리겠지만, 신도들이 적극적으로 선교에 뛰어들게 된 것은 믿음이 강해져서가 아니라 믿음이 흔들리기 시작해서였다. 비행접시와 홍수 예언이 잘못된 것이라면, 그것을 바탕으로 쌓아올린 자신들의 신앙체계 전체가 잘못된 것일 수도 있었다. 키치 부인 집에 모여 있던 신도들은 그런 불안이 가장 끔찍했을 것이다.
신도들은 너무 멀리 와버렸다. 신앙을 포기하기엔 그동안 너무 많은 희생을 치렀다. 이제 와서 포기한다면 금전적 손실은 물론이고 사람들의 조롱과 경멸도 참을 수 없을 터였다. 필사적으로 신앙에 매달릴 수밖에 없는 절박한 심정은 신도들의 고백에 잘 드러나 있다. 두 살배기 아기 엄마의 호소를 들어보자.

> 21일에 반드시 홍수가 일어난다고 믿어야만 해요. 벌써 돈을 다 써버렸거든요. 직장도 그만뒀고, 컴퓨터 공부도 포기했어요. 믿을 수밖에 없어요(앞의 책, p. 168).

외계인이 구하러 오지 않는다는 사실이 밝혀지고 난 후 4시간이 지났을 무렵 암스트롱 박사는 한 연구자에게 이렇게 고백했다.

> 저는 갈 데까지 가버렸어요. 모든 것을 포기했는걸요. 이미 돌아올 수 없는 강을 건넌 겁니다. 세상에 완전히 등을 돌렸으니까요. 이제 의심의 여지가 없어요. 믿는 수밖에요. 그것만이 유일한 진실이죠(앞의 책, p. 168).

아침이 밝아오면서 암스트롱 박사와 신도들이 얼마나 막다른 골목으로 몰렸을지 상상해보라. 그동안 치른 희생이 너무 컸기에 신앙을 포기할 수는 없었다. 하지만 물리적 현실은 그들의 신념 체계를 철저히 배신했다. 비행접시는 오지 않았고, 외계인도 방문하지 않았으며, 홍수도 일어나지 않았다. 예언이 전혀 이뤄지지 않았다. 신념 체계를 뒷받침해줄 물리적 증거들이 하루아침에 물거품이 됐으니 다른 유형의 증거를 만들어내야 했다. 바로 '사회적 증거'였다.

그렇다면 은밀한 종교 집단이 열정적인 선교사 집단으로 변신한 이유를 이해할 수 있다. 또한 기이하게만 보이는 변신의 순간, 즉 예언이 실패하면서 가장 설득력이 떨어진 최악의 시기를 변신의 순간으로 택한 모습 역시 이해가 된다. 대중의 경멸과 조롱을 감수하면서까지 홍보와 포교에 나설 수밖에 없었던 이유는 그것만이 유일한 희망이었기 때문이다. 만약 '말씀'을 전파할 수만 있다면, 무지한 사람들을 깨우칠 수만 있다면, 회의론자들을 설득할 수만 있다면, 그럼으로써 새 신자를 끌어들일 수만 있다면, 위기에 처한 자신들의 신념 체계가 좀 더 '진실성'을 확보할 수 있을 터였다. 사회적 증거 원칙이 그렇게 말했기 때문이다. "어떤 생각이 옳다고 믿는 사람이 많으면 많을수록 사람들은 그 생각을 더 옳다고 믿는다." 신도들의 임무는 분명했다. 물리적 증거는 바꿀 수 없으니 사회적 증거라도 바꿔야 했다. 설득하라. 그러면 너도 설득될 것이다.[3]

— **사회적 증거의 최적화 조건**

이 책에서 소개하는 모든 설득의 무기는 특정 조건에서 유난히 영향력이 강해지는 경향이 있다. 이런 무기에 맞서 자신을 방어하려면 어떤 조건일 때 자신이 그런 영향력에 가장 취약한지 알아야 한다. 사회적 증거의 경우에는 주요 최적화 조건이 세 가지 있다. 어떻게 하는 게 최선인지 확신하지 못하는 경우(불확실성), 많은 사람에게서 최선이라는 증거를 찾을 수 있는 경우(많은 수), 우리와 비슷한 사람에게서 그 증거가

발견되는 경우(유사성)이다

불확실성: 확신이 없으면 주변에서 답을 찾는다

시카고 종교 집단을 보면, 사회적 증거 원칙이 가장 효과적으로 작동하는 상황을 짐작할 수 있다. 그들의 선교 열정에 불을 지핀 것은 자신의 신념이 흔들린다는 느낌이었다. 대체로 확신이 서지 않을 때, 상황이 애매모호할 때, 불확실성이 지배할 때 사람들은 다른 사람들의 행동을 보고 옳고 그름을 판단할 확률이 높다. 왜냐하면 다른 사람의 행동은 무엇이 올바른 행동이냐에 관한 불확실성을 감소시키기 때문이다.

익숙하지 않은 상황에 처했을 때에도 불확실성이 높아질 수 있다. 이런 경우 특히 다른 사람을 따라 할 확률이 더 높아진다. 이 장 처음에 등장했던 베이징 레스토랑 매니저를 기억하는가? 어떤 음식이 가장 인기 있다고 메뉴에 꼬리표를 달아 그 음식 판매를 크게 신장시킨 사람 말이다. 음식에 꼬리표를 붙인 결과 남성, 여성은 물론이고 모든 연령대에서 음식 판매가 큰 폭으로 증가했지만, 무엇보다 인기에 기반을 두고 음식을 선택하는 고객층의 반응은 폭발적이었다. 바로 그 레스토랑을 자주 찾지 않아 낯선 고객들이었다. 기존 경험을 이용할 수 없는 상황에 놓인 고객일수록 사회적 증거 원칙에 더 많이 의지하는 경향을 보인다.

이 단순한 사실을 알아차려 억만장자가 된 인물이 있다. 실번 골드먼 Sylvan Goldman은 1934년 작은 식료품점을 운영하면서 고객들이 손에 들고 있는 장바구니가 가득차면 쇼핑을 중단한다는 사실을 발견했다. 이 문제를 해결하기 위해 최초의 쇼핑 카트를 고안했는데, 처음에는 접의자에 바퀴를 달고 무거운 금속 바구니를 장착한 형태였다. 하지만 난생 처음 보는 괴상한 모양새에 손님들은 카트를 사용하지 않았다. 상당량의 카트를 제작해 상점 한가운데 눈에 잘 띄는 장소에 배치하고 사용법과 이점을 설명하는 간판까지 세워놓았는데도 말이다. 실망감에 빠져 거의 포기하려던 찰나 골드먼은 고객들의 불안을 줄일 새로운 아이디어를 하나 떠올렸다. 바로 사회적 증거 원칙을 활용한 방법이었다. 그는 사람을 몇 명 고용해 매장에서 카트를 끌고 쇼핑을 하게 했다. 그러자 고객들이 곧 이들을 따라 하기 시작했고, 카트가 전국적으로 크게 유행하면서 무려 4억 달러가 넘는 재산을 축적한 거부가 됐다.[4]

독자 편지 4.2

한 덴마크 대학생이 보낸 편지

여자 친구와 런던 여행 중 지하철역에서 일어난 일입니다. 지하철이 정시에 출발하지 않았는데, 왜 그런지 아무도 알려주지 않았습니다. 플랫폼 맞은편에도 다른 열차가 정차해 있었어요. 그때, 이상한 일이 일어났습니다. 몇 사람이 일어나 다른 열차에 타기 시작했어요. 그 결과 자기 주도적self-feeding이고 자가 증폭적self-amplifying인 반응이 일어나며 저를 포함한 200여 명의 사람이 열차에서 내려 다른 열차에 탑승했습니다. 그리고 나서 몇 분후에 훨씬 더 특이한 일이 일어났습니다. 몇몇 사람들이 새로 탄 열차에서 내려 원래 타고 있던 열차로 돌아갔습니다. 그러자 상황이 역전되었고, 열차를 갈아타라는 아무런 안내가 없는 상황에서도 나를 포함한 모든 사람들이 원래의 열차로 돌아갔습

니다.

두말할 나위 없이, 사회적 증거라는 집단적 충동을 따르는 아무 생각 없는 칠면조라도 된 것 같은 생각, 정말 어리석다는 생각이 들었습니다.

저자의 한마디

익숙하지 않고, 올바른 행동을 할 수 있는 객관적 신호도 없는 상황은 불확실성이라는 감정을 낳는다. 예를 들어 주어진 상황에서는 어떠한 안내도 없었다. 그 결과 사회적 증거가 힘을 발휘하며 우스꽝스러운 행동을 낳았다. '누르면, 작동하는' 행동이 반복된 것이다.

그러나 불확실한 상황에서 벗어나기 위해 다른 사람의 반응을 관찰하는 과정에서 우리는 중요한 사실 하나를 간과하기 쉽다. 다른 사람들역시 우리처럼 사회적 증거를 찾고 있다는 점이다. 특히 모호한 상황에서 모든 사람이 상황 판단을 위해 서로의 행동을 관찰하다 보면 '다원적 무지pluralistic ignorance'라는 흥미로운 현상이 나타나기도 한다. 다원적무지 현상을 제대로 이해하고 나면 왜 황당한 사건, 즉 수많은 사람들이끔찍한 현장을 목격하고도 도움이 간절한 희생자를 그대로 방치하는사건들이 그토록 자주 발생하는지 설명하는 데 도움이 될 것이다.

주변에 사람이 많을수록 위험에 처한 사람을 돕지 않는 방관자 효과의 대표적인 사례이자, 언론·정치·과학 분야에서 가장 격렬한 논란을불러일으켰던 사건은 〈뉴욕타임스〉 기사에서 촉발되었다. 키티 제노비스Kitty Genovese라는 이십대 후반의 여성이 늦은 밤 괴한의 공격을 받아 사망했다. 38명의 이웃이 아파트 창을 통해 이 사건을 지켜보고 있었지만, 누구도 손가락 하나 까딱하지 않았다. 살해 소식은 전국적인 공분을 불러일으켰고, 방관자들이 언제, 어떤 상황에서 위험에 처한 사람들에게 도움을 주려 나서는지를 알아내기 위한 과학적 연구가 이어졌다. 좀 더 최근에는 제노비스의 사건 당시 이웃들의 행동과 관련하여 언론에 보도된 이웃들의 행동이 거짓으로 밝혀지며, 학자들은 기자들의 비양심적인 가짜 기사를 질타했다. 하지만 이러한 사건은 계속해서 일어나기 마련이므로, 방관자들이 응급상황에 언제 개입하느냐는 문제는 여전히 중요한 문제로 남아 있다. 이 문제에 대한 대답 중 하나는 비극적인 '다원주의적 무지' 효과와 관련되어 있다. UPI 통신은 사건을 다음과 같이 냉정하게 보도했다.

시카고 유명 관광지 근처에서 한 여대생이 대낮에 폭행 후 교살당한 사건이 발생했다.

지난 금요일 현대미술관 옆 관목숲에서 놀던 열두 살 소년이 숲에서 나체 상태로 버려져 있던 스물세 살 리 알렉시스 윌슨의 시체를 발견했다.

경찰은 윌슨이 미술관 남쪽 광장 분수대 옆에 있다가 공격을 당한 것으로 추정했다. 그 후 범인은 그녀를 숲으로 끌고 들어가 성폭행한 후 살해한 것으로 보인다.

경찰에 따르면 범행 현장 근처에는 왕래하는 사람이 수천 명에 달했고, 오후 2시경 한 남자가 비명을 듣기도 했지만 아무도 관심을 기울이는 사람이 없어서 자신도 주변을 살펴보지 않았다고 한다.

대부분의 경우 응급상황은 구분하기가 쉽지 않다. 골목에 누워 있는 남자는 심장마비로 쓰러진 것일까, 아니면 술에 취해 잠들어 있는 것뿐일까? 옆집에서 요란한 소리가 들리는데 강도라도 든 것일까, 아니면 부부싸움이 격해진 것일까? 강도라면 경찰에 신고해야겠지만, 평범한 부부싸움이라면 괜히 끼어들었다 망신만 당할 것이다. 과연 어떤 상황일까? 이런 불확실한 상황에서 가장 자연스러운 반응은 주변을 둘러보며 다른 사람들의 반응에서 단서를 얻는 것이다. 다른 목격자들의 대응 방식을 보면 위급 상황인지 아닌지 구분할 수가 있다.

그러나 우리가 망각하기 쉬운 점은 그 목격자들 역시 사회적 증거를 찾고 있다는 사실이다. 다만 타인에게는 차분하고 침착한 모습을 보이고 싶어 모두들 주변을 슬쩍슬쩍 훔쳐보며 은밀히 증거를 찾고 있을 뿐이다. 따라서 서로서로 별일 아니라는 듯 어떤 조치도 취하지 않는 모습만 본게 된다. 결과적으로 사회적 증거 원칙에 따라 위급 상황도 위급 상황이 아닌 것으로 인식하게 된다.

과학적 접근

사회과학자들은 목격자들이 위급 상황에 도움을 제공할 때가 어떤 경우인지 밝혔다. 첫째, 일단 위급 상황이라는 사실을 목격자가 분명히 인지한 경우에는 도움을 제공할 확률이 굉장히 높았다. 그런 상황일 때는 직접 개입하거나 제삼자에게 구조를 요청하는 등 구체적인 행동을 취한 목격자의 수가 안심할 만한 수준이었다. 플로리다에서 실시한 실험에서 전기 수리공이 위급 상황에 처한 장면을 연출했는데, 누가 봐도 수리공이 부상을 당해 정말로 도움이 필요한 상황일 때는 피험자 100

퍼센트가 도움을 제공했다. 그러나 흔히 그렇듯 목격자가 눈앞의 상황이 위급한지 확신이 서지 않는 경우에는 전혀 다른 결과가 나왔다.

불확실성을 제거하는 방법

현대인들이 처한 위험을 과학적으로 설명한다고 해서 그 위험이 사라지지는 않는다. 하지만 다행스럽게도 방관자들의 개입 과정에 대한 연구는 약간의 희망을 보여준다. 연구 결과들만 제대로 숙지한다면, 어떤 위급 상황에 처해도 주변 사람에게 도움받을 확률을 확실히 높일 수 있다. 무엇보다 목격자들이 지켜보기만 하고 도움을 주지 않는 것은 모두가 불친절하기 때문이 아니라 확신이 없기 때문이라는 점을 이해해야 한다. 위급 상황이 벌어졌는지, 어떤 행동을 취해야 하는지 확신이 없어서 돕지 못하고 있다는 점을 말이다. 일단 위급 상황이 분명하다는 것을 인지하고 뭔가 조치를 취해야 한다는 책임감을 느끼면 사람들은 상당히 적극적인 반응을 보인다.

불확실성이 무관심 문제의 핵심이라는 사실을 알았으니 위급 상황에 처했을 때 불확실성만 줄이면 확실히 도움을 받을 수 있다. 예를 들어 어느 여름날 공원으로 야외 콘서트를 보러 갔다고 가정하자. 콘서트가 끝나고 사람들이 하나둘 자리를 뜨는데 한쪽 팔에 약간의 마비 증상이 느껴졌다. 별일 아닐 거라 생각하고 사람들을 따라 주차장으로 한참 걸어가는데 팔에서 시작된 마비가 손과 얼굴 쪽으로 뻗어나간다. 기분이 이상해서 잠깐 쉬려고 나무에 기대앉는 순간 뭔가 크게 잘못됐다는 생각이 든다.

앉아 있는 것도 도움이 되지 않는다. 근육들이 점점 통제를 벗어나면서 이제 입을 벌려 말을 하기도 버겁다. 일어나려 해보지만 불가능하다. 공포가 밀려오기 시작한다. '뭐야, 뇌졸중인가?' 지나가는 사람은 많지만 아무도 관심이 없다. 몇 명인가 나무에 기대 있는 당신의 이상한 자세와 표정을 보고는 잠시 주변을 둘러보며 사회적 증거를 찾아보지만, 걱정하는 사람이 아무도 없자 역시 별일 아닐 거라 생각하며 그냥 지나가버린다.

이런 곤경에 처한다면 어떻게 해야 사람들에게 도움받을 수 있을까? 신체 기능이 점점 떨어지고 있으니 한시가 급한 상황이다. 도움을 청하기도 전에 혀가 마비되거나 의식을 잃는다면 구조될 확률도, 구조 후 회복될 확률도 급격히 떨어질 테니 최대한 빨리 도움을 청해야 한다. 어떤 방법이 가장 효과적일까? 신음을 하거나 고함을 치는 것은 별 효과가 없을 것이다. 몇몇 행인이 돌아볼 수는 있겠지만, 그 정도 정보로는 행인들이 진짜 위급 상황이라고 확실히 인지하기 어려울 것이다.

무턱대고 고함을 치는 것이 아니라 보다 구체적으로 접근해야 한다. 행인들의 주의를 끄는 수준을 넘어서서 분명하게 도움을 요청해야 한다. 어떻게든 목격자들에게 위급 상황이라고 알려야 한다. 과감하게 '도와주세요'라고 외쳐라. 절대 부끄러워해선 안 된다. 일단 뇌졸중일지도 모른다는 생각이 든다면 혹시 오진일지 모른다는 염려 따윈 접어야 한다. 현장에서 사망하거나 평생 불구로 사는 것보다는 잠깐 부끄러운 것이 훨씬 낫다.

소리 높여 도와달라고 외치는 것만으로 모든 문제가 해결되지는 않는다. 덕분에 목격자들이 진짜 위급 상황이라고 분명히 인지했다 해도 여전히 많은 부분이 불확실하게 남아 있기 때문이다. 어떤 종류의 도움이 필요한 것일까? 내가 도울 수 있는 일인가, 아니면 전문가가 필요한 일인가? 누군가 벌써 구조를 요청했을까, 아니면 내가 요청해야 하는가? 목격자들이 멍하니 당신을 바라보며 이런 질문과 씨름하는 동안 금쪽같은 시간이 헛되이 흘러간다.

그렇다면 목격자들에게 도움이 필요한 상황임을 알리는 것만으론 충분치 않다. 정확히 누구한테 어떤 도움을 원하는지 밝혀야 한다. 그렇다면 무엇을 어떻게 해야 할까? 지금까지 살펴본 연구 결과를 근거로 조언하자면, 목격자 무리에서 한 사람을 골라 집중 공략해야 한다. 정확히 한 사람만 쳐다보면서 말해야 한다. "거기 파란 재킷 입은 남자 분 저 좀 도와주세요. 구급차를 불러주세요." 그 한마디로 사람들을 망설이게 하던 모든 불확실성을 제거할 수 있다. 그 한마디가 파란 재킷을 입은 남성에게 '응급 구조원'의 임무를 부여한 것이다. 그 남성은 긴급한 도움이 필요한 응급상황이며, 다른 누구도 아닌 바로 자신이 그 도움을 제공해야 하며, 정확히 어떤 도움을 제공해야 하는지도 알게 됐다. 모든 과학적 증거가 입증하듯이 이제 남은 것은 빠르고 효과적인 도움을 받는 일뿐이다.

이렇듯 위급 상황에서 취할 수 있는 최고의 전략은 자신의 상황을 정확히 알리고 상대의 책임을 분명히 밝히는 일이다. 목격자들이 자기들끼리 상황을 판단하게 해서는 안 된다. 특히 목격자가 다수인 경우 사회적 증거 원칙과 그에 따른 다원적 무지 효과 때문에 위급 상황을 위급 상황이 아닌 것으로 판단하기 때문이다. 이 책에 소개한 모든 설득의 전략들 가운데 이 전략이야말로 절대 잊지 말아야 할 가장 중요한 전략이다. 위급 상황에서 구조 요청에 실패하면 생명이 위험해질 수 있기 때문이다.

폴란드 브로츠와프에서 한 여성이 보낸 편지

어느 날 밤 가로등 불빛 아래서 길을 건너는데 도로변 구덩이에 누군가 뚝 떨어지는 듯한 느낌이 들었습니다. 구덩이 주변에는 보호막이 설치돼 있었고, 제가 정말 뭘 보기는 한 건지 확실하지도 않았습니다. 착각일 수도 있었으니까요. 1년 전이었다면 근처에 있던 누군가가 더 잘 봤을 거라 생각하며 그냥 지나쳤을 겁니다. 하지만 선생님 책을 읽었기에 걸음을 멈추고 돌아가서 확인해봤습니다. 한 남자가 구덩이 안에 떨어져 기절해 있더군요. 구덩이가 상당히 깊은 탓에 근처를 지나가는 사람도 안이 보이지 않을 것 같았습니다. 제가 어떻게든 해보려고 애를 쓰는데, 남자 두 명이 다가오더니 구덩이에 빠진 남자를 함께 끌어올려줬습니다. 오늘 신문을 보니 지난 3주 동안 폴란드에서 동사한 사람이 120명이나 된답니다. 그 남자 분이 하마터면 121명째 동사자가 될 뻔했지 뭡니까. 그날 밤 기온이 영하 21도였거든요. 선생님 책 덕분에 한 남자가 목숨을 구한 셈이니 감사할 일입니다.

저자의 한마디

몇 년 전 나는 교차로에서 심각한 교통사고를 당했다. 상대편 운전자도, 나도 큰 부상을 입었다. 상대는 의식을 잃고 운전대 위에 엎어졌고, 나는 피를 흘리며 비틀비틀 밖으로 나왔다. 자동차들이 속도를 줄이며 천천히 지나갔다. 운전자들은 놀란 눈으로 바라볼 뿐 멈춰 서지는 않았다. 나도 책 내용을 떠올렸다. 어떻게 해야 할지 알 것 같았다. 나는 자동차 한 대를 골라 운전자를 지목했다. "경찰에 연락해주세요." 그리고 또 다른 두 운전자를 차례로 지목하며 "차 좀 세워보세요. 도움이 필요합니다"라고 말했다. 세 사람은 즉시 우리를 도왔을 뿐 아니라 다른 운전자들의 도움도 이끌어냈다. 다른 운전자들이 자발적으로 차를 멈추더니 나머지 부상자를 돌봐줬다. 사회적 증거 원칙이 우리에게 유리한 방향으로 작용했다. 내 전략 덕분에 사람들이 도움을 주는 방향으로 돌아선 것이다. 일단 방향이 정해지자 나머지는 사회적 증거 원칙에 따라 일사천리로 진행됐다.

일반적인 충고에 덧붙여 여성들이 겪을 수 있는 특별한 형태의 불확실성을 벗어나는 방법을 알아보자. 바로 사람들 앞에서 남성에게 물리적 공격을 받는 독특한 상황이다. 연구자들은 이 상황을 지켜보는 사람들이 두 사람의 관계에 대해 불확실하게 알고 있기 때문에 여성에게 도움을 주지 않는다고 생각했다. 이 가능성을 검증해보기 위해 연구자들은 남성과 여성 실험 참가자들을 사람들 앞에서 서로 싸우게 했다. 두 사람 사이를 보여주는 단서가 전혀 없을 때, 지켜보던 사람들 중 과반수 이상이(70퍼센트) 두 사람을 연인관계라고 가정했다. 두 사람이 낯선 사람이라고 생각한 사람들은 4퍼센트에 불과했다. 싸우는 사람들 간의 관계를 암시하는 단서를 준 실험도 있었다. 예를 들어, 여성이 '내가 왜 당신 같은 사람과 결혼했는지 모르겠어' 혹은 '당신은 누구세요?'라고 고함을 지르는 것이다. 그리고는 사람들의 반응을 살펴보았다. 싸움의 심각성은 똑같았지만, 구경꾼들은 남편과 싸우고 있는 여성을 도우려 들지 않았다. 남녀 간의 싸움은 개인적인 문제이고, 누구도 그런 싸움에 말려들고 싶지 않았기 때문이다.

따라서 어떤 남성이든 남성과 물리적인 싸움을 하는 여성이라면 도와달라고 소리를 치는 행동만으로 도움을 기대해서는 안 된다. 관찰자들은 두 사람의 싸움을 집안싸움으로 정의하고, 그 정의에 따라 자신들의 도움은 사회적으로 부적절한 행위로 간주하기 쉽기 때문이다. 다행스럽게도, 이 연구자의 자료에는 이 문제를 극복하는 방법도 적혀 있다. 공격자를 낯선 사람이라고 큰 소리로 낙인찍는 것이다. 즉, '누구세요?' 또는 '모르는 사람이에요'라고 소리를 지르는 것이다. 그러면 도움을 받을 가능성은 상당히 커진다.[5]

많은 수: 바람잡이 사업이 번창하는 이유

앞에서 나는 다른 모든 설득의 무기와 마찬가지로 사회적 증거 원칙이 효과를 발휘하는 특별한 조건이 있다고 했다. '불확실성'이라는 조건에 대해서는 이미 살펴보았다. 확신이 없을 때, 사람들은 다른 사람의 행동을 자신의 행동 기준으로 이용하는 경향이 있다. 또 다른 중요한 조건은 '많은 수'라는 것이다. 자신의 부적절해 보이는 행동이 같은 행동을 하는 많은 다른 사람들의 영향을 받은 건 아닌지 의심이 든다면, 다음과 같은 작은 실험을 직접 해보자. 사람들로 붐비는 길에 서서, 하늘에 있는 하나의 점, 혹은 높은 건물의 한 지점을 정하여 열심히 들여다보자. 아마도 주변에서 특별한 일은 일어나지 않을 것이다. 사람들 대부분은 위를 보지도 않고 그저 스쳐 지나갈 것이고, 당신 옆에 서서 같은 곳을 보려는 사람은 단 한 명도 없을 수 있다. 자, 이제 다음날 친구들 여럿과 함께 같은 장소에 가서 다 같이 같은 곳을 올려다보자. 1분도 안 되어 군중이 모여들어 목을 빼고 당신들과 같은 행동을 할 것이다. 같은 행동을 하지 않고 당신 곁을 지나친 사람들도 하늘을 올려다봐야겠다는 충동에 저항하기 힘들 것이다. 뉴욕시에서 있었던 이 실험 결과에 따르면, 당신과 친구들의 행동을 본 사람들 중 80퍼센트가 고개를 들어 같은 지점을 쳐다봤다고 한다. 게다가 어느 정도까지는 하늘을 보는 친구들이 많을수록(20명 정도), 그곳을 보려는 사람의 수도 늘어났다고 한다.

사회적 증거가 반드시 사람들을 한쪽으로 보게 만드는 시각적 정보일 필요는 없다. 우리가 가장 존중하는 예술 형식인 그랜드 오페라에서도 청각적인 사회적 증거를 통한 조작이 일어났다. 1820년 파리 오페라하우스의 단골이었던 소통Sauton과 포르셰Porcher는 '바람잡이'라는 방법을 고안했다. 두 사람은 단순한 오페라 애호가가 아니었다. 박수갈채를 파는 사업가였던 그들은 사회적 증거를 조작해서 관객들의 박수를 이끌어내는 방법을 알고 있었다.

그들은 '공연 성공 보장회사'라는 기업까지 차려놓고 관객의 호응을 얻고 싶은 오페라 가수와 매니저들에게 박수부대를 대여했다. 소통과 포르셰는 조작된 반응으로 진정한 반응을 끌어내는 데 능통했기 때문에 (리더와 몇몇 박수부대로 구성된) 바람잡이는 오래지 않아 오페라계의 확고한 전통으로 자리 잡았다. 음악사가 로버트 사빈Robert Sabin은 이렇게 썼다. "1830년 이전에 이미 바람잡이 산업은 전성기를 맞았고, 밤낮을 가리지 않고 박수를 통해 엄청난 수입을 끌어모았다. … 하지만 소통과 포르셰 그 누구도 자신들의 박수갈채 사업이 오페라가 공연되는 모든 곳에 적용되리고는 상상도 하지 못했다."

바람잡이 사업이 번창하면서, 바람잡이의 종류와 강도도 세분되었다. 울라는 신호만 받으면 울 수 있는 '플뢰뢰르Pleureur', 열광적으로 '앙코르'를 외치는 '비쇠르bisseur', 주변에 웃음을 전염시키는 '리외르rieur' 등이 있었다. 어쨌거나 소통과 포르셰, 그리고 그 후계자들의 사업 모델은 여전히 시사적이다. 이들은 직원과 가수 모두에게서 돈을 받았다. 청중에 더 많은 박수부대를 심어둘수록, 많은 사람이 그 공연을 좋아한다는 인상을 심어줄 수 있다는 것도 알고 있었다. 누르면, 작동하는 것이다.

오페라 애호가들만 잘 속아 넘어가는 것은 아니다. 오늘날 미국 대선과 같은 정치적 사건을 보는 사람들도 대중적인 반응에 영향을 받는다. 정치학자들에 따르면 대선 후보자들의 토론 능력은 선거 결과에 커다란 영향을 미친다. 학자들은 토론의 성공과 실패를 결정짓는 요소들을 조사해보았다. 이러한 요소 중 하나는 토론에 참여한 청중 반응이 TV 혹은 라디오나 스트리밍을 통해 토론을 지켜본 사람들에게 미치는 영향이었다. 그래서 후보자들의 토론은 그대로 놓아두고, (박수, 환호, 웃음과 같은) 현장 청중들의 반응을 기술적으로 조작한 다음, 이 조작된 반응이 후보자를 보는 다른 청중들의 반응에 어떤 영향을 미치는지 살펴보았다. 그 결과 일관된 경향이 나타났다. 1984년 로널드 레이건 대 월터 몬데일, 1992년 빌 클린턴 대 조지 부시, 2016년 도널드 트럼프 대 힐러리 클린턴 토론에서 현장 청중으로부터 강력한 반응을 끌어낸 후보가 토론 능력, 리더십, 호감도 모두에서 더 많은 지지를 받았다. 일부 학자들은 대통령 후보들이 현장 청중 사이에 열성적인 지지자를 심어 실제보다 커다란 지지 반응을 끌어내지는 않는지 우려하기도 했다. 바람잡이라는 관행은 사라지지 않았다.[6]

독자 편지 4.4

중앙아메리카에서 마케팅 임원이 보낸 편지

사회적 증거에 대한 부분을 읽으면서, 저는 흥미로운 지역 사례를 발견했습니다. 우리나라인 에콰도르에서는 가족이나 친구의 장례식에서 울 사람 또는 그룹(전통적으로 여성으로 구성됨)을 고용할수 있습니다. 이 사람들이 할 일은 죽은 사람이 묻히는 동안 우는 것이고, 이들이 울기 시작하면 확실히 더 많은 사람들이 울기 때문입니다. 이 직업은 몇 년 전만 해도 꽤 인기가 많았는데, 이 직업은 '우는 사람들cires'이라는 뜻의 '요로나스lloronas'라는 이름으로 불리게 되었습니다.

저자의 한마디

전혀 다른 시대, 전혀 다른 문화에서 사회적 증거를 조작하여 이익을 얻는 일은 가능했다. 오늘날 텔레비전의 시트콤에서 우리를 더 오래 열심히 웃게 하는 '박수부대'나 '리외르'는 찾아볼 수 없다. 하지만 '래프트래커laughtracker'와 '스위트너sweetener'라는 사람들은 있다. 이들은 오디오 기술자로 스튜디오 관객의 웃음을 증폭시켜 프로그램의 코믹한 요소를 더 재미있게 보이게 만드는 일을 한다. 슬픈 이야기이지만, 우리는 이들의 속임수에 잘 넘어간다. 여러 실험에 따르면 이렇게 만들어진 즐거움은 관객들을 더 자주, 오래 웃게 만든다고 한다. 재미있는 요소를 더 재미있게 평가하게 만드는 것은 물론이다 (Provine, 2000).[7]

'많은 수'가 효과가 있는 이유

몇 해 전, 영국 에섹스의 한 쇼핑몰에서 문제가 생겼다. 점심시간에 푸드코트가 너무나 붐비는 데 비해 식탁의 수는 부족해서 사람들은 길게 줄을 서야 했다. 쇼핑몰의 매니저는 이 문제에 대한 해법을 연구자들에게 의뢰했고, 이들은 '많은 수'에 대한 심리적 이끌림을 이용해서 간단한 해결 방법을 제시했다. 이 방법은 사회적 증거가 강력한 힘을 갖는 세 가지 이유를 잘 보여주는데, 그것은 바로 타당성, 실행 가능성, 사회적 인정이다.

연구 자체는 간단했다. 연구자들은 고객들에게 푸드코트에서 이른 점심을 즐기라는 내용의 두 개의 포스터를 만들었다. 두 포스터의 내용은 동일했다. 다만 하나의 포스터에는 한 사람이 푸드코트에서 음식을 즐기는 이미지를 사용했고, 다른 포스터에는 여러 사람이 푸드코트에서 음식을 먹는 이미지를 넣었을 뿐이었다. 이른 점심을 편하게 즐기라는 첫 번째 포스터는 성공적이어서 12시 이전에 푸드코트를 이용하는 고객이 25퍼센트 증가했다. 하지만 두 번째 포스터를 붙이자 놀라운 결과가 나타났다. 12시 이전에 푸드코트 이용자가 무려 75퍼센트 증가한 것이다.

타당성

주변에 있는 다수의 충고나 행동을 따르는 것은 훌륭한 의사결정 방법으로 여겨진다. 우리는 다른 사람들의 행동을 보면서 올바른 선택을 하고 자신의 선택에 타당성을 부여한다. 어떤 사람이 새로 생긴 레스토랑을 칭찬을 하면, 자신도 그 레스토랑을 좋아할 만하다고 생각한다. 대다수의 온라인 리뷰어가 어떤 제품을 추천하면, 구매 버튼을 누르는 데 망설임이 줄어든다. 쇼핑몰 포스터 사례에서 고객들은 여러 사람이 12시 전에 점심을 먹고 있는 사진을 보고, 포스터 속 사람들과 같은 행동을 하는 쪽으로 마음을 바꾸었다. 추가 연구에 따르면, 고객 선호 비율이 높은 브랜드 광고일수록 더 많은 사람이 광고를 보고 그 브랜드를 좋아하게 되었다. 게다가 그 브랜드의 광고를 본 사람들은 가장 많은 사람이 좋아하는 브랜드이니, 그 브랜드를 좋아하는 것은 올바른 선택임이 분명하다고 생각했다.

다른 사람의 선택이 타당하다고 믿는 데는 복잡한 인지 능력이 필요하지 않다. 그 과정은 훨씬 더 자동적으로 이루어진다. 예를 들어, 초파리에게는 복잡한 인지 능력이 없다. 초파리 암컷은 다른 암컷이 어떤 특정한 색의 수컷과 짝짓기 하는 것을 보았을 때, 같은 색의 수컷과 짝짓기 하는 확률이 70퍼센트 가까이 증가했다. 인지 활동에 의한 방향성 없이 사회적 증거에 반응을 보이는 것은 초파리만이 아니다. 유명 여행 작가 더그 랜스키Doug Lansky는 영국 왕실이 주최하는 로열 애스콧 경마대회를 구경하러 갔다가 영국 왕족들을 보는 순간 곧바로 사진 찍을 준비를 했다. "저는 여왕에게 초점을 맞추었어요. 그 옆에는 찰스 왕세자와 필립 왕자가 앉아 있었죠. 그런데 불현듯 이런 생각이 들더군요. 내가 이 사진이 필요한가? 영국 왕실 사진이야 세상에 넘쳐흐르고, 아무리 싸구려 신문사라도 이런 사진을 사려고 하지 않을 텐데. 내가 파파라치도 아니고. 하지만 주변에서 셔터 소리가 콩 볶는 소리처럼 울려 퍼지자 저도 미친 듯이 셔터를 누르고 있더라고요. 어쩔 수 없었어요." '누르면, 작동한다.' 눌러라, 눌러라, 눌러라.

'많은 수'는 선택에 대한 타당성을 부여해줄 뿐만 아니라 전염 효과까지 갖고 있다. 영국 역사에서 이런 사례를 찾아보자. 수백 년에 걸쳐 사람들은 비이성적인 행동, 미친 짓, 패닉에 빠진 모습을 보여주었다. 이미 고전이 된 《대중의 미망과 광기Extraordinary Popular Delusions and the Madness of Crowds》에서 찰스 맥케이Charles MacKay는 1841년 이 책의 초판이 발행되기 전에 일어났던 수백 건의 사건에 대해 설명했다. 이 책에서 묘사된 대부분의 사건에는 공통점이 있다. 바로 전염성이다. 몇몇 사람들의 행동이 그 행동을 본 사람에게 전염되어 그 사람 역시 비슷한 행동을 하게 되고, 그것을 본 또 다른 사람들 역시 그 행동이 타당하다고 판단하여 유사한 행동을 하는 것이다.

1761년 런던은 정확히 한 달을 전후하여 중간 규모의 지진을 두 번 겪었다. 이 우연을 통해 다시 한 달이 지난 후 세 번째 더 규모가 큰 지진이 있을 것이라고 확신한 벨이라는 이름의 병사는 런던이 4월 5일 파괴되리라는 예언을 퍼뜨리고 다녔다. 처음에는 그의 말에 주목하는 사람이 극히 드물었다. 하지만 이내 그의 말을 귀담아들은 몇몇 사람들이 가족과 재산을 다른 곳으로 옮기기 시작했다. 이 모습을 지켜본 다른 사람들이 동참하여, 다음 주가 되자 패닉과 더불어 엄청난 규모의 인구 대이동이 시작되었다. 부근 마을로 이주하는 런던 사람들이 워낙 많다 보니 형편없는 숙소에도 엄청난 돈을 지불해야 했다. 맥케이에 따르면, 두려움에 휩싸인 무리는 "한 주 전만 하더라도 예언을 비웃었지만, 다른 사람들의 이주를 지켜보고는 짐을 싸고 서둘러 합류하고 있었다."

운명의 날이 작은 떨림도 없이 지나가자, 런던 사람들은 자신들을 갈팡질팡하게 만든 벨에 분노를 감추지 못한 채 도시로 돌아왔다. 하지만 맥케이의 설명이 잘 보여주듯이, 그들은 엉뚱한 곳에 분노를 터뜨렸다. 그들이 보기에는 터무니없는 생각을 한 벨이 설득력이 뛰어나서 이 사단이 생긴 게 아니었다. 런던 사람들 자신이 그의 이론을 믿었던 것이 문제였다.[8]

사례 4.1

패닉이라는 아무런 근거 없는 사회적 증거의 예를 찾기 위해 굳이 18세기 영국에서 일어난 사건을 찾아볼 필요도 없다. 실제로 인터넷의 특징과 위력 때문에 우리 주변에서 잡초처럼 자라나고 있는 예들을 수없이 목격하고 있다.

2019년과 2020년 초, 백색 밴을 탄 남성들이 여성을 납치하여 성노예로 팔거나 살해 후 장기를 판다는 소문이 퍼져나갔다.

많이 공유되는 포스팅일수록 더 멀리 퍼져나가는 페이스북 알고리듬을 특성에 따라 이 이야기는 미국을 넘어 전 세계로 퍼져나갔다. 그 결과 이 소문이 퍼지기 시작한 여러 도시에서 흰색 밴을 소유한 사람들이 위협을 받거나 괴롭힘을 당했다고 경찰에 신고했다. 한 노동자는 페이스북 포스팅에 범인으로 의심을 받으면서 직장을 잃었다. 또 다른 사람은 그에게 납치당할 뻔했다는 가짜 주장에 속은 두 사람의 총격을 받고 살해되었다. 당국이 실제 사건을 한 건도 발견하지 못했는데도 이와 같은 일들이 일어났다. 실제로 그런 납치 사건이 일어났는지는 상관이 없었다. 심지어 이런 이야기에 영향을 받은 볼티모어시의 시장 버나드 영Bernard

Young은 텔레비전을 통해 볼티모어시의 여성들에게 이렇게 경고했다. "흰색 밴 근처에는 주차하지 마세요. 누군가 납치하려들 때를 대비해서 휴대전화를 항상 소지하세요." 영 시장이 위협이 있다고 생각한 근거는 무엇이었을까? 경찰이 확보한 근거는 아무것도 없었다.

그는 근거랍시고 이렇게 말했다. "페이스북에 다 나와 있어요."

저자의 한마디

소문은 근거 없는 두려움을 통해 타당성을 얻고, 소셜 미디어 알고리듬을 통해 퍼져나간다는 점은 시사적이다. 아무런 물리적 증거 없이도 '진실'은 만들어진다. 사회적 증거만으로 말이다. 그것만으로 충분하다.

이를 잘 보여주는 오랜 속담이 있다. "어떤 한 사람이 네가 꼬리가 있다고 하면 바보라고 웃어넘긴다. 하지만 세 사람이 꼬리가 있다고 하면, 뒤돌아 확인해보게 된다."

실행 가능성

많은 사람이 같은 행동을 하는 것을 보면, 우리는 그 행동이 좋다고 생각하는 데서 그치지 않고 그 행동을 따라 하게 된다. 앞에서 살펴본 쇼핑몰 연구에서 여러 명이 함께 이른 점심을 먹고 있는 포스터를 본 사람들은 이렇게 중얼거렸을지 모른다. "음, 이거 괜찮은데. 쇼핑 계획을 조금 바꾸거나 일하는 시간을 재조정해서 점심을 일찍 먹는 것도 나쁘지 않지." 많은 이들이 동일한 행동을 하는 것을 보며 타당하다고 생각하는 데서 더 나아가 그들의 행동을 따라 하는 두 번째 이유는 실행 가능성이 있기 때문이다. 많은 사람이 할 수 있다면, 누구든 할 수 있는 어렵지 않은 일이 틀림없다. 이탈리아의 몇몇 도시에서 진행된 연구를 보면, 주변의 많은 가정에서 재활용을 하고 있다고 믿는 사람이 많아지면서 더 많은 사람들이 재활용에 동참하게 되었다. 그리고 많은 이들이 재활용에 참여한 이유 중 하나는 재활용이 그리 어려운 일이 아니라는 사실을 알게 되었기 때문이다.

동료 교수들과 함께 가정에서 에너지 절약을 설득하기 위한 최선의 방법을 찾는 연구를 한 적이 있다. 우리는 한 달 동안 한 주에 하나씩 새로운 메시지를 통해 에너지 소비를 줄여보라고 권했다. 메시지 중 세 개는 '환경이 좋아집니다', '사회적으로 책임 있는 행동을 하세요', '전기요금을 상당히 줄일 수 있습니다'와 같이 에너지 절약 캠페인에서 흔히 볼 수 있는 것이었다. 반면 네 번째 메시지에서는 사회적 증거를 제시하면서 (솔직하게) 이렇게 말했다. "여러분 이웃 대부분은 가정에서 에너지를 아끼려 애씁니다." 그리고 한 달 후 사용한 에너지양을 측정한 결과, 사회적 증거에 기반을 둔 메시지가 다른 메시지에 비해 3.5배나 더 효과가 있던 것으로 밝혀졌다. 거의 모든 연구자는 물론이고 연구에 참여한 주택 소유자들까지도 깜짝 놀랄 만큼 큰 차이였다. 사실 연구 참가자들은 사회적 증거 메시지가 가장 효과가 없으리라 예상했다.

공공사업 분야 공무원에게 이 결과를 알려주었더니, 아예 이 결과를 믿으려 하지 않았다. 그들은 인간 행동의 가장 강력한 동기는 경제적 자기 이해라는 뿌리 깊은 편견을 가지고 있었기 때문이었다. 그들은 "에이, 이웃이 에너지를 절약하고 있다고 말하는 게 전기요금을 줄일 수 있다고 말하는 것보다 세 배나 효과가 있다는 말을 믿으라고요?"라고 말했다. 그들 입장에서는 당연할 수도 있는 이 질문에 여러 답변이 가능하겠지만, 내가 가장 설득력이 있다고 생각하는 답변은 다음과 같다. 그렇다. 타당하면서도 사회적 증거가 있는 정보는 실행 가능성을 높여주기 때문에 가능한 이야기다. 주택 소유자들에게 에너지를 절약하면 '많은 돈을 절약할 수 있다'라고 알려주는 것이 곧 그들이 그렇게 할 수 있다는 것을 의미하지는 않는다. 물론, 집의 전기는 모두 꺼버리고 컴컴한 어둠 속에서 바닥에 웅크려 새우잠을 자며 한 달을 버티면 다음 달 전기료를 한 푼도 '안 낼 수도 있다'. 그러나 보통 사람이 할 수 있는 일은 아니다. '많은 수'의 장점은 불확실한 성취 가능성이라는 문제를 일소해버린다는 점이다. 주변의 많은 사람이 에너지를 절약하고 있다는 사실을 알게 된 사람들은 자신들의 실천 가능성을 거의 의심하지 않게 된다. 그 일은 사실적으로 여겨지고, 따라서 행동 가능한 일이 된다.[9]

사회적 인정

우리는 많은 사람 중 하나가 됨으로써 사회적으로 인정받았다는 느낌을 갖는다. 그 이유는 쉽게 짐작할 수 있다. 다시 한 번 영국 쇼핑몰 연구를 생각해보자. 쇼핑객들은 이른 점심을 먹고 있는 한 명을 보여주는 포스터, 혹은 여러 명이 함께 이른 점심을 먹고 있는 포스터를 보았다. 첫 번째 포스터를 따라 하는 행동은 외톨이, 괴짜, 아웃사이더라는 사회적 반감을 무릅써야 한다. 반면에, 두 번째 포스터의 행동은 정반대의 효과를 낳는다. 포스터를 보는 사람도 많은 사람에 속하면서 개인적으로도 편하다는 느낌이 든다. 이 두 경험의 정서적 차이는 중요하다. 집단과 같은 의견을 갖는 것에 비하면, 나만 다른 의견을 갖는 것은 심리적 스트레스를 초래한다.

한 연구에서 실험 참가자에게 뇌 스캐너를 연결하여 자신과 의견이 상충되는 다른 사람으로부터 정보를 받는 동안 두뇌에서 어떤 일이 벌어지는지 살펴보았다. 실험 참가자는 네 명의 다른 사람과 네 대의 컴퓨터로부터 자신의 의견과 다른 정보를 접했다. 그리고 컴퓨터에게서 받은 정보와 사람에게서 받은 정보 모두 믿을 만하다고 판단했지만, 컴퓨터보다는 사람들이 정보를 전달했을 때 더 쉽게 동의했다. 실험 참가자는 왜 컴퓨터가 아닌 다른 '사람'들의 선택에 더 쉽게 동의한 걸까? 그들이 다른 사람들의 의견에 저항할 때마다 어떤 일이 일어났는지를 보면 해답을 알 수 있다. 뇌 스캔 결과를 보면, 사람들과 다른 의견을 가질 때마다 학자들이 '독립의 고통'이라 부르는 부정적인 정서와 연관된 뇌의 편도체 부분이 활성화되었다. 다른 사람과 의견을 달리하는 것은 정서적으로 고통스러운 상태이고, 그 고통은 참가자들에게 다른 사람들과 같은 의견을 가지라고 압박을 가한다. 반면 컴퓨터의 의견에 반대하는 것은 이와 같은 행동의 변화를 가져오지 않는다. 사회적 인정의 결과가 같지 않기 때문이다. 이와 같은 집단 역학을 설명하는 좋은 속담이 있다. "사이좋게 지내려면, 잘 지내야 한다."

예를 들어 예일대학교 심리학과 교수 어빙 재니스Irving Janis의 설명을 보자. 그는 치료를 위해 금연 클리닉을 찾은 골초들의 행동을 연구했다. 두 번째 모임에서 거의 모든 사람들은 담배는 너무 중독성이 강해서 완전히 끊기는 힘들다는 태도를 보였다. 하지만 한 사람은 그 견해를 반박하며, 자신은 지난주 모임에 가입하며 완전히 담배를 끊었고, 따라서 다른 사람도 모두 할 수 있다고 말했다. 그러자 함께 모임에 참여했던 사람들은 모두 그에게 등을 돌리고는 분노에 찬 공격을 쏟아냈다. 다음 모임에서 담배를 끊었다던 그 사람은 다른 사람들의 태도를 곰곰이 생각해보고 중요한 결론에 도달했다고 말했다. "저는 하루에 두 갑으로 돌아갔어요. 지난 모임 이후로는 금연 노력조차 안 하기로 했어요." 다른 사람 하나가 자리에서 일어나 손뼉을 치며 그의 결정을 환영하고, 같은 무리로 받아들였다.

모든 모임에서 회원을 충원하고 유지하는 데 의식儀式이 필요한 이유도 바로 이렇게 사회적 인정을 받는 동시에 사회적 거절에서 벗어나려는 쌍둥이 같은 욕구 때문이다. 모임에 가입하려는 사람에게 쏟아 붓는 '애정 공세love bombing'라고 불리는 행동은 의식의 전형적인 행동이다. 이런 행동은 이 집단이 새로운 회원을, 특히 외로움을 느끼며 혼자라고 생각하는 사람을 끌어들이는 데 성공했음을 보여주려는 것이다. 또한 이후에 애정 공세를 철회하겠다고 위협하는 행동은 회원을 집단에 묶어두기 위한 것이다. 이러한 의식들은 모두 외부와의 관계를 차단해서 모임에 속한 사람들이 다른 어디에서도 사회적 인정을 받지 못하게 만드는 데 목적이 있다.[10]

유사성: 또래 설득

사회적 증거 원칙이 가장 강력하게 작동할 때는 자신과 비슷한 사람들의 행동을 볼 때이다. 자신과 비슷한 사람들의 행동이야말로 어떤 것이 올바른 행동인지 알려준다. '많은 수'와 마찬가지로 자신과 '비슷한' 사람들의 행동은 그 행동이 타당하고, 실행 가능하며, 사회적인 인정을 받을 수 있는 것이라는 확신을 강화한다. 따라서 우리는 자신의 또래를 따라 행동하는 경향이 있다. 이 현상을 우리는 '또래 설득Peer-suasion'이라 부른다.

예를 들어 여러 연구에 따르면, 학업 성적이나 학교 적응 문제로 고민하는 학생들에게 같은 문제를 극복한 학생도 많다고 알려주자, 그들의 문제가 상당히 개선되었다. 소비자들에게 자신들과 비슷한 사람이 어떤 브랜드의 선글라스를 구매했는지 알려주자, 그 선글라스 구매가 증가했다. 폭력이 난무하는 사춘기 학생들의 교실에서 공격성은 전염된다. 하지만 그런 전염성은 또래 집단에만 한정된다. 예를 들어, 남학생 교실의 폭력성은 여학생 교실에 거의 영향을 미치지 않는다. 반대의 경우 역시 마찬가지다. 직원들은 관리자가 아니라 동료들이 정보를 공유하는 것을 본 후에야 더 많은 정보를 서로 공유하게 된다. 항생제나 향정신성 약물과 같은 특정 약물을 과잉 처방하는 의사들은 그들의 처방이 다른 의사들보다 과하다는 이야기를 듣지 않고는 행동을 바꾸려 들지 않는다. 환경 행동 변화를 포괄적으로 검토한 후, 경제학자 로버트 프랭크Robert Frank는 이렇게 말했다. "우리가 태양열 전지판을 설치하고, 전기 자동차를 사고, 책임 있는 식생활 소비를 하고, 환경친화 정책을 지지하는지를 가장 정확하게 예측할 수 있는 요소는 바로 이러한 행동을 하는 우리 또래의 숫자이다."[11]

평범한 사람들을 모델로 기용한 텔레비전 광고가 늘어나는 것도 같은 이유다. 평범한 시청자(잠재력이 가장 큰 시장)에게 제품을 판매하려면 다른 '평범한' 사람들이 그 제품을 즐겨 사용하는 모습을 보여주는 것이 최선의 방법이라는 사실을 광고주들은 알고 있다. 판매하려는 제품이 청량음료든 진통제든 세탁세제든, 광고는 '존'이나 '메리' 같은 평범한 사람들의 긍정적인 평가로 가득 채워진다.

다른 사람의 행동을 따라 할 때 상대와의 유사성이 얼마나 중요한 역할을 하는지 더 확실한 증거를 얻기 위해 몇 가지 연구 결과를 살펴보자. 한 대학 캠퍼스에서 이뤄진 기금모금 실험에서 적절한 사례를 발견할 수 있다. 모금원이 모금 대상과 비슷한 사람인 척하려고 "저도 이 학교 학생이에요"라고 말하면서 같은 학교 학생이 하는 모금 운동이니까 웬만하면 지지해달라는 식으로 권유하자, 모금액이 두 배로 증가했다. 이런 결과는 사회적 증거 원칙이 가진 중요한 특징을 보여준다. 우리는 '다른 사람이 우리와 비슷해 보일 때' 그 사람의 행동을 참고로 자신이 어떤 행동을 할지 결정한다.

나는 3년 동안 스타트업 기업 오파워Opower의 수석 과학자로 일하며 주민들에게 이웃과 비교해 얼마나 많은 에너지를 쓰고 있는지 정보를 제공하고 또 이 정보를 활용했다. 아무 이웃이나 비교 대상으로 삼은 게 아니라, 바로 근처에 있는 집, 혹은 '당신 집과 같은 집'이라고 해도 좋을 정도로 평수가 같다거나 해서 구체적으로 비교가 가능한 집을 선택했다는 점이 이 정보의 특징이었다. 그 결과는 대단했다. 다른 집보다 에너지 소비가 많은 집은 악착같이 소비를 줄였다. 마지막 연구를 보면 이 또래 비교 연구 덕분에 이산화탄소 배출은 1,600만 톤 감소했고, 전기는 시간당 23조 와트를 절약할 수 있었다. 게다가 지금까지 전기요금이 7억 달러 절감되는 효과도 보고 있다.

이런 성향은 성인뿐 아니라 아동한테서도 나타난다. 한 예로 학교에서 금연 교육을 할 때도 또래가 강사로 나섰을 때 교육 효과가 더 오래 지속되는 것으로 밝혀졌다. 또한 자신과 같은 또래 아이가 치과 치료를 즐겁게 받는 장면을 담은 영화를 관람한 아이들은 치과 치료에 대한 불안이 눈에 띄게 낮아졌다. 이 두 번째 연구 결과가 몇 년만 빨리 발표됐더라면, 우리 아들 크리스를 괴롭히던 불안을 치료하느라 내가 그토록 애를 먹지는 않았을 것이다.

내가 사는 애리조나 주는 집집마다 대부분 뒤뜰에 수영장이 있는데, 방치된 수영장에 아이들이 빠져 익사하는 안타까운 사고가 해마다 몇 건씩 발생한다. 그래서 나는 크리스에게 일찍부터 수영을 가르치기로 결심했다. 크리스는 물을 두려워하지는 않았지만 튜브 없이는 절대 물에 들어가려 하지 않는 것이 문제였다. 아무리 어르고 달래고 혼을 내도 소용없었다. 두 달 동안 아무 진전이 없자 나는 우리 학교 대학원생 하나를 특별 강사로 초빙했다. 하지만 인명 구조원 자격에 수영 코치 자격까지 있는 이 학생도 나와 별반 다를 바가 없었다. 크리스를 튜브 밖으로 한 발짝도 끌어내지 못했다.

이 무렵 크리스는 캠프에 다녔는데, 캠프 프로그램 중 대형 수영장에서 진행되는 것도 있었다. 물론 크리스는 그런 프로그램을 어떻게든 피하려 했다. 대학원생 코치마저 크리스를 포기하고 나서 얼마 후 나는 크리스를 데리러 캠프에 갔다가 경악스러운 장면을 목격하고 말았다. 크리스가 다이빙보드 위를 막 달리더니 수영장 제일 깊은 곳으로 뛰어내리는 게 아닌가.

깜짝 놀란 내가 크리스를 구하러 허둥지둥 신발을 벗어 던지는 순간 크리스가 수면 위로 불쑥 떠오르더니 유유히 헤엄쳐 나왔다. 나는 벗은 신발을 집어들고 당장 크리스에게 달려갔다.

"크리스, 너 수영할 줄 아는구나!"

나는 잔뜩 흥분해서 외쳤다.

"수영할 줄 알다니!"

"응, 오늘 배웠어."

녀석은 태연하게 대꾸했다.

"굉장하다. 정말 굉장해! 오늘은 어떻게 튜브를 뺄 생각을 했어?"

"음, 나는 세 살이고 토미도 세 살인데 토미는 튜브 안 끼고 수영할 수 있어. 그럼 나도 할 수 있는 거지 뭐."

나는 머리라도 쥐어박고 싶은 심정이었다. 크리스는 자신이 할 수 있는 일, 해야 하는 일이 무엇인지 파악하기 위해 키가 180센티미터가 넘는 대학원생이 아니라 당연히 꼬마 토미를 참고했을 것이다. 내가 조금만 더 생각이 깊었다면, 토미를 본보기 삼아 크리스에게 수영을 가르치는 방법을 조금 더 일찍 발견했을 테고 공연히 몇 달 동안 실망에 실망을 거듭할 필요도 없었을 것이다. 캠프에 가서 토미의 수영 실력을 확인한 다음 토미 부모한테 부탁해 어느 주말 오후 두 녀석을 우리 집 수영장에서 같이 놀게 하면 될 일이었다. 그렇게 했더라면 아마 저녁 무렵에는 크리스가 튜브를 벗어 던졌을 것이다.[12]

독자 편지 4.5
아칸소 주의 한 대학 강사가 보낸 편지

저는 대학 시절 여름방학이면 테네시 주, 미시시피 주, 사우스캐롤라이나 주, 캔자스 주 등지에서 기독교 서적들을 방문판매하는 일을 했습니다. 그런데 여성들한테 구매를 권유할 때는 이미 제품을 구매한 기존 여성 고객의 이름을, 남성들한테 권유할 때는 기존 남성 고객의 이름을, 부부들한테 권유할 때는 기존 부부 고객의 이름을 언급하면 구매율이 높아진다는 흥미로운 사실을 발견했습니다. 방문판매를 시작한 첫 15주 동안은 회사에서 훈련받은 대로 책의 장점을 강조하는 판매 방법만 사용해 매주 평균 550.80달러의 수익을 올렸습니다.

그런데 새로 부임한 영업과장이 구매 권유를 할 때 기존 고객의 이름을 언급해보라고 조언해줬습니다. "옆집의 존슨 씨도 아이들한테 성경 이야기를 읽히고 싶다고 한 세트 들여놓으셨습니다"와 같은 식으로 말이죠. 16주째부터 이 방법을 도입하기 시작했더니 16주에서 19주 사이에는 주당 평균 수익이 893달러로 무려 62.13퍼센트나 올랐습니다. 이야기는 여기서 끝이 아닙니다. 19주째가 됐을 때 저는 기존 구매자의 이름을 언급하면 전체적으로 구매율이 높아지지만, 실패하는 경우도 있다는 사실을 알게 됐습니다. 어느 날 한 가정주부에게 제품을 소개할 때였습니다. 주부는 책에 흥미가 있어 보였지만 구매 결정을 내리지 못하고 있었습니다. 저는 이때다 싶어 이미 제품을 구매한 이웃 부부의 이름을 언급했습니다. 그러자 주부가 이렇게 말했습니다. "부부가 함께 구매했다고요? 그럼 저도 결정하기 전에 남편이랑 상의를 해봐야겠네요. 둘이 같이 결정하는 편이 나을 것 같아요."

며칠 동안 고민을 거듭한 끝에 드디어 이해가 됐습니다. 가정주부에게 이웃 '부부'가 책을 구매했다고 말하는 순간 저는 그 주부에게 당장 책을 구매하지 않아도 되는 좋은 구실을 제공한 셈이었습니다. 먼저 남편과 상의를 해봐야겠다는 핑계 말이죠. 만약 제가 이웃 '주부'가 책을 구매했다고 말했다면 그 주부도 틀림없이 책을 구매했을 겁니다. 그 순간 저는 주부한테 구매를 권유할 때는 다른 주부의 이름만 언급하기로 결심했습니다. 그러자 바로 다음 주부터 수익이 1,506달러로 급증했습니다. 나는 곧 이 전략을 남성과 부부 고객한테로 확대해 남성한테 권유할 때는 남성 고객의 이름만, 부부에게 권유할 때는 부부 고객의 이름만 언급하기 시작했습니다. 그러자 마지막 20주째에는 평균 1,209.15달러의 수익을 올렸습니다. 마지막 주에 수익이 약간 떨어진 것은 그동안 돈을 너무 많이 벌어서 더 이상 열심히 일할 의욕이 나지 않았기 때문이었습니다.

이런 놀라운 결과를 어떻게 설명해야 할까요? 물론 경험이 쌓이면서 제 판매 기술이 여러모로 향상되기도 했겠죠. 그러나 놀라운 판매량의 변화를 몸소 경험하고 나니 119.67퍼센트라는 기록적인 성장률을 설명하는 데는 '비슷한 사람이 제공하는 사회적 증거'보다 더 적절한 이유를 찾기 어려워 보였습니다.

저자의 한마디

사실 이 글을 쓴 독자는 내 친구인데, 처음 이 놀라운 이야기를 친구한테 직접 들었을 때 나는 상당히 회의적인 반응을 보였다. 결국 친구는 그해 여름 자신의 월별 판매 실적을 증거 자료로 보내줬다. 당시 꼼꼼히 기록해둔 판매 실적을 10년이나 보관했던 것이다. 이 친구는 현재 대학에서 통계학을 가르치고 있다.

자살 보도의 베르테르 효과

앞에서 사회적 증거 원칙이 우리의 사리 판단에 얼마나 강력한 영향을 미치는지 살펴봤다. 하지만 그 강력한 영향력이 가장 분명히 드러나는 것은 한편으론 터무니없어 보이는 다음과 같은 통계 자료다. "신문 1면에 자살 사건이 보도되면 전용기나 여객기 등 비행기 추락 사고가 급증한다."

몇몇 자살 사건이 대대적으로 보도된 직후에는 비행기 추락 사고로 인한 사망자 수가 1,000퍼센트까지 급증한 것으로 밝혀졌다. 더 놀라운 사실은 비행기 사고뿐 아니라 자동차 사고도 급증한다는 것이다. 도대체 원인이 무엇일까?

일단 다음과 같은 설명을 생각해볼 수 있다. 모종의 동일한 사회적 조건이 어떤 사람들한테는 자살 충동을, 또 어떤 사람들한테는 교통사고를 일으킨다는 것이다. 예를 들어 어떤 사람은 경기 침체나 범죄 증가, 국제 분쟁 같은 사회적 사건들로 극심한 스트레스를 받으면 우울해진 나머지 자살을 선택한다. 하지만 같은 사건에 대해 불안, 초조, 분노, 혼란 등 전혀 다른 반응을 보이는 사람도 있다. 이런 사람들이 자동차를 운전하거나 비행기를 조종하면 사고의 위험이 높아지면서 사망자 수도 급증하게 된다는 것이다.

'동일한 사회적 조건'을 원인으로 보는 이 해석에 따르면, 자살을 유발하는 사회적 요인이 교통사고도 유발하기 때문에 결국 자살 보도와 치명적인 교통사고 사이에 밀접한 연관이 있다. 그러나 이런 해석의 타당성에 의문을 제기하는 또 하나의 놀라운 통계 자료가 있다. 치명적 교통사고는 자살 사건을 대대적으로 보도한 지역에서만 급증한다는 것이다" 자살 사건을 '보도하지 않은' 지역에서는 아무리 사회적 조건이 동일하다 해도 교통사고가 급증하지 않았다. 더욱이 자살 사건을 보도한 지역들 중에서 자살 사건을 더 크게 보도한 지역일수록 교통사고도 더 크게 증가했다. 따라서 사회적 조건은 자살과 교통사고를 동시에 유발하는 요소가 아니라는 결론이 나온다. 오히려 자살 보도 자체가 교통사고를 유발한다고 볼 수 있다.

자살 보도와 교통사고의 밀접한 관계를 '애도'라는 관점에서 설명할 수도 있다. 신문 1면에 대대적으로 보도하는 자살 사건은 주로 대중적으로 유명한 인물인 경우가 많으므로 많은 사람들이 충격과 슬픔에 빠진다. 사람들이 그런 불안정한 상태로 운전이나 비행기 조종을 하면 치명적인 사고를 일으킬 확률이 높다는 것이다. '애도' 이론은 자살 보도와 치명적인 교통사고의 상관관계, 즉 보도를 통해 자살 사건을 아는 사람이 많아질수록 슬픔에 빠져 부주의한 운전을 하는 사람이 늘어난다는 사실을 설명할 수는 있지만, 다음의 놀라운 사실 하나는 설명할 수 없다. 신문에 단독 자살 사건이 보도되면 단독 사망 사고가 급증하고, 대량 학살을 저지른 후 자살하는 사건이 보도되면 역시 많은 사람이 사망하는 대형 사고가 급증한다. 단순한 애도의 감정으로는 이런 패턴이 나타날 수 없다.

그렇다면 자살 보도가 자동차 및 비행기 사고에 매우 독특한 영향을 미친다고 볼 수 있다. 혼자 사망한 단독 자살 사건은 운전자 한 사람만 사망하는 교통사고를 유발한다. 대량 학살을 저지른 후 자살하는 사건은 여러 명이 사망하는 대형 사고를 일으킨다. 이 당혹스러운 현상을 '사회적 상황'과 '애도'로 설명할 수 없다면 과연 무엇으로 설명해야 할까? 캘리포니아대학교 샌디에이고 캠퍼스의 사회학자 데이비드 필립스David Philips가 그럴듯한 해답을 내놓았다. '베르테르 효과Werther effect'를 원인으로 지목한 것이다.

베르테르 효과에는 오싹하면서도 흥미로운 사연이 있다. 지금으로부터 200여 년 전 독일의 대문호 요하네스 볼프강 폰 괴테가《젊은 베르테르의 슬픔》이라는 소설을 발표했다. 주인공 베르테르의 권총 자살로 끝나는 이 소설은 가히 폭발적인 반응을 일으켰다. 덕분에 괴테는 엄청난 명성을 얻었지만 유럽에는 자살이 유행처럼 번져나갔다. 사회적 파장이 얼마나 심각했던지 일부 국가에서는 이 책을 금서로 지정할 정도였다.

필립스의 연구는 베르테르 효과를 현대에 적용한 것이다. 그는 연구를 통해 신문 1면에 자살 사건을 대대적으로 보도한 지역에서는 즉시 자살률이 급증한다는 사실을 밝혀냈다. 그리고 이 결과를 어떤 고민에 빠져 있던 사람들이 누군가 자살했다는 기사를 읽고 모방 자살을 하는 현상으로 해석했다. 이는 똑같이 고민에 빠진 다른 사람의 행동을 근거로 자신의 행동을 결정하는 경우로, 사회적 증거 원칙을 부정적인 방향으로 적용한 사례라 할 수 있다.

필립스는 1947년에서 1968년 사이의 미국 자살 통계 자료를 자세히 분석해 현대인의 베르테르 효과를 입증하는 증거를 발견했다. 신문 1면에 자살 사건이 보도될 때마다 두 달 사이에 평균 자살률이 평소보다 58퍼센트나 증가한 것이다. 어떤 의미에선 자살 사건 보도 한 건 한 건이 사람을 58명씩 살해한 셈이다. 보도만 아니었다면 살아 있을 사람들이 자살을 하게끔 했으니 말이다. 필립스는 또한 자살 사건 보도가 또 다른 자살을 불러오는 이런 경향이 주로 첫 번째 자살 사건을 대대적으로 보도한 지역에서 발생한다는 사실도 발견했다. 첫 자살 사건을 크게 보도

할수록 모방 자살의 수도 증가한다는 것이다. 사례 4.2를 보라. 새로운 연구에 따르면 이러한 패턴은 신문 기사에 한정되지 않는다. 2017년 3월 31일 넷플릭스는 〈루머의 루머의 루머13 Reasons Why〉를 방영했다. 한 여고생이 자살하며 그 이유를 설명하는 13개의 테이프를 남겨 놓은 이야기였다. 그 후 30일 동안 청소년 자살률은 28.9퍼센트 치솟았다. '사회적 조건' 가능성을 배제했던 학자들이 분석했던 5년 동안 한 달 자살률이 가장 높은 달이었다.

사례4.2

자살 사건 보도 전후의 자살률 변화

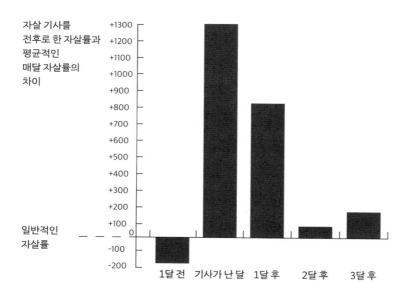

자살 기사를 전후로 한 자살률과 평균적인 매달 자살률의 차이

일반적인 자살률

| 1달 전 | 기사가 난 달 | 1달 후 | 2달 후 | 3달 후 |

(출처: 1947~1968년 35건의 자살 뉴스를 기반으로 작성)

이 도표는 중요한 윤리적 문제를 제기하고 있다. 기사 이후 자살은 심각한 수준으로 증가했다. 처음 자살률이 치솟은 후, 과거 수준까지 떨어지는 데 한참의 시간이 걸렸다. 이 같은 통계를 보면 수없이 많은 사람을 죽음으로 이끌 수 있는 선정적인 자살 기사를 쓰는 기자·편집자들에게 자제가 필요하다. 자료들에 따르면 신문 기자뿐 아니라 텔레비전 뉴스 진행자들도 자살 보도가 미칠 수 있는 영향을 두려워해야 한다. 뉴스 보도, 다큐멘터리, 허구의 영화 그 어디에 등장하든 간에, 자살 이야기는 곧바로 자살을 자극하는 효과가 있기 때문이다. 민감하고, 모방에 취약한 십대가 가장 흔한 희생자 집단이다.(Bollen & Phillips, 1982; Gould & Shaffer, 1986; Phillips & Cartensen, 1986, 1988; Schmidtke & Hafner, 1988.)

베르테르 효과와 자살 사건 보도가 치명적인 교통사고에 미치는 영향 사이에 과연 무슨 관계가 있을지 의심스럽겠지만, 필립스는 둘 사이의 유사성을 정확히 포착했다. 사실 필립스는 신문 1면의 자살 사건 보도에 이어 나타나는 사망자 수의 증가 수치를 전부 '카피캣 자살'로 설명할 수 있다고 주장했다. 누군가 자살했다는 소식을 접하면 상당수의 사람들이 나도 자살해도 괜찮겠다고 생각한다. 이런 사람들 중 일부가 자신의 생각을 망설임 없이 행동에 옮기면서 자살률이 급증하는 것이다.

그러나 이보다 간접적인 방법을 택하는 사람들도 있다. 이들은 여러 가지 이유, 다시 말해 평판을 잃지 않기 위해, 가족들의 고통과 수치를 덜어주기 위해, 가족들이 보험금을 탈 수 있도록 하기 위해 자신의 죽음이 자살임을 밝히지 않으려 한다. 그래서 의도적으로 자신이 타고 가는 자동차나 비행기에 사고를 일으키는 것이다. 방법은 매우 다양하다. 여객기 조종사라면 이륙해야 하는 결정적인 순간에 기수를 내려 바닥에 충돌하거나, 관제탑의 명령을 어기고 이미 다른 비행기가 사용 중인 활주로에 착륙을 시도할 수 있다. 자동차 운전자는 갑자기 길가의 가로수나 반대 차선으로 운전대를 꺾을 수 있다. 자동차나 전용기에 탑승한 승객들은 운전자나 조종사를 위협해 치명적인 사고를 유도할 수 있다. 전용기 조종사는 경고 신호를 일체 무시하고 다른 비행기를 향해 돌진할 수 있다. 따라서 필립스는 신문 1면에 자살 보도가 난 후 급증하는 치명적인 사고 대부분은 베르테르 효과가 은밀히 작용한 결과라고 주장한다.

내가 필립스의 통찰이 훌륭하다고 생각하는 첫 번째 이유로 그의 주장은 모든 통계 자료를 정확히 설명해준다는 점을 꼽을 수 있다. 그런 교통사고가 모방 자살의 은밀한 측면이라면 자살 보도가 나온 뒤 교통사고가 증가하는 사실을 이해할 수 있다. 자살 보도가 가장 대대적으로 이뤄져 가장 많은 사람에게 전달된 뒤 교통사고가 급증하는 것도, 자살 보도가 이뤄진 지역에서만 교통사고가 급증하는 것도 이해가 된다. 심지어 혼자 자살한 사건은 희생자가 하나인 교통사고로, 총기 난사 등으로 많은 사람을 살해하고 자살한 사건은 희생자가 여러 명인 교통사고로 이어지는 것까지 납득할 수 있다. '모방'이 핵심인 것이다.

더욱이 필립스의 통찰에는 중요한 두 번째 특징이 있다. 필립스의 주장은 기정사실을 설명하는 데 도움이 될 뿐 아니라 아직 발견되지 않은 새로운 사실을 예측하는 데도 도움이 된다. 예를 들어 자살 보도 직후 비정상적으로 급증하는 교통사고가 정말 사고가 아니라 모방 자살이라면, 틀림없이 일반적인 사고보다 더 치명적일 것이다. 자살하려는 사람이라면 사고가 최대한 치명적이 되도록 (사고 직전 브레이크가 아니라 가속페달을 밟는다든가, 비행기 기수를 위가 아닌 아래로 향하는 등의) 조치를 취할 확률이 높다. 그래야 빠르고 확실한 죽음을 맞을 수 있기 때문이다. 필립스가 이런 예측을 입증하기 위해 자료를 검토한 결과 신문 1면에 자살 보도가 나기 전보다 보도가 나고 일주일 후에 일어난 여객기 추락 사고의 평균 사망자 수가 평소보다 세 배나 많았다. 자동차 사고의 경우에도 자살 보도 이후 일어난 사고의 사망률이 평소보다 높은 것으로 나타났다. 신문 1면에 자살 보도가 난 이후 발생한 교통사고의 경우 일반적인 경우보다 사망률이 네 배나 높았다.

필립스의 통찰에서 또 다른 놀라운 예측이 가능하다. 자살 보도 이후 교통사고가 증가하는 현상이 정말 일종의 모방 자살이라면 모방자들은 자신과 비슷한 사람의 자살을 모방할 가능성이 가장 높다. 사회적 증거 원칙에 따르면, 우리는 다른 사람들의 행동 방식을 참고로 자신에게 적합한 행동을 결정하기 때문이다. 다시 말해, 우리는 자신과 비슷한 사람의 행동에 가장 큰 영향을 받는다.

따라서 이 현상의 배후에 사회적 증거 원칙이 작동한다면, 대대적으로 보도된 자살 사건의 주인공과 보도에 뒤이어 교통사고를 일으킨 사람들 사이에 확실한 유사성이 있어야 한다고 필립스는 추론했다. 또한 이를 분명히 파악하기 위해서는 운전자 한 사람이 차 한 대로 일으킨 교통사고 기록을 살펴봐야 한다고 생각했다. 필립스는 자살 보도 주인공의 연령대와 자살 보도 직후 혼자 어딘가에 충돌해 사망한 운전자들의

자살 보도 전후의 사고 사망자의 변화

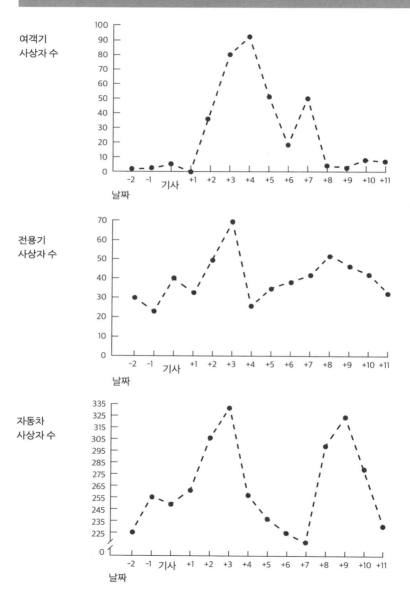

여객기
사상자 수

날짜

전용기
사상자 수

날짜

자동차
사상자 수

날짜

그래프를 보면 알 수 있듯이, 자살 사건이 보도된 후 사흘에서 나흘간이 가장 위험하다. 그리고는 사고가 잠시 줄어들었다가 한 주 정도 후에 또 한 번 정점에 도달한다. 11일이 지나면 더는 영향을 찾아볼 수 없다. 다양한 자료에서 유사한 유형이 나타나는 것을 보면 무언가 주목할 만한 점이 있다는 생각이 든다. 모방을 통한 자기 파괴를 사고로 위장하길 원하는 사람들은 며칠을 더 기다린 후 행동에 나선다. 모자란 용기를 보충하기 위해서일 수도 있고, 사건을 우발적인 사고로 보이게 하거나 신변 정리를 위해서일 수도 있다. 이 패턴이 규칙적으로 나타나는 원인이 무엇이든 간에, 우리는 자살 기사가 난 이후 3~4일간, 그리고는 조금 더 약하지만 며칠 후까지 여행객들의 안전이 심각하게 위협받는다는 사실을 알 수 있다. 그렇다면 자살 사건이 보도된 후 여행할 때는 특별한 주의가 필요하다.

연령대를 비교해봤다. 필립스의 예측은 다시 한 번 놀라울 정도로 적중했다. 자살 보도의 주인공이 젊은 사람이었을 때에는 혼자 자동차로 나무나 기둥, 제방 등에 돌진해 사망한 사람 대부분이 젊은 운전자였다. 그러나 자살 보도의 주인공이 나이 든 사람일 경우에는 그런 사고로 사망한 사람은 대부분 나이 든 운전자였다.

이 마지막 통계로 나는 결정적인 확신을 얻었지만 한편으론 경악을 금할 수 없었다. 또래 설득의 영향력은 삶과 죽음이라는 인간의 가장 중요한 결정까지도 좌지우지할 정도로 강력한 것이다. 필립스의 연구를 보면, 안타깝게도 자살 보도는 자살자와 비슷한 사람들에게 자살 동기를 제공한다는 사실을 알 수 있다. 비슷한 사람의 자살을 통해 자신의 자살을 합리화하는 것이다. 더 끔찍한 일은 그들이 자살하려고 일으킨 사고로 수많은 무고한 사람들이 함께 희생된다는 점이다(사례 4.3을 보라).

달리는 기차에 한 십대가 뛰어들었다는 뉴스 보도가 어떤 끔찍한 영향을 미쳤는지 살펴보자. 이 지방 뉴스가 보도된 후 6개월 이내에 같은 학교 학생 세 명이 차례차례 기차에 뛰어든 십대의 전철을 밟았다. 다섯 번째 희생은 아들이 집에서 사라지자 그 의도를 눈치챈 엄마가 막을 수 있었다. 그녀가 아들의 자살을 막을 수 있었던 것은 곧바로 아들 또래가 죽음을 택했던 건널목으로 향했기 때문이다.

사회적 증거 원칙의 부정적인 측면이 가장 극적으로 표출되는 분야가 바로 카피캣 범죄일 것이다. 1970년대에는 비행기 납치 사건이 마치 바이러스처럼 번졌고, 1980년대에는 타이레놀 캡슐에 청산가리를 주입하거나 유아식에 유리 조각을 넣는 등 제품에 이물질을 투입하는 사건이 자주 발생했다. FBI 과학수사대에 따르면, 이런 종류의 사건들이 전국적으로 보도되고 나면 평균 30건 정도의 유사 사건이 추가 발생했다. 직장이나 학교 등에서 대량 학살 사건이 유행처럼 번지는 일 또한 이와 비슷한 현상이다.

한 예로 1999년 4월 20일 콜로라도 주 리틀턴 콜럼바인 고등학교 학생 두 명이 저지른 유혈 참극 직후 경찰에 비슷한 계획이나 시도가 수십 건씩 접수됐다. 그중 두 건이 '성공'을 거뒀다. 앨버타 주 타버에 사는 열네 살 난 소년과 조지아 주 코니어스에 사는 열다섯 살 난 소년이 콜럼바인 대학살 후 열흘 만에 동급생 여덟 명을 공격해 살해하거나 부상을 입혔다. 2007년 4월 버지니아 공대에서 끔찍한 학살 및 자살 사건이 벌어진 바로 다음 주 전국 각지의 신문들이 학살 후 각 지역의 자살 사건을 보도했는데, 휴스턴에서 보도된 사건만 세 건에 달할 정도였다. 주목할 만한 점은 버지니아 공대 학살 사건 이후 고등학교가 아니라 일리노이 주 북부의 한 대학교에서 유사한 규모의 총격 사건이 벌어졌다는 것이다. 최근에는 총기를 이용한 학살이 극장과 나이트클럽 등 사람들이 유흥을 즐기는 장소까지 퍼져가고 있다.

이런 대규모 사건들은 분석과 설명이 필요하다. 전체를 이해하기 위해 뭔가 공통점을 찾아내야 한다. 우체국에서 직원에 의해 발생한 학살 사건의 경우 우체국의 '견딜 수 없는 스트레스'가 범인으로 지목됐다. 심지어 스트레스로 인한 직장 폭력 행위를 가리키는 말로 'go postal'이라는 새로운 표현이 등장했을 정도다(1970년대부터 우체국에서 직원들이 총기를 난사하는 사건이 여러 차례 발생하면서 등장한 표현이다-옮긴이). 학교에서 발생한 학살 사건에서도 이상한 공통점을 하나 발견했다. 사고가 일어난 학교들이 하나같이 다양한 사람들이 모여 사는 도시 지역이 아니라 시골이나 교외 지역에 있었다는 점이다. 그러자 곧 미국의 작은 소도시나 교외 지역에서 생활하면서 겪는 '견딜 수 없는 스트레스'가 도마 위에 올랐다. 미국 우체국과 소도시의 스트레스가 그곳에서 근무하고 거주하는 사람들에게 폭발적 반응을 일으켰다는 것이다. 설명은 간단했다. 비슷한 사회적 조건이 비슷한 반응을 만들어냈다는 것이다.

'유사한 사회적 조건' 가설은 앞에서 기이한 교통사고 패턴을 설명하면서 이미 살펴본 바 있다. 특정 환경에서 공통적인 사회적 조건을 경험한 사람들이 자살이라는 공통적인 해결책을 선택한다는 가설에 필립스가 어떤 반응을 보였는지 기억하는가? 그 가설은 자살 현상에 대한 만족스러운 설명을 제공하지 못했다. 그리고 내 생각엔 살인 사건에 대해서도 만족스러운 설명을 제공할 수 없는 듯하다. 현실을 좀 더 고려한 더 나은 설명 방법을 찾아보자. 현실적으로 우체국이나 미국 교외 지역 학교의 '견딜 수 없는 스트레스'라는 것이 말이 되는 현상일까? 그렇다면 탄광이나 갱들이 지배하는 위험한 도시 지역 학교의 스트레스는 상대적으로 '견딜 만하다'는 뜻인가? 말도 안 된다. 물론 대량 학살이 발생하는 환경에 나름의 스트레스는 있을 것이다. 그러나 그런 환경의 스트레스가 대량 학살이 발생하지 않은 그 밖의 수많은 환경의 스트레스보다 유독 더 심하다고 할 수는 없다(오히려 더 약해 보인다). '유사한 사회적 조건' 이론으로는 납득할 만한 설명을 할 수 없다.

그렇다면 어떤 설명이 가능할까? 나는 차라리 사람들이 특히 자신의 생각에 확신이 없을 경우 자신과 비슷한 다른 사람의 행동을 따라 한다는 사회적 증거 원칙에 한 표를 던지고 싶다. 불만 가득한 우체국 직원이 따라 할 만한 가장 닮은 사람은 같은 우체국 직원이 아닐까? 불안한 고등학생이 따라 할 만한 가장 유사한 사람 역시 같은 고등학생이 아닐까? 심리적 불안과 고통 속에 살아야 하는 것은 어쩔 수 없는 현대인의 숙명이다. 이들이 고통에 대처하는 방식은 다양하겠지만 '자신과 비슷한 사람들'이 고통에 대처하는 방식을 알아보는 것 또한 그중 하나라 할 수 있다. 필립스의 자료에서 살펴봤듯이 자살이 대대적으로 보도되면 비슷한 사람들 사이의 카피캣 자살로 이어진다. 대량 학살이 대대적으로 보도되는 경우도 이와 마찬가지일 것이다.

자살 보도 때와 마찬가지로 언론은 대량 학살 보도 또한 방법과 강도 등에서 각별한 주의를 기울여야 한다. 그런 보도는 대중의 관심을 끄는 흥미진진한 기삿거리라는 관점을 넘어서 지극히 위험한 무기가 될 수도 있다는 점을 유의해야 한다.

고립된 집단 속 사회적 증거 원칙

필립스의 연구에서 우리가 자신과 비슷한 사람의 행동에 얼마나 큰 영향을 받는지 살펴봤다. 그 가공할 위력을 알고 나면, 우리 시대 최악의 극단적 복종 행동이라 할 수 있는 가이아나 존스타운의 집단 자살 사건을 어느 정도 이해할 수 있다. 이 사건을 좀 더 자세히 살펴보자.

'인민사원People's Temple'은 샌프란시스코를 근거로 도시 빈민에게 선교 활동을 하는 사교 집단 중 하나였다. 선교 활동에 어려움을 겪자 집단의 명실상부한 정치적·사회적·영적 지도자 짐 존스Jim Jones 목사는 1977년 신도들을 데리고 남아메리카 가이아나의 한 밀림으로 이주했다. 그곳에서 한동안 세상과 격리돼 있던 인민사원은 1978년 11월 18일 사교 집단의 실태를 조사하기 위해 가이아나를 방문한 캘리포니아 주 하원의원 레오 라이언Leo R. Ryan과 보좌관 세 명 그리고 사교 집단에서 탈출하려던 신도 한 명이 비행기로 존스타운을 떠나려다 살해되는 사건이 벌어지면서 세상의 주목을 받게 됐다. 살인을 저질렀으니 체포돼 조사를 받고 결국 인민사원도 붕괴될 거라는 두려움에 빠진 존스 목사는 인민사원을 자기 식대로 끝장내기로 결심했다. 900명이 넘는 신도를 전부 모아놓고 집단 자살을 명령한 것이다.

제일 먼저 젊은 아기 엄마가 딸기 맛이 나는 독약이 담긴 통 앞으로 조용히 걸어 나오더니 아기에게 한 모금을 먹이고 자신도 한 모금 마셨다. 두 사람은 바닥에 주저앉아 4분 정도 경련을 일으키다 사망했다. 뒤이어 사람들이 차례차례 앞으로 나와 독약을 받아 마셨다. 존스타운을 탈출한 사람도 몇 명 있었고 독약을 먹지 않고 저항한 사람도 있었다고 전해지지만, 생존자들의 증언에 따르면 사망한 910명 중 대다수가 질서정연하게 앞으로 나와 자발적으로 독약을 마셨다.

집단 자살 소식이 전해지자 전 세계가 충격에 휩싸였다. 모든 언론에서 일제히 보도와 논평, 분석 기사를 쏟아냈다. 며칠 동안 사람들은 존스타운 이야기만 나눴다. '도대체 지금까지 발견된 시체가 몇 구나 되는 거야?', '탈출에 성공한 사람이 그러는데 다들 무슨 최면에라도 걸린 듯 독약을 받아 마셨대', '남아메리카에서 도대체 뭘 하고 있었던 거지?', '어떻게 그런 일이 벌어졌을까?' 등등.

"도대체 어떻게 그런 일이 벌어졌을까?" 바로 그것이 문제다. 이 극단적인 복종을 과연 어떻게 설명해야 할까? 다양한 해석이 등장했다. 혹자는 짐 존스의 카리스마에 주목했다. 존스의 어떤 개인적인 특성 때문에 신도들이 그를 구세주로 섬기고, 아버지로 믿고, 황제처럼 떠받들었다는 것이다. 혹자는 인민사원 신도들의 개인적인 특성을 더 중시했다. 대부분 가난하고 무식한 사람들이라 자유의지로 생각하고 행동하는 대신 존스가 내린 결정을 무조건 믿고 따랐다는 것이다. 또 혹자는 지도자를 무조건 믿으라고 강요하는 인민사원의 사이비 종교적 특성이 문제였다고 지적했다.

언급한 특징들은 전부 존스타운의 집단 자살 사건을 설명하는 데 어느 정도 도움이 되겠지만 충분하지는 않다. 의존적인 사람들이 카리스마 있는 지도자를 추종하며 살아가는 사교 집단은 전 세계에 얼마든지 있다. 물론 과거에도 굉장히 많았다. 그러나 그런 집단들 중 존스타운과 비슷한 집단 자살이 일어난 경우는 찾아보기 힘들다. 틀림없이 존스타운만의 다른 특징이 있을 것이다.

그 특징이 무엇인지 알고 싶다면 먼저 다음 질문에 대답해야 한다.

"사교 집단이 가이아나 밀림이 아니라 샌프란시스코에 있었더라도 신도들이 존스 목사의 집단 자살 명령에 따랐을까?" 물론 현실성이 떨어지는 질문이지만, 한 인민사원 전문가는 망설임 없이 '그렇지 않다'라고 대답했다. 당시 UCLA에서 정신의학 및 생물행동과학 연구를 주도하며 신경정신과 학과장으로 재직 중이던 루이스 졸리언 웨스트Louis Jolyon West 박사는 존스타운에서 집단 자살이 일어나기 전 8년 동안 인민사원을 연구한 사교 집단 전문가였다. 사건 직후 이뤄진 한 인터뷰에서 박사는 앞의 질문에 대해 다음과 같은 놀라운 답변을 내놓았다. "인민사원이 캘리포니아에 있었다면 그런 비극은 일어나지 않았을 겁니다. 그러나 그들은 적대적인 나라의 밀림 한복판에서 외부 세계와 철저히 격리돼 살고 있었습니다."

웨스트의 이 뛰어난 통찰은 안타깝게도 당시 분분하던 온갖 해석과 분석에 파묻히고 말았지만, 그의 의견을 앞에서 살펴본 사회적 증거 원칙과 결합해보면 존스타운의 비극적 집단 자살에 대한 상당히 만족스러운 설명을 얻을 수 있다. 내 생각에 인민사원의 역사에서 신도들의 맹목적 복종에 가장 결정적으로 기여한 사건을 딱 하나만 꼽는다면, 바로 사건 발생 1년 전 낯설고 물설은 나라의 밀림 한복판으로 본거지를 옮긴 일이었다. 만약 짐 존스가 소문처럼 정말 사악한 천재였다면 그런 이주가 신도들에게 심리적으로 얼마나 엄청난 영향을 미칠지 틀림없이 파악하고 있었을 것이다. 신도들은 어느 날 갑자기 전혀 모르는 낯선 곳에서 살게 됐다. 남아메리카, 특히 가이아나의 열대우림 지역은 모든 면에서 샌프란시스코와 완전히 달랐다. 갑자기 맞닥뜨린 낯선 사회적·심리적 환경이 신도들한테는 틀림없이 매우 불확실하게 다가왔을 것이다.

불확실성이란 사회적 증거 원칙이 작동하는 데 가장 중요한 요소다. 앞에서 살펴봤듯이 사람들은 불확실한 상황에서 다른 사람의 행동을 지침 삼아 자신의 행동을 결정한다. 그렇다면 가이아나라는 낯선 환경에 처한 인민사원 신도들은 다른 사람들의 행동을 따를 충분한 준비가 돼 있었을 것이다. 또 앞에서 살펴봤듯이 사람들은 자신과 비슷한 사람들의 행동을 가장 맹목적으로 따라 하는 경향이 있다. 존스의 이주 전략이 그토록 기가 막힌 효과를 발휘한 이유는 바로 그 때문이다. 가이아나에서 존스타운 신도들이 따라 할 만한 비슷한 사람은 존스타운 신도들밖에 없었다.

존스타운 신도들은 존스의 영향을 많이 받은 다른 신도들의 생각과 행동을 터무니없을 정도로 그대로 옳다고 믿고 따랐다. 이런 관점에서 보면 그들이 왜 당황한 기색 하나 없이 아주 차분한 태도로 독약 통을 향해, 죽음을 향해 그토록 질서정연하게 걸어갔는지 어느 정도 이해가 된다. 그들은 존스의 최면에 걸린 것이 아니었다. 오히려 어느 정도는 또래 설득에 따라 자살이 옳은 행동이라고 스스로 확신하게 됐음이 분명하다. 처음 집단 자살 명령을 받은 신도들은 틀림없이 불확실한 감정을 느끼며 어떻게 반응해야 할지 파악하려고 주변 신도들을 둘러봤을 것이다.

주목할 점은 그 순간 신도들이 동일한 방향을 가리키는 두 가지 중요한 사회적 증거를 발견했다는 점이다. 첫 번째는 앞장서서 자발적으로 독약을 받아 마신 동료들이다. 강력한 지도자가 지배하는 집단에는 늘 그런 식으로 절대 복종하는 광신자들이 있게 마련이다. 그들이 솔선수범하라고 미리 존스한테 지시를 받은 사람들이었는지, 아니면 그저 존스의 명령을 유난히 잘 따르는 사람들이었는지는 알 수 없다. 이유야 어쨌든 그들의 행동은 엄청난 심리적 효과를 유발했다. 전혀 모르는 사람의 자살 사건 보도에도 영향을 받아 모방 자살을 할 수 있는 것이 우리 인간이라면, 존스타운 같은 곳에서 함께 사는 이웃이 망설임 없이 자살을 택할 때 과연 얼마나 강력한 영향을 받을지 생각해보라.

두 번째 사회적 증거는 신도들의 반응 그 자체다. 당시 상황을 추측하건대 아마도 대규모의 다원적 무지 효과가 있었던 듯하다. 신도들은 자살 명령을 받자마자 먼저 상황 판단을 위해 주변 사람들을 둘러봤을 것이다. 하지만 모든 사람이 뭔가 행동을 취하는 대신 남몰래 다른 사람의 반응을 관찰만 하고 있었기에 모든 사람이 차분하게만 보였다. 신도들은 서로의 그런 반응을 보면서 순순히 독약을 받아 마시는 것이 옳은 행동이라는 결론에 도달하게 됐을 것이다. 신도들은 결국 집단적 오해에 지나지 않는 사회적 증거를 굳게 확신한 채 가이아나의 열대밀림 속에서 끔찍이도 태연자약한 태도로 차례차례 죽음을 맞이했다.

내가 볼 때 존스타운과 관련한 기존의 분석들은 대부분 존스의 카리스마 넘치는 성격에만 지나치게 초점을 맞췄다. 물론 존스의 영향력이 유난히 강력하긴 했지만, 그의 영향력은 남다른 카리스마에서 나온다기보다 인간의 기본 심리를 이해하고 활용하는 데서 나온 것이었다. 존스가 리더로서 보여준 진정한 재능은 한 개인이 갖는 리더십의 한계를 깨닫는 능력이었다. 어떤 리더도 혼자서 집단 구성원 모두를 설득할 수는 없다. 아무리 강력한 리더라도 집단 구성원 중 일부만 설득할 수 있을 뿐이다. 하지만 일부를 설득하고 나면, 일부 구성원이 설득됐다는 사실 자체가 사회적 증거로 작용해 나머지 구성원들을 설득시킨다. 따라서 가장 뛰어난 리더는 집단 구성원들을 적절히 조종해 사회적 증거 원칙을 자신에게 유리한 방향으로 적용할 줄 아는 사람일 것이다.

존스는 바로 그런 일을 할 수 있었다. 그가 내린 최고의 결정은 인민사원 신도들을 샌프란시스코 도시 지역에서 머나먼 남아메리카 적도 지역으로 이주시킨 것이었다. 신도들이 낯선 환경에서 불확실성을 느끼고, 고립된 집단 내부에서 자신들끼리만 유사성을 느끼게 되자 사회적 증거 원칙이 존스에게 유리한 방향으로 작용하기 시작했다. 인민사원은 신도 수가 1,000명에 가까운 대집단이라 리더 한 사람의 능력으로 모든 사람을 일일이 한 방향으로 인도할 수는 없었지만, 신도들을 '한 무리'로 바꿔놓자 충분히 가능해졌다. 도살업자들에 따르면 가축들이 '한 무리'를 이룰 때는 다루는 것이 훨씬 쉽다고 한다. 일단 몇 마리만 원하는 방향으로 끌고 가면, 나머지 가축들은 리더가 아니라 자기 옆의 동료들을 따라서 자동으로 같은 방향으로 움직이기 때문이다. 따라서 존스 목사가 그토록 놀라운 능력을 발휘할 수 있었던 것은 카리스마가 남달랐기 때문이라기보다 또래 설득의 힘을 깊이 이해했기 때문이다.

인민사원처럼 섬뜩하지는 않지만, 유사한 사람들이 함께 살아가는 장소가 그 사람들에게 놀라운 영향을 미친다는 증거는 상당히 많다. 한 전국적인 브랜드의 시장 점유율을 분석한 결과, 놀랍게도 시간이 브랜드 실적에 미치는 영향은 매우 미미해서 3년에 걸쳐 5퍼센트에 미치지 못했다. 반면 지리적 요소는 시장 점유율에 가장 큰 영향을 미치며, 그 영향력이 80퍼센트 이상으로 나타났다. 사람들은 주변에 있는 자신과 비슷한 사람들의 행동에 따라 브랜드를 선택했다. 지역의 영향은 너무나 분명해서 학자들은 '전국적 브랜드'와 같은 개념이 과연 타당한지 의문을 제기해야 할 지경이었다. 한 연구에 따르면, 같은 지역에 사는 사람들은 유사한 태도와 가치관, 성격을 가지고 있다고 한다(접촉 효과 contagion effect 때문일 수 있다). 따라서 마케팅 관리자들은 지금보다 개별 지역을 목표로 설정하는 전략을 채택해야 할 수도 있다.[13]

― 잘못된 목표 설정이 가져온 부작용

내가 사는 애리조나 주는 그랜드캐넌 주라고도 불린다. 마치 산맥을 거꾸로 엎어 놓은 듯한 모양으로, 보는 것만으로도 경외감을 불러일으키는 세계적인 관광지 그랜드캐넌이 북쪽 끝에 자리 잡고 있는 덕분에 붙은 이름이다. 이 밖에도 애리조나에는 경이로움을 느낄 수 있는 자연의 불가사의를 많이 찾아볼 수 있다. 그중 하나가 패트리파이드 포레스트 국립공원Petrified Forest National Park인데, 그곳에서는 트라이아스기 후기인 2억 2,500만 년 전에 형성된 수백 개의 화석화된 통나무, 조각, 결정체들로 이루어진 지질학적 불가사의를 만날 수 있다. 떨어진 나뭇잎을 실어 나르던 강물이 이산화규소가 스며든 화산 퇴적물과 합쳐지면서 통나무는 땅에 묻히고, 유기물로 이루어진 내부는 석영과 산화철로 대체되며, 엄청난 규모의 형형색색의 화석이 형성되었다.

국립공원의 생태계는 튼튼하면서도 연약하다. 몇 톤이나 되는 돌 구조물도 있지만, 화석화된 돌이나 결정체를 만지고, 다른 장소로 옮겨놓고, 몰래 들고 가는 사람들 앞에서는 대단히 취약하다. 이런 행동이 별일 아닌 것처럼 보일 수도 있지만, 나무의 움직임을 연구하여 최종적으로 퇴적된 정확한 장소를 찾아내려는 학자들에게는 심각한 행동이 아닐 수 없다. 게다가 끊임없이 일어나는 절도는 국립공원에 근본적이면서 가장 심각한 위협이 되고 있다. 이 문제에 대처 방안으로 공원 관리인들은 화석을 만지지 말라는 커다란 간판을 입구에 세워놓고 있다.

얼마 전, 내가 대학원 때 가르쳤던 학생 중 하나가 약혼녀와 같이 공원을 탐사했다. 그는 자신의 약혼녀가 자신이 아는 사람 중 가장 정직한 사람이며, 종이 클립 하나도 빚지고는 못 사는 사람이라고 했다. 하지만 이 커플이 공원 입구에 서 있는 커다란 '절도 금지' 표지판을 봤을 때, 그녀의 마음에서는 지금껏 드러나지 않았던 어떤 작용이 일어났고, 남자 친구는 당황해 어쩔 줄 몰랐다. 표지판에는 이렇게 적혀 있었다.

여러분의 유산이 매일 절도로 파괴되고 있습니다. 1년에 14톤에 달하는 화석화된 나무가 작은 조각으로 나뉘어 사라지고 있습니다.

정직했다는 그 약혼녀는 이 표지판을 본 후에 그 조그마한 목소리로 속삭였다. "우리도 챙기자."

대체 표지판의 무엇이 문제였기에 한 정직한 젊은 여성이 환경 범죄자가 되어 국보를 약탈했을까? 이 장을 읽고 있는 독자라면 멀리서 해답을 찾지 않아도 될 것이다. 안타깝게도 그 답은 목적 설정이 잘못된 사회적 증거이다. 이 표지판에는 공무원들이 흔히 저지르는 커다란 실수가 있었다. 이들은 사람들의 바람직하지 않은 행동이 도를 넘었다고 개탄하면, 그런 행동이 줄어든다고 생각한다. 예를 들어, 'GNP'라는 이름으로 오랜 기간 동안 진행된 지면 광고에서 미국 산림보호 마스코트인 우지 아울Woodsy Owl은 "올해 미국에서는 역사상 가장 많은 쓰레기와 오염 물질이 배출될 것입니다"라고 말했다. 애리조나 교통부는 고속도로에서 수거한 쓰레기를 '쓰레기 탑'으로 쌓아 구경거리로 만들었다. 애리조나 주에서 가장 규모가 큰 신문사는 '애리조나의 쓰레기'라는 6주에 걸친 시리즈를 연재하며 주민들에게 쓰레기가 많이 버려진 지역 사진을 찍어서 보내달라고 요청했다.

환경 캠페인에만 문제가 있는 것이 아니다. 정보 캠페인들은 알코올과 약물 남용이 지나치며, 십대 자살률은 깜짝 놀랄 만한 수준이고, 투표권을 행사하는 시민은 너무 적다고 개탄하고 있다. 이런 주장들이 사실일 수 있고, 캠페인의 의도 또한 충분히 공감할 수 있다. 하지만 이 캠페인을 기획한 사람들이 놓치고 있는 중요한 문제가 있다. '저 바람직하지 않은 짓을 하는 사람들 좀 봐'라는 개탄 속에는 '그 일을 하고 있는 모든 사람들을 좀 봐'라는 메시지가 숨어 있다. 문제의 본질에 대해 경고하면서 경각심을 일깨우려 했던 공공 캠페인이 사회적 증거를 통해 오히려 문제를 악화시킨 셈이다.

나와 동료들은 이 가능성을 좀 더 깊이 연구해보기로 하고 하나의 실험을 추가했다. 패트리파이드 포레스트 국립공원에 따르면, 매일 평균 2.95퍼센트의 방문객이 화석을 훔친다고 했다. 우리는 절도가 빈번한 지역에 두 종류의 광고판을 번갈아 세웠다. 다른 사람들도 흔히 화석을 절도한다는 내용과 그런 사람은 드물다는 내용을 담은 광고가 각각 어떤 영향을 미치는지 알고 싶었다. 우리가 세운 첫 번째 간판은 세 명이 화석을 절도하는 현장을 그렸고, 공원 입구 간판에 있던 메시지와 마찬가지로 화석화된 목재를 가지고 가지 말라고 애원하는 내용이었다. 그러자 절도 비율이 세 배나 증가하며 7.92퍼센트까지 치솟았다. 다른 간판 역시 화석을 가져가지 말라는 내용이었다. 하지만 첫 번째 간판의 그림이 보여준 메시지와 반대로 한 명의 절도범만을 그려서 공원의 화석 절도범이 매우 드물다는 메시지를 전달했다. 이렇듯 절도를 (정상적인 행동으로 보지 않고) 사회적으로 무시하는 메시지를 전하는 간판을 세우자 절도는 1.67퍼센트까지 줄어들었다.

다른 연구들에서도 마찬가지 현상이 발견되었다. 어떤 일이 빈번하게 벌어진다고 개탄하자, 사람들은 그 부정적인 행동을 그만두기보다는 오히려 더 많이 '자주' 저질렀다. 젊은 여성들이 자신의 섭식장애에 대해 이야기하는 프로그램을 본 사람들 중에서 섭식장애자가 늘어났다. 또 자살 예방 프로그램에서 뉴저지 주의 십대 아이들에게 상당수의 아이들이 자살을 한다는 사실을 언급하자, 아이들 사이에서 자살을 문제 해결 방안의 하나라고 여기는 경향성이 증가했다. 자기 또래의 연기자가 반복적인 음주 권유에 저항하는 연기를 하는 금주 프로그램을 본 중학생들은 또래들의 음주가 생각보다는 흔한 현상이라고 믿게 되었다. 요컨대 설득을 목적으로 정보를 제공하는 경우, 자칫하면 그 정보를 통해 바람직하지 못한 행위가 정상적인 것으로 인식될 수도 있다는 사실을 참작해야 한다.

바람직하지 못한 행동이 자극을 받을 수도 있다고 비판하는 데는 또 다른 의미가 있다. 대체로 그러한 행동은 널리 퍼져 있지 않다. 바람직하지 않은 일은 분명하고 열정적으로 제시할 때 비로소 널리 퍼지게 된다. 패트리파이드 포레스트 국립공원의 화석 절도를 예로 들어보자. 일반적으로 공원에서 화석을 몰래 가져가는 사람은 3퍼센트 정도로 많지 않다. 하지만 매년 6,000명이 넘는 사람들이 공원을 찾으면서 절도가 빈번하게 일어나는 것처럼 보이게 되었고, 그 결과 입구의 표지판에 많은 화석이 사라지고 있다고 개탄하는 말을 써놓게 된 것이다. 틀린 말도 아니지만, 그렇다고 해도 방문객들을 절도범과 동일시함으로써 공원 관리자들은 돌이킬 수 없는 두 번째 잘못을 저질렀다. (절도가 만연하다는 잘못된 암시를 통해) 사회적 증거의 힘을 공원의 목표와는 전혀 다른 방향으로 설정했다. 뿐만 아니라 (압도적인 대대수 방문객을 잠정적인 절도범과 동일시하면서) 진정한 사회적 증거를 공원의 목표를 위해 이용할 기회도 놓쳐 버렸다. 진정 커다란 실수이다.[14]

미래의 사회적 증거

사회적 증거를 사용할 때 흔히 저지르는 또 하나의 오류가 있다. 나 역시 흔히 이런 잘못을 저지른다. 한번은 강연에서 사회적 증거 원칙에 대해 설명한 다음 청중 한두 명이 다음과 같이 중요한 질문을 던졌다. "사용할 수 있는 사회적 증거가 없을 때는 어떻게 하나요? 잘 알려지지 않은 조그마한 스타트업 회사를 운영하고 있거나, 시장 점유율, 판매량, 인기 면에서 주목받을 만한 이야기가 없으면 어떻게 해야 하죠? 그럴 땐 어떻게 해야 할까요?" 이런 질문을 받을 때면 나는 항상 이렇게 반응한다. "글쎄요, 사회적 증거가 없다는 사실을 속여서는 안 되겠죠. 그리고 잘 들어맞을 수 있는 다른 원칙, 예를 들어 권위 원칙이나 호감 원칙을 사용해보세요. 희소성 원칙도 좋을 수 있죠."

하지만 최근 연구에 따르면, 찾기 힘든 사회적 증거는 피하라는 나의 충고는 잘못이다. 기존의 사회적 증거만을 근거로 삼는 게 아니라, 미래의 사회적 증거에도 의지할 수 있어야 한다.

학자들은 인간의 지각에서 매우 특이한 점을 발견했다. 변화에 주목할 때, 우리는 그 변화가 같은 방향으로 계속 지속될 거라고 생각한다. 이 단순한 추정이 증권 시장의 기록적인 강세 장과 부동산 거품을 낳았다. 증권이나 부동산 가치가 계속해서 상승하는 것을 본 사람들은 앞으로도 계속 그 가치가 상승하리라고 전망한다. 몇 번 연속해서 판돈을 딴 도박꾼들은 다음 판도 당연히 자신이 이길 거라고 생각한다. 나와 같은 아마추어 골퍼들도 마찬가지이다. 앞선 두 라운드에서 스코어가 조금 나아지고 있다 싶으면, 아무리 힘든 코스나 개인적인 문제가 있어도 다음 라운드에 더 잘 칠 것으로 생각한다. 실제로 사람들은 다양한 행동이나 흐름 등이 지금까지와 같은 궤도를 그리며 지속되리라 믿는다. 물을 절약하거나, 고기를 먹지 않는다거나, 돈을 받지 않고 설문에 응하는 등 다른 사람들이 그다지 참여하지 않는 행동에서도 마찬가지이다.

패트리파이드 포레스트 국립공원의 사례에서도 알 수 있듯이, 바람직한 행동을 하는 사람들이 많지 않다는 말을 들었을 때, 사람들은 그 행동에 참여하기를 주저한다. 하지만 많지 않더라도 참여하는 사람들이 꾸준히 증가하고 있다는 사실을 알게 되면, 기꺼이 시류에 편승하여 그 행동에 정당성을 부여한다. 내가 직접 참여했기에 잘 알고 있는 연구의 예를 들어보자. 대학생들을 대상으로 한 실험에서 일부 참가자들은 소수의 학생들만이 집에서 물을 절약한다는 정보를 읽었다. 또 다른 참가자들은 물을 절약하는 사람은 소수에 불과하지만, 그 비율은 지난 2년 사이 늘어나고 있다는 정보를 알게 되었다. 마지막으로 세 번째 참가자들은 (통제집단으로서) 물 절약에 대한 어떠한 정보도 듣지 못했다.

우리는 이 세 종류의 상황이 참가자의 물 이용에 어떤 영향을 미치는지 은밀하게 알아보기로 했다. 모든 참가자에게는 새로운 치약 브랜드의 소비자 선호 조사를 하겠다고 말한 후에 실험실 싱크대에서 이를 닦은 후 치약을 평가하겠다고 했다. 참가자들은 치약을 사용한 후 물을 얼마나 많이 사용하는지 기록하는 장치가 싱크대에 달려 있다는 사실을 전혀 알지 못했다.

결과는 분명했다. 동료 학생들의 물 절약 노력에 관한 어떠한 정보도 받지 못했던 통제집단 참가자들과 비교했을 때, 소수의 학생들만이 물을 절약하려고 노력한다는 것을 알게 된 참가자들이 훨씬 더 많은 물을 사용했다. 사실 이들이 대부분의 물을 사용했다. 사실 그들은 간단한 산수를 한 셈이다. 물을 절약하기 위해 노력하는 이들이 소수에 불과하고 대다수는 신경을 쓰지 않는다는 사실을 인식하고는 그저 다수와 같은 행동을 한 것이다. 하지만 물을 아끼는 사람들의 수가 늘어나고 있다는 정보를 들은 실험 참가자에게서는 전혀 다른 반응이 나타났다. 이런 정보를 들은 두 번째 그룹의 참가자들은 이를 닦는 동안 가장 적게 물을 사용했다.

두 번째 그룹의 행동을 어떻게 이해해야 할까? 그들의 행동은 사람들이 다수를 따르기를 좋아한다는 이제까지의 연구와는 상반되는 것으로 보인다. 추세가 분명히 눈에 보일 때 사회적 증거가 모든 경우에 적용되지 않는다는 것을 의미하는 걸까? 이 질문에 한마디로 답을 하기는 힘들다. 기존의 사회적 증거의 개념으로는 불가능하지만, 사회적 증거의 개념을 조금 다른 시각에서 접근하면 그들의 행동을 설명할 수 있다. 우리는 지금 자신이 가지고 있는 사회적 증거가 앞으로도 같은 방향으로 지속되리라고 가정한다. 즉 우리가 가지고 있는 사회적 증거는 과거에 사람들이 어떻게 행동했으며, 지금 어떻게 행동하고 있는지를 보여주는 데서 그치지 않고 앞으로의 행동까지도 예측하게 해준다. 따라서 우리는 추세를 통해서 특별하고 강력한 형태의 사회적 증거, 미래의 사회적 증거라는 형식에 접근할 수 있다. 실험 참가자들에게 앞으로 6년 동안 집에서 물을 절약하는 동료 학생들의 비율을 예측해보라고 했을 때, 물 사용에 대한 추세를 알고 있는 참가자들만이 더 많은 학생들이 물 절약에 동참할 거라고 예상했다. 실제로 많은 참가자는 6년이 지나면 물 절약은 이미 대다수가 하는 행동이 되어 있을 것으로 예측했다.

이런 실험 결과를 확인한 후 나는 아직 많이 알려지지 않은 새로운 물건을 시장에 내놓겠다는 사람들에게 이전과 같은 충고를 하지 않는다. 사회적 증거 원칙이 아닌 다른 방법을 사용하라고 충고하는 대신, 그 제품이 어느 정도 시간이 지나면 시장에서 주목을 받게 될 거라는 분명한 근거가 있는지 묻는다. 상대가 긍정적인 대답을 할 경우 나는 바로 그 사실을 핵심적인 메시지로 삼아야 한다고 충고한다. 그러한 근거야말로 다른 이들에게 보여줄 수 있는 진정한 가치의 척도이자 미래의 인기를 보장해주는 기준이기 때문이다. 반면에 부정적인 대답을 하는 사람에게는 그 제품에 대해 재고하거나 새롭게 바꾸거나 아니면 완전히 포기하라고 충고한다.[15]

― 사회적 증거 원칙에 대응하는 자기방어 전략

레스토랑 메뉴 조정 문제로 이 장을 시작하여 성공적인 복음서 판매 전략, 그리고 살인과 자살이라는 사례들까지 사회적 증거 원칙으로 살펴보았다. 그렇다면 그토록 광범위한 분야를 지배하는 사회적 증거 원칙이라는 설득 무기에 우리는 어떻게 대처해야 할까? 문제를 더욱 복잡하게 하는 것은 우리가 대체로 사회적 증거를 통해 얻은 정보를 환영한다는 점이다. 보통은 유용하고 가치 있는 정보들이기 때문이다. 사회적 증거를 참조하면 모든 일을 하나하나 꼼꼼히 조사하지 않고도 많은 결정을 손쉽게 내릴 수 있다. 이런 의미에서 사회적 증거 원칙이 제공하는 자동 판단장치는 비행기에 탑재된 자동 항법장치와 크게 다르지 않다.

그러나 때로는 자동 항법장치에 심각한 문제가 발생하기도 한다. 주로 잘못된 비행 정보가 입력되는 경우다. 그럴 때 비행기는 궤도를 이탈하는데, 입력된 오류의 규모에 따라 끔찍한 결과를 초래할 수도 있다. 그러나 사회적 증거 원칙이 제공하는 자동 항법장치는 대체로 실보다 득이 많아 함부로 연결을 차단해버릴 수도 없다. 그래서 다시 한 번 전형적인 고민에 빠진다. 우리 인생에 이득을 안겨주지만 만만찮은 손해도 끼치는 이 장치를 과연 어떻게 활용해야 할까?

다행히 한 가지 해결 방법이 있다. 자동 항법장치가 문제를 일으키는 것은 주로 잘못된 정보가 입력되는 경우이므로 잘못된 정보가 입력되는 순간을 파악하면 된다. 자동 항법장치가 잘못된 정보를 기초로 사회적 증거 원칙을 작동하려고 하는 순간을 예민하게 포착할 수 있다면, 즉시 자동 장치의 연결을 차단하고 직접 통제할 수 있다.

잘못된 정보는 차단하라

사회적 증거 원칙이 잘못된 정보 입력으로 잘못된 판단을 내리는 경우는 크게 두 가지가 있다. 첫 번째는 사회적 증거가 고의로 왜곡된 경우다. 우리의 어떤 행동을 통해 부당이득을 취하려는 사람들은 우리 외에도 많은 사람들이 그런 행동을 하고 있다는 '인상'을 주기 위해 사회적 증거를 조작한다. 텔레비전 코미디 프로그램에 삽입하는 녹음된 웃음소리가 바로 조작된 정보인데, 이런 정보들은 대부분 놀라울 정도로 속임수라는 티가 분명히 난다.

자동 항법장치는 우리의 의지로 연결 또는 차단이 가능하기 때문에 우선 사회적 증거가 인도하는 대로 믿고 따라가도 된다. 그러다 부정확한 정보가 입력되는 느낌이 들면 즉시 자동 항법장치를 차단하고 직접 조종간을 잡은 다음 잘못 입력된 정보를 수정한 후 자동 항법장치를 다시 연결하면 된다. 요즘은 사회적 증거들이 조작된 경우 너무 분명하게 티가 나서 과연 언제 차단 조치를 취해야 하는지 정확한 단서를 얻을 수 있다. 조작된 사회적 증거에 조금만 더 주의를 기울이면 얼마든지 자신을 보호할 수 있다.

예를 들어 온라인 상품평을 다루었던 1장의 사례 1.1에서 보았듯이, 가짜 상품평들은 디테일의 부족, 많은 일인칭 대명사, 명사에 비해 많은 동사 등 가짜임을 확인할 수 있는 여러 가지 특징을 가지고 있다.

우리를 보호하기 위해 다른 정보원을 이용할 수도 있다. 예를 들어 2019년 미국 국제무역위원회는 선데이 라일리 스킨케어라는 화장품 기업을 고발했다. 제품을 긍정적으로 평가하는 고객 상품평이 사실은 상사들의 압력을 받은 직원들의 작품이었다는 사실이 밝혀졌기 때문이다. 이 사건은 여러 매체에도 널리 보도되었다. 그러니 뉴스 보도만 열심히 보아도 가짜 상품평쯤은 구분해낼 수 있다.

또 다른 예를 들어보자. 앞서 언급했듯이 요즘 들어 평범한 일반인들의 거리 인터뷰 등으로 제품을 평가하는 광고가 유행한다. 경우에 따라 이 일반인들은 자신을 촬영하고 있다는 사실조차 모르는 듯 보인다. 사회적 증거 원칙을 생각해보면 짐작할 수 있겠지만, 이런 '평범한 사람들'의 증언은 상당한 광고 효과를 발휘한다. 그러나 이런 광고들은 미묘한 왜곡을 일으킨다. 항상 제품에 호의적인 사람들만 등장하기 때문에 소비자의 제품 선호도와 관련해 편향된 인상을 주는 것이다.

그런데 최근에는 한층 더 노골적이고 비윤리적인 방법까지 도입됐다. 아예 일반인의 증언을 확보하려는 노력조차 하지 않는 것이다. 그냥 전문 배우를 고용해 일반인 역할을 맡긴 다음 즉석에서 인터뷰를 하는 것처럼 연기하게 한다.

소니 픽쳐스는 직원을 열성 팬으로 위장시켜 TV 네트워크에서 방영되던 자사의 영화인 〈패트리어트The Patriot〉를 광고하다가 적발되었다. 이 직원의 상사는 배우 혹은 직원을 이용하여 광고를 한 기만행위에 대해서 '산업계의 일반적인 관행'이며, 소니 픽쳐스나 연예 오락 산업에서만 찾아볼 수 있는 관행도 아니라고 변명했다. 배우를 고용하여 극장이나 상점 밖에 줄 세워놓고 사람들의 관심을 자극하는 방법도 유사한 기만행위라고 할 수 있다. 폴란드에서 최초로 출시된 애플 아이폰은 제품의 인기를 조작하여 이익을 얻으려는 사람들을 대표하는 상품이 되었다. 애플의 폴란드 광고사는 애플을 위해 사회적 증거를 조작했다. 그들은 어떤 방법을 사용했을까? 아이폰이 처음 출시되던 날 "유명 배우들에게 돈을 지불하고, 전국 20개 상점 앞에 줄을 세웠습니다. 관심을 끌기 위해서였죠"라고 대변인이 발표했다.

누군가 이런 식으로 나를 설득하려고 할 때마다 내 안에서는 일종의 경보 장치가 작동하기 시작한다. "주의하라! 주의하라! 잘못된 사회적 증거가 입력되고 있다. 자동 항법장치를 일시 차단하라." 여기서부터는 어렵지 않다. 정신을 바짝 차리고 위조된 사회적 증거만 찾아내면 된다. 자동 항법장치에 의지해 편안히 비행하다가 명확한 위조의 증거를 발견하는 순간 개입해 직접 조종간을 잡는 것이다.

개입한 다음에는 복수를 해야 한다. 잘못된 정보를 그냥 무시하는 정도가 아니라 적극적으로 반격을 가하라는 뜻이다. 사회적 증거를 조작한 사람들을 최대한 괴롭혀야 한다. '즉석 인터뷰'를 조작한 광고나 인위적인 대기줄과 연관된 제품은 절대 구매하지 말아야 한다. 뿐만 아니라 그런 광고에 대한 소비자의 반응을 알리고, 그런 기만적인 광고를 제작하는 광고회사와는 당장 거래를 끊으라고 웹사이트에 강력하게 항의하는 포스팅을 올려야 한다.

물론 우리가 항상 다른 사람의 행동에 따라 자신의 행동을 결정하는 것은 아니다. 특히 자신이 직접 장단점을 일일이 따져봐야 하는 중요한 상황일 때나 자신의 전문 분야 등에서는 결코 그렇지 않다. 그러나 상당히 광범위한 상황에서 우리는 다른 사람의 행동을 가장 유효한 정보로 사용한다. 그런 상황에서 누군가 고의로 정보를 조작해 믿을 수 없게 해놓았다면 우리도 반격할 준비를 해야 한다. 개인적으로 나는 그런 상황이 닥치면 기분 나쁜 수준을 넘어 분노를 느낀다. 복잡한 현대 생활의 부담을 덜어주는 나의 마지막 보루까지 악용해 나를 궁지로 몰아넣었다는 생각에 화가 치밀어 오른다. 그런 사람들한테는 반격을 가하는 것이 정당하다. 내 생각에 공감한다면 당신도 반격을 가하라.

잠깐 멈춰 주변을 돌아보라

사회적 증거를 고의로 왜곡한 경우 외에도 사회적 증거 원칙이 우리를 잘못된 길로 인도하는 경우가 한 가지 더 있다. 악의 없는 작은 실수가 눈덩이처럼 커다란 사회적 증거가 돼 우리를 잘못된 결정으로 이끄는 경우다. 응급상황을 눈앞에 두고도 모든 사람이 별일 아니라고 생각하는 다원적 무지 현상이 바로 그런 예라 할 수 있다.

그러나 내가 아는 최고의 사례는 바로 몇 년 전 싱가포르의 한 은행에서 벌어진 예금 인출 사태다. 싱가포르의 어느 지방은행 고객들이 특별한 이유 없이 은행으로 몰려들어 광적으로 예금을 인출한 사건이다. 건실한 지방은행이 느닷없이 예금 인출 사태를 겪은 이유는 한동안 미스터리였다. 그러나 한참 후에 조사단이 관련자들을 인터뷰하던 중 드디어 그 이유가 밝혀졌다. 갑작스러운 버스 파업 사태로 그 은행 앞 버스 정류장에 비정상적으로 많은 인파가 몰린 것이 원인이었다. 은행 앞에서 버스를 기다리던 승객들을 부실 은행에서 예금을 인출하려는 은행 고객으로 착각한 행인들이 패닉에 빠져 너도나도 예금을 인출하려고 줄을 서기 시작했고, 그 광경을 본 다른 행인들이 합세하면서 걷잡을 수 없는 사태로 치달았던 것이다. 개점한 지 얼마 되지 않은 그 은행은 파산을 면하기 위해 어쩔 수 없이 문을 닫아야 했다.

이런 사례들을 살펴보면 사회적 증거에 반응하는 방식에 대한 통찰을 얻을 수 있다. 첫째, 많은 사람들이 똑같이 행동하는 모습을 보면 그 사람들은 우리가 모르는 뭔가를 알고 있을 거라고 가정한다. 특히 불확실한 상황일 때는 군중의 집단적 지식을 무한 신뢰하는 경향이 나타난다. 둘째, 그러나 군중은 믿을 만한 정보를 바탕으로 행동하는 것이 아니라 사회적 증거 원칙에 반응해 행동하기 때문에 많은 실수를 저지른다.

여기서 한 가지 교훈을 얻을 수 있다. 자동 항법장치도 사회적 증거와 마찬가지로 결코 전적으로 신뢰할 만한 대상이 아니다. 누군가 악의적으로 거짓 정보를 흘리지 않아도 이따금 저 혼자 고장이 나서 엉뚱한 길로 갈 수 있다. 따라서 자동 항법장치가 객관적 사실이나 이전 경험, 이성적 판단 같은 다른 증거와 어긋나는 방향으로 작동하는 것은 아닌지 때때로 점검해야 한다.

다행히 시간이나 노력이 많이 들지는 않는다. 잠깐 주변을 돌아보는 것으로 충분하다. 이런 작은 노력으로 큰 위험을 방지할 수 있다. 맹목적으로 사회적 증거에만 의지하다가는 끔찍한 결과를 가져올 수 있다. 예를 들면 많은 조종사들이 기상 악화로 위험한 상황인데도 착륙을 시도하다 추락 사고를 일으키곤 한다. 항공사고 연구가들에 따르면 조종사들이 그런 잘못된 판단을 내리는 이유는 착륙을 중단하라고 경고하는 물리적 증거들보다 착륙을 시도해보라고 종용하는 사회적 증거, 예컨대 앞의 비행기가 안전하게 착륙했다는 사실 등에 집착하기 때문이다. 현명한 조종사라면 아무리 앞의 비행기가 안전하게 착륙한다 해도 이따금 계기판과 창밖을 확인할 줄 알아야 한다. 우리도 군중이 보여주는 사회적 증거에 매몰돼 있다는 생각이 들 때마다 이따금 위아래를 둘러볼 필요가 있다. 잘못된 사회적 증거에 대한 대비책을 세우지 않으면 결국 끔찍한 사고로 이어질 위험이 도사리고 있기 때문이다.[16]

독자 편지 4.6
전직 경마장 직원이 보낸 편지

경마장에서 일하는 동안 저는 사회적 증거를 조작해 이득을 취하는 방법을 한 가지 알게 됐습니다. 자신이 선택한 말의 배당률을 낮춰 더 많은 돈을 벌기 위해 다른 사람들이 우승 가능성이 낮은 말에 베팅하게 하는 도박꾼들이 있었던 겁니다.

경마의 배당률은 경주마에 베팅한 금액에 따라 결정됩니다. 많은 돈을 베팅한 말이 우승 확률이 높다는 뜻입니다. 그런데 의외로 경마나 베팅 전략에 대해 잘 아는 사람이 드뭅니다. 출전한 말에 대해 잘 모르는 경우 사람들은 대개 가장 인기 좋은 말에 베팅을 합니다. 배당률은 게시판에 실시간으로 공개되기 때문에 사람들은 어떤 말이 가장 인기 있는지 바로 알 수 있습니다. 도박꾼들이 배당률을 변경하는 방법은 매우 간단합니다. 먼저 가장 우승 확률이 높은 말을 한 마리 찍어둡니다. 다음엔 배당률이 15 대 1 정도로 우승 가능성이 희박한 말을 한 마리 고릅니다. 그리고 창구가 열리자마자 우승 가능성이 희박한 말에 100달러를 걸어 배당률을 2 대 1로 떨어뜨립니다. 그러면 그 우승 가능성이 희박한 말이 순식간에 가장 인기 좋은 말이 됩니다.

여기서부터 사회적 증거가 작동하기 시작합니다. 어떤 말에 베팅을 해야 할지 확신이 없는 사람들은 게시판을 보면서 먼저 베팅한 사람들이 어떤 말을 선택했는지 관찰합니다. 그런 식으로 사람들이 눈덩이 원리에 따라 가장 인기 좋은 말에 계속 베팅을 합니다. 바로 이때 도박꾼은 다시 창구로 가서 자신이 제일 먼저 찍어둔 우승 가능성이 높은 말에 크게 베팅합니다. 이 말은 워낙 인기가 없었기에 그제야 우승 확률이 높아집니다. 만약 이 말이 우승을 한다면 도박꾼은 처음 투자한 100달러의 몇 배나 되는 돈을 벌어들일 수 있습니다. 저 역시 이런 일을 직접 경험했습니다. 누군가 배당률이 10 대 1인 말에 100달러를 걸어 가장 인기 좋은 말로 만들었습니다. 그러자 금방 소문이 퍼지기 시작했습니다. 도박꾼은 당연히 그럴 거라 예상했겠죠. 그러자 나를 포함해 모든 사람이 그 말에 베팅하기 시작했습니다. 결국 그 말은 꼴찌로 들어왔고 사람들은 큰돈을 잃었습니다. 하지만 누군가 이득을 본 사람이 있었죠. 누군지는 모르지만 그 사람이 그 돈을 다 가져간 게 분명합니다. 바로 사회적 증거 원칙을 이해한 사람이었죠.

저자의 한마디

사회적 증거는 어떤 상황이 낯설어 불안을 느끼는 사람, 그래서 결과적으로 외부의 증거를 바탕으로 자신이 선택할 행동을 결정하는 사람한테 가장 강력한 영향을 미친다는 사실을 확인할 수 있다.

◆ **KEY**
◆ **POINT**

◆ 사회적 증거 원칙에 따르면, 사람들은 특정 상황에서 무엇을 믿고 어떻게 행동해야 할지 결정하기 위해 주로 다른 사람들이 무엇을 믿고 어떤 행동을 하는지 살펴보는 경향이 있다. 구매 결정, 기부, 공포증 치료 등 광범위한 분야에서 어른 아이 할 것 없이 모든 사람이 강력한 모방 행동을 보인다. 뭔가 부탁할 때도 사회적 증거 원칙을 이용해 그 부탁을 승낙한 사람이

상당히 많다(많으면 많을수록 좋다)고 알려주면 승낙 확률을 높일 수 있다.

◆ 사회적 증거 원칙은 세 가지 조건에서 가장 강력한 영향력을 발휘한다. 첫 번째 조건은 '불확실성'이다. 모호한 상황에서 확신이 없을 때 다른 사람들의 행동을 관찰하고 그런 행동을 옳은 것으로 받아들일 확률이 높다. 예를 들어 분명한 응급 상황보다는 모호한 상황을 목격한 행인들이 다른 행인들의 행동에 더 많은 영향을 받는다.

◆ 사회적 증거 원칙이 가장 강력한 영향을 미치는 두 번째 조건은 '많은 수'이다. 사람들은 많은 사람들의 행동을 그대로 따라 하는 경향이 있다. 많은 사람이 하는 어떤 행동을 보면 우리는 기꺼이 그 행동을 따르게 되는데, 그 이유는 그 행동이 좀 더 올바르고, 실행 가능하며, 사회적으로 인정받는 것처럼 보이기 때문이다.

◆ 사회적 증거 원칙이 강력한 영향을 미치는 세 번째 조건은 '유사성'이다. 사람들은 자신과 비슷한 사람들을 따라 하는 성향이 있다. 사회학자 데이비드 필립스가 정리한 자살 통계 자료를 살펴보면 사람들이 자신과 비슷한 사람의 행동에 얼마나 강력한 영향을 받는지 쉽게 알 수 있다. 연구에 따르면, 대대적인 자살 보도가 이뤄지고 나면 여러 가지 면에서 자살자와 유사점이 많은 사람들이 자살을 결심할 확률이 높다. 가이아나 존스타운에서 벌어진 집단 자살 사건을 분석한 결과 사교 집단의 교주 짐 존스 목사는 불확실성이라는 요인과 유사성이라는 요인을 모두 사용해서 존스타운 신도들 대부분을 '한 무리'로 만든 뒤 자살로 몰아넣은 것으로 밝혀졌다.

◆ 많은 사람이 저지르는 사회적 증거의 커다란 실수는 (음주운전, 십대의 자살 등) 바람직하지 않은 행동을 막아보려고, 그 행동 빈도를 개탄하는 것이다. 하지만 '이 바람직하지 않은 짓을 하는 사람들을 보라'는 개탄에는 '이 일을 하는 모든 사람을 보라'라는 메시지가 숨겨져 있으며, 사회적 증거 원칙을 통해 상황을 더 악화시킬 수 있다.

◆ 메시지 전달자가 현재로서는 널리 인정을 받지 못하고 있는 아이디어, 대

의 혹은 제품을 갖고 있어서 기존의 사회적 증거를 이용할 수 없을 때는 솔직하게 추세를 언급하며 미래의 사회적 증거가 갖는 힘을 이용할 수 있다. 그의 이야기를 듣는 사람은 그 추세가 계속되리라 예상하기 때문이다.

◆ 잘못된 사회적 증거의 희생양이 되지 않으려면 자신과 비슷한 사람들이 보여주는 명확한 거짓 사회적 증거를 예민하게 포착하고, 자신과 비슷한 사람들의 행동만 판단의 유일한 근거로 삼지 않도록 노력해야 한다.

PART 5

권위 원칙
유도된 존중

◆ ◆

전문가를 따르라.

_베르길리우스

얼마 전 한 한국 신문 기자가 "왜 행동과학이 이렇게 인기가 있는 거죠?"라고 물었다. 몇 가지 이유가 있지만, 그중 하나는 전 세계 정부, 기업, 법률, 의학, 교육, 비영리 단체 곳곳에서 행동과학 연구부서가 자리 잡고 있기 때문이다. 가장 최근의 자료를 보면, 10년도 안 되는 기간에 600여 개가 넘는 연구기관이 세워졌다. 각각의 기관들은 행동과학의 원리를 활용하여 수없이 많은 현실적 문제들을 해결하는 데 열중하고 있다. 그중에서도 최초로 설립된 영국 정부의 행동조사팀Behavioural Insights Team, BIT은 엄청난 생산력을 보여주고 있다.

예를 들어 행동조사팀의 연구원들은 상당한 재력을 가진 부자들이 의미 있는 사업에 기꺼이 지갑을 열게 만드는 방법을 연구하면서 투자 은행 직원들에게 하루치 일당을 기부하도록 동기를 부여하는 다양한 기술을 비교해보았다. 이들은 세계적인 은행의 런던 지부 은행원들에게 헬프 캐피털 차일드Help a Capital Child나 영국 수막염연구재단Meningitis

Research UK과 같은 자선단체를 위한 기금 마련 캠페인에 기부해줄 것을 요청했다. 첫 번째 그룹의 은행원들에게는 일반적인 방식으로 재정적인 도움을 요청했는데, 이들이 요청에 응하는 비율은 5퍼센트에 불과했다. 두 번째 그룹은 이 프로그램에 기부를 하고 있는 유명인사가 찾아와 도움을 요청했다. 그러자 호감에 기반을 둔 설득 전략이 효과를 발휘하여 기부는 7퍼센트로 뛰어올랐다. 세 번째 그룹은 상호성 원칙에 기반한 방식으로 설득을 받았다. 건물에 들어설 때, 자원봉사자들이 사탕을 주며 이 프로그램에 참여하라고 권유했고, 이 집단의 기부율은 11퍼센트였다. 네 번째 집단은 권위 원칙에 입각한 설득을 받았다. 이들의 CEO가 이 프로그램은 자선단체는 물론 은행에도 도움이 되리라는 내용으로 편지를 보낸 것이다. 그러자 12퍼센트가 기부에 참여했다. 마지막 그룹에게는 상호성과 권위의 원칙을 결합한 방식을 사용했다. 자원봉사자들이 사탕 선물을 준 데 더해서 CEO가 개별적으로 편지까지 보냈다. 그러자 기부율은 17퍼센트까지 솟구쳤다.

CEO의 편지는 단독으로 사용되었을 때는 물론이고 다른 설득의 원칙과 같이 사용될 때도 기부를 결정하는 데 커다란 영향을 미쳤다. 그 이유는 편지가 두 가지 종류의 권위를 가지고 있었기 때문이다. 첫째, 그는 은행이라는 조직 안에서 권위를 가진 사람이다. 따라서 편지를 받은 사람의 조직 내 위치에 영향을 미칠 수 있고, 특히 받는 사람을 특정해서 쓴 편지이기 때문에 그가 자신의 요청에 따랐는지 알게 될 것이다. 둘째로, 그는 이 문제에 권위자이기도 하다. 그는 특정 자선기관의 본질적 가치는 물론 이 캠페인이 은행에 어떤 가치를 가졌는지도 알고 있다. 부탁하는 사람이 이 권위 특성들을 조합하여 가지고 있을 때, 사람들이 그의 요구를 따를 가능성은 커진다. 실제로 이 조합은 행동과학의 역사에서 가장 놀라운 반응 패턴을 설명해준다.[1]

어느 날 지역 신문을 뒤적이다가 인근 대학의 심리학과에서 '기억 연구'에 참여할 자원자를 모집한다는 광고를 발견했다고 가정하자. 실험 주제에 흥미가 생긴 당신은 연구단장인 스탠리 밀그램Stanley Milgram 교수에게 전화를 걸어 1시간짜리 실험 과정에 참여하기로 약속한다. 실험실에 도착해보니 두 남자가 대기하고 있다. 한 남자는 회색 실험복에 클립보드를 손에 들고 있는 걸로 봐서 실험을 관리하는 연구자가 분명해 보인다. 또 다른 남자는 모든 면에서 매우 평범해 보이므로 아마도 실험 자원자인 모양이다.

서로 간단히 인사를 나누자 연구자가 실험 과정을 설명한다. 실험 주제는 처벌이 학습과 기억에 미치는 영향에 관한 것이다. 따라서 피험자 중 한 사람은 '학생' 역할을 맡아 둘씩 짝지은 여러 개의 단어 쌍을 배운 다음 최대한 완벽하게 암기해야 한다. 나머지 피험자는 '선생' 역할을 맡아 학생이 단어를 얼마나 잘 기억하는지 테스트하면서 학생이 틀린 답을 말할 때마다 전기 충격을 가해야 한다.

설명을 들은 당신은 약간 불안하다. 제비뽑기에서 당신이 학생 역할을 맡게 됐다는 말을 듣자 불안감은 더욱 커진다. 실험에 자원하면서 신체적인 고통을 겪으리라고는 전혀 예상하지 못했기 때문에 실험을 포기할까 하는 생각이 잠깐 스친다. 하지만 필요하면 실험 도중 얼마든지 포기할 수 있을 테고, 전기 충격을 받는다 해도 설마 못 견딜 정도일까 싶어 그냥 실험에 참여하기로 결정한다.

잠시 주어진 단어 쌍을 암기하고 나자 연구자가 당신을 의자에 묶고

'선생' 역할을 맡은 피험자 앞에서 당신 팔에 전극을 연결한다. 전극을 보니 더 불안해진 당신은 전기 충격의 강도가 얼마나 되는지 연구자에게 묻는다. 상당히 고통스럽긴 하겠지만 '세포에 영구적인 손상을 입힐 정도는 아니다'라는 전혀 위로가 안 되는 대답만 돌아온다. 그 말을 끝으로 당신만 남겨둔 채 연구자와 선생은 옆방으로 자리를 옮긴다. 그리고 선생이 인터폰으로 질문을 하고 당신이 틀린 답을 말할 때마다 전기 충격을 가해 벌을 주기 시작한다.

테스트가 진행되면서 선생의 행동 패턴이 이해되기 시작한다. 선생은 인터폰으로 질문을 하고 대답을 기다린다. 당신이 틀린 답을 말할 때마다 선생은 당신에게 가할 전기 충격의 강도를 알려준 다음 레버를 당겨 전기를 흘려보낸다. 가장 심란한 점은 당신이 틀린 답을 말할 때마다 전기 충격 강도가 15볼트씩 높아진다는 점이다.

초반에는 테스트가 순조롭게 진행됐다. 전기 충격은 짜증나지만 견딜 만한 수준이다. 그러나 시간이 흐를수록 틀린 답이 많아지면서 전기 충격의 강도가 높아진다. 이제 한 번씩 전기 충격을 받을 때마다 집중력이 흐트러져 틀린 답을 말하는 횟수가 더 많아지고, 그 결과 전기 충격이 더 강해지는 악순환이 반복된다. 강도가 75, 90, 105볼트까지 높아지자 고통스러워 입에서 절로 신음이 흘러나온다. 120볼트에 이르자 당신은 인터폰에 대고 이제 '정말' 아프다고 호소한다. 선생이 150볼트의 전기 충격을 가하는 순간 당신은 인터폰에 대고 이렇게 외친다. "이제 그만 나 좀 내보내줘요. 제발 나 좀 여기서 꺼내줘요. 지금 당장."

그러나 선생은 당신의 부탁대로 연구자를 데리고 건너와 당신을 풀어주기는커녕 냉정하게 다음 질문으로 넘어갈 뿐이다. 놀랍기도 하고 당황스럽기도 한 당신은 머릿속에 떠오르는 아무 단어나 내뱉는다. 당연히 틀린 답이므로 선생은 다시 165볼트의 전기 충격을 가한다. 당신은 선생에게 제발 이제 좀 멈추고 나를 꺼내달라고 소리소리 지른다. 그러나 선생은 냉담하기 그지없는 태도로 시종일관 질문을 던지고, 혼란에 빠진 당신이 틀린 답을 내놓으면 또다시 무자비한 전기 충격을 가할 뿐이다. 드디어 패닉에 빠진 당신은 전기 충격을 받을 때마다 온몸을 비틀며 비명을 질러댄다. 벽에 발길질을 하며 제발 풀어달라고, 제발 도와달라고 선생에게 애원한다. 하지만 질문은 계속되고 끔찍한 전기 충격도 계속된다. 195, 210, 225, 240, 255, 270, 285, 300볼트까지 살이 타는 듯한 고통이 몰려온다. 더 이상 질문에 제대로 답할 수 없을 것 같다는 생각에 당신은 질문을 해도 답을 하지 않겠다고 선언한다. 하지만 아무 소용이 없다. 선생은 당신이 대답을 하지 않는 것을 답을 모르는 것으로 여기고 다시 전기 충격을 가한다. 이 끔찍한 고통은 당신이 반쯤 마비 상태에 빠질 때까지 계속된다. 당신은 더 이상 소리를 지르며 울지도 못하고, 살려달라고 애걸복걸하지도 못한다. 그저 축 늘어져 끔찍한 고통을 온몸으로 감수할 뿐이다. 그러면서도 이렇게 힘없이 뻗어 있는 모습을 보면 선생이 테스트를 중단할지도 모른다는 실낱같은 희망을 품어본다. 학생이 대답도 못 하는데 실험을 계속할 이유가 없지 않은가. 그러나 선생은 무자비하게 질문을 계속하고 끔찍한 수준의 전기 충격 강도(이제 400볼트를 넘어섰다)를 알려준 다음 가차 없이 레버를 당긴다. 당신은 혼미해진 의식으로 생각한다. 저자는 도대체 어떻게 돼먹은 인간이란 말인가? 왜 나를 도와주지 않을까? 왜 멈추지 않는 것일까?

一 권위의 위력

이 시나리오를 읽으면 대부분의 사람들이 끔찍한 악몽을 떠올릴 것이다. 그러나 진짜 악몽 같은 일은 이 시나리오가 실제로 벌어진 일이었다는 점이다. 다시 말해 스탠리 밀그램이라는 심리학과 교수가 실시했던 실험으로, 선생 역할을 맡은 피험자들은 비명을 지르고 발버둥 치면서 살려달라고 애원하는 학생들에게 매우 위험한 수준의 전기 충격을 지속적으로 가했다. 실험에서 실제가 아니었던 것은 딱 하나 전기 충격뿐이었다. 고통 속에서 비명을 지르며 제발 풀어달라고 애원한 학생들은 진짜 피험자가 아니라 연구진의 일원이었다. 이들은 선생 역을 맡은 피험자가 레버를 당길 때마다 전기 충격을 받은 것처럼 연기했던 것이다. 밀그램의 연구 목적은 처벌이 학습과 기억에 미치는 영향과는 아무 상관이 없었다. 사실은 전혀 다른 실험이었다. 바로 평범한 사람들이 권위 있는 인물에게 명령을 받았을 때 아무 죄도 없는 다른 사람에게 어느 정도까지 고통을 가할 수 있는지를 알고자 했던 것이다.

실험 결과는 무시무시했다. '악몽'과도 같은 앞의 상황에서 평범한 '선생'들은 고통을 호소하는 학생들에게 자신이 할 수 있는 최대치의 전기 충격을 가했다. 밀그램의 실험에 참가한 피험자들 중 3분의 2 정도가 희생자의 절절한 애원에도 아랑곳없이 자기 앞에 늘어선 30개의 레버를 하나도 남김없이 잡아당겼고, 결국 마지막 450볼트짜리 레버까지 당기고 나서야 실험을 마무리했다. 더욱 충격적인 일은 실험에 참가한 피험자 40명 중 희생자가 맨 처음 풀어달라고 했을 때 또는 조금 더 지나 제발 좀 풀어달라고 애원했을 때, 심지어 밀그램의 말에 따르면 전기 충격을 가할 때마다 희생자가 '고통에 가득찬 비명을 질러댈 때'까지도 자신이 맡은 선생 역할을 포기한 사람이 아무도 없었다는 점이다.

이런 결과가 나오자 밀그램을 포함해 실험에 관여한 모든 사람은 깜짝 놀랐다. 사실 밀그램은 실험 시작 전에 동료들과 예일대학교 심리학과 대학생 및 대학원생을 모아놓고 실험 방법을 미리 알려준 다음 마지막 450볼트까지 전기 충격을 가하는 피험자가 몇 명일지 예측해보도록 했다. 대부분 1~2퍼센트 정도라는 데 의견이 모아졌다. 심리치료사 39명에게 물어본 결과도 마지막 단계까지 실험을 계속할 사람은 1,000명 중에 한 명 정도밖에 없을 것으로 나왔다. 실제 실험 결과와 같은 행동 패턴이 나타날 거라고 예상한 사람은 아무도 없었다.

그렇다면 이 놀라운 행동 패턴을 어떻게 설명해야 할까? 밀그램의 피험자들이 여자들보다 공격성이 강하다고 알려진 남자들로만 구성됐기 때문이라든지, 그 정도 강도의 전기 충격이 희생자에게 얼마나 악영향을 미칠지 잘 몰랐기 때문이라든지, 유난히 남을 괴롭히기 좋아하는 비도덕적인 사람들만 모여 있었기 때문이라든지 등 여러 주장이 제기됐다. 그러나 이런 가설들을 반박하는 많은 증거가 있다. 첫째, 후속 연구에 따르면 피험자들은 성별에 관계없이 희생자에게 최고 단계까지 전기 충격을 가했다. 여성 피험자들도 밀그램의 첫 번째 실험에 참가했던 남성 피험자들과 정확히 똑같은 행동 패턴을 보였다.

둘째, 전기 충격이 희생자들에게 어떤 악영향을 미칠지 피험자들이 잘 몰랐으리라는 주장은 설득력이 떨어진다는 사실도 실험에서 입증됐다. 연구진은 '학생' 역할을 맡은 몇몇 사람에게 전기 충격을 받을 때 심장 이상을 호소하도록 지시했다. "이제 그만 제발 풀어주세요. 심장이 안 좋다고 말씀드렸잖아요. 심장에 이상이 느껴져요. 더 이상 못하겠어요. 그만 풀어주세요." 하지만 이번에도 결과는 마찬가지였다. 생명에 위협을 느낀다고 애원해도 피험자의 65퍼센트가 자신의 임무를 충실히 수행하며 최고 수준까지 전기 충격을 가했다.

끝으로 밀그램의 피험자들이 유난히 비뚤어지고 가학적인 사람들로 평범한 일반인을 대표할 수 없는 집단이라는 주장도 잘못됐다고 밝혀졌다. 지역 신문에서 '기억 연구' 관련 광고를 보고 밀그램의 실험에 참가했던 사람들은 연령, 직업, 교육 수준 등에서 우리 사회의 가장 표준적인 부류였다. 더욱이 실험 이후 실시한 심리 테스트에서 정신병적 징후가 전혀 없는, 심리적으로 가장 정상적인 사람들로 드러났다. 말하자면 그들은 우리와 똑같은 사람들이었다. 아니 밀그램 식으로 표현하면 그들은 바로 '우리'였다. 밀그램의 말대로 그 소름끼치는 실험 결과가 바로 우리 자신의 모습을 보여주는 것이라면, 불편하더라도 다음과 같은 질문을 스스로에게 던져봐야 한다. "과연 무엇이 우리에게 그런 행동을 하게 했을까?"

밀그램은 그 정답을 알고 있다고 확신했다. 바로 권위에 대한 뿌리 깊은 복종심이었다. 밀그램에 따르면 그런 실험 결과가 나온 것은 피험자들이 윗사람의 권위에 도전하지 못했기 때문이다. 실험복 차림의 권위적인 연구자가 피험자한테 '선생'의 의무를 다하라고 강요하고, 필요한 경우 명령까지 서슴지 않자 피험자들은 희생자들의 신체적·감정적 고통을 보면서도 감히 연구자에게 반항할 수 없었던 것이다.

밀그램의 '권위에 대한 복종' 가설을 뒷받침하는 강력한 증거가 많다. 첫째, 연구자가 실험을 계속하라고 명령하지 않았다면 피험자들은 틀림없이 실험을 일찍 중단했을 것이다. 피험자들은 자신의 행동을 싫어했고, 피해자들이 고통스러워할 때마다 괴로워했다. 연구자에게 실험을 중단하게 해달라고 부탁하기도 했다. 연구자가 거절하자 어쩔 수 없이 실험을 계속 진행하긴 했지만, 몸을 벌벌 떨고 진땀을 흘리면서 제발 희생자를 풀어달라고 여러 차례 항의하고 부탁했다. 손톱이 살갗을 파고들 정도로 주먹을 꽉 쥐거나 피가 날 정도로 입술을 꽉 깨물기도 했으며, 두 손으로 머리를 잡아뜯거나 발작하듯이 신경질적인 웃음을 터뜨리기도 했다. 밀그램의 실험을 밖에서 관찰했던 사람이 어느 피험자의 모습을 다음과 같이 묘사했다.

나이 지긋한 사업가가 편안하고 자신감 넘치는 태도로 미소를 지으며 실험실로 들어섰다. 그러나 20분 만에 온몸을 벌벌 떨며 말을 더듬는 폐인, 폭발 직전의 신경 쇠약자로 전락했다. 그는 연신 귓불을 잡아당기고 두 손을 비비 꼬았다. 그러더니 갑자기 주먹으로 자기 이마를 때리며 중얼거렸다. "오, 하나님, 제발 실험을 멈춰주세요." 그러면서도 실험자의 모든 명령을 철저히 따르며 실험을 끝까지 완수했다(Milgram, 1963, p. 377).

이런 관찰 결과뿐 아니라 밀그램은 피험자들의 행동이 권위에 대한 복종이었다는 사실을 뒷받침하는 더욱 설득력 있는 증거를 제시했다. 밀그램은 후속 연구에서 연구자와 '학생'의 대본을 바꿔 연구자는 '선생'에게 전기 충격을 멈추라고 지시하는 반면, 희생자인 학생이 선생에게 괜찮으니까 실험을 계속하라고 요구하도록 했다. 결과는 너무도 명확했다. 아무리 동료 피험자가 전기 충격을 계속 가하라고 말해도 그 말에 따라 실험을 계속한 피험자는 아무도 없었다. 또 다른 실험에서도 똑같은 결과가 나타났다. 이번에는 연구자와 학생의 역할을 바꿔, 연구자가 의자에 묶인 채 풀어달라고 부탁했고 학생은 선생 역할을 맡은 피험자에게 실험을 계속하라고 명령했다. 이번에도 학생의 명령에 따라 연구자에게 전기 충격을 계속 가한 피험자는 아무도 없었다.

밀그램의 실험에서 피험자들이 보여준 권위에 대한 극단적인 순종은 또 다른 실험에서도 확실히 드러났다. 이번엔 연구자 두 명이 선생 역할을 맡은 피험자에게 서로 모순되는 명령을 내렸다. 한 연구자는 희생자가 풀어달라고 소리를 지르면 전기 충격을 중단하라고 명령한 데 반해, 다른 연구자는 그래도 실험을 계속하라고 명령했다. 이런 식으로 모순되는 명령을 내리자 이 끔찍한 실험에서 처음으로 약간 유머러스한 결과가 나왔다. 희비극적 상황에서 혼란에 빠진 피험자는 두 연구자를 번갈아 보면서 제발 두 사람이 같은 명령을 내려달라고 부탁했다. "잠깐, 잠깐만요. 누구 말을 들으라는 겁니까? 한 명은 멈추라 하고 한 명은 계속하라니……. 도대체 어쩌라는 거요?" 두 연구자가 언쟁을 계속하자 피험자는 누가 더 높은 사람인지 알아내려고 무척 애를 썼다. '진짜' 권위를 찾아 복종하려는 노력이 수포로 돌아가자 피험자는 결국 자신의 본능에 따라 전기 충격을 멈췄다. 이와 유사한 실험에서와 마찬가지로 만약 피험자들이 원래 가학적이거나 병적으로 공격적이었다면 결코 이런 결과가 나올 수 없었을 것이다.

연구 결과가 축적될수록 소름끼치는 현상이 더욱 분명하게 드러났다. "연구 결과를 종합해보면 인간은 권위적인 사람의 명령이라면 아무리 극단적인 명령이라도 끝까지 따르려 한다는 사실이 분명하다." 그러니 정부라는 또 다른 형태의 강력한 권위가 평범한 국민들에게서 얼마나 무시무시한 수준의 복종을 끌어낼 수 있는지 충분히 짐작해볼 수 있다. 이런 연구 결과들은 권위가 우리의 행동에 얼마나 강력한 영향력을 행사하는지 제대로 보여준다. 부과된 임무 앞에서 벌벌 떨고 땀을 흘리며 괴로워하는 밀그램의 피험자들을 보고 나면, 그 피험자들을 사로잡았던 강력한 권위의 위력을 과연 누가 의심할 수 있겠는가.

그런데도 실험 결과에 의심이 남았다면, 다음에 소개하는 브라이언 윌슨S. Brian Willson의 이야기에서 확신을 얻을 수 있을 것이다. 1987년 9월 1일 윌슨은 니카라과에 대한 미국의 무기 지원에 항의하는 의미로 동료 두 명과 함께 캘리포니아 주 콩코드에 있는 미 해군 무기저장고 앞 선로 위에 드러누웠다. 그렇게 하면 그날로 예정된 기차를 이용한 무기 반출을 중단시킬 수 있을 거라고 생각했다. 해군과 철도 당국에는 이미 사흘 전에 자신들의 계획을 예고해둔 상태였다. 그런데 기관사들은 기차 운행을 중단하지 말라는 명령을 받았다는 이유로 200미터 전방에 누워 있는 시위자 세 명을 보고도 전혀 속도를 줄이지 않고 그대로 달려들었다. 동료 두 명은 다행히 간발의 차이로 화를 면했지만, 윌슨은 급히 피하던 중 다리가 걸려 무릎 아래가 절단되는 사고를 당하고 말았다. 게다가 현장에 있던 해군 위생병은 윌슨에게 응급 처치를 하지 않은 것은 물론이고, 해군 구급차로 환자를 병원으로 이송하는 것도 거부했다. 결국 윌슨의 아내와 아들을 포함한 주변의 구경꾼들은 민영 구급차가 도착할 때까지 무려 45분 동안이나 윌슨의 다리에서 흘러내리는 피를 지혈하며 버텨야 했다.

베트남에서 4년이나 복무한 경험이 있는 윌슨은 놀랍게도 이 불행한 사고와 관련해 기관사나 위생병을 비난하지 않았다. 대신 기관사와 위생병에게 그런 무자비한 명령을 내리고 따르도록 압박을 가한 시스템에 비난의 손가락을 돌렸다. "그들은 내가 베트남에서 한 일과 똑같은 일을 한 겁니다. 비정상적 정책에 근거한 명령을 무조건 따랐을 뿐입니다. 그들은 희생양입니다." 그러나 기관사들은 자신들을 희생자라고 한 윌슨의 견해는 공유하면서도 윌슨의 관대한 아량은 공유할 수 없었던 모양이다. 아마도 이 사건의 가장 어이없는 부분은 기관사들이 윌슨을 상대로 소송을 제기한 일일 것이다. 그들은 명령에 따라 업무를 수행하는 중이었는데 윌슨의 다리 절단 사고가 일어나는 바람에 '수치심과 정신적 고통, 신체적 스트레스'를 받았다고 고소 이유를 밝혔다. 훌륭한 사법 제도 덕분에 소송은 즉시 기각되었다.[2]

— 맹목적 복종의 매력과 위험

인간의 행동을 좌우하는 강력한 동기에는 그에 합당한 이유가 있다고 봐야 한다. 권위에 대한 복종 역시 인간의 사회 조직을 잠깐만 살펴보면 그 존재 이유를 금방 파악할 수 있다. 사회 전반에 체계적인 위계질서가 형성돼 있으면 유익한 점이 매우 많다. 자원을 생산하고, 거래하고, 적군을 방어하고, 사회를 확장하고 통제하는 정교한 구조로 발전할 수 있기 때문이다. 체계적인 권위가 확립되지 않은 상태에서는 그런 사회구조가 존속하기 어렵다. 위계질서의 반대 개념은 '무정부 상태 anarchy'다. 무정부 상태에서는 어떤 문화적인 혜택도 받기 어렵다. 사회철학자 토머스 홉스Thomas Hobbes는 무정부 상태가 인간의 삶을 '외롭고,

궁핍하며, 비참하고, 야만적'으로 몰고 갈 거라고 확신했다. 따라서 사람은 태어날 때부터 올바른 권위에 복종하는 것이 옳은 일이고 복종하지 않는 것은 잘못된 일이라고 배우며 성장한다. 어릴 때는 가정이나 학교에서 여러 가지 노래나 이야기, 교훈 등을 통해 권위에 복종하는 것이 올바른 일이라는 메시지를 배우고, 성인이 되면 법률·군대·정치 체계 안에서 같은 메시지를 접한다. 따라서 모든 사람이 정해놓은 규칙을 충실히 준수하는 것을 중요한 가치로 여긴다.

종교적 가르침도 같은 역할을 한다. 성경의 첫 장인 〈창세기〉에는 절대적 권위에 반항한 결과 아담과 이브 그리고 전 인류가 낙원을 상실하는 이야기가 나온다. 〈창세기〉의 은유만으로 쉽게 이해되지 않는다면 《구약성서》를 조금만 더 읽어보기 바란다. 하나님의 명령이라는 이유만으로 어떤 설명도 요구하지 않고 무작정 어린 아들의 가슴에 단검을 꽂으려 했던, 성경에서 밀그램의 실험과 가장 공통점이 많은 아브라함의 이야기를 발견할 수 있을 것이다. 우리는 아브라함의 이야기에서 어떤 행동의 옳고 그름을 결정하는 것은 외적으로 드러난 무자비함이나 불공평함, 비도덕성 등이 아니라 최고 권위자의 명령임을 알 수 있다. 아브라함의 고통스러운 시련은 복종의 시험이었고, 아브라함은 밀그램의 피험자들처럼 시험을 통과했다.

아브라함이나 밀그램 실험의 피험자들은 우리 문화가 복종을 얼마나 높이 평가하며 중요하게 생각하는지 잘 보여준다. 그러나 어떤 의미에서는 오해를 불러올 수도 있는데, 사실 우리는 권위자의 명령에 그 정도로 고민에 고민을 거듭하는 일이 별로 없기 때문이다. 우리는 의식적인 고려 없이 '누르면, 작동하는' 방식으로 명령에 복종하는 경우가 많다.

권위자가 제공하는 정보를 지름길 삼아 자신의 행동을 곧장 결정해버린다.

밀그램이 지적했듯이 권위자의 명령에 따르면 실제로 유익한 경우가 많다. 어린 시절에는 (부모나 교사처럼) 우리보다 더 똑똑한 권위자를 따르는 것이 확실히 유익하다. 그들이 더 지혜롭기도 하지만 우리에게 상벌을 줄 수 있는 권한을 가졌기 때문이다. 어른이 되면 권위자가 고용주나 판사, 정부 지도자 등으로 대체되지만, 역시 같은 이유로 이런 권위자들을 따르는 것이 유익하다. 권위자들은 사회적 지위 덕분에 더 많은 정보와 힘을 갖고 있으므로 그들의 요구에 따르는 것은 합리적이다. 그런데 권위자에게 복종하는 것을 너무 당연시하다 보면 전혀 합리적이지 않은 명령에도 그대로 따르는 사태가 벌어진다.

이는 다른 설득의 무기에도 모두 적용되는 역설이다. 권위에 복종하는 것이 대부분의 경우에 이익이라는 사실을 알게 되면 사람들은 자동 복종이라는 편리한 방법을 도입한다. 그러나 그런 식의 맹목적인 복종은 그 기계적인 특성 탓에 축복인 동시에 저주가 될 수 있다. 굳이 생각할 필요가 없기에 아예 생각하지 않는 것이다. 대부분의 경우엔 맹목적 복종을 통해서도 적절한 행동을 취할 수 있지만, 생각 없이 행동하다 보면 분명히 적절한 행동을 취하지 못하는 예외적인 경우도 발생한다.

권위의 압력이 상당히 강력하고 가시적으로 작용하는 의료 분야를 예로 들어보자. 누구나 건강을 매우 중요하게 생각한다. 따라서 이 중요한 분야에서 많은 지식과 영향력을 갖고 있는 의사들은 권위자로서 존경을 받는다. 더욱이 의료계는 권력과 명예의 위계질서가 확실한 곳이다. 의료업계 종사자들은 자신이 그 위계질서 안에서 어떤 위치에 있는지 인식하고 있으며, 위계질서의 맨 꼭대기에는 의사가 있다는 사실도 분명히 알고 있다. 의사가 어떤 질환에 대해 진단을 내리면, 그보다 지위가 높은 의사를 제외하고 어느 누구도 반론을 제기할 수 없다. 결과적으로 의료계에는 의사의 명령에 무조건 자동 복종이라는 불문율이 확립돼 있다.

따라서 의사가 아무리 분명한 실수를 하더라도 하급자 가운데 누구 하나 의문을 제기할 '생각'조차 못하는 우려스러운 상황이 벌어질 수 있다. 일단 합법적인 권위자가 명령을 내리면 하급자는 '생각'을 중단하고 행동해야 하기 때문이다. 이런 식의 '누르면, 작동하는' 반응과 병원의 복잡한 주변 환경이 결합하면 실수는 피할 수 없다. 실제로 미국 의회에 보건의료 정책을 조언하는 의학협회Institute of Medicine에 따르면 입원 환자들을 대상으로 하루 평균 최소 한 번씩의 투약 실수가 벌어진다. 또 다른 통계도 섬뜩하기는 마찬가지이다. 미국에서 매년 의료 과실로 사망하는 사람들은 모든 사고로 사망하는 사람들의 수를 합친 것보다 많으며, 전 세계적으로 1차 및 외래 환자의 40퍼센트가 매년 의료 과실을 겪는다.

이런 의료 사고의 원인은 여러 가지가 있다. 그러나 템플대학교 약학과 교수 마이클 코헨Michael Cohen과 닐 데이비스Neil Davis는 《투약 사고 : 원인과 예방Medication Errors: Causes and Prevention》이라는 책에서 투약 사고 중 많은 경우가 의료진이 환자에 대한 최종적 권위를 갖고 있는 주치의를 너무 맹신하기 때문에 발생한다고 주장한다. 코헨에 따르면, 환자, 간호사, 약사, 다른 의사 등 누구도 해당 의사의 처방에 대부분 의문을 제기하지 않는다. 코헨과 데이비스는 그 사례로 '직장 귀 염증'이라는 기이한 경우를 꼽는다. 한 의사가 귀에 염증을 앓고 있는 환자의 오른쪽 귀에 약을 넣으라고 처방했다. 그런데 처방전에 '오른쪽 귀Right Ear'라고 정확히 명시하지 않고 약자로 기록하는 바람에 '항문Rear'처럼 보였다. 처방전을 받은 담당 간호사는 즉시 지시대로 귀에 넣어야 할 약을 환자의 항문에 투약했다.

귀 염증인데 항문에 투약을 하라는 얼토당토않은 처방이었는데도 환자나 간호사는 의문을 제기하지 않았다. 이 일화의 중요한 교훈은 합법적인 권위자의 말은 비합리적이고 이상하다 할지라도 그냥 통과하는 경우가 많다는 것이다. 직접 전체 상황을 파악하는 대신 권위자의 말이라는 한 가지 사실에만 반응하기 때문이다.

사람들이 그런 식으로 분별없는 행동을 하면 틀림없이 거기서 이득을 취하려는 설득의 달인이 있게 마련이다. 광고주들은 의사들이 존경받는다는 점을 이용해 자사 제품 광고에 의사 역할을 맡은 배우를 출연시키는 경우가 많다.

내가 자주 드는 예는 크리스 로빈슨Chris Robinson을 내세운 빅스 포뮬러 44 기침약의 텔레비전 광고이다. 크리스 로빈슨은 1980년대 오후 시간대에 인기 있던 텔레비전 드라마 〈제너럴 호스피탈General Hospital〉에서 주인공 릭 웨버 박사 역으로 출연했던 배우이다. 광고는 이렇게 시작한다. "저는 의사가 아닙니다만, 텔레비전에서 의사 역할을 하고 있죠." 그리고는 젊은 어머니들을 대상으로 빅스 포뮬러 44 기침약의 장점을 언급한다. 이 광고는 대단히 성공적이어서 판매도 상당히 늘었다고 한다.

이 광고는 왜 효과가 있었을까? 도대체 왜 우리는 일개 배우에 불과한 크리스 로빈슨이 설명하는 기침 억제제의 건강상 장점을 그토록 진지하게 들어주었을까? 왜냐하면 시청자들에게 그는 오랫동안 시청률이 높았던 TV 시리즈에 등장하는 릭 웨버 박사를 연상시켰기 때문이다. 그를 주인공으로 선택한 광고 회사는 이런 사실을 이미 알고 있었다. 객관적으로 볼 때 소비자들이 의사 역할을 연기한 배우의 말에 좌지우지되는 것은 말이 되지 않는다. 하지만 실제로 우리가 느끼는 권위에 대한 맹목적인 반응 때문에 그 광고는 성공을 거둘 수 있었다.

광고가 얼마나 효과적이었던지, 1986년 크리스 로빈슨이 탈세 혐의로 투옥되자 빅스는 광고를 중단하는 대신 다른 유명 배우를 고용하여 같은 광고를 찍었다. 이번에는 〈올 마이 칠드런All My Children〉에서 역시 의사 역할을 맡았던 피터 버그먼Peter Bergman이었다. 의사 역할을 한 배우만 바뀌었을 뿐, 이전 광고를 거의 복제한 수준이었다. 유죄 판결을 받고 감옥에 갇힌 크리스 로빈슨이 수감 중 노동 활동 보장 프로그램prison work-release program을 이용하여 여전히 〈제너럴 호스피탈〉에 출연하고 있는 것도 주목할 만한 일이다. 다른 배우라면 꿈도 꿀 수 없는 이러한 혜택을 어떻게 설명해야 할까? 아마 그것도 그가 드라마에서 의사 역할을 했기 때문일 것이다.[3]

독자 편지 5.1

텍사스 주에서 한 대학 교수가 보낸 편지

저는 펜실베이니아 주 워렌의 이탈리아인 빈민가 출신입니다. 요즘도 가족과 친지를 만나러 고향에 들르곤 합니다. 다른 지역과 마찬가지로 그곳도 이탈리아인이 운영하는 작은 식료품점은 대부분 사라지고 규모가 큰 슈퍼마켓 체인들이 들어섰습니다. 한번은 어머니가 슈퍼마켓에 가서 토마토 통조림을 잔뜩 사오라고 했습니다. 슈퍼마켓에 가보니 퍼마노Furmano 토마토 통조림이 다 팔리고 없었습니다. 텅 비어 있는 선반 바로 아래를 들여다보니 퍼먼Furman이라는 상표의 토마토 통조림이 가득하더군요. 라벨을 자세히 보니 퍼먼이 바로 퍼마노였습니다. 같은 회사에서 같은 제품을 유통시키면서 일부 제품의 이름에 'o'를 덧붙인 것이었습니다. 틀림없이 이탈리아식 식품을 팔 때는 이탈리아식 이름을 붙여야 더 권위 있어 보인다고 생각한 것 같습니다.

저자의 한마디

편지를 보낸 독자는 토마토 통조림 이름 끝에 'o'를 덧붙인 것이 두 가지 효과를 발휘했을 거라고 지적했다. 이탈리아 빈민가에서 더 '권위 있는' 이름으로 보였을 뿐 아니라 회사를 고객과 더욱 '비슷해' 보이게 했다는 뜻이다.

━ 내용보다 암시

처음 보았을 때부터 빅스 포뮬러 44 기침약 광고가 흥미로웠던 것은 실제 권위에 기대지 않고도 권위 원칙을 사용했다는 점이었다. 배우가 권위자인 척 연기를 하는 것만으로도 충분했다. 여기서 권위 있는 인물에게 보이는 우리의 자동반응과 관련해 중요한 사실을 알 수 있다. '누르면, 작동하는' 반응은 실제 권위자뿐 아니라 단순한 권위의 상징에 대해서도 민감하게 나타난다.

이런 상징들 중 일부는 실제 권위자가 없는 경우에도 영향을 미친다. 따라서 실질적인 권위를 갖추지 못한 설득의 달인들이 주로 이런 상징들을 이용하는 경향이 있다. 그래서 사기꾼들이 늘 권위자의 직함이나 복장, 장식 등을 휘감고 다니는 것이다. 멋진 옷차림으로 고급 차에서 내려 '먹잇감' 후보들에게 자신을 의사나 판사, 교수, 무슨 위원이라고 소개하면, 상대가 금방 넘어온다는 사실을 알고 있기 때문이다. 직함, 복장, 장식이라는 권위의 세 가지 상징을 하나씩 살펴보도록 하자.

직함

직함은 실제로 획득하기가 가장 어렵지만 사칭하기엔 가장 쉬운 권위의 상징이다. 보통 어떤 직함 하나를 얻으려면 여러 해 동안 각고의 노력을 기울여야 한다. 그러나 전혀 그런 노력 없이도 적당한 직함을 잘만 사칭하면 자동으로 사람들의 존경을 받을 수 있다. 앞에서 살펴본 텔레비전 광고 모델이나 사기꾼이 그런 경우다.

한번은 미국 동부의 유명한 대학 교수로 있는 친구와 대화를 했는데, 그 친구는 사람들이 자신의 본질보다 직함에 더 영향을 받는다고 투덜거렸다. 친구는 여행을 자주 다녀 식당이나 공항, 술집 등에서 낯선 사람들과 대화할 기회가 많았다. 그럴 때마다 재미있고 유익한 경험을 쌓으려면 교수라는 직함을 절대 밝히지 말아야 한다고 했다. 직함을 밝히는 순간 대화 분위기가 급변하기 때문이다. 반시간 넘게 적극적으로 흥미진진한 대화를 하던 사람들이 갑자기 존경심 넘치는 태도로 (최대한 정확한 문법을 사용해가며) 친구의 말에 무조건 동의만 한다는 것이다. 친구는 그럴 때마다 당황스럽기도 하고 짜증이 나 요즘은 차라리 직업을 속이고 거짓말을 한다고 고백했다.

일부 설득의 달인들이 실제로 '갖지 못한' 직함을 가졌다고 거짓말을 하는 전형적인 패턴에 비하면 친구의 거짓말은 참으로 기이한 경우다. 하지만 그런 식의 거짓말을 한다는 사실 자체가 권위의 상징이 사람들의 행동에 어떤 영향을 미치는지를 잘 보여준다고 할 수 있다.

그런데 직함이 상대를 순종적으로 만들 뿐 아니라 자신의 키를 더 커보이게 한다는 사실을 알고도 과연 (키가 좀 작은) 내 교수 친구가 자신의 직함을 계속 숨길지는 의문이다. 연구에 따르면 직함은 키에 관한 인식에도 왜곡을 일으켜 지위가 높은 사람일수록 키도 커 보인다는 사실이 밝혀졌다. 연구진은 오스트레일리아 대학교의 5개 학과 학생들에게 한 남자를 영국 케임브리지 대학교에서 온 방문객이라고 소개했다. 하지만 남자가 케임브리지 대학교에서 차지하는 지위는 학과별로 다르게 소개했다. 첫 번째 학과에는 남자를 학생으로 소개했고, 두 번째 학과에는 대학원생으로, 세 번째 학과에는 시간 강사로, 네 번째 학과에는 전임 강사로, 다섯 번째 학과에는 정교수로 소개했다. 남자가 강의실을 나간 뒤 학생들에게 남자의 키를 어림해달라고 부탁했다. 자료를 분석한 결과, 지위가 한 단계씩 높아질수록 학생들이 인식한 남자의 키가 평균약 1.2센티미터씩 증가한 것으로 밝혀졌다. 결과적으로 '교수'일 때의 남자는 '학생'일 때보다 6센티미터 더 커 보였다. 또 다른 연구에서도 선거에 승리한 정치가들이 국민들의 눈에 키가 더 커 보이는 것으로 밝혀졌다. 한 실험에서 ('직원'이 아닌) '관리자'라는 높은 지위를 맡은 대학생들은 자신들을 실제보다 크다고 평가했다.

키와 지위 사이에 어떤 관련이 있다면 당연히 키를 이용해 지위를 높여보려는 사람도 존재할 것이다. 동물의 세계에서는 보통 힘이 강한 동물이 지위가 높기 때문에 체구는 동물의 집단에서 지위를 결정하는 중요 요인이다. 적수와 싸울 때는 보통 몸집이 크고 힘이 센 동물이 유리하다. 하지만 물리적인 충돌은 집단 전체에 악영향을 미칠 수 있어 많은 동물 종은 실제로 맞붙어 싸우기보다는 체구를 비교하는 방법을 사용한다. 두 마리의 적수가 마주 서서 자신의 힘과 공격성을 과시하는데, 이때 절대 빠지지 않는 것이 바로 몸집을 부풀리는 기술이다. 포유류는 주로 등을 둥글게 구부리고 털을 바짝 세운다. 어류는 지느러미를 활짝 펼치고 물을 이용해 몸집을 키운다. 조류는 날개를 활짝 펴고 파닥거린다. 이런 식으로 몸집만 부풀려도 약자는 더 크고 강해 보이는 쪽에 승리자의 자리를 넘겨주고 조용히 물러나는 경우가 많다.

　털, 지느러미, 깃털처럼 가장 연약하고 섬세한 부분들을 이용해 동물들이 단단하고 묵직한 몸집 효과를 만들어낸다는 사실이 흥미롭지 않은가? 여기서 우리가 배울 수 있는 교훈은 두 가지다. 한 가지는 키와 지위에 관한 것이다. 이 두 가지 특징이 관련 있다는 점을 이용해 키를 조작한다면 지위가 높은 사람처럼 보일 수 있다. 키가 평균 또는 평균 이상 되는 사기꾼들이 굳이 굽 있는 깔창을 깔고 다니는 것도 아마 이 때문일 것이다. 나머지 한 가지는 좀 더 보편적인 것으로, 가장 보잘것없는 재료로도 얼마든지 외적으로 힘과 권위의 표시를 조작할 수 있다는 것이다. 이를 위해 직함과 관련한 한 가지 실험을 살펴보기로 하자. 여러모로 매우 무시무시한 실험이기도 하다.

　중서부 지역 병원 세 곳에 근무하는 의사와 간호사로 구성된 연구자들은 간호사들이 지나칠 정도로 기계적으로 의사의 명령에 복종하는 현상을 우려하기 시작했다. 교육 수준이 높은 노련한 간호사들조차 자신의 지식과 기술을 활용해 의사의 판단을 검토하려 하지 않고, 의사의 명령이 떨어지면 무조건 복종하려고만 했다.

이런 현상이 어떻게 귀 염증 치료약을 환자의 항문에 투여하는 사태로 이어지는지 앞에서 살펴봤지만, 중서부 지역의 연구진은 한 걸음 더 나아가기로 했다. 첫째, 연구진은 그 사태가 특정 병원의 특정 의료진에 한정된 현상인지 아니면 의료계 전반에 퍼져 있는 보편적인 현상인지 알고 싶었다. 둘째, 그런 사태가 입원 환자에게 무허가 약물을 과다 투약하라는 등의 심각한 처방 오류에도 그대로 적용되는지 알고 싶었다. 끝으로 주치의라는 물리적인 권위의 실체를 제거하고 전화로 낯선 목소리가 '의사'라는 직함(자신이 권위자임을 입증하기에는 너무 미약한 증거)만 제시하는 경우 어떤 결과가 벌어지는지 알고 싶었다.

연구진은 외과, 내과, 소아과, 정신과 등 다양한 병동 간호사실에 소속된 간호사 22명에게 똑같은 내용으로 전화를 걸었다. 의사라고 신분을 밝힌 다음, 특정 병동의 한 환자에게 에스트로겐 20밀리리터를 투약하라는 지시를 내렸다. 이 투약 지시에는 간호사들이 의심할 만한 요인이 네 가지나 있었다. 첫째, 전화로 처방을 내리는 것은 병원 규정 위반이었다. 둘째, 공인받지 않은 약물이었다. 에스트로겐은 안전성이 검증되지 않아 아직 병동에 배치하지 않은 상태였다. 셋째, 처방 용량이 분명 위험 수위를 넘어 있었다. 약품 포장에는 '하루 최대 투약량'이 처방 용량의 절반인 10밀리그램으로 적혀 있었다. 넷째, 처방을 내린 의사는 간호사가 알지도, 만나지도, 심지어 전화 통화조차 해본 적이 없었다. 그런데도 95퍼센트에 달하는 간호사들이 곧장 병동 약제실로 가서 처방받은 분량의 에스트로겐을 챙겨 환자에게 투약하려고 병실로 향했다. 바로 이 순간 은밀히 지켜보던 연구진이 튀어나와 간호사에게 실험 내용을 설명하고 투약을 중단시켰다.

실험 결과는 공포 그 자체라 할 수 있다. 95퍼센트나 되는 간호사들이 누가 봐도 부적절한 지시를 맹목적으로 따랐다면 나 역시 언젠가 병원을 이용할 고객으로서 우려를 표하지 않을 수 없다. 중서부 지역 의료진의 연구 결과를 보면, 병원의 실수는 환자의 항문에 귀 염증 치료약을 투약하는 것과 같은 비교적 경미한 과실에서 그치는 것이 아니라 훨씬 심각하고 위험한 실책으로까지 확대될 수 있다고 짐작할 수 있다.

염려스러운 실험 결과를 분석하면서 연구진은 다음과 같은 주목할 만한 결론을 내렸다.

실험과 유사한 실제 상황이 벌어진다면, 이론상으로는 의사와 간호사라는 두 명의 지적인 전문가는 환자에게 유익한 조치가 이뤄지도록, 아니면 적어도 환자에게 해로운 조치가 취해지지 않도록 서로 협조하려고 노력해야 한다. 그러나 실험 결과를 보면 지적인 전문가 두 명 가운데 한 명은 전혀 실질적인 기능을 못하고 있음을 알 수 있다 (Hofling et al., 1966, p. 176).

간호사는 의사의 지시가 떨어지는 순간 '지적인 전문가'의 자격을 포기하고 '누르면, 작동하는' 반응으로 이동해버렸다. 자신의 할 일을 결정하는 데 자신이 가진 상당한 의학 지식과 경험을 전혀 사용하지 않았다. 대신 자동 복종 과정을 거쳐 실수를 저질렀다. 자신의 업무 환경에서는 합법적인 권위자에게 복종하는 것이 항상 가장 효과적이고 바람직한 행동이었기 때문이다. 더욱 중요한 사실은, 복종 성향이 너무 지나치다 보니 진짜 권위자도 아니고 가장 쉽게 권위자를 사칭할 수 있는 상징, 즉 의사라는 직함 하나만으로도 자동반응을 보이는 지경에 이르렀다는 점이다.[4]

한 보안 시스템의 해킹 팀이 5년 동안 미국 전역에서 1,000여 개의 지역 은행과 신용협동조합 컴퓨터의 네트워크를 총공격했다. 이들의 성공률은 놀라웠다. 이들은 963번이나 은행의 보안 시스템을 뚫고 들어가 내부 기밀문서와 대출신청서, 고객 데이터베이스 등을 빼돌렸다. 은행이 디지털 공격을 탐지하고 예방하는 정교한 소프트웨어 등으로 집중적인 감시를 하는 상황에서 어떻게 96퍼센트 이상 성공할 수 있었을까? 그 대답은 해커들이 이용했던 방법만큼이나 간단하다. 이들은 은행의 첨단 디지털 보안 시스템 테크놀로지를 뚫겠답시고 더 최첨단 테크놀로지를 이용하지 않았다. 사실은 디지털 테크놀로지는 전혀 사용하지 않았다. 이들은 사람들의 심리, 즉 권위 원칙을 따르는 심리를 이용했다.

사실 해커들에게는 범죄 의도가 없었다. 이들은 보안 시스템을 점검하기 위해 은행이 고용한 사람들이었다. 이제 성공 원인을 알 수 있을 것이다. 이들은 (유니폼, 배지, 로고 등을 갖춰) 소방 점검원, 정부 보안요원, 방역전문가 복장을 하고 아무런 사전 통고도 없이 원하는 시설에 들어갈 수 있었다. 은행 직원들은 심지어 이들을 제한구역까지 안내한 다음 마음대로 작업을 하도록 내버려두기까지 했다. 하지만 이들이 했던 '작업'은 은행 직원이 기대했던 것이 아니었다. 이들은 무방비 상태의 컴퓨터에서 민감한 프로그램과 자료들을 내려받았고, 때로는 데이터가 보관되어 있는 디스크와 랩탑은 물론 상당한 크기의 컴퓨터 서버까지 밖으로 가지고 나오기도 했다. 이 프로젝트를 다룬 신문 기사(Robinson, 2008)에서 해킹 팀을 이끌었던 짐 스틱클리Jim Stickley는 눈이 번쩍 뜨일 만한 교훈을 주었다. "인터넷의 등장과 더불어 보안 문제가 어떻게 바뀌고 있는지를 보여주는 좋은 예입니다. 지금 우리는 해커의 위협으로부터 컴퓨터 네트워크를 지키려고 엄청난 관심과 돈을 쓰고 있습니다. 그렇지만 정작 기본적인 것은 다 잊었죠." 설득이라는 영역에서도 권위에 복종하는 것만큼 기본적인 것은 없다.

저자의 한마디

은행 시설에 접근을 허가했던 권위자들을 보면 소방 점검원이나 정부 보안 요원과 같은 권위를 가진 사람들은 물론, 방역 전문가와 같은 권위자도 있었다. 두 종류의 권위 모두 효과가 있었다.

복장

우리에게 기계적인 복종을 일으키는 두 번째 권위의 상징은 복장이다. 물론 복장은 직함보다 눈에 보이는 실체가 있지만, 어느 모로 보나 직함만큼 위조하기 쉽다. 경찰서에 가보면 변화무쌍한 복장으로 사람들을 속인 사기 사건이 넘쳐난다. 사기꾼들은 마치 카멜레온처럼 의사의 하얀 가운, 성직자의 검은 제복, 군인의 녹색 군복, 경찰관의 파란 제복 등으로 갈아입는다. 복장은 결코 권위를 보장하지 못한다는 사실을 깨닫고 희생자들이 가슴을 칠 때쯤이면 사태는 이미 회복 불능 상태인 경우가 많다.

사회심리학자 레너드 빅먼Leonard Bickman은 한 연구에서 권위자의 복장을 갖춘 사람이 내리는 지시를 거부하기가 얼마나 어려운지 보여줬다. 연구진은 거리를 지나가는 행인에게 몇 가지 괴상한 부탁(예를 들어 버려진 종이봉투를 주우라거나, 버스정류장 반대편에 서 있으라는 등)을 했다. 절반의 경우는 부탁하는 젊은 남성 연구자가 일상복 차림이었고, 나머지 절반은 보안요원 제복 차림이었다. 그러자 부탁 내용과 상관없이 보안요원 제복 차림일 때 더 많은 사람들이 부탁을 들어줬다. 여성 연구자가 보안요원 제복을 입고 부탁했을 때도 결과는 같았다.

또 다른 실험에서도 매우 분명한 결과가 나타났다. 평상복 또는 보안요원 복장인 연구자가 행인을 멈춰 세운 다음 약 15미터 전방의 주차 요금 징수기 옆에 서 있는 남자를 가리키며 말했다. "저기 요금 징수기 옆에 서 있는 남자 보이죠? 주차 시간이 넘었는데 잔돈이 없다고 합니다. 가서 동전 좀 빌려주세요." 말을 마친 연구자는 바로 모퉁이를 돌아 걸어갔고, 행인이 요금 징수기 앞에 도착했을 즈음에는 이미 시야에서 사라져버렸다. 그러나 제복의 위력은 눈에 보이지 않아도 지속됐다. 연구자가 보안요원 제복을 입었을 때는 거의 모든 행인이 지시를 이행한 반면, 평범한 복장일 때는 지시를 따른 행인이 절반도 되지 않았다.

연구진은 대학생들에게 실험 내용을 미리 공개하고 결과를 예측하도록 했다. 학생들은 일상복 차림의 연구자가 부탁했을 때 행인들이 얼마나 지시에 따를 것인지 매우 정확하게 예측했다(학생들의 예상은 50퍼센트, 실험 결과는 42퍼센트). 그러나 보안요원 제복 차림의 연구자가 부탁했을 때 지시에 따를 행인들의 비율에 대해서는 상당히 과소평가하는 경향을 보였다(학생들의 예상은 63퍼센트, 실험 결과는 92퍼센트).

제복보다 상징성은 떨어지지만 서양 문화권에서 전통적으로 권위를 표현하는 효과적인 수단이 된 또 다른 복장이 있다. 바로 신사 정장이다. 정장 역시 낯선 사람의 복종을 끌어내는 데 효과적이다. 예를 들어 텍사스에서 실시한 어느 연구에서는 연구진이 31세 남성에게 다양한 상황에서 교통신호를 어기고 무단횡단을 하도록 지시했다. 절반의 경우에는 남성이 깔끔한 정장에 넥타이를 매고 있었고, 나머지 절반은 작업복 차림이었다. 연구진은 먼 곳에 몸을 숨기고 교통신호가 바뀌기를 기다리던 행인들 중 남자를 따라 함께 무단횡단을 하는 사람이 몇 명이나 되는지 세어봤다. 무단횡단을 하는 남성이 작업복 차림일 때보다 정장을 입었을 때 함께 무단횡단을 하는 행인이 3.5배나 많았다.

어떤 사기꾼들은 위 연구에서 효과적이라고 밝혀진 두 가지 권위의 복장, 즉 보안요원 제복과 신사 정장을 교묘하게 결합해 '은행 감독관'으로 사칭하며 신용 사기를 친다. 사기 대상은 누구나 될 수 있지만, 특히 혼자 사는 노인들이 주요 목표가 될 확률이 높다. 사기는 전통적인 신사 정장으로 잘 차려입은 남자가 희생자 후보의 집을 방문하면서 시작된다. 복장만 봐도 점잖고 예의 바른 사람임을 금방 알 수 있다. 새하얀 셔츠는 빳빳하게 다림질됐고 윙팁 슈즈는 반짝반짝 윤이 난다. 양복은 유행을 타지 않는 클래식한 스타일이며, 양복 깃은 더도 덜도 아닌 딱 3인치 정도에 옷감은 6월인데도 적당한 무게감이 느껴진다. 색상은 점잖은 회색이나 감색, 검은색 계열이다.

남자는 자신을 은행 감독관이라고 소개하며, 할머니가 거래하는 은행의 회계 장부를 검토하던 중 의심스러운 부분을 발견했다고 설명한다. 이어서 자신의 생각에는 은행 직원 중 누군가가 일부 계좌의 거래 내역을 주기적으로 조작한 것 같은데, 할머니의 계좌도 그중 하나인 것 같다고 덧붙인다. 하지만 아직 확실한 증거를 잡지 못해 할머니에게 협조 요청을 하러 왔다고 한다. 그러면서 할머니가 예금을 전부 인출해주면, 의심 가는 직원이 할머니 계좌를 처리하는 과정을 추적해서 감독관과 은행 책임자가 범죄의 증거를 확보할 수 있을 것이라고 정중히 부탁한다.

은행 감독관이라는 사람의 복장과 설명이 너무 그럴듯한 나머지 할머니는 감히 은행에 전화를 걸어 진위 여부를 확인해볼 생각조차 하지 않는다. 의심은커녕 당장 차를 몰고 은행으로 달려가 예금을 모두 인출한 다음 집으로 돌아와 은행 감독관과 함께 함정 수사가 성공했다는 소식이 오길 기다린다. 그후 은행 폐점 시간이 지난 뒤 제복을 차려입은 은행 청원경찰이 모든 문제가 잘 해결됐다는 소식을 들고 찾아온다. 할머니의 계좌에는 거래 내역 조작이 없는 것으로 밝혀졌다는 것이다. 감독관은 매우 안도한 듯 할머니에게 계속 감사 인사를 하면서 하필 지금은 은행이 문을 닫은 시간이니 굳이 내일 은행에 또 방문할 필요 없이 청원경찰이 예금할 돈을 직접 은행 금고로 가져다 안전하게 보관하겠다고 말한다. 청원경찰은 미소 띤 얼굴로 작별인사를 하고는 할머니의 돈을 들고 떠나고, 감독관은 잠시 더 머물며 연신 감사의 뜻을 전한 다음 할머니의 집을 나선다. 할머니는 다음 날이 돼서야 '청원경찰'이나

'감독관'이 모두 가짜였음을 깨닫는다. 바로 복장만 적절하게 갖춰 입으면 사람들을 최면에라도 걸린 듯 '권위'에 복종하도록 할 수 있다는 사실을 아는 한 쌍의 사기꾼이었다.

독자 편지 5.2
플로리다에서 한 의사가 보낸 편지

의학박사라는 직함은 확실히 하얀색 의사 가운을 입었을 때 더 권위를 발휘하는 듯합니다. 처음에는 하얀 가운을 싫어하던 저도 경력이 쌓이면서 복장에 상당한 위력이 있다는 사실을 알게 됐습니다. 그래서 새로운 병원에 근무할 때마다 반드시 하얀 가운을 걸치는 것을 원칙으로 삼았습니다. 그러면 순조롭게 새로운 환경에 적응할 수 있습니다. 재미있는 것은 의사들도 이 사실을 분명히 인식하고 있어서 의대생한테는 제일 짧은 가운, 전공의한테는 중간, 전문의한테는 제일 긴 가운을 배당해 서열을 분명히 한다는 것입니다. 병원 간호사들은 이런 위계질서를 다 알고 있어서 '긴 가운'을 입은 의사의 지시에는 거의 무조건적으로 따르지만, '짧은 가운'을 입은 의사의 지시에는 공공연히, 가끔은 무례하게 다른 진단을 내놓거나 다른 치료법을 제안하기도 합니다.

저자의 한마디

중요한 지적이다. 위계적인 조직에서는 지위가 높은 사람은 존경받고, 지위가 낮은 사람은 종종 무시를 당한다. 편지 내용처럼 그리고 이제 살펴볼 내용처럼 옷차림에 따라 사람들이 상대를 대하는 방식이 달라진다.

장식

반드시 제복이 아니더라도 장식적인 목적으로 잘 차려입은 의상은 일반적인 권위의 상징이 될 수 있다. 고급스러운 스타일과 값비싼 옷은 사회적 지위를 나타낼 수 있다. 쇼핑객들은 무료 설문조사에 기꺼이 응하고, 주택 소유자들은 자신의 집까지 찾아온 자선단체 직원에게 더 많은 기부금을 내며, 직업평가사들은 높은 직업 적합성 점수와 많은 초봉을 제시한다. 설문이나 기부금, 평가를 요청하는 사람이 고급 디자이너의 옷을 입고 있는 경우에 흔히 일어나는 일이다. 게다가 그 차이는 놀라울 정도였다. 설문조사의 응답률은 79퍼센트, 자선단체의 기부금은 400퍼센트 증가했고, 취업 지원자는 10퍼센트 더 많은 초봉을 받았다. 또 다른 연구를 통해 취업 인터뷰 결과와 관련된 이유가 드러났다. 사람들은 아무리 후줄근해 보이는 티셔츠라도 고급 의류를 입은 사람을 싸구려 옷을 입고 있는 사람보다 유능하다고 평가했으며, 그 평가는 1초도 걸리지 않고 자동적으로 이루어졌다.

값비싼 보석이나 고급 자동차 같은 장식도 비슷한 효과가 있다. 특히 '자동차와 사랑에 빠진 미국인들'에게 자동차는 더욱 특별한 지위의 상징이다. 샌프란시스코 베이 지역에서 실시한 연구에 따르면 고급 승용차를 운전하는 사람은 다른 운전자들로부터 특별한 존경을 받는다. 운전자들은 최고급 신차가 초록 신호 앞에서 꾸물거리고 있을 때 낡은 소형차가 꾸물거릴 때보다 훨씬 오랫동안 경적을 울리지 않고 기다려줬다. 물론 앞차가 소형차인 경우에는 거의 모든 운전자가 가차없이 경적을 울렸으며 그것도 대부분 두 번 이상 울렸다. 심지어 꾸물거리는 앞차의 범퍼를 들이받은 차도 두 대나 있었다. 그러나 앞차가 고급차인 경우 절반 정도의 운전자가 앞차의 위세에 눌려 경적에 손끝 하나 대지 않고 얌전히 기다렸다.

이후 연구진은 대학생들을 상대로 위와 같은 상황에서 어떻게 행동할지에 대해 설문조사를 실시했다. 학생들은 고급차를 향해 경적을 울릴 때까지 걸리는 시간을 실제 실험 결과보다 훨씬 짧을 것이라고 과소평가했다. 특히 남학생들의 예상이 가장 부정확해서 소형차보다는 오히려 고급차를 향해 경적을 더 빨리 울릴 것 같다고 대답했다. 물론 실험 결과는 이들의 예상과 정반대였다. 권위의 압력과 관련한 다른 연구에서도 계속 동일한 패턴이 나타나고 있다는 점에 주목해야 한다. 밀그램의 연구, 중서부 지역 병원 간호사에 관한 연구, 보안요원 제복 관련 연구 등에서도 사람들은 권위의 영향력을 정확하게 예측하지 못했으며 대부분의 경우 매우 과소평가했다. 아마도 권위 원칙이 그토록 강력한 설득의 수단이 될 수 있는 것도 바로 이런 특징, 즉 강력한 영향을 미치는데도 사람들이 그 영향력을 제대로 예측하지 못한다는 점과 관련이 있을 것이다.[5]

독자 편지 5.3
미시간 주에 거주하는 한 재정 고문에게서 온 편지

제가 하는 일에서 난감한 문제가 있다면, 고객들의 장기적인 재정 목표와 전략을 바꾸도록 만드는 것입니다. 특히 개인적인 상황이나 경제적 문제로 인해 그러한 변화가 불가피할 때 말입니다. 선생님의 책에서 권위를 다룬 장을 읽고 난 후, 예전처럼 고객들에게 제 생각대로 충고하려 들지 않고, 대신 그 주제의 전문가의 의견을 동원해서 충고하는 방향으로 바꾸어보았습니다. 대체로 전국에 수백 개의 사무실을 가진 큰 증권회사인 우리 회사의 수석 경제학자의 의견이었죠. 때로는 블룸버그나 CNBC 같은 금융 채널에 나오는 전문가나 저명 작가의 의견을 제시하기도 했습니다. 그랬더니 이전보다 15~20퍼센트 더 효과가 있었습니다. 솔직히 저는 더 나은 결과를 기대했습니다. 제가 잘못한 게 있나요? 어느 부분을 고치면 더 나은 결과가 나올 수 있을까요?

저자의 한마디

참으로 드문 독자 편지였다. 나는 여러 가지 이유로 개인적인 충고를 원하는 글에는 답변을 하지 않는다. 독자 한 명 한 명에게 모두 조언을 하다 보면 대학생들의 과제에서부터, 바람난 배우자를 설득하여 '단칼에' 불륜을 끝내버리는 방법에 관한 충고까지 한도 끝도 없기 때문이다. 하지만 이 독자 편지는 달랐다. 다른 독자들도 궁금해할 만한 몇 가지 문제를 제기하고 있기 때문이다. 첫 번째, 이 독자가 바꾸려고 하는 사람들이 장기적으로 특정한 목적과 접근 방법을 가지고 있다면, 이를 바꾸기란 무척 어렵다. 따라서 15~20퍼센트의 변화도 내게는 대단하게 여겨진다. 이 문제와 관련해서는 입장 설정과 일관성을 다루고 있는 7장에서 좀 더 살펴보기로 하자. 두 번째, 전문가의 충고를 더 잘 활용할 수 있는 방법이 있다. 사람들은 어떤 한 명의 전문가보다는 여러 명으로 구성된 전문가 집단의 충고를 더 믿고 따르는 경향이 있다 (Mannes, Soll, & Larrick, 2014). 따라서 전문가들의 견해를 모으고, 여러 전문가

의 공통된 의견을 제시하는 사람이 한 명의 전문가를 인용하며 자신의 주장
을 펼치는 사람보다 훨씬 커다란 성공을 거두는 법이다.

─ 신뢰할 수 있는 권위

지금까지 우리는 권위를 가진 사람 혹은 권위자로 보이는 사람
에게 더 많은 이들이 복종을 한다는 결과를 살펴보았다. 하지만 이 중
첫 번째, 단지 책임 있는 자리에 올랐다는 것만으로 권위를 갖는다는 것
은 문제가 있다. 일반적으로 사람들은 이래라저래라 명령받는 것을 좋
아하지 않는다. 명령은 흔히 저항과 적개심을 낳는다. 그래서 대부분의
경영대학원에서는 관리자가 될 사람들에게 '명령과 통제' 대신 자발적
인 협조를 촉진하는 접근 방식을 받아들이라고 가르친다. 그러나 대단
히 많은 것을 알고 있어서 남들로부터 전문가로 대접받는 두 번째 방식
의 권위는 대단히 유용하다. 사람들은 당장 닥친 문제에 자신보다 훨씬
많은 것을 알고 있는 사람들의 권유를 즐거운 마음으로 기꺼이 따르는
경향이 있다.

현대미술 전문가 미셸 스트라우스Michel Strauss가 유명한 표현주의자
에곤 쉴레Egon Shiele의 그림 경매에서 겪었던 경험은 전문가의 뒤를 따르
려는 사람들의 경향을 적나라하게 보여준다. 쉴레의 그림은 처음에는
20~25만 달러 정도로 평가되었지만, 스트라우스는 또 다른 저명한 쉴
레 전문가가 그 그림에 대해 자신이 모르는 사실을 알고 있다고 여기며
그 전문가와 치열하게 가격 경쟁을 했다. 결국 62만 달러에서 스트라우
스는 항복을 선언했다. 나중에 그 전문가에게 자신이 모르는 부분이 무

엇이었냐고 묻자, 그 사람은 스트라우스가 자신이 모르는 부분을 알고 있어서 그렇게 높은 가격을 부르고 있다고 생각했다고 고백했다. 자, 이 제는 권위자로 지각되는 방법과 그 결과에 초점을 맞춰보자.

전문지식

여러 연구에서는 특별히 설득력 있는 권위, 즉 신뢰할 만한 권위를 구별한다. 이런 권위는 두 가지 특징을 가지고 있으며, 그 특징들을 사람들에게 각인시킨다. 바로 전문지식과 신뢰성이다. 전문지식의 설득력은 이미 설명했지만, 몇 가지 증거를 더 살펴보자. 예를 들어 전문지식은 '후광 효과'를 낳는다. 여러 학위와 수료증으로 도배된 병원은 유능하다는 평가뿐 아니라, 환자에게 친절하고, 우호적이며, 관심도 많다는 평판을 받는다. 전문가가 쓴 기명 논평은 독자들의 의견에 지속적으로 큰 영향을 미친다. 한 연구에 따르면, 전문가의 의견에 따라 일반 독자들이 특정한 의견에 동의하는 비율이 20퍼센트포인트 상승했다. 게다가 이 비율은 성별, 나이, 정치적 성향과 아무런 상관없이 적용되었다.

신뢰성

우리는 전문가로부터 전문적인 정보를 원하는 데 그치지 않고 그들 자체가 신뢰받는 정보원이기를 바란다. 우리는 그들이 정직하고 공정하게 전문적인 충고를 해주리라 믿고 싶어 한다. 다시 말해서 자신의 이익을 위하지 않고 현실을 있는 그대로 정확하게 설명해주리라 믿는다.

나는 설득의 기술을 가르치는 프로그램에 참여할 때마다 믿을 만한 사람으로 인정받는 것이 설득력을 높이는 효과적인 방법이며, 그런 인정을 받기 위해서는 상당한 시간이 필요하다고 강조했다. 이 중 첫 번째 주장은 여러 연구를 통해 옳다고 확인되었지만, 두 번째 주장에는 주목할 만한 예외가 있었다. 다시 말해, 영리한 전략을 통해 빠르게 신뢰성을 획득하는 것도 가능하다. 모든 유리한 특징을 설명하고, 단점은 설명이 끝날 때까지 유보하거나 아예 언급도 하지 않는 대신, 대화를 시작하는 순간 먼저 단점을 언급하는 사람은 정직하다는 평가를 받는다. 이처럼 장점보다는 단점을 먼저 언급하면, 이미 신뢰가 형성된 상태에서 주요 장점을 듣게 되기 때문에 설득하려는 이의 말을 그대로 믿게 된다. 긍정적인 측면뿐 아니라 부정적인 측면도 기꺼이 지적하면서 정직하다는 평판을 받은 사람이 한 믿을 만한 말이기 때문이다.

이러한 접근 방식의 효율성은 (1) 상대방 변호사보다 먼저 자신의 단점을 지적하는 변호사가 더 신뢰를 얻고 사건에서도 이길 가능성이 큰 법적 환경, (2) ('상대 후보자는 진심으로 좋은 의도에서 그런 제안을 했다고 확신합니다'와 같이) 상대 후보자를 치켜세우며 연설을 시작하는 후보자가 신뢰와 표를 얻는 정치 유세 현장, (3) 장점을 강조하기 전에 단점을 인정하는 판매자가 더 많은 매출액을 올리는 광고 메시지 등에서 입증되었다. 도미노 피자가 2009년 '뉴 도미노' 캠페인에서 과거 피자 품질이 형편없었다고 고백하자, 매출은 하늘 높이 치솟았고, 도미노의 주가도 같은 궤적을 그렸다.

이런 메시지를 듣는 사람이 이미 제품의 단점을 파악하고 있는 경우에 이 전략은 특히 성공적이다. 메시지를 전달하는 사람이 단점을 언급한다고 해서 제품에 더 피해가 가지도 않고, 새로운 정보가 추가되지도 않는다. 그저 메신저가 정직한 사람이라는 중요한 인상이 남을 뿐이다.

구직자는 자신의 이력서를 보고 있는 면접관에게 "이 분야의 경험은 없지만, 저는 모든 일을 빨리 배우는 편입니다"라고 말할 수 있다. 또한 정보 시스템의 영업사원은 노련한 구매자에게 "시스템 구축 비용이 적지는 않지만, 워낙 성능이 뛰어나니 그 비용은 곧 상쇄할 수 있을 겁니다"라고 이야기할 수 있다.

워런 버핏은 파트너 찰리 멍거와 함께 버크셔 해서웨이라는 투자회사를 설립해 놀랍도록 성장시켰다. 그는 많은 사람 사이에서 우리 시대 최고의 투자자로 인정받고 있다. 하지만 버핏은 최고의 전문지식 소유자라는 명예에 만족하지 않고, 현재와 미래의 주주들에게 자신이 가진 신뢰성을 계속 상기시켜준다. 연간 보고서의 서두에서 버핏은 작년에 그가 혹은 회사가 저질렀던 잘못을 설명하고, 그것이 미래에 어떤 영향을 미칠지 검토한다. 다른 회사의 연간 보고서처럼 문제를 묻어버리고, 최소화하고, 조작하려 하기보다 버핏은 자신이 회사 내부의 문제들을 충분히 파악하고 있을 뿐만 아니라 그 문제를 기꺼이 공론화하려고 한다는 것을 보고서를 통해 보여준다. 이러한 태도의 장점이 있다면, 버핏이 버크셔 해서웨이의 엄청난 강점을 설명할 때 독자들이 진심으로 그의 말을 믿도록 만든다는 점이다. 왜냐하면 그 말은 명백히 믿을 만한 메신저가 하는 말이기 때문이다.

버핏이 모든 단점을 인정하며 기업의 투명성을 보여주려는 열정이 가장 분명히 드러난 것은 아마도 2016년 연간 보고서일 것이다. 그 해는 대단히 성공적이어서 기업 주가는 S&P 500의 주가보다 두 배 더 뛰었고, 투자 실패 사례로 보고할 게 없었다. 이런 상황에서 버핏은 주주들에게 기업의 개방성과 정직성을 다시 한 번 각인시키기 위해 어떤 일을 했을까? 보고서 2페이지에서 그는 이전 해의 투자 실패를 언급하며 "1993년 덱스터 슈를 4억 3,400만 달러로 인수한 것은 특히 끔찍한 잘못이었습니다. 덱스터의 가치는 얼마 가지도 않아 0에 가까워졌습니다"라고 썼다. 그리고 바로 다음부터 이 끔찍한 실수로부터 무엇을 배웠는지 상세히 써나가기 시작했다. 그는 "오늘 저는 버크셔의 주식을 발행하기보다는 버크셔의 내부를 분명하게 볼 수 있도록 내시경 검사를 준비하겠습니다"라고 말하며 덱스터의 미래 가치를 잘못 판단했을 뿐만 아니라, 버크셔의 주식을 지급하는 실수도 저질렀다고 그리고는 그런 실수는 다시는 반복하지 않겠다고 약속했다. 버핏은 성공적인 투자가라고만 말하기에는 아까운 사람이다. 그는 자신이 성공적인 투자가라는 사실을 대단히 성공적으로 전달하는 방법도 알고 있는 사람이기 때문이다.[6]

사례 5.2

온라인 상품평의 설득력 역시 지각된 신뢰도의 영향을 받는다. 마케팅 통신의 효과를 연구하는 노스웨스턴대학교의 스피겔 연구소는 온라인 상품평이 고객 행동에 미치는 영향력의 근거를 발표했다(https://spiegel.medill.northwestern.edu/online-reviews/). 그중에는 지각된 신뢰도와 직접적인 관련이 있는 세 가지 사실이 포함되어 있다.

- **별 다섯 개는 그대로 믿지 못하겠다.** 별점이 높을수록 구매 가능성은 커진다. 하지만 어느 정도 수준까지만 그렇다. 최적 점

수라 할 수 있는 4.2에서 4.7 범위를 넘어서는 순간, 구매자들은 이 평점이 거짓이 아닌가 의심하게 되고, 그에 따라 구매율은 줄어들었다.

- **부정적인 상품평이 신뢰도를 높인다.** 만점에 가까운 별점이 오히려 신뢰를 잠식한다는 연구소의 주장과 같은 맥락에서, 부정적인 상품평이 있을 때 제품 평가 신뢰도는 더 커졌다. 사실 몇몇 부정적인 상품평이 있는 사이트의 전환율(웹사이트 방문자가 제품구매, 회원 등록, 뉴스레터 가입, 소프트웨어 다운로드 등 웹사이트가 의도하는 행동을 취하는 비율-옮긴이)은 67퍼센트 치솟았다.
- **확인된 구매자는 훌륭한 리뷰어이다.** 온라인 구매가 확인된 구매자는 (돈을 받고 리뷰하는 사람과 비교해서) 훨씬 믿을 만하다. 따라서 사이트에 확인 구매자가 많을수록 판매는 증가했다.

저자의 한마디

스피겔 연구소의 정보에 더하여, 몇몇 학자들은 워런 버핏처럼 과거 자신의 잘못을 언급하는 것이 온라인 상품평에서도 필요하다고 지적했다(Reich & Maglio, 2020). 어떤 사람이 상품평에서 과거에 자신이 이런저런 실수를 했었다고 고백하자, 고객들은 그 사람이 추천한 제품을 더 많이 구매했다.

내가 여기서 언급하지 않는 것을 알아차리는 것도 중요하다. 나는 마케터나 판매직원이 "우선 저와 제 회사, 저희 제품과 서비스에 무엇이 잘못인지 말씀드리겠습니다"라고 서두를 꺼내야 한다고 하지 않았다. 그 대신 나는 두 가지 제안을 했다. 첫 번째, 인정해야 할 단점이 있으면 대화를 시작하면서 먼저 이야기해야 신뢰성이 구축되고 나머지 내용이 호소력을 지닐 수 있다. 두 번째, 설득 과정에서 단점을 압도할 수 있는 강한 주장을 해야 하거나 제품의 특징을 강조해야 할 때가 있다. 바로 단점을 인정한 직후다. 단점을 인정해서 신뢰가 구축된 직후에는 아무리 강력한 주장이라도 충분히 우호적으로 받아들이는 경향이 있기 때문이다.

— 권위 원칙에 대응하는 자기방어 전략

권위의 위력에 대항할 수 있는 한 가지 전략은 불시에 당하고 놀라지 않도록 미리 대비하는 것이다. 우리는 보통 권위(그리고 권위의 상징)가 우리의 행동에 얼마나 강력한 영향을 미치는지 정확히 인식하지 못하므로 설득 상황에서 권위 원칙에 적절히 대응하지 못한다. 따라서 가장 기본적인 방어 전략은 권위의 위력에 더욱 주의를 기울이는 것이다. 동시에 권위의 상징이 매우 위조하기 쉽다는 사실까지 인식한다면, 누군가 권위의 힘으로 설득하려 들 때 자신을 적절히 보호할 수 있을 것이다.

이는 상당히 간단한 방법처럼 보이며, 어떤 의미에서는 정말 간단하기도 하다. 권위 원칙이 작동하는 방식만 제대로 이해한다면 충분히 방어할 수 있기 때문이다. 그러나 복잡한 문제가 한 가지 숨어 있다. 사실 모든 설득의 무기가 갖고 있는 전형적인 문제인데, 우리가 모든 종류의 권위에 저항할 수 없다는 점이다. 일반적으로 권위자들은 충분히 믿고 따를 만한 실력을 갖추고 있다. 의사, 판사, 경영자 등은 탁월한 지식과 판단력으로 그 지위에 오른 사람들이다. 따라서 대체로 그들의 지시에 따르면 바람직한 결과를 얻을 수 있다.

권위자란 대체로 전문가들이다. 따라서 권위자, 즉 전문가의 조언을 외면하고 경험과 정보가 부족한 자신만의 판단을 따르는 것은 자칫 어리석은 행동일 수 있다. 그러나 앞서 거리 실험이나 병원 실험 등에서 밝혔듯이 모든 경우에 권위자의 지시를 맹목적으로 따르는 것 또한 어리석은 짓이다. 권위자의 지시에 따라야 할 때와 따르지 말아야 할 때를 간단히 분별하는 방법을 찾아내는 것이 가장 중요하다. 신뢰할 만한 권위를 보장해주는 두 가지 요소, 전문지식과 신뢰성을 우리의 안내자로 삼아 스스로 두 가지 질문을 던져보면 권위자의 지시를 따라야 할지 혹은 따르지 말아야 할지를 결정하는 데 도움이 될 것이다.

진정한 자격에 초점을 맞춰라

권위적인 인물이 어떤 영향력을 행사하려는 상황에 맞닥뜨리면 먼저 자신에게 다음과 같은 질문을 던져보라. '권위를 행사하려는 이 사람이 정말 전문가인가?' 이 질문에서 우리는 두 가지 결정적인 정보에 주의를 집중할 수 있다. 권위자가 신뢰할 만한 자격을 갖추고 있는지에 관한 문제와, 그 자격이 당면한 현안과 관련이 있는지에 관한 문제다. 이런 방법으로 상대의 권위를 입증할 증거를 찾다 보면 우리는 자동 복종이라는 심각한 위험을 피할 수 있다.

대단한 성공을 거두었던 빅스 포뮬러 44 기침약 광고를 이러한 관점에서 다시 살펴보자. 사람들이 텔레비전 드라마 속 의사라는 역할에 반응하지 않고 그저 훌륭한 배우라는 권위에 반응했다면, 그 광고는 그렇게 오랫동안 원하던 효과를 얻으며 방영되지 못했을 것이다. 드라마에서 의사 역할을 맡았다고 해서 실제 의사와 같은 훈련을 받거나 전문지식을 갖춘 것은 아니다. 다만 의사라는 직함만 공유하고 있을 뿐이다.

누가 보더라도 아무런 쓸데없는 직함이다. 맡은 배역의 연기를 통해서만 연상을 불러일으킬 수 있기 때문이다. 모든 사람이 알고 있는 사실이다. 하지만 대단하지 않은가? 드라마를 보는 도중 우리가 특별히 관심을 기울이지 않을 때는 이 자명한 사실도 아무런 문제가 되지 않는다는 게 말이다.

'권위를 행사하려는 이 사람이 정말 전문가인가?'라는 질문을 제일 먼저 던져야 하는 이유가 바로 이 때문이다. 아무 의미가 없을지 모르는 상징으로부터 관심을 돌려 권위자의 진짜 자격을 고려하는 것이다. 더나아가 이 질문은 당면한 현안과 관련이 있는 권위와 관련이 없는 권위를 구분하게 해준다. 가뜩이나 복잡한 현대 사회에서 권위의 압력까지 느끼면 사람들은 이런 구분도 못하는 경우가 많다. 무단횡단을 하는 신사를 따라 무작정 복잡한 도로로 뛰어들었던 텍사스의 행인들이 바로 그런 예라 할 수 있다. 그 신사가 설령 자신의 옷차림이 암시하는 만큼 권위 있는 인물이라 해도 무단횡단이라는 문제에 대한 권위자는 아니었을 텐데 말이다.

그런데도 행인들은 신사의 '권위'에 압도돼 그 권위가 무단횡단이라는 문제와 관련이 있는지 없는지도 잊어버린 채 무작정 그를 따라 길을 건넜다. 만약 행인들이 그 신사가 정말 그 상황의 전문가로서 우월한 지식을 바탕으로 그런 행동을 하는지 자문해봤다면 전혀 다른 결과가 나왔을 것이다. 똑같은 과정이 빅스 광고에 등장한 텔레비전 드라마 속의 의사에게도 적용된다. 이 배우들은 전문지식이 전혀 없다고 할 수 없다. 이들은 아주 힘든 산업에서 많은 성과를 거두며 오랜 경력을 자랑하는 사람들이다. 문제는 이들이 의사가 아니라 배우의 기술과 지식을 가지고 있는 사람들이라는 점이다. 이 유명한 광고를 볼 때, 우리가 배우의 진정한 자격에 주목해서 본다면, 다른 배우가 빅스 포뮬러 44가 훌륭한 기침 억제제라고 주장하는 것과 마찬가지로 믿을 만한 이유가 하나도 없다는 사실을 금방 깨닫게 된다.

한 연구 프로젝트에서 훈련 참가자들에게 광고 속 화자의 진정한 자격에 초점을 맞추고 광고를 보라고 하자, 그들은 광고를 훨씬 더 잘 평가하고 판단했다. 그 이후에도 그들은 관련된 자격증이 없는 모델의 선전에는 그 전보다 많이 설득되지 않았다. 아놀드 슈워제네거와 같은 배우가 인터넷 테크놀로지를 선전하거나 알렉스 트레벡과 같은 게임 호스트가 우유가 몸에 얼마나 좋은지 극찬을 퍼붓는 광고가 그런 사례이다. 반면 적절한 자격증을 갖춘 모델이 등장하는 광고에는 더 많이 설득되었다. 통증연구소의 의학박사가 추천하는 진통제나 수년간 사업 보험에 가입하여 좋은 경험을 거두었다는 CEO의 말은 믿으려 들었다.

이 이야기의 교훈은 무엇일까? 우리를 이용하려는 가짜 권위자들의 가짜 주장으로부터 자신을 보호하기 위해서는 항상 질문을 던져야 한다. '이 권위를 행사하려는 사람이 진정 전문가인가?' 우리는 정말 똑똑하기 때문에 권위의 상징 따위에는 속지 않는다는 생각은 버려야 한다. 이러한 상징들은 자동적으로 작동하기 때문이다. 우리 팀의 연구 결과에 따르면, 이 자동적인 과정에 속을 수 있다는 것을 알고 있는 참가자들만이 소위 권위자의 관련된 전문지식을 의심하면서 자동적인 반응에서 벗어날 수 있었다. 속아 넘어가지 않았던 참가자들은 그들뿐이었다.

교활한 진실에 주의하라

이제 우리 눈에도 당면 현안의 '전문가'로 보이는 사람이 권위자로 행세하는 경우를 생각해보자. 그럴 때도 우리는 당장 권위의 영향력에 굴복하지 말고 두 번째 질문을 던져야 한다. '이 전문가는 얼마나 진실하게 행동하고 있는가?' 아무리 최고 수준의 전문가라 해도 자신이 가진 정보를 정직하게 사용하지 않을 수 있기 때문이다. 따라서 전문가가 얼마나 진실하게 행동하는지 고려해야 한다. 물론 우리는 많은 경우 그런 반응을 보인다. 사람들은 이득을 취하려는 전문가보다 공명정대해 보이는 전문가의 말을 더 신뢰한다. 연구에 따르면 이는 초등학교 2학년 정도의 수준에서 전 세계적으로 나타나는 경향이다. 전문가가 우리를 설득해 어떤 이득을 취하려는지 한 번쯤 의심해보면 필요 이상의 자동 복종으로 손해를 보는 일을 피할 수 있다. 아무리 특정 분야에 지식이 풍부한 전문가의 말이라 해도 뭔가 신뢰성이 부족해 보일 때는 설득당하지 않도록 주의해야 한다.

권위자의 신뢰성을 자문할 때는 설득의 달인들이 진실한 척하기 위해 자주 사용하는 간단한 술책에 주의해야 한다. 바로 권위자 자신의 이익에 거스르는 주장을 하는 방법이다. 이 방법은 잘만 사용하면 자신의 정직성을 '증명'할 수 있는 미묘하고도 효과적인 수단이 될 수 있다. 이를 위해 처음엔 자신의 입장이나 제품의 작은 결점을 언급할지도 모른다. 하지만 결국에는 그 부차적인 결점을 만회할 수 있는 훨씬 중요한 장점을 부각한다. '어비스, 2등이기에 더 열심히 노력합니다.', '로레알, 비싸지만 제값을 합니다.' 이런 술책을 사용하는 설득의 달인들은 사소한 문제를 솔직하게 고백함으로써 더 중요한 문제에서 큰 신뢰를 얻는다.

정직한 버전과 정직하지 않는 버전을 구별하는 것이 중요하다. 메신저가 초반에 어떤 단점이나 이전에 저질렀던 실수를 언급하여 진실성이라는 보상을 얻으려 하는 것이 비난할 만한 일이 아니다. 우리도 시련이 닥쳤을 때, 그 시련을 기회로 삼아 좋은 결과를 만들어내기를 원하지 않는가? 이것 또한 그 방식과 다르지 않다. 신중하면서도 정직했던 워런 버핏이 연간 보고서를 어떻게 시작했는지 생각해보자. 독자들에게 자신의 진정성을 정기적으로 내보이는 게 속임수라고는 할 수 없다. 오히려 내가 보기에 버핏이라는 메신저는 정말 믿을 만한 사람이자 빠르고 진정성 있는 발표로 다시 충분히 신뢰를 얻어내는 지적인 인물이다.

우리가 주의해야 할 것은 기만적인 접근 방식이다. 나는 그다지 설득 상황이 발생할 것 같지 않은 어느 식당에서 이런 접근 방식이 놀라운 효과를 발휘하는 장면을 목격한 적이 있다. 사실 식당 종업원들은 최저 수준의 임금을 받고 있어 수입을 주로 팁에 의존할 수밖에 없다. 고객들은 종업원의 서비스에 만족한 경우 보통 음식값의 몇 퍼센트 정도를 팁으로 지불한다. 따라서 유능한 종업원은 훌륭한 서비스를 제공하는 것은 물론이고 고객을 감동시켜 음식값 대비 팁의 비율을 높일 수 있는 몇 가지 기술을 알고 있다. 또 손님이 주문하는 음식값에 비례해 팁의 액수도 많아지므로 손님들이 비싼 음식을 많이 주문하도록 설득하는 기술도 알고 있다.

나는 식당 종업원들의 설득 기술을 배우기 위해 최고급 식당 몇 군데에서 웨이터로 근무했다. 경력이 없다 보니 기껏해야 빈 그릇을 치우는 일밖에 할 수 없었지만, 그래도 식당에서 벌어지는 일들을 관찰하고 분석하기에는 안성맞춤이었다. 나는 오래지 않아 식당에서 가장 유능한 웨이터가 빈센트라는 사실을 알게 됐다. 무슨 수를 쓰는지 몰라도 빈센트는 손님들에게 가장 비싼 음식을 주문하도록 하고 음식값 대비 가장 많은 팁을 받았다. 다른 웨이터들의 주급은 빈센트에 한참 미치지 못했다.

그래서 나는 빈센트가 맡은 테이블 근처를 기웃거리며 그가 과연 어떤 기술을 펼치는지 살펴봤다. 빈센트는 매우 다양한 기술을 갖고 있었는데, 상황별로 가장 적절한 기술을 구사했다. 가족 손님이 들어오면 약간 우스꽝스러울 정도로 쾌활하게 어른들뿐만 아니라 아이들에게도 자주 말을 걸었다. 데이트 중인 젊은 연인이 들어오면 정중하면서도 조금은 위압적인 태도로 (남자 손님한테만) 약간 위협하듯 값비싼 음식을 권하고 후한 팁을 받아냈다. 나이가 지긋한 노부부가 들어오면 위압적인 태도는 버리고 정중한 태도를 유지하되 극진히 공경했다. 혼자 식사하러 온 손님에게 빈센트는 마치 친구처럼 다정하고 따뜻한 태도로 말동무가 돼줬다.

8~12명의 단체손님을 대할 때 그는 자신에게 손해가 될 법한 행동으로 환심을 샀는데 거의 천재적인 소질을 발휘했다. 보통 빈센트는 일행 중 여자 손님이 첫 번째 주문을 하려는 순간 행동에 돌입했다. 여자 손님이 어떤 음식을 고르든 빈센트는 항상 똑같은 반응을 보였다. 일단 주문을 받아 적기를 망설이면서 눈살을 찌푸린다. 그러고는 어깨 너머로 지배인의 눈치를 살피면서 마치 음모라도 꾸미듯 탁자 쪽으로 몸을 기울이며 손님들 모두가 들을 수 있는 목소리로 이렇게 말한다. "아쉽게도 오늘 그 요리는 재료가 평소보다 좋지 않은 것 같습니다. 대신에 다른 음식을 추천해도 될까요?" (그러면서 손님이 처음 골랐던 요리보다 약간 더 저렴한 요리를 한두 가지 권한다.) "오늘은 이쪽이 재료가 훨씬 좋습니다."

이 한 번의 행동으로 빈센트는 몇 가지 설득 원칙을 작동한다. 첫째, 빈센트의 제안을 받아들이지 않는 고객이라도 빈센트가 자신들을 위해 뭔가 중요한 정보를 제공하고 호의를 베푼다는 느낌을 받는다. 모든 사람이 빈센트에게 고마움을 느끼고 결국 상호성 원칙에 따라 팁을 줄 때가 되면 빈센트에게 호의를 베풀게 된다.

둘째, 음식값 대비 팁의 비율뿐 아니라 음식값 자체도 높일 수 있다. 빈센트가 그날 저녁 좋은 재료가 무엇이고 좋지 않은 재료가 무엇인지 훤히 꿰고 있는 식당의 권위자로 보였기 때문이다. 더욱이 원래 손님이 주문했던 요리보다 약간 저렴한 요리를 권함으로써 빈센트가 자신에게 손해가 될 듯한 행동을 취했기에 더더욱 신뢰할 만한 정보를 주는 웨이터로 보인 것이다. 자기 주머니 채우기에 급급한 웨이터가 아니라 진심으로 손님을 위해 봉사하는 웨이터의 모습 말이다.

빈센트는 순식간에 어느 모로 보나 아는 것도 많고 정직하기까지 한 가장 믿을 만한 웨이터가 됐다. 그러고 나서 그는 그 신뢰를 당장 이용하기 시작한다. 손님들이 모든 주문을 마치고 나면 빈센트는 이렇게 말한다. "저, 그럼 제가 요리와 어울릴 만한 와인을 추천해드려도 될까요?" 나는 거의 매일 밤 그 장면을 지켜봤는데 손님들의 반응은 놀라울 정도로 한결같았다. 미소 띤 얼굴로 고개를 끄덕이며 대부분 흔쾌히 허락했다.

손님들의 얼굴에 드러난 생각은 분명했다. 손님들은 이렇게 말하는 듯했다. "물론이죠. 식당 일도 잘 알고, 또 틀림없이 우리 편이 돼줄 웨이터니까 좋은 걸로 추천해주세요." 이런 상황에서 와인에 대해 잘 아는 빈센트는 기쁜 얼굴로 좋은 (그리고 비싼) 와인을 몇 종류 손님에게 권한다. 디저트를 선택할 때도 빈센트는 비슷한 설득 방법을 이용했다. 평소 같으면 디저트는 생략하거나 친구와 나눠 먹었을 손님들도 빈센트가 베이크드 알래스카(Baked Alaska, 케이크에 아이스크림을 얹고 머랭을 씌워 오븐에 재빨리 구워낸 디저트 - 옮긴이)나 초콜릿 무스 같은 디저트를 열심히 설명하면 한 사람당 하나씩 주문해 먹는다. 진실성까지 겸비한 전문가의 의견을 과연 누가 믿지 않겠는가.

단 한 번의 우아한 행동으로 상호성 원칙과 신뢰할 만한 권위 원칙을 멋지게 결합해 빈센트는 음식값 대비 팁의 비율은 물론이고 음식값 자체도 놀라울 만큼 끌어올렸다. 정말이지 훌륭한 책략이 아닐 수 없다. 하지만 그가 얻은 이익 중 상당 부분은 자신의 이익에는 관심 없는 척하는 데서 비롯됐다. 자신의 이익에 거스르는 주장을 한 것이 바로 그 금전적 이익을 극대화했다.[7]

독자 편지 5.4

포춘 500대 기업의 전직 CEO가 보낸 편지

야심만만한 CEO들을 위한 경영대학원 수업을 하면서 저는 더 나은 경력을 쌓으려면 일단 실수를 인정하는 법부터 배워야 한다고 가르칩니다. 제 졸업생 가운데 한 명은 이 가르침을 마음에 새기고는 자신이 몸담았던 닷컴 기업의 실패를 이력서에 당당히 기록했습니다. 그리고 그 실패의 경험에서 배운 것이 무엇인지도 자세히 적었죠. 이전의 실패를 덮으려고만 했을 때는 경력에 전혀 발전이 없었는데, 실패를 인정하고 나자 매우 좋은 기회를 여러 번 얻게 됐습니다.

저자의 한마디

자신의 실패에 책임을 지는 태도는 조직에서 일하는 개인뿐 아니라 조직 자체에도 유익하다. 연구에 따르면 연례 보고에서 실적 부진으로 비난받은 회사는 1년 후 그런 비난을 받지 않은 회사들보다 주가가 더 높았다(Lee, Peterson & Tiedens, 2004).

◆ **KEY**
◆ **POINT**

◆ 밀그램의 복종에 관한 연구를 보면, 우리 사회에는 권위에 따르도록 하는 강한 압력이 존재한다는 사실을 알 수 있다. 정신적으로 문제가 없는 평범한 사람들이 스스로 원해서가 아니라 권위적인 인물이 지시한다는 이유만으로 다른 사람에게 위험한 수준의 심각한 고통을 가했던 것이다. 권위에 복종하려는 이런 강력한 성향은 그 복종이 옳은 행동이라는 개념을 사회 구성원들에게 심어주려고 마련한 체계적인 사회화 과정의 산물이다. 더욱이 그런 권위자들은 보통 높은 수준의 지식과 지혜, 권력을 가지고 있어 진짜 권위자의 명령을 따르는 것은 바람직한 행동인 경우가 많다. 이런 이유로 의사결정의 지름길을 따라 분별없이 권위에 복종하는 일이 일어날 수 있다.

◆ 자동적으로 권위에 복종하다 보면 권위의 실체가 아니라 단순한 상징에 복종하는 성향이 나타나기도 한다. 연구에 따라 이런 관점에서 가장 효과적인 상징으로 밝혀진 것이 바로 직함과 복장, 자동차와 같은 장식이다. 이

런 상징의 영향을 연구한 여러 가지 연구에 따르면, 사람들은 (자격을 증명할 증거가 없어도) 이런 상징 중 하나를 가진 사람에게 더 복종하는 성향을 보인다. 더욱이 그런 식으로 복종하면서도 그런 권위의 압력이 자신의 행동에 미친 영향에 대해서는 상당히 과소평가했다.

◆ 권위는 권위 있는 일을 하는 사람 혹은 권위자로 받아들여지는 사람에게서 생겨난다. 이 중 첫 번째 유형인 권위 있는 일에서 나오는 권위는 문제가 있다. 이러한 권위를 가진 사람이 다른 사람들에게 하는 명령은 저항과 적개심을 낳는 경우가 많다. 반면, 대단한 지식을 가지고 있어서 권위자로 추대받는 두 번째 유형에는 이러한 문제가 없다. 사람들은 보통 자신보다 현안에 대해 많은 것을 알고 있는 사람의 추천은 기꺼이 따르려는 경향이 있기 때문이다.

◆ 권위자의 설득 효과는 그 사람이 권위자로서 신뢰할 수 있는 사람으로 여겨질 때 극대화된다. 다시 말해 현안에 대해 다양한 지식을 갖춘 전문가이자 그 지식을 정직하게 제시하는 신뢰할 만한 사람일 때 말이다. 신뢰성을 구축하기 위해서 메신저는 (보통은 사소한) 자신의 단점을 인정할 수 있다. 그러한 단점은 그를 압도하는 장점이 제시되는 순간 잊히기 마련이다.

◆ 권위의 압력이 미치는 해로운 영향을 방어하려면 스스로 두 가지 질문을 던져야 한다. 이 권위 있는 인물이 정말 전문가인가? 이 전문가는 과연 얼마나 진실하게 행동하고 있는가? 첫 번째 질문을 통해 우리는 권위의 상징에서 눈을 돌려 진짜 권위의 증거를 찾아볼 수 있다. 두 번째 질문을 통해서는 전문가의 지식이 상황에 적합한 지식인지 여부뿐만 아니라 전문가가 얼마나 진실성 있게 대처하는지도 고려할 수 있다. 두 번째 질문과 관련해 상대가 혹시 자신에게 약간 불리한 정보를 먼저 제공함으로써 신뢰도를 높이는 전략을 사용하지 않는지 주의해야 한다. 그런 전략을 통해 일단 정직한 사람이라는 지각이 형성되면 나머지 정보들이 더 믿을 만해 보이기 때문이다.

PART 6

희소성 원칙
소수의 규칙

◆ ◆

무언가를 사랑하려면 그것이 사라질 수도 있다고 생각하면 된다.
_ G. K. 체스터턴

대단히 성공적인 결혼 분쟁 해결 변호사이면서 이혼 전문 변호사로 활동하고 있는 샌디라는 친구가 있다. 많은 시간과 골칫거리, 그리고 법정 소송에 드는 비용 없이 합의에 이르고 싶어 하는 이혼 당사자들의 문제를 조정하는 게 샌디의 일이다. 샌디는 조정에 나서기 전에 이혼 당사자들을 (법률 대리인과 더불어) 별도의 방에서 만난다. 그러면 이혼 당사자들이 얼굴을 붉히며 서로에게 고함을 지르는 모습을 보지 않아도 된다. 각 당사자는 샌디에게 문서로 제안을 보내고, 샌디는 두 방을 오가며 합의를 도출해 양측이 서명할 최종 문서를 완성한다. 샌디는 이 과정에서 이혼법보다 인간 심리에 대한 이해가 훨씬 더 필요하다고 주장한다. 그러한 이유로 그녀는 막바지에 협상이 교착상태에 빠지면서 당사자들이 타협을 거부한 채 전체 조정 과정이 헛수고가 되고 결국 부부가 이혼 법정에 서게 되는 상황을 만들지 않도록 하는 데 심리학자인 내가 도움을 줄 수 있는지 궁금해했다.

교착상태는 커다란 문제 때문에 발생할 수 있다. 예를 들어 양육권 조건이나 아이들의 방문 조건 (혹은 개는 누가 키우느냐) 같은 문제 때문이다. 물론 지극히 사소한 문제로도 교착상태에 빠질 수 있다. 예를 들어 휴가지 부동산의 상대방 소유분을 사기 위해 얼마나 돈을 내야 할지 등이다. 이런 싸움에 미쳐 있는 사람들은 최종 합의에 이를 수 있는 마지막 문제가 커다란 일이든 사소한 일이든 단 한 걸음도 양보하지 않고 끝까지 싸우려 든다. 샌디에게 이러한 상황에서 어떻게 하는지 물어보았다. 그녀는 문제에 대한 최종 제안을 한쪽 방에서 받은 다음, 다른 방으로 건너가 이렇게 말하며 건네준다고 한다. "이 제안에만 동의하시면, 타협할 수 있습니다." 나는 문제가 무엇인지 깨달았다. 그리곤 다음과 같이 말을 조금 바꿔보라고 했다. "타협이 되었어요. 이제 이 제안에 동의만 하시면 됩니다."

몇 달 후 파티에서 샌디는 만면에 미소를 지으며 다가와서는 그 약간의 변화가 놀라운 성공을 가져다주었다고 말했다. "모든 경우에 효과가 있었어요." 그녀는 자신만만하게 말했다. 미심쩍었던 나는 "뭐? 모든 경우라고요?" 하고 물었다. 그러자 그녀는 내 팔에 손을 얹으며 "네. 모든 경우였어요"라고 다시 크게 대답해주었다.

나는 여전히 100퍼센트 성공적이었다는 말을 믿지 못하고 있다(지금 우리는 마술이 아니라 행동과학을 다루고 있기 때문이다). 내가 추천한 변화가 대단히 효과적이었다는 사실은 기쁘지 않을 수 없었다. 하지만 별로 놀랄 일도 아니었다. 나는 두 가지 사실을 알고 있었기 때문에 그러한 제안을 할 수 있었다. 하나는 행동과학 분야에서 진행했던 비슷한 상황에서의 연구 결과이다. 예를 들어, 한 플로리다 주립대학교의 학부생 대부분은 학교 식당에 불만이 많았다. 하지만 이들 대부분은 9일이 지나자 생각을 바꾸었다. 이전보다 학교 식당 음식을 맛있게 느끼게 만든 어떤 일이 일어났기 때문이다. 흥미롭게도 이들의 의견을 바꾸게 만든 사건은 음식의 질과는 아무 상관이 없었다. 음식 맛은 조금도 바뀌지 않았으니 말이다. 단지 두 번째 설문조사가 있던 날 학생들에게 불이 나서 앞으로 2주간은 학교 식당을 이용할 수 없다고 알렸을 뿐이다.

샌디가 도움을 청했을 즈음 지역 텔레비전에서 보았던 사건으로 인해 나는 또 하나의 사실을 알게 되었다. 흔하다면 흔한 광경이었다. 새 아이폰이 출시된다고 하자 구매자들이 길거리에 길게 줄을 섰다. 몇몇 사람은 슬리핑 백에서 밤을 지새우며 상점 문이 열리기만 기다리고 있었다. 언제든 문만 열리면 달려들어 그 소중한 휴대전화를 빼앗다시피 쟁취할 태세였다. 아이폰5가 출시되던 아침, 내가 사는 도시의 텔레비전 방송국 중 하나가 기자를 보내 이 놀랍다면 놀라운 현상을 보도했다. 23번째로 줄 서 있는 것을 보니 이미 오랜 시간을 기다렸음이 틀림없는 한 여성에게 다가가 기자는 몇 시간이나 기다렸는지, 그 시간 동안 주변 사람들과 이야기하며 보낸 시간은 어느 정도인지 물었다. 그녀는 아이폰5의 새로운 특징들을 주제로 오랜 시간 동안 여러 사람과 많은 대화를 나누었다고 했다. 하지만 사실은 달랐다. 그녀가 처음 줄을 섰을 때는 대기번호 25번이었다. 조금 후에 그녀는 23번째 서 있는 여성과 대화를 나누기 시작했다. 그런데 23번 여성은 25번 여성의 루이비통 가방에 마음을 빼앗겼다. 기회다 싶었던 25번 여성은 교환을 제안했다. "당신 자리와 제 백을 바꿀까요?" 이 여성의 기쁨에 찬 설명을 듣던 기자는 어처구니없다는 듯이 물었다. "하지만 … 하지만 … 왜요?" 그러자 루이

비통 가방을 대가로 23번 자리를 차지한 여성은 다음과 같이 대답했다. "이 상점은 재고를 충분히 확보하지 못했다고 하더군요. 아이폰을 구하지 못할까 걱정이 돼서요."

그녀의 대답을 듣고는 똑바로 자세를 고쳐 앉았던 것이 기억난다. 그녀의 대답이야말로 나의 오랜 연구 결과에 정확하게 부합하는 것이었기 때문이다. 그 결과란 특히 위험하고 불확실한 조건에서 사람들은 어떤 가치 있는 물건을 얻기보다는 잃지 않으려는 선택에 훨씬 크게 동기화된다는 사실이다. 바라마지 않던 휴대전화를 확보하지 못할 위험과 불확실성을 깨달은 23번 구매자는 기존 연구와 정확하게 일치하는 행동을 했다. 그녀는 대단한 논란의 대상이면서 욕망의 표적이 되어버린 휴대전화를 놓치지 않기 위해 엄청난 희생을 감수하는 교환에 기꺼이 나섰다. '손실 회피loss aversion'는 사람들은 어떤 물건을 얻는 것보다는 그 물건을 잃는 것을 회피하려는 경향을 의미한다. '손실 회피'는 노벨경제학상을 수상한 대니얼 카너먼이 제시하는 전망 이론의 핵심 개념으로, 여러 국가의 기업, 군대, 프로 스포츠를 막론한 다양한 영역에서 진행된 연구를 통해 압도적인 지지를 받고 있다. 예를 들어, 기업을 대상으로 한 연구에 따르면, 관리자들은 의사결정에서 잠재적 이익보다는 잠재적 손실을 더 크게 생각한다. 스포츠에서도 마찬가지다. 의사결정자들은 이익보다 손실 가능성이 클 때 더 오래 심사숙고한다. PGA 투어 골프 선수들은 파에서 한 타를 줄이는 것(다시 말해 버디를 얻는 것)보다는 파에서 한 타를 잃지 않기 위해서(다시 말해 보기를 피하기 위해) 훨씬 더 많은 시간과 노력을 투자한다.

샌디에게 구체적인 충고를 할 수 있었던 것은 두 가지 지식 덕분이었다. 하나는 과학 연구를 통해 알게 된 손실 회피 경향이고, 다른 하나는 최신 아이폰을 사기 위해 줄을 서 있던 여성을 통해 손실 회피 경향의 위력을 알게 된 것이다. 나의 충고는 고객이 원하는 것을 먼저 제시하라는 것이었다. "타결됐어요"라는 말은 고객이 원하는 것을 이미 얻었음을 의미한다. 따라서 타협하지 않으면 이미 얻은 것을 잃어버리는 셈이 된다. 반면에 "이 제안에만 동의하시면, 타협할 수 있습니다"라고 말하는 샌디의 기존 접근방식은 동의를 해야만 원하는 것을 얻을 수 있음을 의미한다. 행동심리학을 아는 사람이라면 이 정도 충고는 어렵지 않을 것이다.

독자 편지 6.1
뉴욕 북부에서 한 여성이 보낸 편지

언젠가 크리스마스 선물을 사러 갔다가 제 마음에 쏙 드는 블랙 드레스를 발견했습니다. 하지만 이미 다른 선물을 사면서 돈을 다 써버린 후라 드레스를 살 여유가 없었습니다. 그래서 월요일 방과 후에 엄마를 모시고 다시 사러 올 테니 그때까지만 드레스를 보관해달라고 매장에 부탁했습니다. 매장에서는 그건 곤란하다고 거절하더군요.

저는 집으로 돌아가 엄마한테 드레스 이야기를 했습니다. 엄마는 그렇게 마음에 들면 돈을 빌려줄 테니 먼저 드레스를 사고 나중에 갚으라고 하셨습니다. 그래서 월요일에 학교를 마치고 다시 매장에 가봤더니 그 드레스가 팔리고 없었습니다. 나중에 알고 보니 제가 학교에 있는 동안 엄마가 몰래 매장에 가서 그 드레스를 제 크리스마스 선물로 사놓으셨던 겁니다. 벌써 오래전 일이지만, 제 기억 속에는 그해 크리스마스가 가장 행복한 크리스마스로 남아 있습니다. 그 드레스를 구입하지 못해 아쉬워하고 있다가 선물로 받자 기쁨이 몇 배나 더 커졌기 때문입니다.

저자의 한마디

과연 손실의 어떤 면이 인간의 행동에 그토록 강력한 영향을 미치는지 궁금하지 않은가? 한 유명 이론은 사람들이 이득보다 손실에 더 민감하게 반응하는 이유를 진화론적 관점에서 설명한다. 생존에 충분할 만큼 자원을 확보했다고 가정할 때, 자원을 더 확보하는 것은 생존에 조금 더 도움이 되는 정도지만 자원을 잃어버리는 것은 치명적인 결과를 가져오기 때문이다. 결과적으로 손실에 더 예민하게 반응하는 것이 생존에 유리했던 것이다(Haselton & Nettle, 2006).

— 부족은 최선, 손실은 최악

모든 사람은 어떤 형태로든 희소성 원칙에 취약하다. 야구 카드부터 골동품까지 수집 품목의 가치를 결정할 때 수집가들은 바로 이런 희소성 원칙을 확실히 활용한다. 일반적으로 희귀하거나 희귀해질수록 그 품목의 가치는 높아진다. 실제로 원하는 물건이 희귀해서 구하기 힘들 때, 품질보다는 희소성이 그 물건의 가격 기준이 된다. 자동차 제조업자가 새 모델의 생산을 제한할 때, 잠재적 구매자들 사이에서 그 새 모델의 가치는 올라간다. 수집 시장에서 희소성의 중요성을 가장 극명하게 보여주는 것이 바로 '귀중한 실수'라는 현상이다. 인쇄가 번진 우표나 무늬가 겹쳐 찍힌 동전처럼 잘못 만들어진 품목들이 가장 가치 있는 수집품이 되는 것이다. 따라서 조지 워싱턴의 눈이 세 개처럼 보이는 우표는 해부학적으로 부정확하고 미학적으로도 매력이 없지만, 많은 수집가들이 열렬히 원하는 품목이다. 여기서 아이러니한 교훈을 얻을 수 있다. 다른 경우라면 쓰레기로 취급받았을 잘못 만든 물건들이 희소성과 결합하면 자랑스러운 수집품이 된다.

'입수 가능성이 낮아질수록 가치는 높아진다'는 희소성 원칙을 인식하고 나자 희소성 원칙이 내 행동에 광범위한 영향을 미치고 있다는 사실을 깨닫기 시작했다. 예를 들어 나는 누군가와 재미있는 대화를 하다가도 전화벨이 울리면 누가 걸었는지 모르는 전화를 받으려고 달려가곤 한다. 그 전화는 내 눈앞의 대화 상대가 갖지 못한 중요한 특징을 갖고 있다. 바로 당장 전화를 받지 않으면 통화 기회(그리고 그 통화에서 얻을 수 있는 정보)가 영원히 사라진다는 점이다. 전화벨이 자꾸 울릴수록 눈앞의 사람과 나누는 대화가 재미있고 유익하다는 사실보다는 전화를 받을 기회가 줄어들고 있다는 사실이 더 중요해진다. 바로 그 이유로 나는 앞사람과의 대화를 중단하고 전화를 받으러 달려간다.

사람들은 뭔가를 얻는다는 생각보다는 비록 가치가 같다 해도 뭔가를 잃어버린다는 생각에 더 민감하게 반응하는 듯하다. 예를 들어 대학생들은 멋진 데이트 상대를 얻었을 때보다는 그 상대를 잃는다고 상상했을 때 훨씬 더 강렬한 감정을 느꼈다. 성적도 마찬가지였다. 영국의 한 실험에서 주민들은 에너지 절약보다 관리비 손실 예방을 위해서라면, 새로운 에너지원으로 기꺼이 전환하겠다는 사람들의 비율이 45퍼센트 더 많았다. 사람들은 이익을 얻기보다는 손실을 피하려고 다른 사람을 속이는 경우가 더 많다. 금전적인 사례에 한정해서 이야기하는 것이 아니다. 한 연구에 따르면 한 팀의 성원들은 자신의 팀 지위가 올라가는 것보다는 하락하는 것을 막기 위해 기꺼이 다른 사람들을 속이려 들었다. 마지막으로 이익보다 손실이 주목(응시), 생리적 자극(심장 박동과 동공 확대), 뇌의 활성화(피질 자극)에 더 커다란 영향을 미친다.

특히 위험하고 불안한 상황에서 뭔가 잃게 될지도 모른다는 위협을 느끼면 사람들은 의사결정 과정에 큰 영향을 받는다. 의료 연구가인 알렉산더 로스먼Alexander Rothman과 피터 샐로비Peter Salovey는 이런 통찰을 의료 분야에 적용해봤다. 유방암이나 에이즈, 암 같은 치명적인 질병을 조기에 발견하려면 평소에 자주 검사를 받아야 한다. 이런 검사의 중요성을 홍보할 때는 질병이 발견되면 완치 여부도 불확실한 고통스러운 치료 과정을 거쳐야 한다는 식으로 잠재적인 손실을 강조하는 방법이 더 효과적이다. 예를 들어 젊은 여성에게 유방암 자가 진단을 권유하는 팸플릿에는 자가 진단에서 얻는 것보다는 자가 진단을 하지 않았을 때 잃는 것이 무엇인지 명시했을 때 확실히 더 효과가 높았다. 연구에 따르면, 비즈니스 세계에서도 관리자들은 잠재 이익을 늘리는 것보다는 잠재 손실을 줄이는 것을 더 중요하게 여긴다. 심지어 인간의 뇌조차 손실로부터 자신을 보호하는 쪽으로 진화했는지 이익과 관련한 의사결정 과정보다는 손실과 관련한 의사결정 과정을 중단하는 것이 훨씬 더 어렵다.[1]

한정 판매

사람들이 어떤 사물의 가치를 결정할 때 희소성 원칙에 그토록 큰 영향을 받는다면, 설득의 달인들은 당연히 그런 현상을 이용할 것이다. 희소성 원칙을 가장 노골적으로 사용하는 경우는 고객들에게 어떤 제품이 수량 부족으로 금방 매진될 것 같다고 홍보하는 '한정 판매' 전략이다. 세계적으로 성공을 거둔 여행 및 호텔 예약 사이트 '부킹닷컴Booking.com'에서 지정된 가격으로 이용할 수 있는 호텔 객실 수에 대한 정보를 처음 사이트에 게시하면서 구매가 급증하자 고객 서비스 팀은 '시스템 에러'가 분명하다며 기술팀에 도움을 요청했다. 물론 에러는 없었다. 한정판매의 힘이 쇼핑객을 순식간에 구매자로 만들었기 때문에 벌어졌던 현상이었다. 나는 다양한 조직에 잠입해 설득 전략을 연구하면서 한정판매 전략이 여러 상황에서 반복적으로 사용되는 것을 목격했다. "우리 주 전체에 이 엔진이 탑재된 컨버터블은 다섯 대뿐입니다. 그 다섯 대가 다 팔리고 나면 그걸로 끝이죠. 조만간 단종될 예정이거든요." "신축 단지 안에 남아 있는 모퉁이 상가는 이곳을 포함해서 단 두 곳뿐인데요. 나머지 하나는 전망이 형편없어서 마음에 안 드실 겁니다." "오늘 한 상자만 구매하시면 틀림없이 후회하실 겁니다. 재고가 너무 부족해서 언제 또 입고될지 모르거든요."

독자 편지 6.2
애리조나 주 피닉스에 거주하는 여성이 보낸 편지

저는 북맨스라는 중고 판매점에 물건을 팔면서 희소성 원칙을 이용했습니다. 북맨스에서는 중고서적이나 음반, 장난감 등을 사고, 팔고, 교환합니다. 집에 1990년대 리처드 스캐리의 어린이 TV

시리즈의 캐릭터들이 있어서 북맨스에 몽땅 들고 갔더니, 아무것
도 사지 않겠다고 하더군요. 그래서 저는 캐릭터들을 하나씩 가
져가기로 했습니다. 그랬더니 하나씩은 구입하더라고요. 결국 저
는 캐릭터를 모두 판매할 수 있었습니다. 이것이 희소성 원칙의
힘입니다!

저희 아빠도 이베이에 프로야구팀의 로고가 그려진 유리잔을 팔
며 희소성 원칙을 이용했습니다. 아빠는 잔이 24개가 들어가 있
는 상자 하나를 35달러에 구입했습니다. 그리곤 이베이에서 잔을
하나씩 판매했죠. 첫 번째 잔은 35달러에 팔렸습니다. 이것만으
로도 원금은 건진 셈이죠. 아빠는 잠시 기다렸다가 다음 잔을 26
달러에 팔았습니다. 다음 잔은 조금 더 기다렸다가 51달러에 팔
았죠. 조금 욕심이 생겼는지, 다음번엔 너무 빨리 팔아 22달러밖
에 받지 못했습니다. 아빠는 교훈을 얻은 듯합니다. 아직 잔이 몇
개 남아 있는데, 버티면 버틸수록 희귀해지겠죠.

저자의 한마디

풍부한 물건을 한 번에 하나씩 판매하는 것은 풍부함의 반대가 희소성이라
는 사실을 알고 있어야 사용할 수 있는 방법이다. 한꺼번에 제시하면 가치는
떨어지기 마련이다.

수량이 부족하다는 정보는 진실인 경우도 있지만 완전히 거짓인 경
우도 많다. 하지만 어떤 경우든 그 의도는 물건의 희소성을 알려 가치를
높이려는 것이다. 이 간단한 도구를 다양한 방법으로 활용하는 설득의

달인들을 보면 나는 감탄을 금할 수가 없다. 하지만 무엇보다 인상적이었던 것은 바로 이 기본적인 방법을 극단까지 밀어붙여 제품이 가장 희귀해진 순간, 즉 재고가 더 이상 남아 있지 않은 순간에 제품을 판매하는 방법이었다. 한때 조사를 위해 잠입했던 어느 가전매장에서 그런 장면을 자주 목격했다. 그곳은 주기적으로 제품을 30~50퍼센트로 할인해서 판매하는 매장이었다. 한 부부가 어떤 할인 제품에 관심을 보인다고 가정하자. 여러 가지 단서를 통해 두 사람이 특정 품목에 관심을 보인다는 사실을 눈치챌 수 있다. 그들은 한 제품을 다른 제품보다 유난히 자세히 살펴보고, 그 제품과 관련한 설명서를 들춰보고, 그 제품 앞에서 진지하게 논의한다. 하지만 아직은 판매사원을 불러 더 자세한 설명을 들어볼 생각까지는 없는 듯하다. 이때 부부의 모습을 관찰하던 판매사원이 다가와 말한다. "이 모델에 관심이 있으신가 봐요. 성능도 좋고 가격도 저렴한 제품이니 그러실 만하죠. 하지만 아쉽게도 20분쯤 전에 다른 손님께 판매한 제품입니다. 제가 알기론 마지막 남은 재고였을 겁니다."

손님의 얼굴에는 바로 실망스러운 표정이 떠오른다. 구입 기회를 잃어 그 제품이 더 매력적으로 느껴진다. 그런 경우 대부분의 손님들은 혹시 창고나 다른 보관 장소에 아직 재고가 남아 있을 확률은 없는지 물어본다. 판매사원은 마치 호의를 베푸는 듯 "아, 그럼 제가 가서 한번 확인해보겠습니다. 원하시는 것이 여기 이 제품이고, 제가 창고에서 찾아오면 이 가격에 구입하신다는 말씀이시죠?"라고 묻는다. 이 기술의 놀라운 점이 바로 여기에 있다. 희소성 원칙에 따라 제품이 가장 희귀해져서 고객이 가장 갖고 싶을 때 고객에게 그 제품을 꼭 구입하겠다는 약속을 받아내는 것이다. 이럴 때 많은 고객들은 이미 마음이 달아 있어 꼭 구매하겠다고 약속한다. 결국 판매사원은 (틀림없이) 남아 있는 재고를 하나 더 찾아냈다는 반가운 소식과 더불어 손에 볼펜과 계약서를 들고 나타난다. 물론 원하던 재고가 남아 있다는 말을 들으면 고객이 느끼던 강렬한 매력이 약해질 수도 있지만, 그때쯤엔 이미 거래가 진행됐으므로 대부분 취소하기는 어려운 상황이 돼 있다. 재고가 없는 것처럼 보였던 결정적인 순간에 이미 구매 결정을 내리고 공개적으로 약속까지 했기 때문이다. 기업인들에게 희소성 원칙에 대해 이야기할 때마다 나는 거짓 한정판매 정보와 같은 속임수는 사용하지 말라고 강조한다. 그럴 때마다 이런 질문을 받는다. "저희가 판매하는 물건이 진짜 부족하지 않으면 어쩌죠? 시장의 수요를 충분히 충족시킬 수 있다면 어떻게 해야 할까요? 그럴 때도 저희가 희소성의 힘을 사용할 수 있을까요?" 이 질문에 대한 대답은 희소성은 물건의 수에만 적용되는 것이 아니라 물건의 특징에도 적용된다는 사실을 인식해야 한다. 우선, 제품이나 서비스에 너무나 독특하거나 특이해서 같은 가격으로는 어디에서도 그런 물건을 구할 수 없게 만드는 특징이 있는지 살펴보자. 그런 다음, 그 특징과 그 특징에서 비롯되는 장점들을 기반으로 선전하는 것이다. 특히 그 특징을 놓치면 그 제품으로 얻을 수 있는 많은 장점을 놓치게 된다는 사실을 강조해야 한다. 그런 특징이 하나도 없다면, 여러 특징이 조합을 이루어 경쟁사 제품보다 훨씬 더 뛰어난 제품이 될 수도 있다. 그런 경우에는 다른 데서는 이러한 특징들의 독특한 집합을 찾아보기 힘들다는 점을 정직하게 알려야 한다.

시간 제한

내가 사는 애리조나 주 피닉스 교외에 메사라는 도시가 있다. 메사는 모르몬교의 본산 솔트레이크시티 다음으로 많은 수의 모르몬교 신자들이 거주하는 지역으로, 도시 중앙에는 웅장한 모르몬교 사원이 자리 잡고 있다. 나는 멀리서 모르몬교 사원의 아름다운 경관을 감상하긴 했지만, 안으로 들어가볼 생각은 한 번도 해본 적이 없었다. 그런데 어느 날 모르몬교 사원과 관련된 한 신문 기사를 읽고 나자 갑자기 흥미가 일었다. 모르몬교 사원 안에는 신자가 아니면 접근이 허락되지 않는 특별 구역이 있다고 한다. 아무리 모르몬교로 개종을 고려하는 사람이라도 신자가 될 때까지는 출입을 금지하는 곳인데, 딱 한 번 바로 사원 신축 직후 며칠 동안만 비신도들도 금지 구역을 포함한 사원 전체를 둘러볼 수 있다는 것이다.

기사에 따르면, 메사 사원이 대대적인 개보수 공사를 했는데 공사 범위가 워낙 넓어 사원 기준에서 보면 '신축'으로 분류해도 될 정도였다. 그래서 앞으로 며칠 동안 평소 금지했던 사원 내부에 일반인들의 입장을 허용한다는 내용이었다. 나는 이 기사를 읽고 당장 사원을 관람하기로 했다. 하지만 친구 거스에게 같이 사원을 관람하자고 전화를 걸며, 내가 왜 그렇게 서둘러 관람 결정을 내렸는지 깨달았다.

거스는 내 제안을 거절하면서 왜 갑자기 모르몬교 사원을 관람하고 싶어 하느냐고 물었다. 나는 기사를 읽기 전까지는 모르몬교 사원을 관람하고 싶다고 생각해본 적이 없었고, 모르몬교에 대해 궁금한 점도 없었으며, 교회 건축에 일반적인 관심도 없었고, 그 지역에 있는 교회보다 뭔가 더 특별하고 감동적인 장면이 펼쳐질 것이라는 기대도 없었다. 친구와 대화를 하다 보니 내가 모르몬교 사원 관람에 갑자기 그토록 매력을 느낀 이유는 하나밖에 없는 듯했다. 이번에 둘러보지 못하면 관람 제한 구역을 다시는 구경할 기회가 없을 것 같은 조급한 마음에서였다. 평소에는 그다지 흥미를 느끼지도 않던 대상이 마지막 기회라는 생각이 들자 갑자기 훨씬 더 매력적으로 보였던 것이다.

사례 6.1

한 상업 온라인 사이트의 실험에서 연구자들이 6,700건 이상의 A/B 테스트 결과를 수집했다. 이 테스트에서는 한 사이트가 어떤 특징을 포함하고 있을 때와 포함하고 있지 않을 때를 나누어 그 사이트의 효과를 평가했다(Browne & Swarbrick-Jones, 2017). 평가해야 할 29가지 기능은 (검색 기능의 유무, 백투톱 버튼, 기본 설정 등) 순수한 기술적 기능에서부터 (무료 배송, 제품 배지, 클릭 유도 문안과 같은) 동기부여와 관련된 특징까지 다양했다. 연구자들의 결론은 다음과 같았다. "분석 결과에 따르면, 효과적인 온라인 사이트의 가장 중요한 특징들은 행동심리학에 기반을 두고 있었다." 다행스럽게도 우리가 지금까지 살펴본 6가지 설득의 원칙들이 가장 효과적인 온라인 사이트의 특징과 일치했다.

희소성 재고가 모자란 제품을 강조한다.
사회적 증거 가장 인기 있고, 유행을 타고 있는 제품을 설명한다.
급박성 시간 제한을 이용한다. 초읽기 시계도 동원한다.
양보 할인을 제공하여 방문객들이 사이트에 머물게 만든다.

권위 전문지식 방문객들에게 이용 가능한 대체품을 알려준다.
호감 환영 메시지를 보낸다.

상위 세 가지 요소 중 두 가지가 희소성 원칙과 관련하여 지금까지 살펴본 내용과 일치한다. 전자상거래가 시작되기 훨씬 전에 만들어진 내용인데도 말이다. 다시 한 번 말하지만, 설득의 원칙이 이용되는 환경은 급격하게 바뀔수도 있지만, 이 원칙이 인간 반응에 미치는 효과는 절대 변하지 않는다. 또희소성 원칙의 순위가 다른 연구 결과와도 일치하는 것을 보면, 공급 제약을호소하는 것이 시간 제약을 호소하는 것보다 일반적으로 더 효과적이라고짐작할 수 있다(Aggarwal, Jun, & Huh, 2011). 그 이유에 대해서는 경쟁을 다루는장에서 살펴보자.

이렇듯 시간이 흘러감에 따라 사람들이 어떤 물건을 더욱 원하게 되는 경향성을 상업적으로 이용하려는 것이 바로 '마감 시간' 전략이다. 설득의 달인들은 제공하는 물건을 얻을 수 있는 시간을 공식적으로 제한한다. 그 결과 사람들은 단지 시간이 줄어들고 있다는 이유로 별로 좋아하지도 않는 물건을 구매하고는 한다. 영리한 상인들은 이런 성향을 이용해 마감 시간을 공표함으로써 갑자기 고객들의 관심을 끌어모으곤 한다. 영화 광고에서 특히 이런 전략을 집중적으로 사용한다. 나는 한 극장주인이 손님을 끌기 위해 단 몇 단어를 이용해 희소성 원칙을 세 번이나사용한 경우를 목격했다. "독점 상영, 한정 상영, 이제 곧 끝납니다!"

고객에게 일대일로 압박을 가하면서 제품을 판매하는 사람들은 마감시간 전략을 약간 변형해 사용한다. 이들은 구매 결정을 내려야 하는 궁극적인 마감 시간, 즉 '지금 당장' 전략을 사용한다. 지금 당장 구매하지 않으면 나중엔 더 높은 가격으로 구매해야 한다거나 아예 구매할 기회가 없다고 위협하는 것이다. 헬스클럽에 가입하거나 자동차를 구매하려는 사람들에게도 오직 '이번 한 번'만 적용하는 조건을 제안한다. 고객이 일단 헬스클럽이나 자동차 대리점을 벗어나면 다시는 그런 조건으로 거래할 수 없다는 것이다. 어느 대형 어린이 사진 전문점에서는 자녀의 사진을 찍으러 온 부모에게 다양한 포즈의 사진을 최대한 많이 구입하라고 강권한다. '저장 공간이 부족해 24시간 후면 아이들 사진을 소각할 수밖에 없다'는 것이다. 집집마다 방문하는 잡지 영업사원도 해당 구역은 딱 하루만 방문할 예정이라면서 그날 하루가 지나면 다시는 같은 가격에 잡지 패키지를 구매할 기회가 없을 거라고 말한다.

내가 잠입했던 진공청소기 판매회사는 영업사원들에게 이런 식으로 말하라고 훈련시켰다. "방문을 원하시는 고객이 너무 많아서 한 가정에 한 번밖에 방문할 시간이 없습니다. 회사 방침상 고객님께서 나중에 이 청소기를 구매하고 싶다고 연락하셔도 제가 다시 돌아와 판매할 수가 없습니다." 물론 말도 안 되는 소리다. 회사와 영업사원은 최대한 많은 제품을 판매해야 하므로 나중에 고객이 재방문을 요청하면 흔쾌히 달려올 것이다. 청소기 판매회사 영업부장이 강조했듯이 '다시 돌아올 수 없다'고 주장하는 것은 방문 예약이 너무 많이 잡혀 있기 때문이 아니다. 고객이 제품 구매에 대해 오래 생각하지 못하도록 나중에는 구매가 불가능하다고 위협하는 것이다. 그래야 고객들에게 당장 구매해야 할 것 같은 기분이 들게 할 수 있기 때문이다.[2]

급박한 재촉

사기당하다

-피터 커
〈뉴욕타임스〉

다니엘 굴반은 자신이 평생 모아온 저축이 어떻게 사라졌는지 기억할 수조차 없다. 전화에서 들려온 판매원의 목소리가 부드러웠던 것은 기억한다. 석유와 은銀의 선물先物 투자로 떼돈을 벌고 싶어 했던 기억도 있다. 하지만 이 은퇴한 81세 공공설비 노동자는 지금까지도 자신이 어떻게 사기꾼들에게 1만 8,000달러를 선뜻 내주었는지 이해할 수가 없다.

"생활이 어려워지다 보니 좀 나은 방법이 없는지 찾고 있었어요. 하지만 진실을 알게 되면서 저는 먹지도 자지도 못했어요. 살도 14킬로그램이나 빠졌어요. 제가 그런 일을 저질렀다는 게 지금도 믿어지지 않아요"라고 굴반은 말했다.

굴반은 경찰이 '불법 텔레마케팅'이라고 부르는 사기의 희생자였다. 간단히 말하자면, 말이 빠른 전화 외판원 수십 명이 작은 방에 모여 수천 명의 고객에게 매일 전화를 하는 방법이다. 이 문제를 조사한 미국 상원 소위원회가 작년에 발간한 보고서에 따르면, 이런 기업은 아무런 의심도 없는 고객들로부터 매년 수억 달러를 뜯어낸다.

뉴욕 주 법무부 장관 로버트 아브람스Robert Abrams는 지난 4년간 10건 이상의 불법 텔레마케팅을 추적한 후에 이렇게 말했다. "이들은 근사하게 월스트리트에 주소를 두고 그럴듯해 보이는 사기에 사람들이 돈을 쏟아붓도록 거짓말하고 사기를 칩니다. 때로는 평생 모든 돈을 투자해 날리는 피해자도 있습니다."

뉴욕 주 법무부 차관이자 증권 투자자 보호 부서를 맡고 있는 오레스티스 미할리Orestes J. Mihaly에 따르면 이 기업들은 흔히 3단계를 밟아 전화한다고 한다. 첫 번째는 '오프닝 콜'로, 판매사원이 근사한 이름과 주소를 내세워 자신을 훌륭한 기업을 대표하는 사람으로 설정하는 단계이다. 흔히 이 단계에서는 잠재 고객에게 기업에서 보내주는 문헌을 받으라는 요청에 그치곤 한다. 두 번째 전화는 구매 유도를 목적으로 한다. 판매사원은 처음에 엄청난 수익을 이야기하고, 그런 다음 이런 수익을 올릴 기회는 앞으로 다시는 오지 않으리라고 못 박는다. 세 번째 전화는 고객에게 그 기회에 동참할 기회를 주겠다는 내용으로, 대단히 급박한 어조로 이야기한다.

미할리는 이런 방식에 대해 다음과 같이 말했다. "구매자 얼굴 앞에 당근을 매달아두었다가 확 치우는 셈이죠. 고객들이 그것을 빨리 사도록 해야 합니다. 생각할 시간을 주면 안 되죠." 때로 세 번째 전화를 하는 동안 숨을 헐떡이며, "지금 막 거래소에 도착했다"라고 하는 판매사원도 있다고 한다.

이러한 전략에 넘어간 굴반은 평생 모아온 돈의 일부를 잃었다. 누군가 굴반에게 계속 전화를 해서는 뉴욕으로 1,756달러를 보내

은을 구매하라고 했다. 그리곤 또 전화가 계속 오더니, 이번에는 6,000달러를 원유에 투자하라고 설득했다. 그것도 모자라 9,740달러를 더 보냈지만, 수익이라고는 한 푼도 받지 못했다.

"가슴이 쿵 내려앉더군요. 제가 그렇게 탐욕을 부렸다고는 생각하지 않아요. 그냥 좀 더 편안한 미래를 바랐을 뿐인데요." 결국 굴반은 손실을 회복하지 못했다.

저자의 한마디

희소성 원칙이 두 번째 전화와 세 번째 전화에 어떻게 적용되어, 굴반으로 하여금 '많은 생각 없이 빠르게 사도록' 만들고 있는지 생각해보라. 누르면, (성급한) 반응이 온다.　ⓒ 1983 by The New York Times Company. Reprinted with permission.

━━　자유의 침해에 대한 심리적 반발

앞에 제시한 증거들에서 설득의 달인들이 광범위한 분야에서 다양하고 체계적인 방식으로 희소성 원칙을 설득의 무기로 사용한다는 사실이 분명해졌다. 이런 심리 원칙들이 설득의 무기로 사용되면 매우 강력한 힘으로 우리의 행동을 조종한다. 희소성 원칙이 위력을 발휘하는 근거는 두 가지다. 첫 번째 근거는 우리에게 이미 익숙하다. 즉, 다른 설득의 무기와 마찬가지로 희소성 원칙이 의사결정의 지름길이 돼준다는 점이다. 우리는 쉽게 입수할 수 있는 대상보다는 입수하기 어려운 대상을 더 가치 있게 생각하는 경향이 있다. 따라서 어떤 품목의 입수 가능성을 바탕으로 그 품목의 가치를 결정하는 것이 가능하다. 희소성 원칙이 강력한 위력을 발휘하는 이유는 그 원칙을 따르면 대체로 옳은 결정을 내릴 수 있기 때문이다.

더욱이 희소성 원칙이 위력을 발휘할 수 있는 또 하나의 독특한 근거가 있다. 선택의 기회가 줄어들면 우리의 자유가 축소된다는 사실이다. 우리는 이미 갖고 있는 자유를 잃어버리는 것을 '싫어한다.' 자신의 특권을 보존하려는 욕망은 심리적 반발 이론의 중심이다. 심리적 반발 이론이란 심리학자 잭 브렘Jack Brehm이 통제권 상실에 대한 인간의 반응을 설명하려고 개발한 이론인데, 이 이론에 따르면 자유로운 선택이 제한되거나 위협을 받으면 자유를 유지하려는 욕구가 강해지면서 자유(그리고 그와 결합한 제품이나 서비스)를 더 갈구하게 된다. 따라서 어떤 제품이 희귀해지거나 다른 이유로 접근 가능성이 떨어지게 되면, 그런 제한에 대한 심리적 '반발'로 그 제품을 전보다 더 소유하고 싶어진다는 뜻이다.

이론의 핵심은 간단하지만 그 영향력은 사회 전반에 널리 퍼져 있다. 정원에서 사랑을 속삭이는 젊은 연인부터 정글에서 투쟁을 벌이는 혁명군 그리고 시장에서 과일을 거래하는 상인까지, 우리 행동의 많은 부분을 심리적 반발이라는 현상으로 설명할 수 있다. 하지만 그런 사례들을 본격적으로 검토하기 전에 사람들이 태어나 처음으로 자유를 제한하려는 시도에 반발을 보이는 때가 언제인지부터 살펴보기로 하자.

미운 두 살과 십대의 심리적 반발

아동심리학자들은 그 시기를 두 살 무렵으로 추정한다. 많은 부모들이 자녀 양육에 어려움을 호소하는 '미운 두 살'로 알려진 시기다. 대부분의 부모가 이 시기부터 자녀들이 반항하기 시작한다고 증언한다. 두 살배기 아이는 외부 압력 특히 부모의 압력에 저항하는 데 놀라운 재주를 보인다. 이렇게 하라고 하면 저렇게 하고, 이 장난감을 주면 저 장난감을 달라고 한다. 억지로 안아올리면 내려달라고 발버둥을 치고, 억지로 내려놓으면 다시 안아달라고 마구 들러붙는다.

버지니아에서 실시한 연구는 생후 24개월 정도 된 '미운 두 살' 남자아이들의 행동 패턴을 잘 보여준다. 남자아이들은 엄마를 따라 흥미로운 장난감이 두 개 놓여 있는 실험실 안으로 들어갔다. 장난감 두 개 중 하나는 투명한 유리벽 앞에, 다른 하나는 유리벽 뒤에 놓여 있었다. 그런데 유리벽의 높이를 달리해 어떤 아이들한테는 손만 뻗으면 뒤에 놓인 장난감을 집을 수 있는 30센티미터 높이의 유리벽을, 또 다른 아이들한테는 유리벽을 돌아가지 않으면 장난감을 집을 수 없는 60센티미터 정도의 유리벽을 설치했다. 연구진은 이런 상황에서 아이들이 어떤 장난감에 얼마나 빨리 손을 대는지 알고 싶었다. 실험 결과는 분명했다. 유리벽이 낮아 뒤에 있는 장난감을 쉽게 잡을 수 있는 아이들은 유리벽 앞과 뒤에 있는 장난감 중 특별히 어느 한쪽을 선호하지 않았다. 유리벽 앞과 뒤의 장난감에 손을 대기까지 걸린 시간은 거의 비슷했다. 그러나 유리벽이 너무 높아 뒤에 있는 장난감을 쉽게 잡을 수 없는 아이들은 장애물 뒤의 장난감에 먼저 손을 댔다. 유리벽 뒤에 있는 장난감에 손을 댄 시간이 유리벽 앞에 있는 장난감에 손을 댄 시간보다 무려 세 배나 빨랐다. 이 연구에 참여한 남자아이들은 자유를 제한했을 때 미운 두 살배기가 보이는 전형적인 반응, 즉 철저한 반발을 보였다.

그렇다면 이런 심리적 반발은 왜 두 살 무렵부터 나타나는 것일까? 아마 아이들 대부분이 이 무렵에 겪는 결정적인 변화와 관련 있을 것이다. 이때부터 아이들은 자신을 한 사람의 개인으로 인식하기 시작한다. 자신을 주변 환경의 일부가 아닌 독립된 하나의 개체로 인식하는 것이다. 이처럼 자아 개념이 형성되면 필연적으로 자유라는 개념이 발달한다. 독립적인 존재란 선택의 자유가 있는 존재다. 자신이 자유로운 존재라는 사실을 깨달은 아이들은 그 선택의 한계를 끝까지 탐색해보고 싶어진다.

그렇다면 두 살배기 아이가 끊임없이 부모의 뜻에 반항한다고 해서 놀라거나 실망해서는 안 된다. 아이들은 자신이 자유로운 존재라는 신나는 사실을 막 깨달은 상태임을 인식해야 한다. 아이들은 그 작은 머리로 선택, 권리, 통제와 같은 중요한 질문들을 던지고 스스로 그 답을 찾아야 한다. 따라서 모든 제한에 맞서 자유를 쟁취하려는 아이들의 투쟁은 일종의 정보 탐색 과정으로 이해하면 가장 좋을 것이다. 자신의 자유(동시에 부모의 인내심)의 한계를 치열하게 시험하면서 아이들은 이 세상에서 자신이 통제할 수 있는 영역과 통제받는 영역을 찾아내는 중인 것이다. 그러므로 현명한 부모라면 이럴 때 아이들에게 항상 일관성 있는 정보를 제공해야 한다.

미운 두 살은 심리적 반발이 처음으로 나타나는 시기이지만, 행동의 자유를 제한하려는 시도에 강하게 반발하는 성향은 평생에 걸쳐 나타난다. 하지만 이런 성향이 특히 더 반항적인 형태를 보이는 연령대가 한 번 더 있는데, 바로 사춘기다. 자녀 교육에 정통한 이웃이 이런 이야기를 해준 적이 있다. "꼭 이뤄지길 원하는 일이 있다면 이룰 수 있는 세 가지 방법이 있습니다. 자신이 직접 하든가, 엄청난 금액을 지불하든가, 아니면 십대 자녀한테 그 일을 금지하면 됩니다." 두 살 무렵과 마찬가지로 사춘기도 개성이 뚜렷해지는 시기다. 부모의 보호와 통제를 받는 어린아이에서 권리와 의무를 가진 성인으로 변해가는 시기인 것이다. 물론 사춘기 아이들은 성인으로서의 의무보다 권리를 더 강조하는 경향이 있다. 이런 시기에 전통적인 부모의 권위를 강요하면 오히려 역효과가 나타나 십대 아이들은 자신들을 통제하려는 시도에 맞서 몰래 계략을 꾸미거나 대놓고 맞서 싸우게 된다.

청소년에게 부모가 지나친 압력을 행사하는 경우 발생하는 '부메랑 효과'를 가장 분명하게 보여주는 사례로 로미오와 줄리엣 효과만 한 것이 없다. 알다시피 로미오와 줄리엣은 몬터규 가문과 캐퓰렛 가문의 불화로 불행한 운명에 빠진 셰익스피어 비극의 주인공들이다. 두 사람을 떼어놓으려는 양가의 온갖 방해에 맞서 십대 남녀는 동반 자살이라는 궁극적인 자유의지의 실현으로 영원한 사랑을 쟁취한다.

청춘 남녀의 강렬한 감정과 열정적인 행동은 항상 관객들에게 놀라움과 당혹감을 안겨준다. 어떻게 그 어린 남녀가 그 짧은 시간 동안 그토록 헌신적이고 격정적인 사랑에 빠질 수 있을까? 낭만주의자라면 세상에 보기 드문 완전한 사랑이었다고 말할 것이다. 하지만 사회과학자라면 양가 부모가 개입해 젊은 남녀한테 심리적 반발을 일으켰기 때문이라고 지적할 것이다. 로미오와 줄리엣의 사랑은 처음부터 양가의 반대를 뛰어넘을 만큼 강렬하진 않았다. 나중에 양가의 반대라는 장벽이 생기자 더 열렬히 타올랐던 것이다. 차라리 마음껏 사랑하게 내버려뒀더라면 철없는 풋사랑으로 끝나지 않았을까?

물론 로미오와 줄리엣은 연극의 주인공일 뿐이기에 이런 질문과 대답은 가설과 추측에 지나지 않는다. 그러나 현대판 로미오와 줄리엣에게서는 훨씬 확실한 답변을 들을 수 있다. 부모의 반대에 부딪힌 연인들은 서로를 더 깊이 사랑하며 더 깊이 헌신하게 될까? 콜로라도 주에서 140쌍의 십대 연인을 대상으로 연구한 결과 확실하게 밝혀졌다. 연구진에 따르면, 부모의 반대는 서로를 비판적인 시각으로 보게 하며 각자의 부정적인 행동을 더 많이 지적하게 만들었지만 결국은 서로를 더 사랑하고 결혼을 더 갈망하게 만들었다. 연구 도중에도 부모의 반대가 심해지자 사랑이 더 강렬해졌고, 부모의 반대가 약해지자 로맨틱한 감정도 시들해졌다.

독자 편지 6.3

버지니아 주 블랙스버그에서 한 여성이 보낸 편지

지난 크리스마스에 스물일곱 살 된 남자를 만났습니다. 저는 열아홉 살입니다. 사실 그 남자는 제 이상형은 아니었는데 어쩌다 보니 데이트를 시작하게 됐습니다. 아마 저보다 나이가 많은 남자와 데이트를 하면 왠지 모르게 제 지위도 높아진 기분이 들어서였을 겁니다. 하지만 데이트를 하면서도 남자에게 큰 관심은 없었습니다. 그런데 가족들이 남자 나이가 많다고 걱정하기 시작하면서 갑자기 상황이 달라졌습니다. 가족들이 잔소리를 하면 할수록 저는 그 남자가 점점 더 좋아졌습니다. 결국 우리는 다섯 달 동안 사귀었습니다. 부모님이 말리지만 않았다면 한 달 만에 끝났을 관계였는데 말이죠.

로미오와 줄리엣은 오래전에 고인이 됐지만, 로미오와 줄리엣 효과는 아직도 살아남아 버지니아 주 블랙스버그 같은 곳에 주기적으로 출몰하는 듯하다.

욕망의 합리화

두 살배기 아이나 십대 청소년은 난폭하고 강력한 심리적 반발이 거의 일상화돼 있다. 하지만 그 밖의 연령대에서는 이런 반발의 에너지가 조용히 숨어 있다가 특별한 순간 간헐적으로 분출되곤 한다. 감정의 분출은 여러 가지 흥미로운 방식으로 일어나므로 인간 행동을 연구하는 학자들뿐 아니라 법률을 제정하거나 정책을 입안하는 사람들도 관심을 가질 만한 부분이 많다. 예를 들어 슈퍼마켓 쇼핑객들은 공무원들이 연방 정부 가격 통제 청원서 배포에 반대하고 있다는 사실을 알게 된 후 가격 통제에 찬성하는 청원서에 더 많이 서명을 했다. 범법자 처벌 권한을 가진 공무원들은 범법자의 생일에 처벌하는 빈도가 높았다. 범법자들이 생일을 빌미로 자비를 요청했을 때, 오히려 더 그랬다. 왜일까? 공무원들은 처벌을 결정하는 자신의 자유가 다른 상황 때문에 제약을 받고 있다고 판단했기 때문이다. 전형적인 반발 반응이다.

조지아 주 케네소에서 벌어진 기이한 사건을 예로 들어보자. 케네소 시의회는 모든 주민이 총기 한 정과 탄약을 의무적으로 소지해야 하며, 이것을 위반할 경우 6개월의 감옥형과 벌금 200달러를 부과한다는 조례를 통과시켰다. 이 조례는 시민들의 심리적 반발을 불러일으킬 완벽한 조건을 갖추고 있었다. 오랜 세월 동안 미국 시민들이 마땅한 권리라고 생각해온 중요한 자유를 제한했을 뿐 아니라 시민의 의견을 거의 고려하지 않고 시의회가 일방적으로 통과시킨 조례였기 때문이다. 반발 이론을 고려하면 케네소의 성인 5,400명 중 이 조례를 준수하려는 사람이 거의 없으리라 예상할 수 있는 상황이었다. 그런데 신문 보도에 따르면 조례가 통과되고 3~4주 동안 케네소의 총기류 매출은 급격한 증가를 보였다.

반발 원칙과 분명하게 모순되는 이런 현상을 어떻게 이해해야 할까? 총기 구입자들을 좀 더 자세히 살펴보면 답을 알 수 있다. 케네소의 총기 상점 주인들과 인터뷰를 해본 결과 총기를 구입한 사람들은 케네소 시민들이 아니라 대부분 광고를 보고 케네소로 총기를 사러 몰려온 외지인들로 밝혀졌다. 한 신문에서 '무기계의 편의점'으로 소개한 어느 총기 상점을 운영하는 도나 그린은 다음과 같은 말로 상황을 설명했다. "장사는 정말 잘되고 있습니다. 하지만 손님들은 대부분 다른 곳에서 온 외지인들이죠. 지역 주민 중에 법을 지키려고 총기를 구매하는 사람은 두세 명에 불과했습니다." 조례가 통과된 후 케네소의 총기 판매량은 증가했지만, 정작 조례를 적용받는 지역 주민들은 총기를 구입하지 않았다. 그 조례로 자신의 자유를 침해당하지 않은 외부인들만 조례를 따랐다.

그보다 10년 전 케네소에서 남쪽으로 수백 마일 떨어진 곳에서도 유사한 상황이 벌어졌다. 플로리다 주 마이애미 시의회에서 환경 보호를 위해 인산염을 함유한 세제의 사용은 물론이고, 소유조차 금지하는 조례를 통과시켰다. 연구에 따르면, 이 조례에 대한 마이애미 시민들의 반응은 크게 두 가지로 나타났다. 첫째, 플로리다의 전통을 반영하듯 많은 마이애미 시민들이 밀수꾼이 되기 시작했다. 이들은 친한 친구나 이웃과 대형 트럭을 타고 인근의 다른 도시로 몰려가 인산염이 함유된 세제를 대량 구매해 돌아왔다. 사재기도 횡행해 심지어 20년 동안 사용할 수 있는 분량의 인산염 함유 세제를 사들인 가정까지 등장했다.

조례에 대한 두 번째 반응은 밀수나 사재기 같은 고의적인 반발보다 좀 더 미묘하고 일반적인 반응이었다. 손에 넣기 힘들면 더 갖고 싶어지는 성향에 따라 대다수의 마이애미 소비자들이 인산염 함유 세제를 전보다 더욱 좋은 세제로 인식하기 시작했다. 마이애미의 조례가 적용되지 않는 탬파 지역 주민들과 비교할 때 마이애미 지역 주민들은 인산염 함유 세제가 찬물에도 더 부드럽게 잘 녹으며 표백 효과와 얼룩 제거 효과도 훨씬 뛰어나다고 평가했다. 조례가 통과되고 나자 인산염 함유 세제는 심지어 용기마저 더 사용하기 편리하게 디자인돼 있다고 믿었다.

이것은 자신이 확실히 누리던 자유를 갑자기 잃어버린 사람들이 보이는 전형적인 반응이다. 이런 반응을 살펴보면 심리적 반발과 희소성 원칙이 어떻게 작동하는지 이해할 수 있다. 어떤 대상에 접근하기 어려워지면, 그 대상을 선택할 수 있는 자유가 제한받으므로 갖고 싶다는 욕망이 더 커진다. 하지만 자신의 욕망이 커진 이유가 심리적 반발 때문이라는 사실은 대부분 깨닫지 못한다. 그저 대상을 '원한다'는 사실만 깨달을 뿐이다. 따라서 갑자기 자신의 욕망이 커진 것을 합리화하려고 그 대상에 뭔가 긍정적인 특징들을 부여하기 시작한다. 다른 경우도 마찬가지지만, 마이애미에서 인산염 함유 세제를 금지한 후 사람들이 인산염 함유 세제를 더 원한 것은 인산염 함유 세제의 세척력과 표백력이 좋아졌기 때문이 아니다. 심리적 반발 때문에 그 세제에 대한 소유욕이 커진 사람들이 스스로를 합리화하려고 틀림없이 품질이 더 좋으리라고 가정했던 것뿐이다.

검열의 작용과 반작용

금지한 것을 더 원하고 결국 그것을 더 가치 있다고 생각하는 경향은 세제 같은 상품에만 적용되는 것이 아니다. 정보를 제한하는 경우에도 같은 경향을 보인다. 정보를 입수, 저장, 관리하는 능력이 부와 권력에 접근하는 중요 수단이 된 현대 사회에서는 정보를 검열하거나 정보에 대한 접근을 제한하려는 시도에 사람들이 어떤 반응을 보이는지 이해할 필요가 있다. 검열의 대상이 될 수 있는 폭력적·선정적·정치적인 정보들을 접할 때 사람들이 보이는 반응에 대해서는 다양한 자료가 축적돼 있지만, 실제로 그런 정보 검열이 이뤄질 때 사람들이 보이는 반응에 대해서는 심각하게 자료가 부족한 실정이다. 다행히 정보 검열과 관련한 몇 가지 연구가 매우 일관성 있는 결과를 보여준다. 어떤 정보를 검열하고 금지하면 사람들은 대부분 금지 전보다 해당 정보에 더욱 호감을 보이면서 열렬히 원한다.

정보를 검열하면 사람들이 그 정보를 더 원하게 된다는 사실은 그다지 흥미로운 발견이라 할 수 없다. 어찌 보면 자연스러운 현상이다. 정말 놀라운 사실은 정보를 접하지도 않았는데 사람들이 해당 정보를 더욱 신뢰한다는 사실이다. 한 예로 노스캐롤라이나대학교 학생들에게 남녀 공용 기숙사를 반대하는 연설을 금지하자 학생들이 남녀 공용 기숙사를 훨씬 더 강렬하게 반대하는 현상이 나타났다. 반대 연설을 듣지 못하자 오히려 반대 의견에 더욱더 동조하게 됐다. 그렇다면 특정 현안에 대해 불리한 입장에 있는 사람이 일부러 자신의 주장이 검열받도록 만들어 다른 사람들의 지지를 얻어내는 일도 가능할 것이다.

아이러니하게도 (비주류 정치 집단의 일원 같은) 이런 사람들에게는 인기 없는 자신들의 주의나 주장을 널리 알리려 애쓰는 것보다는 공식적으로 검열을 받아 그 검열 사실을 알리는 전략이 더 효과적이다. 그렇다면 미국 헌법에 표현의 자유를 보장한 수정 헌법 1조를 추가한 사람들은 철저한 시민자유주의자였을 뿐만 아니라 노련한 사회심리학자였던 셈이다. 표현의 자유를 보장함으로써 새로운 정치적 견해들이 비이성적인 심리적 반발의 과정을 통해 대중의 지지를 확보할 가능성을 최소화했기 때문이다.

물론 정치적인 견해만 검열 대상이 되는 것은 아니다. 성性과 관련된 자료들도 접근이 제한되곤 한다. 가장 먼저 꼽을 수 있는 것은 경찰들이 '성인용' 서점이나 극장 등을 강력 단속하는 경우겠지만, 학부모 단체나 시민 단체도 성교육 교재부터 학교 도서관 자료까지 혹시 선정적인 내용이 포함돼 있지 않은지 검열을 실시한다. 두 경우 모두 선의인 것은 분명하지만 도덕성과 예술성, 학부모의 학교 통제, 수정 헌법 1조에서 보장한 표현의 자유 등이 개입하면 문제가 상당히 복잡해진다.

그러나 순전히 심리학적 관점에서만 본다면, 강력한 검열을 원하는 사람들에게는 퍼듀대학교 학생들을 대상으로 실시한 실험 결과를 참고하라고 권하고 싶다. 연구진은 학생들에게 어떤 소설의 광고를 보여줬는데, 절반의 학생들에게는 '성인용, 19세 미만 구입 금지'라는 문구가 박힌 광고를 보여주었고, 나머지 절반의 학생들에게는 연령 제한이 없는 광고를 보여주었다. 연구진이 학생들에게 책에 대한 느낌을 묻자 사람들이 모든 종류의 금지에 대해 보이는 것과 같은 반응이 나타났다. 연령 제한 문구가 박힌 광고를 본 학생들이 그렇지 않은 학생들보다 그 책을 더 읽고 싶어 했으며, 만약 실제로 읽는다면 더 좋아하게 될 것 같다고 대답했다.

교육 자료에서 선정적 내용을 공식적으로 금지해야 한다고 주장하는 사람들의 목적은 우리 사회 특히 젊은이들이 성적인 문제에 지나치게 집착하는 것을 막으려는 것이다. 그러나 퍼듀대학교에서 실시한 연구나 다른 연구들을 살펴보면 검열이라는 수단을 통해 그런 목표를 달성하려는 시도가 과연 얼마나 효과가 있는지 의심스럽다. 연구 결과에서 얻은 결론에 따르면, 검열은 학생들이 선정적 자료를 더 갈망하게 할 뿐 아니라 결과적으로 자신이 선정적인 자료를 좋아하는 사람이라는 시각을 갖게 했기 때문이다.

'공적 검열'이라는 말을 들으면 우리는 흔히 정치적 또는 성적인 자료만 떠올리기 쉽다. 하지만 이런 사전 검열뿐 아니라 사후에 벌어지는 또 다른 종류의 검열도 있다. 배심 재판을 하다 보면 먼저 어떤 증언이나 증거가 제시된 다음 판사가 적법한 증언이나 증거로 인정하기 어렵다고 판단해 배심원들에게 무시해달라고 요청하는 경우가 많다. 이런 경우 판사의 행동도 형태는 약간 다르지만 일종의 검열로 보일 수 있다. 정보 제공을 금지하기는 이미 늦은 탓에 배심원에게 그 정보의 이용을 금지하는 것이다. 정보를 무시하라는 판사의 명령은 얼마나 효과를 발휘할 수 있을까? 모든 정보를 이용할 권리가 있다고 생각하는 배심원단은 판사의 금지에 심리적 반발을 느껴 오히려 그 증거를 더 많이 고려하지 않을까? 연구 결과 실제로 그런 경우가 많다고 한다.

사람들이 접근을 제한한 정보를 더 가치 있게 생각한다는 사실을 알면, 상품을 넘어 메시지나 커뮤니케이션, 지식 정보 등에도 희소성 원칙을 적용할 수 있다. 이런 관점에서 보면 '반드시 정보가 검열을 당해야만 사람들이 더 가치 있게 생각하는 것은 아니며, 정보가 희귀하기만 하면 된다'라는 사실을 알 수 있다. 희소성 원칙에 따르면, 사람들은 다른 곳에서는 얻을 수 없다고 여기는 정보를 보다 더 설득력 있게 받아들인다. 독점적인 정보가 더 큰 설득력을 발휘한다는 이론을 가장 강력하게 입증하는 실험은 바로 우리 학과 학생이 실시한 실험일 것이다. 이 학생은 재학 당시 쇠고기 수입회사를 운영하는 사업가였는데, 마케팅 교육을 좀 더 받기 위해 다시 학교를 다녔다. 어느 날 내 사무실에서 희소성과 정보의 독점 등에 관한 대화를 나눈 다음 이 학생은 자기 회사 직원들을 대상으로 실험을 해보기로 결정했다.

당시 그의 회사 고객들은 주로 슈퍼마켓이나 식품점 등에 쇠고기를 납품하는 유통업자들이었는데, 직원들은 고객들에게 일일이 전화를 걸어 세 가지 방법으로 구매를 권유했다. 첫 번째 집단의 고객들에게는 평소처럼 제품 정보만 제공하고 주문을 받았다. 두 번째 집단의 고객들에게는 평소처럼 제품 정보를 제공한 다음 앞으로 몇 달 동안 수입 쇠고기 공급이 부족할 것 같다는 정보를 알려줬다. 세 번째 집단의 고객들에게는 제품 정보와 앞으로 수입 쇠고기 공급이 부족할 것 같다는 정보 그리고 공급 부족과 관련한 정보는 사실 아무나 접할 수 없는 고급 정보라는 말까지 덧붙였다. 비밀 정보원을 통해 은밀히 알아낸 독점 정보라는 뜻이었다. 따라서 이 마지막 집단의 고객들은 쇠고기 공급이 제한된다는 사실과 더불어 그 정보 자체도 제한돼 있다는 사실까지 접함으로써 두 가지 희소성 원칙을 적용받게 됐다.

실험의 결과는 매우 명확했다. 직원들은 밀려드는 주문을 감당할 만한 재고가 없으니 당장 쇠고기를 더 수입하라고 사장을 재촉하기 시작했다. 평범한 제품 정보만 제공받은 고객들에 비해 공급 부족과 관련한 정보를 함께 받은 고객들은 두 배나 많은 쇠고기를 구입했다. 하지만 정말 폭발적인 구매를 보여준 것은 공급 부족과 관련한 정보를 '독점 정보'라는 말과 함께 들은 고객들이었다. 이들은 평범한 제품 정보만 받은 고객들보다 무려 여섯 배나 많은 양을 구입했다. 쇠고기가 '희귀'해질 거라는 정보 자체도 '희귀'하다는 사실이 확실히 그 정보에 더 큰 설득력을 부여한 것이다.[3]

반발을 줄이는 효과적인 방법

사람들이 어떤 정보를 접할 때, 그 정보가 자신을 설득하려는 목적이 있다고 생각하는 순간 받아들일 가능성은 줄어든다. 사람들은 우선 반발을 경험한다. 설득하려는 호소가 자기 마음대로 결정하려는 자유를 제약한다고 생각하기 때문이다. 따라서 어떤 메시지를 통해 상대방의 마음을 바꾸어놓는 설득의 달인이 되려는 사람들이라면 바로 이러한 반발 반응과 맞서 싸워야만 한다. 때로는 근거를 제시하여 반발을 압도함으로써 약간의 저항에도 불구하고 마음을 바꿀 수밖에 없게 만들기도 한다. 수신자가 과거의 호의에 갚아야 할 빚을 떠올리게 하는 정보(상호성)를 포함할 수도 있고, 동의를 받아 마땅한 멋진 사람(호감)이어서일 수도 있고, 다른 많은 사람도 변화를 택했다는 근거(사회적 증거)일 수도, 전문가의 추천(권위) 때문일 수도, 아니면 변화할 기회가 줄어들고 있어서(희소성)일수도 있다.

이처럼 더 강한 동기로 반발을 압도하는 대신, 애당초 반발의 강도를 줄임으로써 반발에 승리를 거두는 방법도 있다. 앞서 보았듯이, 변화에 단점이 있을 수도 있다는 사실을 먼저 언급한 것이 좋은 예가 될 수 있다. 이러한 술책은 긍정적이고 부정적인 선택 모두가 가능한 정보를 제공하면서도 자신에 대한 신뢰도를 높임으로써 실제로는 상대방을 한쪽 방향으로 이끌어가게 된다.

설득 대상이 된 사람에게 선택의 자유를 주기 위해 특별히 개발한 설득 전략이 있다. '하지만 넌 자유야'라고 불리는 이 기법은 설득당하는 사람에게 '아니오'라고 말하는 자유를 강조하며 작동한다. 별도의 42건 실험에서 어떤 요구를 한 이후 "하지만 여러분은 자유롭게 거절할 수 있어요." 혹은 이와 유사하게 "물론, 마음대로 하세요."와 같은 말을 덧붙였더니 설득의 비율은 오히려 상당히 증가했다. 게다가 이 기법은 다양한 요구에 적용할 수 있었다. 쓰나미 구호 기부금, (개인, 전화, 우편) 무료 설문 조사 참여, 길거리에서 버스비 주기, 외판원에게서 음식 구매하기, 한 달간 가정 쓰레기를 분류하고 기록하는 데 동의하기까지 다양하게 적용 가능했다. 결국 자유를 재설정하는 말은 상당한 힘을 가지고 있으며, 핵심 표현을 포함하지 않은 표준적인 요구를 반복하는 것보다 더욱 강력한 것으로 밝혀졌다. [4]

— 희소성 원칙을 위한 최적의 조건

다른 설득의 무기와 마찬가지로 희소성 원칙도 유난히 더 효과적으로 작동하는 순간이 있다. 그렇다면 가장 실용적인 방어 전략은 희소성 원칙이 가장 강력하게 작동하는 순간을 찾아내는 방법일 것이다. 사회심리학자 스티븐 워쳴Stephen Worchel과 동료 연구진이 설계한 실험에는 이와 관련하여 참고할 만한 부분이 많다. 워쳴이 사용한 방법은 비교적 간단했다. 피험자들을 상대로 소비자 선호도 조사를 실시한다는 명목으로 과자 단지에서 과자를 하나씩 꺼내 맛을 본 다음 품질을 평가하도록 했다. 피험자 중 절반에게는 과자가 10개씩 들어 있는 단지를, 나머지 절반에게는 과자가 2개씩 들어 있는 단지를 건넸다. 희소성 원칙을 통해 예상할 수 있겠지만 과자가 2개 들어 있는 단지에서 과자를 꺼내 먹은 사람들이 10개 들어 있는 단지에서 과자를 꺼내 먹은 사람보다 과자를 더 높이 평가했다. 피험자들은 공급이 부족한 과자가 앞으로도 더 먹고 싶어질 것 같고, 시장에서도 잘 팔릴 것 같으며, 공급이 풍부한 똑같은 과자보다 값도 더 비싸 보인다고 평가했다.

코카콜라가 1985년 〈타임〉이 '10년 간의 마케팅 실패'라고 불렀던 역사적인 실수를 시작했을 때 이런 사실을 알고 있었더라면 당장 마케팅 전략을 바꿨을 것이다. 1985년 4월 23일, 코카콜라는 코카콜라의 전통적인 톡 쏘는 맛을 뺀 뉴코크를 출시하겠다고 발표했다. 4월 23일은 이런 뉴코크가 출시된 날이었다. 한 뉴스 보도에서는 "코카콜라는 이 결정이 불러일으킬 수 있는 좌절과 분노를 전혀 예측하지 못했다. 뱅고르에서 버뱅크까지, 디트로이트에서 댈러스에 이르기까지, 수십만 명의 코카콜라 애호가들이 들고 일어나 뉴코크의 맛을 비판하고 예전의 맛을 돌려달라고 요구했다"라고 당시의 소비자들의 반응을 전했다.

갑자기 코카콜라의 맛이 변한 것에 대한 분노와 열망이 결합되면서 나타난 가장 흥미로운 현상은 시애틀의 투자자인 게이 멀린스Gay Mullins

가 '옛 콜라를 사랑하는 사람들의 모임'이라는 단체를 만들며 국가적인 유명인사로 떠오른 것이다. 그를 포함한 이 모임의 참가자들은 민사·사법·입법 등 모든 수단을 동원해 예전의 코카콜라 맛을 되찾기 위해 노력했다. 예전 레시피를 공개하라는 단체소송을 제기하겠다고 회사를 협박했고, 뉴코크에 반대한다는 메시지를 담은 배지와 티셔츠를 수천 개씩 만들어 팔았다. 뿐만 아니라 화를 못 이긴 시민들이 분노를 발산하고 자기 생각을 기록할 수 있도록 핫라인을 설치하기도 했다. 정작 예전 코카콜라와 뉴코크로 블라인드 테스트를 했을 때 멀린스 자신은 뉴 코크를 선호하는 것으로 드러났지만, 그 사실은 중요하지 않았다. 흥미롭지 않은가? 멀린스가 부정했던 뉴코크가 사실 그에게는 더 가치가 있는 것이다.

결국 소비자 요구에 백기를 들고 다시 과거의 콜라를 생산하면서 회사 대표들은 당혹스러운 표정을 감출 수 없었다. 당시 회사 사장이었던 도널드 키우Donald Keough는 이렇게 말했다. "훌륭한 미국의 미스터리, 사랑스러운 미국의 수수께끼입니다. 사랑, 자부심, 애국심을 측정할 수 없는 것처럼 이 현상도 측정할 수 없습니다." 하지만 이 지점에서 나는 키우와 다른 의견을 가지고 있다. 우선 첫 번째, 이 현상은 미스터리가 아니다. 희소성 원칙이 가지고 있는 심리적인 측면만 이해한다면 말이다. 특히 코카콜라와 같이 한 사람의 역사와 전통과 떼려야 뗄 수 없는 제품이 사라져 더는 구할 수 없게 되었을 때, 사람들은 그 제품을 더욱더 원하게 마련이다. 두 번째, 이런 충동은 측정할 수 있다. 아마도 코카콜라는 이런 결정을 내리기 전에 충분히 시장조사를 했을 것이다. 하지만 설득의 원칙을 찾는 사람들처럼 시장과 사람들의 반응을 읽어내지 못했을 것이다.

코카콜라 사의 재무 담당자들이 시장조사에 들어가는 비용을 아끼려 하지는 않았을 것이다. 분명 신제품에 대한 시장 수요를 정확하게 분석하기 위해 몇 십만 달러 정도는 기꺼이 쏟아 부었을 것이다. 뉴코크에 대한 결정도 마찬가지 방식으로 이루어졌다. 1981년에서 1984년까지 이들은 25개 도시의 20만 명을 대상으로 예전 코카콜라의 맛과 뉴코크 맛을 테스트해보았다. 블라인드 테스트의 결과 55대 45로 사람들은 뉴코크의 맛을 더 좋아했다. 하지만 몇몇 테스트에서는 시음용 콜라에 아무런 표시가 되어 있지 않았다. 그런 경우 참가자들에게 어떤 것이 뉴코크이고, 어떤 것이 전통적인 코카콜라인지 미리 알려주었다. 그러자 오히려 뉴코크의 선호도가 6퍼센트 더 증가했다.

"참 희한한 일이군. 그런데 왜 뉴코크가 출시되었을 때 예전 코카콜라를 더 좋아한다고 했을까?"라며 궁금해하는 사람도 있을 것이다. 하지만 희소성 원칙을 적용해보면 어렵지 않게 답을 찾을 수 있다. 맛을 테스트하는 동안 사람들은 뉴코크를 돈을 주고 구매할 수 없었다. 따라서 어떤 것이 뉴코크이고 어떤 것이 전통적인 콜라인지 알게 되었을 때, 사람들은 자신이 갖을 수 없는 물건에 강력한 선호를 보였다. 하지만 이후에 새로운 맛이 전통적인 맛을 대체하면서 더 이상 전통적인 맛을 돈 주고 살 수 없게 되었고, 사람들은 다시 구할 수 없는 맛을 좋아하게 된 것이다.

나의 요점을 다시 말하자면, 잘못 계획된 블라인드 테스트에서 뉴코크에 대한 선호가 6퍼센트 증가한 것은 너무나도 당연한 일이었지만 회사에서는 이 결과를 완전히 엉터리로 해석했다는 것이다. 그들은 "오,

좋아. 사람들이 새 콜라를 이렇게 좋아하니, 출시만 하면 매출이 엄청나게 오르겠군"라고 생각했다. 하지만 사실 그 6퍼센트는 자신이 가질 수 없다는 사실을 알고 나면 그 물건에 대한 욕망이 얼마나 치솟는지를 보여주는 지표였다.

이 결과들은 희소성 원칙이 놀랍도록 정확하게 적용된다는 사실을 보여주지만, 이런 사실을 모르고 있는 이들에게는 아무것도 알려주지 않는다. 다시 한 번 말하지만, 우리는 쉽게 구할 수 없는 물건일수록 더욱 갈망하며 더 많은 가치를 부여한다. 이쯤에서 앞에서 언급했던 과자 연구를 다시 한 번 살펴보면 두 가지 새로운 사실을 발견할 수 있다. 하나씩 살펴보자.

가진 것을 빼앗겼을 때 더 큰 결핍을 느낀다

첫 번째 결과는 원래의 실험 과정을 약간 변형한 실험에서 나타났다. 과자 단지를 나눠주면서 일부 피험자들에게는 과자가 10개 든 단지를 제공했다가 나중에 갑자기 과자가 2개 든 단지로 바꿨다. 처음엔 충분했던 과자가 맛보기 직전 갑자기 희귀해진 것이다. 반면 다른 피험자들은 처음부터 과자가 2개 든 단지를 받았기에 과자가 희귀하다는 사실을 처음부터 인식하고 있었다. 연구진은 이 과정에서 희소성의 유형과 관련한 질문에 답을 구하고자 했다. 우리는 원래 충분하다가 최근에 부족해진 것과 처음부터 계속 부족했던 것 중에 어떤 것을 더 가치 있다고 생각할까? 실험 결과는 상당히 분명했다. 계속 부족한 경우보다는 충분하다가 갑자기 부족해진 과자에 대해 훨씬 더 긍정적인 반응이 나타났다.

원래 풍부한 것이 갑자기 부족해지면 결핍을 더 심각하게 느낀다는 사실은 과자 연구 외에도 다양한 영역에서 찾아볼 수 있다. 예를 들어 사회과학자들은 이와 같은 갑작스러운 부족 현상이 정치적 혼란이나 폭력 사태를 일으키는 주요 원인이라고 보고 있다. 이런 주장을 가장 강력하게 펼친 사람은 바로 제임스 데이비스James C. Davies다. 데이비스는 사회·경제적 조건들이 일정 기간 꾸준히 발전하다가 짧은 기간 동안 갑자기 악화될 때 혁명이 발생할 가능성이 가장 높다고 주장했다. 따라서 혁명가가 될 확률이 높은 사람들은 전통적으로 착취를 가장 심하게 겪은 하층민이 아니다. 이런 사람들은 궁핍한 자신의 삶을 자연 질서처럼 당연한 것으로 여기는 경향이 있다. 이들보다는 오히려 어느 정도는 윤택한 삶을 경험한 사람들이 혁명가가 되기 쉽다. 어느 정도의 사회·경제적 발전을 경험하고 더 많은 혜택을 기대하는 상황에서 갑자기 많은 것들을 빼앗기면, 사람들은 그것을 전보다 더 원하고 되찾기 위해 폭력도 불사한다는 것이다. 한 예로 일반적인 통념과 달리 미국에서 독립혁명이 일어났을 때 아메리카 식민지는 서구 사회에서 생활 수준이 가장 높으면서도 세금은 가장 낮은 지역이었다. 역사학자 토머스 플레밍Thomas Flemming에 따르면, 미국인들이 혁명을 일으킨 것은 영국이 (세금을 부과해) 이런 풍요와 번영을 훼손하려 했을 때였다.

데이비스는 이 새로운 이론을 입증하기 위해 19세기 로드아일랜드 주에서 발생한 도어의 반란(Dorr's Rebellion, 1842년 미국 로드아일랜드 주 헌법이 선거권을 지주 또는 그 장남으로 제한한 데 대한 불만으로 일어난 반란 – 옮긴이), 남북전쟁, 1960년대 도시 지역에서 발생한 흑인 폭동 같은 미국의 사례는 물론이고 프랑스혁명, 러시아혁명, 이집트혁명 등을 포함한 다양한 혁명과 반란, 내전 등을 광범위하게 조사했다. 거의 모든 경우에 한동안 삶의 질이 향상되다가 갑자기 악화되면서 폭력적인 반란이 발생한 것으로 밝혀졌다.

1960년대 중반 미국의 여러 도시에서 발생한 인종 갈등이야말로 많은 사람들의 기억에 남아 있는 대표적인 사례일 것이다. 당시 '왜 지금 폭동이 일어났을까?'라고 궁금해하는 사람이 많았다. 미국 흑인들은 300여 년 동안 대부분의 기간은 노예 상태로 또 해방 후에도 오랜 기간을 궁핍과 핍박 속에 보냈는데, 왜 하필 흑인의 사회적 지위가 상당히 향상된 1960년대에 폭동을 일으켰을까? 데이비스가 지적했듯이 제2차 세계대전 발발 후 20년 동안 미국 흑인들의 정치·경제적 지위는 크게 향상되었다. 1940년대까지만 해도 주택·교통·교육 등의 분야에서 흑인에 대해 법적으로 엄격한 차별이 존재했다. 더욱이 교육 수준이 같아도 흑인 가정의 소득은 백인 가정의 절반을 조금 넘어서는 수준이었다. 그러나 그로부터 15년 후 사정은 크게 달라졌다. 연방 법률에 따라 학교, 공공장소, 주택, 직장 등에서 흑인을 차별하는 공식·비공식적 모든 규제가 철폐됐다. 경제적으로도 많은 발전이 이뤄졌다. 또한 흑인 가정의 소득이 교육 수준이 비슷한 백인 가정 소득의 56~80퍼센트 수준까지 증가했다.

그런데 당시의 사회 조건에 대한 데이비스의 분석에 따르면, 이런 급속한 성장의 결과로 형성된 성급한 낙관론은 여러 가지 현실적인 제약으로 좌절을 겪게 됐다. 첫째, 실질적인 사회 변화를 일으키는 것은 정치적·법적 변화만큼 쉽지 않았다. 1940~1950년대 대대적인 법률 개정 작업이 이뤄졌어도 흑인들은 거주와 교육, 취업 등의 영역에서 여전히 인종 차별을 당하고 있다고 생각했다. 워싱턴에서는 승리했을지 몰라도 실생활에서는 패배했다는 느낌이 지배적이었다. 한 예로 1954년 공립학교의 인종 통합 교육을 결정한 대법원 판결 이후 4년 동안 흑인들은 학교 통합에 반대하는 530건에 달하는 폭력 사건(폭발물 사용이나 방화 등의 방법으로 흑인 아동과 부모에게 직접적인 위협을 가한 사건)의 희생양이 돼야 했다. 이런 폭력 사건들로 오히려 흑인 인권이 후퇴하고 있다는 생각까지 들 정도였다. 제2차 세계대전이 발발하기 전에 흑인에게 가한 폭력 사건이 한 해 평균 78건이나 발생하던 시절 이후로 다시 한 번 흑인들은 가족의 안전을 걱정해야 하는 처지가 됐다. 게다가 제2차 세계대전 이후 새로 발생한 폭력은 교육 문제에만 한정된 것이 아니었다. 평화적인 민권 시위도 대중과 경찰의 적대적인 반발을 사는 경우가 많았다.

흑인들의 경제적 지위와 관련해서 또 다른 유형의 후퇴가 나타났다. 1962년 흑인 가정의 소득은 교육 수준이 비슷한 백인 가정의 74퍼센트대로 축소됐다. 데이비스의 주장에 따르면, 흑인들은 이 74퍼센트라는 숫자를 제2차 세계대전 이전과 비교하여 지속적으로 소득이 증가한 결과로 보지 않고, 1950년대 급증했던 소득 수준과 비교하여 단기적으로 소득이 감소했다고 느꼈다. 그리하여 1963년 버밍햄 폭동을 시작으로 수십 건의 폭력 시위가 산발적으로 발생하더니 결국 와츠와 뉴어크, 디트로이트 등지의 대규모 봉기로 이어지게 됐다.

대부분의 혁명이 보여준 역사적 패턴과 마찬가지로, 미국 흑인들도 일정 기간 사회·경제적 발전이 지속되다가 갑자기 후퇴하기 시작하자 더 크게 반발하며 폭동을 일으켰다. 통치자를 꿈꾸는 사람이라면 이런 패턴에서 중요한 교훈을 얻어야 한다. 약간의 자유를 허용하는 것은 처음부터 전혀 자유를 허용하지 않는 것보다 더 위험하다는 것이다. 정부가 전통적으로 억압받던 집단의 정치·경제적 지위를 향상시키려 하면, 그 집단은 이전에 존재하지 않던 새로운 자유를 경험하게 된다. 이후에 한 번 부여했던 자유를 다시 빼앗으려는 기미가 보이면 엄청나게 강력한 반발에 부딪힐 것을 예상해야 한다.

구소련의 사례를 보면 이런 현상이 모든 문화권에 공통적으로 나타난다는 사실을 확인할 수 있다. 미하일 고르바초프Mikhail Gorbachev는 수십 년 동안 압제에 시달린 구소련 국민들에게 '페레스트로이카'와 '글라스노스트'라는 개혁개방 정책을 통해 새로운 자유와 권리, 선택권을 부여하기 시작했다. 그러나 이런 갑작스러운 정책 선회에 놀란 일부 관료와 군인, KGB 수뇌부가 쿠데타를 일으켜 고르바초프를 가택 연금하고 1991년 8월 19일 자신들의 정권 탈취 사실과 구질서로의 복귀를 발표했다. 전 세계는 유난히 압제에 순종적인 것으로 유명한 소련 국민들이 이번에도 소극적으로 쿠데타 세력을 따를 것이라고 예상했다. 〈타임〉의 편집자 랜스 모로Lance Morrow도 이런 예상과 비슷한 의견을 발표했다. "쿠데타는 소련의 전통을 재확인하는 작업으로 보였다. 국민들은 쿠데타 소식을 접하고 처음에는 충격을 받았지만 즉시 우울한 체념에 빠져들었다. 소련의 본성, 소련의 역사로 회귀하는 것이 당연하지 않은가 하는 생각이 들었던 것이다. 고르바초프의 개방 정책은 잠깐의 일탈이었을 뿐이다. 이제 비참하지만 정상적인 소련의 운명으로 돌아가는 것이다."

하지만 이번엔 전혀 정상적인 상황이 아니었다. 첫째, 고르바초프의 통치 방식은 국민에게 약간의 자유조차 허용하지 않던 차르나 스탈린 또는 그 밖의 압제적인 지도자들과 전혀 달랐다. 고르바초프는 국민의 권리와 선택권을 일정 부분 인정했다. 새로 부여받은 이런 자유가 위협

받자 국민들은 격렬하게 반발했다. 쿠데타 세력의 발표가 있은 지 몇 시간 만에 수천 명이 통행금지령을 위반하고 거리로 몰려나와 탱크를 에워싸고 군대와 대치하면서 바리케이드를 치기 시작했다. 개방 정책의 성과를 훼손하려는 어떤 시도에도 반대한다는 시위가 순식간에 들불처럼 번지면서 겁에 질린 쿠데타 세력은 결국 시위가 시작된 지 사흘 만에 고르바초프에게 권력을 반환하고 용서를 빌었다. 쿠데타 세력이 역사학이나 심리학을 공부한 사람들이었다면, 전 국민의 저항 물결이 쿠데타를 좌절시킨 데 대해 별로 놀라지 않았을 것이다. 역사학이나 심리학의 관점에서 사태를 바라봤다면 불변의 진리를 배울 수 있었을 것이다. 일단 부여했던 자유를 다시 회수하려 하면 격렬한 저항에 부딪히게 된다는 사실 말이다.

이런 역학관계는 국가뿐 아니라 가정에도 적용된다. 부모가 특권이나 규칙을 일관성 없이 적용하면 자녀들에게 부지중에 자유를 부여했다 다시 빼앗는 효과가 나타나 반발을 유도하는 원인이 된다. 부모가 어느 때는 간식으로 과자나 사탕 등을 허락하고 또 어느 때는 금지하면 자녀들은 자유롭게 간식을 먹어도 된다고 생각한다. 그러고 나면 다시 간식을 금지하기가 어려워지는데, 자녀가 이미 부여받은 자유를 빼앗긴다고 생각해 반발하기 때문이다. 정치적 자유의 문제와 (지금 논의하는 주제와 잘 들어맞는) 과자 문제에서 알 수 있듯이 사람들은 원래 없었던 것보다는 있다가 없어진 것을 더욱 갈망하는 성향이 있다. 그렇다면 일관성 없이 자녀를 키우는 부모가 대체로 더 반항적인 자녀를 만든다는 연구 결과가 별로 놀랍지 않을 것이다.[5]

뉴욕에서 한 투자자산 운용자가 보낸 편지

〈월스트리트 저널〉에서 희소성 원칙과 관련해 자신이 갖고 있던 것을 빼앗겼을 때, 사람들이 보이는 반응에 관한 기사를 읽었습니다. P&G 사가 최근 뉴욕 북부에서 기존에 제품 구매 시 제공하던 적립 쿠폰을 폐지하고 제품 가격을 인하하는 실험을 단행했다고 합니다. 그러자 곧 고객들의 불매운동과 항의시위, 불평불만이 이어졌습니다. P&G 측에서 입수한 자료에 따르면, 그동안 쿠폰 사용률은 겨우 2퍼센트대에 지나지 않았고 쿠폰을 사용하면 같은 값을 치르고도 오히려 제품 구매가 더 불편했는데도 말입니다. 기사에 따르면, 고객들의 반발이 일어난 것은 P&G가 중요한 사실을 인지하지 못했기 때문입니다. 많은 고객들이 쿠폰을 '빼앗길 수 없는 권리'로 보고 있다는 사실 말입니다. 아무리 사용하지 않는 물건이라도 누군가 빼앗으려 하면 사람들이 얼마나 강력히 반발하는지 정말 놀라울 정도입니다.

저자의 한마디

P&G 경영진은 고객들의 이런 비합리적 반응에 당황했을지도 모르지만, 자신들이 미처 깨닫지 못하는 사이에 거기에 기여한 면도 있다. P&G는 수십 년 동안 적극적으로 쿠폰을 발행함으로써 고객들이 쿠폰을 당연히 받는 것으로 기대하게 만들었기 때문이다. 그리고 사람들은 오래 보유한 권리일수록 빼앗기지 않으려고 더 격렬히 저항한다.

희소 자원을 둘러싼 어리석은 경쟁

과자 연구 결과를 살펴보면 사람들이 희귀한 자원에 반응하는 방법과 관련해 또 다른 교훈을 얻을 수 있다. 사람들은 과자가 풍부할 때보다 부족할 때 그 과자를 높이 평가하고, 처음엔 풍부했던 과자가 갑자기 부족해질 때 역시 더 높이 평가한다는 사실을 알게 됐다. 그런데 갑자기 부족해진 과자 중에서도 가장 높은 평가를 받은 과자는 무엇일까? 바로 과자를 원하는 사람이 너무 많아서, 즉 수요 초과로 공급이 부족해진 경우다.

일부 피험자들에게 처음에 과자가 10개 든 단지를 제공했다가 나중에 과자가 2개 든 단지와 바꿔줬던 것을 기억할 것이다. 연구진은 단지를 바꿔주면서 그 이유를 두 가지로 설명했다. 일부 피험자에게는 연구에 참여하는 다른 피험자들에게도 과자를 나눠줘야 하기 때문에 1인당 과자 제공량을 줄이는 것이라고 설명했고, 또 다른 피험자들에게는 연구진이 실수로 처음에 과자를 잘못 담은 것이라고 설명했다. 실험 결과 다른 사람들에게 나눠주기 위해 1인당 과자 제공량을 줄이는 것이라는 설명을 들은 피험자들이 연구진의 실수 때문에 줄이는 것이라는 설명을 들은 피험자들보다 과자를 더 높이 평가했다. 다른 사람들에게 주기 위해, 즉 수요 초과로 과자 공급을 줄였다는 설명을 들은 피험자들이 과자를 가장 높이 평가한 것이다.

이런 실험 결과는 한정된 자원을 확보하려는 경쟁이 얼마나 중요한지 잘 보여준다. 사람들은 어떤 물건이 희귀해지면 더 갖고 싶어 하지만, 그 물건이 경쟁 상태에 있으면 그보다 훨씬 더 갖고 싶어 한다. 광고주들은 사람들의 이런 성향을 이용해 어떤 제품이 매진이 임박했으니 서둘러 구매하라고 종용하는 광고를 내보내곤 한다. 사람들이 영업 시작 전부터 매장 앞에 길게 줄을 서 있는 모습이나, 여러 사람이 슈퍼마켓 진열대에 달려들어 상품을 싹 쓸어가는 모습을 보여주기도 한다. 이런 장면에는 평범한 사회적 증거 원칙 이상의 메시지가 담겨 있다. 다른 사람들도 좋아하는 제품이라는 의미뿐 아니라 다른 사람들과 경쟁을 해야 그 제품을 차지할 수 있다는 의미도 전달하고 있다.

희귀한 자원을 놓고 경쟁한다는 기분은 매우 강력한 동기를 부여한다. 무관심하던 연인도 경쟁자가 나타나면 열정이 되살아난다. 따라서 자신을 흠모하는 사람의 존재를 밝히는(또는 꾸며내는) 것은 연인의 사랑을 얻는 효과적인 전략이 될 수 있다. 판매사원들도 마음의 결정을 내리지 못한 고객들을 상대로 같은 전략을 사용한다. 예를 들어 부동산 중개인이 '형세 관망' 중인 고객을 거래로 끌어들이려면, 전화를 걸어 또 다른 고객이 집을 보고 아주 마음에 들어 해서 다음 날 다시 만나 거래 조건 등을 협의하기로 했다고 말한다. 하지만 이 새 고객은 완전히 꾸며낸 가상의 인물인 경우가 많다. 주로 부유한 외지인들로 '세금 문제로 주택을 구매하려는 다른 주에서 온 투자자', '이사를 고려 중인 의사 부부' 등이 새로운 고객으로 가장 자주 등장한다. 부동산 중개인들 사이에서 '막다른 골목에 몰아넣기'라고 불리는 이 전략은 놀라운 효과를 발휘한다. 경쟁자에게 빼앗길지도 모른다는 생각이 들면 구매를 망설이던 사람이 갑자기 서두르게 되기 때문이다.

한정된 물건을 놓고 다른 사람과 경쟁하다 보면 물리적인 충돌이 일어나기도 한다. 대규모 정리 세일 등에서 구매에 너무 열중하다 감정적으로 변하는 고객들이 바로 그런 사례다. 경쟁자들이 몰려들면 평소에는 관심도 없었을 제품을 차지하려고 서로 밀쳐가며 몸싸움을 벌인다. 이런 행동을 보면 동물들이 무리지어 있을 때 서로 먹으려고 미친 듯이 경쟁하는 '광란의 먹이 쟁탈전'이 떠오른다. 전문 낚시꾼들은 이런 현상을 이용해 먼저 밑밥을 던져 넣어 물고기 떼를 모은다. 물고기들은 지느러미를 퍼덕이며 밑밥 주변으로 몰려와 서로 먹겠다고 입을 뻐끔거린다. 바로 이 순간 미끼 없이 낚싯바늘만 달린 낚싯줄을 물속에 던져넣으면, 밑밥에 눈이 먼 물고기들이 텅 빈 낚싯바늘인 줄도 모르고 무조건 달려들어 물어버리기 때문에 시간과 돈을 절약하면서 많은 물고기를 잡을 수 있다.

전문 낚시꾼들과 백화점들은 이와 유사한 방법을 사용해 낚아 올리고 싶은 고객 또는 물고기에게 경쟁적 열정을 일으킨다. 물고기를 끌어들이고 자극하기 위해 낚시꾼들은 미리 밑밥을 뿌려둔다. 마찬가지 목적으로 할인 판매에 들어가는 백화점들은 '미끼 상품'이라 불리는 질 좋고 저렴한 제품을 몇 개 골라 대대적으로 광고를 한다. 그러면 물고기 떼가 밑밥에 몰려들듯 수많은 사람들이 미끼 상품을 구매하러 백화점으로 몰려온다. 그렇게 여러 사람이 경쟁하다 보면 점점 흥분해 맹목적으로 변해버린다. 물고기나 사람이나 자신이 무엇을 원하는지 잊어버리고 경쟁의 대상이 된 목표물을 향해 무조건 달려드는 것이다. 빈 낚싯바늘을 물고 갑판에서 퍼덕거리는 참치나, 백화점에서 잡동사니를 한아름 사들고 돌아와 어리둥절해하는 사람이나 크게 다를 바 없다.

한정된 자원을 놓고 벌이는 이런 격렬한 경쟁이 낚시터나 백화점 같은 평범한 환경에서만 벌어지는 것은 아니다. 1973년 배리 딜러^{Barry} Diller가 내린 놀라운 구매 결정에 얽힌 이야기를 살펴보자. 딜러는 미국

ABC 방송국의 황금 시간대 프로그램 담당 부사장이었고, 훗날 파라마운트 영화사와 폭스 TV의 수장을 지낸 교양 있고 세련된 인물이다. 이런 사람이 〈포세이돈 어드벤처〉라는 영화를 텔레비전에서 1회 방영하기 위해 330만 달러를 지불하기로 결정했다. 이 금액은 그때까지 텔레비전 1회 방영에 대한 대가로는 최고 금액이었던 영화 〈패튼 대전차 군단〉의 200만 달러를 뛰어넘는 금액이었다. 사실 ABC는 너무 많은 금액을 지불한 탓에 〈포세이돈 어드벤처〉를 한 번 방영하고 100만 달러의 손해를 감수해야 했다. 당시 NBC 방송국의 특별 프로그램 담당 부사장이었던 빌 스토크Bill Storke는 이렇게 단언했다. "본전을 회수할 방법이 없었습니다. 전혀요."

딜러처럼 노련하고 빈틈없는 경영자가 어떻게 손실이 100만 달러나 예상되는 계약에 합의했을까? 그 답을 알려면 계약의 또 다른 측면에 주목해야 한다. 이 계약이 바로 네트워크 방송국들이 영화를 경쟁 입찰 방식으로 구매한 최초의 경우였다는 점이다. 그전에는 3대 네트워크 방송사가 그런 식으로 희귀한 자원을 놓고 경쟁을 벌인 적이 한 번도 없었다. 경쟁 입찰이라는 혁신적인 아이디어는 〈포세이돈 어드벤처〉를 제작한 대담한 제작자 어윈 앨런Irwin Allen과 20세기폭스 사의 부사장 윌리엄 셀프William Self의 작품이었다. 이들은 그 아이디어의 결과에 매우 흡족했을 것이다. 그렇다면 그 영화의 판매 가격을 그토록 부풀려놓은 것이 영화가 지닌 블록버스터적 특징 때문이 아니라 경쟁 입찰이라는 형식 때문이라는 것을 어떻게 확신할 수 있을까?

입찰에 참가했던 당사자들의 말에서 결정적인 증거를 찾을 수 있다. 첫 번째 발언은 경쟁 입찰에서 승리를 거둔 배리 딜러가 방송국의 향후 정책을 설명하면서 언급했다. 이를 악물고 뱉어내는 듯한 목소리로 그는 이렇게 말했다. "ABC는 앞으로 다시는 경쟁 입찰에 참여하지 않는다는 방침을 세웠습니다." 좀 더 흥미로운 발언은 딜러의 라이벌이었던 CBS 방송국 사장 로버트 우드Robert Wood의 다음과 같은 말이다. 그는 입찰 당시 거의 제정신을 잃고 경쟁사인 ABC와 NBC보다 계속 높은 입찰 금액을 써냈던 사람이다.

처음에는 모두 이성적이었습니다. 영화를 방영하면 얻을 수 있는 이익을 계산해 신중하게 매입 가격을 결정했습니다. 그러다 입찰이 시작됐죠. ABC가 먼저 200만 달러를 제시했습니다. 제가 240만 달러로 받았고, ABC가 다시 280만 달러로 올리더군요. 분위기가 점점 가열되기 시작했습니다. 우리는 정신 나간 사람들처럼 계속 가격을 올렸습니다. 결국 저도 320만 달러까지 불렀죠. 그러다 한순간 이런 생각이 머리를 스쳤습니다. '맙소사, 이런 식으로 낙찰을 받다니 도대체 어쩔 셈이지?' 마침내 ABC가 나보다 더 높은 금액을 불렀다는 사실을 알았을 때 안도감까지 느껴지더군요. 많은 것을 배울 수 있는 기회였습니다(MacKenzie, 1974, p. 4).

우드를 인터뷰했던 밥 맥켄지Bob MacKenzie에 따르면 우드는 "많은 것을 배울 수 있는 기회였습니다"라고 말하며 미소를 지었다. 하지만 '다시는 경쟁 입찰에 참여하지 않겠다'고 맹세하던 ABC 방송국 부사장 딜러의 얼굴은 딱딱하기 그지없었을 것이다. 두 사람이 함께 미소를 지을 수 없었던 이유는 한쪽이 100만 달러라는 수업료를 지불했기 때문이다.

우리는 다행히 이들의 사례에서 훨씬 저렴한 비용으로 매우 가치 있는 교훈을 얻을 수 있다. 바로 모두가 열렬히 갈망하던 대상을 '놓친' 사람이 미소 짓는다는 점이다. 소동이 가라앉고 나서 패자가 마치 승자처럼 의기양양해 보인다면, 그 소동을 일으킨 상황 자체를 신중하게 살펴봐야 한다. 이 경우엔 바로 희귀한 자원을 놓고 벌어진 공개 경쟁이었다. 텔레비전 방송국 경영진이 깨달았듯이 희귀한 자원을 놓고 치열한 경쟁을 벌일 때마다 우리는 매우 높은 수준의 경계 태세를 취해야 한다.[6]

나만의 독특함을 과시하는 차별화 전략

사람들은 희귀한 자원에 가치를 부여하기 때문에, 우리는 남들과는 다른 특별한 특징을 가지고 있는 척한다. 때로는 이 특징을 좀 더 두드러지게 만들고 싶을 때도 있다. 예를 들자면 우리가 사랑에 빠져 있을 때이다. 연애 가능성이 보이는 상황에서 우리는 다른 사람들과 차별화를 시도하며 잠재적 연인의 관심을 끌려고 한다. 놀라운 창조성을 과시할 수도 있고, 자신을 돋보이게 해줄 만한 장소를 찾기도 한다. 나는 동료 학자들과 함께 샌프란시스코 아트 뮤지엄 광고를 만들어본 적이 있다. 뮤지엄 이름과 사진이 함께 실린 광고였다. 광고 제목은 '무리에서 두드러져라'였다. 광고를 본 사람들 사이에서 아트 뮤지엄 관람 욕망은 하늘 높이 솟구쳤다. 하지만 이는 〈라라랜드〉라는 낭만적인 영화를 본 사람들에게만 일어났던 현상이다. 이 영화를 보지 않은 사람들 사이에서 (무리에서 두드러지도록) 뮤지엄을 찾아야 한다는 생각은 그다지 호소력을 발휘하지 못했다.

취향도 우리가 독특함을 표현하고 싶어 하는 영역이다. 보통 우리는 다른 사람과 같은 의견과 믿음을 가지려 하고, 그것이 올바른 방향으로 나아가는 방법이라고 생각한다. 하지만 취향의 문제, 다시 말해 옷, 머리 모양, 향수, 음식, 음악 등에서는 차별화를 위해 다른 사람들과 거리를 두는 전혀 다른 동기를 가지고 있다. 물론 취향의 문제에서도 특히 내집단 안에서 발생하는 집단 압력은 강력할 수 있다. 한 연구에서 내집단 성원들이 자신의 개성을 드러내려는 욕망과 집단에 복종하는 욕망 사이의 균형을 어떻게 유지하는지를 살펴보았다. 내집단 과반수가 어떤 브랜드를 선호하면 일반적으로 다수의 의견을 따르는 경향이 나타났다. 하지만 그 브랜드의 색채와 같이 가시적인 차원에서는 사람마다 제각각 다른 의견을 가지고 있었다. 이런 사실로 미루어볼 때, 지도자들이 자기 집단의 모든 구성원을 목표에 순응하게 만들고 싶다면 성원들 모두가 똑같은 방식으로 목표에 순응하지는 않게 만들어 줌으로써, 남과 달라지고 싶은 욕망을 충족시켜줄 필요가 있다.

지도자들은 개성을 나타내는 또 다른 요소인 명예롭게 얻은 특색 있는 상징을 다룰 때도 조심해야 한다. 아무리 좋은 뜻으로 한 일이라도 예기치 못한 결과를 초래할 수 있기 때문이다. 2001년 6월 14일, 거의 모든 미군이 전투모를 검은 베레모로 바꾸었다. 그 이전까지 검은 베레모는 특별 훈련을 받은 정예 전투부대인 미 육군 특공대의 상징이었다. 미국 육군 참모총장 에릭 신세키Eric Shinseki는 이 명령을 내리며 군의 사기를 끌어올리기 위해서라고 했고, 이제 군은 하나로 통합되어 '군 우월성의 상징'을 위해 싸울 것이라고 기대했다. 하지만 검은 베레모를 지급받은 수없이 많은 군인 중 그의 기대와 부합된 행동을 했다는 사람은 단한 명도 없었다. 오히려 이 명령은 전·현 특공대원 사이에 분노를 불러일으켰고, 이들은 검은 베레모의 배타적 상징을 빼앗겼다고 생각했다. 특공대 중위 미셸 하이어는 "웃기는 일입니다. 검은 베레모는 특공대가 다른 부대와 차별성을 얻기 위해 힘들게 노력했던 결과물입니다. 이제 베레모는 아무런 의미가 없습니다"라고 말했다.

참모총장의 명령은 두 가지 면에서 잘못이었다. 하나는 특색이 작동하는 방식을 제대로 파악하지 못했다. 검은 베레모의 자부심은 그 배타성에서 비롯된 것이었다. 베레모가 더 이상 특공대의 전유물이 아닌 상황에서 검은 베레모를 받는 사람에게 그 가치는 물론 상징으로서의 가치도 사라졌다. 검은 베레모가 특별한 의미를 획득하는 데 이바지했던 사람들에게 그 배타성을 잃는 것은 마음 아픈 일이었고, 격렬한 비판의 소용돌이를 불러왔다. 에릭 신세키 장군은 이 문제를 어떻게 해결할 수 있었을까? 그는 쉽사리 명령을 철회하지 않았다. 그는 너무도 진지하고 공개적으로 검은 베레모의 가치를 군 전체의 단결을 위해 이용하기로 천명했기 때문이다. 게다가 어쩔 수 없는 입장 철회는 군을 지휘하는 장군으로서의 위신이 손상되는 일이었다.

해결 방안은 직관적이었다. 그는 특공대에게 검은색을 제외한 다른 색을 선택하여 엘리트 집단으로서의 자부심을 유지할 수 있도록 허용했다. 특공대는 사슴 가죽색을 선택했다. 그 색은 이제 특공대를 나타내는 베레모 색이 될 것이다(지금도 특공대는 자랑스럽게 그 색을 선택하고 있다). 훌륭한 선택이다. 그리고 신세키 장군은 자신이 원했던 대로 검은 베레모를 군인 대부분에 씌웠다. 군인들도 돋보이는 새 스타일을 마음에 들어 했다. 게다가 특공대는 큰 변화 속에서도 나름의 독특한 특색을 유지

할 수 있었다. 두 배로 훌륭한 선택이다.[7]

― 희소성 원칙에 대응하는 자기방어 전략

희소성 원칙의 영향력을 깨닫기는 어렵지 않지만, 실제로 대비책을 세우는 일은 만만치 않다. 희소성 원칙이 작동하면 무엇보다 우리의 이성적인 사고 능력이 마비되기 때문이다. 원하는 대상을 손에 넣지 못하면 사람에게는 신체적인 반응이 나타난다. 특히 누군가와 직접적인 경쟁 상황에 돌입하면 혈압이 올라가고 시야가 좁아지고 감정이 격해진다. 이런 식으로 격한 감정들이 폭발할 때는 인지적이고 합리적인 면이 위축되므로 차분하게 심사숙고하기가 불가능해진다. CBS 방송국 사장 로버트 우드가 〈포세이돈 어드벤처〉 공개 입찰과 관련해 언급했듯이 '광기에 사로잡히면 이성 따윈 멀리 던져버리게 된다.'

따라서 희소성 원칙이 위력을 발휘하는 원인과 작동 방식을 아는 것만으로는 자신을 방어하기에 충분하지 않다. '안다'는 것은 인지적인 행위인데 희귀한 대상에 대해 감정적인 반응이 일어나는 순간 인지작용 자체가 억제되기 때문이다. 이런 이유 때문에 희소성 원칙을 이용한 전략들이 그토록 효과를 발휘하는 것이다. 희소성 원칙이 효과를 발휘하면, 우리의 어리석은 행동을 막아줄 첫 번째 방어선인 논리적인 상황 분석 자체가 어려워진다.

희소성 원칙을 알고 있는데도 격렬한 감정 때문에 이성이 마비돼 적절한 대처를 할 수 없다면 과연 어떤 방법을 사용해야 할까? 그런 경우에는 격렬한 감정 자체를 경고 신호로 삼아 주짓수 고수처럼 상대의 힘을 자신에게 유리한 방향으로 이용하면 된다. 상황 전체를 지적이고 논리적으로 분석하려고 노력하는 대신 내면에서 일어나는 강렬한 감정의 흐름을 경고 신호로 인식하는 것이다. 누군가 우리를 설득하려는 상황에서 갑자기 강렬한 감정이 느껴지면, 상대가 희소성 원칙을 전략으로 사용한다고 직감하고 적절한 주의를 기울일 필요가 있다.

이런 식으로 감정이 격해지는 것을 신호로 삼아 마음을 진정하고 조심스럽게 접근한다고 가정해보자. 그렇다면 다음 단계는 무엇일까? 희소한 대상 앞에서 합리적인 결정을 내리는 데 도움이 될 만한 정보는 없을까? 조심해야 한다고 생각했다고 해서 다음에 취할 행동까지 알 수 있는 것은 아니기 때문이다. 다만 신중한 결정을 내리기 위한 바탕이 마련됐을 뿐이다.

다행히 희소한 대상 앞에서 신중한 결정을 내리는 데 도움이 될 만한 정보가 있다. 앞에서 소개한 과자 연구에서 연구진은 희소성 원칙이 가진 특징을 잘 보여주는 흥미로운 현상을 발견했다. 피험자들은 과자가 희소해지면 그 가치는 더 높이 평가했지만 맛을 더 높이 평가하지는 않았다. 결국 희소성은 과자에 대한 욕망을 키울 수는 있어도(피험자들은 희소한 과자를 더 손에 넣고 싶고 더 높은 가격을 지불할 의사가 있다고 말했다) 과자의 맛에 대한 평가는 조금도 높이지 못했다.

여기서 중요한 통찰을 얻을 수 있다. 우리는 희소한 대상을 사용하는 데서가 아니라 소유하는 데서 기쁨을 느낀다. 두 가지를 구분하는 것이 중요하다. 어떤 대상에 대해 희소성의 압력을 느낄 때마다 자신이 그 대상에서 원하는 것이 소유 가치인지, 사용 가치인지 자문해야 한다. 만약 희소한 대상을 갈망하는 이유가 그것을 소유하는 데서 오는 사회적·

경제적·심리적 만족을 위한 것이라면 그때는 희소성의 압력에 굴복해도 된다. 희소성의 압력을 통해 자신이 그 대상을 소유하기 위해 얼마까지 지불할 수 있는지 파악할 수 있을 것이다. 손에 넣기 어려울수록 가치는 더 높아진다. 하지만 우리는 순수하게 소유하는 즐거움을 위해서가 아니라 실제로 사용하기 위해 뭔가를 원하는 경우도 많다. 그것을 먹고, 마시고, 만지고, 듣고, 운전하고, 여러 가지 방식으로 사용하는 경우다. 이런 때에는 어떤 대상이 희귀하다는 이유만으로 더 맛있고 더 느낌이 좋고 더 운전이 잘 되고 더 잘 작동하는 것은 아니라는 사실을 반드시 명심해야 한다.

상당히 간단한 원리인데도 희소한 대상을 손에 넣고 싶다는 마음이 발동하기 시작하면 이런 원리를 자주 잊어버린다. 우리 가족 중에 적당한 사례가 있어 소개할까 한다. 내 동생 리처드는 이 간단한 원리를 망각하는 사람들의 어리석은 성향을 이용해 대학 학비를 혼자 힘으로 해결했다. 리처드의 전략은 매우 뛰어나 주말에 몇 시간씩 일해서 번 돈으로 등록금을 전부 해결하고, 나머지 시간은 학업에 전념할 수 있을 정도였다.

리처드는 자동차를 판매했는데 자동차 대리점이나 중고차 매장 등에서 판매한 것이 아니었다. 주말에 신문 광고를 통해 개인적으로 중고차를 한두 대 구입해서 깨끗이 손질한 다음 신문 광고를 통해 이윤을 붙여 되파는 식이었다. 이런 전략으로 이익을 보려면 반드시 세 가지를 알고 있어야 한다. 첫째, 정확한 중고차 시세를 파악한 뒤 시세보다 낮은 가격으로 중고차를 매입해 시세보다 높은 가격으로 판매할 수 있어야 한다. 둘째, 일단 중고차를 매입하고 나면 구매자의 흥미를 일으킬 만한 신문 광고 문구를 제작할 줄 알아야 한다. 셋째, 고객이 찾아오면 희소성 원칙을 활용해 고객의 구매 욕구를 최대한 끌어올려야 한다. 리처드는 세 가지 기술에 능수능란했다. 하지만 현재 우리의 관심사와 가장 관련이 깊은 세 번째 기술을 중점적으로 살펴보기로 하자.

리처드는 주말에 중고차를 구매해 깨끗하게 손질하고 그다음 주 일요 신문에 광고를 게재했다. 광고 문구 제작 솜씨가 워낙 탁월해 대개 일요일 아침부터 여러 통의 문의 전화가 걸려왔다. 고객이 관심을 보이며 자동차를 직접 보고 싶어 하면 방문 약속을 잡되 모든 문의 고객에게 '같은 시각'을 정해줬다. 만약 여섯 명의 고객과 약속을 잡는다면 전부 같은 날 오후 2시에 만나기로 하는 것이다. 겹치기 약속이라는 이 사소한 전략이 나중에 자동차를 판매할 때 한정된 자원을 놓고 경쟁 분위기를 조성하는 중요한 역할을 한다.

제일 먼저 약속 장소에 도착한 잠재 고객은 자동차를 꼼꼼히 살펴보기 시작한다. 혹시 어떤 흠이나 결함이 있지는 않은지, 가격 협상은 가능한지 등을 알아보며 전형적인 구매자의 행동을 보인다. 그러나 두 번째 잠재 고객이 등장하면 첫 번째 고객의 심리 상태는 급격한 변화를 겪는다. 두 고객 모두 자동차를 손에 넣을 수 있는 가능성이 제한된 것이다. 종종 먼저 도착한 고객이 갑자기 질투심이 발동해 자신에게 우선권이 있다고 주장할 수도 있다. "잠깐만요. 제가 먼저 왔는데요." 만약 첫 번째 고객이 우선권을 주장하지 않는다면 리처드가 대신 상황을 정리해준다. 두 번째 고객에게 이렇게 말하는 것이다. "죄송합니다만, 이쪽 분이 먼저 오셨거든요. 이분이 차를 다 둘러보실 때까지만 잠깐 저쪽에서 기다려주시겠습니까? 이쪽 분이 차가 마음에 안 드신다거나 결정을 못 내리겠다고 하시면 바로 차를 보여드리겠습니다."

리처드에 따르면 이때부터 첫 번째 고객의 얼굴에 불안감이 번지기 시작한다. 자동차의 장단점을 따지며 여유롭게 구매 결정을 내리는 처지에서 졸지에 경쟁이 치열한 대상을 앞에 놓고 당장 결정을 내리지 않으면 영원히 소유할 수 없는 처지가 된 것이다. 몇 분 안에 리처드가 제시한 가격으로 자동차를 구매하기로 결정하지 않으면 저쪽에서 기회만 엿보는 두 번째 고객에게 자동차를 빼앗기게 된다.

두 번째 고객도 한정된 자원을 놓고 첫 번째 고객과 경쟁을 벌이니 불안하긴 마찬가지다. 그 역시 경쟁 때문에 갑자기 훨씬 더 매력적으로 보이는 자동차를 어떻게든 손에 넣고 싶은 마음에 주변을 어슬렁거리기 시작한다. 처음 도착한 고객이 구매를 꺼리거나 조금이라도 망설인다면 바로 달려들어 자동차를 낚아채려는 심산이다.

만약 이 정도 상황에서도 바람직한 구매 결정이 이뤄지지 않는다면 세 번째 잠재 고객이 등장하는 순간 상황이 마무리된다. 리처드에 따르면, 경쟁이 이 정도까지 격화되면 대개 첫 번째 고객이 리처드가 제시한 가격에 그냥 구매 결정을 해버리거나 아니면 도저히 압박감을 견디지 못하고 구매를 포기하고 떠나버린다. 그러고 나면 두 번째 고객이 허겁지겁 달려와 첫 번째 고객이 떠난 데 대한 안도감과 세 번째 고객이 등장한 데 대한 경쟁심이 결합된 복잡한 감정 상태로 구매를 결정한다.

동생의 대학 교육에 공헌해준 수많은 고객들은 자신들의 구매 결정과 관련해 한 가지 사실을 깨닫지 못했다. 바로 자동차를 구입하고 싶은 욕망이 커졌던 것은 자동차의 성능과 아무 상관이 없었다는 점이다. 고객들이 그 사실을 깨닫지 못한 것은 두 가지 이유 때문이었다. 첫째, 리처드가 꾸민 상황 자체가 고객들이 이성적인 생각을 하기 어렵게 만들었다. 둘째, 그 결과 애초에 자신이 차를 구입하려던 이유가 '소유'하기 위해서가 아니라 '사용'하기 위해서였다는 사실을 떠올리지 못했다. 희소한 자원을 놓고 경쟁하는 상황에 처하자 자동차를 '소유'라는 관점에서 맹목적으로 갖고 싶어진 것이다. 하지만 경쟁이라는 요인은 그들이 자동차를 원하는 진짜 이유, 즉 자동차를 사용하는 문제와는 별 상관이 없었다.

따라서 설득 상황에서 희소성 원칙의 압력이 느껴질 때는 앞에서 설명한 2단계 방어 전략을 사용하는 것이 가장 유리하다. 희소성 원칙의 영향을 받아 감정적으로 격렬한 반응이 일어나기 시작하자마자 그것을 신호로 삼아 얼른 상황 정리에 들어가야 한다. 설득 상황에서 당황하거나 흥분하면 올바른 결정을 내리기 어렵다. 얼른 마음을 진정시키고 이성적인 관점을 회복해야 한다. 그리고 나면 두 번째 단계로 넘어가 자신이 그 대상을 원하는 이유가 무엇인지 자문해본다. 대상을 소유하고 싶어서라는 답이 나오면 제품의 희소성을 기준으로 삼아 제품에 얼마나 많은 돈을 투자할 수 있을지 판단하면 된다. 그러나 만약 제품을 원하는 이유가 주로 기능적인 것(먹고 마시기 위한 것이나 운전하기 위한 것 등)이라는 답이 나오면 구매를 고려 중인 제품이 희귀하든 풍부하든 기능에는 아무런 영향을 미치지 못한다는 사실을 기억해야 한다. 간단히 말해 희소한 과자라고 맛이 더 좋은 것은 아니라는 뜻이다.[8]

독자 편지 6.5

폴란드에서 한 여성이 보낸 편지

몇 주 전 저도 이 책에서 소개한 기술의 희생양이 됐습니다. 더 충격적인 것은 제가 평소 남의 설득에 쉽게 넘어가는 성격도 아닌데다 바로 이 책을 읽고 있던 중이라 그런 전략을 매우 잘 파악하고 있었는데도 당했다는 사실이었습니다.

슈퍼마켓에 갔는데 소규모 시음회가 열리고 있었습니다. 상냥한 판촉사원이 음료 한 잔을 권하더군요. 맛을 봤더니 나쁘지 않았습니다. 판촉사원이 음료 맛이 마음에 드는지 물었습니다. 내가 괜찮다고 대답하자 그녀는 음료 네 캔짜리 세트를 구매하라고 권했습니다(일관성 원칙, '맛이 괜찮다고 했으니 구매해야 한다'와 상호성 원칙, '먼저 공짜 음료를 받았으니 보답해야 한다'). 저는 단호히 거절했습니다. 하지만 판촉사원도 포기하지 않더군요. "그럼 한 캔만 구매하시겠어요('거절 후 양보' 전략)?" 하지만 저도 만만히 넘어가지 않았습니다.

그러자 판촉사원은 이 음료가 브라질에서 수입한 제품이라 앞으로 슈퍼마켓에서 또 구할 수 있을지 확실치 않다고 말하는 것이었습니다. 저는 희소성 원칙에 걸려들었고 결국 한 캔을 구매하고 말았습니다. 집에 돌아와 음료를 마셔보니 맛이 나쁘진 않았지만 그렇다고 별로 대단하지도 않았습니다. 그나마 다행인 것은 영업사원들이 모두 그렇게 인내심이 강하고 집요하진 않다는 점입니다.

희소성 원칙을 알고 있었는데도 거기에 걸려들어 원하지 않는 제품을 구매
했다는 사실이 재미있지 않은가? 희소성 원칙을 제대로 방어하려면 희소한
과자와 마찬가지로 희소한 음료라고 맛이 더 좋지 않다는 사실을 기억해내
야 했다.

◆ **KEY**
◆ **POINT** _____

◆ 희소성 원칙에 따르면, 사람들은 입수하기 힘든 대상에 더 높은 가치를 부
  여한다. 희소성 원칙을 이용해 이득을 취하는 대표적인 방법은 '한정 판매'
  와 '마감 시간' 전략이다. 설득의 달인들은 우리가 당장 행동하지 않으면
  가치 있는 것을 잃게 될 것이라고 설득하려 든다. 이러한 설득 전략은 손실
  회피 경향과 관련이 있다. 손실 회피 경향이란 사람들이 같은 가치가 있는
  물건을 얻는 것보다는 잃는다는 생각에 더 많이 동기 부여되는 경향을 가
  리킨다.

◆ 희소성 원칙이 효과를 발휘하는 이유는 두 가지다. 첫째, 대체로 입수하기
  어려운 것은 귀중한 것인 경우가 많기 때문에 지름길 원칙에 따라 입수하
  기 어려운 물품이나 체험은 질이 뛰어나다고 결정해버린다. 둘째, 뭔가를
  입수하기 어려워지면 사람들은 선택의 자유를 잃었다는 느낌이 든다. 자
  유를 잃어버리면 결국 '심리적 반발'의 원리에 따라 그 대상(그리고 그 대상과
  관련한 상품이나 서비스까지)을 더욱 간절히 원한다.

◆ 심리적 반발은 평생에 걸쳐 인간의 행동을 움직이는 중요한 동기로 작용
  한다. 하지만 유난히 심리적 반발이 두드러지게 나타나는 연령대가 있는

데, 바로 미운 두 살과 사춘기다. 모두 자아 개념과 개성이 발달하는 시기이며 이 시기의 아이들은 통제, 권리, 자유 같은 문제를 중요하게 생각한다. 결과적으로 이 시기의 아이들은 여러 가지 제한과 규제에 민감한 반응을 보인다.

◆ 희소성 원칙은 상품의 가치뿐 아니라 정보 가치를 평가하는 방식에도 영향을 미친다. 연구에 따르면, 어떤 메시지에 대한 접근을 차단하면 사람들은 그 메시지에 더 접근하고 싶어 할 뿐 아니라 더 호의적인 평가를 내린다. 접근을 제한한 정보가 더 높은 설득력을 발휘한다는 사실은 대단히 놀라운 발견이다. 정보 검열이 이뤄지는 경우 사람들이 그 정보를 접하지 못한 상태에서도 그 정보에 설득될 수 있다는 의미이기 때문이다. 정보에 접근할 수 있는 상황에서는 그 정보가 독점적인 정보일 때 가장 강력한 효과가 나타난다.

◆ 희소성 원칙은 다음과 같은 두 가지 조건에서 효과를 발휘할 확률이 가장 높다. 첫째, 기존에 풍부하던 어떤 대상이 갑자기 희소해지면 가치가 급격히 높아진다. 처음부터 수량이 한정적이던 대상보다 최근에 희소해진 대상을 더 높이 평가한다는 뜻이다. 둘째, 희소한 자원에 가장 강한 매력을 느끼는 것은 그것을 놓고 다른 사람과 경쟁하는 상황이다.

◆ 희소한 대상을 접하면 사람은 감정적 동요를 일으켜 사고 기능이 떨어지기 때문에 인지적인 방법의 방어 전략은 별로 효과가 없다. 차라리 희소한 대상을 접할 때 일어나는 감정의 동요에 관심을 집중하는 편이 낫다. 일단 감정의 동요를 알아차리면, 먼저 흥분한 감정부터 진정시키고 자신이 그 대상을 원하는 이유를 차근차근 검토해야 올바른 판단을 내릴 수 있다.

PART 7

재고상품! 마지막 大 바겐세일

일관성 원칙
한 번의 결정이 가져온 자동화 반응

◆ ◆

나는 어제 혹은 그 전날에 만들어놓은 나다.
_제임스 조이스

아마존은 매년 세계에서 가장 부유한 기업 혹은 가장 실적이 훌륭한 기업 중 하나로 선정된다. 그런데 아마존은 매년 풀필먼트 센터Fulfillment Center(보관부터 주문 처리, 포장, 배송까지 담당하는 물류센터-옮긴이) 최고의 직원을 선정하여 그가 퇴사하는 경우 5,000달러를 지급한다. 성과가 뛰어난 직원이 회사를 그만둘 때 현금 보너스를 두둑하게 챙겨주는 이런 관행이 의아스러운 사람도 많을 것이다. 직원 이직에 따르는 비용도 심각한데 말이다. 훌륭한 직원 이직과 관련된 직접비용만 해도, 구직 광고, 채용, 연수 비용까지 생각하면 그 직원 보수의 50퍼센트에 육박할 수 있다. 게다가 제도적 기억institutional memory(한 집단이 가지고 있는 사실들의 모든 역사적 자료, 개념, 경험, 지식의 집합-옮긴이), 생산성 저하, 남아 있는 팀 구성원들의 사기 저하와 같은 간접비용까지 생각하면 한 사람의 이직으로 인한 비용은 천정부지로 늘어날 수 있다.

그렇다면 아마존의 '자진 퇴사 장려금'을 사업적 관점에서 어떻게 해석할 수 있을까? 아마존 대변인 멜라니 에치스Melanie Etches는 단호하게 말한다. "저희는 아마존에서 일하길 원하는 사람만 남아 있기를 바랄 뿐입니다. 장기적으로 볼 때 원치 않는 곳에 머무는 것은 그 직원에게도 회사에게도 바람직하지 않습니다." 따라서 아마존은 행복해하지 않고, 불만을 느끼며, 낙담하고 있는 직원에게 매력적인 탈출구를 제공하는 것이 그 직원의 높은 건강 비용과 낮은 생산성에 비추어볼 때 기업 차원에서는 오히려 비용을 줄이는 방법이라고 계산하고 있다. 나도 이 논리에 찬성한다. 하지만 이 프로그램이 단지 이 논리만을 바탕으로 진행되고 있는지는 의심스럽다. 아마 다른 많은 이유가 있을 것이다. 행동과학 연구 결과와 그 원리가 우리 주변에서 강력하게 작동하는 것을 볼 때 다른 이유가 있을 가능성도 있다.

내 이웃에 사는 사라라는 여성과 동거 중인 남자친구 팀의 사연을 예로 들어보자. 둘은 한동안 데이트를 하다가 팀이 실직한 뒤부터 동거를 시작했다. 사라에게는 완벽과는 거리가 먼 상황이었다. 사라는 팀이 술을 끊고 자신과 결혼해 건실하게 살기를 바랐다. 하지만 팀은 그럴 마음이 전혀 없었다. 얼마간 의견 충돌로 힘든 시간을 보낸 끝에 두 사람은 헤어지기로 결정했고 팀은 집을 나갔다. 그즈음 사라의 옛 남자친구가 전화를 걸어왔다. 두 사람은 다시 만나기 시작하자마자 금방 약혼했고 결혼 계획을 세우게 됐다. 드디어 결혼 날짜를 잡고 청첩장까지 찍을 무렵 팀에게서 전화가 걸려왔다. 팀은 후회한다면서 다시 돌아가고 싶어했다. 사라가 이미 결혼할 사람이 있다고 말하자 팀은 제발 다시 생각해 달라고 애원했다. 다시 예전처럼 지내고 싶다고 했지만 사라는 다시는 그렇게 살기 싫다고 거절했다. 팀이 청혼까지 했는데도 사라가 지금의 남자친구가 더 좋다고 버티자 마침내 팀은 사라를 되찾기 위해서라면 자진해서 술을 끊겠다고 다짐했다. 그 정도 각오라면 지금의 남자친구보다 팀이 더 낫겠다는 생각에 사라는 결혼도, 청첩장도 전부 취소했다. 그리고 팀을 다시 받아들였다.

그러나 한 달도 채 지나지 않아 팀은 술을 끊을 생각이 없다고 말했다. 한 달 뒤에는 결혼하기 전에 '좀 더 생각을 해봐야겠다'고 주장했다. 그로부터 2년이 흘렀는데도 팀과 사라는 예전과 똑같은 모습으로 살고 있다. 팀은 여전히 술꾼에다 결혼 계획도 없지만 사라는 예전보다 팀에게 더 헌신적이다. 사라는 양자택일의 상황에 몰리자 역시 팀이 최고라는 사실을 깨달았다고 한다. 따라서 전 남자친구를 버리고 팀을 선택하자 사라는 더 행복해졌다. 팀을 선택한 근거였던 팀의 약속이 전혀 지켜지지 않았는데도 말이다.

어렵게 팀을 선택한 사라가 팀에게 더 헌신적이 되었다는 사실에 주목할 필요가 있다. 나는 이것이 바로 아마존이 직원에게 아마존을 선택하게 만드는 이유라고 생각한다. 퇴사를 하면 인센티브를 받을 수 있는 상황에서 머물 것인지 떠날 것인지를 선택하게 하는 것은 회사에 큰 관심이 없는 노동자를 부드럽게 솎아내는 효율적 기능만 하는 것은 아니다. 사라의 경우와 마찬가지로 이런 선택은 계속 회사에 남기로 마음먹은 사람에게 회사에 대한 충성도를 강화하는 역할까지 하게 된다.

그렇다면 자진 퇴사 프로그램의 목적이 회사에 대한 충성심을 강화하는 것이라고 할 수 있을까? 이 문제에 대한 답을 얻기 위해 아마존의 설립자이자 날카로운 사업 감각으로 세상에서 가장 부자가 된 제프 베조스Jeff Bezos의 말을 직접 들어보자. 주주들에게 보낸 편지에서 베조스는 이 프로그램의 목적이 노동자들에게 "잠깐 시간을 내어 진심으로 원하는 게 무엇인지 생각해보라"라고 격려하려는 것이었다고 썼다. 또한 그는 연례 사업계획서에 "제발 이 제안을 받아들이지 마세요"라고 쓰여 있다고 지적했다. 그렇다면 베조스는 직원들에게 퇴사는 하지 않은 채 퇴사를 생각해보라고 권유한 셈이다. 실제로 그 제안을 받아들인 사람은 얼마 되지 않으니, 베조스가 원했던 일이 벌어진 셈이다. 내 생각에 회사에 남아 있겠다는 직원들의 결정이야말로 이 프로그램이 원했던 것이고, 여기에는 그럴만한 충분한 이유가 있었다. 직원의 헌신도는 직원의 생산성과 밀접한 관련이 있기 때문이다.

베조스가 인간 심리를 날카롭게 꿰뚫어보고 있다는 것은 일단 선택하고 나면 사람들은 자신의 선택이 더 타당하다고 믿는다는 연구 결과를 통해 다시 한 번 입증되었다. 내가 좋아하는 사례 하나를 살펴보자. 캐나다 출신의 두 심리학자가 경마장에서 마권을 구매하는 사람들에게서 흥미로운 사실을 발견했다. 베팅을 한 이후 사람들은 자신이 선택한 말이 우승을 할 것이라고 확신했다. 물론 그 말의 우승 가능성에는 전혀 변화가 없다. 똑같은 경마장에서 똑같은 트랙을 달리게 될 똑같은 말이었다. 하지만 베팅이 끝나자 마권을 산 사람들은 자신이 올바른 선택을 했다는 굳은 믿음을 갖게 되었다. 이와 마찬가지로 정치 영역에서도 유권자들은 표를 던지고 난 직후 자신의 선택에 대한 확신이 강화되었다. 또 다른 영역에서는, 에너지나 물을 보존하기 위한 적극적이고 공개적인 결정을 내린 이후에 사람들은 에너지 절약이나 자원 보존에 대해 더 깊이 생각하게 되었고, 그런 활동을 지지해야 할 더 많은 이유를 찾아내며 그 목적을 위해 더 열심히 노력했다.

일반적으로 이미 선택한 방향으로 크게 무게 중심이 기우는 것은 또 하나의 사회적 설득과 관련된 근본적인 원칙 때문이라 할 수 있다. 다른 원칙들과 마찬가지로, 이 원칙도 우리 안에 깊숙이 자리 잡고, 조용하지만 강력한 힘으로 우리의 행동을 조종한다. 우리는 자신의 말이나 행동이 항상 일관되기를 (그리고 일관되는 것처럼 보이기를) 바란다. 일단 어떠한 선택을 하거나 견해를 밝혔다면, 우리는 그 선택이나 입장과 일치하는 생각을 하고 행동을 해야 한다는 개인적이고 상호개인적인 압력에 직면하게 된다. 게다가 그 압력은 우리의 결정을 정당화하는 방식으로 반응하게 만든다.[1]

─ 일관성에 대한 욕구

심리학자들은 인간 행동을 지배하는 일관성 원칙의 위력을 오래전부터 알고 있었다. 초창기 이론가들은 일관성에 대한 욕구를 인간 행동의 중요한 동기 중 하나로 여겼다. 일관성을 유지하려는 성향은 정말 우리가 평소에 하기 싫어하던 일까지 하게 만들 정도로 강력한가? 여기에는 의심할 여지가 없다. 일관성을 유지하려 하고 그렇게 보이려는 욕구는 매우 강력한 설득의 무기 중 하나로, 경우에 따라 우리 자신의 이익과 정반대되는 행동까지 하게 한다.

한 연구진이 뉴욕 시의 해변에서 절도 장면을 연출하며 개인적인 위험을 무릅쓰고 범죄를 막으려는 목격자가 얼마나 되는지 살펴봤다. 먼저 해변에 누워 있는 일반인들 중에서 무작위로 피험자를 선택한 후, 연구자의 공모자 한 사람이 피험자의 1.5미터 근방에 나란히 타월을 깔고

누웠다. 공모자는 몇 분 정도 비치타월 위에 누워 휴식을 취하며 휴대용 라디오를 듣다가 조용히 일어나 소지품을 그대로 둔 채 해변 산책을 나섰다. 잠시 후 연구자가 도둑 행세를 하며 등장해 공모자가 두고 간 라디오를 집어들고 도주를 시도했다. 예상대로 일반적인 상황에서 위험을 감수하며 도둑을 저지하려는 피험자는 많지 않았다. 전체 20명 중 4명뿐이었다. 그러나 똑같은 실험에 약간의 변화를 줘 다시 20회 실시하자 완전히 다른 결과가 나타났다. 이번에는 공모자가 소지품을 두고 산책을 나서기 전 피험자에게 '제 짐 좀 봐주세요'라고 간단한 부탁을 했고 대부분의 피험자들이 이를 승낙했다. 그러고 나자 일관성 원칙의 영향으로 20명 중 19명의 피험자가 거의 자경단원 수준의 의협심을 발휘해 도둑을 쫓아가 멈춰 세우고 해명을 요구했으며, 육탄전을 벌여 라디오를 빼앗아 오기도 했다.

일관성이 이토록 강력한 동기로 작용하는 이유는 일관성이 대부분의 상황에 적합한 가치 있는 특성이기 때문이다. 사람들은 흔히 일관성이 없는 성격을 바람직하지 못한 특성으로 여긴다. 신념과 행동, 말 등이 일치하지 않는 사람은 엉뚱하거나 표리부동한 사람, 심지어 정신적 장애가 있는 사람으로 여긴다. 반면에 수준 높은 일관성에서는 대개 뛰어난 인격과 지성이 연상된다. 일관성은 논리와 합리성, 견실함과 정직함의 핵심이다. 영국 화학자 마이클 패러데이Michael Farady의 일화는 때로는 일관성이 옳음보다도 더 가치 있는 특성으로 평가받는다는 사실을 잘 보여준다. 평소 사이가 좋지 않은 학문적 경쟁자에 대해 비판적인 강의를 마친 패러데이에게 누군가 그럼 그 경쟁자의 의견이 전부 옳지 않다는 뜻이냐고 질문하자 패러데이는 질문자를 노려보며 이렇게 답했다.

그에게는 "그 정도의 일관성도 없다는 뜻입니다."

일관성 있는 성격은 확실히 우리 문화에서 높은 평가를 받는다. 반드시 그래야 한다. 언제나 일관성 있는 말과 행동을 하는 사람은 무슨 일을 하더라도 분명 더 좋은 결과를 얻을 수 있다. 일관성이 없다면 제멋대로 살다가 결국 삶이 엉망이 될 것이다.

고민할 필요 없는 편리한 선택

일관성은 대부분 유익하게 작용하므로 우리는 간혹 곤란한 상황에서도 자동적으로 일관성을 발휘하곤 한다. 그러나 아무 생각 없이 일관성을 발휘하면 끔찍한 결과로 이어질 수 있다. 그렇다 할지라도 이런 맹목적인 일관성조차 나름의 매력이 있다.

첫째, 자동화된 대부분의 반응과 마찬가지로 일관성 역시 복잡한 현대 생활에서 의사결정의 지름길을 제공한다. 어떤 주제에 대해 일단 마음을 정하면 일관성을 고수하는 편이 훨씬 편하다. 그 주제에 대해 더이상 고민할 필요가 없기 때문이다. 그 주제에 관한 자료를 찾아 정보의바다를 헤맬 필요도 없고, 찬반을 결정하려고 정신적 에너지를 소비할필요도 없으며, 어려운 결정을 내리느라 골머리를 앓을 필요도 없다. 어떤 주제와 맞닥뜨렸을 때 그저 일관성이라는 장치만 '누르면' 무엇을 믿고 어떤 말을 하고 어떻게 행동해야 할지 바로 알게 된다. 과거에 내린결정에 맞춰 일관성 있는 생각과 말, 행동만 하면 된다.

이런 편리함의 매력은 과소평가할 수 없다. 고도의 집중력과 에너지가 필요한 복잡한 현대 생활을 비교적 손쉽게 헤쳐나가도록 편하고 효율적인 방법을 제공하기 때문이다. 그렇다면 자동적 일관성을 억제하기 힘든 이유가 무엇인지 이해할 수 있을 것이다. 바로 끊임없이 사고 thinking를 계속해야 하는 부담을 덜어주기 때문이다. 일단 일관성이라는 장치가 작동하면 우리는 사고라는 고역에 심하게 시달릴 필요 없이 일상의 일들을 즐겁게 처리해나갈 수 있다. 조슈아 레이놀즈Joshua Reynolds 의 말처럼 "사고라는 진짜 노동을 피하기 위해서라면 사람이 못 할 일이 없다."

자기 기만의 요새

기계적 일관성에는 약간 비뚤어진 두 번째 매력이 있다. 우리가 심사숙고를 피하는 이유는 힘들고 어려운 인지적 작업 때문이 아니라 심사숙고의 가혹한 결과 때문인 경우도 많다. 엄밀한 사고를 통해 너무도 분명하지만 마음에 들지 않는 결론에 도달할까 두려워 정신적인 게으름을 피우는 것이다. 세상에는 차라리 몰랐으면 싶은 불편한 진실이 있다. 이런 경우 자동적 일관성을 통해 이미 프로그램된 무의식적 반응을 보일 수 있다면, 곤란한 현실을 피해 안전한 요새에 숨을 수 있다. 완고한 일관성이라는 요새 안에 숨어 이성의 포위 공격을 피하려는 것이다.

어느 날 밤 나는 초월명상 프로그램 입문 강의를 듣다가 이성적 사고가 가져올지 모를 불편한 결과를 피하려고 일관성의 요새 안에 숨어버리는 사람들의 모습을 똑똑히 목격했다. 새로운 회원을 모집하려고 입문 강의를 개설한 젊은 초월명상 강사 두 명은 자신들이 마련한 프로그램을 수강하면 기초 단계의 내적 평화부터 공중에 뜨거나 벽을 통과하는 등 수강료가 훨씬 비싼 고급 단계의 놀라운 능력까지 온갖 바람직한 결과를 얻을 수 있다고 주장했다. 나는 이렇듯 특별한 회원모집 강의에서 어떤 설득 기술을 사용하는지 알고 싶어 이 프로그램에 참석하면서 평소 이런 일에 관심을 보이던 통계학 및 기호논리학을 전공한 교수 친구를 하나 데리고 갔다. 강의가 진행되면서 강사들이 초월명상의 기초 이론들을 설명하기 시작하자 내 친구는 점점 더 안절부절못했다. 고통스러운 듯 좌불안석이던 친구는 마침내 폭발하고 말았다. 강의를 끝낸 강사들이 질문을 하라고 하자 친구는 손을 번쩍 들더니 침착하지만 단호한 어조로 프레젠테이션 내용을 철저히 반박하기 시작했다. 채 2분도 지나지 않아 강사들의 복잡한 주장에서 어떤 부분이 왜 모순되고, 비논리적이며, 근거 없는지 정확히 지적해냈다. 강사들은 대단히 충격을 받은 듯했다. 잠시 어안이 벙벙해 있다가 각자 답변을 시도하던 그들은 이내 포기하고는 서로 뭔가 의논하더니 결국 내 친구의 주장이 '더 연구해볼 가치가 있는' 훌륭한 지적이라고 인정했다.

그러나 나에게 더 흥미로웠던 점은 청중의 반응이었다. 질의응답 시간이 끝나자 수많은 청중이 초월명상 프로그램을 수강하려고 계약금 75달러를 들고 두 강사 주변으로 몰려들었다. 강사들은 계약금을 접수하며 서로를 쿡쿡 찌르고 어깨를 으쓱거리며 낄낄 웃어댔다. 몰려드는 수강생에 매우 들떠 있었어도 당황한 기색이 역력했다. 프레젠테이션을 완전히 망치고 망신을 당했다고 생각했는데 신기하게도 엄청난 설득력을 발휘해 대성공을 거뒀으니 말이다. 나 역시 상당히 놀라긴 했지만, 청중들이 내 친구의 논리적인 주장을 이해하지 못해서 벌어진 일이라고 생각했다. 그러나 알고 보니 사실은 정반대였다.

강의가 끝나고 강의실 밖에 서 있는데 이미 계약금을 납부한 청중 세명이 우리 곁으로 다가왔다. 그들은 우리에게 강의에 참석한 이유를 물었다. 우리는 참석 이유를 알려주고 세 사람에게도 같은 질문을 던졌다. 첫 번째 사람은 연예계에서 꼭 성공하고픈 배우 지망생이었는데 초월명상을 통해 연기에 필요한 감정 절제 기술을 배우고 싶은 마음에 참석했다고 했다. 강사들이 틀림없이 가능하다고 했다는 것이다. 두 번째 사람은 불면증이 몹시 심한 여성이었는데, 초월명상을 통해 편안한 마음으로 푹 잠들고 싶다고 했다. 세 번째 사람은 대변인으로 일하며 주경야독하는 대학생인데 공부할 시간이 부족해 낙제 위기에 처해 있다고 했다. 그래서 초월명상을 통해 밤잠을 줄이는 훈련을 받아 남은 시간을 공부에 할애하고 싶다고 이야기했다. 흥미로운 점은 초월명상 강사들이 두 번째 여성에게는 불면증 치료를 보장하고, 그와 정반대되는 고민을 가진 세 번째 대학생에게는 밤잠을 줄여주겠다고 장담했다는 것이다.

나는 세 사람이 초월명상 프로그램에 등록한 것은 틀림없이 논리학자인 내 친구의 반박을 제대로 이해하지 못한 것이라 생각하고 내 친구의 발언 내용에 대해 질문을 던져봤다. 놀랍게도 그들은 내 친구의 주장을 꽤 정확하게 이해했다. 아니, 사실 매우 잘 이해하고 있었다. 내 친구의 주장이 매우 타당하고 설득력 있어 오히려 그들은 현장에서 즉시 등록을 했던 것이다. 세 번째 대변인 남자의 말을 듣고 그 사실을 확인했다. "사실 저는 지금 빈털터리나 마찬가지라 오늘 밤 당장 등록할 생각은 없었습니다. 내일 아침까지 기다릴 생각이었죠. 그런데 여기 당신 친구 분이 반론을 제기하자 당장 돈을 내고 등록해야겠다는 생각이 들었습니다. 그러지 않으면 오늘 집에 돌아가서 고민할 테고 그랬다가는 '절대' 등록하지 못할 테니까요."

그제야 상황이 이해됐다. 이들은 정말 심각한 문제를 끌어안고 살고 있는 탓에 해결 방법을 애타게 찾고 있었다. 따라서 강사들을 믿을 수만 있다면 초월명상에서 문제 해결의 가능성을 찾을 수 있으리라 생각했다. 문제를 해결하고 싶은 욕구가 몹시 강렬하다 보니 초월명상이 그 해결책이라고 믿고 싶은 마음이 너무나 간절했던 것이다.

그런데 내 친구의 모습으로 이성의 목소리가 갑자기 끼어들더니 겨우 발견한 해결책의 근거가 허술하기 짝이 없다고 반박하기 시작한다. 패닉이다. 논리의 희생자가 돼 다시 희망 없는 삶을 살기 전에 즉시 조치를 취해야 한다. 빨리빨리 이성을 방어할 요새를 세워야 한다. 어리석고 자기 기만적인 요새라 해도 상관없다. "빨리 생각을 피해 숨자! 여기 빨리 내 돈을 받아주시오. … 휴, 아슬아슬하게 살았네. 이제 이 문제는 더 이상 생각할 필요가 없겠군." 일단 결정을 내리면 필요할 때마다 일관성이라는 장치가 작동을 시작한다. "초월명상? 물론 나한테 도움이 될 거야. 수업도 계속 들을 거고, 초월명상의 효과도 믿어. 벌써 돈을 냈는데 당연한 것 아냐?" 아, 생각 없이 일관성을 유지한다는 것은 얼마나 마음 편한 일인가. "여기서 잠깐만 쉬어 가자. 안달복달하면서 발바닥에 땀나도록 찾아 헤매는 것보다는 훨씬 나으니까."

완구회사의 교묘한 마케팅 전략

만약 자동적인 일관성이 귀찮은 사고 과정을 막는 방패 역할을 한다면, 우리의 맹목적인 승낙을 바라는 사람들이 얼마든지 그 일관성을 이용할 수 있을 것이다. 경솔하고 기계적인 상대의 반응으로 이익을 보려는 사람들에게는 이런 자동적 일관성의 성향은 금광이나 다름없다. 그런 사람들이 필요할 때마다 우리의 일관성 장치를 얼마나 능숙하게 작동시키는지 우리는 걸려들었다는 사실조차 깨닫지 못하는 경우가 많다. 그들은 마치 주짓수 고수처럼 교묘한 상호작용을 통해 우리의 일관성 추구 성향을 자신들의 이익으로 바로 연결시켜버린다.

일부 대형 완구회사에서는 바로 이런 방법을 사용해 계절에 따른 소비자의 구매 패턴 변화 문제를 해결한다. 당연히 완구회사의 매출은 크리스마스 직전과 크리스마스 시즌 중에 절정에 이른다. 문제는 그 이후 몇 달 동안 완구 매출이 급감한다는 데에 있다. 부모들은 이미 완구 관련 예산을 모두 지출한 후라 자녀들이 아무리 졸라대도 더 이상 장난감을 사주지 않는다.

완구회사들은 딜레마에 빠졌다. 절정기의 매출은 그대로 유지하면서도 바로 이어지는 매출 급감기에도 적정 수요를 유지할 수 있는 방법은 없을까? 아이들이 크리스마스 이후에도 계속 장난감을 더 원하도록 하는 것은 어려운 일이 아니었다. 문제는 연휴 동안 돈을 다 써버린 부모들이 이미 장난감을 잔뜩 받은 아이들에게 또 다른 장난감을 사주도록 하는 일이었다. 도무지 불가능해 보이는 이 행동을 촉발하려면 어떻게 해야 할까? 연휴 직후 광고를 더 많이 쏟아부은 회사도 있었고 할인 판매를 한 회사도 있었지만, 그런 평범한 영업 전략은 성공을 거두지 못했다. 비용이 많이 들기도 했고 원하는 수준까지 효과적으로 매출을 끌어올리지도 못했다. 아무리 광고를 쏟아붓고 가격을 낮춘들 장난감을 구매하지 않겠다는 부모들의 굳은 결심을 흔들기엔 역부족이었던 것이다.

그런데 일부 대형 완구회사에서 해결책을 찾아낸 듯했다. 통상적인 광고 비용과 더불어 일관성을 유지하고 싶어 하는 인간의 강력한 성향을 결합한 독창적인 해결책이었다. 나는 한 번 걸려들고, 정말 어수룩하게도 또 한 번 더 걸려들고 나서야 완구회사들의 효과적인 전략을 눈치챌 수 있었다.

어느 해 1월 나는 동네에서 제일 큰 완구 매장에 들어섰다. 한 달 전 바로 그 매장에서 아들을 위해 어마어마한 양의 선물을 구입한 후로 앞으로 오랫동안 그 상점이나 비슷한 상점에는 얼씬도 않겠다고 결심한 터였다. 그런데 그 무시무시한 장소에 또 발을 들여놓았을 뿐 아니라 아들을 위해 값비싼 대형 전기자동차 경주 세트를 사려는 중이었다. 나는 진열대 앞에서 우연히 예전에 이웃집에 살던 남자와 마주쳤는데, 그 사람도 나와 똑같은 장난감을 사려고 했다. 이상하게도 그 남자를 마지막으로 만난 것도 1년 전 바로 그 완구 매장에서였다. 우리는 그때도 각자의 아들을 위한 뒤늦은 크리스마스 선물로 걷고, 말하고, 주변을 초토화시키는 로봇을 구입했다. 우리는 매년 같은 시각, 같은 장소에서 같은 행동을 하면서 서로 한 번씩 만나는 이상한 패턴에 대해 이야기하며 함께 웃었다. 그날 늦게 나는 한 친구(알고 보니 완구업계에서 일한 적이 있는 친구였다)를 만나 그 기이한 우연에 대해 말했다.

"우연이 아니야."

친구가 뭔가 안다는 듯 말했다.

"우연이 아니라니 무슨 뜻이야?"

"자네가 올해 구입한 자동차 경주 세트에 대해 내가 몇 가지 질문을 하지. 첫째, 자네는 아들에게 크리스마스 선물로 자동차 경주 세트를 사주겠다고 약속했지?"

"그랬지. 크리스가 토요일 아침 만화영화 시간대에 광고를 여러 번 보더니 크리스마스 선물로 그걸 받고 싶다더군. 나도 그 광고를 몇 번

봤는데 재미있을 것 같아서 오케이했어.”

“원 스트라이크!”

친구가 말했다.

“그럼 두 번째 질문. 그래서 그걸 사러 갔더니 어느 매장에서나 매진이었지?”

“맞아. 그랬어! 매장마다 추가 주문을 넣었지만 언제 입고가 될지는 모른다더군. 그래서 자동차 경주 세트 대신 다른 선물을 사줘야 했지. 그런데 그걸 어떻게 알았나?”

“투 스트라이크!”

친구는 신이 나서 외쳤다.

“그럼 마지막 질문일세. 재작년에 로봇 장난감을 사려고 할 때도 똑같은 일이 벌어지지 않았나?”

“잠깐만 자네 말이 맞아. 정말 그랬어. 말도 안 돼. 도대체 자넨 어떻게 알았어?”

“독심술은 아니니까 염려 마. 다만 몇몇 대형 완구회사에서 1, 2월에 매출을 끌어올리는 방법을 알고 있을 뿐이야. 먼저 크리스마스 전에 몇 가지 특별한 완구에 대해 대대적으로 광고를 하지. 애들이야 당연히 눈에 보이는 걸 갖고 싶어 하니까 부모한테 그걸 크리스마스 선물로 사주겠다는 약속을 받아내지. 자, 여기서부터 완구회사의 천재적인 책략이 개입되네. 부모들이 크리스마스 선물로 사주겠다고 약속한 장난감들의 공급량을 ‘줄이는’ 거야. 사려던 제품이 품절이 되면 부모들은 비슷한 가격대의 다른 장난감으로 크리스마스 선물을 대체하겠지. 물론 이런 대체품들은 완구회사에서 반드시 충분한 양을 공급해주거든. 그러다 크리스마스가 지나고 나면 완구회사들은 일부러 품절시켰던 그 특별한 장난감을 또 광고하기 시작하지. 그러면 아이들은 그 장난감을 전보다 더 갖고 싶어 하지. 부모한테 달려가 징징 짜면서 '사준다고 약속했잖아'라고 졸라대는 거야. 그러면 부모들은 자기가 한 약속을 지키겠다고 터덜터덜 완구 매장으로 갈 수밖에 없지."

"그리고 바로 거기에서 1년 만에 똑같은 술수에 넘어간 다른 부모들을 만나게 된다는 거지?"

그의 말을 들으면서 나는 슬슬 열받기 시작했다.

"맞아. 그런데 자넨 지금 어디 가나?"

"자동차 경주 세트를 당장 환불하려고."

나는 너무 화가 나서 거의 고함을 쳤다.

"잠깐 우선 생각 좀 해봐. 오늘 아침에 그걸 산 이유가 뭔가?"

"크리스를 실망시키기 싫었으니까. 그리고 약속은 꼭 지켜야 한다는 걸 아이에게 가르치려고."

"그렇다면 바뀌는 게 뭐가 있나? 자네가 지금 장난감을 뺏으면 아이는 아빠가 왜 그러는지 이해하지 못할 거야. 그저 아빠가 약속을 어겼다고만 생각하겠지. 그러길 바라나?"

"아니."

나는 한숨을 쉬며 말했다.

"그건 아니야. 그럼 자네 말은 완구회사에서 지난 2년 동안 나한테서 두 배의 수익을 올렸는데 나는 그걸 전혀 알아차리지 못했고, 지금은 그 사실을 알면서도 내가 한 약속 때문에 옴짝달싹할 수 없다는 거로군. 이제 나한테 '쓰리 스트라이크'를 외치고 싶겠어."

친구는 고개를 끄덕였다.

"쓰리 스트라이크 아웃이지."

그 후로 매년 특별휴가 시즌만 되면 비니 베이비, 티클 미 엘모, 퍼비, 엑스박스, 위 게임기 등 장난감을 구하느라 나처럼 이중삼중으로 돈을 써대는 부모들을 자주 보게 됐다. 그리고 역사상 이런 마케팅 전략의 가장 완벽한 사례는 바로 1980년대 중반 크리스마스 시즌에 엄청난 광고와 함께 출시됐으나 도무지 매장에 공급되지 않던 25달러짜리 '양배추 인형'이었다. 그 결과 공급이 불가능한 제품을 계속 광고했다는 이유로 제조사가 허위광고 혐의로 기소를 당하기도 했다. 인형을 구하느라 혈안이 된 부모들이 완구 매장 앞에서 육탄전을 벌이기도 했고, 아이들과의 약속을 지키려고 25달러짜리 인형을 경매에서 700달러에 낙찰받기도 했다. 크리스마스 시즌이 훨씬 지난 후까지도 구매 행렬이 이어지면서 제조사는 연매출이 1억 5,000만 달러에 이르렀다. 1998년 크리스마스 시즌에 모든 사람이 원하는데도 가장 구하기 힘들었던 장난감은 바로 거대 완구회사 하스브로^{Hasbro}의 한 부서에서 제작한 퍼비 인형이었다. 퍼비를 구하지 못해 좌절에 빠진 부모들이 아이들에게 도대체 뭐라고 변명해야 하느냐고 항의하자 하스브로의 대변인은 완구회사들에서 10년 넘게 이용한 친절한 약속을 제시했다. "최선을 다해보겠습니다. 지금 구입이 어려운 분들도 조만간 틀림없이 구입할 수 있을 겁니다."[2]

― 일관성의 열쇠는 '입장 정립'

일관성 원칙이 인간의 행동에 놀라운 영향력을 행사한다는 사실을 알면 매우 중요하고 실질적인 의문이 등장한다. 그 힘은 어디서 시작되는 것일까? 과연 무엇이 강력한 일관성 장치를 '눌러, 작동하는' 것일까? 사회심리학자들은 그 답을 '입장 정립commitment'에서 찾아냈다. 일단 상대에게 어떤 입장이나 태도를 취하게 한다면, 이후로는 일관성 원칙을 이용해 상대에게 자동적이고 무분별한 행동을 유도해내기 쉽다는 것이다. 사람은 입장을 정하면 그 입장과 일관성 있게 행동하려는 성향을 갖고 있기 때문이다. 이는 매우 자연스럽다.

앞에서 살펴봤듯 사회심리학자들만이 입장 정립과 일관성의 관계를 알고 있는 것은 아니다. 사실 거의 모든 분야에서 활동하는 설득의 달인들은 입장 정립 전략을 이용해 우리를 공략한다. 이런 전략들의 공통적인 목적은 일단 우리로 하여금 어떤 발언이나 행동을 하게 한 다음 이와 일관성을 유지하기 위해 자신의 요구를 승낙할 수밖에 없도록 하는 것이다. 따라서 그들은 입장 정립을 유도하기 위해 다양한 방법을 사용한다. 상당히 직설적이고 단도직입적인 방법이 있고, 매우 섬세하고 미묘한 설득 전략도 있다. 직설적인 방법으로는 앨버커키 자동차 대리점에서 중고차 판매 매니저로 일하는 잭 스탠코Jack Stanko를 예로 들 수 있다. 샌프란시스코에서 열린 전미자동차딜러협회 회의장에서 '중고차 판매' 부문을 진행하던 그는 실적에 목마른 영업사원 100명을 상대로 이렇게 말했다. "무조건 문서로 만들어서 고객에게 서명을 받으세요. 서류상 승낙을 받으세요. 고객을 조종하고 거래를 조종하세요. 가격만 맞으면 지금 당장 차를 구매하겠냐고 물어보세요. 고객을 꼼짝 못하게 밀어붙이세요." 이 분야의 전문가인 스탠코는 고객의 승낙을 얻어내려면 고객이 자신의 입장을 확실하게 정립하게 만들어 '조종'해야 한다는 사실을 알고 있었다.

훨씬 더 섬세한 방법으로 입장 정립을 유도하는 것도 효과적이다. 예를 들어 특정 자선기금의 방문모금 활동에 대한 지역 주민의 참여율을 높이려 한다고 가정하자. 이럴 때는 사회심리학자 스티븐 셔먼Steven J. Sherman이 사용한 방법을 참고하면 좋다. 셔먼은 자신이 진행한 실험에서 인디애나 주 블루밍턴 주민에게 전화를 걸어 미국 암협회에서 3시간 동안 기금모금 자원봉사를 요청한다면 어떻게 하겠느냐고 물었다. 많은 사람들이 설문 조사자나 스스로에게 몰인정한 사람으로 보이기 싫어 자원봉사에 참여하겠다고 대답했다. 며칠 후 미국 암협회 회원들이 직접 전화를 걸어 기금모금 자원봉사를 요청하자 놀랍게도 이런 미묘한 입장 정립 작업을 거친 주민들의 경우 자원봉사 지원율이 700퍼센트나 증가했다.

또 다른 연구진도 동일한 전략을 사용해 선거일에 투표를 할 예정인지 미리 질문하는 방식으로 실제 투표율을 상당히 높였다는 결과를 내놓았다. 법원에서도 미래의 일관성 있는 행동을 유발하기 위해 상당 수준의 입장 정립을 미리 유도하는 경우가 많다. 현재 배심원 선발 분야에서 최고라는 명성이 자자한 여성 컨설턴트 조 엘런 디미트리어스Jo-Ellan Dimitrius는 재판 전 배심원 후보 선발 과정에서 다음과 같이 교묘한 질문을 던진다. "만약 제 의뢰인의 결백을 믿는 배심원이 당신뿐이라면, 나머지 배심원의 압력에 굴복하지 않고 끝까지 당신의 의견을 고수할 수 있습니까?" 자존심 있는 배심원 후보라면 부정적인 답변은 하지 않을 것이다. 그렇게 공개적인 약속을 해놓고 나중에 약속을 어기는 배심원은 많지 않을 것이다.

자선단체의 전화모금원들은 더 교활한 기술을 사용해 입장 정립을 유도한다. 전화모금원들은 이런저런 자선활동을 위한 모금을 요청하기 전에 먼저 상대의 안부나 건강 상태 등을 물어본다. "안녕하세요, (목표물) 선생님. 오늘 저녁 편안한 시간 보내고 계십니까?" 또는 "오늘 하루 어떻게 지내셨습니까?"와 같은 질문을 한다. 단순히 친근하고 다정한 느낌을 주려고 이런 말로 대화를 시작하는 것은 아니다. 그런 예의 바르고 세련된 질문에 으레 그렇듯, '괜찮습니다'나 '좋습니다' 또는 '잘 지냈습니다, 고맙습니다'처럼 예의 바르고 세련된 답변을 당신에게서 이끌어내려는 것이다. 당신이 일단 공개적으로 잘 지낸다고 말하면, 전화모금원은 그렇지 않은 사람들을 위해 도움을 부탁한다면서 당신을 몰아붙이기가 훨씬 쉬워진다. "잘 지내셨다니 다행이네요. 다름이 아니라 제가 전화드린 이유는 지금 불행한 일을 당한 분들을 위해 기부를 좀 부탁드리기 위해서거든요…."

이 전략의 근거 이론은 아무리 사교적인 인사치레일망정 자신이 건강하고 행복하게 잘 살고 있다고 대답한 사람은 다른 사람한테 인색하게 굴기가 쉽지 않다는 점이다. 이 말을 믿기 어렵다고 생각한다면 이 이론을 실험으로 증명한 소비자 연구가 대니얼 하워드Daniel Howard의 연구 결과를 살펴보자. 연구진은 텍사스 주 댈러스 주민들에게 전화를 걸어 기아대책위원회 회원들이 빈곤층에게 식사 제공을 위한 재원 마련 방법의 하나로 직접 가정을 방문해 쿠키를 판매해도 되는지 물어봤다. 용건과 직접 관련된 질문만 했을 때(표준 권유 방법)에는 승낙 비율이 18퍼센트에 지나지 않았다. 그러나 먼저 "오늘 저녁 어떻게 보내고 계십니까?"라는 질문을 던지고 상대의 대답까지 들은 다음 표준 권유 방법을 사용한 경우에는 몇 가지 눈에 띄는 변화가 일어났다. 첫째, 전화 응답자 120명 중 대부분(108명)이 첫 질문에 우호적 답변('좋습니다', '잘 지내고 있습니다' 등)을 했다. 둘째, 그런 안부 인사를 받은 사람들 중 32퍼센트가 가정 방문 쿠키 판매를 허락했는데, 이는 표준 권유 방법만 사용한 경우의 두 배에 달하는 성공률이었다. 셋째, 일관성 원칙에 따라 방문을 허락한 주민들 중 대부분(89퍼센트)이 쿠키를 구매했다.

비교적 사소한 언어적 다짐으로 커다란 차이를 불러일으키는 또 하나의 행동 분야로 불륜을 들 수 있다. 배우자를 속이는 일은 커다란 분란을 불러일으키고, 분노, 고통, 그리고 결국은 관계의 종말로 이어질 수 있다. 학자들은 이 파괴적인 결과를 낳을 수도 있는 사건을 예방할 수 있는 방법을 찾아내려 애써왔다. 우선 기도가 있다. 일반적인 기도가 아니라 좀 특별한 방식의 기도이다. 만일 한 배우자가 상대방의 행복을 위해 매일 같이 기도하는 경우, 그 기도가 진행되는 동안 그 배우자의 불륜 가능성은 줄어든다. 배우자의 행복을 바라는 사람이 동시에 불륜을 저지르는 것은 일관성이 없는 일이기 때문이다.[3]

독자 편지 7.1

텍사스 주의 영업 교육 담당자가 보낸 편지

제가 이 책에서 배운 교훈 중 가장 인상 깊은 것은 '입장 정립'에 관한 내용이었습니다. 저는 몇 년 전 한 텔레마케팅 센터에서 보험영업 교육을 맡은 적이 있습니다. 문제는 전화로는 보험을 '판매'할 수 없다는 점이었습니다. 텔레마케터가 할 수 있는 업무는 상담을 통해 견적을 낸 다음 고객에게 가장 가까운 보험 사무실을 안내하는 일까지였습니다.

그런데 견적을 받은 고객이 보험 사무실에 나타나지 않는 경우가 비일비재했습니다. 저는 일부 신입직원들을 대상으로 새로운 영업 방법을 시도해봤습니다. 이들도 기존 직원들과 마찬가지로 '천편일률적인' 전화 상담을 진행했지만 전화를 끊기 전에 한 가지 질문을 추가했습니다. 상담 고객이 보험사무실에 방문할 약속 시간을 확인하자마자 전화를 끊는 대신 "고객님께서 우리 회사 보험을 선택하신 이유를 정확히 말씀해주실 수 있을까요?"라는 질문을 덧붙이도록 한 것입니다.

처음에는 고객 서비스 정보를 수집하려는 목적으로 시도한 것이지만, 이 신입직원들이 다른 신입직원들보다 19퍼센트나 높은 판매 실적을 거뒀습니다. 그래서 이 질문을 다른 직원들에게도 확대하자 전체적으로 판매 실적이 10퍼센트 이상 높아졌습니다. 저는 그 이유를 이제야 완전히 이해하게 됐습니다.

저자의 한마디

시작은 우연에 가까웠지만 이 독자의 전략은 거장의 솜씨라고 할 수 있다. 보험 선택에 대한 고객의 입장뿐 아니라 선택의 이유까지 분명히 밝히도록 했기 때문이다. 1장에서 살펴봤듯이 사람들은 자신이 선택한 이유를 위해 상당히 많은 일을 한다(Bastardi & Shafir, 2000; Langer, 1989).

애틀랜타에 사는 지인 한 명도 이 전략의 효과를 입증해주었다. 취업 인터뷰에서는 일자리를 얻어야 하는 충분한 근거를 설명해야 한다는 일반적인 충고를 따르고 있었던 그는 입사 면접에서 실패를 거듭하고 있었다. 결과를 바꾸어보기로 결심한 그는 일관성 원칙을 자신이 먼저 이용해봐야겠다고 생각했다. 면접관들에게 가능한 한 모든 질문에 대답하겠다고 확신을 준 다음, 그는 이렇게 덧붙였다. "우선 먼저 질문을 드리고 싶습니다. 대체 제 어떤 배경이 매력적이어서 제가 여기까지 올라온 거죠?" 이 질문을 들은 면접관들은 그와 그의 자격에 관련해 긍정적인 이야기를 들었기 때문이라고 말했다. 내 지인은 어떤 주장을 하기도 전에 면접관들에게 이미 그를 고용해야겠다는 태도를 정립하도록 만든 셈이다. 내 지인은 입사 제안을 연달아 세 건이나 받았다.

'한 발 들이밀기' 전략

무엇이 입장 정립의 효과를 만들어내는지에 대해서는 다양한 의견이 가능하다. 입장 정립이 다음의 행동을 제약하는 현상에는 여러 가지 요소가 영향을 미친다. 구성원의 복종을 유도하려고 마련한 어느 대규모 프로그램에서 이런 요소들 중 몇 가지 작동 방식을 찾아볼 수 있다. 이 프로그램의 놀라운 점은 과학적인 연구를 통해 입장 정립과 관련된 요소들이 밝혀지기 수십 년 전에 이미 이 요소들을 체계적으로 활용했다는 점이다.

한국전쟁 당시 수많은 미군 포로들이 중국 공산당의 포로수용소에 수감됐다. 전쟁 초기부터 중국은 가혹한 형벌로 포로를 복종시키는 북한과는 사뭇 다른 방식으로 포로를 다뤘다고 알려졌다. 중국인민해방군은 특히 무자비한 태도를 피하고 이른바 '관용정책'이라는 방식을 사용했는데, 이는 사실상 포로 전체를 대상으로 한 정교한 심리 공격이었다.

종전 이후 미국 심리학자들은 송환 포로들을 대상으로 강도 높은 조사를 실시해 이 심리 공격의 실태를 파악했다. 중국 공산당의 프로그램 중 일부가 상당한 성공을 거둔 것에 불안감을 느꼈기 때문이다. 예를 들어 중국인민해방군은 미군 포로들에게 다른 포로들에 대한 정보를 효과적으로 캐내곤 했는데, 이는 제2차 세계대전에서는 거의 찾아볼 수 없는 현상이었다. 이로써 미군 포로의 탈출 계획은 금방 발각됐고 탈출 자체가 거의 불가능해졌다. 한국전쟁에 참전한 미군 포로에 대한 중국의 세뇌 프로그램 조사단장이었던 미국 심리학자 에드거 샤인Edgar Schein 은 다음과 같이 적었다. "탈출 사건이 발생하면 중국인민해방군은 밀고 자에게 쌀 한 봉지를 주는 방법으로 탈출한 포로를 다시 잡아들였다." 실제로 중국인민해방군의 포로수용소에 수감된 거의 모든 미군 포로가 이런저런 방식으로 중국인민해방군에 협조한 것으로 전해진다.

포로수용소 프로그램에 대한 연구 결과를 살펴보면, 중국인민해방군은 주로 입장 정립 및 그에 따른 일관성 유지 압력을 이용해 포로들의 복종을 유도했다는 사실을 알 수 있다. 물론 중국인민해방군의 첫 번째 문제는 미군 포로들에게 최소한의 협력이라도 얻어낼 방법을 찾는 일이었다. 미군 포로들은 오직 관등성명과 군번만 밝히도록 훈련받은 군인들이었다. 신체적 가혹행위 없이 어떻게 그런 미군들이 군사기밀을 폭로하고, 동료들을 밀고하고, 공개적으로 조국을 비난하도록 했을까? 중국의 해결책은 간단했다. 낮은 단계부터 차근차근 올라간 것이다.

예를 들어 중국인민해방군은 포로들에게 전혀 심각해 보이지 않는 반미적 또는 친공산주의적 발언('미국은 완벽하지 않다', '공산국가에는 실업 문제가 없다' 등)을 하도록 요구했다. 포로들이 이런 작은 요구를 수용하면, 그와 관련이 있기는 하지만 좀 더 실질적인 요구가 이어졌다. 우선 미군 포로에게서 미국이 완벽하지 않다는 동의를 얻어내면, 어떤 면이 완벽하지 않다고 생각하는지 구체적으로 지적해보라고 요구했다. 그래서 미군 포로가 몇 가지 구체적인 사례를 이야기하면, 그런 '미국의 문제점'을 목록으로 작성해 서명하라고 요구하며 다른 포로들과의 토론 시간에 자신이 작성한 목록을 직접 읽도록 했다. 목록을 읽으면 "결국 당신은 정말 그렇게 믿고 있는 거지?"라는 식의 질문을 했고, 나중에는 작성한 목록을 더 확대하여 미국의 문제들을 더 자세히 논의하라고 요구했다.

그러고 나면 중국인민해방군은 해당 포로수용소뿐만 아니라 북한의 포로수용소 및 남한의 미군들에게까지 송출하는 반미 성향의 라디오 방송에서 그 포로의 실명을 밝히면서 그가 작성한 문서를 공개했다. 그 미군 포로는 순식간에 적군을 돕는 '협력자'로 전락한 것이다. 여기서 주목할 점은 미군 포로가 강력한 위협이나 강제에 따라 그런 목록을 작성한 것이 아니라는 사실이다. 다만 여러 단계를 거치면서 자신의 행동 및 '협력자'라는 새로운 꼬리표에 맞도록 자신의 자아 이미지가 바뀌었을 뿐이다. 샤인은 연구를 통해 "전체적으로 협력을 거부한 사람은 소수에 불과한 반면, 대다수가 한두 번에 걸쳐 자신에겐 사소해 보이지만 중국으로서는 얼마든지 유리하게 활용할 수 있는 행위들로 중국에 협력행위를 했다. … 이런 방법은 취조 중에 자백과 자아비판, 정보 등을 끌어내는 데 특히 효과적이었다"라고 밝혔다.

설득에 관심이 많은 단체들도 이 같은 접근 방식의 유용성과 위력을 알고 있다. 자선단체들은 사람들에게 큰 호의를 이끌어내기 위해 점진적으로 입장 정립의 수준을 높이는 방법을 사용한다. 연구 결과에 따르면, 상담을 허락하는 것과 같은 사소한 태도 전환이 나중에 엄청난 금액의 기부로 이어지는 '중요한 설득'의 시작 단계가 될 수 있다. 많은 기업도 이 같은 방법을 자주 사용한다. 영업사원들은 작은 제품에서 시작해 점점 큰 제품으로 판매를 확대한다. 첫 거래의 목표는 이익을 올리는 것이 아니라 고객을 거래에 끌어들이는 것이므로 아무리 값싼 제품이라도 상관없다. 그런 방식으로 고객을 첫 거래에 끌어들이고 나면 자연스럽게 더 큰 규모의 거래로 발전해간다. 영업 관련 잡지 〈아메리칸 세일즈맨American Salesman〉에서 이런 과정을 다음과 같이 간결하게 설명해놓았다.

이 전략의 핵심은 작은 주문에서 시작해 상품 전체로 판매 범위를 확대해나가는 것이다. … 혹시 상대방이 전화 상담에 들인 시간과 노력에 전혀 못 미치는 작은 주문을 한다 해도 일단 주문한 이상 그는 이제 잠재 고객이 아니다. 진짜 고객이 된 것이다(Green, 1965, p. 24).

작은 요구에서 시작해 결국 그와 관련한 더 큰 승낙을 얻어내는 전략을 '한 발 들이밀기foot-in-the-door' 전략이라고 한다. 사회과학자들이 이 전략의 효과를 처음 실감한 것은 1966년 심리학자 조너선 프리드먼Jonathan Freedman과 스콧 프레이저Scott Fraser가 발표한 놀라운 연구를 통해서였다. 자원봉사자로 가장한 연구진이 캘리포니아의 주택가를 집집마다 방문해 집주인들에게 터무니없는 부탁을 했다. 각 가정 앞마당 잔디밭에 공익 간판을 세우도록 허락해달라는 부탁이었다. 공익 간판 설치 사례로 제시한 사진에서는 볼품없는 글씨체로 '안전운전하세요!'라고 쓴 커다란 입간판이 아름다운 주택의 전망을 완전히 망쳐놓고 있었다. 당연히 주민 대다수가 거절할 만한(승낙한 사람은 전체 중 17퍼센트였다) 불쾌한 요청이었는데도 이상하게 단 한 집단에서만 매우 긍정적인 반응이 나타났다. 무려 76퍼센트의 주민들이 앞마당 사용을 허락했던 것이다.

이런 놀라운 승낙 비율은 2주 전 해당 주민들에게 벌어졌던 일과 관련이 있었다. 그들은 모두 안전운전과 관련해 이미 소소한 참여를 했던 것이다. 2주 전 또 다른 '자원봉사자'가 각 가정을 방문해 '안전운전'이라고 쓰인 가로세로 3인치짜리 작은 간판을 설치해달라고 부탁했다. 주민 대부분이 허락할 만큼 소소한 요청이었지만 그 효과는 엄청났다. 주민들은 순진하게도 2주 전 안전운전과 관련한 소소한 부탁을 승낙했기에 그보다 훨씬 큰 부탁도 기꺼이 승낙했던 것이다.

프리드먼과 프레이저는 여기서 멈추지 않고 또 다른 집단의 집주인들을 대상으로 앞서 진행한 실험 내용을 약간 변형해 또 다른 실험을 했다. 연구진은 먼저 주민들에게 '캘리포니아를 아름답게 지킵시다'라는 내용의 청원서에 서명해달라고 부탁했다. '우리 주를 아름답게 유지하자'는 주장은 반대할 이유가 전혀 없는 주제이기에 당연히 거의 모든 집주인이 서명했다. 그로부터 2주 후 프리드먼과 프레이저는 똑같은 가정에 새로운 '자원봉사자'를 보내 흉물스러운 '안전운전하세요!' 입간판을 앞마당에 세우게 해달라고 부탁하게 했다. 어떤 면에서는 이번 집주인들의 반응이 이 연구에서 가장 놀라운 부분이었다. 무려 절반이나 되는 집주인들이 '안전운전 하세요!' 입간판 설치에 동의한 것이다. 그들이 2주 전에 했던 입장 정립의 주제는 안전운전이 아니라 '캘리포니아를 아름답게 지킵시다'라는 전혀 다른 공익적 주제였는데도 말이다.

처음에 프리드먼과 프레이저는 이 연구 결과에 당황했다. '캘리포니아를 아름답게 지킵시다'라는 내용의 청원서에 서명한 행동이 왜 전혀 다른 내용의 훨씬 더 큰 부탁을 기꺼이 수락하는 원인이 됐을까? 여러 가지 해석을 검토한 결과 마침내 수수께끼의 실마리가 풀렸다. 청원서에 서명한 행위 자체로 주민들의 자아 이미지가 바뀌었던 것이다. 그들은 스스로를 시민의식을 가지고 공익을 위한 일에 적극 참여하는 모범 시민으로 인식했다. 그런데 2주 후 '안전운전하세요!' 간판을 세우는 또 다른 공익을 위한 일에 참여해달라는 요청을 받자 새로 형성된 자신의 자아 이미지와 일관성을 유지하려고 승낙할 수밖에 없었다. 프리드먼과 프레이저는 이 현상을 이렇게 설명했다.

어떤 일에 참여하거나 어떤 행동을 취하는 것에 대한 주민들의 느낌이 달라진 것이다. 일단 하나의 요청을 수락한 뒤 주민들의 태도가 변했다. 그들은 자신을 이런 종류의 활동에 참여하는 사람, 낯선 사람의 부탁을 들어주는 사람, 자신이 믿는 일을 실천하는 사람, 대의를 위해 협력할 줄 아는 사람으로 여겼다.

프리드먼과 프레이저의 발견에서 보여주려는 것은 아무리 사소한 요청도 함부로 승낙하지 말라는 것이다. 그 승낙이 우리의 자아 개념에 영향을 미칠 수 있기 때문이다. 처음의 승낙은 그와 유사하지만 훨씬 규모가 큰 요구는 물론 그와 거의 관련이 없는 수많은 다양한 요구에도 승낙할 확률을 높이기 때문이다. 이렇듯 사소한 입장 정립 속에 숨어 있는 2차적이고 일반적인 영향력은 대단히 무서운 점이다.

이 사실을 알게 된 나는 두려워 다음부터는 아무리 내가 지지하는 대의와 관련 있는 청원서라도 서명하지 않으려고 노력한다. 그런 행동은 내 미래의 행동뿐 아니라 내 자아 이미지에도 내가 원하지 않는 방향으로 영향을 미칠 가능성이 있다. 더욱이 한 사람의 자아 이미지가 변하면 그 새로운 자아 이미지를 이용하려는 사람은 거기서 온갖 종류의 이익을 취할 수 있기 때문이다.

프리드먼과 프레이저의 연구에 참여한 집주인들 가운데 과연 누가 '캘리포니아를 아름답게 지킵시다'라는 청원서를 들고 찾아와 서명을 요청했던 '자원봉사자'들이 사실은 2주 후 안전운전 입간판 설치를 요청한 사람들이었다고 생각이나 했겠는가? 또 과연 누가 안전운전 입간판을 세우기로 한 결정이 2주 전 청원서에 서명했던 일의 결과라고 짐작이나 했겠는가? 아마 아무도 짐작하지 못했을 것이다. 만약 흉물스러운 입간판을 세워놓고 갑자기 후회가 밀려온다면 '자기 자신'과 자신의 그 빌어먹을 시민의식 외에 무엇을 비난할 수 있겠는가? 아마도 '캘리포니아를 아름답게 지킵시다'라는 청원서를 들고 온 자원봉사자나 그들의 사회적 주짓수 기술은 전혀 떠올리지 못할 것이다.[4]

효과적인 입장 정립의 필요조건

선택할 때마다 당신의 중심은 그 방향으로 움직여, 결국 그 전과는 다른 사람이 된다.　　　　　　　　　　　　　　　　　　-C. S. 루이스

'한 발 들이밀기'의 전문가들은 하나같이 상대의 사소한 입장 정립을 이용해 자아 이미지를 조작할 수 있다는 사실에 열광한다. 이를 통해 평범한 시민을 '모범 시민'으로, '잠재 고객'을 '진짜 고객'으로, 전쟁포로를 '협력자'로 바꿔놓을 수 있기 때문이다. 상대방의 자아 이미지를 자

신이 원하는 방향으로 조작할 수 있다면, 상대를 새로운 자아 이미지와 일치하는 온갖 종류의 요구에 자연스럽게 따르도록 할 수 있다.

그러나 모든 입장 정립이 자아 이미지에 영향을 주는 것은 아니다. 입장 정립이 이런 효과를 발휘하려면 반드시 필요한 조건이 있다. 적극적이고, 공개적이며, 수고스럽고, 자발적이어야 한다. 중국인민해방군의 의도는 단순히 포로들로부터 정보를 캐내는 것이 아니었다. 미군 포로를 세뇌해 그들 자신, 미국의 정치체제, 미국이 전쟁에서 맡은 역할 그리고 공산주의에 대한 인식과 태도를 바꾸는 것이 목적이었다. 한국전쟁 직후 송환 포로 심사를 담당했던 신경심리평가단 단장 헨리 시걸 Henry Segal 박사는 포로들의 전쟁에 관한 신념이 상당히 많이 변했다고 보고했다. 포로들의 정치적 태도가 심각한 침해를 당했던 것이다.

> 많은 포로들이 중국 공산당에 반감을 표시했지만, 동시에 중국 공산당이 '중국에서 이룩한 성과'에 대해서는 찬양했다. 일부는 '공산주의는 미국에서는 효과가 없지만 아시아에서는 괜찮다고 생각한다'라고 말하기도 했다(Segal, 1954, p. 360).

중국인민해방군의 진짜 목적은 최소한 당분간만이라도 포로들의 감성과 지성을 바꿔놓는 것이었다. 그들의 성과를 '변절과 배신, 태도와 신념의 변화, 규율, 사기, 활력의 저하, 미국의 역할에 대한 의심'이라는 관점에서 평가하자면, 시걸은 "그들의 시도는 상당히 성공적이었다"고 결론지었다. 중국인민해방군의 세뇌 방법을 더 자세히 살펴보자.

문서 작성의 마법

상대의 감정과 신념을 파악할 수 있는 진짜 증거는 말보다 행동에서 나온다. 상대가 어떤 사람인지 알고 싶다면 상대의 행동을 자세히 관찰해야 한다. 그런데 연구에 따르면 사람들은 타인뿐 아니라 자기 자신에 대해 알고 싶을 때도 똑같은 증거, 즉 자신의 행동을 이용한다. 자신의 신념과 가치, 태도에 대한 정보를 얻을 수 있는 가장 중요한 원천은 바로 다음에 하고 싶은 행동이다. 온라인 사이트는 고객들이 손수 가입하여 등록정보를 제공해주기를 원한다. 하지만 이용자 중 86퍼센트는 가입 형식이 너무 길고 문항이 꼬치꼬치 묻는 느낌이 들어 등록을 중도에서 그만둔다고 한다. 사이트 개발자들은 고객에게 얻는 정보량은 변함없는 상태에서 이런 문제를 해결할 수 있는 방법을 택했을까? 그들은 첫 페이지에서 답해야 하는 항목의 수를 줄였다. 이용자들에게 시작하자마자 끝냈다는 느낌을 주기 위해서였다. 디자인 컨설턴트 디에고 포자Diego Poza는 이렇게 말했다. "다음 페이지에 더 많은 항목에 답해야 한다는 것은 (사실이지만) 아무런 문제가 되지 않습니다. 일관성 원칙 때문에라도 이용자들은 계속 문항에 답을 하게 되거든요." 여러 자료에 따르면 이들이 옳았다고 입증되고 있다. 첫 페이지에서 문항의 수를 줄이는 것만으로도 등록 완료율은 50퍼센트 향상되었다.

행동이 자아개념과 미래의 행동에 미치는 파급 효과는 적극적 입장 정립과 소극적 입장 정립의 효과에 대한 연구에서 찾아볼 수 있다. 한 대학생 집단이 지역 중고등학교에서 실시하는 에이즈 교육 프로젝트에서 자원봉사를 했다. 연구진은 대학생 절반에게는 스스로 참가신청서를 기입해 적극적으로 자원하게 했고, 나머지 절반은 참가를 원하지 않는다는 의미에서 참가신청서를 작성하지 않도록 한 뒤 억지로 자원하게 했다. 사나흘 후 자원봉사를 시작하라는 요청에 실제로 봉사하러 나온 대부분(74퍼센트)은 적극적으로 참가 신청을 한 학생들이었다. 더욱이 적극적으로 자원한 학생들은 자신의 참가 결정을 개인적인 가치관, 선호, 특성 등과 관련지어 설명하는 성향도 높았다. 다시 말해 적극적인 입장 정립은 우리가 자아 이미지를 형성하는 데 사용할 정보를 제공하고, 그렇게 형성된 자아 이미지는 앞으로의 행동을 결정지으며, 결정된 행동들이 다시 새로운 자아 이미지를 강화하는 방식으로 작용한다.

이런 방식으로 자아 이미지를 조작할 수 있다는 사실을 충분히 인식했던 중국인민해방군은 포로수용소 생활에서 미군 포로들이 중국인민해방군에게 도움이 되는 방향으로 '행동'하도록 지속적으로 유도했다. 오래지 않아 중국인민해방군은 포로들의 이러한 행동이 그 행동과 일치하는 방향으로 포로들의 자아 이미지를 변화시킨다는 사실을 알게 되었다.

중국인민해방군이 지속적으로 미군 포로들에게 부과한 입장 정립 행동 가운데 하나는 바로 작문이었다. 중국인민해방군은 미군 포로들이 중국인민해방군의 논리를 조용히 듣거나 말로 시인하는 데서 멈추지 않았다. 항상 강제로 문서를 작성하도록 했다. 샤인은 중국인민해방군의 주요 세뇌 기술 중 하나를 다음과 같이 설명한다.

다음엔 포로에게 질문과 그에 대한 '친공산주의적인' 답변을 문서로 작성하는 방법을 사용했다. 포로가 자발적으로 답변을 적지 않으면 다른 공책을 보고 답변을 베껴 쓰라고 요구했는데, 포로는 그 정도는 별로 해로울 것 없는 양보라 생각하고 따랐음에 틀림없다(Segal, 1954, p. 161).

'해로울 것 없는' 양보라니. 겉보기엔 사소해 보이는 입장 정립이 어떻게 그와 일관된 행동들을 이끌어내는지 우리는 이미 살펴봤다. 입장 정립의 도구로 문서 작성은 장점이 매우 크다. 첫째, 자신의 행동에 대한 물리적 증거가 된다. 일단 중국인민해방군이 원하는 대로 문서를 작성하면 미군 포로는 자신의 행동을 인정할 수밖에 없다. 순전히 말만 했을 때와 달리 글이라는 증거를 남긴다면 자신의 행동을 잊어버리거나 부인하는 것이 불가능하다. 자신의 행동이 돌이킬 수 없는 문서로 남아 있기 때문에 미군 포로는 자신의 신념과 자아 이미지를 자신이 이미 저지른 부정할 수 없는 행동과 일치시키게 된다. 둘째, 작성된 문서를 다른 사람들에게 공개할 수 있다. 당연히 다른 사람을 설득하는 데도 그 문서를 사용할 수 있다. 또한 다른 사람들의 태도를 문서에서 제시한 방향으로 변화시킬 수도 있다. 무엇보다 문서를 작성한 사람이 자신의 신념을 솔직하게 글에 담았다는 식으로 다른 사람들을 설득할 수가 있다.

사람들은 누군가 작성한 문서에는 그 사람의 진실한 태도가 담겨 있다고 생각하는 경향이 있다. 놀라운 점은 문서를 자의로 작성하지 않았다는 사실을 알고 나서도 계속 그렇게 생각한다는 것이다. 이에 대한 과학적 증거는 심리학자 에드워드 존스Edward Jones와 제임스 해리스James Harris의 연구에서 찾아볼 수 있다. 연구진은 피험자들에게 피델 카스트로Fidel Castro에 대해 호감을 표현한 에세이를 한 편 보여주고 저자의 진실한 감정을 추측해보라고 요청했다. 그러면서 일부 피험자들에게 카스트로에 호의적인 에세이를 저자가 자의로 썼다고 이야기한 반면, 다른 피험자들에게는 저자가 타의로 어쩔 수 없이 썼다고 이야기했다. 의아한 점은 저자가 타의로 그런 에세이를 썼다는 사실을 알고 있는 피험자들조차 저자가 카스트로를 좋아한다고 추측했다는 사실이다. 신념을 담은 글은 그 글을 읽는 사람들한테서 '누르면, 작동하는' 자동반응을 일으키는 모양이다. 그렇지 않다는 결정적인 증거가 없는 한 그 글을 읽은 사람들은 자동적으로 글에 저자의 진심이 담겨 있다고 생각한다.

친중국적 또는 반미국적 문서 작성이 미군 포로의 자아 이미지에 미쳤을 이중 효과를 짐작해보자. 문서를 작성한 포로에게는 자신의 행동을 영원히 기억하게 하고, 중국인민해방군이 포로의 동료들을 설득할 때는 그가 진짜 변절했다고 주장할 수 있는 증거물이 됐을 것이다. 4장에서 살펴보았지만, 주변 사람들이 진실이라고 믿는 것은 우리가 무엇을 진실로 믿을지 결정하는 데 상당한 영향을 미친다. 관대한 사람으로 소문이 자자하다는 칭찬을 들은 코네티컷 주 뉴헤이븐의 주부들은 일주일 후 다발성경화증협회 모금원들이 방문하자 다른 지역 주부들보다 더 많이 기부했다는 연구도 있다. 누군가 자신을 관대한 사람으로 평가한다는 사실을 알게 되자 그에 걸맞은 행동을 보여주려 한 것이다.

스웨덴의 한 슈퍼마켓의 과일 판매에서 진행된 연구도 비슷한 결과를 보여준다. 고객은 두 종류의 바나나를 보았다. 하나는 친환경 방식으로 재배했다는 꼬리표가 붙어 있었고, 다른 하나는 그렇지 않았다. 이 상황에서는 친환경 방식으로 재배했다는 바나나가 32퍼센트 더 많이 팔렸다. 다음으로 연구자들은 고객들을 두 그룹으로 나누었다. 한 그룹에는 친환경 바나나 가격에 대해 다음과 같이 설명했다 "친환경 바나나인데 일반 바나나와 가격이 같아요." 그러자 친환경 바나나의 구매율이 46퍼센트 증가했다. 두 번째 그룹에게는 "환경 친화적인 고객님, 친환경 바나나가 여기 있어요"라며 그들에게 환경 친화적인 고객이라는 이미지를 부여했다. 그러자 친환경 바나나 구매율은 51퍼센트 증가했다.

영리한 정치가들은 오래전부터 이런 식으로 상대에게 '꼬리표'를 붙여 자신에게 유리하게 이용하는 방법을 사용해왔다. 대표적인 인물로 전 이집트 대통령 안와르 사다트Anwar Sadat를 꼽을 수 있다. 사다트는 국제 협상을 시작하기 전에 항상 상대국이 얼마나 협조적이고 공평한 국가인지 익히 알고 있다고 협상 상대를 치켜세웠다. 이런 식의 칭찬으로 그는 상대의 긍정적인 감정을 유도했을 뿐 아니라 협상 상대의 정체성을 자신의 목적 달성에 유리한 방향으로 변화시켰다. 협상의 대가인 헨리 키신저Henry Kissinger는 사다트가 협상의 달인이 될 수 있었던 이유는 협상 상대에게 유지해야 할 평판을 부여함으로써 자신에게 유리한 행동을 이끌어낸 덕분이라고 말한다.

일단 입장 정립을 하고 나면 자아 이미지는 양쪽으로부터 일관성의 압박을 받게 된다. 내적으로는 자신의 자아 이미지에 걸맞은 행동을 하라는 압박이, 외적으로는 자신의 자아 이미지를 다른 사람들의 인식에 맞춰 조정하라는 은밀한 압박이 가해진다.

다른 사람들이 우리가 작성한 문서에 진심이 담겨 있다고 믿는다면, 우리는 다시 한 번 자아 이미지가 문서 내용과 일치해야 한다는 압박을 받게 된다. 한국전쟁 당시 중국인민해방군은 몇 가지 방법을 이용해 직접적인 강제 없이도 미군 포로들에게 중국에 유리한 내용을 문서로 작성하게 했다. 중국인민해방군은 많은 전쟁포로들이 자신의 생존 소식을 가족에게 전하고 싶어 한다는 사실을 알고 있었다. 반면에 포로들은 중국인민해방군이 모든 편지를 검열하고 나서 극소수의 편지만 수용소 밖으로 내보낸다는 사실을 알고 있었다. 따라서 일부 포로들은 검열을 통과하려고 일부러 편지에 평화를 호소하거나, 중국인민해방군의 호의적인 대우를 공개하거나, 공산주의에 대한 공감을 표현하기도 했다. 물론 그 편지들은 중국 측에 큰 도움이 되었기에 중국인민해방군은 기꺼이 협력했다. 미군 포로의 친공산주의적 발언들은 중국의 전 세계적 선전선동에 큰 도움이 됐으며, 물리적인 힘을 전혀 들이지 않고도 많은 포로들에게서 공산주의에 대한 공개적인 지지를 이끌어낼 수 있었다.

이와 유사한 방식으로 수용소에서 정치 백일장도 자주 실시했다. 상품은 담배 몇 개비, 과일 몇 개로 보잘것없었지만 수용소에서는 워낙 귀한 물건이라 포로들의 관심이 무척 높았다. 보통은 친중국적 태도를 확실하게 표현한 글이 수상했지만 항상 그런 것은 아니었다. 공산당 찬양문을 써야만 상을 받는다면 대부분의 포로들이 백일장에 참가하지 않으리라는 사실을 중국인민해방군은 알고 있었다. 그러나 포로들의 마음속에 공산주의에 대한 호의적인 입장이라는 작은 씨앗을 뿌려두면 씨앗이 점점 자라 꽃을 피우리라는 사실도 알고 있었다. 따라서 대체로 미국을 지지하면서도 한두 번가량 중국의 시각에 찬성하는 글에 상을 줬다. 이 전략은 정확히 중국이 원하는 효과를 발휘했다. 미군 포로들은 미국에 대한 호의적인 글로도 상을 받을 수 있다는 것을 알고 자발적으로 백일장에 참가했다. 그러나 수상 가능성을 높이려고 자신도 모르는 사이에 약간씩 공산주의에 유리한 내용을 포함하기 시작했다. 중국인민해방군은 포로들이 조금이라도 공산주의에 복종하는 기미만 보이면 절대 그 기회를 놓치지 않고 일관성을 유지하도록 압박을 가했다. 중국인민해방군은 미군 포로의 자발적인 작문에 나타난 사소한 입장 표명을 발판 삼아 끈질기게 협력과 변절을 이끌어냈다.

중국인민해방군 외에도 많은 설득 전문가들이 입장 정립과 관련한 문서 작성의 위력을 알고 있다. 경이적인 성공을 이룬 암웨이 사에는 영업사원들에게서 최고의 실적을 끌어내는 방법이 있다. 바로 개인별 판매 목표를 세우고 이를 문서로 작성하도록 하는 것이다.

영업 시작 전에 마지막 팁을 드리겠습니다. 목표를 정해 종이에 적어두십시오. 목표가 무엇이든 중요한 것은 목표를 세웠다는 것이고 달려갈 곳이 생겼다는 것입니다. 목표를 종이에 적어두십시오. 뭔가를 적어두면 마력이 발휘됩니다. 목표를 달성하면 또 다른 목표를 세워 다시 적어두십시오. 거기서 시작해 앞으로 달려나가면 됩니다.

암웨이 사가 '뭔가를 적어두면 마력이 발휘된다'는 사실을 발견했다면 다른 영업조직들도 마찬가지일 것이다. 일부 방문판매 회사들은 현재 여러 주에서 시행 중인 '청약철회법'과 맞서기 위해 문서 작성의 마력을 이용했다. 청약철회법이란 고객이 제품을 구입한 후 며칠 안에 거래 취소와 더불어 전액을 환불받을 수 있도록 보장한 법이다. 이 법은 시행 초기에 방문판매 회사들에게 심각한 타격을 줬다. 이 회사들은 고도의 압박 전략을 사용했던 탓에 고객이 종종 제품을 원해서가 아니라 속임수나 위협 등에 따라 거래를 하는 경우가 많았다. 청약철회법이 발효되자 이런 고객들이 무더기로 거래를 취소하기 시작했다.

방문판매 회사들은 거래 취소율을 줄일 수 있는 아주 간단한 방법을 찾아냈다. 계약서 작성을 영업사원이 아니라 고객에게 맡기는 방법이었다. 한 유명 백과사전 회사의 영업훈련 프로그램에 따르면, 고객에게 직접 서류를 작성하게 하는 것이 '나중에 계약을 취소하지 못하게 하는 매우 중요한 심리적 방어막'이 된다고 한다. 이런 회사들도 암웨이 사와 마찬가지로 자신의 입장을 문서로 기록하면 자신이 적은 대로 실천하게 된다는 기록의 마력을 알고 있었던 것이다.

기업들이 문서 작성이라는 '마력'으로 돈을 버는 방법은 악의가 없어 보이는 홍보 전략에서도 찾아볼 수 있다. 설득의 무기에 대해 공부를 시작하기 전에 나는 왜 P&G나 제너럴 푸즈General Foods 같은 대기업에서 항상 '25, 50 또는 100단어 정도'로 쓰는 '구매 후기' 경연대회를 개최하는지 궁금했다. 이 경연대회들은 대부분 비슷해 보인다. 참가자들은 '내가 이 제품을 좋아하는 이유는…'이라는 문구로 시작하는 자기 의견을 짤막하게 제시하고, 경연 주제로 나온 제품의 특징을 찬양한다. 그러면 해당 회사에서 출품작을 심사해 우승자를 가린다. 내가 궁금했던 점은 기업들이 이런 행사에서 어떤 이익을 얻는가였다. 경연대회에 참가한다면 굳이 제품을 구매할 필요도 없이 출품작만 제출하면 된다. 그런데도 기업들은 기꺼이 이런저런 경연대회에 돈을 쏟아붓는다.

이제는 그 답을 알고 있다. 구매 후기 경연대회의 숨은 목적은 최대한 많은 사람들이 제품을 보증하게 하는 것으로, 최대한 많은 미군 포로들이 중국 공산주의를 보증하게 하려는 정치 백일장의 숨은 목적과 똑같다. 진행 방식 또한 같다. 참가자들은 수상 가능성이 거의 없어도 매력적인 상품을 받으려고 자발적으로 글을 쓴다. 그들은 자신의 글이 입상하려면 제품에 대한 칭찬을 담아야 한다는 사실을 안다. 따라서 칭찬할 만한 제품의 특징을 열심히 찾아내 글로 묘사한다. 이런 방법을 통해 한국전쟁의 미군 포로 수백 명과 미국 소비자 수십만 명이 공산주의와 제

품의 매력을 문서로 보증하고, 결국 문서 작성의 '마력'에 따라 자신이 글로 쓴 것을 실제로 믿는다.[5]

독자 편지 7.2

다국적 거대 광고회사의 크리에이티브 디렉터가 보낸 편지

1990년대 후반에 저는 서브웨이 샌드위치 체인의 창립자 겸 CEO 인 프레드 드루카Fred DeLuca에게 왜 서브웨이에서 사용하는 냅킨마다 '2001년까지 10,000호점 설립'이라는 문구를 예언처럼 새겨넣는지 물어봤습니다. 제가 보기에는 쓸데없는 짓 같았습니다. 목표 달성은 요원해 보였고, 소비자들은 CEO의 계획 따위에 아무 관심도 없었으며, 가맹점들은 오히려 목표가 달성될 경우 경쟁만 치열해질 것을 깊이 우려하고 있었으니까요. 그러자 드루카는 이렇게 대답했습니다. "목표를 냅킨에 새겨넣으면 세상이 다알게 될 테고, 그러면 나는 그 목표를 꼭 달성할 수밖에 없는 입장이 되니까요." 당연한 말이지만 드루카는 목표 달성에 성공했을 뿐 아니라 목표를 초과해 성장하고 있습니다.

저자의 한마디

2008년까지 현재 서브웨이는 86개국에 2만 8,000개가 넘는 매장을 설립했다. 이처럼 문서를 작성하고 공개적으로 입장을 표명하는 방법을 사용하면 다른 사람들뿐 아니라 자기 자신도 원하는 방향으로 나아갈 수 있다.

공개적인 입장 표명

문서 작성이 사람을 변화시키는 데 효과적인 이유 중 하나는 문서는 공개하기 쉽기 때문이다. 한국전쟁 당시 미군 포로들이 겪은 일을 생각하면 중국인민해방군은 중요한 심리 원칙 하나를 정확히 알고 있었던 듯하다. 공개적 입장 표명이야말로 가장 오래도록 효과를 발휘한다는 점 말이다. 중국인민해방군은 미군 포로들이 작성한 친공산주의적 문서를 다른 포로들에게 끊임없이 공개했다. 수용소 주변에 게시하기도 했고, 토론회 등에서 작성자에게 직접 낭독하라고도 했으며, 심지어 수용소 라디오 방송에서 읽어주기도 했다. 중국 입장에서는 그 문서를 더 많이 공개할수록 더 유리했다. 왜 그랬을까?

다른 사람 앞에서 일단 어떤 입장을 취하면, 일관성 있는 사람으로 '보이기' 위해 그 입장을 고수하려는 욕망이 생긴다. 일관성 있는 것이 사회에서 얼마나 바람직한 특징인지 앞서 설명한 바 있다. 일관성 없는 사람은 변덕스럽고, 불확실하고, 귀가 얇고, 경솔한 사람으로 매도되는 반면 일관성 있는 사람은 이성적이고, 확실하고, 신뢰할 만하고, 건전한 사람으로 평가받는다. 그러므로 누구나 자신이 일관성 없는 사람으로 보이는 행위를 꺼리는 것은 당연하다. 그래서 자신의 입장을 공개할수록 체면상 그 입장을 더욱 고수하려 들 것이다.

공개적 입장 표명이 앞으로의 일관성 있는 행동으로 연결되는 사례는 사회심리학자 모튼 도이치Morton Deutsch와 헤럴드 제라드Herald Gerard가 진행한 실험에서 찾아볼 수 있다. 연구진은 먼저 대학생들에게 여러 개의 선을 보여주고 마음속으로 길이를 짐작하게 했다. 이때 첫 번째 집단의 학생들에게는 짐작한 수치를 종이에 적고 서명해 실험자에게 제출하는 것으로 자신의 입장을 분명히 공개하도록 했다. 두 번째 집단의 학생들에게는 짐작한 수치를 금방 썼다가 지울 수 있는 매직 패드에 몰래 적었다가 누가 보기 전에 얼른 지움으로써 자신의 입장을 자신한테만 분명히 하도록 했다. 세 번째 집단의 학생들에게는 자신의 입장을 분명히 할 필요 없이 짐작한 수치를 머릿속으로만 기억하도록 했다.

도이치와 제라드는 이런 식으로 일부 학생에게는 공개적으로, 또 다른 학생에게는 개인적으로 입장을 표명하게 하고, 나머지 학생들에게는 입장 표명이 필요 없는 상황을 마련했다. 도이치와 제라드의 목적은 세 집단의 학생들 가운데 기존 판단이 잘못되었음을 보여주는 새로운 정보를 제공했을 때 자신의 첫 판단을 가장 강력하게 고수하는 집단이 어느 쪽인지 알아내는 것이었다. 이를 위해 모든 학생에게 첫 판단이 잘못되었음을 시사하는 새로운 증거를 제공한 후에 그들에게 판단을 번복할 기회를 주었다.

실험 결과는 매우 분명했다. 기존 선택을 가장 쉽게 포기한 집단은 자신의 판단 내용을 적지 않은 집단이었다. 이들은 머릿속에 담고 있던 자신의 첫 판단에 의문을 제기하는 새로운 증거를 제시하자 금방 새로운 정보의 영향을 받아 결정을 쉽게 번복했다. 입장 정립을 하지 않았던 이 집단에 비해 자신의 판단을 매직 패드에 잠깐 동안 기록했다가 지운 집단은 판단을 번복할 기회를 줘도 의견을 바꾸는 데 다소 머뭇거렸다. 비록 자신한테만 했던 입장 정립이었지만, 일단 첫 판단을 글로 적었으므로 새로운 증거의 영향을 거부하고 기존 결정을 고수하려 했다. 그러나 무엇보다도 의견 번복을 가장 강하게 거부한 집단은 바로 자신의 첫 판단을 공개적으로 보고한 집단이었다. 이 집단을 가장 완고한 집단으로 이끈 것은 바로 공개적인 입장 표명이었다.

일관성보다는 정확성이 생명인 상황에서도 이런 완고함이 나타날 수 있다. 6~12명의 모의 배심원에게 판단이 까다로운 사건의 평결을 맡긴 어느 실험에서 배심원들이 비밀투표가 아니라 손을 들어 공개적으로 의견을 표시해야 하는 경우에 '평결불능(배심원의 의견이 엇갈려 평결을 내리지 못하는 것 - 옮긴이)' 판정이 더 자주 나타났다. 배심원들이 일단 공개적으로 첫 번째 의견을 밝히고 나면 다시 공개적으로 번복하기가 곤란하기 때문이었다. 따라서 이런 상황에서 배심원장이 공개투표보다는 비밀투표를 선택하면 평결불능의 위험을 줄일 수 있다.

자신의 의견을 공개적으로 밝혔을 때 그 의견을 가장 완강히 고수한다는 도이치와 제라드의 발견을 유용하게 이용할 수도 있다. 예를 들어 비만 클리닉에서는 사람들이 체중 감량 결심을 한 경우에도 군침 도는 제과점 진열장이나 코끝을 자극하는 음식 냄새, 늦은 밤 야식 광고 등에 아주 쉽게 넘어간다는 사실을 확실히 알고 있다. 따라서 반드시 공개 선언이라는 튼튼한 기둥을 세워준다. 가령 체중 감량 목표를 종이에 적어 친구, 친척, 이웃 등 주변 사람들에게 많이 '보여주라고' 유도한다. 모든 방법에서 실패한 사람도 이 간단한 방법으로 효과를 보는 경우가 많다고 한다.

물론 공개 선언을 하려고 특수 클리닉에 돈을 지불할 필요는 없다. 샌디에이고의 한 여성은 이런 식의 공개 선언을 활용해 마침내 금연에 성공한 방법을 적어 보냈다. 그녀는 명함을 사서 뒷면에 "절대 담배를 피우지 않기로 약속합니다"라고 썼다. 그리곤 '나를 존중해주길 바라는 사람 모두에게' 그 명함을 주었다. 그 후 담배를 피우고 싶은 충동이 일 때마다, 자신이 약속을 깨트린다면 사람들이 자신을 얼마나 하찮게 볼까 생각했다. 그 이후로는 담배를 한 개비도 피우지 않았다. 요즘은 소셜 네트워크에 연결된 행동 변화 앱 덕분에 명함보다 훨씬 넓은 환경에서 자기 설득 기법을 사용할 수 있다.[6] 사례 7.1을 보라.

사례 7.1
삶을 바꾸는 방법

오웬 토머스는 〈뉴욕타임스〉에 최근 모바일 앱을 이용하여 38킬로그램이나 살을 뺐다고 신이 나서 기사를 썼다. 그가 이용한 것은 바로 마이피트니스팔MyFitnessPal이라는 앱이었다. 이 앱 개발자들은 자신이 섭취하고 소비하는 칼로리 양을 기꺼이 공개하는 이용자들이 다른 사람보다 살을 뺄 가능성이 50퍼센트 더 높다는 사실을 알고 있었다.

소셜 네트워크가 변화에 도움을 준다는 사실은 명백하다. 하지만 어떻게 도움을 주는지 구체적인 방법은 명백하지 않다. 많은 사람들이 사회적 증거 원칙, 다시 말해 다른 사람의 행동을 기준으로 삼아 자신의 행동을 결정하는 원칙이 그 이유일 거라고 생각한다. 하지만 내가 보기에는 이런 변화를 좀 더 잘 설명할 수 있는 것은 일관성 원칙이다.

우리는 어떤 태도를 공개적으로 표명할수록, 공개적으로 확약한 입장에 따라 행동하려는 경향을 보인다. 그래서 일관성 있어 보여야 한다는 압박을 느낀다. 로버트 치알디니는 이와 같은 경향을 선순환이라고 설명하며 "자신의 태도를 약간만 표명하는 것만으로도 자아 이미지를 조작할 수 있다"라고 말한다. 그리고 상대방의 자아 이미지를 바꾸면 그 사람에게 새로운 이미지에 맞는 행동을 하도록 만들 수 있다.

자, 당신도 삶을 바꾸고 싶은가? 구체적으로 태도를 설정하고, 소셜 미디어를 통해 널리 알려라, 그 후에는 내적 압력을 이용하면 된다. 그러면 당신도 자신을 새로운 방식으로 보게 되고, 계속해서 거기에 맞춰나가게 될 것이다.

토머스의 사례는 이 이론이 다이어트에도 잘 적용된다는 사실을 보여주었다. 나로서는 모든 분야에 적용 가능해 보인다. 고등학교 중퇴율이 가장 높은 히스패닉계 고등학생들에게 대학에 가겠다고 공개적으로 약속하게 만들면 어떨까? 대학 진학률이 더 높아지지 않을까? 이를 위한 앱도 하나 필요할 것 같다.

알리시아 모르가

저자의 한마디

이 글을 쓴 블로거는 또래 압력의 요소가 있음에도 불구하고 토머스의 사례를 사회적 증거 원칙이 아닌 일관성 원칙을 올바르게 파악했다. 게다가 공개적인 약속이 효과적인 방법이라는 것도 훌륭한 통찰이다. 장기적으로나 단기적으로 체중 감량 목표를 공개적으로 밝히는 게 효과적이라는 사실은 연구를 통해서도 입증되었다(Nyer & Dellande, 2010).

독자 편지 7.3

캐나다에서 어느 대학 교수가 보낸 편지

지금 막 신문에서 어떤 식당 주인이 '공개적 입장 정립'을 통해 예약만 해놓고 나타나지 않는 골치 아픈 손님 문제를 해결했다는 기사를 읽었습니다. 식당 주인이 이 책을 이미 읽었는지 아닌지는 모르겠지만 확실히 이 책에서 이야기하는 '입장 정립에 따른 일관성 유지' 원칙에 완벽하게 맞아떨어지는 조치였습니다. 식당 주인은 예약 담당자에게 예약을 받을 때 "예약 변경이나 취소를 원하시면 미리 전화 부탁드립니다"라고 말하는 대신 "예약 변경이나 취소를 원하시면 미리 전화를 주시겠습니까?"라고 묻고 나서 잠시 기다리며 답변을 들으라고 지시했답니다. 그러자 연락도 없이 나타나지 않는 예약 손님 비율이 30퍼센트에서 10퍼센트로 급감했다고 합니다.

저자의 한마디

말 한마디 바꿨을 뿐인데 어떻게 그런 큰 변화가 일어났을까? 예약 변경이나 취소를 원할 때 다시 전화해달라고 요청한 다음 잠시 기다리며 손님의 약속을 받아낸 것이 주효했다. 고객에게 공개적인 입장 표명을 하게 함으로써 고객이 약속을 지킬 확률을 높인 것이다. 그건 그렇고 이 영리한 식당 주인은 시카고에서 고든 레스토랑을 운영하는 고든 싱클레어다. 사례 7.2에서 이 전략의 온라인 버전을 볼 수 있다.

즐거우시죠? 내일이 예약일입니다.

예약에 오실 거죠?

네 그렇습니다.

4인용 테이블, 토요일, 8월 31일, 2019년, 6:30 pm

예약 확인 — 210989112

메뉴 보기/도움받기

4175 N 골드워터 거리
스코트츠데일, 애리조나 85252
(480) 265-9814

달력   변경   취소

저자의 한마디

최근 들어 레스토랑은 예약일 전에 적극적이고 공개적으로 온라인을 통한 공약을 하게 만들면서 노쇼를 줄이고 있다. 최근에는 내가 다니는 병원도 같은 방법을 선택했다. 그런데 하나의 요소가 더 있다. 확인 이메일에서 간호사는 내가 적극적으로 공적 선언을 해야 하는 이유를 설명했다. "약속한 날 오실 수 있는지 이야기를 해주셔야 환자들 모두가 원하는 치료를 받을 수 있습니다." 이 온라인 확인 프로그램이 성공했냐고 물었더니, 병원 관리자는 노쇼가 81퍼센트 줄어들었다고 말해주었다.

수고스러운 입장 정립의 효과

입장 정립을 위해 더 많이 노력할수록 태도 또한 확연히 달라진다는 사실도 밝혀졌다. 그 증거는 우리 주변은 물론이고 저 멀리 원시부족에서도 찾아볼 수 있다.

먼저 우리 주변에서 흔히 볼 수 있는 쓰레기 분리수거를 살펴보자. 많은 지역 관청에서는 주민들에게 환경 보호를 위해 쓰레기를 분리해서 배출해달라고 요청하고 있다. 하지만 모든 사람들이 쓰레기를 분리, 배출하기 위해 노력하고 있는 건 아니다. 중국 항저우의 경우를 보면 도시 구역마다 분리와 배출 절차가 다르다. 적절한 분리, 배출이 가져다주는 장점을 주민들에게 알린 후, 연구자들은 쓰레기와 관련한 환경 기준에 부응하려고 노력하는 주민들이 일반적인 환경 목표에도 그만큼 헌신적인지를 알아보고자 했다. 일단 가정용 전기 소비가 감소하는지 살펴보았다. 실제로 그런 일이 일어났다. 가정용 쓰레기 분리를 통해 환경을 지키기 위해 노력하는 주민들은 전기를 아끼는 데도 앞장섰다. 이 결과는 일단 어떤 과제에 대한 태도를 정립하면, 그 과제와 유사한 다른 과제들에서도 그 태도를 확장하여 적용하며 헌신할 수 있다는 것을 보여준다는 점에서 대단히 중요하다.

수고스러운 입장 정립의 위력을 보여주는 사례는 좀 더 멀리 떨어진 곳에서도 찾아볼 수 있다. 아프리카 남부의 통가 부족은 복잡한 성년의식을 통과한 소년만 부족의 남자 구성원으로 인정하는 풍습이 있다. 원시부족 소년들이 대부분 그렇듯 통가족 소년도 정식으로 부족사회의 일원이 되려면 엄청난 시련을 이겨내야 한다. 인류학자 와이팅Whiting, 클럭혼Kluckhohn, 앤서니Anthony는 소년들이 겪어야 하는 석 달간의 험난한 과정을 다음과 같이 생생하게 묘사했다.

남자아이가 열 살에서 열여섯 살 정도에 이르면 부모는 아이를 4~5년마다 한 번씩 열리는 '할례 학교circumcision school'에 보낸다. 남자아이는 그곳에서 또래들과 함께 부족의 성인 남성들이 부과하는 호된 신고식을 치른다. 성년의식의 첫 단계는 두 줄로 늘어선 어른들한테 몽둥이로 두들겨 맞는 것이다. 흠씬 맞고 나서 옷을 모두 벗고 머리카락을 짧게 자른다. 그러고 나면 사자갈기를 뒤집어쓴 '사자 인간'이 나타나 널찍한 바위 위에 남자아이와 마주 앉는다. 남자아이가 뒤통수를 한 대 맞고 깜짝 놀라 뒤를 돌아보는 순간 사자 인간이 순식간에 남자아이 생식기의 포피를 잘라내 할례를 끝낸다. 할례가 끝난 아이는 이후 석 달 동안 오직 입문자들만 접근하는 '신비의 광야'에 격리된다.

남자아이는 성년의식을 치르는 동안 매질과 추위, 갈증, 혐오 식품, 처벌, 살해 위협이라는 여섯 가지 혹독한 시련을 통과해야 한다. 아주 사소한 잘못을 저지르기만 해도 남자아이는 특별히 매질의 임무를 부여받은 선배한테 구타를 당한다. 추운 날씨에 이불도 없이 자면서 추위를 견뎌야 한다. 석 달 동안 물 한 방울 마시지 못한다. 또한 영양의 위에서 끄집어낸 반쯤 소화된 역겨운 풀을 음식 위에 뿌려서 먹어야 한다. 성년의식과 관련한 중요 규칙을 위반한 경우에는 심한 처벌을 받는다. 예를 들면 규칙을 위반한 소년에게는 두 손가락 사이에 막대를 끼운 다음 힘이 센 성인 남성이 소년의 손가락이 거의 부러질 때까지 압박을 가하며 고통을 준다. 탈출을 시도하거나 성년의식의 비밀을 여자나 미성년자에게 누설하는 자는 목을 매달고 시체를 태워 버리겠다고 위협한다(p. 360).

언뜻 보면 참 터무니없고 괴상한 관습이다. 그러나 좀 더 살펴보면 미국 대학교의 사교클럽 등에서 흔히 이뤄지는 입회의식과 기본 원리는 물론 세부사항까지 놀랄 만큼 일치하는 것을 알 수 있다. 미국 대학교의 전통 행사인 '지옥 주간Hell Week' 동안 사교클럽 예비회원들은 선배들이 부과하는 다양한 활동에서 체력과 정신력, 수치심의 한계를 평가받는다. 일주일 동안 모든 시련을 통과한 후보만 정식 회원으로 인정받는다. 그런 시련을 겪고 나면 보통 지독한 피로와 탈진을 경험하는데, 훨씬 심각한 부정적인 결과로 이어지는 경우도 있다.

흥미로운 점은 '지옥 주간'에 이루어지는 활동의 특징과 원시부족 성년의식의 특징이 상당 부분 일치한다는 것이다. 통가족 청소년들이 '신비의 광야'에 머물며 견뎌야 하는 여섯 가지 시련에 대해 인류학자들이 정리해놓은 내용을 살펴보자. 신문 기사 등에서 그리스 이름을 딴 미국 학교의 사교클럽 입회의식에서도 그와 유사한 행위들을 쉽게 찾아볼 수 있다.

- **매질** 14세의 마이클 칼로그리스는 지옥 주간에 실시한 고등학교 사교클럽 '오메가 감마 델타' 입회의식에서 장기 손상을 입고 3주 동안 롱아일랜드 병원에서 입원 치료를 받았다. 클럽 선배들은 마이클의 두 손을 머리 위에 올리게 한 뒤 빙 둘러서서 마이클의 등과 복부 등을 주먹으로 반복해서 가격하는 '핵폭탄' 의식을 집행한 것으로 알

려졌다.

- **추위** 어느 겨울밤 캘리포니아 전문대학교에 재학 중인 프레더릭 브로너는 사교클럽 선배들에 이끌려 해발 900미터의 깊은 산 속에 홀로 버려졌다. 얇은 운동복 차림으로 추위에 떨며 산을 내려오던 프레더릭은 가파른 절벽에서 떨어져 골절상을 입었고, 그 부상으로 하산을 포기하고 계곡에서 추위를 피하던 중 동사하고 말았다.

- **갈증** 지옥 주간 동안 예비회원들은 클럽 식당에 기어 들어와야 한다는 규칙을 위반한 오하이오 주립대학교 신입생 두 명이 클럽 기숙사 '지하 감옥'에 수감됐다. 이틀 동안 소금기 있는 음식물만 제공됐으며, 자기 소변을 받아 마실 수 있는 플라스틱 컵 2개 외에 어떤 음료도 제공되지 않았다.

- **혐오 식품** 서던캘리포니아대학교 내부의 '카파 시그마' 사교클럽 기숙사에 모여 있던 열한 명의 예비회원들은 눈앞에 펼쳐진 역겨운 장면에 기겁했다. 개당 100그램이 넘는 생간 덩어리 열한 개가 쟁반에 담겨 있었던 것이다. 예비회원들은 두껍게 잘라 오일에 재워놓은 생간을 통째로 삼켜야 했다. 리처드 스완슨은 구역질과 기침을 반복하며 세 차례 시도했지만 도저히 자기 몫을 삼킬 수 없었다. 마침내 죽기 살기로 오일에 재운 생간 덩어리를 억지로 목구멍에 밀어넣는 순간 목이 막히면서 질식사하고 말았다.

- **처벌** 위스콘신 주에서는 모든 신입회원이 반드시 암기해야 하는 의식용 주문 일부를 잊어버린 한 예비회원이 처벌을 받았다. 예비회원이 접의자 뒷다리 밑에 두 발을 넣고 있는 동안 클럽에서 제일 뚱뚱한 선배가 그 의자에 앉아 맥주를 마셨다. 벌을 받는 동안 비명을 꾹

참고 있던 예비회원은 결국 양발 모두 골절상을 입었다.

- **살해 위협** '제타 베타 타우' 사교클럽의 한 예비회원은 뉴저지 근방의 해변에서 '자기 무덤'을 파라는 명령을 받았다. 명령에 따라 자기가 판 무덤에 눕는 순간 옆에 쌓아둔 모래가 무너져 내렸고 그가 거의 질식사하기 직전에 선배들이 구출했다.

원시부족의 성년의식과 사교클럽의 입회의식 사이에 두드러진 유사점이 또 하나 있다. 절대 사라지지 않는다는 점이다. 이런 의식은 잔인한 관습을 폐지하려는 모든 시도에 맞서 경이로운 생존력을 보여준다. 식민지 정부나 대학 당국 등에서 위험하고 수치스러운 입문의식을 포기하라고 각 집단에 위협, 협박, 법적 제재, 회유, 금지 등 온갖 방법을 시도해봤지만 아무 소용이 없었다. 관계 당국의 감시가 있을 때는 뭔가 변한 듯 보이지만, 형식만 변할 뿐 사실은 더 은밀한 환경에서 더욱 가혹한 행위가 이뤄진다. 그리고 억압이 사라지면 바로 표면화된다.

일부 대학 당국은 위험한 행위를 금지하기 위해 직접 입회의식을 감독하거나, '지옥 주간'을 사회봉사를 하는 '봉사 주간Help Week'으로 대체하려 애써보기도 했다. 그러자 사교클럽들은 즉시 물리적인 저항을 시작했다. 리처드 스완슨의 질식 사고가 벌어졌던 서던캘리포니아대학교의 경우 모든 입회의식은 학교의 검열을 거친 뒤 반드시 감독관 입회 아래 실시해야 한다는 새로운 규칙을 제정했다. 그러나 어느 잡지 보도에 따르면, "새로운 '규칙'은 격렬한 폭동을 일으켜 시 경찰과 소방대가 캠퍼스 진입을 두려워할 정도였다"라고 한다.

수많은 대학들은 어쩔 수 없다는 이유로 저속한 '지옥 주간'을 폐지하려는 시도조차 하지 않았다. "호된 신고식이 인간의 보편적인 행동이라면, 그리고 모든 증거가 그 결론을 뒷받침하고 있다면 그것을 효과적으로 금지하는 것은 불가능하다. 공개적인 시행을 금지하면 음성화될 것이다. 섹스를 금지할 수 없고 음주를 막을 수 없듯이 신고식도 금지할 수 없을 것이다"라고 밝히면서 말이다.

도대체 신고식의 어떤 점이 그렇게 사회에 필요할까? 왜 각 집단은 위험하고 수치스러운 입회의식을 금지하려는 모든 시도에 그토록 격렬히 저항할까? 어떤 사람들은 그런 집단 자체가 다른 사람을 괴롭히고 망신을 주는 데서 쾌감을 느끼는 심리적·사회적 문제아들로 구성돼 있다고 주장한다. 그러나 그런 주장을 뒷받침할 만한 증거는 전혀 없다. 사교클럽 회원들의 성격 연구 결과에 따르면, 오히려 심리적인 면에서 다른 대학생들보다 약간 더 건강한 것으로 밝혀졌다. 또한 사교클럽 회원들은 공익을 위한 시민활동에도 적극 참여하는 것으로 알려져 있다. 그러나 클럽의 입회의식을 그런 봉사활동들로 대체하는 것은 절대 반대한다. 워싱턴대학교에서 다양한 사교클럽을 대상으로 실시한 연구에 따르면, 대부분의 사교클럽에 일종의 '봉사 주간'을 운영하는 전통이 있었지만 이런 사회봉사는 '지옥 주간'의 부수적인 행사였을 뿐이다. 오직 한 클럽만이 입회의식으로 사회봉사에 참여했다.

이제 혹독한 신고식을 수행하는 범법자의 이미지가 떠오른다. 안정된 심리 상태와 건전한 사회의식을 소유한 정상적인 개인들이 1년에 단한 번 클럽에 신입회원이 들어오기 직전에 집단을 이뤄 비정상적으로 무자비해진다. 그렇다면 모든 증거가 지목하는 범법자를 만드는 원인은 다름 아닌 입회의식 그 자체다. 혹독한 신고식에는 해당 집단에 반드시 필요한 뭔가가 있음에 틀림없다. 해당 집단이 그토록 격렬하게 유지하려 애쓰는 그 혹독함에는 어떤 기능이 있다는 뜻이다. 그것이 과연 무엇일까?

내가 볼 때 그 답은 사회심리학자들 사이에만 주로 알려진 1959년에 발표한 한 연구에 담겨 있다. 젊은 연구자 엘리엇 에런슨Elliot Aronson과 저드슨 밀스Judson Mills는 '엄청난 어려움과 고통을 이겨내고 뭔가를 얻은 사람은 최소한의 노력으로 같은 것을 획득한 사람보다 그것을 더 가치 있게 여기는 경향이 있다'는 가정을 입증하기로 했다. 이 무슨 고마운 우연의 일치인지 두 연구자가 가설을 시험할 대상으로 선택한 것이 바로 사교클럽의 입회의식이었다. 실험 결과 섹스 관련 토론클럽에 가입하려고 극도로 수치스러운 입회의식을 견뎠던 여대생은 자신이 가입한 클럽과 토론 내용이 매우 가치 있다고 확신하는 것으로 밝혀졌다. 에런슨과 밀스의 지시를 받은 클럽회원들이 최대한 '가치도 없고 재미도 없는' 토론을 준비했는데도 말이다. 반면에 훨씬 수월한 입회의식을 거쳤거나 아예 입회의식을 치르지 않은 여학생들은 자신이 가입한 '가치 없는' 클럽에 대해 확실히 덜 긍정적인 반응을 보였다. 또 다른 연구에서는 여학생들이 특정 클럽에 가입하기 위해 수치가 아니라 고통을 견딘 경우에도 같은 결과가 나타났다. 입회의식의 일부로 강한 전기 충격을 받은 여학생일수록 나중에 자신이 선택한 클럽과 그 활동이 더 재미있고, 지적이고, 바람직하다고 확신했다.

드디어 입회의식에 가득한 학대와 노역, 매질이 이해가 된다. 열 살 난 아들이 '신비의 광야' 한복판의 차가운 땅바닥에서 벌벌 떨며 밤을 보내는 모습을 눈물 어린 눈으로 지켜보는 통가족 아버지나, '지옥의 밤'에 사교클럽의 신입 후배들을 두들겨 패다가 신경질적인 웃음을 터 뜨리는 대학 선배 모두 결코 사디스트들은 아니다. 그들은 집단의 생존 전략에 따랐을 뿐이다. 아이러니하게도 그들의 역할은 다음 세대의 집단 구성원들이 자기 집단을 좀 더 매력적이고 가치 있게 생각하도록 해 주는 것이다. 인간에게 노력해서 얻은 것을 더 좋아하고 더 신뢰하는 경향이 있는 한 이 집단들은 힘들고 고통스러운 입회의식을 지속할 것이다. 그리고 신입회원들의 충성과 헌신으로 집단의 단결과 생존 확률이 높아질 것이다. 실제로 54개의 부족 문화를 연구한 결과에 따르면, 가장 극적이고 가혹한 입회의식을 치르는 부족들의 내부 결속력이 가장 강했다. 입회의식이 가혹할수록 클럽에 대한 신입회원의 충성도가 월등히 높아진다는 에런슨과 밀스의 연구 결과를 보면, 클럽들이 모임의 미래와 결정적인 관련이 있는 입회의식을 절대 폐지하지 않으려고 발버둥치는 것도 당연해 보인다.

'입회의식' 하면 군대 조직을 결코 빼놓을 수 없다. 신병훈련소의 혹독한 신고식은 효과적인 것으로 악명이 높다. 소설가 윌리엄 스타이런 William Styron은 마치 집단수용소 같은 미국 해병대의 '악몽 같은 훈련' 과정을 공개한 후 그 효과를 다음과 같이 증언했다.

내가 아는 해병들은 하나같이 그 혹독한 훈련 과정이 자신을 더욱 용감하고 씩씩한 불굴의 해병으로 만들어줬다고 생각한다(Styron, 1977, p. 3).[7]

이탈리아 그래픽 디자이너 파올라에게서 온 편지

지난달 저는 남자 친구와 함께 런던에 있었죠. 저희는 '런던에서 가장 싼 눈썹 피어싱'이라는 간판을 보았습니다. 아플 수도 있다는 생각에 살짝 무섭기는 했지만, 해보기로 했어요. 피어싱 후 저는 거의 기절 직전이었습니다. 옴짝달싹할 수도 없고, 눈도 뜨지 못했어요. 간신히 '병원 좀'이라는 말이나 할 수 있을 지경이었습니다. 의사가 와서 보더니 괜찮을 거라고 하더군요. 10분이 지나자 몸이 괜찮아졌어요. 하지만 그 10분은 제 인생 최악의 10분이었죠!

그리곤 부모님 생각이 나더군요. 부모님은 피어싱을 마뜩잖게 여기실 게 틀림없으니, 피어싱 링을 빼야겠다는 생각이 들었지요. 하지만 그러지 않기로 했어요. 그러기엔 이미 너무 커다란 고통을 겪은걸요. 저는 제 결정에 만족합니다. 눈썹에 달린 링이 마음에 들거든요.

저자의 한마디

애런슨과 밀스의 연구에서 보았던 젊은 여성들과 마찬가지로 파올라도 힘들게 얻은 것에 만족해한다.

자발적 선택과 내적 책임감

중국 공산당의 세뇌 작업과 대학 사교클럽의 입회의식 등 다양한 활동을 살펴보면서 입장 정립과 헌신에 대해 많은 정보를 얻었다. 사람의 자아 이미지와 장래 행동을 가장 효과적으로 변화시킬 수 있는 것은 적극적이고 공개적이며 수고스러운 입장 정립인 듯하다. 그러나 효과적인 입장 정립을 위해 위의 세 가지 요소를 합한 것보다 더 중요한 뭔가가 필요하다. 그것이 무엇인지 알아내려면 먼저 중국인민해방군 심문관과 대학 사교클럽 회원들의 행동에 나타난 두 가지 수수께끼를 풀어야 한다.

첫 번째 수수께끼는 사교클럽들이 왜 입회의식에 사회봉사활동을 절대 포함시키지 않는지에 관한 문제다. 워커의 연구에 따르면 사교클럽들은 비교적 자주 사회봉사활동을 하면서도 봉사활동과 입회의식을 철저히 분리한다. 그 이유는 무엇일까? 사교클럽들이 입회의식에서 원하는 것이 수고스러운 입장 정립이라면, 예비회원들을 위해 어렵고 힘든 봉사활동을 얼마든지 찾아낼 수 있을 것이다. 양로원 수리 작업이나 정신병원 마당 손질, 병원 변기 청소 같은 일들 말이다. 게다가 시민정신을 발휘한 이런 종류의 활동은 사교클럽 지옥 주간 행사에 대한 대중과 언론의 부정적인 이미지를 개선하는 데 큰 도움이 될 것이 분명하다. 한 조사 결과에 따르면, 지옥 주간에 대한 긍정적인 기사와 부정적인 기사의 비율이 1 대 5에 달한다고 한다. 따라서 홍보를 위해서라면 사교클럽들은 입회의식에 사회봉사활동을 포함해야 할 것이다. 그러나 그들은 그렇게 하지 않는다.

두 번째 수수께끼를 풀기 위해서는 중국인민해방군의 포로수용소에서 미군 포로들을 대상으로 실시했던 정치 백일장으로 돌아가야 한다. 중국인민해방군은 되도록 많은 미군 포로가 백일장에 참가해 공산주의에 우호적인 진술을 해주길 원했다. 하지만 최대한 많은 미군 포로가 백일장에서 공개적 입장 표명을 하도록 하는 것이 목적이었다면 상품이 왜 그렇게 보잘것없었을까? 수상자가 기대할 수 있는 상품이라야 보통 담배 몇 개비, 과일 몇 개가 전부였다. 물론 수용소 환경에서는 그런 상품이 가치가 없지는 않겠지만 훨씬 더 큰 보상도 가능했을 것이다. 따뜻한 의복이나 우편물 발송의 특권, 보다 자유로운 수용소 생활 보장 등을 내걸었다면 백일장 참가자 수가 훨씬 늘어날 수 있었을 것이다. 그러나 중국인민해방군은 동기부여가 확실한 큰 상품 대신 일부러 작은 상품만 선택했다.

상황 자체는 크게 다르지만, 사교클럽이 사회봉사활동을 입회의식에 포함하지 않는 것은 중국인민해방군이 작은 상품만 내걸어 미군 포로들의 백일장 참가 유인을 줄인 것과 같은 이유다. 참가자들이 자신의 선택을 '온전히' 책임지기를 바란 것이다. 어떤 핑계나 변명도 허용되지 않는다. 호된 신고식을 치른 예비회원에게 그것이 자선활동이었다고 생각할 여지를 주어선 안 된다. 작문에 반미적인 내용을 덧붙인 미군 포로도 그것이 대단한 상품을 받기 위한 위장술이었다고 둘러댈 수 없어야 한다. 사교클럽과 중국인민해방군 모두 '장기적인' 목표가 있다. 억지로 상대의 입장 정립과 헌신을 짜낸다고 해서 가능한 일이 아니다. 자신의 행동에 대해 내적 책임을 느끼도록 해야 한다.

사회과학자들은 "우리는 강력한 외부 압력 없이 스스로 선택했다고 생각하는 행동에 대해서만 내적 책임을 느낀다"라고 주장한다. 큰 보상 역시 그런 외부 압력 중 하나다. 큰 보상에 따라 특정한 행동을 할 수는 있지만 그 행동에 대해 내적 책임을 느끼지는 못한다. 결과적으로 보상을 위한 행동으로는 적극적인 헌신을 이끌어낼 수 없다. 강력한 위협도 마찬가지 작용을 한다. 즉각적인 복종은 이끌어낼 수 있겠지만 장기적인 헌신은 유도하기 어렵다. 사실 커다란 물질적 보상이나 위협은 어떤 행위를 하는 내적 책임감을 감소시키거나 '잠식'하기도 한다. 보상이 주어지지 않을 때는 그런 행동을 대단히 망설이게 된다.

이런 사실들은 자녀 양육과 관련해 중요한 점을 시사한다. 자녀가 어떤 규칙을 정말 믿고 따르도록 이끌고 싶다면 지나친 선물 공세나 지나친 위협은 효과적이지 않다는 것이다. 외부 압력은 일시적인 복종을 끌어낼 수 있을지는 모른다. 그러나 일시적인 복종 이상을 원한다면, 다시 말해 자녀가 진심으로 그 규칙에 동의하고 부모가 옆에서 외적 압력을 가하지 않을 때도 계속 규칙을 따르게 하고 싶다면, 반드시 자녀가 규칙에 대해 내적 책임을 느끼도록 해줘야 한다. 조너선 프리드먼의 실험은 이런 관점에서 자녀를 키울 때 해야 할 일과 해서는 안 되는 일이 무엇인지 단서를 제공한다.

프리드먼은 2~4학년 남자아이들을 대상으로 멋진 장난감을 갖고 놀지 못하게 한 후, 그 효력이 6주 후까지 지속되는지 알아보고자 했다. 그 또래의 남자아이들을 다뤄본 사람이라면 말도 안 되는 일이라고 생각하겠지만 프리드먼은 나름대로 계획이 있었다. 아이들한테 금지된 장난감을 가지고 노는 것이 나쁘다는 확신을 심어줄 수 있다면 틀림없이 나중에도 그 장난감을 가지고 놀지 않으리라 생각한 것이다. 문제는 남자아이들에게 해당 장난감, 배터리로 작동하는 최고급 로봇을 갖고 노는 것이 나쁘다는 확신을 심어주는 일이었다.

남자아이를 일시적으로 복종시키는 것은 어렵지 않았다. 금지된 장난감을 갖고 놀다 들키면 심한 벌을 받을 거라고 위협만 하면 됐다. 프리드먼은 자신이 언제든 달려와 벌을 줄 수 있는 위치에 있는 한 감히 로봇을 갖고 놀려고 시도하는 아이는 거의 없을 거라고 생각했다. 그의 예상은 적중했다. 프리드먼은 남자아이한테 장난감 5개를 보여주면서 "로봇을 갖고 노는 건 나쁜 짓이야. 네가 저 로봇을 갖고 놀면 아저씨가 엄청 화가 나서 달려와 벌을 줄 거야"라고 말한 후 잠시 방을 비웠다. 그리고 밖에서 반투명 거울을 통해 방 안의 상황을 관찰했다. 그는 22명의 남자아이를 대상으로 이런 식의 위협 전략을 사용했는데, 그가 방을 비운 동안 21명의 아이가 로봇에 손을 대지 않았다.

들키면 벌을 받을 거라고 생각하는 한 강한 위협 전략은 성공적이었다. 물론 프리드먼도 예상한 바였다. 그러나 사실 그의 진짜 관심은 나중에 자신이 없을 때에도 위협의 효과가 지속되는지였다. 그래서 실험을 종료한 후 6주가 지난 시점에 한 젊은 여성 연구원을 남자아이들의 학교로 파견했다. 여성 연구원은 남자아이들을 한 번에 한 사람씩 교실 밖으로 불러내 실험을 실시했다. 연구원은 프리드먼의 실험과 관련이 있다는 말은 전혀 하지 않고 남자아이들을 장난감 5개가 있는 방으로 데리고 가서 그림을 그리게 했다. 아이들이 그림을 다 그린 후 아이들에게 자신이 그림을 평가하는 동안 방 안에 있는 아무 장난감이나 갖고 놀아도 괜찮다고 말했다. 물론 대부분의 아이들이 장난감을 집어들었다. 흥미로운 점은 장난감을 집어든 남자아이들 중 77퍼센트가 6주 전 금지당했던 로봇을 선택했다는 것이다. 6주 전에는 그토록 성공적이었던 프리드먼의 강한 위협이 더 이상 그가 옆에서 벌을 주지 않는 상황이 되자 전혀 효과를 발휘하지 못했다.

프리드먼의 실험은 여기서 끝이 아니었다. 또 다른 집단의 남자아이들을 대상으로 방법을 약간 바꿔 다시 한 번 실험을 실시했다. 이번에도 장난감 5개를 보여주며 자신이 방을 비운 동안 로봇을 갖고 놀지 말라고 경고했지만, "로봇을 갖고 노는 건 나쁜 짓이야"라고만 말해줬다. 이번에는 남자아이를 복종시키기 위해 강한 위협을 가하지 않았다. 그리고는 곧바로 방을 나가 반투명 거울로 아이들이 로봇을 가지고 놀지 말라는 지시를 따르는지 지켜봤다. 이전 실험과 마찬가지로 프리드먼이 자리를 비운 사이 로봇을 만진 아이는 22명 중 1명이었다.

두 집단 사이의 진짜 차이는 그로부터 6주 후 아이들이 프리드먼의 감시가 없는 상태에서 장난감을 갖고 놀게 됐을 때 나타났다. 놀라운 결과는 로봇을 갖고 놀지 말라는 강한 위협을 받지 않은 아이들한테서 나타났다. 이들은 원하는 아무 장난감이나 갖고 놀라고 했는데도 대부분 로봇 장난감을 피했다. 로봇이 5개의 장난감(싸구려 플라스틱 잠수함, 공 없는 어린이용 야구 글러브, 총알 없는 장난감 소총, 장난감 트랙터) 중 가장 매력적인 장난감이었는데도 말이다. 이 5개의 장난감 중에서 로봇을 선택한 아이는 33퍼센트뿐이었다.

두 집단 모두 극적인 사건을 경험했다. 첫 번째 집단의 경우 프리드먼이 로봇을 갖고 노는 것은 '나쁜' 짓이라는 교훈을 강조하기 위해 덧붙인 강한 위협이었다. 이 위협은 프리드먼이 규칙 위반 여부를 감시하는 동안에는 상당히 효과적이었다. 그러나 나중에 프리드먼이 더 이상 아이들을 감시하지 못하는 상황에서 그의 위협은 무력해졌고 결국 규칙은 지켜지지 않았다. 아이들이 위협을 통해 배운 것은 로봇을 갖고 노는 것이 나쁜 짓이라는 교훈이 아니라 벌 받을 가능성이 있을 때는 로봇을 갖고 놀면 안 된다는 사실뿐이었다.

그러나 두 번째 집단이 경험한 극적인 사건은 외적인 것이 아니라 내적인 것이었다. 프리드먼은 이들에게도 로봇을 갖고 노는 것은 나쁜 짓이라고 가르쳤지만 규칙을 위반하면 벌을 받는다고 위협하지는 않았다. 여기서 두 가지 중요한 결과가 나왔다. 첫째, 프리드먼의 가르침만으로도 아이들은 그가 자리를 비운 사이 장난감을 갖고 놀지 않았다. 둘째, 아이들은 프리드먼이 없는 동안 로봇을 만지지 않기로 한 자신의 선택에 대해 내적 책임을 느꼈다. 로봇을 갖고 놀지 않은 것은 '스스로' 그러고 싶지 않았기 때문이라고 결정한 것이다. 처벌의 위협이 없는 상황에서는 로봇을 만지지 않은 자신의 행동을 설명할 방법이 그것밖에 없었기 때문이다. 따라서 6주 후 프리드먼이 곁에 없는데도 아이들은 로봇에 손을 대지 않았다. 로봇을 갖고 놀고 싶지 않다는 쪽으로 생각이 바뀌었기 때문이다.

자녀를 키우는 부모라면 프리드먼의 연구는 참고할 만한 가치가 있다. 딸아이에게 거짓말은 나쁜 짓이라고 가르치고 싶은 부모를 예로 들어보자. 부모가 곁에 있을 때나 아이가 들킬 염려가 있다고 생각할 때에는 ("얘야, 거짓말은 나쁜 짓이야. 만약 거짓말하다 들키면 큰 벌을 줄 거야"와 같은) 강하고 분명한 위협도 효과가 있을 것이다. 그러나 아이 '스스로' 거짓말은 나쁜 짓이라고 생각해서 거짓말을 하지 않도록 하는 한 차원 높은 목표는 달성하지 못한다. 원하는 효과를 얻으려면 훨씬 더 섬세한 접근방법이 필요하다. 아이가 항상 신뢰할 수 있을 만큼 강력하면서도 바로 그것이 신뢰의 이유라고 생각할 정도로 분명하지 않은 이유를 제시해야 한다.

이는 대단히 까다로운 일이다. 그런 아슬아슬한 조건을 만족시키는 이유는 아이마다 다르기 때문이다. 어떤 아이한테는 ("애야, 거짓말은 나쁜 짓이야. 그러니까 네가 거짓말을 안 하면 좋겠어" 정도의) 간단한 부탁이면 충분하겠지만, 어떤 아이한테는 ("네가 거짓말을 하면, 난 너한테 실망하게 될 거야" 정도의) 좀 더 강력한 이유를 덧붙여야 하며, 또 다른 아이한테는 ("네가 거짓말을 하면 나도 하고 싶지 않은 어떤 조치를 취해야 할지도 몰라"와 같은) 약간의 경고가 필요할지도 모른다. 현명한 부모라면 어떤 종류의 이유가 자신의 자녀에게 가장 적합할지 알고 있을 것이다. 중요한 점은 처음에 아이한테서 부모가 원하는 행동을 이끌어내는 동시에 그 행동에 대해 개인적 책임을 느끼도록 하는 이유를 제시하는 것이다. 따라서 외부 압력을 가장 적게 느끼는 이유가 가장 좋다. 가장 적합한 이유를 찾는 일이 쉽지는 않겠지만 틀림없이 그만한 보상이 따를 것이다. 단기적인 복종과 장기적인 입장 정립의 차이라고나 할까? 새뮤얼 버틀러Samuel Butler가 300년 전에 말했듯이 "의지에 거스르는 동의를 한 사람은 결코 의견이 바뀌었다고 할 수 없다."[8]

'낮은 공 던지기' 전략

앞에서 봤듯 설득의 달인들이 내적 변화로 이어지는 '입장 정립'을 선호하는 이유는 두 가지다. 첫째, 내적 변화는 처음 변화가 일어난 상황에만 한정되는 것이 아니라 관련 상황 전체에 확대 적용된다. 둘째, 변화의 영향은 지속적이다. 예를 들어 누군가 봉사정신이 투철한 시민상으로 바뀌는 행동을 한 번 하게 되면 여러 다양한 상황에서 봉사정신을 발휘할 확률이 높고, 자신의 자아 이미지도 이와 상관있는 쪽으로 형성된다. 또 자신의 새로운 자아상을 유지하는 한 앞으로도 봉사정신을 발휘하는 행동을 지속할 확률이 높다.

내적 변화로 이어지는 입장 정립에는 또 다른 매력이 있다. 바로 내적 변화에 자동 강화 현상이 일어난다는 점이다. 그럴 경우 설득의 달인들은 변화를 강화하려고 일부러 힘들게 노력할 필요가 없다. 일관성 원칙이 알아서 해주기 때문이다. 봉사정신이 투철한 시민이라는 자아 이미지를 갖게 된 사람은 자동으로 세상을 바라보는 눈이 달라진다. 자신이 바르게 살고 있다는 확신을 갖게 되고, 전에는 몰랐던 봉사활동의 새로운 가치에도 눈을 뜨게 된다. 전에는 관심을 갖지 않던 시민활동과 관련한 새로운 주장에 귀를 기울이고, 그런 주장을 더욱 설득력 있게 느낀다. 정리하자면, 자신의 신념 체계와 일관성을 유지하려는 욕구 때문에 자신이 선택한 사회봉사활동이 옳다고 스스로 확신하는 것이다. 중요한 점은 자신의 입장 정립을 정당화하기 위해 추가적인 이유를 만드는 이 과정에서 새로운 이유가 만들어진다는 사실이다. 따라서 처음 봉사활동을 결심하게 한 원래 이유가 사라져버려도 새로 발견한 이유만으로 얼마든지 자신이 옳은 일을 했다는 확신을 유지할 수 있다.

일부 부도덕한 설득의 달인들은 이런 특성을 이용해 막대한 이득을 취한다. 우리가 일단 어떤 선택을 하면 그 선택을 뒷받침하는 새로운 이유를 만들어낸다는 점을 악용해 그들은 그럴듯한 유인 요소를 제공하고 우리의 선택을 이끌어낸다. 하지만 우리가 결정을 내리면 그들은 그 유인 요소를 제거해버린다. 우리가 새로 만들어낸 이유와 근거를 바탕으로 기존 결정을 유지한다는 사실을 알고 있기 때문이다. 자동차 판매상들은 이를 위해 '낮은 공 던지기throwing a lowball'라는 전략을 이용한다.

나는 쉐보레 자동차 대리점에서 영업사원 훈련을 받으면서 이 전략을 처음 접했다. 나는 일주일 동안 기초교육을 받은 후에 현장 실습을 나가 선배들의 판매 기법을 관찰했고, 그 즉시 '낮은 공' 전략에 마음을 빼앗겼다.

영업사원들은 먼저 고객이 관심을 보이는 차에 대해 경쟁사보다 700달러 가까이 낮은 가격을 제시한다. 그러나 이 가격은 거짓이다. 영업사원은 그 가격으로 계약을 맺을 생각이 없다. 그의 목적은 잠재 고객이 자신의 대리점에서 자동차를 구매하기로 '결정'하게 만드는 것이다. 일단 잠재 고객이 결정을 내리면 고객을 더욱 깊이 끌어들이기 위해 계약 관련 서류를 한 뭉치 작성하게 하거나, 금융 관련 조건들을 결정하게 하거나, 계약서에 서명을 하기 전에 하루 정도 시운전을 해보면서 '자동차를 직접 느껴보고 이웃이나 직장 동료에게도 보여주라고' 권한다. 이런 행위를 하는 동안 고객은 자신의 선택을 지지하고 자신의 투자를 정당화할 새로운 이유를 만들어낸다는 사실을 그들은 알고 있기 때문이다.

그때 예상치 못한 일이 벌어진다. 대개는 견적서에서 '실수'가 발견된다. 예를 들어 영업사원이 깜빡하고 에어컨 비용을 추가하지 않아 고객이 에어컨 설치를 원한다면 원래 견적에 700달러를 추가 부담해야 한다는 식이다. 고의라는 의심을 피하려고 일부 영업사원들은 금융 관련 서류를 처리하는 은행 측에서 자신의 '실수'를 발견하도록 한다. 또는 마지막 단계에서 상사의 결재가 떨어지지 않도록 한다. 거래 조건을 검토하던 상사가 '대리점에 손해가 된다'는 이유로 거래를 취소하는 것이다. 수만 달러짜리 거래를 하는 고객 입장에서 700달러 정도 추가하는 것이 무슨 대수겠는가? 영업사원이 계속 강조하듯이 700달러를 추가해봐야 어차피 경쟁사와 같은 가격인 데다 '당신이 원하는 차가 바로 이 차가 아닌가.'

훨씬 교활한 형태의 '낮은 공' 전략은 영업사원이 고객의 중고차 매입가를 시세보다 높게 책정해 신차 판매와 중고차 매입을 한데 묶는 방법이다. 고객은 영업사원이 제시한 높은 중고차 매입가에 마음이 끌려 얼른 거래를 승낙한다. 그러나 계약서에 서명하기 직전 중고차 담당자가 달려와 영업사원이 제시한 중고차 매입가가 700달러 높게 책정돼 원래 시세 수준으로 매입가를 낮춰야 한다고 주장한다. 고객은 중고차 매입가를 시세 수준으로 낮추는 것이 정당하다는 사실을 알기 때문에 낮은 매입가를 수용할뿐더러 종종 자신이 '순진한' 영업사원의 호의를 이용해 이득을 취하려 했다는 죄책감까지 느낀다. 한번은 자신에게 이런 식의 '낮은 공' 전략을 사용한 영업사원에게 몹시 난처한 얼굴로 연신 사과를 하는 여성 고객을 목격한 적도 있다. 여성 고객은 신차 매입 계약에 서명했을 뿐 아니라 영업사원에게 거액의 수수료까지 챙겨줬다. 영업사원은 상처받은 듯한, 하지만 수수료 덕분에 기분이 약간 풀렸다는 듯한 미소를 지었다.

어떤 '낮은 공' 전략이든 기본적인 전개 과정은 같다. 먼저 고객의 긍정적인 구매 결정을 유도할 만한 유리한 조건을 제시한다. 하지만 고객이 결정을 내리고 계약서에 서명하기 직전에 처음 제시한 유리한 조건을 슬그머니 철회한다. 그러면 도무지 고객이 거래를 수락할 것 같지 않은 불리한 조건만 남는다. 그런데도 효과가 있다. 물론 모든 고객이 넘어가지는 않지만, 어쨌든 수많은 자동차 대리점에서 주요 판매 전략으로 이용할 만큼의 효과는 발휘된다. 영업사원들은 고객이 일단 거래 과정에 발을 담그면 스스로 자기 결정을 정당화하는 새로운 체계를 구축한다는 사실을 알고 있다. 이런 정당화를 통해 고객들이 자기 결정을 뒷받침하는 강력한 지지대를 구축하면, 영업사원이 처음에 제공한 원래의 지지대가 사라져도 신뢰 체계 전체가 붕괴되지 않는다. 자기 선택을 정당화하는 다양한 이유를 만들어 기분이 좋아진 고객은 사라진 지지대를 별로 아쉬워하지 않는다. 애초에 그 지지대가 없었다면 다른 추가적인 지지대들은 당연히 없었다는 생각은 전혀 하지 못한다.

'낮은 공' 전략이 자동차 대리점에서 놀라운 효과를 발휘하는 장면을 목격한 후, 나는 이 전략을 약간 변형해 다른 상황에 적용해도 여전히 효과가 있을지 궁금해졌다. 내가 관찰한 자동차 영업사원들은 매력적인 거래 조건으로 낮은 공을 던져 긍정적인 결정을 이끈 뒤에 매력적인 거래 조건을 철회하는 방법을 사용했다. 그러나 내가 '낮은 공' 전략의 본질을 제대로 파악한 것이라면 방법을 약간 바꿔도 동일한 효과를 얻을 수 있을 것 같았다. 매력적인 조건으로 긍정적인 결정을 끌어낸 다음 이루어진 계약에 뭔가 '불쾌한 조건'을 '추가'하면 어떻게 될까? '낮은 공' 전략이란 일단 계약을 맺으면 상황이 바뀌어 계약 조건이 불리해져도 기존의 계약을 유지하는 것이므로 계약에서 긍정적인 면이 사라지든 부정적인 면이 추가되든 동일한 효과를 발휘하리란 생각이 들었다.

그래서 나는 존 카시오포John Cacioppo, 로드 바세트Rod Bassett, 존 밀러John Miller 등 동료 연구진과 함께 오하이오 주립대학교의 심리학 입문 과정 학생들을 불편한 일에 참여시키는 실험을 실시했다. 아침 일찍 일어나 오전 7시부터 진행하는 '사고 과정' 연구에 참석하는 일이었다. 한 집단의 학생들에게는 전화를 걸어 연구가 오전 7시부터 시작된다고 바로 알려줬다. 그러자 24퍼센트의 학생들만 참여에 동의했다. 또 다른 집단의 학생들에게는 낮은 공을 던져봤다. 먼저 '사고 과정' 연구에 참여할 생각이 있는지 물어 동의를 얻은 다음(56퍼센트의 학생들이 참여에 동의했다) 연구가 오전 7시에 시작되니까 원하지 않으면 참여 신청을 철회해도 좋다고 말했다. 철회한 학생은 '아무도' 없었다. 그리고 무려 95퍼센트의 학생들이 자신이 약속한 대로 정확히 오전 7시에 심리학과 건물에 나타났다. 이렇게 정확한 연구 결과를 얻을 수 있었던 것은 내가 미리 채용한 연구 조교 두 명을 오전 7시에 심리학과 건물에 배치해서 출석을 불렀기 때문이다. (중요하지 않은 말이지만, 이 일로 두 명의 연구 조교를 채용하며 사고 과정 연구를 담당해 줄 수 있냐고 묻고, 동의를 받은 후에야 비로소 오전 7시에 시작한다고 알렸다는 이야기는 아무런 근거 없는 소문이다.)

'낮은 공' 전략의 놀라운 점은 형편없는 선택을 했는데도 기분이 좋아진다는 점이다. 따라서 별 볼 일 없는 대안밖에 제시할 수 없는 사람들이 특히 이 전략을 좋아한다. 그들은 개인적·사교적·사업적으로 다양한 분야에서 '낮은 공' 전략을 활용한다. 낮은 공 던지기의 달인이라 할 수 있는 나의 이웃 팀을 예로 들어보자. 팀이 술을 끊고 결혼도 하겠다는 약속으로 다른 남자와 결혼 직전이었던 사라의 마음을 되돌린 사건이 기억날 것이다. 사라는 팀을 선택한 후 팀이 약속을 지키지 않았음에도 전보다 더 팀에게 헌신하고 있다. 이에 대해 사라는 전에는 몰랐지만 팀에게서 수많은 긍정적인 면들을 발견했기 때문이라고 설명한다.

하지만 사라는 팀의 낮은 공 던지기에 희생된 것이 분명하다. 자동차를 구매하는 사람들이 영업사원의 '일단 줬다가 다시 빼앗아가는' 전략에 걸려든 것처럼 사라도 팀의 전략에 걸려든 것이다. 팀은 전혀 변하지 않았다. 그러나 사라가 팀한테서 새로 발견한(사실은 스스로 만들어낸) 매력들은 대단히 실제적이다. 그녀는 팀에게 그토록 헌신하기 전에는 도저히 용납할 수 없었던 상황들을 만족스럽게 여겼다. 팀을 선택한 사라의 결정은 객관적으로 매우 어리석어 보이지만, 스스로 지지대를 구축해가면서 사라를 정말로 더 행복하게 해준 셈이다. 그러나 나는 사라에게 '낮은 공' 전략에 대해 한마디도 하지 않았다. 사라가 아무것도 모르고 살아가는 편이 더 나을 것 같아서가 아니었다. 무엇이든 모르는 것보다는 아는 것이 낫다. 하지만 내가 '낮은 공' 전략에 대해 한마디했다가는 평생 동안 사라의 원망을 들어야 할 것 같았기 때문이다.

— '낮은 공' 전략의 바람직한 사용법

이 책에 소개한 설득의 기술은 사용자의 의도에 따라 선한 목적을 위해서든, 반대로 악한 목적을 위해서든 모두 사용할 수 있다. 따라서 신차 판매나 헤어진 연인과의 관계 회복뿐 아니라 공익을 위한 상황에서도 당연히 '낮은 공' 전략을 사용할 수 있다. 예를 들어 아이오와주의 한 연구진은 '낮은 공' 전략이 주민들의 에너지 절약 습관에도 영향을 줄 수 있음을 보여줬다. 연구진은 겨울이 시작될 무렵 천연가스를 난방 연료로 사용하는 가정을 직접 방문해 에너지 절약 방법을 알려주고 앞으로 연료 절약을 위해 노력해달라고 부탁했다. 주민들은 모두 동의했지만, 몇 달 후 겨울이 끝날 무렵 각 가정의 가스 사용요금을 검토한 결과 실질적인 절약 효과는 전혀 없었던 것으로 밝혀졌다. 연구진에게 에너지 절약을 위해 노력하겠다고 약속한 주민들과 연구진의 방문을 받지 않은 일반 주민들의 가스 사용량에 차이가 없었다. 주민들의 선의도 있었고 에너지 절약 정보도 제공했지만 주민들의 습관을 바꾸기엔 역부족이었다.

연구진은 사실 연구 시작 전부터 오래된 에너지 사용 패턴을 변화시키기 위해서는 뭔가 다른 조치가 필요하다는 것을 알고 있었다. 그래서 역시 천연가스를 사용하는 또 다른 주민 집단을 대상으로 약간 다른 방법을 시도했다. 연구진은 이번에도 각 가정을 직접 방문해 에너지 절약 방법을 알려주고 연료 절약을 위해 노력해달라고 당부하면서 약간 다른 제안을 했다. 에너지 절약에 동참하면 에너지 절약 모범 가정으로 지역 신문에 명단을 발표해주겠다는 제안이었다. 효과는 즉각 나타났다. 한 달 후 가스 사용량을 조사해보니 이 집단의 주민은 가정당 평균 약 11세제곱미터의 천연가스를 절약한 것으로 밝혀졌다. 신문에 명단이 발표된다는 점이 동기부여로 작용해 주민들은 한 달이라는 짧은 기간 동안 상당한 양의 연료를 절약한 것이다.

그러나 연구진은 얼마 후 처음에 주민들의 연료 절약을 유발한 이유를 철회했다. 명단 발표를 약속했던 가정마다 편지를 보내 명단 발표가 불가능해졌다고 통지한 것이다.

겨울이 끝나갈 무렵 명단 발표가 철회됐다는 내용을 담은 편지가 각 가정의 천연가스 사용량에 미친 영향을 분석했다. 신문에 이름이 실릴 기대가 사라지자마자 가스를 낭비하던 이전의 습관으로 돌아갔을까? 전혀 그렇지 않았다. 남은 겨울 기간 동안 이들 가정은 신문에 명단이 발표될 거라 믿었던 기간보다 실제로 '더 많은' 연료를 절약한 것으로 밝혀졌다. 신문에 이름이 실릴 거라 기대했던 첫 달 동안 주민들은 가스를 12.2퍼센트 절약했다. 그러나 명단 발표가 취소됐다는 통지를 받고 나자 주민들은 이전의 에너지 낭비 습관으로 돌아가기는커녕 오히려 절약율이 더 높아져 나머지 겨울 기간 동안 무려 가스 사용량이 15.5퍼센트나 줄어들었다.

이런 현상의 원인을 완벽하게 이해할 수는 없겠지만, 주민들의 지속적인 절약 행동을 설명할 수 있는 한 가지 방법이 있다. 주민들은 명단 발표라는 '낮은 공' 전략을 통해 에너지 절약 운동에 '헌신'하게 되었다. 앞에서 설명했듯이 사람은 일단 어떤 일에 발을 들여놓으면 자기 결정을 정당화하는 지지대를 스스로 구축해나간다. 주민들은 새로운 에너지 절약 습관을 갖게 됐고, 공익을 위한 자신의 노력에 대한 자부심 또한 높아졌으며, 미국의 에너지 대외 의존도를 낮춰야 한다는 사명감도 생겼다. 게다가 가스 요금이 절감되는 것도 즐거웠으며, 에너지 소비와 관련한 자신의 자제력도 자랑스러웠고, 무엇보다 자신이 에너지 절약에 관심이 있는 사람이라고 인식하게 됐다. 이 모든 이유가 에너지 절약에 동참하는 자신의 행동을 정당화했기에 명단 발표라는 애초의 이유가 사라져버려도 확실한 참여와 헌신의 자세를 유지할 수 있었다.

그럼에도 여전히 이상한 점은 명단 발표가 불가능하다는 통지를 받았을 때 각 가정의 에너지 절약 노력이 단순한 유지 수준을 넘어 더욱 강화됐다는 점이다. 이에 대해 여러 가지 설명이 가능하겠지만 내가 선호하는 가설은 이렇다. 어떤 의미에서는 신문에 명단이 발표된다는 사실 자체는 주민들이 온전히 자신의 의지로 에너지 절약에 참여하고 헌신하는 데 방해가 됐을 것이다. 주민들의 연료 절약 실천을 지지해준 여

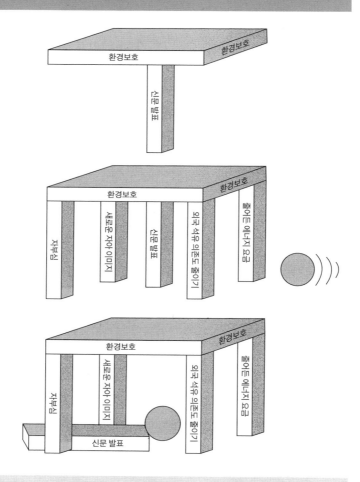

장기적인 낮은 공

아이오와 주의 에너지 연구를 예시한 그림이다. 원래는 신문 발표를 약속하며 환경보호 노력을 이끌었다(맨 위 그림). 하지만 얼마 지나지 않아 에너지를 보는 태도가 정립되면서 새로운 지지대들러 가지 이유 가운데 오직 그것만이 외부적인 이유였다. 자신의 신념에 따라 연료 절약을 실천하고 있다는 생각을 방해하는 유일한 요소였다는 뜻이다. 따라서 명단 발표 취소를 알리는 통지가 도착하자 에너지 절약에 적극 참여하는 모범 시민이라는 주민들의 자아 이미지에 유일한 장애물이 제거된 셈이었다. 이 온전하고 새로운 자아 이미지 덕분에 주민들은 에너지 절약에 더 열심히 매진할 수 있었다. 앞서 살펴본 사라와 마찬가지로 아이오와 주민들은 첫 번째 유인으로 어떤 선택을 하게 된 후 그 유인이 제거되자 더욱 헌신적으로 변했다.[9]

일관성을 위한 신호 보내기

일관성에 기반을 둔 설득 과정에는 또 다른 장점이 있다. 단지 과거의 입장을 상기시키는 것만으로도 사람들이 그 이전의 입장, 태도, 행동과 일치하는 행동을 하게 만들 수 있다는 점이다. 이전 입장을 떠오르게 만들면, 일관성 유지 욕구가 알아서 관련된 반응을 만들어낸다. 의학 분야의 예를 들어 설명해보자.

의료 관계 단체에서 강연을 할 때마다 나는 "누가 가장 설득하기 힘든가요?"라고 묻는다. 그러면 늘 한결같이 큰 목소리로 대답한다. "의사들이요!" 한편으로 이해는 간다. 의사들은 의대를 졸업한 후에도 인턴과

레지던트를 포함하여 오랜 훈련을 받고 많은 경험을 한 끝에 의료 체계에서 높은 지위를 차지했다. 의사들은 많은 정보와 경험을 바탕으로 스스로 결정을 내릴 수 있기 때문에 다른 사람들의 결정에 좌우되는 것을 꺼리는 경향이 있다. 그러나 다른 한편으로 의사가 환자들에게 유리할 수도 있는 변화를 받아들이지 않는다면, 이러한 저항은 문제가 될 수도 있다. 의사가 되기 전 그들은 히포크라테스 선서를 통해 환자의 건강을 위해 행동하고, 특히 환자에게 어떠한 해도 끼치지 않겠다고 약속한다.

그렇다면 의사들은 환자를 진찰하기 전에 왜 손을 자주 씻지 않을까? 한 병원에서 진행한 연구에서 이 질문에 대한 답을 찾을 수 있다. 애덤 그랜트Adam Grant와 데이비드 호프만David Hofmann의 연구에 따르면, 진찰 전에 손을 씻는 것을 강조하고는 있지만, 대부분 의사는 주어진 규정에 비해 반 정도밖에 손을 닦지 않는다고 한다. 게다가 의사들이 손을 씻도록 만들기 위한 여러 방법이 모두 효과적이지 못한 것으로 드러나면서, 환자들에게 감염 위험은 더 커져만 가고 있다. 문제의 원인은 의사가 환자 안전을 위해 행동하겠다는 약속을 저버린 것도 아니고, 손 씻기와 환자의 안전 사이의 연결고리를 몰라서 그런 것도 아니다. 다만 손 씻기와 환자의 안전 사이의 연관성이 다른 요소들에 비해 그다지 중요한 문제로 느껴지지 않기 때문이다. 의사에게는 중요한 것은 환자가 어떤 상태로 보이고, 간호사는 뭐라고 말하며, 여러 사례들을 종합해볼 때 환자의 병이 무엇인지 판단하는 것이다.

그랜트와 호프만은 의사에게 환자의 안전을 지키겠다는 약속과 더불어 손 씻기의 중요성을 환기하면 상황을 개선할 수 있으리라 생각했다. 이들은 진찰실 비누와 손 소독제 위에 눈에 잘 띄도록 '손의 청결은 환자를 질병 감염으로부터 보호해줍니다'라고 적힌 표지판을 설치했다. 그러자 비누와 손 소독제의 사용량이 45퍼센트 증가했다.

의사들의 또 다른 문제는 항생제 과잉처방이다. 미국에서는 의사의 과잉처방은 심각한 문제이며, 매년 2만 3,000명의 환자들이 이로 인해 사망한다. 손 씻기와 마찬가지로 이 문제를 줄이기 위해 교육, 전자 경보, 보수 등 여러 전략을 사용했지만 거의 효과가 없었다. 그러나 한 의학 연구팀은 태도 정립을 중심으로 한 접근 방식을 이용해서 놀라운 성과를 거두었다. 로스앤젤레스에 위치한 외래 환자 전문병원의 의사들은 진찰실에 12주 동안 포스터를 하나를 붙여두었다. 포스터 절반은 항생제 이용 정보를 환자들에게 제공하는 것이었고, 나머지 절반에는 똑같은 정보와 함께 의사 사진과 항생제 과잉처방을 하지 않겠다는 서명이 포함되어 있었다. 그러자 연말까지 항생제 처방이 21퍼센트 감소했다. 무엇보다 포스터에 과잉처방을 하지 않겠다고 개인적으로 약속한 의사들 사이에서는 27퍼센트 줄었다.

기존 태도를 상기시키는 데는 또 다른 장점이 있다. 기존 태도를 떠올리게 하는 데서 그치지 않고, 자신의 자아 이미지를 강화함으로써 그 태도를 강화한다는 것이다. 이전에 친환경적인 행동을 하던 소비자였지만, 그 사실을 상기시켜주지 않은 소비자에 비해, 그러한 사실을 들은 소비자는 자신에게 친환경적 특성이 있다고 여기며 전구, 종이 수건, 탈취제, 세척제 등에서 환경친화적인 상품을 구매하는 경향을 보였다. 따라서 환경보호 운동에 동참했던 과거를 떠올리게 만든 것은 일관성 있는 향후 반응을 자극하는 손쉬운 방법일 뿐 아니라, 대단히 효과적인 방법이기도 하다. 그러한 과거가 떠오르면서 환경보호론자로서의 자아

이미지가 강화되기 때문이다.[10]

— 일관성 원칙에 대응하는 자기방어 전략

"일관성이란 보잘것없는 정신이 가지고 있는 허깨비 같은 것이다." 랄프 왈도 에머슨Ralph Waldo Emerson이 했다고 알려진 말이다. 하지만 참으로 희한한 말이다. 주변을 둘러보면 내적 일관성이 있다는 것은 곧 논리적이고 지적인 능력이 있음을 의미하며, 일관성이 없는 사람은 산만하고 지적인 한계가 있다고 여겨지는 경향이 때문이다. 그렇다면 에머슨 같은 철학자는 왜 일관성을 보잘것없는 사람의 특징이라고 보았을까? 이 말이 나온 〈자립Self-Reliance〉이라는 에세이를 다시 읽어보면 문제는 에머슨이 아니라, 그의 말이 사람들에게 잘못 알려져 있기 때문이라는 사실이 명백해진다. 사실 에머슨은 "바보 같은 일관성이란 보잘것없는 정신이 가지고 있는 허깨비 같은 것이다"라고 썼다. 그런데 어떤 이유 때문인지 그의 주장에서 핵심적인 낱말 하나가 사라져버리고, 실제 에머슨의 의도와는 완전히 다른 주장이 널리 퍼져버린 것이다.

중요한 것은 '일관성'과 '바보 같은 일관성'을 분명히 구분해야 한다는 사실이다. 이 차이야말로 일관성이라는 설득의 무기에 대해 맞서 싸울 수 있는 유일하게 효과적인 방어책이기 때문이다. 또한 일관성이 일반적으로는 좋은 것이고 필수적인 것이지만, 거기에는 반드시 피해야 하는 완고하고 어리석은 변종이 있다는 사실을 깨닫게 해준다. 우리는 자동적이고 아무 생각 없는 일관성을 경계해야 한다. 그런 일관성이야말로 기계적인 입장 정립과 일관성을 이용하여 우리에게서 이익을 얻으려는 사람들의 먹잇감이 되게 만들기 때문이다.

그러나 자동적 일관성은 대체로 경제적이고 적절한 반응을 가능하게 하는 유용한 측면도 있어 우리 삶에서 완전히 제거해버릴 수는 없다. 그랬다가는 끔찍한 결과가 벌어질 것이다. 만약 이전의 결정이나 행동을 자동적으로 반복하지 않고 일일이 모든 것을 심사숙고해서 행동해야 한다면 중요한 일을 수행할 시간이 절대적으로 부족할 것이다. 따라서 어떤 면에서는 위험하고 기계적인 일관성이 '필요'하기도 하다. 이런 일관성의 딜레마에서 벗어나는 유일한 방법은 일관성이 어리석은 선택을 유도하는 순간을 알아차리는 능력을 키우는 것이다. 다행히 우리 몸에는 그런 순간을 미리 경고해주는 두 가지 신호가 있다.

독자 편지 7.5

인도, 뉴델리 대학생이 보낸 편지

일관성 원칙 때문에 평소였다면 절대 하지 않았을 결정을 내렸던 일이 떠오릅니다. 저는 쇼핑몰 푸드코트에서 코카콜라 스몰 사이즈 한 잔을 사려고 했어요.

"코카콜라 한 잔이요." 카운터 직원에게 말했습니다.

"미디엄, 라지 중 어떤 건가요?" 직원이 다른 고객에게 거스름돈을 건네주며 묻더군요.

저는 '이미 너무 배가 부르니 라지 사이즈를 먹었다간 배가 터질 거야'라고 혼자 생각하고는 직원에게 카드를 내밀며 단호하게 말했습니다.

"미디엄이요."

"아! 죄송해요." 직원은 진짜 실수한 표정으로 말했습니다. "스몰입니까? 미디엄입니까?"

"음, 미디엄이요." 저는 일관성 원칙에 따라 대답했습니다. 음료를 들고 나와서야 내가 둘 중 더 큰 사이즈를 선택했다 사실을 깨달았습니다.

저는 완전히 당하고 말았습니다. 새롭게 주어진 정보에 대해 생각도 하지 않은 채 이전 주문과 일관성을 유지하느라 그냥 자동적으로 '미디엄'이라고 내뱉어버린 거죠.

바보 같은 일관성은 정말 보잘것없는 정신이 가지고 있는 허깨비 같은 것이네요.

저자의 한마디

자신이 보잘것없는 정신을 갖고 있다고 생각하는 이 독자는 자신에게 지나치게 가혹한 평가를 하는 것 같다. 서두를 때나 혹은 선택에 대해 깊이 생각할 수 없을 때, 기계적 일관성을 보이는 것은 당연하다(Fennis, Janssen, & Vohs, 2009).

배 속이 불편한 느낌에 반응하라

첫 번째 신호는 쉽게 알아차릴 수 있다. 하고 싶지 않다는 걸 '알면서도' 일관성의 덫에 걸려 어떤 일을 승낙해야 할 때는 배 속이 불편한 느낌이 든다. 나로서는 수없이 겪어본 일이다. 그중에서도 내가 설득의 기술을 연구하기 한참 전인 어느 여름날 저녁에 벌어졌던 사건이 특히 기억에 남는다. 초인종이 울려 현관으로 나가보니 짧은 반바지에 어깨가

다 드러나는 홀터넥 상의를 입은 '깜짝 놀랄 만한 미녀'가 서 있었다. 손에 클립보드를 들고 있는 그녀가 나에게 설문조사에 참여해줄 수 있겠냐고 물었다. 나는 좋은 인상을 주고 싶어서 흔쾌히 허락했고, 솔직히 말하면 설문 응답을 하면서도 최대한 매력적인 남자로 보이도록 나를 한껏 포장했다. 우리의 대화는 다음과 같이 진행됐다.

미녀 안녕하세요! 시민들의 여가활동에 관한 설문조사를 하고 있는데요. 몇 가지 질문에 응답 좀 부탁드려도 될까요?

나 그럼요. 어서 들어오세요.

미녀 감사합니다. 그럼 잠깐 실례하겠습니다. 자, 시작할까요? 일주일에 외식은 몇 번 정도 하세요?

나 음, 일주일에 세 번이나 네 번 정도 합니다. 기회가 있을 때마다 하는 편이죠. 멋진 레스토랑을 좋아하거든요.

미녀 와, 그러시군요. 그럼 식사할 때 와인도 같이 즐기시나요?

나 네, 하지만 꼭 수입 와인만 마시죠.

미녀 알겠습니다. 영화는 좋아하세요? 극장에 자주 가시나요?

나 영화요? 영화 정말 좋아하죠. 특히 자막이 긴 세련된 외국 영화를 좋아합니다. 아가씨는 어떠세요? 영화 좋아하십니까?

미녀 아 네, 좋아해요. (하지만 다시 설문조사로 돌아가죠.) 콘서트는 자주 가시나요?

나 물론이죠. 주로 클래식 콘서트에 가지만 수준 높은 팝 콘서트도 즐기는 편이죠.

미녀 (급히 적으며) 와, 대단하시네요! 마지막으로 하나만 더 질문하겠습니다. 극단이나 발레단의 순회 공연은 어떠신가요? 공연단이 오면 보러 가시나요?

나 아, 발레요? 그 아름다운 무대하며 우아한 움직임, 정말 좋아합니다. 발레 '애호가'라고 적어주십시오. 기회가 있을 때마다 보러 갑니다.

미녀 좋습니다. 그럼 끝으로 응답하신 내용을 잠깐 정리해보겠습니다, 선생님.

나 실은… 박사님이죠, 하하. 하지만 너무 딱딱하게 들리니까 그냥 밥이라고 부르면 어떨까요?

미녀 그러죠, 밥. 응답하신 내용으로 볼 때 '클럽아메리카'에 가입하면 매년 1,200달러를 절약하실 수 있을 것 같습니다! 소액의 회원 가입비만 내면 응답하신 모든 활동에 대해 할인 혜택을 받을 수 있거든요. 이렇게 다양한 문화예술 활동을 즐기시는 분이라면 저희 회사 회원권으로 정말 엄청난 할인 혜택을 보실 수 있을 거예요.

나 (덫에 걸린 쥐처럼) 음, 어, 그게… 그렇겠군요.

그렇게 말을 더듬는 동안 위가 꽉 조이는 듯 불편한 느낌이 들었던 기억이 난다. 내 몸이 뇌에 보내는 신호였던 셈이다. "이봐, 덫에 걸린 거라고!" 하지만 탈출구를 찾을 수 없었다. 내가 뱉은 말에 내가 걸려든 셈이었으니 말이다. 그 순간 '미녀'의 제안을 거절하려면 내키지 않는 두 가지 행동 중 하나를 선택할 수밖에 없었다. 사실 떠들어댄 것처럼 그렇게 문화생활을 즐기는 세련남이 아니라고 말하고 한 발 물러난다면 나는 거짓말쟁이가 될 것이다. 그런 변명도 없이 그냥 제안을 거절한다면 1,200달러 할인 혜택을 거절하는 바보가 될 것이다. 나는 함정에 빠졌다는 사실을 알면서도 회원권을 구입하고 말았다. 이미 뱉어버린 말과 일관성을 유지해야 한다는 강박관념이 나를 함정에 빠뜨린 것이다.

하지만 이제 더 이상 그런 바보짓은 하지 않는다. 요즘은 배 속 신호에 항상 귀를 기울이고 있으며, 일관성 원칙을 악용하려는 사람들을 처리하는 방법도 찾아냈다. 바로 상대가 나에게 하는 짓을 정확히 이야기해주는 것이다. 이 기술을 사용하면 완벽한 반격이 가능하다. 상대의 계략에 넘어가 내가 앞서 했던 말이나 행동과 일관성을 유지하기 위해 어리석게도 상대의 요구를 승낙하려는 순간 배 속이 불편한 느낌이 들면 나는 즉시 상대가 벌이는 짓을 정확히 이야기한다. 일관성 유지가 중요하지 않다는 말이 아니라 불합리한 일관성은 유지할 필요가 없다고 지적하는 것이다. 나의 반격에 상대가 죄책감을 느끼며 움찔하든, 무슨 말인지 몰라 어리둥절하든 나는 상관없다. 어쨌든 나는 승리했고 나를 이용하려던 상대는 패배했기 때문이다.

이따금 몇 년 전의 그 '미녀'가 지금의 나에게 문화클럽 회원권을 판매하려 한다면 어떤 일이 벌어질까 상상해본다. 우리의 대화를 다시 구성해봤다. 앞부분은 같고 마지막 부분만 달라진다.

미녀 …이렇게 다양한 문화예술 활동을 즐기시는 분이라면 저희 회사 회원권으로 정말 엄청난 할인 혜택을 보실 수 있을 거예요.

나 (자신감 넘치는 목소리로) 전혀 그렇지 않습니다. 난 이게 무슨 수작인지 다 알고 있습니다. 당신은 설문조사를 핑계 삼아 사람들이 얼마나 자주 외식이나 공연 관람 등을 하는지 알아내고 있습니다. 당신 같은 미인이 그런 질문을 한다면 남자들이 좋은 인상을 주고 싶어 약간씩 과장하는 것도 당연하지요. 따라서 나는 기계적인 입장 정립과 일관성 반응의 희생자가 되지 않을 생각입니다. 의도 자체가 불순한 것을 알고 있으니까요. '누르면, 작동하는' 반응은 보이지 않겠다는 거죠.

미녀 그게 무슨?

나 좋아요. 다시 설명하죠. 첫째, 원하지도 않는 일에 돈을 쓰는 것은 바보짓이고 둘째, 당신이 제공하는 회원권을 전혀 원하지 않는다는 강력한 신호를 내 배 속에서 보내고 있으며 셋째, 따라서 아직도 내가 회원권을 구입할 거라고 믿는다면 당신은 요정을 믿는 어린아이와 다를 바 없습니다. 당신처럼 지적인 분이라면 내 말이 무슨 뜻인지 틀림없이 이해하셨을 텐데요.

미녀 (덫에 걸려 깜짝 놀란 쥐처럼) 어, 그러니까⋯ 어, 그게⋯ 그런 것 같네요.

마음속 깊은 곳의 느낌을 포착하라

위장은 그다지 예민하고 섬세한 기관이 아니다. 따라서 남의 계략에 넘어가는 것이 '분명한' 순간에만 알아차리고 신호를 보내온다. 속임수에 걸려든 것이 분명하지 않을 때는 위장이 전혀 알아차리지 못할 수도 있다. 그럴 때는 다른 단서를 찾아야 한다. 내 이웃 사라의 예를 살펴보자. 사라는 전 남자친구와의 결혼 계획을 포기하면서까지 팀에게 헌신했다. 일단 헌신하자 또 다른 지지대들이 저절로 구축됐고, 그 결과 헌신의 원래 이유, 즉 팀의 금주와 청혼이라는 지지대가 사라져버렸는데도 사라는 여전히 그에게 헌신하고 있다. 자신이 새로 만든 이유들을 근거로 자신이 옳은 행동을 했다고 확신하면서 여전히 팀과 함께 살고 있는 것이다. 그러므로 사라의 위장에 왜 불편한 느낌이 들지 않는지 쉽게 알 수 있다. 위장은 우리가 스스로에게 불리한 행동이라는 생각이 들 때만 신호를 보낸다. 사라한테는 그런 '생각' 자체가 없다. 사라가 보기엔 자신이 옳은 선택을 했고, 그 선택에 따라 일관성 있는 행동을 하는 셈이다.

그러나 내 짐작이 틀리지 않다면, 사라의 마음 한구석에는 팀을 선택한 것 자체가 실수였고 지금 자신은 일관성 유지라는 어리석은 함정에 빠졌을지도 모른다는 의심이 자리 잡고 있을 것이다. 사라의 그런 의심이 정확히 어디에 자리 잡고 있는지는 확실치 않지만, 흔히들 '마음속 깊은 곳heart of hearts'이라고 표현하곤 한다. 바로 자기 자신을 속일 수 없는 유일한 장소다. 어떤 정당화도, 어떤 합리화도 통하지 않는 곳이랄까. 비록 지금은 자신이 세워놓은 지지대가 발산하는 온갖 잡음과 방해 전파 때문에 그 신호를 분명히 깨닫지 못하지만, 사라의 진실도 그곳에서 계속 신호를 보내고 있을 것이다.

만약 사라가 팀을 선택한 것이 실수였다면, 사라는 얼마나 오랫동안 그 사실을 깨닫지 못하고, 즉 마음속 깊은 곳에서 보내는 신호를 감지하지 못하고 지낼 수 있을까? 아무도 모른다. 다만 한 가지 확실한 것은 시간이 흐르면 흐를수록 팀을 대체할 수 있는 남자들이 사라져간다는 사실이다. 따라서 사라는 최대한 빠른 시간 안에 자신의 선택이 실수인지 아닌지 결정을 내리는 편이 유리하다.

물론 말처럼 쉽지는 않다. 먼저 사라는 상당히 복잡한 질문에 답을 해야 한다. "시간을 되돌려 그때로 돌아갈 수 있다면 과연 똑같은 선택을 할 것인가?" 문제는 '지금의 나'가 알고 있는 사실들이다. 지금의 사라는 팀에 대해 정확히 무엇을 알고 있을까? 사라가 팀에 대해 갖고 있는 생각 중 자신의 헌신을 정당화하려는 필사적인 노력의 산물은 어느 정도나 될까? 사라는 재결합하기로 결정한 이후 팀이 사라를 더 많이 배려하고, 지나친 음주도 자제하려고 노력 중이며, 맛있는 오믈렛을 만들어주기도 했다고 한다. 나도 몇 번인가 팀의 오믈렛 솜씨를 맛보긴 했지만 맛있는지는 잘 모르겠다. 그러나 중요한 문제는 사라 '자신'이 머리로가 아니라 정말 마음속 깊은 곳에서 팀의 변화를 믿고 있느냐는 것이다.

사라 자신이 지금 팀에게 느끼는 만족 중 어느 정도가 실제이고 어느 정도가 일관성 원칙의 어리석은 환상인지 판별할 수 있는 간단한 방법이 있다. 심리학 연구에 따르면, 사람은 어떤 대상에 대해 지적으로 인식하기 직전의 아주 짧은 순간 동안 감정적인 반응을 보인다고 한다. 아마 마음속 깊은 곳에서는 순수하고 단순한 감정이 우러날 것이다. 따라서 주의를 집중하는 연습을 하면 인지 과정이 시작되기 직전에 나타나는 감정적 반응을 포착할 수 있다. 이런 접근 방식에 따라 사라가 '과연 똑같은 선택을 할 것인가?'라는 결정적인 질문을 스스로에게 했을 때 그 반응으로 제일 먼저 스치는 감정을 찾아낸다면 그 감정을 본인의 진심이라고 믿어도 좋다. 그 감정이야말로 사라의 마음속 깊은 곳에서 나온 신호일 가능성이 높기 때문이다. 사라가 자신을 속이기 위해 사용한 여러 가지 수단으로 왜곡되지 않은 진짜 신호 말이다.[11]

나는 혹시 내가 일관성을 유지하려고 어리석은 행동을 하는 건 아닐까 하는 의심이 들 때마다 이런 방법을 사용해 상황을 판단한다. 한번은 다른 주유소보다 휘발유 가격이 갤런당 몇 센트 저렴하다고 광고판을 세워놓은 셀프 주유소에 들른 적이 있다. 그런데 주유기 앞에서 주유건을 집어 들고 보니 주유 미터기에 붙은 가격이 광고판 가격보다 2센트가 비싼 것이 아닌가. 지나가는 직원(나중에 알고 보니 주인이었다)을 붙잡고 가격이 왜 다르냐고 묻자 직원은 확신 없는 태도로 며칠 전에 가격이 인상됐는데 광고판을 수정할 시간이 없었다고 우물거렸다. 나는 결정을 내려야 했다. 광고와 가격이 달라도 그냥 주유를 해야 할 이유가 여러 가지 떠올랐다. '연료 게이지가 거의 바닥이야', '시간도 별로 없는데 어쨌든 지금 당장 주유를 할 수가 있잖아', '이 브랜드 휘발유가 내 차에 제일 잘 맞는 것 같아' 등등.

나는 이런 이유들 가운데 어떤 것이 진짜 이유이고 어떤 것이 합리화를 위해 스스로 만들어낸 이유인지 구분해야 했다. 그래서 결정적인 질문을 던져봤다. '시간을 되돌려 지금의 내가 그때로 되돌아간다면 진짜 휘발유 가격을 알면서도 아까와 똑같은 선택을 할 것인가?' 가장 먼저 떠오르는 감정에 집중한 결과 나는 전혀 왜곡되지 않은 확실한 답을 얻었다. 틀림없이 그냥 지나쳤을 것이다. 속도를 늦추는 일조차 없었을 것이다. 휘발유 가격이 저렴하지 않았다면 그 밖의 이유들은 그 주유소를 선택하는 데 전혀 영향을 주지 못했을 게 분명했다. 사실 나는 내가 떠올린 여러 이유들 때문에 그 주유소를 선택한 것이 아니라 그 주유소를 선택했기 때문에 여러 이유들을 만들어냈던 것이다.

한 가지 문제는 해결했지만 또 다른 결정을 내려야 했다. 이미 주유건을 손에 들고 서 있는데 같은 가격이라면 귀찮게 다른 주유소를 찾아나서느니 그냥 주유를 하는 편이 낫지 않을까? 그런 고민에 빠져 있는데 다행히 주유소 주인이 다가와 결정을 도와줬다. 주인은 왜 주유를 하지 않고 가만히 서 있냐고 물었다. 내가 광고판과 가격 차이가 나는 게 마음에 들지 않는다고 대답하자 주인이 이렇게 으르렁거렸다. "내 사업은 내 맘대로 운영해. 내가 속임수를 쓰는 것 같으면 '당장' 그 주유건 내려놓고 내 사업장에서 꺼지면 될 거 아냐." 나는 이미 그가 속임수를 썼다고 확신했기 때문에 기꺼이 나의 믿음과 그의 바람에 일치하는 행동을 취했다. 주유건을 내려놓고 제일 가까운 출구로 빠져나온 것이다. 때로는 일관성 원칙이 엄청난 보상을 해주기도 한다.

일관성 원칙에 취약한 사람들

자신이 예전에 한 말이나 행동과 일관성을 유지하려는 욕구가 유난히 강해 이번 장에 소개한 입장 정립 전략에 특별히 취약한 사람들이 있을까? 물론 있다. 그런 사람들의 특징을 파악하기 위해 먼저 우리 시대 최고의 스포츠 스타가 겪은 비극적 사고를 살펴보자.

이 사고를 분석해보면, AP통신의 보도처럼 당시 상황에서는 이해하기 어려운 면을 발견할 수 있다. 2005년 3월 1일 살아 있는 골프계의 전설 잭 니클라우스Jack Nicklaus의 생후 17개월 된 손자가 뜨거운 욕조에 빠져 익사하는 사고가 발생했다. 사고 일주일 후 여전히 절망에 빠져 있던 니클라우스는 다가오는 마스터스 골프대회를 포함해 골프와 관련한 모든 활동을 중단하기로 결정하면서 "우리 가족에게 닥친 불행을 생각할 때 지금은 다른 일에 집중해야 할 때라고 생각합니다. 골프대회와 관련해서는 어떤 계획도 없습니다"라고 말했다. 그러나 바로 이 발표가 있던 날 니클라우스는 전혀 예상치 못한 두 가지 행보를 보였다. 플로리다 골프클럽에서 예비회원들을 대상으로 연설한 다음 골프계의 오랜 라이벌 게리 플레이어Gary Player가 주최한 자선 골프대회에 출전한 것이다.

과연 무엇이 니클라우스를 슬픔에 빠진 가족들을 제쳐두고 그 비극과 비교하면 너무나 보잘것없어 보이는 행사에 참석하게 했을까? "약속을 했으면 지켜야 하니까요." 니클라우스의 대답은 간단하고 분명했다. 전체적인 맥락에서는 그런 소규모 행사들이 매우 하찮게 보였겠지만, 그런 행사들에 참석하겠다는 약속 자체는 전혀 하찮지 않았다. 적어도 니클라우스에게는 말이다. 니클라우스는 왜 그토록 자신의 약속에 철저했을까? 그토록 강력하게 일관성을 유지할 수 있었던 니클라우스만의 특징이 있었던 것일까? 사실 그에게는 두 가지 특징이 있었다. 바로 65세의 미국인이라는 점이었다.

나이

태도와 행동에서 일관성을 유지하려는 경향이 특별히 강한 사람들은 당연히 일관성을 이용하는 설득 전략의 희생양이 되기 쉽다. 내가 사람들의 일관성 선호 경향을 단계별로 구분한 뒤 여러 가지 실험을 해본 결과도 마찬가지였다. 일관성 선호 경향이 높은 사람들은 '한 발 들이밀기'나 '낮은 공 던지기' 전략을 사용해 어떤 요청을 했을 때 승낙할 확률이 확실히 더 높았다. 18세부터 80세까지의 피험자를 대상으로 한 후속 연구에서는 더 놀라운 사실이 밝혀졌다. 연령이 높을수록 일관성 선호 경향이 높아졌으며, 50세 이상 피험자들의 경우 자신이 기존에 취한 입장과 일관성을 유지하려는 성향이 피험자들 중 가장 강했다.

이 연구 결과를 보면, 65세의 니클라우스가 충분히 약속 취소의 사유가 될 만한 끔찍한 비극을 당하고도 어떻게든 약속을 지켰던 것이 설명이 된다. 자신의 성향상 약속을 지킬 수밖에 없었던 것이다. 또 노년층을 대상으로 사기꾼들이 주로 입장 표명과 일관성 전략을 사용해 상대를 함정에 빠뜨리는 것도 이해가 가능하다. 50세 이상의 회원들을 대상으로 전화 사기 사건의 발생률이 높아지자(성공률도 상당하다) 미국 은퇴자협회에서 실시한 연구에서 그 증거를 찾아볼 수 있다. 협회는 총 12개 주에 조사관을 파견해 노년층을 대상으로 벌인 전화 사기 수법을 파악하기 위해 함정 수사를 실시했다. 조사 결과 사기꾼과 희생자 후보 사이의 전화 통화 내용이 녹음된 테이프를 상당수 확보했다. 앤서니 프래트카니스Anthony Pratkanis와 더그 샤델Doug Shadel 등의 연구진이 테이프를 철저히 분석한 결과 대부분의 사기꾼들이 먼저 목표물에게 사소한 약속을 받은 다음(때로는 약속을 받았다고 주장한 다음) 목표물에게 약속을 지키라고 강요하면서 돈을 뜯어내는 것으로 밝혀졌다. 녹취록에서 발췌한 다음 인용문을 살펴보면 사기꾼들이 일관성 선호 성향이 있는 노인들을 대상으로 어떻게 일관성 원칙을 무기로 사용하는지 알 수 있다.

"아니에요. 그냥 말씀만 하신 게 아니라 주문을 하신 겁니다. 주문을 하셨다고요."

"지난달에 주문서에 서명하셨잖아요. 벌써 잊으셨어요?"

"3주 전에 약속을 하셨는데요."

"지난주에 분명히 약속을 하셨습니다."

"5주 전에 주문해놓고 이제 와서 약속을 어기시면 안 되죠. 그러시면 안 됩니다."

개인주의

나이 외에도 약속을 꼭 지키려는 잭 니클라우스의 성향을 설명할 수 있는 다른 요소가 있을까? 앞에서 잠깐 언급했듯이 그는 세계 여러 나라 사람들로부터 '개인주의 숭배' 국가라고 알려진 미국 중부 오하이오 주 출신이었다. 미국이나 서유럽 국가 같은 개인주의적인 나라에서는 개인의 자아가 중심인 데 비해 그보다 집단주의적인 나라에서는 집단이 중심인 경향이 있다. 개인주의자들은 어떤 상황에서 어떤 행동을 할지 결정할 때 주변 사람들보다는 자신의 경력과 의견, 선택 등을 주로 참고한다. 이런 성향 때문에 자신이 예전에 한 말이나 행동을 수단으로 삼는 설득 전략에 특히 취약하다.

이를 입증하기 위해 나는 동료들과 함께 우리 학교 학생들을 대상으로 일종의 '한 발 들이밀기' 전략을 사용해봤다. 피험자 절반은 미국 출신이었고, 나머지 절반은 개인주의 성향이 덜한 아시아 국가 출신이었다. 우리는 먼저 모든 학생을 '학교생활과 교우관계'에 대한 20분짜리 온라인 설문조사에 참여시켰다. 그리고 한 달 후 같은 주제로 40분짜리 추가 설문조사에 참여해달라고 부탁했다. 20분짜리 설문조사에 참여했던 학생들 중 40분짜리 설문조사에도 참여한 학생 수는 개인주의 성향이 더 강한 미국 출신이 아시아 출신보다 두 배나 많았다(21.6퍼센트 대 9.9퍼센트). 이유가 무엇일까? 이전에도 비슷한 부탁에 개인적으로 동의한 경험이 있었기 때문이다. 개인주의자들은 자신이 기존에 했던 행동을 근거로 앞으로 해야 할 행동을 결정한다. 따라서 개인주의가 강한 사회의 구성원들, 특히 노년층은 작은 요청으로 시작하는 설득 전략에 대한 경계를 늦추지 말아야 한다. 작고 조심스러운 한 걸음이 깊고 맹목적

인 추락으로 이어질 수 있기 때문이다.[12]

◆ **KEY**
◆
◆ **POINT** _____

◆ 심리학자들은 오래전부터 사람들이 자신의 말과 신념, 태도, 행동 등에서
일관성을 유지하고, 유지하는 듯 보이려는 욕구가 강하다는 사실을 알고
있었다. 이런 일관성 선호 성향의 바탕이 되는 세 가지 요인이 있다. 첫째,
일관성 있는 성격은 사회적으로 높은 평가를 받는다. 둘째, 사회적 평판 외
에도 일관성 있는 행동은 대체로 일상생활에도 유리한 영향을 미친다. 셋
째, 일관성 있는 태도는 복잡한 현대 사회를 헤쳐나가는 소중한 지름길을
제공한다. 이전의 결정과 일관성을 유지하면 미래에 유사한 상황에 처했
을 때 관련 정보를 전부 심사숙고할 필요가 줄어들고, 이전 결정을 기억해
그와 같은 결정을 내리면 되기 때문이다.

◆ 효과적인 설득을 위해서는 첫 번째 입장 정립을 확보하는 것이 핵심이다.
일단 어떤 입장을 취하면 그 입장과 일관성 있는 요구에 더 쉽게 동의하는
경향이 있다. 따라서 설득의 달인들은 상대에게 자신이 궁극적으로 원하
는 행동과 일관성 있는 입장을 취하게 하려고 노력한다. 그러나 모든 입장
정립이 미래의 일관성 있는 행동을 끌어내는 데 동일한 효과를 발휘하는
것은 아니다. 입장 정립은 적극적이고 공개적이며 수고스럽고 자발적(강요
에 따른 것이 아닌)일 때 가장 큰 효과를 발휘한다. 왜냐하면 이 요소들은 모두
자아 이미지를 변화시키기 때문이다. 자아 이미지를 변화시키는 이유는
각각의 요소들이 우리가 진정 믿어야만 하는 것과 관련된 정보를 제공하
기 때문이다.

◆ 입장 정립은 잘못된 경우일지라도 '자동 강화'를 통해 스스로 지속하는 경

향이 있다. 자신이 취한 입장이 옳다고 믿게 해주는 새로운 이유를 만들어 내 계속 정당화하는 것이다. 결과적으로 일부 입장 정립은 처음에 그런 입장을 취하게 했던 상황이 완전히 변한 후에도 오랫동안 효과를 유지한다. 이런 현상은 '낮은 공 던지기' 같은 일부 기만적인 설득 전략이 효과를 발휘하는 이유가 된다.

◆ 입장 정립 전략의 장점을 또 하나 들자면, 이전 입장을 그저 상기시켜 주기만 해도, 심지어 새로운 상황에서조차 어떤 예상된 행동을 재생산할 수 있다는 점이다. 게다가 과거의 입장을 되찾아주는 것뿐 아니라, 그와 관련된 자아 이미지를 강화함으로써 입장 정립의 강도 역시 강화하는 것으로 보인다.

◆ 상대가 부당한 일관성 압력을 가해 승낙을 얻어내려 할 때 이를 알아차리고 저항하려면 우리 몸에서 나오는 두 가지 신호에 집중해야 한다. '배 속이 불편한 느낌'은 입장 정립과 일관성 함정에 빠져 하고 싶지 않은 일을 억지로 승낙해야 할 때 찾아온다. 이럴 때는 상대에게 어리석은 일관성을 유지하느라 불합리한 요구에 응할 의사가 전혀 없다고 분명히 밝혀야 한다. '마음속 깊은 곳'에서 나오는 신호는 이와 달리 최초의 입장 정립이 잘못됐다는 확신이 없을 때 나타나는 현상이다. 그럴 때는 '시간을 되돌려 지금의 내가 그때로 돌아간다면 그래도 같은 입장을 취했을까?'라고 자문해 봐야 한다. 이 질문에 대해 가장 먼저 떠오르는 순간적인 느낌이 정답이라 할 수 있다. 입장 정립과 일관성 전략은 특히 개인주의적 성향이 강한 사회에서 살고 있는 50세 이상의 연령층에 가장 효과가 높다.

PART 8

연대감 원칙
'우리'는 공유된 '나'이다

◆ ◆

평화가 없다면, 우리가 서로에게 속해 있다는 사실을
잊어서일 것입니다.
_마더 테레사

많은 사람들이 특이한 룸메이트와 함께 생활한 경험이 있을 것이다. 그런 사람과 접촉하면서 우리는 흔들리고, 어리둥절하고, 인간 능력의 한계를 새롭게 깨닫게 된다. 하지만 인류학자 로널드 코헨Ronald Cohen의 룸메이트만큼 지울 수 없는 기억을 가진 이는 없을 것이다. 한때 나치 강제수용소의 경비였던 그는 밤늦게까지 대화를 나누던 중에 코헨에게 잊지 못할 경험을 들려주었다. 오랜 세월이 흐른 후에도 코헨은 자신의 룸메이트에게 들은 이야기를 잊지 못하고 자신의 학술 논문의 주제로 다루고 있다.

코헨의 룸메이트가 들려준 이야기에 따르면, 나치 수용소에서 죄수 한 사람이 규칙을 위반하면 모든 죄수를 일렬로 세운 다음, 간수가 죄수들 앞에서 하나에서부터 열까지 수를 세며 걷다가 열을 세는 순간 자신 앞에 서 있는 죄수를 처형하는 일이 빈번했다고 한다. 하루는 항상 그 일을 맡아서 하던 간수가 열을 세는 순간 한 죄수 앞에 섰다. 그리고는 놀라서 눈썹을 치켜 올리더니 몸을 조금 돌려 열한 번째 죄수를 향해 방아쇠를 당겼다고 한다.

그 간수가 그런 행동을 한 이유는 나중에 이야기하도록 하자. 그 전에 먼저 그 이유를 설명해줄 수 있는, 우리 마음속에 깊이 자리 잡은 설득의 원칙을 살펴보자.

一   '우리'라는 관계

모든 사람은 끊임없이 '우리'라고 불러도 좋을 사람과 그렇지 않은 사람을 무의식적으로 구분한다. '우리'라는 집단 안에서는 설득과 관련된 모든 과정이 훨씬 수월하게 이루어진다. '우리'라는 집단에 속한 사람들은 그렇지 않은 사람들에 비해 집단 내부에서 합의, 신뢰, 도움, 호감, 협조, 정서적 지지, 용서를 더 많이 얻을 수 있으며, 더 창조적이고 도덕적이며 인도주의적이라는 평가까지 받는다. 내부 집단에 대한 선호가 인간의 행동에만 국한되지 않고 다른 영장류나 인간의 유아에서도 나타나는 것으로 볼 때, 이런 경향은 좀 더 근본적인 것으로 보인다. 즉, '누르면, 작동하는' 방식과 같다고 할 수 있다.[1]

설득의 달인들은 대부분 '우리'라는 관계 속에서 단단한 기반을 형성하고 있다. 여기서 핵심적인 문제가 제기된다. '우리'라는 관계를 설명할 수 있는 가장 좋은 방법은 무엇일까? 이 질문에 대답하기 위해서는 중요하면서도 미묘한 구분이 먼저 필요하다. '우리'라는 관계는 '저 사람은 우리와 같은 점이 있지'라고 말할 수 있는 관계라기보다 '저 사람은 우리 중 하나야'라고 말할 수 있는 관계다. 따라서 연대감이라는 설득의 원칙을 다음과 같이 정의할 수 있다. '사람들은 같은 집단에 속해 있다고 생각되는 사람에게 '예스'라고 말하는 경향이 있다.' 이와 같은 연대감은 단순히 누군가와 유사점을 가지고 있는 것과는 다르다. (물론 앞에서 말했듯이, 유사성이 있는 사람에게 호감을 느끼기 마련이다.) 연대감이란 정체성의 문제이며, 정체성을 공유하는 사람에게 우리는 연대감을 느낀다. 또한 연대감은 부족처럼 개인이 자신과 자신의 집단을 정의하기 위해 사용하는 개념으로, 인종, 민족, 국가, 가족, 정치 및 종교 집단이 여기에 포함된다. 예를 들어보자. 나는 형제자매가 아니라 직장 동료와 취향이 같을 수 있다. 하지만 둘 중 나와 비슷한 사람과 나와 같은 사람을 구별하는 것은 어렵지 않다. 연대감의 중요한 특징은 그 성원들이 서로 '하나로' 통합되어 있다고 느끼는 것이다. 이런 집단에서는 한 성원의 행동이 다른 성원의 자존감에까지 영향을 미친다. 간단히 말해서 '우리'란 자신을 공유하는 관계라고 할 수 있다.

그 결과 '우리'라는 집단 안에서 사람들은 종종 자신의 특징과 동료의 특징을 정확하게 구분하지 못한다. 그런 까닭에 자기와 타자 사이에 혼란이 일어나기도 한다. 신경과학자들은 이런 혼란을 두뇌 회로를 자신과 가까운 다른 사람과 공유하는 것과 같다고 설명한다. 두뇌 회로를 공유하게 되면 신경 '교차 흥분'이 발생하는데, 이는 한 가지에 초점을 맞추다 보면 다른 하나가 동시에 활성화되면서 둘 사이의 정체성이 모호해지는 것을 말한다. 신경과학적 증거나 나오기 훨씬 전에 사회과학자들은 사람들에게 특정한 타인과 정체성을 얼마나 공유하고 있는지 표시해달라고 요청하여 '자기-타자 융합self-other merger'의 느낌을 측정했다(그림 8.1참조). 그 측정치를 통해 연구자들은 어떤 요소가 정체성을 공유했다는 느낌을 가져오는지, 그리고 그 요소는 어떻게 작동하지는 연구했다.[2]

그림 8.1

자기-타자 융합

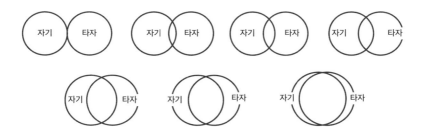

1992년부터 과학자들은 어떤 요인이 타인과 '일치'하는 느낌을 촉진하는지 알아보기 위해 자기를 나타내는 원에 타인을 나타내는 원을 겹쳐서 표현하는 방법을 사용했다.

'우리'라는 관계가 사람들의 반응에 영향을 미치는 환경과 조건은 넓고도 다양하다. 하지만 세 가지 분명한 요인이 있다. 첫째, '우리'에 기반을 둔 집단의 구성원들은 다른 사람보다는 같은 집단에 속한 동료가 행복하고 더 좋은 결과를 얻는 것을 훨씬 선호했다. 예를 들어, (각각 인간 두 명과 로봇 두 대로 이루어진) 팀을 구성해 경쟁하게 했을 때, 각각의 팀원들은 같은 팀에 속한 사람에 대해 더 긍정적인 태도를 보였을 뿐만 아니라, 경쟁 팀의 로봇이나 사람보다는 자기 팀의 로봇에 대해 더 긍정적인 태도를 보였다. 둘째, '우리'라는 집단의 구성원들은 동료들의 선호와 행동을 자신의 지표로 삼는 경향이 두드러졌는데, 이는 집단의 결속감을 확보하기 위한 것이라고 볼 수 있다. 마지막으로, 같은 집단에 속한 동료를 선호하고 추종하는 편파적인 충동은 '우리' 집단과 궁극적으로 자기 자신에게 도움이 되는 방식으로 발생했다. 실제로, 이 주제와 관련된 연구를 수십 년간 검토한 학자들은 부족주의가 보편적인 현상일 뿐 아니라, '부족주의야말로 인간 본성'이라는 결론에 도달했다. 우리의 가장 기본적인 사회적 측면을 들여다보면, 부족주의적 편향이 얼마나 광범위하게 퍼져 있을 뿐만 아니라, '누르면, 작동하는' 방식으로 얼마나 강력하게 작동하고 있는지 잘 알 수 있다.[3]

연대감이 사업에 미치는 영향

판매왕의 영업 비밀

3장에 등장했던 조 지라르를 기억하는가? 12년간 매일 같이 다섯 대 이상의 차량을 팔아치워 기네스북에 세계 최고의 자동차 판매원으로 올랐던 사람 말이다. 그는 사람을 좋아하는 사람이 되어(그는 진심으로 고객들을 좋아했다) 정기적으로 고객들에게 '고객님, 사랑합니다'라고 적힌 카드를 보내며 자신이 얼마나 그들을 좋아하는지 보여주었다. 또한 새로운 자동차를 구매하려는 사람에게는 공정한 가격을 제시하는 것은 물론 정중한 태도로 빠르게 일을 처리했다. 하지만 최근 뉴스를 보니 최고 자동차 판매원의 자리는 미시간 주 디어본의 알리 레다Ali Reda에게 넘어간 듯하다. 알리의 연간 판매량은 지라르가 최고를 기록했던 해보다도 훨씬 앞서 있다. 알리는 인터뷰를 통해 자신은 그저 지라르의 성공 전략을 그대로 따르려 했을 뿐이라고 말했다. 하지만 알리가 지라르를 모방하는 데서 그쳤다면, 어떻게 지라르보다 더 나은 성과를 거둘 수 있었겠는가? 아마도 나름의 비법이 있었음이 틀림없다. 물론이다. 하지만 그의 비법은 비밀이 아니었다. 그의 비법은 민족이라는 '우리' 집단을 최대한 활용하는 것이었다.

100만 명의 인구를 가진 디어본은 미국에서 아랍계 미국인이 가장 많이 거주하고 있는 도시이다. 아랍계 미국인인 레다는 끈끈한 관계를 맺고 있는 아랍 사회에서 적극적으로 활동하며 주목받는 사람이 되기 위해 노력했고, 차를 판매하는 것도 그런 활동 중의 하나였다. 많은 고객이 레다를 찾았는데, 그가 자신들의 집단에 속한 사람이며 신뢰할 수 있다고 여겼기 때문이다. 아랍 민족이라는 '우리' 집단에서 지라르는 레다의 상대가 되지 못했다. 조가 태어났을 때 이름은 지라르디였다. 그것은 누가 보더라도 시칠리아 출신 이름이었고, 그의 주요 고객이 볼 때 그는 분명 '우리' 민족에 속할 수 없었다. 사실, 그가 이름을 바꾼 것도 몇몇 고객이 노골적으로 '이탈리아 놈'하고는 거래하지 않겠다고 해서였다.[4]

'우리' 집단을 이용한 폰지 사기

알리 레다가 조 지라르의 방법을 따르면서도 민족적 정체성을 이용하여 지라르의 실적을 뛰어넘었다면, 몇 가지 다른 사업상의 미스터리도 같은 이유로 설명할 수 있을 것이다. 우리 시대의 가장 대규모 투자 사기를 꼽자면, 월스트리트 내부자 버나드 메이도프Bernard Madoff가 꾸민 폰지 사기를 들 수 있다. 경제 분석가들은 (150억 달러 이상의 손실이라는) 엄청난 규모와 (수십 년 동안 발각되지 않고 계속된) 기간에 주목하고 있지만, 나는 다른 부분에서 깊은 인상을 받았다. 일단 사기 피해자들이 거의 경제 전문가 수준이었다는 사실이다. 피해자 리스트를 훑어보면, 냉정한 경제학자, 노련한 자금 관리자, 대단히 성공한 비즈니스 리더를 쉽게 찾을 수 있다. 아무리 대단한 수익률로 유혹하더라도, 경제 전문가 수준의 고객들은 쉽게 넘어가지 않았을 것이다. 메이도프는 닭을 속이는 여우를 뛰어넘어 다른 여우마저 속이는 여우가 되어야만 했다. 그는 어떤 방법을 사용한 걸까?

커다란 사건이 어떤 단 하나의 이유로 일어나는 경우는 극히 드물며, 보통은 여러 요소들이 복합적으로 작용하여 이루어지기 마련이다. 메이도프의 사건도 마찬가지였다. 메이도프가 오랫동안 월스트리트의 유명인사였다는 사실, 그가 운용한 파생상품 기반 금융 메커니즘의 복잡성, 메이도프의 허가를 받아야 가입할 수 있었던 제한적인 투자자 그룹 모두가 그 사건의 부분적인 원인이었다. 하지만 여기에 또 하나의 중요한 요소가 있다. 바로 그들이 정체성을 공유하고 있었다는 사실이다. 메이도프는 유대인이었고, 대부분의 피해자 역시 유대인들이었다. 희생자를 점찍은 메이도프의 보좌관 역시 유대인이었다. 게다가 메이도프 무리에 합류한 신규 투자자들은 역시 자신과 같은 민족이었던 기존 투자자들을 잘 알고 있었고, 기존 투자자들은 메이도프의 투자는 현명한 선택이라고 믿어 의심치 않는 사람들로, 스스로 일종의 사회적 증거 역할을 했다.

물론 이런 대규모의 사기가 하나의 민족 혹은 종교 집단에만 국한될 리 없다. '친화 사기affinity schme'라고 불리는 이런 형태의 투자 사기는 한 집단이 같은 집단의 다른 성원을 착취하는 형태이다. 다시 말해 침례교도가 침례교도를, 라틴계가 라틴계를, 아르메니아계 미국인이 아르메니아계 미국인을 착취한다. 메이도프의 사기를 규정하는 폰지 사기라는 말은 찰스 폰지Charles Ponzi의 이름에서 유래했다. 그는 이탈리아 이민 자로 미국에 도착한 후 1919년에서 1920년 사이에 같은 이탈리아 이민자들로부터 수백억 달러를 빼앗는 사기 행각을 벌였다. '누르면, 자동으로 망하는' 것이었다.

'우리'에 기반을 둔 선택은 투자 결정 외에도 많은 금융 거래에 스며들어 있다. 미국의 투자 자문 기업에서 고문 두 사람이 같은 민족 출신일 경우, 한 사람이 부정행위를 저지르면 다른 사람이 그것을 그대로 모방할 가능성이 두 배가 된다. 중국에서는 감사와 CEO가 비슷한 지역 출신인 경우에 기업에 유리한 재무상 허위 진술이 흔히 발견된다. 인도의 한 대규모 은행을 조사한 결과 대출 담당이 같은 종교를 가진 사람들에게 훨씬 더 유리한 조건으로 많은 대출을 승인한 것으로 드러났다. 게다가 이러한 편애는 양방향으로 작동했다. 종교가 같은 사람의 대출 상환율은 상당히 높게 나타났다. 내집단에 대한 편애의 또 다른 사례로, 홍콩의 한 레스토랑 웨이터가 커다란 실수를 저질렀는데도 웨이터와 성이 같다는 이유로 고객이 나무라지 않은 경우도 있었다.

모든 문화에 걸쳐 나타나는 내집단에 대한 편애의 사례를 하나만 더 살펴보자. 가나에서 택시 운전사와 승객은 택시를 타기 전 가격을 흥정한다. 하지만 두 사람 모두가 같은 정당을 지지하는 경우, 운전사는 낮은 가격에 동의한다. 여기에는 또 흥미로운 반전이 있다. 이 가격 파괴 현상은 유권자들의 정당 선호도가 분명히 드러나는 선거 직전과 이후 몇 주 동안에만 볼 수 있다는 것이다. 이 현상은 '우리' 집단 반응의 중요한 요소를 보여준다. '우리' 집단 반응은 집단 정체성을 떠올리게 만드는 어떤 신호 혹은 상황에서 강화된다는 사실이다. 연대감이라는 (혹은 모든 설득의 원칙이 가지고 있는) 힘은 일반적인 자석처럼 언제나 똑같은 강도로 작동하지 않는다. 오히려 흘러 들어오는 전류 강도에 따라 끌어당기는 힘의 세기가 달라지는 전자석처럼 작동한다.

가톨릭 국가라고 불러도 좋은 폴란드에서 있었던 일이다. 연구자들은 분실된 것처럼 보이는 편지를 도시 여기저기에 떨어뜨리고 다녔다. 봉투의 수취인 이름에는 각각 가톨릭계의 폴란드 이름인 마시에즈 스첼칙과 무슬림계 이름인 하마드 압둘라를 적어놓았다. 편지를 발견한 폴란드 사람들은 수취인의 이름이 무하마드 압둘라일 때보다 마시에즈 스첼칙일 때 우편함에 편지를 넣는 비율이 높았다. 그러나 이 현상 역시 크리스마스라는 종교적인 휴일 즈음에만 국한된 현상이었다. 이러한 결과를 크리스마스 시즌을 맞이한 사람들의 너그러운 마음 때문이라고는 설명할 수는 없다. 크리스마스 시즌에 스첼칙에게 보낸 편지는 12퍼센트 더 많이 돌아온 반면 무하마드에게 보내는 편지가 돌아오는 비율은 30퍼센트 감소했기 때문이다. 너그러운 마음은 분명 편향적이었고, 종교적 내집단에게 치우쳐 있었다.[5]

연대감은 진실보다 강력하다

한때 우리는 거짓말을 선의의 거짓말과 악의 있는 거짓말로 구별했다. 하얀 거짓말이라고도 하는 선의의 거짓말은 "그 옷(혹은 헤어스타일)이 네게 잘 어울려"와 같이 다른 사람의 감정을 보호하려는 거짓말을 의미한다. 검은 거짓말이라고도 하는 악의 있는 거짓말은 "그 옷을 입고 내 예전 남자 친구와 데이트하면, 아주 좋아할 거야"라는 식으로 다른 사람에게 해를 가하려는 의도를 가진 거짓말이다. 최근에는 '파란'

거짓말이 생겼다고 한다. 이 거짓말은 하얀 거짓말과 검은 거짓말의 특성을 모두 가지고 있다. 즉, 누군가를 보호하는 동시에 또 다른 누군가에게 해를 끼치려는 의도를 모두 가지고 있다. 어떤 사람을 보호하고 어떤 사람에게 해를 끼치려 하는지는 상대가 '우리' 집단에 포함되는지에 따라 달라진다. 이 의도적인 거짓말은 보통 내집단 성원이 자기 집단을 보호하고 외집단out-group에 피해를 주는 것을 목적으로 한다. 통합된 정체성을 가진 집단 안에서 진실보다는 연대감을 유지하는 것이 더 중요하다. 말하자면, '우리' 집단에 도움이 되는 거짓은 집단에 해가 되는 진실보다 도덕적으로 우월한 것으로 여겨진다.

정당은 이 문제가 곪아 터지기 직전의 상태를 잘 보여주고 있다. 이 분야를 연구했던 한 학자는 이렇게 결론지었다. "(정치적 이익을 위한) 이런 종류의 거짓말은 분노, 적개심, 첨예한 양극화라는 환경에서 더욱 번성하는 것으로 보인다. 정당을 자기와 동일시하다 보니 그 정당에 대한 비판은 자신에 대한 위협으로 여겨지고, 따라서 심리적인 여러 방어기제가 촉발된다." 자신과 정당의 입장을 동일시하면서 정당을 선전하고 보호하는 거짓말을 받아들이는 데 그치지 않고 여러 방어기제를 동원한다는 말은 매우 익숙하게 들린다. 정당과 자신의 정체성을 동일시하는 사람들에게서는 지지하는 정당의 정치인들의 탈세 증거를 감추려는 경향이 더 크게 나타난다. 또한 자신이 사는 도시의 복지에 상대 당 역시 똑같이 이바지했다는 증거가 눈앞에 뻔히 보이지만, 자신의 당이 훨씬 더 많이 기여했다고 확신한다. 신장질환을 앓고 있는 환자의 이식 순서를 정해달라는 요청을 받자, 사람들은 자신과 같은 정당을 지지하는 사람을 선택했다.

사람들은 자신과 같은 정당을 지지하는 사람들을 좋아할 뿐 아니라, 정치와는 아무런 관련이 없는 상황에서도 그런 사람을 더욱 믿으려는 경향을 보인다. 한 온라인 연구에서 실험 참여자들에게 몇몇 물리적 형태를 보여주고는 지침에 따라 분류하라고 요청했다. 정확하게 분류가 이루어질수록 더 많은 돈을 받을 수 있다고 했다. 가장 나은 형태 분류법을 결정할 때, 실험 참가자들은 다른 참가자들의 해답을 참조할 수 있었다. 그리고 이들은 다른 참가자의 정치적 성향을 이미 알고 있었다.

실험 결과 참가자들은 상당한 정도로 정치적으로 생각이 같은 참가자들의 해답을 참조했다. 그 참가자의 능력은 그다지 중요하지 않았다. 생각해보라. 사람들은 어떤 과제를 수행하는 데 정치적으로 같은 생각을 하는 사람들의 판단을 기꺼이 참조했다. 물건을 분류하는 것은 정치와는 아무런 상관이 없고, 정치색이 같은 다른 참가자는 그 일을 잘하지도 못했으며, 따라서 그들은 돈을 적게 받는 것도 기꺼이 감수했다! 일반적으로 이런 사실은 정당 지지자들은 이데올로기보다는 ('우리'라는 감정에서 비롯된) 충성도를 바탕으로 판단을 내린다는 최근 연구 결과와 일치한다.[6]

팀의 승리가 곧 나의 승리다

정당 지지자들의 내집단에 대한 선호는 자연스러운 현상이라고 인정할 수도 있다. 그러나 운동 경기에서는 편견 없이 규칙을 지키고 승자를 선언하는 (심판과 같은) 객관적 평가자가 필요하다. 하지만 그런 사람이 얼마나 공정하리라고 기대할 수 있을까? '부족주의가 인간의 본성'이라는 말을 염두에 둔다면, 과연 편견이 없는 사람이 있을 수 있을까? 내집단에 대한 선호를 이미 알고 있는 우리로서는 회의적인 입장이 될 수밖에 없다. 게다가 우리의 이런 생각을 뒷받침하는 과학적 근거도 있다.

국제 축구 경기에서 주심과 같은 나라의 팀은 10퍼센트 정도 유리한 판정을 받는다. 이러한 편파적인 판정은 노련한 심판이나 미숙한 심판 모두에게서 동일하게 나타난다. 메이저리그에서는 주심과 투수가 같은 인종인지에 따라 스트라이크의 판정이 달라진다. 미국 프로 농구에서 심판은 같은 인종의 선수에게 파울을 선언하는 빈도가 줄어든다. 이렇듯 인종적 편견이 너무도 크게 드러나다 보니, 연구자들은 "팀의 승리는 심판진의 인종적 구성에 크게 영향을 받는다"라고 결론을 짓는다. 따라서 '우리' 집단에 대한 편향은 특정한 편향을 갖지 않도록 특별히 선택되고 훈련받은 사람들의 판단마저 편견으로 얼룩지게 만든다고 볼 수 있다. 자기 편만 일방적으로 응원하는 스포츠 팬에 작동하고 있는 것과 똑같은 힘이 심판에게도 작동하고 있는 것이다.

저명한 작가 아이작 아시모프Isaac Asimov는 스포츠 경기에 대한 사람들의 반응을 묘사하며 이렇게 썼다. "모든 조건이 같다면, 우리는 같은 성性, 같은 문화, 같은 지역에 속하는 팀을 응원하게 된다. … 스포츠를 통해 우리는 자신의 우월함을 증명하고 싶어 한다. 우리가 응원하는 팀은 곧 우리의 대변자와 같다. 따라서 우리 팀이 이기는 것은 곧 우리가 이기는 것이다." 이렇게 보면, 스포츠 팬들의 열렬하고 일방적인 응원도 이해가 된다. 스포츠 게임은 그 형태와 예술적인 측면에서 볼 때 결코 가볍게 즐길 수 있는 기분 전환 거리가 아니다. 나의 자아가 달린 문제이기 때문이다. 그래서 홈 팀 관중들은 승리를 가져다준 선수들에게 노골적인 애정과 감사를 표시한다. 반대로 홈 팀이 패배할 때 선수, 코치,

심판을 그렇게 사납게 몰아붙이는 것도 바로 이런 이유 때문이다.

내가 좋아하는 일화 하나를 살펴보자. 2차 세계대전 중 발칸반도 전투에 참전했던 한 군인이 고향에 돌아와서는 입을 닫아버렸다. 병원에서 이런저런 검사를 모두 해봤지만 특별한 신체적 이상은 발견되지 않았다. 부상이나 뇌 손상, 발성장애도 없었다. 읽고 쓰는 것은 물론이고 다른 사람의 말을 이해하고, 명령을 수행하는 데에도 아무런 문제가 없었다. 다만 말을 하지 못할 뿐이었다. 그는 의사는 물론이고 친구와 애원하는 가족에게도 단 한마디 말도 하지 않았다.

당황스럽기도 하고 화가 나기도 한 의사는 그를 다른 도시의 재향 군인병원에 입원시켜버렸다. 남자는 그곳에서 30년 동안이나 침묵 속에서 외롭게 살았다. 그러던 어느 날 라디오에서 자기 고향의 축구팀과 라이벌 축구팀의 경기 방송을 듣게 되었다. 그런데 결정적인 순간 심판이 남자의 고향 팀 선수에게 반칙을 선언했다. 그러자 남자는 의자에서 벌떡 일어나 라디오를 노려보며 30년 만에 처음으로 말문을 열었다. "야, 이 멍청한 자식아! 저쪽 팀에 승리를 갖다 바치자는 거냐!" 남자는 그 말을 마지막으로 다시 의자에 주저앉더니 이후로 다시는 입을 열지 않았다.

이 이야기에서 우리는 두 가지 교훈을 얻을 수 있다. 첫 번째 교훈은 스포츠와 팬의 관계는 매우 강력하다는 것이다. 홈 팀이 승리하길 바라는 남자의 마음은 30년 넘게 이어온 깊은 침묵을 깰 만큼 강렬했다. 두 번째 교훈은 스포츠와 팬의 관계가 매우 개인적이라는 것이다. 남자의 정체성은 오랜 세월 침묵 속에서 철저히 파괴됐지만, 축구 경기와 관련된 부분만은 그대로 남아 있었다. 30년 동안 말 한마디 없이 병실에 갇혀 지내면서 한없이 약해진 자존감이 축구 경기의 결과에 자극을 받으면서 비로소 반응을 보였다. 그 이유가 무엇일까? 홈 팀이 패배하면 남자도 움츠러들었고, 홈 팀이 승리하면 남자도 의기양양해졌다. 어떻게 그럴 수 있을까? 그저 출생지가 같다는 이유만으로 팀의 승리와 패배를 자신의 승리와 패배로 동일시하며 연대감을 느꼈기 때문이다.

마지막으로 개인적으로 경험했던 비합리적인 내집단에 대한 편향의 사례를 살펴보자. 나는 위스콘신 주에서 자랐다. 그래서 미국 NFL(미식축구 프로 리그)에서 언제나 위스콘신 주를 연고지로 하는 그린베이 패커스를 응원했다. 얼마 전 유명인사들이 좋아하는 NFL 팀을 다룬 기사를 읽다가, 유명 가수인 저스틴 팀버레이크와 릴 웨인도 나와 마찬가지로 그린베이 패커스의 팬이라는 사실을 알게 되었다. 그 순간 나는 당장 그들의 음악을 좋아하게 되었다. 또한 그들이 앞으로도 계속 성공하기를 바랐다. 입을 닫아버리기로 한 참전 용사와 나는 여러 가지 면에서 다르다. (예를 들어 누구도 나에게 말 좀 해달라고 간청하지 않는다.) 하지만 내집단에 대한 편향을 가지고 있다는 점에는 우리는 비슷하다고 할 수 있다. 부인할 수 없는 사실이다. '누르면, 작동하는' 것이다.[7]

연대감과 인간관계

연인 관계

연인이나 부부 사이에도 의견 차이로 인한 갈등은 벌어지기 마련이다. 갈등의 원인을 처리하지 않은 채 방치한다면, 불화와 불만으로 이어져 서로의 심리적·육체적 건강을 해칠 수도 있다. 그렇다면 다른 사람을 바꾸고 다른 생각의 가능성을 줄일 수 있도록 설득하는 데 효과적인 접근 방식이 있을까? 물론이다. 게다가 이 접근 방식은 어렵지도 않다. 한 연구에서 연애 기간 평균 21개월의 커플들에게 그들 관계에서 계속 불거졌던 문제를 논의하고 해결책을 찾아보라고 했다. 연구자들은 두 가지 측면에 주목하며 결과를 살펴보았다. 먼저 커플 중 한 명은 무조건 설득하는 역할을 맡아 상대방에게 자신과 같은 입장을 취하게 만들려 했다. 설득하는 역할을 맡은 사람은 세 가지 방식으로 접근했는데, 그 방식에 따라 결과는 크게 달라졌다.

첫 번째 강압적인 방식으로, 상대방을 모욕하여 '태도를 바꾸지 않으면, 후회할 걸'과 같은 위협적인 말로 접근했다. 이런 방식은 성공하지 못했을 뿐 아니라 오히려 역효과를 내면서, 상대는 설득자의 입장과 더 멀어지는 결과를 낳았다. 두 번째는 논리적이고 사실적 접근 방식으로, 설득자의 입장이 합리적으로 우월하다는 점을 이해시키려 했다. 그리고 '생각을 좀 해보면 내 말이 옳다는 걸 알게 될 거야' 같은 진술을 사용했다. 이 경우 상대방은 그 주장을 아예 무시해버리고, 전혀 태도의 변화를 보이지 않았다. 하지만 세 번째로 동반자 관계를 강조하는 방식을 사용하자 놀라운 결과가 나타났다. 그저 두 사람이 커플로서 정체성을 공유하고 있음을 언급하는 것만으로도 상태의 태도에 변화가 나타난 것이다. 두 사람이 함께 보낸 시간이나 같은 감정을 공유했던 경험을 이야기하거나, 그저 '우리'와 같은 대명사를 이용하여 '알다시피 우리는 오랫동안 같이 시간을 보냈고, 서로를 사랑하고 있어. 그리고 나를 위해 이것을 해주면 정말 고마울 거야'라고 말하는 것만으로도 상대를 설득할 수 있었다. 여기에서 한 가지 의문이 들 수 있다. 왜 '우리를 위해서'라며 두 사람 모두를 위한 것임을 강조하지 않고, 개인적인 입장에서

'나를 위해'라고 이야기하는 걸가? 여기에는 그럴듯한 답이 있다. 동반자라는 연대감의 본질을 의식한 다음에는 둘 사이의 구분은 필요하지 않기 때문이다.

이렇게 연대감을 강조하는 방식이 설득에 대단히 효과적이라는 사실 이외에도 주목할 만한 두 가지 특징이 있다. 첫째, 연대감을 이용한 설득은 불합리한 추론을 바탕으로 한다. '알다시피 우리는 오랫동안 같이 시간을 보냈고, 서로를 사랑하고 있어'라는 말은 설득자의 입장이 논리적, 경험적으로 타당하다는 것을 보여주지 못한다. 그저 상대에 대한 충성심 때문에 자신의 입장을 바꿔야 한다는 전혀 논리적이지 않은 이유일 뿐이다.

둘째, 연대감을 강조하는 설득 방식에서는 전혀 새로운 사실을 제시하지 않는다. 일반적으로 의사소통의 당사자들은 자신들이 동반자 관계에 있다는 사실을 인지하고 있다. 다만 하나의 머리로 여러 가지를 생각하다 보니, 동반자 관계라는 함축적인 정보를 떠올리지 못한 것일 수 있다. 동반자 관계임을 강조하는 접근 방식은 이름 그대로 동반자 관계에 대한 인식을 일깨우는 것이 전부이다. 최근 들어서 나는 많은 사회적 설득에 관한 연구를 이러한 방식으로 보게 되었다. 특정 상황에서 어떤 행동을 결정하게 만드는 것은 그 상황에서 가장 강력하거나 교훈적인 측면보다는, 오히려 결정해야 할 순간에 의식에서 가장 두드러지는 그 어떤 것이다.[8]

가까운 친구

낭만적인 동반자 관계 외에도 다양한 인간관계 속에서 '우리'라는 관계가 형성될 수 있다. 그중 하나가 우정이다. 신체적 능력이 비슷한 사람들끼리 친구가 되는 것도 놀라운 일은 아니다. 친구에는 동료 노동자도 포함되기 때문이다.

또한 가까운 친구 관계일수록 (따라서 연대감이 클수록) 친구의 행동이 나에게 강력한 영향을 미친다. 6,100만 명이 참여한 대규모 정치 선거 실험에서 투표를 독려하는 페이스북 메시지가 가장 성공적이었을 때는 이미 투표를 마친 친구가 페이스북에 투표했음을 보여주는 사진을 올렸을 때였다. 특히 가까운 친구가 사진이 포함되어 있을 때였다.

마지막으로 가까운 친구보다 절친한 사이에서 더 강하게 연대감을 느낀다. 예를 들어 '우리는 절친이다', '우리는 BFF^Best Friends Forever(영원한 최고의 친구)다'와 같은 특별한 주장은 그 결합의 강도를 보장한다고 보아도 좋다. 대학생의 음주 행동에 대한 연구에서 한 학생의 주당 알코올 섭취량, 빈도 등 알코올과 관련된 것은 절친의 수준과 거의 똑같았다.[9]

사례 8.1

오늘날 친구들로 이루어진 그룹은 종종 온라인상에서 연합하여 에프 커머스^F commerce(페이스북을 활용한 전자상거래 모델)라는 전자상거래 활동의 하위 집합을 형성하기도 한다. 주요 브랜드에 소셜 미디어 소프트웨어를 공급하고 있는 어웨어니스^Awareness에 따르면, 기업이 에프 커머스를 이용해 얻는 수익은 막대하다고 한다. 어웨어니스는 전통적인 오프라인 소매업체인 메이시스 백화점과 리바이스의 에프 커머스에 대한 보고서에서 다음과 같이 말하고 있다.

"사람들은 메이시스의 에프 커머스인 '패션 디렉터'를 이용하여 외모를 꾸미고, 다른 사람의 의견을 구하고, 친구들의 찬반 투표를 받는다. '패션 디렉터'를 통해 메이시스 백화점의 페이스북 팔로어는 180만 명으로 두 배가량 증가했고, 그 기간 동안 매출도 30퍼센트 상승했다. 리바이스 역시 친구들이 좋아하는 물건으로 구성된 개인 매장을 꾸밀 수 있는 '프렌즈 스토어'라는 에프 커머스 사이트를 열면서 3만 명이 '좋아요'를 눌렀고, 그 결과 리바이스의 페이스북 팔로어는 900만 명이 넘었다. 또한 '프렌즈 스토어'는 15퍼센트 높은 판매율과 50퍼센트 더 높은 평균 주문 가치를 기록했다."

저자의 한마디

리바이스의 '프렌즈 스토어'에서 내가 주목한 점은 친구가 꾸며놓은 매장의 스타일이 마음에 든다고 하는 친구들이 다른 친구들에게 그렇게 강력한 영향을 미치지 않았다는 점이다. 그보다는 에프 커머스 매장이 아닌 기존의 친구가 선호하는 스타일과 그 친구가 무엇을 좋아하는지를 알고 있는 것이 그 스타일의 구매를 촉진했다.

하품을 따라 하는 강아지

모든 사람이 하품을 한다. 졸리거나 지루할 때 흔히 일어나는 현상이다. 여기서 서로 영향을 주고받는 것과 관련된 흥미로운 사례를 하나 살펴보자. 바로 전염성 하품이다. 전염성 하품이란 옆 사람이 하품을 할 때 자신도 따라서 하품을 하게 되는 현상이다. 전염성 하품의 빈도는 첫 번째와 두 번째 하품하는 사람에 대한 개인적 친밀감의 정도에 비례한다. 연대감이 인간 반응에 미치는 영향과 정확히 일치하는 현상이다. 따라서 전염성 하품은 가까운 친족 사이에서, 그리고 친구와 지인들 사이에 일어나며, 낯선 사람들 사이에서는 거의 찾아보기 힘들다. 다른 종에서도 이와 유사한 현상을 찾아볼 수 있다. 침팬지, 개코원숭이, 보노보, 늑대 사이에서도 한 마리가 하품을 하면 주로 그 친족과 친구들도 하품을 하곤 한다.

이 전염성 하품은 같은 종種 안에서, 그중에서도 주로 '우리'라는 관계 안에서 일어난다. 그렇다면 이러한 현상은 종을 가로질러서도 일어날 수 있을까? 일본에서 진행된 한 연구에 따르면, 그렇다고 한다. 그리고 그 근거를 보면 입을 다물 수 없을 만큼 놀라울 뿐이다. 한 종은 인간이었고, 다른 종은 (흔히 '인간의 가장 좋은 친구'라고 불리는) 개였다. 실제로 '우리'라는 관계는 흔히 우정을 넘어 친족 관계까지 확장된다. 예를 들어 "저는 세 아이와 스코티시 테리어 엄마예요"라고 말하며 개를 가족의 테두리 안에 포함시키는 말을 듣는 것은 흔한 일이다.

25마리 개를 대상으로 진행한 연구에서도 비슷한 결과가 나타났다. 개에게 5분 동안 하품을 하는 연구자 혹은 주인을 지켜보게 한 다음, 개의 반응을 녹화하며 몇 번이나 전염성 하품을 하는지 세어보았다. 결과는 분명했다. 종을 뛰어넘어 하품이 전염되는 현상이 나타난 것이다. 하지만 이 현상은 개와 주인 사이에서만 일어났다. 앞에서 우리는 '우리'를 기반으로 한 집단 안에서 다른 사람을 설득하려는 노력이 훨씬 더 효과적으로 나타난다는 사실을 보았다. 그리고 그 집단의 경계는 놀라울

정도로 확장성이 있어서, 이번의 경우에는 심지어 다른 종까지도 포함된 것이다.[10,11]

행동과학자들은 연대감이 인간 인간 반응에 어느 정도 영향을 미치는지를 연구해왔다. 그리고 그 과정에서 연대감을 느끼게 하는 주요한 두 가지 요소를 발견했다. 하나는 같은 집단에 소속되어 있다는 느낌이고, 다른 하나는 같은 행동을 함께하는 것이다.

一 같은 집단에 속해 있다는 느낌
친족

유전적 관점에서 보면, 가족 즉, 혈족이야 말로 자신과 타자가 연결되어 있는 궁극적인 형태라고 할 수 있다. 실제로 진화생물학에서는 개인이 자신의 생존보다는 같은 유전자의 생존을 위해 더 많은 노력을 기울인다고 생각한다. 이는 자신의 이익을 추구하는 '자아'가 자기 신체의 외부, 즉 자신과 많은 유전자를 공유하고 있는 다른 사람 안에 존재할 수도 있음을 의미한다. 이런 이유 때문에 사람들은 생존과 관련된 결정에서 유전적으로 가까운 친척을 기꺼이 도와주려 한다. 미국에서 신장을 기증하거나, 일본에서 불타는 건물에서 누군가를 구한다거나, 베네수엘라의 정글에서 도끼 싸움에 참여하는 것도 바로 그런 이유 때문이다. MRI 연구를 통해 이와 같은 행동의 원인 한 가지가 밝혀졌다. 가족 성원을 도와준 사람들의 뇌에서 마치 자신에게 도움이 되는 행동을 했을 때와 마찬가지로 자신에 대한 보상을 담당하는 부위가 활성화된 것이다. 이런 현상은 심지어 이기적인 행동으로 유명한 십대에게도 똑같이 나타났다.

얼마 전 생필품을 사러 상점에 들어가서는 경비원이 준 소독제로 손을 씻었습니다. 하지만 약국 쪽에 있는 한 사람은 손 소독제를 거부하더군요. 이번만이 아니었습니다. 저는 사람들이 사회적 거리두기에 따르지 않고 책임 없는 행동을 하는 사례를 여러 번 보았습니다.

나중에 저는 그 상점의 매니저에게 전화를 걸었습니다. 하지만 그녀는 그것은 자신의 권한 밖의 일이라고 하면서 '회사 측'에 문제를 제기해보겠다고 했습니다. 하지만 그 후로도 눈에 띄는 변화는 없었습니다. 그래서 저는 지역 국회의원에게 연락했습니다. 전화 메시지를 통해 이렇게 충고를 했죠. "국회의원께서 한번 상상해보세요. 방역 수칙을 따랐더라면 아무렇지도 않았을 할머니나 아내가 병에 걸리는 상황을 말입니다. 제발 다른 사람에게도 알려주세요."

이틀이 지나서 국회의원에게 전화와 함께 이메일을 받았습니다. 그는 보건복지부 당국과 복지부 장관은 물론 두 전국적인 소매점 체인 CEO에게도 연락을 취했다고 하더군요. 뉴스를 보니, 그 체인점은 손 소독 정책과 사회적 거리두기 규제를 강화한다고 하더라고요. 뉴스를 보고 사람들이 힘을 얻어, 더 많이 이들이 국회의원에게 연락을 해서 더 많은 변화를 가능하게 만들었으면 하는 바람입니다.

저는 제가 그 변화를 이루었다고 생각합니다. 모든 칭찬은 국회의원에게 돌아가겠지만, 뭐 그러라고 하죠.

저자의 한마디

이 독자가 목격했던 변화를 가져온 요소가 무엇인지 확신할 수 없지만, 나는 국회의원에게 보낸 메시지에서 가족을 언급하며 그의 감정을 건드린 것이 아닌가 생각한다.

진화론적인 관점에서 볼 때, 사람들은 아무리 작은 것이라도 자신의 친척에게 도움이 되는 선택을 한다. 내가 학생들을 가르치면서 가장 효과적이었던 방법을 예로 들어보자. 한번은 다양한 주제에 대해 대학생과 부모의 태도를 비교해보고 싶었다. 그러기 위해서는 두 집단 모두에게 길고 지루한 설문지를 받아야 했다. 대학생을 대상으로 설문지를 받는 것은 그리 어렵지 않다. 설문지를 작성하는 것을 수업의 과제물로 정하거나 강의의 일부에 포함시키면 그만이다. 문제는 학생들의 부모에게 설문지를 작성하게 만드는 것이었다. 설문지 작성에 대한 보상으로 사용할 수 있는 돈도 없는 데다 성인들의 설문 참여율은 (평균 20퍼센트 이하로) 참담할 정도로 낮은 것으로 알려져 있었기 때문이다. 그때 한 동료가 친족 관계를 이용해보자고 제안했다. 부모가 설문에 응한 학생에게는 다음 시험에 별도의 점수를 주자는 것이었다.

그러자 놀라운 일이 일어났다. 163명의 학생 부모 중 159명(97퍼센트)이 한 주도 채 되지 않아 완벽하게 작성된 설문지를 보내주었다. 자기 자식의 한 학기 중 한 과목에서 시험 하나에 겨우 1점을 더 받도록 하기 위해서 말이다. 내가 설득의 방법을 연구하는 학자이기는 하지만, 그런 경험은 처음이었다. 그리고 그 이후 개인적인 경험을 통해 더 나은 방법까지 파악하게 되었다. 학생들에게 조부모에게 설문을 보내라고 요청하는 것이다. 나는 163개의 설문지를 보내면 한 주내에 162개가 돌아오리라고 확신한다. 한 부는 아마 설문지를 부치러 우체국에 달려가던 할아버지가 심장마비로 병원에 입원하는 바람에 미처 설문지를 부치지 못한 것이라고 생각하면 된다. 조부모란 분들은 손주를 위해서라면 기꺼이 우체통까지 달려가는 사람들이다.

유머 칼럼니스트 조엘 스타인Joel Stein의 글에서 조부모의 편애를 소재로 한 이야기를 본 적이 있다. 그는 할머니가 자신이 원하는 대통령 후보에 투표하기를 원했다. 하지만 할머니는 대통령 선거에 아무 관심이 없는 듯했다. 계속 할머니를 설득했지만, 그의 주장에 설득력이 없거나 할머니가 알아듣기에는 힘든 말이라는 것이 점점 명백해졌다. 하지만 할머니는 그가 말하는 후보에 표를 던지겠다고 선언했다. 당황한 스타인이 그 이유를 묻자, 할머니가 대답했다. "손자가 원하니 해줘야지."

하지만 우리와 특별한 유전적 연관성이 없는 사람들이 우리의 호의를 얻기 위해 친족 관계의 힘을 사용할 수 있는 방법이 있을까? 한 가지 가능성은 언어와 이미지를 사용하여 친족의 개념을 우리의 의식에 가져오는 것이다. 예를 들어, 구성원들 사이에서 '우리'라는 느낌을 만들어내는 집단은 '형제', '자매애', '조상', '유산' 등과 같은 가족적 이미지와 단어를 사용하여 집단의 이익을 위해 자신의 이익을 희생하려는 의지를 증가시키는 것이 특징이다. 인간은 상징을 이용하는 동물이다. 따라서 한 연구팀에 따르면, 가족을 가장하는 집단 안에서도 밀접한 친족 관계에서나 찾아볼 수 있는 수준의 자기희생이 발견된다고 한다. 몇 가지 연구에서 스페인 사람들에게 민족적 관계가 가족과 같은 성격을 갖고 있다고 상기시켜 주고 동료 시민들과 이러한 감정을 함께 나누도록 했다. 그러자 자신의 국가인 스페인을 위해 기꺼이 싸우다 죽겠다는 사람들의 수가 놀라울 만큼 증가했다.[12]

이제 우리 집단 밖에 있는 사람과 관련해서 유사한 문제를 짚어보자. 유전적으로 우리와 아무 관련이 없는 사람이 친족이라는 미끼를 이용하여 우리를 설득할 수 있을까? 금융 서비스 기업에서 강연을 할 때면 나는 종종 이렇게 묻곤 한다. "우리 시대에 가장 훌륭한 투자가가 누구라고 생각하십니까?" 언제나 대답은 하나였다. "워런 버핏이요." 버핏은 찰스 멍거라는 훌륭한 파트너와 협력하여 1965년 투자사 버크셔 해서웨이를 인수한 후 주주들에게 놀라운 수익을 안겨주고 있다.

몇 년 전 나는 버크셔 해서웨이의 주식을 선물받았는데, 그 주식은 나에게 금전적 이익 이상의 도움이 되었다. 그 주식으로 버핏과 멍거의 전략적 투자 방식에 눈을 뜨게 되었을 뿐만 아니라 내가 어느 정도는 알고 있던 그들의 전략적 커뮤니케이션 방법을 관찰할 수 있었기 때문이다. 내가 이미 알고 있던 과정만 보더라도 그들의 기술과 능력에 깊은 감명을 받을 수밖에 없었다. 아이러니하게도 버크셔 해서웨이의 금융 이익이 언제나 막대하다 보니, 커뮤니케이션 문제가 생겨날 수밖에 없다. 그것은 다름 아닌 어떻게 현재 그리고 미래의 주주들에게 앞으로도 이 회사가 지속적으로 성장하리라는 확신을 심어줄 것인지의 문제였다. 회사에 대한 확신이 없다면, 주주들은 자신의 주식을 팔아치우고 잠재적 구매자들은 다른 투자 기업을 찾게 될 것이다.

오해하지 않았으면 한다. 뛰어난 사업 모델과 규모를 활용한 몇몇 장점 덕분에 버크셔 해서웨이는 미래에도 그 가치를 충분히 인정받을 것이다. 하지만 가치를 충분히 인정받을 만한 상태를 유지하는 것과 그런 상태를 유지하고 있다고 설득력 있게 주장하는 것은 다른 문제이다. 버핏은 바로 그 설득력 있는 주장을 매년 연간 보고서에서 정직하고 겸손한 태도로 유머를 섞어서 우리에게 제시하고 있다. 하지만 2015년 2월에는 평소보다 더 설득력 있는 주장이 필요했다. 주주들에게 보내는 50주년 기념 편지에서 버핏은 지금까지의 사업 성과를 요약하고, 앞으로도 버크셔 해서웨이는 계속해서 번창할 것이라는 주장을 펼쳐야 했다.

50주년 기념일이라는 말에 이미 기업에 대한 우려가 잠재되어 있었다. 그런 우려는 잠시 표면화되었다가 물밑으로 들어간 후, 온라인에서 재점화되었다. 50년간 기업을 이끌어온 버핏과 멍거는 이제 더는 젊지 않고, 둘 중 하나라도 은퇴를 하게 된다면, 회사의 전망과 주가는 곤두박질칠 수도 있다. 나도 그 온라인 댓글을 읽으며 걱정했던 기억이 난다. 내가 가진 주식은 어떻게 될까? 버핏과 멍거가 관리해줄 때는 네 배도 넘게 올랐는데, 이들이 나이가 들어 은퇴라도 한다면, 그 가치가 유지될까? 팔아 치워야 할까? 주가가 떨어지기 전에 팔아서 이제까지 축적한 이익이라도 챙겨야 할까?

버핏은 50주년 기념 편지 중 〈버크셔의 향후 50년〉이라는 부분에서 이 문제를 정면으로 다루었다. 그는 버크셔 해서웨이의 이미 검증된 사업 모델이 거두어온 긍정적이며 진취적인 결과와 더불어, 전례 없는 금융 자산으로 구축한 방어벽, 그리고 회사가 적절하다고 판단했을 때 CEO의 자리를 넘겨받을 사람을 이미 정해놓았다는 사실을 언급했다. 설득의 과학을 전공하는 나 같은 사람에게 인상적이었던 부분은 버핏이 그 가장 중요한 부분을 시작한 방식이었다. 정말 특징적인 방식으로 그는 순식간에 자신에 대한 신뢰감을 쌓아나갔다. 처음부터 약점을 솔직하게 언급하며 시작하는 방법을 사용한 것이다. "자 이제 눈앞에 펼쳐진 길을 보기로 합시다. 50년 전에 저에게 미래를 예측하라고 했다면, 아마도 터무니없는 예측도 많았으리라는 사실을 잊지 맙시다." 그리고는 한 번도 대중 앞에서 듣지 못했던 방식으로 이야기를 이어나갔다. "그 경고를 염두에 두시고, 저는 오늘 가족들이 버크셔의 미래를 물었다면 아마도 대답했을 그 이야기를 여러분에게 해드리려고 합니다."

그리고는 버크셔 해서웨이의 굳건한 미래를 상세한 근거와 함께 들려주었다. 이미 검증된 사업 모델, 금융 자산으로 구축해놓은 방어벽, 신중하게 선택한 미래의 CEO를 포함해서 말이다. 이러한 요소들도 나름대로 장점도 있고 확신을 주기도 했다. 하지만 버핏은 주주들이 그를 더 신뢰하게 만드는 말을 했다. 마치 '가족'에게 충고하듯이 이야기하겠다고 한 것이다. 어느 정도 버핏을 알고 있는 나로서는 그 말이 진심이었다고 믿는다. 그 이후로 나는 버크셔 해서웨이 주식을 팔겠다는 생각을 단 한 번도 한 적이 없다. 영화 〈제리 맥과이어Jerry Maquire〉에는 잊기 힘든 장면이 있다. 톰 크루즈가 연기한 제리 맥과이어가 별거 중인 아내 도로시가 친구들과 함께 있는 방문을 벌컥 열고 들어가 사람들에게 인사를 한 후 길고 긴 혼잣말을 늘어놓는다. 대부분은 아내가 자신과 함께 평생을 살아야 하는 이유를 나열한 것인데, 도로시는 그 이유를 다 듣기도 전에 제리를 올려다보며 그 유명한 대사로 말을 끊는다. "당신이 '안녕'이라고 말했을 때 이미 다 용서했어." 버핏 역시 그 편지에서 '가족'이라는 말로 이미 나를 녹여버렸다.

버핏의 50주년 편지에 대한 수많은 호의적인 반응 중에서(〈버핏이 역사상 최고의 편지를 썼다〉, 〈버크셔 해서웨이에 투자하지 않는다면 바보다〉라는 제목의 기사도 있었다) 누구도 버핏이 자신의 주장 속에 교묘하게 숨겨놓은 '가족'이라는 프레임을 언급하지 않았다는 점은 주목할 만한다. 사람들이 버핏의 프레임을 알아보지 못해서 놀랐다는 이야기가 아니다. 냉철하며 사실을 무엇보다 중시하는 금융계라면 가장 중요한 것은 메시지의 장점일 테니 말이다. 그리고 어떤 주장의 장점이 곧 메시지가 될 수 있다는 점 또한 사실이다. 하지만 효과적인 커뮤니케이션에서 중요한 메시지가 될 수 있는 또 다른 요소들도 있다. 커뮤니케이션 분야의 위대한 스승 마셜 맥루한Marshall McLuhan은 (메시지를 전달하는) 메신저가 곧 메시지가 될 수 있다는 사실을 지적했다. 앞에서 살펴본 사회적 증거 원칙을 통해서 다수의 의견이 곧 메시지가 될 수 있음을 알게 되었다. 또한 권위 원칙에 따라 메시지를 전달하는 자, 다시 말해 메신저도 메시지가 될 수 있다. 그리고 이제 연대감을 통해 정체성을 공유하는 것 역시 하나의 메시지가 될 수 있다는 것을 알았다. 그렇다면 직접적인 친족 관계 외에 어떤 부가적인 특징이 정체성을 공유할 수 있는 조건이 되는지 살펴볼 필요가 있다.

이런 부가적 특징들 중 실제로 친족 관계임을 보여주는 증거가 될 수 있는 것이 얼마나 되는지 살펴보자. 그 누구도 어떤 사람이 자신과 유전자를 공유하는 비율이 얼마나 되는지 알 수 없다. 따라서 진화론의 시각에서 신중하게 접근하기 위해서는 유전적 특징과 관련이 있는 동시에 누구나 쉽게 알아볼 수 있는 신체적 유사성에 의존할 수밖에 없다. 사람들은 누구나 자신과 비슷한 생김새를 가진 사람에게 끌리고, 그런 까닭에 자신과 닮은 사람과 친구가 되고, 대학에서 클럽이나 야구팀을 만들기도 한다. 또한 가족 안에서도 자신과 닮은 친족에게 더 많이 도움의 손길을 내민다. 가족 밖에서는 얼굴의 유사성을 이용하여 (상당히 정확하게) 낯선 사람과 유전적 관련성이 있는 사람을 구분한다. 그러나 이런 점 때문에 잘못된 편향을 갖게 되기도 한다. 사람들은 디지털 방식으로 변형되어 자신과 같은 얼굴을 한 사람의 사진을 보면, 일단 그 사람을 신뢰하고 본다. 뿐만 아니라 사람들은 자신과 비슷한 얼굴을 가진 정치 후보자에게 기꺼이 투표한다. 하지만 얼굴은 얼마든지 비슷하게 조작할 수 있다.[13]

신체적인 유사성 외에도 사람들은 태도의 유사성을 토대로 유전적 연관성을 평가하고, 내집단을 형성하며, 누구를 도울지에 대한 기준을 만든다. 하지만 한 사람의 모든 태도가 동등하게 평가되지는 않는다. 성적 행동이나 진보 및 보수 이데올로기에 대한 태도와 같이 근본적인 종교적·정치적 태도가 내집단 정체성을 결정하는 데 강력하게 영향을 미치는 것으로 보인다. 그리고 이것은 친족에게 동질감을 느끼는 또 다른 이유로 보인다. 그 이유는 근본적인 종교적·정치적 태도는 대부분 전통을 통해 이어져 내려오는 경우가 많고, 따라서 종교적·정치적 태도가 같은 사람과는 유전적인 관련성이 있다고 판단하기 때문이다. 사람들은 전통적으로 물려받은 태도가 곧 자신의 정체성과 관련이 있다고 생

각하기 때문에 이런 태도를 함부로 바꾸려 들지 않는다.[14]

장소

유전적 동일성을 보여주는 믿을 만한 단서가 또 하나 있다. 이 단서는 신체적 유사성보다는 물리적 근접성과 관련이 있다. 어떤 사람과 같은 장소 출신이라는 사실이 인간 행동에 미치는 영향은 상당히 크다. 우리 시대가 경험했던 가장 끔찍한 사건인 홀로코스트에서 나타난 몇 가지 인간 행동의 수수께끼를 풀다 보면 그 무시무시한 영향력을 파악할 수 있다. 일단은 물리적으로 작은 장소인 가정에서 시작해서 좀 더 넓은 장소로 옮겨가며 하나씩 살펴보자.

가정

인간은 물론 동물도 자신의 집에서 같이 성장한 생물을 친척이라고 여긴다. 때로는 이 단서가 틀릴 수도 있지만, 같은 집에 사는 사람들은 대체로 가족이며, 이런 점에서 함께 산다는 것은 일반적인 관계를 보여주는 올바른 단서가 된다. 게다가 집에서 함께 사는 기간이 길어질수록 가족이라는 느낌은 더 강해지고, 따라서 서로를 위해 기꺼이 희생하려는 경향도 커진다. 하지만 오랜 시간을 보내지 않고도 같은 결과를 낳을 수 있는 관계도 있다. 자신의 부모가 집에서 다른 사람을 돌보는 것을 본 사람들은 그들에게 가족 같은 느낌을 경험하며, 기꺼이 도움을 주고 싶어 한다. 이 과정의 흥미로운 점은 다양한 사람들에게 집을 개방하는 부모를 보고 자란 아이들은 어른이 되어서 낯선 사람들을 도울 가능성이 더 커진다는 사실이다. 이들에게 '우리'는 자신의 직계가족이나 친척에게만 국한되지 않고, 인간 전체로까지 확장된다.

그러면 이런 지식이 어떻게 홀로코스트의 심오한 미스터리를 해결해 줄까? 역사에 따르면 이 시기에 박해받는 유대인에게 도움을 주었던 사람으로 가장 유명한 사람은 라울 발렌베리Raoul Wallenberg이다. 그는 용기 있는 스웨덴 사람으로. 유대인들을 구하기 위해 끊임없이 노력하다가 자신의 목숨마저 잃을 뻔한 위기에 처하기도 했다. 또 하나의 인물을 들자면 독일 기업가 오스카 쉰들러Oskar Schindler가 떠오른다. 그의 '리스트'는 1,100명의 유대인을 구했다. 하지만 홀로코스트가 자행되던 중 한 사람이 베풀었던 가장 효과적이면서도 집중적인 도움은 상대적으로 인정받지 못한 상태로 남아 있다.

1940년 어느 여름 새벽녘이었다. 200명에 달하는 폴란드계 유대인들이 리투아니아 일본 영사관 밖에 모여 나치의 동유럽 침범에서 벗어날 수 있게 해달라고 도움을 요청하고 있었다. 이들이 일본인 관리의 도움을 받으려 했다는 사실 자체가 하나의 미스터리일 수 있다. 당시 나치 독일 정부와 일본 제국주의 정부는 서로 이익을 공유하며 긴밀한 관계를 유지하고 있었다. 그런데 왜 제3제국의 혐오 대상이던 유대인들이 히틀러의 국제적 파트너인 일본에게 필사적으로 도움을 구한 것일까? 일본이 대체 어떤 도움을 주리라고 기대했을까?

일본과 히틀러가 긴밀한 전략적 관계를 맺기 전인 1930년대 후반에 일본은 고향을 잃은 유대인이 자국 영토에 자리를 잡을 수 있도록 허용해주었다. 국제 유대인 사회로부터 막대한 금융 지원과 정치적 호의를 기대하고 있었기 때문이다. 이 정책을 지지하는 사람들의 완강한 태도 덕분에 일본 정부는 유럽계 유대인들에게 여행 비자 발급을 완전히 금지한 적이 단 한 번도 없었다. 그래서 역설적인 이야기지만, 전쟁 이전에 (미국을 포함한) 세계 대부분의 국가가 히틀러의 '파이널 솔루션(Final Solution 유대인 학살의 작전명-옮긴이)'의 '희생자'를 외면하고 있었을 때, 정작 히틀러의 동맹국인 일본은 중국 상하이와 일본 고베의 정착촌에 유대인이 머물 수 있는 피난처를 제공하고 있었다.

1940년 7월 리투아니아 일본 영사관 문밖에 모여든 200명의 유대인은 그 문 뒤에 있던 일본인이 자신들에게 가장 좋은 기회이자 아마도 마지막 기회를 제공할 수 있다는 사실을 알고 있었다. 그의 이름은 스기하라 치우네Sugihara Chiune였고, 어떻게 보더라도 유대인의 구원자처럼 보이지 않았다. 중견 외교관이었던 그는 여러 해 동안 성실하고 순종적인 근무 실적으로 리투아니아 주재 일본 총영사 자리에 올랐다. 그가 그 자리에 오를 수 있었던 까닭에는 나름 훌륭한 배경도 있었다. 그는 정부 관료와 사무라이 가정의 아들이었다. 모스크바의 일본 대사가 되겠다는 꿈을 가지고 있던 그는 러시아어를 유창하게 구사할 수 있을 정도로 열심히 공부했다. 쉰들러와 마찬가지로 스기하라도 게임, 음악, 파티를 좋아하는 사람이었다. 겉으로 보기에 평생 외교관으로서 부족함 없는 삶을 살면서 쾌락을 추구하던 사람이 자신의 경력, 명성, 미래를 걸고 새벽 5시 15분에 잠을 깨우는 낯선 사람들을 구하는 일에 기꺼이 나서리라고는 상상하기 힘들었다. 하지만 그는 그 일을 해냈다. 가족과 그에게 어떤 결과가 닥칠지 충분히 예상되는 상태에서도 말이다.

문밖에서 기다리고 있는 무리와 대화를 나눈 후 스기하라는 그들의 곤란한 처지를 파악하고 도쿄에 전문을 보내 비자 발급 승인을 요청했다. 일본은 여전히 유대인들에게 비자를 발급해주며 정착지를 제공하고 있었지만, 외무부에 있는 스기하라의 상관들은 그러한 정책을 지속했다가는 히틀러와의 관계에 문제가 생기지는 않을지 두려워하고 있었다. 그 결과 스기하라의 요청은 거부되었다. 두 번, 세 번 비자 발급을 요청했지만 결과는 마찬가지였었다. 바로 그때였다. 40세라는 나이에 한 번도 명령을 어기거나 국가의 이익에 해가 되는 일을 해본 적 없는 중견 공무원은 그 누구도 상상할 수 없었던 일을 저질렀다. 그는 두 번이나 분명하게 들었던 명령을 무시하고 유대인에게 필요한 여행 서류를 작성하기 시작했다.

그 선택으로 인해 그의 경력은 끝난 것과 다름없었다. 한 달도 채 되지 않아 그는 리투아니아 밖으로 쫓겨나 독립적으로 일할 수 없는 직책으로 좌천되었다. 그리고 결국 명령 불복종으로 외교부에서 축출되었다. 전쟁 후에는 굴욕적인 삶을 살아가며 생계를 위해 전구를 팔았다. 그러나 리투아니아 영사관 폐쇄 전까지 그는 소신을 지켰고, 이른 아침부터 늦은 밤까지 신청자들을 인터뷰하고, 탈출에 필요한 서류를 만들어주었다. 영사관이 폐쇄되어 호텔에 머물면서도 그는 비자 발급을 멈추지 않았다. 스트레스로 살이 빠지고 탈진하기도 했고, 그의 아내 역시 스트레스로 인해 어린아이를 돌볼 수 없는 지경이 되었지만 그는 쉬지 않고 일했다. 심지어 비자 신청자들과 강제로 떨어질 수밖에 없었던 기차역에서도, 기차에 올라탄 다음에도, 그는 다른 사람의 생명을 구할 수 있는 서류를 창밖으로 내밀며 수천 명의 무고한 사람들을 구했다. 마침내 기차가 움직이기 시작하자, 그는 남겨진 사람들에게 고개를 숙여 사과했다. 조력자로서 자신의 부족함에 용서를 구하는 절이었다.

수천 명의 유대인이 상하이까지 탈출할 수 있도록 도운 스기하라의 결정이 어떤 하나의 원인 때문이라고 꼬집어 말하긴 힘들다. 일반적으로 다양한 힘들이 상호작용하여 그처럼 자비로운 행동을 낳기 때문이다. 스기하라의 경우에는 가족, 특히 부모님에게 큰 영향을 받은 것으로 보인다. 한동안 세무공무원으로 한국에 파견되었던 스기하라의 아버지는 가족과 함께 한국으로 건너가 여관을 열었다. 스기하라는 부모님이 다양한 손님을 기꺼이 받아들이고, 돈이 없는 사람에게도 음식과 잠자리, 목욕할 장소를 제공하고 빨래를 해주는 등 기본적인 의식주를 해결해주는 데 깊은 영향을 받았다. 이러한 관점에서 보면, 스기하라가 수천 명의 유대인을 도와주었던 노력이 이해가 간다. 부모님이 다양한 사람들을 가정 안에서 돌보는 것을 보면서 성장한 스기하라는 자연스럽게 인종과 국적을 떠나 모든 사람이 가족이라는 생각을 갖게 되었다. 45년 후 스기하라는 한 인터뷰에서 "유대인의 국적이나 종교는 전혀 중요하지 않았으며, 인간 가족의 일원이라는 사실만 중요했다"라고 말했다. 스기하라의 경험은 자식들에게 자애로운 마음을 길러주고 싶은 부모들에게 한 가지 방법을 제시한다. 그것은 바로 가정에서 다양한 배경을 가진 사람들을 접촉하게 하고, 그들을 손님이 아닌 가족처럼 대하라는 것이다.

한없는 인도주의를 보여주었던 마더 테레사도 부모와 함께했던 어린 시절을 비슷한 맥락에서 이야기한 적이 있다. 그녀는 세르비아에서 자랐다. 처음에는 부유했지만, 아버지가 돌아가신 후에는 가난하게 자랐다. 하지만 그녀의 어머니는 먹을 것과 잠자리가 없는 모든 사람을 먹이고, 입히고, 옷을 수선해주고, 씻겨주고, 재워주었다. 마더 테레사는 그 모든 것을 곁에서 지켜보았다. 학교에서 돌아오면 그녀와 자매들은 낯선 사람들과 함께 식탁에 앉아 식구들끼리 먹기에도 부족한 음식을 함께 나누어 먹어야 했다. 왜 그래야 하냐고 묻자, 어머니는 이렇게 대답했다고 한다. "우리와 같은 사람이란다." '우리와 같은 사람'은 개념상으로는 '우리 중 하나'와 같은 말이다.[15]

지역

인간은 유전적으로 연관된 개인들로 이루어진, 작지만 안정적인 집단 속에서 진화해왔기 때문에, 집 밖에서도 우리와 가까이 사는 사람들을 좋아하고 따르는 경향을 갖게 되었다. 심지어 이러한 경향에 '-주의-ism'라는 말까지 붙여 '지역주의'라고 부르기도 한다. 지역주의는 작은 동네에서부터 지역사회에 이르기까지 커다란 영향을 미친다. 홀로코스트 중 일어났던 두 사건을 잠시 돌이켜보자.

첫 번째 사건은 이 장의 첫 부분에서 언급했던 미스터리와 관련이 있다. 나치 수용소의 간수가 열 번째 죄수를 처벌하려다가 아무런 설명도 없이 열한 번째 죄수를 처형했던 사건 말이다. 그의 행동을 설명하는 여러 이유가 있을 수 있다. 과거에 그 죄수로부터 도움을 받았을 수도 있고, 그의 건강, 지능, 능력을 봤을 때 언젠가 커다란 도움이 되리라 생각했을 수도 있다. 하지만 다른 간수가 이유를 물었을 때, 그는 이런 실제적인 이유 때문이 아니라고 못 박았다. 그가 말한 이유는 다름 아닌 '끔찍한 지역주의'였다. 그는 열 번째 죄수가 같은 고향 사람임을 알아보았던 것이다.

학술 논문에서 이 사건을 다루면서 로널드 코헨은 모순적인 상황을 언급했다. "대규모의 학살을 의무적으로 저지르는 간수가 특정한 성원에게는 연민과 동정심을 보였다." 코헨이 이 문제를 깊게 파고들지는 않았지만, 대규모 학살을 저지르는 냉정한 살인자를 '자비롭고 동정심 있는' 사람으로 만들 정도로 강력한 요소가 무엇인지 파악해볼 필요가 있다. 그것은 바로 같은 지역 출신이라는 점이다.

이와 같은 연대감의 한 요소가 같은 시기에 완전히 다른 결과를 낳은 사례도 있다. 홀로코스트에서 유대인들을 구해준 사람들 이야기를 듣다 보면, 눈에 잘 띄지 않지만 주목할 만한 특징을 발견할 수 있다. 대부분의 사례에서 유대인들에게 도움을 준 이들이 자발적으로 나치의 희생자들을 먹여주고, 재워주고, 숨겨주지는 않았다. 게다가 희생자들이 그들에게 직접 도움을 요청하지도 않았다. 그보다는 친척이나 동네 사람들의 부탁을 받고 희생자들에게 도움을 준 경우가 많았다. 실제로 유대인들에게 도움을 준 사람들은 목숨이 위험한 낯선 사람의 부탁 때문에 그들을 도운 것이 아니었다. 그보다는 친척이나 이웃의 부탁을 거절하지 못하고 도움을 준 경우가 더 많았다.

물론, 도움을 준 이들이 희생자에 대한 아무런 동정심을 느끼지 않은 채 오직 주변 사람들의 부탁 때문에 그런 행동을 했다는 의미는 아니다. 프랑스인 앙드레 트로크메André Trocmé는 나치 점령기 동안 자신의 집 밖에 있던 한 유대인을 숨겨준 다음, 소도시 르 샹봉의 다른 주민을 설득하여 수천 명의 유대인을 먹여주고, 숨겨주고, 몰래 도망갈 수 있게 해주었다. 이 훌륭한 이야기에서도 가장 인상적인 부분은 그가 첫 번째 유대인을 구해준 것이 아니라, 이후에 많은 사람에게 도움을 주기 위해 그가 노력한 과정이다. 그는 우선 자신의 부탁을 거절하지 못할 사람들을 찾아 도움을 요청했다. 그런 다음에는 그의 부탁을 거절하지 못할 그의 친척과 이웃들을 찾았고, 그다음에는 다시 그들의 친척과 이웃에게도 똑같은 부탁을 해달라고 했다. 이렇게 기존의 연대감을 이용하여 전략적인 영향력을 행사한 그를 그저 동정심 많은 영웅이라고 부르기에는 아쉬운 면이 있다. 그는 엄청난 성공을 거둔 영웅이기 때문이다.

지역 내부에서도 기존의 연대감을 이용하여 큰 성공을 거둔 사람들의 사례를 쉽게 찾을 수 있다. 2008년 미국 대선 기간 중에 유권자와의 직접적인 접촉을 통해 판세를 크게 바꿀 수 있다는 연구 결과를 본 오바마 후보의 전략팀은 양당이 초접전의 경합을 펼치고 있는 주를 중심으로 700개가 넘는 지역 사무실을 구축하며 엄청난 돈을 썼다. 이 사무실 직원과 자원봉사자들의 가장 중요한 업무는 인근 시민들에게 버락 오바마가 얼마나 대통령직에 적절한 사람인지 설명하는 것이 아니었다. 그보다는 자신을 좋아하는 주민들에게 선거일에 반드시 투표하도록 독려하는 것이 그들의 가장 중요한 업무였다. 이 목표를 위해서 현장의 자원봉사자들은 자신이 사는 지역사회에서 집집마다 찾아다니며 투표를 약속받았다. 이 전략을 설계했던 사람들은 이웃 간의 접촉이 얼마나 커다란 설득력을 낳는지를 잘 알고 있었다. 나중에 분석한 결과에 따르면 이 전략은 대단히 효과적이었음이 밝혀졌다. (플로리다, 인디애나, 노스캐롤라이나) 세 경합 지역에서 승리를 거둘 수 있었을 뿐 아니라, 분석가에 따르면 전국적인 결과를 아슬아슬한 상태에서 낙승 분위기로 바꿔놓았다고 한다.[16]

지방색

같은 지방 출신이라는 공통점도 '우리'라는 감정과 더불어 놀라운 효과를 낳을 수 있다. 세계스포츠 선수권 대회에서 우승을 하는 것은 그 선수 주변에 사는 주민들에게 개인적 자부심을 갖게 한다. 마치 그 선수가 아니라 주민들이 승리를 거둔 느낌이다. 미국에서 진행된 연구만 보더라도 다양하고 풍부한 방식으로 이를 증명해준다. 시민들은 자신의 주에 위치한 대학의 설문조사에는 더 기꺼이 응했다. 아마존 제품 구매자들은 같은 주에 사는 리뷰어들의 추천을 좀 더 진지하게 받아들였다. 사람들은 자신의 주가 미국 역사에서 차지하는 역할을 과대평가하는 경향이 있다. 아프가니스탄의 사상자를 다룬 뉴스를 본 사람들은 자신의 주 출신 군인이 얼마나 많이 다치고 죽었는지를 알게 되면서 아프가니스탄 전쟁에 반대하는 견해가 더 굳어졌다. 남북전쟁 당시 같은 지방 출신 보병은 서로를 버리지 않았으며, '좀 더 결속된' 부대에서 전우들에게 충성을 다했다. 스포츠 팬들에서부터 전사戰士에 이르기까지 지방 정체성은 '우리'라는 반응에 상당한 영향을 미치고 있다. 하지만 홀로코스트라는 아무 상관도 없어 보이는 사건에서 가장 의미심장한 사례를 찾을 수 있다.

스기하라 치우네의 비자는 유대인 수천 명의 목숨을 구했다. 일본이 지배하던 영토에 도착한 유대인들은 일본 고베나 중국 상하이의 대규모 유대인 난민 집단에 배치되었다. 하지만 1941년 진주만 공격 이후에 이 난민들은 자유 통행권을 박탈당했고, 유대인 사회의 안전은 풍전등화 상태에 놓이게 되었다. 일본은 아돌프 히틀러의 완전한 공모자로 마각을 드러냈고, 이 악랄한 반유대론자와 연대를 유지해야 했다. 게다가 1942년 전 세계적으로 유대인을 절멸하겠다는 히틀러의 계획이 베를린 반제회의Wannsee Conference에서 발표되었다. '파이널 솔루션'이 추축국의 정책이 되면서 나치는 일본에 있는 유대인에게까지 '파이널 솔루션'이라는 마수를 뻗기 위해 일본을 압박했다. 죽음의 수용소, 생체 실험, 대량 익사와 같은 제안들이 회의에서 논의된 후 도쿄로 보내졌다. 하지만 1942년 초 일본 정부는 히틀러와의 관계 악화를 무릅쓰면서까지 이러한 압박에 저항했고, 전쟁이 끝날 때까지 그 기조를 유지했다. 왜 그랬을까?

그 해답은 몇 달 전 일어났던 일련의 사건과 관련이 있을 수 있다. 나치는 게슈타포 대령 요제프 마이징거Josef Meisinger를 도쿄에 보냈다. 이미 1만 6,000명의 폴란드인을 처형하라는 명령을 내려 '바르샤바의 도살자'라는 별명이 붙은 인물이었다. 1941년 4월 일본에 도착한 마이징거는 일본 통치령 내에 거주하는 유대인에 잔혹 정책을 펴라고 압박을 가하기 시작했다. 그 정책을 설계하고 법제화하는 데 기꺼이 도움을 주겠다고도 했다. 어떻게 반응해야 할지 처음에 갈팡질팡하던 일본 군사정부는 유대인 난민 공동체에 두 명의 대표를 뽑아 그들의 장래를 결정할 수도 있는 회의에 참석시키라고 통보했다. 선출된 대표는 둘 다 존경받던 종교 지도자들이었는데, 두 사람이 존경받는 방식은 판이했다. 랍비 모세 샤츠크Moses Shatzkes는 학구적인 인물로 존경받았고, 전쟁 전부터 유럽에서 손꼽히는 탈무드 학자였다. 나이가 좀 더 많은 랍비 시몬 칼리시Shimon Kalisch는 마치 사회심리학자처럼 기본적인 인간 행동에 대한 이해가 깊다고 알려진 인물이었다.

회의실로 들어간 두 사람은 통역관들과 함께 유대인 공동체의 생존을 결정지을 수 있는 일본 최고 사령관들로 구성된 심사위원회 앞에 섰다. 위원회는 곧바로 두 가지 심각한 질문을 던졌다. "왜 우리의 동맹 나치는 당신들을 그렇게 혐오할까요? 그리고 왜 우리가 그들이 아닌 당신 편을 들어야 할까요?" 학자였던 랍비 샤츠크는 이 질문에 얽힌 복잡한 역사적·종교적·경제적 문제를 파악하고 있었지만, 제대로 답변을 하지 못했다. 하지만 인간 본성을 파악하고 있던 랍비 칼리시는 내가 30년 넘게 이 분야를 공부하면서 보았던 가장 인상적이고 설득력 있는 답변을 제시했다. 칼리시는 침착하게 말했다. "왜냐하면 우리는 당신들과 같은 아시아인이기 때문입니다."

간결하지만 심금을 울리는 주장이었다. 그의 주장은 일본군 장교들의 지배적인 내집단 정체성을 전시의 일시적인 동맹에서 같은 지방색에 근거한 정체성으로 바꾸어버렸다. 아리아족이 '지배 민족'이며 아시아 민족과는 유전적으로 다르고 선천적으로 뛰어나다는 나치의 민족적 주장을 떠오르게 하는 주장이기도 했다. 이 통찰력 있는 답변을 통해 유대인은 일본과 같은 편이 되고, 나치는 (스스로 주장했듯이) 일본과 같은 편이 아니게 된 것이다. 늙은 랍비의 반응은 일본군 장교들에게 강력한 영향을 미쳤다. 한동안 침묵이 흐른 후에 장교들은 자신들끼리 이런저런 논의를 주고받다가 휴회를 선언했다. 그리고 다시 돌아와서는 고위 간부가 일어나 랍비들이 공동체에 전해주길 간절히 원했던 안심의 말을 들려주었다. "당신네 사람들에게 돌아가시오. 우리는 안전과 평화를 계속 제공하리라고 말하시오. 일본 영토 내에 있는 한 아무것도 두려워하지 않아도 좋소." 그의 말은 지켜졌다.[17]

설득의 달인이라면 당연히 가족과 장소가 사람들을 통합시키는 힘을 잘 이용할 것이다. 워런 버핏과 랍비 칼리시는 이 힘이 얼마나 효과적일 수 있는지를 잘 보여주었다. 동시에 영향력을 추구하는 사람이 이용할 수 있는 또 다른 결속 효과가 있다. 이는 같은 족보 혹은 지리적 공간에 함께 있는 데서 오는 것이 아니라, 동시에 협력적으로 함께 행동하는 데서 비롯되는 것이다.

━ 함께 행동한다는 것

　　나의 동료 빌헬미나 보신스카Wihelmina Wosinska 교수는 1950년대와 1960년대 소련 통치를 받던 폴란드에서 보낸 어린 시절을 떠올리면 복잡한 감정에 젖는다. 부정적인 측면에서 보자면, 항상 생필품이 부족했던 것은 물론이고, 언론, 정보, 종교, 이주를 포함한 모든 개인적인 자유가 억압되었다. 하지만 그녀와 친구들은 이러한 결핍과 억압을 공정하고 평등한 사회 질서를 구축하는 데 필요한 것이라고 긍정적으로 받아들여야 했다. 이러한 긍정적인 감정은 규칙적으로 벌어진 축하 행사를 통해 드러나고 강화되었다. 참여자들은 깃발을 흔들며 함께 노래를 부르고 행진했다. 그녀에 따르면, 육체적으로 자극적이고, 정서적으로 황홀감을 느끼게 하며, 심리적으로는 확신을 주었던 그 행사의 효과는 대단했다. 또한 주도면밀하게 연출되고 강력하게 기획된 그 행사를 통해 '하나를 위한 모두, 모두를 위한 하나'라는 표어가 가슴에 사무치는 느낌이 들었다고 한다. 보신스카 교수는 집단 심리를 주제로 한 학회에서 항상 이런 이야기를 하곤 했다. 학회라는 학구적인 분위기에도 불구하고 그때의 행사를 이야기할 때면 그녀의 목소리는 점점 커지고 얼굴에는 홍조를 띠었으며 눈은 반짝거렸다. 그런 경험에는 그것이 근본적이고 핵심적인 인간의 조건이라고 느끼게 만드는, 결코 감출 수 없는 본능적인 무언가가 내재되어 있다.

실제로 고고학과 인류학의 기록들은 그 핵심을 정확하게 가리키고 있다. 모든 인간 사회는 노래, 행진, 의식, 구호, 기도, 춤 등을 통해 동일하거나 조화로운 방식으로 반응하는 방법을 발전시켰다. 이런 방식은 선사시대까지 거슬러 올라가는데, 가령 집단적인 춤을 추는 모습은 신석기시대와 금석병용시대(석기시대와 청동기시대 사이의)의 그림, 바위와 동굴에 그려진 벽화 등에서 흔히 볼 수 있다. 행동과학의 연구 결과는 그 이유를 명확하게 보여준다. 같은 행동을 할 때 사람들은 더 단단하게 결속되기 때문이다. 그 결과 생겨나는 집단 연대감은 보통은 훨씬 작은 가족 단위에만 적용되던 충성심과 자기희생을 사회 전체로 확대하여 집단의 이익을 가져다준다. 따라서 원시 시대를 포함한 인간 사회는 조화로운 반응을 통해 집단을 결속하는 '테크놀로지'를 발달시켰다. 그 효과는 '우리'라는 감정, '통합'되어 있다는 느낌, 자기와 타자의 융합, 그리고 집단을 위해 기꺼이 희생하는 경향성 등 친족 관계에서 나타나는 효과와 유사하다. 그렇다면 부족 사회에서 전쟁을 앞둔 전사들이 리듬에 맞춰 춤추는 것은 전혀 놀라운 일이 아니다.

다른 사람들과 통합되었다는 느낌은 흔한 경험은 아니지만, 그렇다고 전혀 불가능한 것은 아니다. 오히려 다양한 방법으로 쉽게 만들어질 수 있는 경험이다. 일련의 연구에서 다른 참가자들과 한목소리로 (혹은 순서를 번갈아가며 함께) 이야기를 읽은 실험 참가자들은 혼자 이야기를 읽은 참가자보다 다른 참가자들에게 훨씬 더 많은 '우리'와 같은 감정과 연대감을 느꼈다. 후속 연구에서도 역시 함께하는 행동이 다른 사람들을 좋아하게 만드는 효과가 있음을 보여주었다. 23~24명으로 이루어진 집단을 대상으로 한 실험에서 한 집단은 같은 집단 성원들과 똑같은 순서로 단어를 말하고, 다른 집단은 똑같은 단어를 말하지만 그 순서는 다르게 말하도록 했다. 그 결과 같은 순서로 같은 단어를 나열한 집단이 같은 집단 성원에게 더 많은 '우리'와 같은 감정을 느꼈을 뿐만 아니라 이후에 집단을 나누어 비디오 게임을 하면서도 협력을 통해 더 높은 점수를 얻었다. 이 현상은 두뇌 활동 연구에서도 나타난다. 함께 게임에 몰두할 때, 참가자들의 뇌파 패턴은 같은 집단 성원들의 뇌파와 일치하여 같은 파동을 나타냈다. 사람들이 동시에 같은 행동을 할 때에도 실제로 같은 뇌파가 나타났다.

동작, 목소리, 혹은 인지적인 방식으로 함께하는 행동을 통해 친족 관계라는 느낌을 받을 수 있다면, 우리는 이 두 가지 형태에서 비슷한 결과를 볼 수 있어야 한다. 그리고 실제로 비슷한 결과가 나타났다. 이러한 결과 중 두 가지가 설득의 달인을 꿈꾸는 사람들에게 특히 중요하다. 하나는 호감이 증가하는 것이고, 다른 하나는 다른 사람에게서 더 많은 지지를 받는 것이다.[18]

비슷함에서 호감으로

다 함께 똑같은 행동을 할 때, 사람들은 서로가 비슷하다고 보는 것에 그치지 않고 이후에도 서로를 더욱 긍정적으로 평가한다. '비슷하다 likeness'는 느낌이 고조되며 '호감Hiking' 또한 고조되는 것이다. 실험실에서 손가락을 두드리는 행동, 대화 중 미소 짓기, 교사와 학생의 관계에서 자세 바로잡기 등 어떤 행동이라도 동시에 이루어진다면, 같은 행동을 하는 다른 사람에게 좀 더 호감을 느낀다고 평가하게 된다. 캐나다 연구진은 이렇게 조율된 행동을 통해서 사회적으로 중요한 의미가 있는 결과를 얻을 수 있을지 궁금했다. 이들은 비슷함이 호감으로 바뀌는 경향을 이용하여 인종 차별을 줄일 수 있을지 알아보려 했다. 일반적으로 우리는 내집단 성원과는 조화를 이루며 잘 지내려 노력하지만, 외집단 성원과는 그렇지 않다. 그 결과 발생하는 연대감의 차이가 자동적으로 내집단을 더 선호하게 되는 원인이 될 수 있다고 연구자들은 추정했다. 그렇다면 외집단 성원과 동일하거나 조화를 이루는 행동을 하게 함으로써 외집단에 대한 편견을 줄일 수도 있지 않을까?

이 아이디어를 검증하기 위해 연구자들은 백인과 흑인으로 실험을 구성했다. 백인 참가자들에게 흑인이 물을 마시고 잔을 테이블에 올려놓는 영상 일곱 개를 보여주었다. 그런 다음 몇몇 참가자에게는 영상 속 흑인의 행동을 그냥 보게만 했고, 다른 참가자들에게는 영상 속의 행동을 그대로 따라하도록 했다. 나중에 이들의 인종적 편향을 측정하는 과정에서 흑인의 영상을 지켜보기만 했던 백인 참가자들은 흑인에 대해 일반적인 백인과 같은 편향성을 보였다. 하지만 흑인과 같은 행동을 했던 백인 참가자에게서는 어떤 편향도 나타나지 않았다.

이 연구 결과에 커다란 의미를 부여하기에 앞서, 실험이 끝난 바로 직후에 긍정적인 변화가 측정되었다는 사실을 알아둘 필요가 있다. 연구자들은 이러한 태도 변화가 시간이 지난 후나 다른 장소에서도 지속되었다는 증거는 제시하지 않았다. 이런 사실을 고려하더라도 여전히 이 결과를 희망적으로 바라볼 여지는 있다. 취업 면접, 전화 영업, 첫 회의와 같은 특정한 상황에서 내집단과 외집단에 편견을 덜 가지고 접근하는 것만으로도 중요한 의미가 있기 때문이다.[19]

공동의 경험이 가져온 자기희생

낯선 사람이라도 같은 행동을 하는 경우 그 사람에 대해 연대감을 느끼고 호감이 증가한다는 근거는 충분히 살펴보았다. 하지만 이렇듯 같은 행동에서 비롯된 연대감과 호감이 그 사람을 설득하여 이후의 행동까지 바꾸어버릴 정도로 강력한가? 다음 두 가지 연구에서 이 질문에 대한 답을 얻을 수 있다. 한 연구는 결속감을 느꼈던 한 개인에게 주어진 도움을 살펴보았고, 다른 하나는 이미 결속감을 가지고 있는 팀 성원 내의 협력을 조사해보았다. 두 연구는 모두 자기희생적인 행동을 요구하고 있었다.

첫 번째 연구에서는 참가자들에게 헤드폰을 쓰고 녹음된 음악을 들으며 들리는 박자에 맞춰 테이블을 두드리라고 했다. 몇몇 사람들은 파트너와 같은 음악을 들었고, 따라서 파트너와 동시에 테이블을 두드렸다. 반면 다른 사람들은 파트너와 다른 음악을 들었고, 따라서 파트너와 같은 시간에 똑같은 행동을 하지는 않았다. 그 후 모든 참가자에게 마음껏 연구실을 나가도 좋지만, 파트너는 그 자리에 계속 남아서 지루한 수학과 논리 문제를 풀어야 한다고 했다. 다만 그 자리에 남아서 파트너를 도와 문제를 푸는 것은 자유라고 덧붙였다. 그러자 동일한 행동을 한 사람들 사이에서 자기희생적이고 상대를 지지하는 행동이 증가한다는 분명한 결과가 도출되었다. 파트너와 함께 테이들을 두드리지 않았던 사람들 중에서는 불과 18퍼센트만이 남아 파트너를 도와주겠다고 한 반면, 파트너와 동시에 테이블을 두드렸던 사람 중에서는 49퍼센트가 기꺼이 자유 시간을 포기하고 파트너에게 도움을 주겠다고 남았다.

연구진은 또 하나의 흥미로운 실험을 했다. 사회적 응집력을 고취하는 데 사용되는 유서 깊은 군사 전략을 이용한 실험이었다. 실험 참가자들을 몇 개 팀으로 나눈 후, 몇몇 팀은 발맞춰 걷게 했고 다른 팀들은 같은 시간 동안 평상시처럼 걷도록 했다. 그 후 모두가 함께 모여 경제 게임을 했다. 자신의 금융 이익을 극대화하거나, 그렇지 않으면 자신의 이익을 포기하고 팀 동료들이 더 많은 이익을 얻을 수 있도록 하는 게임이었다. 팀 동료들과 함께 발맞춰 걸었던 사람들은 자유롭게 걸었던 팀보다 50퍼센트 더 동료들에게 협력적인 태도를 보여주었다. 후속 연구를 통해 그 이유가 밝혀졌다. 발맞춰 걷는 동조성synchrony을 통해 연대감이 형성되면서 개인적 이익을 희생하고 집단 전체의 이익을 추구할 수 있는 기반이 조성되었던 것이다. 따라서 발맞춰 걷는 행군이 군사 훈련에서 여전히 이용되고 있는 것도 그리 놀라운 사실이 아니다. 전쟁 기술로서의 가치는 이미 오래전에 사라져버렸지만, 연대감 형성을 위한 수단으로는 여전히 훌륭한 가치를 가지고 있기 때문이다.[20]

따라서 집단은 동조적인 반응을 통해 다양한 상황에서 연대감, 호감, 그에 따른 지지 행동을 끌어낼 수 있다. 하지만 지금까지 살펴본 방법들, 예를 들어 함께 이야기를 읽거나, 테이블을 두드리거나, 물을 마시는 것과 같은 행동은 쉽게 실천할 수 있는 것이 아니다. 최소한 대규모로 실천하기는 어렵다. 그런 면에서 발맞춰 걷기는 조금 나아 보이지만, 아주 조금 나을 뿐이다. 그렇다면 사회 구성원들이 함께 조화를 이루며 집단적인 목적을 이루기 위해 노력하도록 성원들을 설득하는 데 일반적으로 사용할 수 있는 방법은 없을까? 당연히 있다. 음악이 바로 그런 역할을 할 수 있다. 모든 설득의 달인에게는 다행스러운 일이겠지만 음악은 많은 사람을 한 개인의 목적을 위해 움직이게 만들 수 있다.

태초에 음악이 있었다

인간 역사가 시작된 날부터 모든 인간 사회에서 음악을 들을 수 있었던 데에는 그럴만한 이유가 있다. (리듬, 운율, 강도, 진동, 박자 등) 누구나 느낄 수 있는 독특한 규칙성으로 인해 음악은 사람들 사이에서 조화를 이루어낼 수 있는 특별한 힘을 가지고 있다. 따라서 음악을 듣는 사람들은 움직임, 목소리, 감정적인 면에서 다른 사람들과 쉽게 동화된다. 이러한 상태는 자아와 타자의 결합, 사회적 결속, 상대를 지지하는 행동과 같이 흔히 볼 수 있는 연대감의 형태로 쉽게 이어진다. 독일에서 네 살 짜리 아이들을 대상으로 진행된 실험 결과를 통해 음악이 어떻게 상대를 지지하는 행동으로 이어지는지 알아보자. 몇몇 아이들에게는 게임의 하나라고 말하며 파트너와 함께 음악에 맞춰 노래를 부르고 박자를 맞춰 원을 그리며 걷게 했다. 다른 아이들도 거의 같은 행동을 하게 했지만, 음악은 들려주지 않았다. 나중에 아이들에게 다른 이들을 도와줄 기회가 생겼을 때, 음악을 들으며 함께 노래하고 박자에 맞춰 걸었던 아이들이 음악을 들려주지 않았던 아이들에 비해 다른 사람을 도와주려는 경향이 세 배나 높았다.

이 연구를 진행했던 사람들은 아이들의 다른 사람들을 도와주는 행동에서 두 가지 중요한 특징을 발견했다. 첫째, 아이의 도움은 개인적인 놀이 시간을 포기해야 한다는 점에서 자기희생적인 행동이었다. 음악과 율동의 공동 경험이 자기희생을 놀랍도록 증가시킨다는 사실은 네 살 아이의 이기적인 행동을 고쳐보려 노력하는 부모들이 보기에는 놀라운 일이 될 수 있다. 두 번째 특징 역시 나에게는 매우 충격적이었다. 아이들의 개인적 희생은 도움을 제공해야 하는 이유와 제공하지 않아야 하는 이유를 합리적으로 따져보지 않은 상태에서 이루어졌다. 다시 말해, 아이들의 자기희생은 자연발생적이고, 직관적이며, 정서적 연대감에 기반을 둔 것으로, 음악을 공유한 경험에서 자연스럽게 비롯된 행동이었다. 사회적 영향과 관련하여 이런 특징은 중요한 점을 시사하고 있다.[21]

논리적 접근 vs. 감정적 접근

심리학자들은 오랫동안 사람들이 무엇인가를 판단하고 생각하는 데 두 가지 방식이 존재한다고 주장해왔다. 최근에는 대니얼 카너먼Daniel Kahneman이 사람들의 사고방식을 시스템1과 시스템2로 구분하며 많은 관심을 받고 있다. 시스템1은 빠르고, 연상적이며, 직관적이고, 대체로 감정적인 반면, 시스템2는 느리고, 신중하며, 분석적이고, 합리적이다. 두 시스템을 분리해야 하는 이유는 하나가 활성화되면 다른 하나가 억제되기 때문이다. 어떤 문제를 정서적으로 경험할 때 그 문제를 골똘히 생각하기 힘든 것처럼, 어떤 문제를 논리적으로 분석하면서 그 문제를 충분히 경험하기는 어렵다. 여기에 설득의 방법에 대한 시사점이 있다. 누군가를 설득하려는 사람은 상대방을 잘 파악하여 시스템1과 시스템2를 활용해야 한다. 당신이 (매력적인 외형과 숨 막히는 가속력과 같은) 정서적인 특징에 주목하여 차량 구매를 고려하는 사람이라면, 자동차 영업사원은 감정과 관련된 주장을 펼치며 당신에게 접근하려고 할 것이다. 연구에 따르면, 그런 고객에게는 "저는 이 모델이 당신께 꼭 맞는 것이라는 '느낌'이 듭니다"라는 말이 판매에 도움이 될 수 있다. 하지만 당신이 (연비나 중고가와 같은) 합리적인 특징을 기반으로 구매를 고려하는 사람이라면, "저는 이 모델이 당신에게 잘 어울릴 거라고 '생각'합니다"라는 말이 훨씬 더 도움이 될 수 있다.[22]

음악의 영향력은 시스템2보다는 시스템1에 속한다. 예를 들어 문자라는 인지 과정을 통해 음악을 제대로 설명하기가 얼마나 어려운지를 토로했던 엘비스 코스텔로Elvis Costello의 말을 인용해보자. "음악이 뭔지 글로 쓰라는 것은 건축을 춤으로 표현하라는 것과 같아요."

인지와 감정의 부조화는 빌 위더스의 노래 〈에인트 노 선샤인Ain't No Sunshine〉에서도 잘 나타난다. 물론 이 노래는 인지와 감정의 부조화보다는 떠나버린 여성 때문에 괴로워하는 남성을 소재로 한 노래이지만 말이다. "그리고 나는 알아, 알아/ 헤이, 당신을 혼자 내버려두는 게 옳다는 걸 알지만/ 당신이 가버리고 나면 내겐 아무런 빛도 남지 않는걸." 위더스는 내가 대중가요의 가사에서 들어본 것 중 가장 순수한 시라는 형식을 통해 자신의 주장을 펼치고 있다. 사랑의 고통 속에서 (무려 26번이나 등장하는) 인지는 감정에 아무런 위로가 되지 않는다.

사람들은 음악에 감각적이고 본능적으로 반응하면서, 리듬에 맞춰 노래 부르고, 즉석에서 춤추고, 흔들어댄다. 다른 사람이 있다면, 함께 그런 행동을 한다. 음악이 의식을 지배하고 있을 때는 음악을 분석적으로 생각하지 않는다. 음악의 영향을 받고 있을 때면, 생각으로 가는 신중하고 합리적인 길은 접근하기 어려워지고 이용 불가능한 길이 되어버린다. 그 안타까운 결과에 대해 두 개의 유명한 논평이 있다. 볼테르Votaire의 첫 번째 논평은 음악을 경멸하는 태도에서 비롯된 것이다. "너무나 멍청해서 말로 표현할 수 없는 것들이나 음악이 되어 불린다." 두 번째는 광고업계에서 흔한 격언으로, 전략적인 태도로 음악에 접근하고 있다. "사실을 가지고 청중을 설득할 수 없다면, 노래로 만들어 들려주어라." 따라서 누군가를 설득하려고 할 때 자기 생각에 합리적인 면이 부족하다고 해서 설득을 포기할 필요는 없다. 측면 공격도 가능하니 말이다. 음악과 노래로 무장하고, 합리성이 힘을 발휘하지 못하고 조화, 동조성, 연대감이라는 감각이 승리를 거두는 전장으로 진군해나가면 된다.

이러한 깨달음을 통해 나는 오랫동안 개인적으로 해결하지 못했던 수수께끼 하나를 풀 수 있었다. 어린 시절 음악적 재능이라고는 전혀 없던 나에게 특히 당혹스러웠던 문제는 왜 젊은 여성들이 그렇게 음악가를 좋아하는가 하는 것이었다. 여성들이 음악가를 좋아하는 데 논리적인 이유는 없다. 대부분 음악가가 연애에 성공할 가능성은 상당히 낮다는 사실은 중요하지 않다. 그건 합리적인 확률에 불과하기 때문이다. 음악가들의 현재와 미래의 재정적 전망이 밝지 않다는 사실도 중요하지 않다. 그건 경제적인 이유에 불과하니 말이다. 음악은 그런 실제적인 것들과는 아무런 관련이 없어야 한다. 음악은 정서적인 안정을 가져다주는 화성적인 조화여야 한다. 게다가 공통적으로 감정에 기반을 두고 있는 음악과 연애는 사람들의 삶과 밀접하게 관련되어 있다. 연애를 소재로 한 노래가 어느 정도 비율을 차지하는지 알고는 있는가? 무려 80퍼센트이다. 놀라운 일이다. 말하거나 생각하거나 글을 쓸 때, 연애가 그렇게까지 중요한 문제가 될까? 아니다. 하지만 노래를 부를 때라면 상황은 완전히 달라진다.

이제는 이해할 수 있다. 연애와 음악에 한창 관심을 가질 나이인 젊은 여성이라면 음악가 앞에서 한없이 약해질 수 있다. 두 경험 사이의 강력한 연결고리 때문에 젊은 여성들은 음악가를 거부하기 힘들다. 과학적인 근거가 필요한가? 그렇지 않다면, 그냥 내가 프랑스에서 진행된 연구 결과 하나를 노래로 부르고 있다고 생각해보길 바란다. 이 연구에서는 한 남성이 여성에게 접근하여 전화번호를 알려달라고 하는 실험을 진행했다. 그리고 남성이 기타 케이스를 메고 있을 때와 스포츠 가방을 메고 있을 때, 그리고 아무것도 가지고 있지 않을 때 전화번호를 얻어내는 비율을 조사했다.

프랑스 과학자들은 / 낯선 남자가 갑자기 전화번호를 알려달라고 해도 / 기타를 메고 있으면 '네'라는 대답을 들을 가능성이 / 커지지 않을까 걱정했다네. / 결국 기타를 메고 두 배는 더 많은 전화번호를 얻었지. / 그렇다고 너무 기분 나빠하지는 마시게.

설득의 달인이 되고 싶은 사람이라면, 음악은 시스템1과 관련이 있고, 그런 반응과 연결되었을 때 사람들은 신중하지 않은 행동을 한다는 것을 파악하는 데서 그쳐서는 안 된다. 여기엔 훨씬 더 중요한 교훈이 있다. 설득을 하려는 사람의 마음가짐이 시스템1에 부합하는지 아니면 시스템2에 부합하는지에 따라 설득 방식을 달리하는 것이 중요하다. 비합리적이고 쾌락주의적인 목적을 가진 사람은 배경음악과 같이 비합리적인 요소를 담은 메시지를 가지고 다가서야 하고, 이와는 반대로 합리적이고 실용적인 목적을 가진 사람이라면 사실과 같이 합리적인 요소를 담은 메시지로 접근해야 한다. 마케팅 전문가 스콧 암스트롱J. Scott Armstrong은 자신의 탁월한 저서 《설득력 있는 광고Persuasive Advertising》에서 1,513편의 텔레비전 광고를 분석하고, 그중 87퍼센트가 음악을 포함하고 있었다고 썼다. 하지만 이렇게 일상적으로 메시지에 음악을 붙여 전달하는 것이 늘 원하는 효과를 얻을 수 있는 것은 아니다. 암스트롱은 음악은 (예를 들어 과자나, 탈취제와 같이) 익숙하고 감정에 기반을 둔 제품을 (생각할 가능성이 낮은) 감정적 맥락에서 광고하는 데만 사용되어야 한다고 결론지었다. (예를 들어 안전 장비나 소프트웨어 패키지와 같은) 개인적으로 매우 중요하거나 구매를 위한 강력한 근거를 제시해야 하는 제품들, 다시 말해 제품 구매에 앞서 냉정하게 사고하고, 그 사고가 도움이 되는 제품을 광고하는 데 배경음악은 오히려 역효과를 가져올 수 있다.[23]

반복적인 상호 교환

2015년 초 〈뉴욕타임스〉의 기사 하나가 독자들의 폭발적인 관심을 불러일으키며 수많은 댓글이 달렸다. 이 기사는 곧 널리 퍼져나가며, 〈뉴욕타임스〉에서 가장 많은 사람이 읽은 기사가 되었다. 국내외의 중요한 화제들을 품위 있는 시각으로 다루는 〈뉴욕타임스〉 정도의 매체에서는 늘 있을 수 있는 대단한 일이 아니라고 여기며 넘어갈 수도 있다. 하지만 이 특별한 기사는 정치, 경제, 테크놀로지, 심지어 건강 섹션도 아닌 일요 스타일 섹션에 등장했기에 더 논란이 되었다. 〈사랑에 빠지고 싶다면 이렇게 하라〉라는 기사 제목대로, 이 기사를 쓴 맨디 렌 캐트론Mandy Len Catron은 45분 만에 강렬한 정서적 친밀함과 사랑이라는 사회적 유대관계를 형성할 수 있는 놀라울 정도로 효과적인 방법을 찾아냈다고 주장했다! 그녀는 자신이 직접 경험해본 방식이므로 효과를 보증할 수 있다고도 했다.

이 방법은 아서 애론Arthur Aaron과 엘레인 애론Elasin Aron이라는 부부 심리학자의 연구 프로그램에서 비롯되었다. 애론 부부는 가까운 사람들 간의 관계에 대해 연구하던 중 이 방법이 떠올랐다고 한다. 그 방법이란 지금까지 우리가 보아왔던 것과는 조금 다른 형식의 공동 활동인데, 파트너들이 서로 돌아가면서 서로에게 호의를 베푸는 것이다. 다른 심리학자들은 서로 오랜 기간 동안 호의를 주고받으면 누구에게서 순서가 끝나든 상관없이 호의를 주고받았던 파트너에게 더 많은 호의를 베풀게 된다고 말하기도 했다.

애론 부부와 동료들은 오랜 기간 동안 호의를 주고받는 것이 어떻게 참가자들을 결속하게 만드는지 보여줌으로써 이런 종류의 자발적 동의를 설명하는 데 도움을 주었다. 그들은 서로 호의를 주고받는 행동 중에서도 서로를 사랑하게 할 정도로 강력한 상호작용을 사용했다. 그것은 다름 아닌 자기 자신에 대해 서로에게 털어놓는 자기 공개였다. 절차는 복잡하지 않았다. 일단 두 명이 짝을 이루어 서로 순서를 바꿔가며 상대방에게 질문을 하는 것이다. 상대방에게 대답을 들은 후에는 자신도 같은 질문에 대한 답을 한다. 이렇게 36개의 질문에 답하다 보면 참가자들은 점차 자신의 개인 정보를 노출하게 되고, 그에 따라 상대방의 개인 정보도 더 많이 알게 된다. 초반 질문은 "당신에게 완벽한 하루는 어떤 날인가요?" 정도겠지만, 후반으로 가면 "우정에서 무엇에 가장 가치를 두고 계십니까?" 같은 질문을 하게 되고, 마지막에는 "가족 중에서 누가 죽었을 때 가장 슬플까요?"와 같은 질문을 던진다.

참가자들의 관계는 모든 예상을 훌쩍 뛰어넘으며 깊어졌다. 45분이라는 시간, 특히 감정적으로 메마른 실험실이라는 환경에서조차 완벽한 타인들 사이에서 기대할 수 없었던 친밀함과 연대감이 조성되었다. 게다가 그 결과는 절대 우연한 것이 아니었다. 엘레인 애론의 인터뷰에 따르면, 이후로도 이 방법을 이용한 수백 건의 실험에서 동일한 결과가 도출되었고, 심지어 그 결과 결혼하는 참가자들도 있었다고 한다. 같은 인터뷰에서 애론 박사는 실험 과정 속에 이러한 결과를 낳은 핵심적인 요소 두 가지가 포함되어 있다고 설명했다. 첫째, 질문들이 개인 정보를 더 많이 공개하는 방향으로 나아갔다는 점이다. 그 결과 질문에 응답하면서 참가자들은 점차 신뢰를 구축하고, 서로에게 마음을 열 수 있었다. 이는 단단하게 결속된 커플의 상징과도 같은 것이다. 둘째, 참가자들은 함께 행동해서 이러한 결과를 도출해냈다. 즉 이들은 순서에 따라 자연스럽게 질문하고 대답하며 근본적이고 지속적으로 동시에 상호작용을 했다.[24]

함께 고통 겪기

연대감을 형성하는 또 다른 방법은 홀로코스트 시대의 수수께끼를 해결하는 열쇠가 된다. 1940년 여름 뒤셀도르프 지역의 게슈타포가 조직적으로 유대인 신원을 확인하고 유럽 전역에 있는 죽음의 수용소로 이송하느라 바쁠 때, 그들은 자신들의 친위대장 하인리히 히믈러Heinrich Himmler로부터 주목할 만한 편지를 받았다. 그 편지에는 판사인 에른스트 헤스Ernst Hess라는 유대인을 처형하지 말라고 적혀 있었다. 게다가 이는 나치 고위 공직자의 명령이니 "어떤 상황에서도 에른스트 헤스를 괴롭히지 말라"고 분명하게 명령을 내리고 있었다.

헤스가 받았던 특별대우는 이제까지 우리가 다루어온 연대감을 가지고는 설명할 수 없다. 이 판사는 나치가 관리하던 가정이 연루된 사건에서 나치에 유리한 판결을 내린 적도 없고, 나치와 같이 자랐다거나, 군대에서 같이 행진했던 경험도 없었다. 물론 얼마 전부터 행진을 하기는 했지만, 그것과 특별대우는 아무런 상관이 없는 것으로 밝혀졌다. 밝혀진 바는 이렇다. 1차 세계대전 중 헤스와 나치 고위 공직자는 끝없이 이어지던 무시무시한 전투 속에서 함께 역경과 가난과 고통을 겪었다. 사실 두 사람은 악명 높은 141일간의 솜Somme 전투에서 24시간도 채 안 되는 시간 동안 같은 전쟁터를 누비며 부상을 입기도 했다. 그 전투에서 120만 명의 군인이 목숨을 잃었고, 그중 50만 명은 독일군이었다. 아마도 셰익스피어가 쓴 〈헨리 5세〉의 다음 문장은 이 전투에서 살아남은 자들의 심경을 가장 잘 대변하고 있다고 볼 수 있다. "나와 같이 오늘 피를 흘린 자, 그들은 나의 형제가 될 것이다."

하지만 히믈러의 편지에서 헤스의 처형을 면제했던 고위 나치 공직자는 평범한 최고 공직자는 아니었다. 편지에서 헤스는 '총통의 바람대로 위안과 보호'를 받아야 할 것이라고 분명하게 명령한 것으로 미루어 볼 때, 이 명령을 내린 사람은 바로 세계 역사상 가장 악랄하고 효과적으로 수많은 유대인들을 죽음으로 내몰았던 아돌프 히틀러라고 볼 수밖에 없다.

이 대목에서 코헨의 이야기에 등장했던 나치 간수가 떠오른다. 포로수용소에서 죄수를 줄 세워놓고 열 번째 사람을 처형하던 일상적인 행동에서 벗어나 열한 번째 죄수를 처형했던 간수 말이다. 코헨을 당혹스럽게 만들었던 점은 "대규모 학살에 의무적으로 참여하면서도, 희생자 집단의 특정한 일원에게는 연민을 가지고 동정심을 보였다"라는 사실이었다. 우리는 간수와 죄수가 같은 고향 출신이라는 연대감을 가지고 이 수수께끼를 풀었었다. 다시 히틀러의 사례로 돌아가보면, 수백만 명의 유대인을 고문하고 절멸시키는 절차를 설계한 윤리적인 괴물이 자신의 일상적인 절차를 무시하고 한 특정한 사람에게 '자비롭고 동정적인' 은혜를 베풀었다. 이번에도 그 원인은 두 사람 사이의 결속감 때문으로 보이지만, 이번에는 같은 출생지가 원인이 아닌 함께 고통을 겪었다는 것이 원인으로 드러났다.

인간의 역사를 살펴보면, 함께 고통을 겪는 것은 사람들을 결속시키고 정체성을 융합하여 '우리'에 기반을 둔 애착을 만들어내는 힘이었다. 앞서 보았듯이 윌리엄 셰익스피어는 이 사실을 이미 깨닫고, 1599년 헨리 5세의 입을 통해 그런 사실을 이야기한 바 있다. 좀 더 최근의 사례에서는 그 과학적인 근거까지 찾아볼 수 있다. 2013년 보스턴 마라톤 폭발사건이 발생한 후 (예를 들어, 폭발을 개인적으로 직접 목격했거나 관련 정보를 듣는 등) 이 부정적인 사건과 직접 관련이 있다고 보고한 주민들과, 육체적·정신적으로 커다란 고통을 겪었다고 진술한 주민들은 그런 고통을 겪지 않았던 주민들에 비해 보스턴 지역 주민이라는 정체성이 강화되는 경향을 보였다. 게다가 더 빈번하게 혹은 더 깊게 그 비극적인 사건을 생각하면 할수록, 자신은 동료 보스턴 사람들과 '하나'라고 느끼는 경향이 커졌다.

연구자들은 고통을 공유하는 데에서 비롯된 결속 효과가 어떤 활동을 공유하는 경험에서 비롯되는 것은 아닌지 확인해보려 했다. 아무튼 우리는 같이 이야기를 읽거나, 함께 손가락으로 테이블을 두드리거나 발을 맞춰 행진을 한 것이 '우리'라는 연대감으로 이어진다는 사실을 앞에서 살펴보았다. 여기에 고통이 가미된다면 좀 더 강렬한 최종 결과물이 등장할까? 그랬다. 90초 동안 얼음물에 손을 넣은 다음 꺼내라는 과제를 마친 집단의 성원들은 실온의 물에 손을 담갔던 성원들에 비해 훨씬 더 많은 결속감을 느꼈다. 이후에 경제 게임을 할 때도 함께 고통을 겪었던 성원들은 자신들보다 집단 전체를 잘살게 하는 경제적 선택을 하는 경향이 높았다.

상호 고통은 연대감과 자기희생을 낳는 데 그치지 않고, 여러 다양한 인종 사이에 결속감을 가져오기도 한다. 2020년 미국 원주민 중 나바호 원주민들이 코로나19에 집단 감염되었을 때, 전혀 예기치 못했던 사람들이 도움을 주겠다고 나섰다. 그 지역의 자원봉사자들은 '고우펀드미 GoFundMe'라는 웹페이지를 만들어 나바호 원주민들에게 음식과 생활필수품을 제공했다. 그런데 느닷없이 아일랜드에서 수십만 달러 규모의 구호품이 들어오기 시작했다. 아일랜드 사람들이 그렇게 많은 구호품을 기꺼이 기부한 이유는 2장에서 다룬 상호성 원칙으로 설명할 수 있다. 몇 백 년이라는 시간, 수천 마일이라는 거리, 그리고 국가를 뛰어넘은 호혜적인 행동이라 볼 수 있다. 1847년 아일랜드 대기근이 절정으로 치닫고 있을 때, 촉토라는 미국 원주민 부족이 굶주리는 아일랜드 사람을 위해 (현재 가치로 약 5,000달러에 해당하는 금액인) 170달러를 모아 보내주었다. 이제 아일랜드 사람들이 보답해야 할 차례였다. 한 사람은 이렇게 설명했다. "우리 아일랜드 사람들은 아일랜드 대기근 중 미국 원주민이 보여주었던 연대와 동정심을 절대 잊지 않을 겁니다. 여러분들이 코로

나19와 싸우는 동안 저희도 함께하겠습니다."

이제까지 말했듯이 이 이야기는 2장의 상호성 원칙을 보여주는 훌륭한 예이다. 그렇다면 내가 왜 이 이야기를 고통을 함께 겪는 것과 연결 지어 언급하고 있는 걸까? 이 질문에 답하기 위해서는 아일랜드 사람들이 2020년에 도움을 준 이유에 앞서 1847년에 촉토 부족이 도움을 준 이유부터 살펴보아야 한다. 당시 촉토 부족은 정부가 명령한 대규모 강제 이주를 시작한 지 얼마 지나지 않은 상태였다. '눈물의 길Trail of Tears'이라고 알려진 서부로 가는 수백 마일을 행진하면서 6,000명에 달하는 사람들이 사망했다. 미국 원주민 조직을 만들고 있는 바네사 툴리Vanessa Tully는 이렇게 설명했다. "눈물의 길에서 죽어가는 사람들을 보았던 기억에서, 가난으로 죽어가는 아일랜드 사람들을 동정하는 마음이 일어난 거죠. 그것이 바로 촉토 부족이 구호의 손길을 내민 이유입니다." 온라인에 댓글을 달았던 많은 아일랜드인이 두 민족 사이의 결속을 어려움을 공유하며 구축된 가족적인 연대감으로 바라본 시선도 주목할 만하다. 그들은 또한 "우리 미국 원주민 형제자매들의 고난의 기억"에 대해 안타까움을 표현하기도 했다.[25]

사례 8.2

최근 들어 학자들은 소셜 미디어 플랫폼에 남겨진 행동 흔적을 분석하면서 인간 행동에 대해 다양한 사실을 알게 되었다 (Meredith, 2020). 2015년 11월 13일 파리 테러 이후 트위터 활동의 양과 성격 분석을 통해 우리는 고통을 공유하는 것이 집단 연대감에 어떤 영향을 미치는지 새로운 시선으로 볼 수 있게 되었다. 테러가 있었던 날부터 시작하여 몇 개월 후까지 행동과학자 데이비드 가르시아David Garcia와 버나드 리메Bernard Rimé는 프랑스 트위터 6만 2,114개의 계정을 샘플로 해서, 거의 1,800만 개의 트윗을 살펴보았다. 이들은 트윗에서 정서적 스트레스를 보여주는 단어와 (스트레스의 집단적 성격을 반영하는) 스트레스의 동조성을 보여주는 단어, 그리고 집단 연대감과 지지의 표현 등을 검색했다. 테러는 그 즉시 불안과 슬픔을 끌어 올렸다. 이삼일이 지나자 불안과 슬픔은 원래 상태를 회복했다. 하지만 그 이후 몇 주, 그리고 몇 달 동안 연대와 지지 표현들은 줄어들지 않았다. 또한 결속과 지지의 표현이 지속되는 기간과 그 강도는 최초의 고통이 그 순간 얼마나 많은 사람들에게 공유되는지와 직접적인 관련이 있었다. 연구자들은 이렇게 결론 내렸다. "우리의 연구 결과는 집단적 트라우마를 경험한 사회가 동시에 부정적인 감정으로 반응하는 것이 아님을 보여줌으로써 집단적 감정의 사회적 기능을 새롭게 조명하고 있습니다. … 이러한 발견들은 테러가 발생한 이후 우리는 역경에도 불구하고 더욱 단결한 것이 아니라, 그 역경을 함께 공유하며 더 단단하게 결속하고 또 다른 위협에도 더 잘 대처할 수 있게 되었음을 보여주고 있습니다."

저자의 한마디

나는 언제나 특정한 행동 패턴이 그것을 관찰하는 다양한 방법에서 비슷비슷하게 나타날 때 깊은 인상을 받는다. 고통의 공유가 내집단의 결속과 연대감 고취에 상당한 영향력을 미치는 현상은 언제나 확신할 수 있는 패턴 중 하나이다.

공동 창작

미국인들이 야생 동식물 보호에 관심을 두기 오래전에 알도 레오폴드Aldo Leopold는 이미 이런 대의를 주창하고 있었다. 1930년대와 1940년대에 걸쳐 위스콘신대학의 미국 최초 야생동식물 관리 교수로 근무했던 그는 이 문제를 윤리적으로 접근하기 시작했다. 그는 자신의 베스트셀러《모래 군의 열두 달A Sand Country Almanac》에서 상세히 설명한 대로 당시 지배적이었던 환경 보존 모델에 도전했다. 당시에는 환경 생태는 인간이 이용할 수 있도록 관리해야 한다는 것이 대부분의 생각이었다. 하지만 그는 가능한 한 모든 식물과 동물이 자연 상태에서 존재할 권리를 누려야 한다는 모델을 대안으로 제시했다. 자신이 진심으로 자연을 위하는 명쾌한 견해를 갖고 있다고 생각했던 그는 어느 날 자신의 견해와는 반대로 소나무에 빛이 더 잘 들도록 근처에 있던 자작나무를 도끼로 베고 있는 자신을 발견하고는 경악했다.

그는 왜 자작나무보다 소나무에게 도움이 되는 행동을 했던 걸까? 자신의 윤리에 따르면 두 나무 모두 자신의 땅에서 살아갈 권리가 있는데도 말이다. 그는 당혹한 상태에서 자신의 편향 뒤에 숨은 '논리'를 찾아보았다. 그 편향을 설명할 수 있는 두 나무의 다양한 차이를 생각해본 다음, 한 가지 요인이 가장 중요하다는 확신을 갖게 되었다. 그것은 논리와는 아무런 상관없이 온전히 감정에서 비롯된 것이었다. "음, 무엇보다 소나무는 내가 직접 심은 것이고, 자작나무는 담 아래에서 스스로 뿌리를 내린 것이지. 나의 편향은 어느 정도는 부성애에서 나온 것이로 군."[26]

자신이 직접 만들고 기른 것에 특별한 애착을 느끼는 사람은 레오폴드만이 아니다. 오히려 대부분의 사람들이 흔히 느끼는 감정이다. 예를 들어, 많은 사람들이 직접 물건을 조립하고 난 다음, "자신의 아마추어적인 창작품이 전문가들의 작품에 필적한다고 느낀다." 이를 가리켜 학자들은 '이케아 효과IKEA effect'라고 부른다. 우리는 지금 함께하는 행동이 사람들에게 어떤 영향을 미치는지 이야기하고 있으니, 또 다른 두 가지 가능성에 대해서도 살펴보기로 하자. 다른 사람과 함께 어떤 것을 만들었을 때, 사람들은 그 물건에 특별한 애착을 느낄 뿐 아니라 그 물건을 함께 만든 사람에게도 그런 감정을 느낄까? 그리고 이 특별한 애착은 다른 사람과의 연대감에서 비롯되는 것이고, 그 연대감의 결과가 많은 호감과 자기희생적인 지지로 나타날 수 있을까?

차례대로 이 질문에 대한 대답을 찾아보자. 우선 공동 창작에 대한 이야기를 하면서 레오폴드가 소나무를 직접 심은 행동이 어떤 효과를 가져왔는지를 언급하는 이유는 무엇일까? 그것은 소나무를 키우는 과정에서 레오폴드가 유일한 행위자가 아니라고 보았기 때문이다. 그는 자연과 공동 창작자였다. 그가 소나무 묘목을 땅에 심은 순간부터 자연은 그와 더불어 소나무를 키웠다. 자연과 함께 행동하면서 그가 개인적으로 자연과 연대감을 느끼게 되고, 그 결과 자신의 파트너가 된 자연에 더욱 애정을 느끼고 존중하게 되었는지는 분명하지 않다. 만일 그렇다면 우리는 공동 창작이 연대감을 느낄 수 있는 방법이라는 증거 하나를 확보한 셈이다. 유감스럽게도 레오폴드는 1948년에 사망했기 때문에

이 흥미로운 질문에 대답해줄 수 없다. 하지만 나는 그렇다고 확신하고 있다.

내가 이런 확신을 갖게 된 것은 부분적으로는 어떤 연구 결과 때문이다. 내가 직접 도움을 주었던 이 연구는 관리자가 개인적으로 어느 정도 제작에 참여하느냐가 실제 제품 제작에 미치는 영향에 관한 것이었다. 나는 직원들과 함께 최종 결과물을 만드는 데 더 많이 참여했다고 느끼는 관리자일수록 그 품질에 대해 높게 평가하리라 예상했고, 나의 예상은 옳았다. 예를 들어, 손목시계 신제품 광고와 같은 최종 결과물을 개발하는 데 자신이 커다란 역할을 했다고 믿는 관리자들은 그렇지 않다고 믿는 관리자들보다 광고를 50퍼센트 더 호의적으로 평가했다. 그들이 본 광고는 똑같았는데도 말이다. 게다가 자신의 역할이 컸다고 생각하는 관리자들은 자신이 직원 관리에도 책임이 있다고 생각하는 만큼, 광고 품질도 자신의 책임이라고 느끼는 바가 컸다. 이런 반응 역시 내가 예상했던 바였다.

하지만, 세 번째 발견은 예상하지 못한 것이었다. 프로젝트의 성공을 자신의 역할 때문이라고 생각하는 경향이 강한 관리자들은 직원들도 그만큼 중요한 역할을 했다고 생각했다. 나는 이 연구 결과를 보고는 마치 레오폴드가 손에 도끼를 들고 경악하던 그 순간을 체험하는 듯했다. 자신이 제품 개발에 많은 역할을 했다고 생각하는 관리자가 어떻게 자신과 더불어 각각의 직원들도 큰 역할을 했다고 생각할 수 있을까? 모든 이들의 역할을 다 합치면 100퍼센트이니, 한 개인의 기여도가 올라가면 파트너의 기여도는 내려가는 것이 논리적으로 옳지 않은가? 당시에는 나는 이런 상황을 이해할 수 없었다. 하지만 이제는 이해할 수 있다. 공동 창작은 일시적이나마 정체성의 통합을 이루어내기 때문에 한 파트너에게 적용되는 것은 다른 파트너에게도 적용되는 것이다. 여기에 분배 논리는 아무런 소용이 없다.

충고 요청이야말로 좋은 충고이다

우리는 충고를 받겠다고 우리에게 온 사람들의 지혜에 찬탄해 마지 않는다. _벤저민 프랭클린

관리자가 프로젝트에 생산적으로 참여한 직원들을 좀 더 칭찬해 주는 게 공동 창작의 유일한 장점이라고 생각해서는 안 된다. 공동 창작은 오랫동안 해결하지 못했던 많은 문제를 해결하는 데 도움이 된다. 6세에서 7세 미만의 아이들은 대체로 이기적이어서 친구들과 함께 노력해서 얻은 보상이 아니라면 그 보상을 공정하게 나누려고 하지 않는다. 이런 면에서는 오히려 세 살배기가 대체로 공정한 편이다. 3장에서 보았듯이, 일반적인 교실에서 학생들은 인종, 민족, 사회·경제적 구분에 따라 집단을 형성하며, 주로 자기 집단의 내부에서 친구와 협력자를 찾는다. 하지만 '협동 학습'을 통해 다른 집단 학생들과 함께 공동 창작을 하게 되면, 이런 행동은 크게 줄어든다.

기업은 소비자들에게 자신들과 결속감을 심어주어, 자신의 브랜드에 충성심을 느끼게 만들기 위해 노력한다. 많은 기업은 기존 고객은 물론 잠재적인 고객들을 자신들과 함께 새로운 제품과 서비스를 공동 창작하거나 업데이트해보자고 유혹하며 이 싸움에서 승리를 거두고 있다.

보통의 경우 소비자들에게 기업과 함께하는 공동 창작이란 기업에 소비자들이 원하는 바람직한 제품에 대한 정보를 제공하는 것에 불과하다.

하지만 이 마케팅 제휴 관계에서 소비자들의 인풋은 기업에 제시하는 충고 형태로 구조화되어야 한다. 다시 말해, 의견이나 기대의 형태여서는 안 된다. 표현상의 차이는 사소해 보일 수도 있지만, 결속감을 목적으로 하는 기업으로서는 중요한 문제이다. 충고 제공은 어떤 사람의 생각을 통합적인 상태로 만들어, 자신의 정체성을 다른 정체성과 연결하게 만든다. 하지만 의견이나 기대 제시는 자신의 내면을 들여다보게 만들어서, 자신에게만 집중하도록 하는 결과를 낳는다. 결과적으로 이러한 피드백 형식의 사소한 차이가 (그리고 이 차이가 낳는 통합의 태도냐 분리의 태도냐) 소비자들의 브랜드 개입brand engagement에 커다란 영향을 미칠 수 있다.

미국 전역에서 실시한 패스트푸드 레스토랑의 사업 계획에 관한 설문조사를 예로 들어보자. '스플래쉬'라는 이 레스토랑 체인은 몸에 좋은 건강식 메뉴로 경쟁사들과 차별화를 꾀했다. 설명을 읽은 참가자 모두에게 피드백을 요청하면서 몇몇 사람에게는 '충고'할 게 없느냐고 물었고, 다른 사람들에게는 이 브랜드에 대한 '의견'이나 '기대'하는 것이 있는지 물었다. 그리고 마지막으로 이 레스토랑의 단골이 될 생각이 있는지를 물었다. '충고'를 제공한 참가자들은 다른 참가자들보다 훨씬 더 '스플래쉬'라는 레스토랑의 음식을 먹고 싶어 했다. 충고가 통합 메커니즘이라고 예상했던 대로, 그 브랜드와 자신이 연결되어 있다고 느끼면서 이 레스토랑을 지지하려는 욕망은 증폭되었다.

나로서는 이 설문에서 얻은 또 하나의 발견을 통해 연대감의 핵심이 무엇인지 깨달을 수 있었다. 설문 참가자들은 세 종류의 피드백 모두가 레스토랑에 똑같이 도움이 된다고 평가했다. 따라서 충고를 한 사람들이 자신들이 더 도움을 주었다고 생각하여 브랜드에 결속감을 느끼는 것은 아니었다. 오히려 충고를 통해 브랜드에 관해 무엇을 말해야 하나 생각하면서 별개의 마음 상태가 통합된 마음 상태로 바뀐 것이다.

나는 이러한 일련의 결과들을 통해 친구, 동료, 고객과 직접 대면해서 상호작용을 하며 충고를 요청하는 것이 얼마나 지혜로운 방법인지 (그리고 유용한 정보를 얻기 위한 진정성 있는 방법인 동시에 얼마나 윤리적인 방법인지를) 깨닫게 되었다. 심지어 윗사람들과의 상호작용에서도 효과적일 수 있다. 물론, 잠재적인 단점을 걱정할 수도 있다. 실제로 상사에게 충고를 요청하면, 무능하거나, 의존적이거나, 불안정해 보일 수도 있다. 이런 걱정이 터무니없는 것은 아니지만, 나는 그 걱정이 잘못이라고 생각한다. 왜냐하면, 공동 창작 효과는 합리성이나 논리를 가지고는 포착할 수 없기 때문이다. 오히려 그 효과는 특정한 상황에서 사회적으로 조성된 감정, 다시 말해 함께 있다는 감정을 통해서만 포착될 수 있다. 이런 현상과 관련하여 소설가 솔 벨로Saul Bellow는 이렇게 말했다. "우리가 충고를 요청할 때, 보통은 공범을 찾는 것이다." 이 말에 과학적 근거를 덧붙인다면, 다음과 같이 말할 수 있다. "우리가 충고를 받을 때, 우리는 보통 공범을 구하는 것이다. 그리고 어떤 일을 할 때 그 일의 책임자보다 더 훌륭한 공범은 없다."[27]

— 더 큰 화합을 위한 연대감

이제 연대감을 느끼며 함께 행동하는 것이 가져오는 유리한 결과를 다시 한 번 짚어보자. 이제까지 우리는 그 두 가지 경험을 사람들에 심어줌으로써 선거판을 유리하게 만들고, 기업의 고객은 물론 주주들의 지지를 강화하고, 전시에 군인들이 도망가지 않고 제자리를 지키며 싸우게 하고, 지역사회가 절멸되는 것을 막을 수 있다는 사실을 살펴보았다. 또한 이 두 가지 경험을 결합하여 친구들과 학급 동료들, 직장 동료들이 서로를 좋아하고 도우며 협력하게 만들 수도 있고, 97퍼센트에 달하는 부모들이 금전적인 보상도 받지 않은 채 길고 긴 설문을 작성하게 만들 수도 있으며, 심지어 실험실에서 사랑이 싹트게도 할 수 있었다. 하지만 아직 해결되지 않은 질문이 있다. 이러한 환경에서 배운 교훈을 훨씬 더 커다란 무대로 가져가는 게 가능할까? 뿌리 깊은 국제적인 적대, 격렬한 종교 갈등, 폭발 직전의 인종 적대 같은 문제에서도 우리가 원하는 대로 이러한 방법을 적용해볼 수 있을까? 연대감을 느끼고 함께 행동하는 데서 우리가 알게 된 교훈들이 하나의 종으로서 인류가 함께 화합할 수 있는 가능성을 높여줄 수 있을까?

대답하기 힘든 질문이다. 아직도 해소되지 않고 남아 있는 완강한 차이에 잠재된 복잡한 원인 때문이다. 그러나 이렇게 골치 아픈 분야들에서도 나는 연대감을 낳은 절차가 바람직한 변화를 위한 환경을 조성할수 있다고 믿는다. 이런 생각이 지나치게 낙관적으로 보일 수도 있다. 이 이론과 관련된 수많은 문화적, 절차적 문제들을 고려하면, 실제로 이 이론을 현장에서 순조롭게 적용할 수 있으리라고 생각하는 건 세상을 너무 모르고 하는 순진한 말일 것이다. 따라서 통합 절차의 세부 사항들은 이러한 복잡성을 염두에 두고 최적으로 설계하고, 집행해야 한다. 이 문제의 전문가들이라면 틀림없이 이 말에 동의하고, 이 문제를 주제로 한 책도 한 권 나오리라 확신한다. 두말할 나위 없이, 나는 이 문제에서 그러한 전문가의 의견과 충고를 환영하고 있다.

마지막 문장은 물론 재미 삼아 이야기한 것이다. 하지만 규모가 크고, 오래되고, 복잡한 문제를 지나치게 단순한 방법으로 해결해보겠다고 섣부르게 덤벼들지 말아야 한다는 것은 너무도 중요한 사실이고, 웃어 넘겨서는 안 되는 부분이다. 저명한 생물학자 스티브 존스Steve Jones는 과학자들의 (그나마 친절한 말로 표현하자면) '심화되는 어르신 지위'에 대해 말한 적이 있다. 그에 따르면, 어르신이라 불릴 만한 나이가 되면 과학자들은 흔히 '커다란 문제에 대해 아는 척하며 거들먹거리기' 시작하고, 전공 분야에서 습득한 지식을 가지고 그 분야와 아무 상관없는 중요한 화제에 대해서도 자신 있게 이야기할 수 있다고 믿는다. 존스의 경고는 지금 나의 상황과도 잘 어울리는 듯하다. 첫째 나는 그가 말하는 연령대에 접어들었고, 둘째, 폭넓은 주장을 위해서는 국제 외교, 종교, 민족 분쟁, 인종 간의 적대감 등을 포괄적으로 검토하여 결론을 도출해야 하지만, 나는 이중 어떤 분야에 대한 전문적 지식도 갖고 있지 않다. 명백히 나는 어둠 속에서 혼자 잘났다고 거들먹거리고 있는 꼰대다.

이 장의 교훈들이 제공하는 빛을 통해서 인류가 함께 어울릴 방법을 설득의 과학이라는 프리즘을 통해 보이는 대로 제시하는 게 나로서는 최선의 방법이라고 생각한다. 처음부터 '우리'라는 감정을 부족적인 형태보다는 인간 가족의 형태로 생각해보는 것도 좋겠다. 그렇게 한다면 우리 모두가 커다란 가족 구성원이라는 개념을 더 쉽게 마음에 품고 떠올릴 수 있기 때문에 '우리'라는 인식을 좀 더 넓게 확장하도록 설득하기가 훨씬 수월할 것이다. 자, 그렇다면 이제 시작해보자. 아이들의 성격이 형성되는 시기와 그 시기 부모들이 해야 할 일들에 대해 살펴보고, 어른들까지 변화시킬 수 있는 방법에 대해 알아보자.

'더 큰 우리'를 위한 행동들

가족이 되는 방법

가정에는 친척이 아닌 아이들이라도 가족으로 만들 수 있는 확실한 방법이 두 가지 있다. 첫 번째는 오랜 시간 동안 같이 사는 것이다. (가족의 친구 등) 친척이 아닌 성인이 가족과 함께 오랫동안 살게 되면, 흔히 '이모' 혹은 '삼촌'이라고 부르게 된다. 친척이 아닌 아이들은 '형제'나 '자매'가 된다. 또한 함께 사는 기간이 길어질수록, 친족에게만 적용되던 혜택을 받을 수도 있다. 예를 들어 가족들로부터 자기희생적인 도움을 받을 수 있다. 두 번째는 부모, 특히 엄마가 친족이 아닌 사람들은 돌보는 행위를 지켜보는 것이다. 이런 행위가 친족과 같은 행동을 낳는다. 앞에서 언급했던 위대한 인도주의자 스기하라 치우네와 마더 테레사의 어린 시절 이야기를 떠올려보자. 두 사람 모두 부모가 집에서 외부인들을 아무런 사심 없이 돌보아주던 모습을 지켜보았다. 아무런 대가도 받지 않고 재워주고, 씻겨주고, 입혀주고, 치료해주는 보살핌은 보통은 가족들만 받을 수 있는 것이다.

'우리'라는 감정 나누기

자식의 '우리'를 인간 가족까지 확장해주고 싶은 부모라면, 이러한 발견이 가정에서 해야 하는 일에 시사하는 바가 있을 것이다. 교차집단 아이들에게 장기적으로 주거를 제공하는 첫 번째 방안은 대단히 훌륭하긴 하지만 많은 가정에서 실행할 수 있는 행동은 아니다. 양부모가 되기에 필요한 요건, 비용, 헌신은 감당하기 힘들 수 있다.

하지만 두 번째 방법인 교차집단 아이에게 가정과 같은 경험을 제공하는 것은 첫 번째 방법보다는 훨씬 수월한 선택으로 보인다. 이 방법은 두 단계로 이루어진다. 일단 부모가 교실, 스포츠팀, 혹은 댄스팀에서 교차집단 아이를 파악하고, 그중 한 명을 (교차집단 부모의 동의하에) 집에 초대한다. 부모가 없을 때 자녀들끼리의 놀게 해도 좋고, 그저 하룻밤 자고 가는 것도 괜찮다. 내 생각에 아이가 집에 왔을 때 가장 중요한 것은 그 아이를 손님 취급하지 않는 것이다. 자신의 아이도 집에 온 아이를 가족처럼 느끼고 대할 수 있도록 해야 한다.

아이들이 해야 할 일이 있으면, 집에 온 아이도 도와줄 일을 만들어 줘야 한다. 엄마가 빨래를 하고 있는데 집에 온 아이 옷에 얼룩이 묻었다면, 그 아이의 옷도 함께 빨아주어야 한다. 아이에게 상처가 생겼으면 소독을 해주고, 일회용 반창고라도 붙여줘야 한다. 집에서 아빠가 스포츠를 가르치는 역할을 담당하고 있다면, 아이들과 함께 운동하는 것만으로는 충분치 않다. 아빠는 모든 아이를 가르쳐야 한다. 조그마한 손으로 야구 배트는 어떻게 잡아야 하는지, 골프 클럽은 어떻게 휘둘러야 공을 정확하게 맞힐 수 있는지, 어떻게 던져야 풋볼 공이 아름다운 회전을 그리며 날아갈 수 있는지, 어떤 동작으로 골키퍼를 속이고 공을 골대에 넣을 수 있는지를 일일이 설명해주어야 한다. 집안 수리 혹은 자동차 수리를 가르칠 때도 마찬가지이다. 다른 아이가 집에 있다고 해서 가르칠 기회를 뒤로 미뤄서는 안 된다.

물론 이런 일들은 다른 교차집단의 아이가 와도 마찬가지로 지속되어야 한다. 내가 특히 중요하게 생각하는 것은, 집에 찾아온 아이를 편애해서는 안 된다는 것이다. 이것은 편견 없고 공정해 보이고 싶은 부모들이 흔히 빠지기 쉬운 함정이다. 하지만 아이들을 위해서라면 교차집단 놀이 친구를 가족들의 일상에서 절대 배제하지 말아야 한다.

저녁 초대에서도 마찬가지이다. 뷔페식이 아니라 앉아서 하는 식사라면, 부모들은 초대받은 아이가 도착할 때까지 식탁을 차리는 일을 미뤄야 한다. 아이가 도착한 다음, 가족들은 원하는 방식대로 아이에게 도움을 요청할 수 있다. 뒤뜰에서 바비큐 파티를 할 생각이라면 초대받은 가족이 와서 도와줄 때까지 식탁과 의자도 먼저 배치해서는 안 된다. 이 두 사례 모두에서 식사가 끝난 다음에 설거지는 물론 뒷정리도 같이 해야 한다.

이렇게 이야기하고 나니, 어머니가 어떤 말씀을 하셨을지 귀에 선하다. "로버트, 대체 왜 그러니? 손님을 그렇게 대접해서야 되겠니?" 아마 어머니가 옳은 면도 있을 것이다. 하지만 나는 아마 이렇게 대답했을 것이다. "하지만 엄마, 손님이 어디 있다고 그러세요. 이분들은 전부 교차 민족, 교차 인종, 교차 종교, 교차 성적 정체성을 가진 분들이라고요. 당장 우리 집안에 받아들이고 통합시키고 싶은 분들이요. 그리고 연구에 따르면, 이분들은 같이 음식을 차리고 뒷정리를 하고, 그 과정에서 사적인 대화도 나누면서 우리와 더 많은 연대감을 느끼는 분들이라고요. 우리도 그런 연대감을 느끼는 거고요."

이 밖에도 생각은 하고 있지만, 차마 말로 꺼내지 않고 있는 이야기도 있다. 어머니는 내게 '그렇게 잘난 척하는 사람'이 되지 말라고 가르치셨기 때문이다. 아무리 저녁식사 예절에 관해서 어머니의 말씀이 옳다고 하더라도, 내가 말하고 싶은 요점은 예의 바른 환대가 아니다. 초대의 목적은 초대를 지켜보는 아이들에게 모든 타자를 포함한 '우리'라는 감정을 심어주려는 것이다. 그래서 소리 내어 말하지는 않겠지만, 이렇게 생각은 하고 있다. "엄마, 당신 아이가 손님을 손님처럼 대하는 아이로 기억되었으면 좋겠어요, 아니면 손님을 가족처럼 대하는 아이로 기억되었으면 좋겠어요?"[28]

다양한 차이를 극복하는 방법

다양한 이웃과 친구에 대해 우리는 다음과 같은 사실을 알고 있다. 민족적, 인종적으로 다양한 사람들이 함께 살고 있는 동네에서는 인종이나 민족과 상관없이 모든 사람과 자신을 동일시하는 경향성이 좀 더 크다. 따라서 이들은 다른 사람들에게 기꺼이 도움을 주려고 한다. 게다가 이렇게 다양한 사람과 접촉이 많아지다 보면 다른 사람에 대한 호감이 생기고, 교차집단 사람들에 대한 편견이 줄어든다. 다양한 친구 관계에서도 비슷한 효과가 나타난다. 친구의 민족·인종 집단을 좀 더 긍정적인 시각으로 바라보며 지지하게 된다. 이러한 현상이 수적으로 더 많은 비율을 차지하는 다수자 집단 안에서만 나타나는 것은 아니다. 다수자 집단의 친구를 갖게 된 소수자 집단의 친구 역시 다수자 집단을 더 긍정적으로 느끼게 된다. 더 바람직한 현상은 교차집단의 사람들과 친구가 되면 또 다른 교차집단 사이의 상호작용 역시 우호적일 것이라는 더 큰 기대를 갖게 된다. 집단 내 연대감이 그만큼 커졌기 때문이다. 무엇보다도 교차집단 간 우정은 간접적이고 눈에 띄지 않는 영향을 미치는데, 우리 집단의 성원이 교차집단 친구가 있다는 사실을 알고 있기만 해도 그 다른 집단에 대한 부정적인 감정은 줄어들기 마련이다.

연대감을 강화하는 또 다른 방법

문화적으로 다양한 동네에 사는 아이는 모든 인간과 자신을 동일시하게 된다는 것을 발견한 부모는 어떻게 해야 할까? 아무리 그런 태도에 가치를 부여하는 부모라도 당장 짐을 싸 그런 환경으로 이사를 갈 수는 없는 일이다. 다만 앞으로 집을 구할 때 다양성을 고려하는 것은 가능하다. 그러한 태도를 얼마나 중시하느냐에 따라 다양성을 다른 요소들보다 우선순위로 생각하게 될 것이다.

동네의 다양성에 비교하면 친구의 다양성과 관련해서는 더 많은 일들을 할 수 있다. 앞에서 얘기했듯이, 부모가 학교, 운동 경기, 공원 운동장에서 아이에게 특별히 잘 맞는 친구를 찾아주는 것이다. 그리고 부모가 집을 비우는 동안 집에 와서 함께 놀자거나, 자러 오라거나, 생일 파티 등에 초대하면 자연스럽게 친구 관계가 진전될 수 있다. 그리곤 가족 저녁식사에 초대하면 그 아이의 부모와도 우정을 쌓을 수 있다. 어른들은 집 밖에서 함께 점심을 먹는다거나 커피를 마시는 등 일대일로 만나면서 연대감이 강화될 수 있다.

집 밖에서 만나는 게 중요하다. 무엇보다 공적인 장소에서 다른 사람들도 교차집단 간의 우정을 목격해야 한다. 연구에 따르면, 그런 우정을 목격한 사람은 교차집단을 백안시하던 태도가 줄어들고, 자신도 그런 친구 관계를 형성할 가능성이 커진다고 한다. 실제로 공적인 자리에서 일대일로 어울리는 이들이 많을수록, 그들을 보는 다른 사람들도 교차집단 관계에 마음을 열고 그런 방향으로 움직일 수 있다. 코로나19로 인한 팬데믹이 유행하면서 우리는 집단 감염의 '지수 법칙exponential law'을 목격했다. 물론 이런 법칙이 치명적인 질병의 확산에 적용되는 것은 끔찍한 일이다. 하지만 같은 법칙이 교차집단 간의 우정에 적용된다면 인간이라는 종의 번영과 행복을 위하는 방향으로 작동할 것이다.

교차집단 아이의 부모(혹은 그냥 교차집단 성인)와 일대일로 만나야 하는 두 번째 중요한 이유는 우정을 넓히기보다는 깊게 하기 위해서이다. 이렇게 만나다 보면 연대감을 강화하는 또 하나의 확실한 길이 열릴 수 있다. 바로 호혜적인 자기 공개이다. 2장에서 우리는 상호성 원칙이 모든 행동을 지배한다고 배웠다. 그중 하나가 자기 공개이다. 대화 상대가 개인적인 정보를 공개하면, 그에 대한 반응으로 자신도 개인 정보를 공개한다. 그러한 개인 정보 교환이 애론 부부의 36개 질문을 거치다 보면 사랑과 유사한 사회적 결속감도 느낄 수 있다. 물론 이 방법을 교차집단 간의 편견을 줄이기 위해 사용한 학자들도 있지만, 36개의 질문을 한 걸음씩 함께 해결해나가는 것은 동네 스타벅스에서 편히 할 수 있는 사회적 상호작용은 아니다. 사랑에 빠지라는 얘기도 아니다. 다만 여러 연구에 따르면 제한적인 자기 공개만으로도 교차집단 간의 사이가 좋아질 수 있다고 한다.

결과는 명확하다. 실천하는 것도 어렵지 않다. 교차집단 간에 존재하는 적대감과 편견을 줄이고 싶다면 일단 교차집단 친구를 만들어라. 그리고 근처에 있는 사람들에게 교차집단 간의 훌륭한 우정 관계를 보여주자. 공공장소에서 그 친구를 만나고, 대화중에는 개인적인 정보를 공

개해보자.[29]

연대감을 낳는 관계 맺기

우리는 앞에서 '우리'라는 느낌을 만들어내는 동시에 (춤, 노래, 읽기, 걷기, 일하기 등) 조화를 이루며 행동하는 여러 관계를 살펴보았다. 공통성을 인식하게 만드는 다양한 관계들이 그런 느낌을 만들어냈다. 다른 사람에게서 연대감을 느끼고 싶은 사람에게 이러한 공통성이란 대단히 유용한 특성이다. 그 공통점을 알아차리기만 해도 쉽게 어울릴 수 있게 되니 말이다.

이런 측면에서 가장 효과적인 형태의 공통성이라 할 수 있는 공통 정체성을 이용해서 랍비 칼리시는 유대인에게도 아시아인의 정체성이 있다고 지적함으로써 유대민족을 구할 수 있었다. 갈등을 겪고 있던 부부는 부부라는 공통 정체성을 서로에게 상기시킴으로써 서로가 원하던 동의를 얻어낼 수 있었다. 미국의 공화당과 민주당이 서로를 좀 더 긍정적으로 바라보게 되기를 바라는가? 그렇다면 이들에게 미국인이라는 공통 정체성을 상기시켜주어라. 마찬가지로 유대인과 아랍인들이 높은 수준의 유전적 정체성을 공유하고 있다는 사실을 알게 되면 서로에 대한 편견과 적대적인 태도가 줄어들고, 이스라엘과 팔레스타인의 평화협정을 더 지지하게 될 것이다. 이러한 편향은 워낙 강력해서, 심지어 (엄청나게 자기중심적인) 사이코패스마저 자신이 속한 '우리' 집단의 성원을 걱정하기도 한다. 다른 사람에 대한 배려가 전혀 없는 것으로 악명 높은 사이코패스들이 이런 태도를 보이는 것을 어떻게 설명해야 할까? 정체성이 같다고 느끼는 자아들은 좀 더 쉽게 많은 타자와 결합한다는 사실을 기억하면, 사이코패스도 아주 예외적인 행동을 하는 것은 아니다.

공통성은 이렇게 비슷한 방식으로 작동한다. 예를 들어 전통적으로 적대적인 집단이 공통의 적 앞에서 뭉치는 경우를 들어보자. 이슬람 테러리스트에 관한 성명문을 읽은 다음, 미국의 백인과 흑인은 서로를 완전히 다르다고 보는 시각이 줄어들었다. 암과 같은 질병에 둘 다 취약한 체질이라는 기사를 읽고 난 유대인과 무슬림도 비슷한 태도를 보였다. 이런 태도의 변화는 거의 자동적으로 일어나 어떤 인지적인 사고도 필요하지 않았다. 하지만 또 다른 공통성이라고 할 수 있는 기본적인 감정 경험은 다른 경로를 밟는다. 한 집단의 성원들은 흔히 다른 집단 성원들을 인간 이하로 간주하면서 그 집단에 대한 편견, 차별, 학대를 정당화한다. 이를 위해서 다른 집단은 동정, 용서, 교양, 도덕, 이타주의와 같은 근본적인 인간의 감정이나 특징은 갖고 있지 않다고 간주해버린다. 이러한 편협한 믿음은 인간의 기본적인 감정은 모두 비슷하게 경험된다는 증거로 반박할 수 있다. 외집단 성원이 우리와 같이 비극적인 장면을 보며 눈물을 흘리고, 재치 있는 농담에 우리와 같이 웃고, 정부의 추문에 우리와 같이 분통을 터뜨리는 것을 보면, 외집단을 인간 이하로 보는 시각은 유지하기 힘들다. 팔레스타인 사람들도 자동차 뺑소니 사고 증가와 공장 폐수의 무단 방류로 수천 마리 돌고래가 죽어가는 일에 자신들처럼 분노하고 있다는 사실을 알게 된 이스라엘 유대인들은 팔레스타인 사람들을 좀 더 인간적으로 보게 되었고, 팔레스타인에 호의적인 정책에 지지를 보냈다.

통일성을 낳는 관계에서 주목해 보아야 할 마지막 태도는 다른 사람의 처지에서 생각해보는 행위이다. 다른 사람의 관점에서 다른 사람의 생각, 감정, 혹은 경험을 상상해보는 것이다. 나는 오랫동안 사람들이 다른 사람을 돕게 만드는 요소가 무엇인지 연구해왔다. 중요한 진실을 파악하는 데는 오래 걸리지 않았다. 여러분이 도움이 필요한 사람 입장에 서면, 자연스럽게 다른 사람에게도 도움의 손길을 내밀게 된다. 이런 진실의 토대를 알게 되는 데에도 시간이 그리 필요하지 않았다. 자신을 다른 사람 입장에 놓아보면 자기와 타자의 감정이 겹쳐진다. 그 결과 오스트레일리아 토착민의 관점을 가진 오스트레일리아 대학생, 보스니아계 무슬림의 관점을 가진 세르비아인, 트렌스젠더의 관점을 가진 플로리다 사람 모두가 이 소수 집단에 유리한 정책에 호의적인 태도를 보이게 된다. 그리고 흥미롭게도 누군가가 나와 상호작용을 하면서 나의 입장이 되어보려 애쓴다는 것을 알게 되면. 상대방과 나 사이에 경계가 허물어지며 좀 더 많은 호감과 선의가 생겨난다. 명백히, 상대의 관점을 가져보는 것은 호혜적인 결과를 낳는다.[30]

아, 하지만 문제가 있다. 교차집단의 사람들과 가족과 같은 이웃, 친구 관계를 형성하는 것과는 달리, 공동의 적을 갖고 있다거나 정체성을 공유하거나 비슷한 정서적 반응을 하거나 다른 사람의 관점을 가져보는 데서 비롯된 통합적 관계는 상황에 따라 변할 가능성이 있으며, 따라서 오래 지속되지 않는다. 여기에는 충분한 이유가 있다. 그러한 관계의 통합성은 일반적인 생존경쟁의 법칙과는 충돌하기 때문이다. 자연의 법칙에 따르면 집단은 생존과 번식을 위해 다른 경쟁자와 싸워야 한다. '우리는 하나다'라는 태도는 이미 고대 로마 철학자 세네카가 멋진 경구로 다음과 같이 이야기한 바 있다. "우리는 똑같은 바다의 파도이고, 똑같은 나무의 잎들이며, 똑같은 정원의 꽃들이다." 이 정서가 틀렸다고 할 수는 없지만, 이 정서의 일반적인 동기부여가 정반대의 진실을 주장하고 있는 자연법칙과 어울리지 않는 것은 사실이다. 자연법칙에 따르면 각각의 파도, 잎, 꽃은 다른 것들과 한정된 자원, 구역, 성장 수단을 놓고 경쟁하고 있다. 이러한 경쟁에서 이기지 못하는 것들은 위축되거나 아니면 아예 멸종하고 말 것이다.

연대를 지지하는 사람들에게는 안타까운 이야기지만, 인간 본성의 또 다른 측면으로 인해 우리는 경쟁과 분리로 나아갈 수밖에 없다. 그것은 바로 위협 경험이다. 우리 집단의 행복이나 명성이 위협에 처할 때마다 우리는 폭발하여 경쟁 집단의 가치, 자격, 심지어 인간성마저 깎아내린다. 서로 경쟁하는 국가, 민족, 종교적 실체들이 파괴적 테크놀로지와 대량학살 무기로 서로에게 엄청난 손해를 끼칠 수 있는 지금으로서는 화합을 지향하며 집단 간의 적대감을 줄이는 방법을 찾아야 한다.[31]

'우리'라는 관계를 지속하는 방법

이렇게 유화적인 태도를 인정하는 사람도 여전히 무시무시한 적과 싸워야 한다. 정글의 법칙이라는 강력한 적이다. 이 가차 없는 법칙은 우리 유전자의 생존을 보장하고, 우리의 중요한 내집단 성원 속에 그 유전자가 중층적으로 자리 잡도록 만든다. 과학적 분석에 따르면, 우리는 가족, 친구, 지역, 정치적으로 관계 있는 사람들과 중복되는 유전자를 더 많이 가지고 있다고 한다. 따라서 우리와 유전적 관련이 적은 집단보다는 나와 관계가 있는 사람들이 잘살면 좋겠다고 생각하고 행동하는 것도 놀라운 일이 아니다. 하지만 자연의 힘이라는 강력한 적이 우리와 싸우려고 빤히 지켜보고 있는데, 집단 간의 통합을 위한 싸움에서 이겨 봐야 무슨 소용이란 말인가?

우리를 위해 다시 한 번 자연의 명령과 힘을 이용해야 할 때다. 1장에서 주짓수를 배운 여성이 상대방의 힘(에너지, 무게, 운동량)을 자신에게 유리하게 되받아쳐서 강력한 적을 제압한 일을 기억하는가? 이 전략을 통해 나는 연대감을 구축해야 한다고 제안한다. 먼저 교차집단 성원들을 우리의 집과 동네와 친구들 사이의 네트워크 속에 좀 더 노출해야 한다. 그렇게 되면 사람들은 본능적으로 유전적 유사성이라는 믿을 수 있는 신호에 반응하며 익숙해진다. 경쟁을 통합으로 바꾸기 위해서는 〈스타워즈〉의 "포스가 너와 함께하길"이라는 말만 되풀이하는 것으로는 충분하지 않다. 이를 주짓수 스타일로 바꿔 "그들의 포스가 너와 함께하길"이라고 말해야 한다.

어떻게 똑같은 접근 방법을 이용해서 자연법칙을 바꾸어 다양하면서도 단기적인 통합 효과를 얻을 수 있을까? 그래서 ('우리는 모두 암에 잘 걸려'와 같이) 공통의 적, ('우리는 농구 팬이다'와 같은) 사소한 공통의 정체성, ('우리 가족 모두가 너의 가족과 마찬가지로 시장의 결정에 분노하고 있다' 같은) 공동의 감정과, ('이제 내가 네 처지에 서보니, 네 상황이 더 잘 이해할 수 있다'라는) 상대방의 관점을 가지려는 노력 등의 변수를 극복하고 통합의 효과가 지속되게 할 수 있을까? 지금까지 살펴보았던 것처럼, '우리'라는 관계는 그 순간에는 강력할 수 있지만, 일반적으로는 너무나 취약하여 지속되지 못하고 쉽사리 사라져버린다. 다행스럽게도 이 관계를 강화하고 안정시킬 수 있는 요소가 있다. 그것은 어떠한 믿음, 가치, 선택을 선호하게 만드는 행동인 '주의 집중attentional focus'이다.

어떤 것에 집중할 때 우리는 그것을 더 중요한 것으로 간주하게 된다. 노벨상 수상자 대니얼 카너먼은 이 현상을 '초점의 오류focusing illusion'라고 불렀다. 이것은 사람들이 어떤 특정한 것에 관심을 갖게 되면, 자동적으로 그것을 충분히 관심을 기울일 만한 것으로 여기는 현상을 말한다. 카너먼은 그가 쓴 논문에서 다음과 같이 이 개념을 설명했다. "그것을 생각할 때, 다시 말해 초점을 맞추고 있을 때는 삶에서 그만큼 중요한 것은 없어 보인다. 게다가 여러 연구에 따르면 초점의 대상이 바람직한 특성일 때, 그 특성은 더 중요하게 여겨지고, 따라서 더 바람직하게 여겨진다."

모든 인지 오류들이 생겨나는 이유는 일반적으로는 잘 작동하고 있는 시스템에서 기이한 일이 일어나기 때문이다. 초점의 오류에서는 우리를 위해 잘 작동하던 시스템이 알고 보니 사실은 조금은 민감한 시스템으로 판명되었다. 모든 정보 환경에서 우리는 우리에게 가장 중요한 특성에 초점을 맞춰야 한다. 예를 들어 어둠 속에서는 갑작스러운 소음에, 배고플 때는 음식 냄새에, 회사에서는 연설 준비를 마친 CEO를 누구보다 빨리 알아챌 수 있어야 한다. 그래야 경쟁에서 유리하고, 진화과정에서도 잘 적응하며 살아남을 수 있다. 그런데 여기에서 기이한 일이 일어난다. 우리가 초점을 맞춰 주목하는 것이 언제나 그 상황에서 가장 중요한 측면이 아닐 수도 있다. 때로는 어떤 것이 중요하다고 믿어버리는 이유가 그것의 본질적인 중요성 때문이 아니라, 우리가 그것에 주목하게 만든 다른 요소들 때문일 수도 있다.

한 설문에서 미국인들에게 미국 역사에서 '특히 중요한' 두 가지 사건이 무엇인지 이야기해보라고 했다. 9.11 테러는 늘 30퍼센트 정도 나오는 사건이었다. 그러나 9.11 테러 10주년이 다가와 대중매체에서 이 사건을 집중적으로 보도하면서 이 사건은 미국인 65퍼센트가 미국 역사에서 가장 중요하다고 판단한 사건이 되었다. 기념일이 지나고 보도가 수그러들면서, 이 비극에 대한 중요성도 그만큼 빠르게 줄어들며 이전의 30퍼센트 수준으로 돌아갔다. 보도양의 변화가 관찰자에게 이 사건을 주의해서 보도록 만들었고, 그 결과 국가적 중요성이 극적으로 바뀌었던 것이 분명하다. 한 온라인 가구점에서 진행했던 실험을 살펴보자. 참가자 중 절반은 인터넷 링크 버튼을 눌렀을 때 연결되는 랜딩 페이지에서 보슬보슬하고 폭신해 보이는 구름 이미지를 보았고, 그다음 버튼을 누르고 난 다음에야 가구를 볼 수 있었다. 학자들이 설계했던 주의 집중으로 인해 구름을 먼저 보았던 고객들은 편안함이야말로 가구의 가장 중요한 요소라고 평가했고, 따라서 좀 더 편안한 가구를 구매하려 했다. 반면 구름 이미지를 보지 않았던 다른 절반의 사람들에게는 가격이 가장 중요한 요소였고, 그들은 값싼 가구를 구매했다. 왜 그럴까? 이들은 랜딩 페이지에서 비용과 연관 있는 이미지, 동전들을 보았기 때문이다. 따라서 구매자들이 전략적으로 주의를 기울였던 개념이 구매자들이 가중치를 두어 평가하는 기준을 바꿔놓은 것이다. 마지막으로, 온라인 연구 참가자들에게 현재 자신과 비슷하게 보이는 사진이나 훨씬 더 나이가 들었을 때의 자신의 모습과 비슷한 사진 둘 중 하나를 선택해 주의를 집중해서 봐달라고 요청했다. 나이가 든 사진을 선택한 참가자들은 은퇴 계획을 설명했을 때 좀 더 많은 관심을 기울였다. 이들은 다른 사람들의 나이 든 사진을 보고는 그런 반응을 보이지 않았다. 그러니 이들의 반응은 자신의 미래 경제 환경에만 국한된 것이었다. 은퇴에 가까운 나이의 자신들의 이미지에 주의를 집중하다 보니, 그 사진 속의 사람을 잘 돌봐야겠다는 생각이 커졌던 것이다.

언론인, 웹페이지 디자이너, 저축을 연구하는 사람들의 주의를 집중하게 해서 9.11 테러나 가구의 특성, 은퇴 자금 투자를 더욱 중요한 사건으로 여기게 만들 수 있다면, 유사한 방법을 이용하여 사람들이 연대감이라는 대의에 더 주목하게 만들 수 있지 않을까? 자신이 주의를 집중하는 것이 곧 중요한 것이라고 생각하는 우리의 특성을 이용하여 교차집단과의 관계를 더 소중하게 여기게 할 수는 없을까? 그러려면 마음 깊은 곳에 잠재된 다른 집단 성원에 대한 적개심, 적대감, 편견에 익숙해지도록 마음을 수양하고, 그들과 공유된 관계를 형성하는 데 주의를 집중하게 해야 한다. 주의력을 긍정적인 곳으로 향하게 한다고 해서 지금 당장 다른 집단과 좋은 관계를 형성할 수는 없겠지만, 관심의 변화를 통해 분열을 무력화하고 다른 집단과의 연대를 소중하게 여기도록 할 수는 있을 것이다. 너무 순진한 생각일까? 그럴 수도 있다. 하지만 그렇지 않을 수도 있다.

첫째, 우리는 이 문제를 함께 해결할 강력한 파트너를 가지고 있다. 우리는 친구들과 함께 우리의 힘으로, 우리의 열정으로 이 문제에 주의를 기울일 것이다. 둘째, 훈련을 통해 위협적인 사고에서 덜 위협적인 생각으로 주의를 돌릴 수 있다는 근거가 있다. 이런 전환은 위협적인 생각의 근거에 대한 불안을 감소시키는 결과를 가져올 것이다. 마지막으로, 우리가 외집단을 만날 때마다 혹은 외집단의 말을 들을 때마다, 분열에서 좋은 관계로 주의를 돌리려고 진심으로 노력하면서 실제로 성공을 거둘 수 있다면 드디어 과제를 완수한 것이다. (주의 집중의 힘에도 불구하고 아마도 연결이 충분히 강하지 못해서) 그 노력이 성공하지 못한다고 해도, 우리에겐 여전히 비장의 카드가 있다. 교차집단을 '우리'로 받아들이려는 진지한 노력을 진정한 개인적 선호 때문이라고 생각하는 것이다. 어느 쪽이든 교차집단과의 연대감은 성장해야 하고, 우리의 자아 개념에서 확고하게 자리를 잡아야 한다.[32]

ㅡ 연대감 원칙에 대응하는 자기방어 전략

　대부분 기업은 직원이 처음 입사하면 읽어야 하고, 조직에 있는 동안은 지켜야 하는 '행동 수칙'을 가지고 있다. 많은 경우 이 수칙은 직원들이 받는 윤리 교육의 기반이 된다. 한 연구에서 S&P 500에 포함된 제조업체들을 두 종류로 분류하여 연구했다. 하나는 직원을 '우리'라고 지칭하는 행동 수칙을 가지고 있는 기업이고, 다른 하나는 '회원' 혹은 '피고용인'과 같은 용어로 직원을 칭하는 행동 수칙을 가지고 있는 기업이었다. 놀랍게도 '우리'라는 언어로 윤리적 책임을 전달하는 기업에서 직원들이 재직 중 불법 행위에 연루될 가능성이 훨씬 더 컸다.

　그 이유를 파악하기 위해 연구자들은 여덟 번에 거쳐 몇 가지 실험을 진행했다. 일단 참가자들을 고용하여 윤리적인 행동 수칙을 교육한 후, 과제를 부여했다. 행동 수칙은 (노동자들을 '우리'라고 부르는) 통일성 언어와 (노동자들을 '회원'이라 부르는) 비개인적 언어로 각각 작성했다. 그러자 몇 가지 눈에 띄는 사실을 발견할 수 있었다. '우리'라는 언어로 된 행동 수칙을 읽은 참가자들은 보너스를 얻기 위해, 다시 말해서 조직을 희생하며 자신이 금전적 이익을 얻기 위해 거짓말을 하고, 속임수를 쓰는 비율이 높았다. 두 가지 추가적인 발견이 그 이유를 설명해준다. 첫 번째, '우리'에 기반을 둔 언어는 참가자에게 조직은 윤리 정책을 위반하는 사람을 잡기 위해 열심히 감시하지 않는다고 믿도록 만들었다. 둘째, 그러한 이야기를 들은 참가자들은 윤리 정책을 위반하다 잡히더라도 회사가 관용적인 태도로 용서해줄 거라고 생각했다.

앞에서 계속 살펴보았던 것처럼, 우리를 이용하려는 사람들은 자신의 목적을 위해 설득의 원칙이 가진 힘을 이용한다. 작고 의미 없는 선물을 주어 더 커다란 호의로 보답하게 만들고, 사회적 증거라는 인상을 주기 위해 통계를 왜곡하며, 어떤 화제에 권위를 부여하기 위해 자격증을 위조하는 등 어떤 일도 마다하지 않는다. 연대감의 원칙 또한 다르지 않다. 우리를 이용하려는 사람은 자신이 '우리' 집단에 속한다는 것을 파악하는 순간, 동료의 잘못을 최소화하고, 변명하고, 심지어 잘못이 아니라고 여기는 우리의 원시적인 경향을 이용해 이익을 취하려 한다. 기업도 이런 면에서는 다르지 않다. 개인적으로 불편했던 두 가지 경험을 통해 나는 규모와 상관없이 모든 조직에 우리를 착취하려는 사람들이 있으며, 이를 묵인하는 연대감에 기반을 둔 경향성이 있다고 자신 있게 이야기할 수 있게 되었다.

개인적인 경험 중 하나는 노조와 관련된 것이었다. 경찰, 소방관, 제조업, 서비스 노조는 어떤 상황에서도 노조원의 편에 선다. 물론 노조는 노조원에게 상당한 혜택을 줄 뿐 아니라, 안전 수칙 개선, 임금 조정 보장, 육아 휴직 정책과 더불어 경제적으로 중간 계급 확장이라는 형태로 사회 전체에도 도움을 준다. 그러나 직장에서의 적절한 윤리적 행위라는 측면에서 보면, 노조는 분명한 결함을 가지고 있다. 이들은 아무리 개인이 비윤리적인 행동을 해도 노조원인 이상 그 개인을 지키며 싸우려 들기 때문이다. 정말 터무니없고 지속적인 규칙 위반의 분명한 증거를 앞에 두고도, 단지 그 규칙 위반자가 노조원이라는 이유만으로 태도를 바꾸려 들지 않는다. 지금은 고인이 된 내 가족 하나도 그렇게 규칙 위반을 저지르는 전형적인 인물이었다. 제조업체의 용접공이었던 그는 꾀병을 부리고, 게으름을 피우고, 작은 물건을 훔치고, 출퇴근을 기록하는 타임카드를 부정 기록하고, 산업재해를 위조하며, 이를 모두 자신의 자랑으로 여기고, 자신을 해고하려는 상사를 비웃었다. 그는 자신이 냈던 노조비를 최고의 금전적 투자라고 말했다. 그가 윤리 규범을 어길 때마다 노조가 그의 편을 들어주었기 때문이다. 노조의 행동은 옳고 그름이 아닌 완전히 다른 별개의 윤리적 의무감, 다시 말해서 노조원에 대한 충성심이라는 의무감을 기반으로 하고 있다. 노조는 나의 친척이 이기적인 이익을 위해 노조의 충성심을 이용하도록 방치했고, 나로서는 노조의 그 변함없는 태도가 마음에 들지 않았다.

두 번째 개인적인 경험은 로마 가톨릭 신부와 관련된 일인데, 나에게 미친 영향은 첫 번째 경험과 비슷했다. 나는 가톨릭 집안에서 자랐다. 동네의 많은 사람들이 가톨릭교도였고, 가톨릭 학교에 다녔으며, 대학 때까지는 성당에서 미사를 드렸다. 지금은 성당에 가지 않지만, 아직도 성당의 자선활동과 빈곤 퇴치 프로그램에 어느 정도는 자부심을 가지고 있다. 그런데 나는 성당의 자선활동과 유사한 어떤 프로그램에서 개인적인 수치심을 느꼈다. 성당의 높은 분들이 아이들을 위해 기도하기는커녕 아이들을 노리개로 삼았던 탐욕스러운 성직자들을 용서해주었다. 나쁜 짓을 저지른 성직자들을 사면하고, 그들의 학대 행위를 감추고, 새로운 교구에서 새로운 기회를 주는 등 상황을 엉망진창으로 만들어버렸다. 교회의 추문이 처음 불거지기 시작했을 때, 내집단 옹호자들은 이 부정행위가 크게 불거지지 않게 하기 위해 필사적으로 노력했다. 그들은 고위 성직자 역시 신부이며, 따라서 이들에게 주어진 가장 중요한 역할은 죄를 사하는 것이라고 주장했다. 이 신부들은 종교적인 의무를 다하고 있으니 비난을 받아서는 안 된다는 것이었다. 하지만 그건 정당화할 수 없는 주장이었다. 교회 당국은 학대 행위를 눈감아주는 데서 그치지 않고 학대에 대한 정보까지 억압했다. 내집단을 보호한다는 이유로 그들은 공포에 사로잡힌 채 치유되지 못할 상처를 받은 아이들에게 그런 끔찍한 일이 언제든 다시 일어나도 좋다는 식으로 사건을 은폐하려 들었다. 그들의 도덕성은 지하실까지 깊이깊이 기어 내려가 '우리'를 기반으로 자신의 행동을 정당화하려 했다.

'우리'에 기반을 둔 집단에 소속되어 있는 악의적인 구성원들이 기업, 노조, 종교 단체와 같이 다양한 집단에서 저지르는 자기 거래self-dealing 활동을 과연 저지할 수 있을까? 나는 그렇다고 믿는다. 하지만 그러기 위해서 그 집단은 다음의 세 단계를 밟아나가야 한다. 첫째, 부정행위를 저지르는 사람들은 '우리' 집단이 윤리 규칙을 위반하는 성원들조차 기꺼이 보호해주리라 생각한다는 것을 인정한다. 둘째, 모든 관련자에게 그러한 관용을 '우리' 집단에서는 기대하지 말아야 한다고 선언한다. 셋째, 입증된 부정행위에 대해 해고 조치로 대응하는 불관용 정책을 세운다.

이와 같은 윤리적 태도를 설정하는 것은 언제, 어느 단계에서 이루어져야 할까? 처음부터이다. 우선 어떤 사람을 집단 성원으로 받아들일지 결정하는 조직의 행동 수칙부터 바꾸어야 한다. 그리고 그 이후에는 규칙적으로 회의를 통해 윤리적·비윤리적 행동을 정의하고 불관용 정책이 계속 유지될 거라고 반복하여 설명해야 한다. 7장에서 설명했던 연구를 보면 중요한 가치를 문서화해서 다짐하는 순간 그 가치는 앞으로도 계속 지켜질 수 있는 힘을 갖게 된다는 사실을 알 수 있다. 나 역시 우연히 직접적인 경험을 통해 문서로 태도를 분명하게 하는 것이 미치는 영향을 알게 되었다.

나는 한동안 제조업체의 기만 광고 및 마케팅 관행과 관련된 법률 사건의 전문가 증인으로 활동한 적이 있다. 3년 정도 지난 후에 이 일을 그만두었는데, 가장 커다란 이유는 급히 처리해야 할 일이 너무도 많았기 때문이었다. 설명서, 심문서, 청원서, 증거 보고서, 이전 법원의 판결문으로 가득 찬 여러 개의 서류함을 받아 허겁지겁 내용을 소화하고 예비 의견서를 작성해야 했다. 그것은 내가 상대방 변호인단의 공식 심문을 받을 때 나 자신을 보호하기 위해서 제출해야 하는 의견이었다. 그리고 심문일 전에는 나를 고용한 변호사들과 여러 번 만나 최대 효과를 낼 수 있도록 나의 의견서를 체계화하고 다듬어야 했다.

그 회의에서 자연스럽게 일어났던 일들은 내게는 완전히 다른 윤리적 문제였다. 나는 특별한 목적으로 결성된 '우리' 집단의 일원으로 상대편의 변호사와 전문가에 맞서 사건에서 승리를 거두어야 했다. 함께 일하는 동안 동료들과 우정을 쌓으며 토론에서 사용할 지적인 기술을 배우고, 음식을 나누어 먹고, 음악 취향을 공유하고, 술을 함께 마시며 (2차부터 자연스럽게 드러나는) 상호적인 자기 공개를 통해 더욱 친밀감을 느꼈다. 소송을 준비하면서 나의 의견이 경쟁자들과 맞서 싸우는 데 중요한 무기가 되리라고 확신했다. 내 의견이 우리 주장을 지지하고 그에 대한 확신이 클 때, 우리 편이 더욱 유리하리라 생각했다.

이러한 감정을 노골적으로 표현한 적은 없지만, 나는 팀 안에서 나의 지위를 끌어올릴 방법을 알고 있다고 생각했다. 의견서에서 우리 주장과 일치하는 증거들은 중요하다고 강조하고, 일치하지 않는 증거들은 중요하지 않다고 공언하면, 나는 점차 우리 집단과 목표에 충실한 사람으로 비치고 그에 상당하는 지위도 얻게 되리라 생각했다.

그러나 처음부터 나의 입장이 도덕적으로 문제가 있다는 스트레스를 받았다. 과학자로서 나는 내가 보는 가장 정확한 근거를 제시해야 한다. 게다가 그 근거를 분석하며 진심으로 확신할 수 있어야 한다. 동시에 나는 '우리' 집단의 성원으로서 전문가의 입장에서 윤리적으로 고객의 이익에 가장 도움이 되는 주장을 해야 한다. 이따금 파트너들에게 과학적 무결성이라는 가치에 내가 얼마나 헌신하고 있는지 언급하곤 했지만, 정작 그들에게 과학적 진실이 얼마나 중요했는지는 알 수 없는 일이다. 얼마 후 나는 공식 성명서를 통해 팀원보다는 과학적 무결성의 가치가 더 중요하다고 선언했다. 그리고 나는 의견서 끝부분에 별도의 문단을 덧붙이기 시작했다. 그 부분에서 내 견해는 부분적으로는 나를 고용했던 변호사들이 제공한 정보와 주장에 입각해 있음을 지적하고, 그러한 견해는 새로운 정보와 주장으로 인해 바뀔 수도 있으며, 심지어 상대방 변호사들이 그러한 정보와 주장을 제공할 수도 있다고 썼다. 이 문단은 당장 커다란 문제를 불러일으켰다. 팀원들은 나를 더는 팀에 충성하지 않은 사람으로 여겼고, 나를 좋아하는 일만 하려는 사람으로 느끼게 만들었다.

그 문단은 소송에서도 예기치 못한 혜택을 주었다. 내가 어떤 기업의 광고가 그 제품이 소비자의 건강에 미치는 영향과 관련해 오해를 줄 수도 있다는 의견을 제시한 소송에서였다. 그 광고를 한 기업은 대단한 이익을 거두어서 이름만 들어도 엄청난 변호사 집단을 고용했고, 그중에서는 내가 보았던 가장 노련한 심문관도 있었다. 예비 의견 심문에서 내가 맡은 일이란 내 입장을 옹호하는 것이었다. 한편 심문관의 임무는 모든 동원 가능한 방법을 통해 내 견해와 신뢰성, 진실성을 깎아내리는 것이었다. 그는 송곳같이 날카로운 비판으로 계속 질문을 던졌고, 나는 끊임없이 그 비판을 피해나가야 했다. 좀 이상한 말이지만 나는 그 상호작용이 재미있었다. 그가 전혀 예상하지도 못했던 질문을 던지며 지적인 싸움을 걸어왔기 때문이다. 그는 내가 (7장에서 언급했던) '한 발 들이밀기' 전략을 설명하며, 안전 운전을 권장하는 작은 표어를 창에 부착하는 데 동의했던 집주인이 몇 주 후에는 그 전략이 없었더라면 절대 하지 않았을 일, 다시 말해 안전 운전을 권장하는 커다란 간판을 잔디밭에 세우는 데 동의했던 예를 상기시켰다.

그는 이렇게 고작 창문에 표어 하나 부착하는 최초의 공적인 행동 설정이 결국 이 문제에 관해서 좀 더 극단적인 입장을 갖도록 만든 효과가 있다고 생각하지 않느냐고 물었다. 내가 긍정적으로 답변하자, 그는 당장 덤벼들었다. "이 의견서는 제가 보기에는 당신이 만든 최초의 공적 태도 설정으로 보입니다. 당신 말에 따르면 이 글 때문에 당신은 완벽하게 일치된 행동을 하게 되겠죠. 좀 더 극단적인 태도를 보일 수도 있을 거고요. 그게 어떤 것이든 말입니다. 따라서, 우리가 당신이 이제부터 하는 말을 믿어야 할 이유가 있을까요? 치알디니 교수님, 이미 당신 창에는 표어가 붙어 있는데요."

나는 깊은 감명을 받아서, 자리에 앉아 고개를 끄덕이며 "정말 훌륭합니다!"라고 인정하고 말았다. 그는 손을 흔들어 내 칭찬을 무시하고는, 다시 내게 대답하라고 압박을 가했다. 그러는 동안 마치 덫에 걸려 몸부림치고 있는 동물을 내려다보는 사냥꾼처럼 얼굴에는 득의만만한 미소가 가득했다. 다행스럽게도, 나는 전혀 덫에 걸려 어쩔 줄 모르는 상태가 아니었다. 나는 그에게 의견서 마지막 문단을 읽어보라고 요청했다. 어떤 고정된 일관성을 유지하지 않고, 새로운 정보를 수용하며 계속 변화하겠다고 다짐하는 선언이었다. 그가 그 문단을 다 읽고 난 다음 나는 말했다. "사실은, 그게 제 창에 붙어 있는 표어입니다." 그는 앉아 있지 않았기에 몸을 앞뒤로 까닥일 수는 없었다. 큰 소리를 내어 이야기하지도 않았다. 하지만 그의 입이 이렇게 움직이는 것은 볼 수 있었다. "정말 훌륭합니다!"

그가 그렇게 생각해주니 고맙다. 하지만 진실을 말하자면, 그 문단은 그의 공격을 맞받아치려고 만들어놓은 게 아니다. 전문가 증인으로서 마주쳤던 다른 문제 때문에 만들어놓은 문단이었다. 그 문제는 나의 법률적인 '우리' 집단이 주는 압력에 어떻게 대처해야 하는가의 문제였다. 우정이 깊어짐에 따라 내 마음은 내가 속한 집단의 윤리적 의무에 충실한 버전의 진실을 만들어야 한다고 속삭였다. 하지만 그 문단은 내가 이 글을 썼다는 사실을 알고 있는 모든 사람에게 그렇게 행동하지 않겠다는 선언문 같은 것이었다. 지금 돌이켜보니 내 생각에는 성공적이었던 것 같다.

공통의 '우리'를 기반으로 한 업무 집단 문화를 조성하여 이익을 사취하려는 사람과 같은 부패 비용은 초래하지 않으면서, 더 많은 협동과 조화를 수확하길 원하는 기업에 지금과 같은 이야기가 왜 필요한가? 모든 기업은 행동 수칙에 명확한 태도를 밝히는 '창가의 표어'를 붙여놓아야 한다. 주요 위반 사항이 입증되거나, 여러 번에 걸쳐 사소한 위반이 벌어질 때 불관용 정책에 따라 해고하겠다고 명시해야 한다. 불관용 정책의 근거는 작업장 만족도 및 윤리적 문화와 관련된 자부심 측면에서, 그리고 더 중요한 것은 직장에서의 연대감을 보존하려는 솔직한 욕구의 측면에서 만들어져야 한다. 직장에서의 연대감을 보존하려는 욕망이 중요한 이유는 기업이 '우리'라는 집단이 가진 결함에서 벗어나기 위해 '우리'라는 집단의 필요성에 호소하는 것은 너무나 현명한 일이기 때문이다. [33]

◆ **KEY**
◆ **POINT** _____

◆ 사람들은 자신과 같다고 생각하는 사람에게 '예스'라고 말한다. 타인들과 '우리'(통합성) 의식을 경험하는 데는 공유된 정체성이 중요하다. 이는 부족과 같이 개인들이 자신의 정치·종교 집단은 물론 인종, 민족, 국가, 가족을 정의하기 위해 사용하는 범주이다.

◆ '우리' 집단 연구 결과 세 가지 일반적인 결론이 도출되었다. 이 집단의 성원들은 다른 성원보다 동료 성원들의 결과와 행복을 선호한다. '우리' 집단 성원들은 동료들의 선호와 행동을 자신의 길잡이로 삼으며, 이러한 태도가 집단 결속력을 강화한다. 마지막으로, 이와 같은 내집단에 대한 선호는

'우리' 집단은 물론이고 결국 자기 자신에게 진화적으로 도움이 된다.

◆ 타인과 같은 집단에 속해 있다는 지각은 '우리'라는 감정을 낳는 근본적인 요소다. 이런 지각은 (유전적 유사성과 같은) 친족의 공통성과 (집, 지방, 지역 등의) 장소의 공통성을 통해 생산된다.

◆ 동일한 행동을 하거나 함께 행동하는 경험은 다른 사람들과 연대감을 느낄 수 있는 또 하나의 근본적인 요소이다. 또한 음악을 통해 공유된 경험 역시 사람들이 같이 행동하고 통합성을 느낄 수 있는 한 가지 방법이다. 또 다른 방법으로는 반복적인 호혜적 교환, 함께 고통을 겪기, 공동 창작 등이 있다.

◆ 같이 속하기와 함께 행동하기의 결합 효과를 이용하여 종으로서 하나 되기를 증가시키는 일도 가능하다. 그러기 위해서는 외집단 성원과 우리 집에서 가족 경험을, 우리 이웃에서 이웃 경험을, 우리 사회의 상호작용 속에서 우정 경험을 공유해야 한다.

◆ 민족 정체성, 공통의 적, 공통 감정 경험, 역지사지와 같은 관계들 역시 외집단 성원과 연대감을 형성할 수 있다. 불행하게도 이 관계에서 연대감은 오래 가지 않는다. 하지만 그런 관계에 반복적으로 초점을 맞추며 집중하게 된다면, 그 관계의 중요성이 크게 느껴지면서 관계가 더 지속적으로 될 수 있다.

PART 9

순식간에 설득하라
자동화 시대를 위한 원시적인 동의

◆ ◆

모든 면에서 나는 매일 점점 나아지고 있다.
_에밀 쿠에

모든 면에서 나는 매일 점점 바빠지고 있다.
_로버트 치알디니

1960년대에 조 파인Joe Pyne이 진행하는 재미있는 텔레비전 토크쇼가 있었다. 이 토크쇼는 무엇보다 신랄하고 도전적인 파인의 진행 스타일로 인기를 끌었는데, 주로 대중한테 이름을 알리고 싶은 연예인이나 유명해지고 싶은 사람들, 비주류 정치집단이나 사회단체 대표들이 초대 손님으로 등장했다. 파인의 불쾌한 진행 방식은 초대 손님들을 논쟁으로 끌어들여 흥분시킨 다음 당황스러운 진실을 인정하게 하려는 것이 목적이었다. 파인은 초대 손님을 소개하자마자 그의 신념이나 재능, 외모 등을 바로 공격하는 일도 서슴지 않았다. 어떤 사람들은 파인의 잔인한 성품이 사고로 한쪽 다리를 잃으면서 삶에 대해 부정적인 시각을 갖게 됐기 때문이라고 설명하기도 했다. 물론 파인은 타고난 독설가일 뿐이라고 생각하는 사람도 있었다.

어느 날 저녁 록 뮤지션 프랭크 자파Frank Zappa가 초대 손님으로 출연했다. 자파는 긴 머리로 유명했는데, 1960년대에는 남성이 머리를 기르는 일이 드물었을 뿐 아니라 사회적으로도 용인되지 않는 분위기였다. 자파가 등장해 자리에 앉자마자 두 사람은 다음과 같은 이야기를 나눴다.

파인 머리를 기르고 다니니까 꼭 여자처럼 보이네요.
자파 그쪽이야말로 나무 의족을 달고 다니니까 꼭 테이블처럼 보이는군요.

━ 원시적 자동 판단

파인과 자파의 재치 넘치는 대화는 이 책의 핵심 주제를 잘 보여준다. 사람들은 어떤 대상을 판단할 때 입수 가능한 모든 관련 정보를 사용하지 않는다는 점이다. 그 대신 전체를 대표하는 단 하나의 정보만 이용한다. 이런 단편적인 정보들은 올바른 판단을 유도하는 경우도 많지만, 어리석기 짝이 없는 실수를 일으키기도 한다. 더욱이 영리한 설득의 달인들이 우리의 그런 실수를 이용하려 들면, 우리는 더 곤란하고 위험한 상황에 빠지고 말 것이다.

그러나 이 핵심 주제 외에도 이 책에서 다루는 또 하나의 복잡한 주제가 있다. 바로 단편적인 정보에만 의존하는 경우 어리석은 판단을 내릴 가능성이 높은데도 빠르고 복잡한 현대 사회의 특성상 사람들은 이런 지름길을 자주 이용할 수밖에 없다는 점이다. 1장에서 이런 지름길을 하등동물의 자동반응과 비교해 설명한 내용이 기억날 것이다. 하등동물들은 '칩칩' 소리나 빨간색 가슴깃털, 특별한 패턴의 발광 신호 같은 하나의 자극으로 특정한 행동 패턴을 나타낸다. 하등동물들이 이런 식으로 하나의 특징에만 의존해 행동을 결정하는 것은 정신 능력에 한계가 있기 때문이다. 하등동물의 작은 뇌로는 주변 환경에 존재하는 모든 관련 정보를 인식하고 처리하는 것이 불가능하다. 그래서 특정 정보에만 특별히 더 예민한 반응을 보이도록 진화한 것이다. 이 경우 특정 정보는 올바른 반응을 이끌어내기 충분한 신호로 작용하므로 이런 시스템은 대체로 매우 효율적이다. 어미 칠면조는 '칩칩' 소리를 들을 때마다 '누르면, 작동하는' 반응을 보이면서 기계적으로 모성 행동을 하기 때문에 한정된 뇌 용량을 하루 종일 마주치는 다른 상황과 선택에 사용할 수 있다.

물론 인간의 뇌는 그런 면에서 어미 칠면조나 다른 하등동물보다 훨씬 효율적인 메커니즘을 갖고 있다. 다양한 관련 사실들을 검토한 뒤 올바른 결정을 내리는 인간의 능력은 매우 독보적이다. 사실 인간이 지구상의 모든 생물을 지배하게 된 것도 이런 정보 처리 능력이 다른 종보다 우월했기 때문이다.

그러나 인간의 능력에도 한계가 있다. 또한 효율성을 위해서 때로는 오랜 시간 모든 정보를 고려해 신중한 결정을 내리는 것을 포기하고, 하나의 특징에 근거해 자동적이고 원시적으로 반응할 때가 있다. 예를 들어 누군가의 부탁을 수락할지 말지 결정할 때 우리는 주어진 관련 정보 중 단 하나의 단편적인 정보만 고려하는 경우가 많다. 앞의 내용에서 우리는 설득 상황에서 결정을 내릴 때 가장 자주 참고하는 단편적인 정보들을 살펴봤다. 그런 정보들을 자주 참고하는 이유는 바른 결정으로 인도해주는 가장 신뢰할 만한 정보들이기 때문이다. 설득 상황에서 의사 결정을 할 때 상호성, 호감, 사회적 증거, 권위, 희소성, 일관성, 연대감이라는 요소들을 그토록 자주 그리고 자동적으로 사용하는 이유도 바로 그 때문이다. 각각의 원칙이 어떤 경우 상대의 부탁을 수락해야 할지, 수락하지 말아야 할지에 대해 매우 믿을 만한 단서를 제공해준다.

상황을 철저히 분석할 만한 의지나 시간, 에너지나 인지적 능력이 없을 때 우리는 이런 단서들만 참고해 결정을 내릴 확률이 높다. 또한 바쁘고 압박감이 심하며 불확실하고 무관심하고 정신이 산만하고 피곤한 경우에도 되도록 최소한의 정보에 집중하려는 경향이 있다. 이런 상황에서 결정을 내릴 때는 원시적이기는 하지만 반드시 필요한 '최선의 단편 정보single-piece-of-good-evidence'에 의존한다. 이런 점을 종합해보면 결국 다음과 같은 불안한 결론에 이른다. 인간이 만물의 영장이 되도록 해준 정교한 정신 능력 덕분에 우리는 너무 복잡하고 빠르고 정보가 넘치는 환경을 만들어냈고, 그 때문에 우리가 오래전에 뛰어넘은 하등동물들의 의사결정 방식에 점점 더 의존하게 됐다.

━ 현대적 자동 판단

영국의 경제학자이자 정치사상가이며 과학철학자인 존 스튜어트 밀John Stuart Mill은 1873년에 사망했다. 밀의 죽음은 세상의 모든 지식을 섭렵했던 마지막 천재의 죽음이라는 점에서 의미가 깊다. 요즘은 누군가 세상의 모든 지식을 안다고 하면 웃음거리가 되고 말 것이다. 오랜 세월 서서히 축적된 인간의 지식이 현대사회에 들어 눈덩이처럼 무시무시한 속도로 급증했다. 지금 우리는 거의 모든 정보가 채 15년도 안된 시대에 살고 있다. 물리학 같은 일부 과학 분야에서는 8년마다 두 배로 지식의 양이 증가하고 있다. 과학 정보의 폭발적 증가는 분자화학이나 양자물리학 같은 전문 영역에만 한정되지 않고 우리의 일상과 관련이 깊은 건강, 아동 발달, 영양 등 거의 모든 영역으로 확장되고 있다. 더욱이 전 세계 과학자들이 200만여 종의 과학잡지에 계속 새로운 연구 자료를 발표하고 있어 정보의 급증은 앞으로도 지속될 가능성이 높다.

과학 분야만 급속히 발전하는 것이 아니라 우리의 일상과 가까운 곳에서도 빠른 변화가 일어나고 있다. 갤럽의 연례 여론 조사에 따르면, 대중이 중요하게 생각하는 문제도 종류는 점점 더 다양해지는 반면 지속 기간은 더 짧아지고 있다. 게다가 사람들은 더 빠른 속도로 더 많이 여행한다. 거주지도 더 자주 옮기고, 거주지 자체의 건설과 해체도 더 빨라진다. 더 많은 사람을 만나되 인간관계를 맺는 기간은 짧아지고 있다. 슈퍼마켓과 자동차 대리점, 쇼핑몰 등에서는 1년 전만 해도 들어보지 못한 다양한 제품을 접할 수 있지만 불과 1년 후에는 그런 제품이 존재했다는 사실조차 까맣게 잊어버릴 것이다. 현재 우리의 문명을 묘사하려면 참신성, 찰나성, 다양성, 가속성 등의 단어를 사용해야 한다.

이렇게 수많은 정보와 다양한 선택권을 누리게 된 것은 기술의 발전 덕분이다. 특히 이런 발전을 주도하는 것이 바로 정보를 수집, 저장, 검색, 전달하는 기술이다. 처음에는 정부기관이나 대기업 등 대규모 조직들만 그런 기술 발전의 성과들을 누릴 수 있었다. 그러나 통신 및 컴퓨터 기술의 발달로 일반 개인까지 그와 같은 수많은 정보에 접근할 수 있게 됐다. 케이블망이 연결되고 위성 시스템이 설치되면서 일반 가정에서도 얼마든지 관련 정보를 접하게 된 것이다. 휴대전화 하나에 들어 있는 정보가 겨우 몇 년 전 대학 전체가 가지고 있던 정보량을 이미 넘어선 지 오래다.

하지만 주의할 점이 있다. 현대 사회는 '정보 시대'라 불려도 '지식 시대'로 불리지 않는다는 점이다. 정보는 바로 지식으로 바뀌는 것이 아니다. 정보를 처리하고, 평가하고, 흡수하고, 이해하고, 통합하고, 보유해야 지식이 되는 것이다.

─ 의사결정의 지름길이여, 영원하라

과학 기술은 우리가 따라잡을 수 없을 정도의 속도로 빠르게 발전하고 있어 우리의 타고난 정보 처리 능력만으로는 현대 사회의 특징인 수많은 변화와 선택, 도전에 적절히 대처하기가 힘들어지고 있다. 복잡다단한 외부 환경을 철저히 파악하고 처리하기에 턱없이 부족한 지적 능력 탓에 결국 인간도 하등동물과 같은 입장에 처하는 경우가 갈수록 늘어난다. 원래부터 인지 능력이 상대적으로 부족한 하등동물과 달리 인간은 스스로 지극히 복잡한 세상을 만들어가는 과정에서 상대적으로 인지 능력이 부족해지긴 했지만 아무리 인지 능력이 부족해졌다 해도 그 결과는 하등동물들과 크게 다르지 않다. 어떤 판단을 내릴 때 전체적인 상황을 총체적으로 고려해 분석하는 경우가 줄어든 것이다. 이런 식의 '분석의 마비' 현상이 나타날수록 사람들은 점점 더 신뢰할 만한 하나의 단편적인 특징에 집중한다.[1]

단편적인 정보라도 정말 신뢰할 만한 정보라면, 그 정보에만 집중해 자동반응을 보이는 방법이 딱히 잘못됐다고 볼 수는 없다. 문제는 평소라면 믿을 만한 단서였을 정보를 이용해 누군가 우리에게 잘못된 조언을 제공하고 잘못된 판단과 행동을 유도하는 경우다. 앞에서 살펴봤듯이 수많은 설득의 달인들은 기계적이고 맹목적으로 지름길을 선택하는 우리의 성향을 이용해 이득을 얻는다. 점점 빠르고 복잡해지는 현대 사회에서 지름길을 선택하는 사람이 늘어난다면 분명히 이런 전략을 사용해 부당이득을 취하는 사람도 늘어날 것이다.

그렇다면 의사결정의 지름길 시스템에 몰려들 것으로 예상되는 더 강력한 공격에 우리는 어떻게 대처해야 할까? 나는 회피하기보다 맞서 싸우라고 권하고 싶다. 그렇다고 '지름길 반응'을 정당하게 활용하는 설득의 달인들까지 적으로 매도하라는 것은 아니다. 그런 사람들은 동맹으로 인정하고 효과적인 거래로 서로 이득을 취해도 된다. 그러나 지름길 반응을 일으키는 증거들을 조작하거나 위조 또는 오도하는 설득의 달인들에 대해서는 가차없이 반격을 가해야 한다.

우리가 가장 자주 사용하는 지름길 원칙 중 하나를 예로 들어 설명해보자. 사회적 증거 원칙에 따르면, 우리는 우리와 비슷한 사람들의 행동을 그대로 따라 하는 경우가 많다. 대부분의 경우 특정 상황에서 많은 사람들이 좋아하는 행동은 가장 적합하고 유용한 행동일 확률이 높기 때문에 이는 충분히 합리적인 결정이다. 따라서 광고주가 통계 자료의 조작 없이 자사의 치약이 최다 판매 제품이라는 정보를 제공한다면, 우리는 그 치약이 품질이 우수한 제품이라는 귀중한 정보를 제공받은 것으로 생각할 수 있다. 그렇다면 치약을 구매하러 마트에 갔을 때 제품의 '인기'라는 단편적인 정보만 믿고 그 치약을 구매하기로 결정해도 괜찮다. 이런 전략을 사용하면 잘못된 결정보다는 올바른 결정을 내릴 확률이 높고 우리는 이때 절약한 소중한 인지적 에너지를 넘쳐나는 정보를 처리하고 어려운 결정을 내리는 데 사용할 수 있다. 우리가 이런 효과적인 전략을 사용할 수 있도록 유용한 정보를 제공해준 광고주는 우리의 적이 아니라 협력자라고 봐야 한다.

그러나 설득의 달인이 우리에게 '지름길 반응'을 이끌어내기 위해 거짓 단서를 제시한다면 상황은 달라진다. 배우들을 일반 시민처럼 꾸며 제품에 대해 칭찬을 늘어놓게 하면서 '즉석 인터뷰'인 양 꾸민 치약 광고로 자사 제품이 인기가 높다는 이미지를 조작하려는 광고주는 확실한 적으로 봐야 한다. '인기'라는 증거를 조작해 우리의 '지름길 반응'을 이용하려는 사람이기 때문이다. 앞에서 나는 '즉석 인터뷰' 광고를 조작하는 회사 제품은 구매하지도 말고, 제조사에 항의 편지를 띄워 구매 거부의 이유를 설명하면서 그런 광고회사와는 거래를 끊도록 압력을 넣으라고 이야기한 바 있다. 광고의 경우뿐 아니라 설득의 달인들이 이런 식으로 사회적 증거 원칙(또는 다른 설득의 무기들)을 남용하는 경우에는 언제나 적극적으로 대응해야 한다. 녹음된 웃음소리를 사용하는 텔레비전 프로그램에 대해서도 시청을 거부해야 한다. 만약 나이트클럽 입구에 길게 줄을 서 있다가 입장했는데 내부에 여유 공간이 충분한 걸로 봐서 입구에 줄을 세워놓고 사회적 증거를 조작하려 한 것이 분명하다면, 당장 밖으로 나와 줄 서서 기다리는 고객들에게 진실을 폭로해야 한다. 우리는 제품 평가 사이트에 가짜 댓글을 다는 브랜드를 보이콧하고, 소셜 미디어에 널리 알려야 한다. 다시 말해 불매운동, 위협, 항의, 악평, 비난 등 모든 수단을 동원해 보복해야 한다.

나는 천성이 호전적인 사람이 아니다. 그런데도 내가 이런 호전적인 방법들을 적극적으로 추천하는 이유는 지금 부당이득을 취하는 사람들과 일종의 전쟁을 치르는 중이기 때문이다. 나뿐만 아니라 우리 모두 마찬가지다. 그러나 이익을 얻으려는 동기 자체를 적대시할 필요는 없다. 그런 동기는 사실 모든 사람이 어느 정도 다 갖고 있다. 절대 묵과하면 안 되는 진짜 부당 행위는 자신의 이익을 추구하는 과정에서 지름길 반응에 대한 우리의 신뢰를 훼손하는 경우다. 복잡다단한 현대 사회를 살아가려면 신뢰할 만한 지름길, 바람직한 경험의 법칙이 반드시 필요하다. 이제는 그런 것들이 더 이상 사치가 아니다. 지금도 현대인의 필수불가결한 요소일 뿐만 아니라 사회의 변화 속도가 빨라질수록 더욱 중요해질 것이다. 누군가 우리의 경험 법칙 중 하나를 이용해 부당이득을 취하려 할 때마다 적극적으로 대처하며 보복해야 하는 이유가 바로 여기에 있다. 우리는 지름길 원칙이 최대한 효과적이기를 원한다. 부당이득을 취하려는 사람들의 계략으로 지름길 원칙이 제 기능을 못할수록 우리는 점점 지름길 원칙의 사용을 꺼릴 것이다. 그러면 복잡하기 짝이 없는 현대 사회에서 모든 일을 일일이 심사숙고한 뒤 결정해야 하는 곤란에 빠진다. 따라서 우리는 부당이득을 취하려는 자들에 단호히 맞서 귀중한 지름길 원칙을 사수해야 한다.

독자 편지 9.1
애리조나에 사는 사회적 영향 연구자 로버트가 보낸 편지

얼마 전 전자 제품 대리점에 가서 보니 고급 대형 텔레비전이 좋은 가격으로 할인판매 중이었습니다. 새 텔레비전이 당장 필요하지는 않았지만, 가격도 좋고, 평가도 괜찮다 보니 잠시 멈춰서서 안내서를 보고 있었습니다. 그때 판매원 브래드가 다가와 이렇게 말하더군요. "이 제품에 관심이 있어 보이시네요. 이유야 분명하죠. 가격이 정말 좋잖아요. 근데, 이 제품이 마지막 남은 물건이에요." 내 관심은 하늘 높이 솟구쳤습니다. 브래드는 지금 막 한 여성에게 전화를 받았는데, 오후에 와서 구매하겠다는 내용이었다고 하더군요. 평생 설득을 연구해온 사람이다 보니, 이 친구가 지금 희소성 원칙을 이용하고 있지 않나 하는 생각이 들었습니다. 하지만 그런 건 상관없었습니다. 10분 후 저는 획득한 '상품'을 가지고 나오고 있었습니다. 박사님, 브래드의 희소성 이야기에 반응을 보였던 저는 바보인가요?

저자의 한마디

독자들은 이미 깨달았겠지만, 이 편지를 보낸 로버트는 사실 나다. 이 문제를 학문적으로 살펴보자. 문제는 브래드가 상품 부족 상황을 정확하게 전달했는가이다. 만일 그랬다면 로버트는 정확한 정보를 제공한 브래드에게 감사해야 한다. 예를 들어, 브래드가 상황을 제대로 알리지 않았다고 하자. 로버트는 집으로 돌아가 오랜 생각 끝에 구매를 결정하고, 저녁에 전자 제품 대리점에 돌아올 수도 있다. 그리곤 텔레비전이 모두 팔려나갔다는 사실을 발견하고 판매원에게 분통을 터뜨릴 수 있다. "뭐라고? 왜 그게 남은 마지막 텔레비전이라고 말하지 않았던 거야? 너 뭐가 문제야?"

이번에는 정직하지 않은 정보를 주었을 가능성을 생각해보자. 브래드는 텔레비전과 관련해서 희소성 조건을 조작한다. 로버트가 간 후 창고에 들어가 같은 모델을 꺼내 전시한다. 다음 고객에게도 로버트를 속여 팔았던 전략을 사용할 것이다. (사실, 몇 년 전 베스트 바이 직원이 이와 똑같은 짓을 하다가 적발된 적이 있다.) 브래드는 더는 로버트에게 소중한 정보 제공자가 아니다. 그는 욕을 먹어 마땅한 사익 편취자이다.

어떤 쪽이었을까? 로버트는 알아보기로 했다. 다음 날 아침 대리점에 가서 그 텔레비전 모델이 아직 전시 중인지 보았다. 그 모델은 없었다. 브래드는 그에게 사실을 말한 것이다. 로버트는 사무실에 가서 대리점을 호평하는 상품평을 썼고, 특히 브래드를 칭찬했다. 브래드가 거짓말을 했었다면 아마 그 상품평은 강력한 비난으로 가득했을 것이다. 설득의 원칙에 노출될 때 우리는 우리를 무장시키려는 사람을 칭찬하고, 우리에게 피해를 주려는 사람은 비판해야 한다.

◆ **KEY**
◆ **POINT** _____

◆ 현대 사회는 과거 그 어떤 시대와도 많이 다르다. 놀라운 기술 발전으로 선택권과 대안이 확대됐으며, 정보와 지식이 폭발적으로 증가했다. 사람들은 이런 변화와 선택의 자유에 적응해야 했고, 그러다 보니 뭔가를 선택하는 방법에도 근본적인 변화가 일어났다. 아무리 진지하게 심사숙고해 판단하고 싶어도 급변하는 현대 사회에서는 그런 식으로 모든 관련 사항을 꼼꼼히 분석할 기회가 항상 주어지는 것은 아니다. 그 결과 우리는 점점 더 또 다른 종류의 의사결정 방식, 즉 신뢰할 만한 하나의 단편적인 정보를 바탕으로 수락(동의, 신뢰, 구매 등)의 결정을 내리는 의사결정의 지름길 방식에 의존하게 된다. 누군가를 설득할 때 사용할 수 있는 가장 신뢰할 만해서 가장 널리 사용되는 유발 요인들이 바로 이 책에서 소개한 입장 정립, 상호성의 기회, 우리와 비슷한 사람들의 복종 행동, 호감이나 연대감, 권위 있는 명령, 희소성 정보 등이다.

◆ 우리 사회는 인지적 부담이 점점 커지고 있어 지름길을 이용한 의사결정의 비율이 더 확대될 가능성이 높다. 부탁이나 설득을 할 때도 설득의 유발 요인을 한두 가지 정도 함께 사용하는 사람들이 성공 확률이 훨씬 높을 것이다. 설득의 달인들이 이런 유발 요인들을 사용한다고 반드시 부당이득을 취하려는 것은 아니다. 다만 유발 요인이 상황에서 자연스럽게 도출된 것이 아니라 억지로 꾸민 것이라면 부당이득을 취하려는 의도로 볼 수 있다. 의사결정의 지름길에서 얻을 수 있는 혜택을 계속 누리기 위해서는 그런 식으로 유발 요인을 조작하는 행위에 대해 모든 수단을 동원해 맞서 싸워야 한다.

감사의 말

이 책을 가능하게 만들어준 사람들에게 감사의 말을 전한다. 몇몇 학교 동료 교수들은 이 책의 초고를 읽어보고 통찰력 넘치는 조언을 해줬으며, 이어지는 개정판에도 많은 역할을 해주었다. 거스 레빈Gus Levine, 더그 켄릭Doug Kenrick, 아트 비먼Art Beaman, 마크 자나Mark Zanna 등이다. 리처드 치알디니Richard Cialdini와 글로리아 치알디니Gloria Cialdini, 보베트 고든Bobette Gorden, 테드 홀Ted Hall 등 가족과 친구들 역시 초고를 읽어주고 소중한 감정적 지원뿐 아니라 통찰력 있고 실질적인 조언을 해주었다.

토드 앤더슨Todd Anderson, 샌디 브레이버Sandy Braver, 캐서린 체임버스 Catherine Chamebers, 주디 치알디니Judi Cialdini, 낸시 아이젠버그Nancy Eisenberg, 래리 에트킨Larry Ettkin, 조앤 거스튼Joanne Gersten, 제프 골드스타인Jeff Goldstein, 베치 한스Betsy Hans, 밸러리 한스Valerie Hans, 조 헵워스Joe Hepworth, 홀리 헌트 Holly Hunt, 앤 인스킵Ann Inskeep, 배리 레쇼위츠Barry Leshowitz, 다윈 린더Darwyn Linder, 데비 리틀러Debbie Littler, 존 모웬John Mowen, 이고르 파블로프Igor Pavlov,

재니스 포스너Janis Posner, 트리시 퍼이어Trish Puryear, 메릴린 롤Marilyn Rall, 존 라이히John Reich, 피터 레인겐Peter Reingen, 다이앤 러블Diane Ruble, 필리스 센세닉Phyllis Sensenig, 로먼 셔먼Roman Sherman, 헨리 웰먼Henry Wellman 등 이 책의 여러 장에 걸쳐 유용한 조언을 해준 사람들에게도 감사를 전한다.

많은 사람이 이 책 기획의 단계부터 도움을 주었다. 존 스테일리John Staley는 출판 전문가로서는 처음으로 이 책의 잠재력을 인정해주었고 짐 셔먼Jim Sherman, 앨 고셜스Al Goethals, 존 키팅John Keating, 댄 와그너Dan Wagner, 달마스 테일러Dalmas Taylor, 웬디 우드Wendy Wood, 데이비드 왓슨David Watson 등은 초기 단계부터 긍정적인 평가로 저자와 편집자의 용기를 북돋워주었다. 책을 읽고 전화 설문조사에 응해준 사람들에게도 감사의 마음을 전하고 싶다. 휘턴대학교의 에모리 그리핀Emory Griffin, 캘리포니아 주립대학교 프레스노의 로버트 레빈Robert Levine, 조지아 주립대학교의 제프리 르윈Jeffrey Lewin, 데이토나비치 커뮤니티 칼리지의 데이비드 밀러David Miller, 조지아 주립대학교의 로이스 모어Lois Mohr, 데이토나비치 커뮤니티 칼리지의 리처드 로저스Richard Rogers 등이다. 기존 판본들을 검토하고 유용한 조언을 해준 사람들에게도 감사의 말을 전한다. 예일대학교의 아사드 아지Assaad Azzi, 아칸소대학교의 로버트 M. 브래디Robert M. Brady, 텍사스대학교 샌안토니오 캠퍼스의 브라이언 M. 코헨Brian M. Cohen, 플로리다대학교의 크리스천 B. 크랜달Christian B. Crandall, 알래스카대학교의 캐서린 굿윈Catherine Goodwin, 브래들리대학교의 로버트 G. 로더Robert G. Lowder, 버지니아 폴리테크닉 주립대학교의 제임스 W. 마이클 주니어 James W. Michael, Jr., 노던콜로라도대학교의 유진 P. 시한Eugene P. Sheehan, 코네티컷대학교의 제퍼슨 A. 싱어Jeferson A. Singer, 미시간 주립대학교의 샌디 W. 스미스Sandi W. Smith 등이다.

　이번에 새롭게 출간된 개정판을 검토해준 사람들에게게도 감사를 표한다. 나의 에이전트 짐 레빈Jim Levine은 수없이 귀중한 충고를 해주었다. 하퍼 비즈니스에서 내 책을 담당한 편집자 홀리스하임바우크Hollis Heimbouch은 글쓰기와 편집 과정에서 크고 작은 문제들에 마음이 잘 맞아 이전의 그 어느 판보다도 날씬한 책을 만들 수 있었다. 역시 하퍼 비즈니스의 웬디 웡Wendy Wong과 교열 담당자 플레지언 알렉산더Plaegian Alexander는 원고를 출판할 수 있는 형태로 만들어주었다. 나의 동료 스티브 J. 마틴Steve J. Martin은 훌륭한 실험을 통해 얻은 독점 자료를 기꺼이 제공하여 이 책의 내용을 풍성하고, 살아있게 해주었다. 아나 로피카Anna Ropiecka는 비영미인 관점에서 본 피드백을 제공해주며 이 책에 커다란 통찰과 더불어 많은 장점을 부여했다. 인플루언스 앳 워크Influence At Work라는 나의 팀에서는 에일리 반더미어Eily Vandermeer와 카라 트레이시Cara Tracy가 맡은 일 이상의 일을 해내며 고귀한 능력을 보여주었다. 찰리 멍거Charlie Munger가 이 책을 얼마나 지지해주었나를 생각하면 그에게 감사를 빼놓을 수 없다. 그는 이 책을 투자·금융계에 처음부터 믿을 만한 책으로 소개해주었다.

　끝으로 보베트 고든Bobette Gorden에게 깊은 감사를 전한다. 그녀는 가장 가까이서 나를 도와주는 사람이자, 함께 일하는 동료이자, 같이 놀아주는 친구이자, 나의 소울 메이트이다. 그녀는 상냥한 코멘트 덕분에 이렇게 훌륭한 책을 쓸 수 있었고, 그녀의 사랑으로 나의 매일은 기쁨으로 벅차올랐다.

주

개정증보판 서문

1. 《설득의 심리학》이 보일이 예측했던 빈정거림을 받지 않았을 수 있었던 이유는 두 가지 정도라고 생각한다. 첫째, 신문에서 볼 수 있는 '인간의 이익'이라는 관점에서 사회과학을 대중화하려는 기사들과는 달리, 나는 아무리 많더라도 진술과 결론의 기반이 되는 출간물을 모두 인용하려고 노력했다. 둘째, 나 자신의 연구나 어떤 특정 집단의 연구를 내세우지 않고 인간 반응을 연구하는 특정한 접근 방식인 실험 행동과학이라는 접근 방식을 내세웠다. 처음에 의도한 바는 아니었지만, 동료 실험 행동과학자들이 무장해제당했다는 느낌을 전해온 것을 보고, 내가 오랫동안 가졌던 믿음을 다시 한 번 확인할 수 있었다. 사람들은 자신이 타고 있는 보트를 전복시키지는 않는 법이다.

개정증보판에 대하여

1. 인터넷을 검색해보았더니 이 통찰력이 넘치는 말을 처음 했던 사람은 나의 할아버지가 아닌 것으로 드러났다. 이탈리아 작가 주세페 토마시 디 람페두사(Giuseppe Tomasi di Lampedusa)였다.

초판 서문

1. 일곱 가지 원칙 중 물질적인 '자기 이익'의 원칙은 포함하지 않았다. 이 원칙은 최소비용으로 최고의 선택을 원하는 사람들의 심리를 말한다. 이 원칙을 빼버린 것은 이익을 극대화하고 비용을 최소화하려는 욕망이 우리의 선택에서 중요한 역할을 하지 않는다고 생각해서는 아니다. 또 이 원칙의 힘을 무시하는 설득 전문가의 증거를 참조해서도 아니다.

오히려 그와는 반대이다. 개인적인 연구 도중 (때로는 진심으로, 때로는 거짓으로) "내가 당신에게 커다란 것을 드리겠소"라며 접근하는 사람들을 봤다. 나는 이 원칙을 동기부여적 소여 (motivational given)로 간주한다. 다시 말해서 당연히 인정해야 할 요소지만 굳이 많은 설명은 필요 없다고 생각한다. 따라서 별개의 원칙으로 다루지 않는다.

PART 1 설득의 무기

1. 에너지 드링크 실험은 Shiv, Carmon, & Ariely, 2005의 실험이다. 당시 이 논문을 읽고 나도 마감이 얼마 남지 않은 글을 끝내보려고 에너지 음료를 구매했던 기억이 난다. 이 연구 결과를 보지 않았더라면, 이 음료가 할인판매 중인지도 모르고 지나쳤을 것이다. 그래서 그런지 에너지 음료는 내게 별 효과가 없다.

2. 어미 칠면조 실험 전체를 보기 위해서는 M. W. Fox, 1974의 논문을 참조하라. 이 동물학자의 이름은 실제로 Fox이다. 울새와 흰눈썹울새는 각각 Lack, 1943과 Peiponen, 1960의 논문을 보라.

3. 아이들이 잘못을 추궁받을 때 "왜냐면, 왜냐하면…"이라고 반응하는 것도 그 말이 어른에게 행사하는 엄청난 힘을 영악하게 눈치 챘기 때문일 수도 있다. "왜냐하면"이라는 말은 이유를 의미하며, 사람들은 어떤 행동을 할 이유를 기대하기 때문이다(Bastardi & Shafir, 2000). Langer, 1989는 제록스 연구(Langer, Blank,& Chanowitz, 1978)의 더 큰 의미를 탐구하면서 인간 행동의 자동적인 반응이 폭넓게 존재한다고 주장한다. Bargh & Williams, 2006도 같은 견해를 보이고 있다.

   인간의 자동반응과 하등동물의 자동반응 사이에는 몇 가지 유사점도 있지만, 중요한 차이점도 있다. 인간의 자동화된 행동 패턴은 선천적이라기보다는 학습된 것이며, 판에 박힌 하등동물의 패턴보다는 훨씬 더 융통성이 있고 반응을 보이는 요인도 다양하다.

4. Cronley et al., 2005와 Rao & Monroe, 1989는 사람들이 제품이나 서비스에 대해 잘 알지 못할 때 '비싼 것은 좋은 것'이라는 규칙을 이용하는 경향이 높다는 것을 보여준다. 마케팅에서 흔히 이용되는 사례는 시바스 리갈 스카치위스키다. 시바스 리갈은 경영진이 경쟁사들보다 훨씬 높게 가격을 책정하기 전까지는 고전을 면치 못하던 브랜드였다. 그런데 제품 가격을 올리자마자 제품 자체는 아무 변화가 없었는데도 판매가 급등했다(Aaker, 1991). 에너지 드링크 연구(Shiv, Carmon, & Ariely, 2005)와 진통제 연구(Waber et al., 2008) 외에도 가격이 높으면 물건의 품질도 좋다고 생각하는 사람들의 경향, 그리고 이를 이용하여 사람들의 반응을 조작하는 연구도 있었다(Kardes, Posavac, & Cronley, 2004). 이 고정관념이 그토록 강력한 이유는 뇌 스캔 연구를 통해 설명할 수 있다. 실험 참가자들은 같은 와인을 마시면서도 4달러보다는 45달러 와인을 마실 때 더 많은 쾌락을 느꼈다고 평가했을뿐더러, 실제로

뇌의 쾌락 중추도 더 활성화되었다(Plassmann et al., 2008).

5. 우리의 삶에서 자동성의 가치와 필요, 자동성이 판단 휴리스틱스에서 드러나는 방식에 관해서는 Collins, 2018; Fennis, Janssen, & Vohs, 2008; Fiske & Neuberg, 1990; Gigerenzer & Goldstein, 1996; Kahneman, Slovic, & Tversky, 1982; Raue & Scholl, 2018; Shah & Oppenheimer, 2008; and Todd & Gigerenzer, 2007을 보라. Petty et al., 2019는 사람들이 동기부여 및 쏟아져 들어오는 정보를 세심하게 살펴볼 능력을 갖추고 있지 않을 때 휴리스틱스에 의지하여 정보에 반응한다는 여러 예들을 제시하고 있다. Petty, Cacioppo, & Goldman, 1981의 종합적인 시험 연구는 그 예 중 하나이다. Epley & Gilovich, 2006는 또 다른 예를 제시하고 있다.

   우리가 개인적으로 중요한 문제에 대해 복잡하고 심오한 접근 방식을 취하지는 않더라도(Anderson & Simester, 2003; Klein & O'Brien, 2018; Milgram, 1970; Miller & Krosnick, 1998), 의사, 회계사, 변호사, 중개인과 같은 전문가들이 우리를 대신해 그렇게 해주어야 한다고 믿는다(Kahn & Baron, 1995). 복잡하고 중요한 선택에 직면해 어쩔 줄 모를 때, 우리는 지름길, 다시 말해 전문가에게 의지하는 방법을 통해, 우리 아닌 다른 사람이 그 중요한 선택을 충분히 고려해주기를 바란다. 전 IBM 회장 토머스 왓슨 주니어(Thomas Watson, Jr.)는 캡티니티스의 좋은 예를 제시한다. 제2차 세계대전 중 그는 고위 관리가 사망하고 다친 비행기 충돌사고를 조사하라는 명령을 받았다. 한 사고에는 유명한 공군 장군 우잘 지라드 엔트(Uzal Girad Ent)가 연루되어 있었다. 비행 전 비행기 부조종사가 몸이 아파서 엔트가 그 자리에 대신 앉았다. 조종사는 전설적인 장군과 함께 비행한다는 데 무한한 영예를 느끼고 있었다. 이륙하는 동안 엔트는 혼자 노래하며 박자에 맞춰 고개를 흔들기 시작했다. 다른 조종사는 이를 바퀴를 집어넣으라는 신호로 받아들였다. 이륙하기엔 아직 속도가 부족했지만, 그는 랜딩 기어를 들어 올렸다. 그러자 즉시 비행기 동체가 바닥에 부딪혔다. 비행기가 부서지며 프로펠러가 엔트의 등을 파고들어 척추가 부러졌고 그는 하반신 마비가 되었다. 왓슨은 조종사의 진술을 들려주었다.

   왓슨이 "비행기가 날 수 없는 걸 알았는데도, 왜 기어를 올렸죠?"라고 묻자, 조종사는 말했다. "장군님이 원하시는 줄 알았죠." 그는 멍청한 사람이었다(1990, p. 117)

   멍청하다고? 그런 상황이었다면 나도 그랬을 것이다. 현대 사회의 어지러운 삶 속에서 지름길이 보이는데, 당연히 "네!"라고 하지 않겠는가.

6. 강력한 짝짓기 신호에 속아 넘어가는 수컷들의 성향은 개똥벌레에만 국한되지 않으며(Lloyd, 1965), 인간에게도 적용된다. 빈대학교의 생물학자 아스트리드 쥐에트(Astrid Jutte)와 카를 그라머(Karl Grammer)는 여성의 질 분비물 냄새를 모방한 코퓰린이라는 화학물질에 젊은 남성들이 부지불식간에 노출되게 했다. 그 후 이 남성들에게 여성의 얼굴을 보고

호감도를 평가하게 했다 코퓰린에 노출된 남성들은 신체적 매력의 차이와 상관없이 모든 여성의 호감도를 더 높게 평가했다(Arizona Republic, 1999). 연애 이야기는 아니지만, 몇몇 원시 병원체 역시 화학물질을 모방하여 건강한 세포가 자신을 더 잘 받아들이게 만들었다 (Goodenough, 1991).

자연의 식물과 동물이 서로를 속이는 일련의 예들은 Stevens, 2016를, 인간이 사용하는 속임수는 Shadel, 2012과 Stevens, 2016를 보라.

7. 코넬대학교 팀의 연구를 더 보고 싶다면 Ott et al., 2011을 보라. 2014년 리뷰어와 2018년 리뷰어를 비교한 글은 Shrestha, 2018이다. 2019년 연방 거래위원회는 거짓 상품평을 달았다는 이유로 한 화장품 회사를 고발했다. 고발장에는 소유주가 직원들에게 한 말이 인용되어 있었는데, 가짜 상품평의 힘을 잘 이해하고 있는 내용이었다. "누군가 이 상품이 싫다는 글을 썼다면 여러분은 정반대의 내용으로 상품평을 써야 합니다. 상품평은 강력해요. 사람들은 다른 사람의 상품평을 보고 자신들의 잠재적인 질문에 대답하며, 설득될 준비를 합니다."(Maheshwari, 2019)

'값비싼 것이 곧 좋은 것'이라는 공식을 최초로 사용했던 사람이 내 친구는 아니다. 30년 전에도 '할인' 표시 전략은 대단한 효과를 발휘했다(Kan et al., 2014). 학자들이 그 효과를 입증하기 훨씬 전부터 소매상인들은 이 공식을 성공적으로 사용해왔다. 문화학자이자 작가인 레오 로스텐(Leo Rosten)은 드루벡 형제(Drubeck brothers)의 예를 들고 있다. 시드와 해리(Sid and Harry)는 1930년대 로스텐이라는 동네에 양복점을 운영하고 있었다. 손님이 삼면 거울 앞에서 양복을 입을 때, 시드는 손님에게 자신은 귀가 잘 들리지 않으니 조금 더 큰 소리로 말해달라고 여러 번 요청하곤 했다. 일단 손님이 마음에 드는 양복을 고른 다음 가격을 물어보면, 시드는 양복점 구석에서 작업을 하는 수석 재단사인 형에게 소리를 질렀다. "해리, 이 양복 얼마지?" 그 소리를 듣고 잠시 고개를 든 해리가 양복의 가격을 엄청나게 과장해 "그 멋진 순모 양복 말이지? 그건 42달러야"라고 대답한다. 시드가 잘 들리지 않는다는 듯 귀에 손을 갖다 대면서 다시 가격을 물어보면 해리는 다시 한 번 "42달러"라고 대답했다. 바로 이때 시드가 손님을 보며 "22달러라는데요"라고 말한다. 손님은 대부분 서둘러 양복 값을 지불하고는 불쌍한 시드가 자신의 '실수'를 알아차리기 전에 '비싸고 좋은' 옷을 들고 밖으로 줄행랑을 친다는 것이다.

8. Alexander Chernev, 2011는 칼로리 연구를 한 적이 있다. 이 실험은 Kenrick, Gutierres, & Goldberg, 1989가 했던 연구처럼 미디어 속 나체에 노출된 후 현재 상대에게서 느끼는 성적 매력이 감소한다는 사실을 보여주었다. 다른 연구자들은 예술 작품의 매력에서도 비슷한 효과를 볼 수 있다고 했다. 혼자서 훌륭한 추상 회화를 보고 난 다음에 본 추상 회화는 상당히 낮은 평가를 받았다(Mallon, Redies, & Hayn-Leichsenring, 2014). 인지적 깨달음이 없이

대조 효과가 일어날 수도 있다는 주장(Tormala & Petty, 2007)은 쥐를 대상으로 한 실험에서 사실로 입증되었다(Dwyer et al., 2018).

PART 2 상호성 원칙

1. 상호성 원칙이 하나의 의식으로 자리 잡은 사회도 있다. 한 예로 파키스탄과 인도 일부에서 보편적으로 나타나는 제도화된 선물 교환 풍습인 바르탄 반지(Vartan Bhanji)를 들 수 있다. 앨빈 굴드너(Alvin Gouldner, 1960)는 바르탄 반지를 다음과 같이 설명한다. "주목할 점은 '바르탄 반지'라는 시스템은 자신이 입은 은혜를 완전히 보답해서 의무감에서 해방되지 못하게 만든다는 것이다. 예를 들어 결혼식에 참석한 손님은 돌아갈 때 사탕을 선물로 받는다. 혼주는 사탕의 무게를 재어 '이 다섯 개는 당신 몫입니다'라고 말하며 건네주는데, 이는 '이전에 당신한테 받았던 사탕을 갚는 것입니다'라는 의미다. 그러고는 추가로 사탕의 무게를 재어 '이것은 내 몫입니다'라고 말하며 건넨다. 이 혼주 역시 또 다른 예식에서 자신이 건넨 사탕만큼 돌려받고 다음에 다시 갚아야 할 사탕을 추가로 받게 된다. 이런 식으로 선물 주고받기가 계속 이어진다."(p. 175)

처음으로 명절 카드를 연구 대상으로 삼았던 사람은 Phillip Kunz였다(Kunz & Woolcott, 1976). 그는 집요하게 이 문제를 연구했고, 그의 딸이자 행동과학자 Jenifer Kunz, 2000는 먼저 카드를 보낸 사람의 지위가 높은 경우 답장을 받을 확률이 훨씬 높다는 사실을 발견했다. 투자 은행원에게 하루치 급여를 기부금으로 요청했던 연구는 https://assets.publishing.service.gov.uk/government/uploads/system/uploads/attachment_data/file/203286/BIT_Charitable_Giving_Paper.pdf(pp. 20-21)에서 자세한 설명을 찾아볼 수 있다. 사회 내 혹은 사회 간의 호혜적 교환이 바람직하다는 사실은 Gouldner, 1960이전에도 이미 여러 사회과학자가 알고 있었다. 고고학자 Leakey and Lewin, 1978과 문화인류학자 Tiger & Fox, 1989를 보라. Bronisław Malinowski가 트로브리안드 군도 주민들의 무역 패턴을 민족지학적으로 설명한 《서태평양의 아르고나 우타이(Argonauts of the Western Pacific)》(1922)를 보라. 좀 더 최근에는 이 규칙이 긍정적인 교환에만 적용되는 게 아니라, 부정적인 교환에도 적용된다는 근거가 밝혀지고 있다(Hugh-Jones, Ron, & Zultan, 2019; Keysar et al., 2008. W. H.). 이 교환 과정은 오든(Auden)의 유명한 시구를 연상시킨다. "나도 사람들도 알고 있네/ 모든 아이가 학교에서 배우는 것을/ 나쁜 짓을 당한 사람은/ 그 보상으로 나쁜 짓을 하기 마련이다." 좀 더 일반적으로 말해서 상호성 원칙은 우리 행동의 결실이 달콤하든 쓰든 간에 뿌린 대로 거두는 것을 의미한다(Oliver, 2019). 이 원칙은 인간과 기계 사이에서도 적용된다. 어떤 컴퓨터에서 고급 정보를 얻은 이용자는 다른 컴퓨터보다는 그 컴퓨터에 더 고급 정보를 제공하기 마련이다. 게다가 특정한 컴퓨터에서 수준이 낮은 정보를 얻은 이용자는 역시 수준 낮은 정보를 제공함으로써 그 컴퓨터에 보복한다(Fogg & Nass, 1997a). 일반적으로 모든 형태의 상호성은 인간 행동을 이끄는 추동력 중 하나이다 (Melamed, Simpson, & Abernathy, 2020).

2. 에티오피아는 멕시코를("Ethiopian Red Cross," 1985), 웨이덴펠트 경은 유대인들을(Coghlan, 2015) 참으로 오랜 시간을 두고 도와주었지만, 이 정도 시간은 한 번도 본 적이 없는 오스트 레일리아 아이들에게 도움을 주려는 프랑스 아이들의 세대를 뛰어넘는 욕망에 비할 바가 아니다. 제1차 세계대전이 막바지로 치닫고 있던 1918년 4월 23~24일, 프랑스 빌레부르 토뉴를 독일로부터 탈환하려던 오스트레일리아 육군 대대 병력이 목숨을 잃었다. 2009년 오스트레일리아 스트라테웬이 산불로 초토화된 것을 알게 된 빌레부르토뉴 아이들은 2만 1,000달러를 모아 스트라테웬 초등학교를 재건하는 데 보탰다. 신문 기사에 따르면 "그들 은 정확히 누구를 돕는지 몰랐다. 다만 조부모가 91년 전 오스트레일리아를 절대 잊지 않 겠다고 약속했던 것, 그리고 1,200명의 오스트레일리아 군인이 자신의 마을을 위해 사망 했다는 사실은 알고 있었다."(The Australian, 2009)

앞서 언급했듯이 중요하고 기억할 만한 도움은 지속적인 의무감을 낳을 수 있지만, 그렇 다고 모든 행위가 똑같은 의무감을 낳는다고 생각해서는 안 된다. 사실은 호의를 베푼 행 동에 보답해야겠다는 생각은 시간이 흐를수록 희박해졌다(Burger et al., 1997; Flynn, 2003). 몇 몇 연구에 따르면 도움을 받은 이들은 도움을 다 받기 전에 가장 크게 마음의 빚을 느낀다 고 한다(Converse & Fishbach, 2012). 그렇다면 도움의 최종적인 결과는 무엇일까? 작은 도움 행위는 '베이글의 법칙'과 일치한다. 사람들은 오래되어 차갑게 식은 것보다는 따뜻하고 신선한 것에 더욱 고마움을 느낀다.

3. 학교에 들어가기 전부터 이미 아이들은 어떤 것을 받고 난 후에는 같은 행동으로 반응해 야 한다는 의무감을 이해한다(Chernyak et al., 2019; Dunfield & Kuhlmeier, 2010; Yang et al., 2018). Regan, 1971 연구는 스탠퍼드대학교에서 이루어졌다. 퓰리처상을 받은 저널리스트 조 비 워릭(Joby Warrik, 2008)은 신세를 지고 의무감을 느낀다는 아프가니스탄 부족 추장에 대 해 보도한 적이 있다. 중동에서는 박탈, 고통, 고문과 같은 강압적인 심문 기술보다는 호혜 적인 선물 같은 '부드러운' 방법이 더 나은 결과를 낳을 수 있다고 한다(Alison & Alison, 2017; Ghosh, 2009; Goodman-Delahunty, Martschuk, & Dhami, 2014). 다음 링크에서 더 많은 근거를 볼 수 있다. www.psychologicalscience.org/index.php/news/were-only-human/the-science-of-interrogation-rapport-not-torture.html.

4. '5달러 선물' 실험(James & Bolstein, 1992)의 결과는 (설문조사를 요청하는 편지에 돈을 함께 동봉하여) 실험에 참가하기 전에 보수를 지급하는 것이 실험 참가 후에 동일하거나 더 많은 보수를 제공하는 설문보다 더 많은 응답을 받았다는 사실을 보여주는 새로운 연구 결과와 일치한

다(Mercer et al., 2015). 이러한 결과는 호텔 고객이 호텔 방 카드를 받으며 수건을 재사용하라는 요구를 받았던 실험 결과와도 일치한다. 고객들은 호텔이 이미 환경보호단체에 고객의 이름으로 기부를 했거나, 고객이 수건을 재사용한 후 기부를 하겠다는 내용을 함께 읽었다. 수건을 재사용하기 전에 기부를 하는 것이 그 후에 기부를 하는 것보다 훨씬 더 효과적이었다(Goldstein, Griskevicius, & Cialdini, 2011). 뉴저지의 한 레스토랑에서는 손님이 계산하기 전에 웨이터가 고객에게 사탕을 줄 때 훨씬 더 많은 팁을 받았다(Strohmetz et al., 2002). 폴란드의 한 레스토랑에서는 7개국에서 온 고객 모두가 동일한 반응을 보였다(Żemła & Gladka, 2016). 마지막으로 맥도널드 선물 연구는 나의 InfluenceAtWork.com 동료인 Steve J. Martin과 Helen Mankin이 당시 맥도널드를 소유하고 있던 Acros Dordos S.A.의 최고마케팅이사 대니얼 거차코브(Daniel Gertsacov)의 후원을 받아 진행한 것이다. 상세한 내용에 대해서는 www.influenceatwork.com/wp-content/uploads/2020/03/Persuasion-Pilots-McDonalds-Arcos-Dorados-INFLUENCE-AT-WORKpdf.pdf를 보라.

먼저 주고 보는 것이 기업에 어떤 혜택을 주는가에 관해서는 Adam Grant, 2013와 Tom Rollins, 2020가 각각의 책에서 설득력 있게 제시하고 있다. 이를 재미있게 설명한 그림으로는 https://youtu.be/c6V_zUGVlTk를, 전자상거래 상인들이 선호하는 상호성 기반 접근 방식은 https://sleeknote.com/blog/reciprocity-marketing-examples를 참고하라.

5. 의약품 기업의 선물은 약의 효능에 관한 과학자들의 발견에만 영향을 미치지 않는다(Stelfox et al., 1998). 의약품 기업의 선물은 의사들의 약 처방에도 영향을 미친다. 의약품 산업이 의사들에게 베푸는 특전(교육, 강연료, 여행, 상담료, 회의 예약 등)은 의사들의 약품 처방 빈도와 관련 있다(Hadland et al., 2018; Wall & Brown, 2007; Yeh et al., 2016). 싸구려 밥을 한 끼 사는 것도 관련이 있지만, 그 밥이 비쌀 때 그 기업의 약을 처방하는 빈도가 높아진다(DeJong et al., 2016). 국회의원들에게 기부를 하는 것이 어떤 효과를 거두는지는 Salant, 2003; Brown, Drake, & Wellman, 2014을 보라.

6. 쿠바 미사일 위기를 가장 철저하게 연구한 글로는 Sheldon Stern, 2012을 보라. 그는 존 F. 케네디 대통령 도서관의 역사가로 몇 년 동안 재직했다. Benjamin Schwartz의 큰 깨우침을 주는 리뷰는 다음에서 볼 수 있다. www.theatlantic.com/magazine/archive/2013/01/the-real-cuban-missile-crisis/309190.

7. 사탕 상점에 대한 연구를 한 사람은 Lammers, 1991이다. 상호성 원칙과 잘 들어맞는 또 하나의 구매 패턴을 살펴보자. 특정한 상품을 위한 기프트 쿠폰을 받은 슈퍼마켓의 쇼핑객들은 그 상점에서 훨씬 더 많은 상품을 구매하여 총 구매 금액이 10퍼센트나 증가했다(Heilman, Nakamoto, & Rao, 2002). 코스트코를 연구했던 사람은 Pinsker, 2014이다. 존스타운에서 다이엔 루이가 보여준 지혜와 관련된 상호성 원칙은 Anderson & Zimbardo, 1984가

쓴 것이다.

8. 열쇠고리와 요구르트 실험(Friedman & Rahman, 2011)의 데이터 패턴은 한 슈퍼마켓 연구 (Fombelle et al., 2010)에서도 똑같이 드러났다. 슈퍼마켓에 들어가는 고객들에게 음식이 아닌 선물(열쇠고리) 혹은 음식 선물(프링글스)을 주자, 구매에 각각 28퍼센트, 60퍼센트의 영향을 미쳤다. Michael Schrange, 2004는 호텔 체인의 원활한 고객 경험 프로그램의 실망스러운 결과에 대한 기사를 썼다. 고객 맞춤형 선물의 효과는 상업적 환경에서만 효과가 있는 것이 아니다. 관계 안에서 도움을 주는 것이 받는 사람의 욕구에 부합할 때 그 관계에 대해 더 큰 만족감을 느꼈다(Maisel & Gable, 2009).

9. Paese & Gilin, 2000은 협상 상황에서 요청하지 않은 호의의 힘의 사례를 제시했다. 요청하지 않았던 협력 제안은 심지어 재정적 이익에 반대될 때도 수혜자들로부터 협력적인 보상행위를 이끌어냈다. 요청하지 않은 호의가 실세계에 어떤 영향을 미치는지 실제 사례를 들어보자. 우버는 보스턴 시에 선물을 준 후 고객 수를 크게 늘릴 수 있었다. 2013년 도시 버스 파업 중 우버는 버스를 렌트해서 모든 학교에 무료로 타고 다닐 수 있도록 했다. 요청하지도 않은 선물이었다.

Marcel Mauss의 위대한 책 The Gift: The Form and Reason for Exchange in Archaic Societies은 1925년 출간되었지만, 1990년에서야 Routledge에서 훌륭한 번역서가 나왔다.

10. 우리가 주는 것 없이 받기만 하는 사람을 싫어한다는 것은 분명하지만(Wedekind & Milinski, 2000의 예를 보라), 교차문화 연구에 따르면 사람들은 흥미롭게도 상호성 원칙을 역방향으로 위배한 사람, 즉 먼저 호의를 베푼 다음 상대방에게 보답의 기회를 주지 않는 사람에 대해서도 상당한 반감을 보인다고 한다. 미국, 스웨덴, 일본 3개국에서 모두 같은 결과가 나타났다(Gergen et al., 1975). 사람들은 사회적으로 신세를 졌다는 느낌을 피하려고 아예 도움을 요청하지 않는다는 많은 근거가 있다(DePaulo, Nadler, & Fisher, 1983; Greenberg & Shapiro, 1971; Riley & Eckenrode, 1986). 그중 한 연구는 10년이라는 기간에 걸쳐 많은 사람이 직면하고 있는 난제를 다루고 있다는 점에서 주목할 만하다. 그 난제는 이런 것이다. 과연 친구나 가족에게 이사를 도와달라고 해야 할까? 아니면 포장이사에 맡겨버릴까? 이 연구에 따르면 사람들은 흔히 지인의 도움을 피하려 든다. 사람들은 귀중품을 파손시키거나 않을까 하는 두려움보다는 그러한 도움을 받으면 일단 신세를 지는 느낌을 받을 수밖에 없다(Marcoux, 2009). 그렇게 신세를 지는 것이 상호교환의 원동력이라고 지적하는 논문도 많다. 예를 들어 Belmi & Pfeffer, 2015; Goldstein, Griskevicius, & Cialdini, 2011; Pillutla, Malhotra, & Murnighan, 2003은 먼저 호의를 베푸는 것이 효과적인 이유를 수혜자에게 갚아야 하는 의무감을 주기 때문이고 설명했다. 하지만 상호성과 관련된 여러 요소에서 의무는 감사와 함께 보상을 자극한다는 것에 주목해야 한다. 도움을 받은 사람은 부채의식을 느끼기보다

는 고마움을 더 느끼기 때문이다. 의무와 감사 두 가지 감정 모두 긍정적인 상호성을 자극하지만, 감사는 관계를 자극하거나 유지하기보다는 관계를 강화하는 것으로 보인다. 이러한 측면의 연구는 Sara Algoe와 그녀의 동료들이 뛰어나다(Algoe, 2012; Algoe, Gable, & Maisel, 2010; Algoe & Zhaoyang, 2016). George, Gournic, & McAfee, 1988는 남성이 술을 사는 대가로 여성이 섹스를 제공하는 게 사실인지 연구해보았다. 가족과 가까운 친구(공동체 규범)와 낯선 사람(교환 규범) 사이에 적용되는 상호성 기준의 차이를 보여주는 자료를 보려면 Clark, Mills, & Corcoran, 1989을 보라. 좀 더 최근에는 Clark et al., 2010가 결혼 내부에 존재하는 강력한 공동체 규범이 결혼의 성공과 밀접한 관련이 있음을 증명했다. Kenrick, 2020는 친구 관계에 적용되는 공동체 규범과 교환 규범의 차이에 나름대로 업데이트된 관점을 제시했다. http://spsp.org/news-center/blog/kenrick-true-friendships#gsc.tab=0을 보라.

11. 나의 팀의 동물원 관람 실험 결과는 Cialdini et al., 1975에서 찾아볼 수 있다. 무리한 요구의 효과를 살펴보았던 이스라엘 연구는 Schwarzwald, Raz, & Zvibel, 1979을 보라. '거절 후 양보' 기법은 여러 나라에서 성공적이었다. 그리스에서도 같은 연구가 진행되었다(Rodafinos, Vucevic, & Sideridis, 2005). 내가 좋아하는 예는 프랑스에서 일어난 일이다. 레스토랑 세 곳의 고객들에게 웨이터가 테이블을 치우며 디저트를 먹겠냐고 물었다. 고객이 싫다고 하면 웨이터는 당장 커피 혹은 차를 먹겠냐고 한 걸음 양보했다. 그랬더니 주문 비율이 거의 세 배로 늘었다. 내가 특히 주목했던 것은 다른 연구 조건이었다. 당장 커피나 차를 제안하는 쪽으로 양보하지 않고, 웨이터가 3분을 기다렸던 것이다. 그러자 뜨거운 음료 주문은 두 배밖에 늘지 않았다고 한다(Gueguen, Jacob, & Meineri, 2011). 작은 호의를 갚아야 한다는 의무감이 시간이 지날수록 줄어든다는 발견(Flynn, 2003)은 작은 양보를 갚아야 한다는 의무감에도 적용된다.

12. 내가 주장했듯이 '거절 후 양보' 전략은 상대방의 승낙을 얻어낼 가능성이 높고(Miller et al., 1976), 비슷한 행동을 수행하는 데 동의하게 만들 수도 있다(Cialdini & Ascani, 1976)는 발견은 UCLA 실험(Benton, Kelley, & Liebling, 1972)에서 발견한 책임감과 만족감에 대한 내용과 일치한다. UCLA 실험에는 다른 결과도 있었다. 극단적인 입장에서 출발하여 온건한 입장으로 양보하는 것이 온건한 입장에서 시작하여 그 태도를 유지하는 것보다 훨씬 더 효과적이라는 사실이 판명되었다. 이 결과는 앞서 캐나다 애완동물 사업의 소유주가 협상에서 배운 교훈과 일치한다. 소매상인들의 만족감 수준을 연구한 Robert Schindler의 논문은 1998년 출간되었다.

PART 3 호감 원칙

1. 인간이 완전히 자연선택에 의해서 진화했다고 믿는 미국인들의 비율을 보여주는 자료는

Pew Research Center survey(www.pewresearch.org/fact-tank/2019/02/11/darwin-day)에서 볼 수 있다. 이 설문에서는 종교가 여전히 진화론에 많은 저항을 하고 있다는 사실을 볼 수 있다. Andrew Shtulman, 2006 and Dan Kahan (www.culturalcognition.net/blog/2014/5/24/weekend-update-youd-have-to-be-science-illiterate-to-think-b.html)의 분석은 진화론에 대한 이해와 믿음 사이에 아무런 관계가 없음을 보여준다. 의료과실 사고 전문 변호사 앨리스 버킨의 말은 Berkeley Rice, 2000와 인터뷰에서 발췌한 것이다.

조지 클루니와 엠마 왓슨에 대한 연구(Arnocky et al., 2018)는 내 설명보다 훨씬 시사적이었다. 두 가지 추가적인 실험 절차 때문이었다. 첫 번째는 좋아하는 유명인사의 의견에 따라 진화론을 믿는 이들이 증가하기도 하고 감소하기도 했다. 따라서 기본적인 효과의 폭을 넓혔다고 볼 수 있다. 클루니와 왓슨 같은 유명인사가 반진화론에 대해 호의적으로 말했다고 참가자들을 믿게 했더니, 진화론에 대한 지지는 상당히 줄어들었다. 따라서 호감은 한 방향으로만 영향을 미치지 않으며, 사람들의 의견을 긍정적인 방향으로도 부정적인 방향으로도 이끌 수 있다. 두 번째 실험 절차는 (권위적이기보다는) 호감이 가는 의사소통 송신자를 이용하는 편이 어떤 태도를 바꾸는 데 대단히 지혜로운 행동이라는 점을 밝혔다. 연구자들은 한 명문 대학의 생물학 교수가 집필한 진화론에 찬성하거나 반대하는 책에 관한 호의적인 리뷰를 다른 집단의 참가자들에게 보여주었다. 진화론에 찬성하든 반대하든, 그 전문가의 의견은 참가자들의 진화론에 대한 생각에 큰 영향을 미치지 않았다. 여기에서 우리는 진화론을 널리 퍼뜨리려고 애써왔던 과학 커뮤니케이터들의 도전이 실패한 원인을 분명히 알 수 있다. 그들은 공격 목표를 잘못 선택한 것이다.

2. 타파웨어의 홈파티에서 물리적인 제품보다 사회적 관계가 물건 구매에 더 중요한 역할을 한다는 연구는 Taylor, 1978와 Frenzen & Davis, 1990를 보라. 타파웨어가 특히 이머징 마켓에서 사회적 설득의 원칙을 얼마나 성공적으로 사용하고 있는지를 재정적으로 보여주는 분석으로는 https://seekingalpha.com/article/4137896-tupperware-brands-sealed-nearly-20-percent-upside?page=2를 보라. 사회적인 기반 덕분에 타파웨어가 성공할 수 있었다는 또 하나의 근거는 2020년 2월 전 세계를 강타했던 코로나19 이후에도 찾아볼 수 있었다. 뉴욕 증권시장에서 타파웨어의 주가는 곤두박질쳐서 전년도 2월보다 90퍼센트나 하락했다. 주가 하락의 상당한 부분은 (아무리 친구 사이라고 하더라도) 사회적 모임이 더는 안전하지 않으리라는 사람들의 생각 때문으로 밝혀졌다. 사람들은 좋아하는 친구의 추천을 신뢰한다는 것을 보여준 닐슨 사의 설문은 www.nielsen.com/us/en/insights/news/2012/trust-in-advertising-paid-owned-and-earned.html을 보라. 하지만 좋아하던 친구가 싫어지면 이러한 패턴은 정반대가 되며, 이것은 헤어진 남자친구나 여자친구에게서 흔히 볼 수 있는 패턴이다. 그런 경우 소비자들은 헤어진 남자친구나 여자친구의 의견을 온라인

리뷰어들의 의견보다 66퍼센트 덜 신뢰한다. www.convinceandconvert.com/word-of-mouth/statistics-about-word-of-mouth를 보라. 어느 쪽이든 호감이 중요하다. 친구 소개로 온 고객이 은행의 이익에 얼마나 영향을 미쳤는지는 https://hbr.org/2011/06/why-customer-referrals-can-drive-stunning-profits를 보라.

3. 신체적 매력은 후광 효과를 낳는다는 생각은 새롭지도 않다. 레오 톨스토이는 이미 120년 전에 이렇게 말했다. "아름다움은 좋은 것이라는 망상이 얼마나 완벽한지 놀라울 정도이다." 신체적 매력의 광범위한 효과는 Langlois et al., 2000, 직접적인 효과는 Olson & Marshuetz, 2005, 초기 효과는 Dion, 1972; Ritts, Patterson, & Tubbs, 1992, 사회적 효과는 Benson, Karabenic, & Lerner, 1976; Chaiken, 1979; Stirrat & Perrett, 2010, 전문적인 효과는 Judge, Hurst, & Simon, 2009; Hamermesh & Biddle, 1994; Hamermesh, 2011; Mack & Raney, 1990, 정치적인 효과는 Efran & Patterson, 1976; Budesheim & DePaola, 1994를 보라. 최근에 발표된 리뷰는 이러한 결과의 근거에 대한 최신 자료를 제공하고 있을 뿐만 아니라 기본적인 효과를 진화론적 관점에서 설명하고 있다. 매력적인 개인을 보며 생겨나는 긍정적인 감정과 도움을 주려는 행동은 자동적이고 보편적이며 낭만적인 감정에서 흘러 나온다(Maestripieri, Henry, & Nickels, 2017).

4. 아이들이 자신과 유사한 타인들에게 느끼는 호감을 측정한 것은 Hamlin et al., 2013의 연구였다. 이들은 아이들과 같은 혹은 다른 취향(콩이나 과자나)을 가진 인형을 이용했다. 온라인 데이팅 선호도 연구는 Levy, Markell, & Cerf, 2019를 보라. 반전 시위에서 유사한 스타일이 사람들의 사고를 가로막은 예는 베트남전을 두고 미국에서 벌어졌던 커다란 갈등에서 나타났다(Suedfeld, Bochner, & Matas, 1971). 지문의 유사성에 대한 효과는 Burger et al., 2004를 보라. 이름의 유사성이 브랜드 선호나 설문조사에 미치는 영향은 각각 Brendl et al., 2005와 Garner, 2005를 보라.

5. 유사성의 폭넓은 영향력을 교육 환경에서 다룬 논문으로는 DuBois et al., 2011; Gehlbach et al., 2016; Marx & Ko, 2012, 할인이라는 결과는 Moore et al., 1999; Morris et al., 2002, 투표에 미친 영향은 Bailenson et al., 2008, 낭만적인 감정은 Ireland et al., 2011; Jones et al., 2004; Ohadi et al., 인질 협상에 미치는 영향은 Taylor & Thomas, 2008을 보라. 그 유용성은 설득의 대상이 그 힘을 과소평가한다는 데서도 잘 드러나고(Bailenson & Yee, 2005; Gonzales et al., 1983), 코치를 받은 레스토랑 웨이터가 더 많은 팁을 받은 실험에서도(van Baaren et al., 2003), 가전제품 판매직원의 이익에서도(Jacob et al., 2011), 협상가의 결과에서도(Maddux, Mullen, & Galinsky, 2008; Moore et al., 1999; Morris et al., 2002; Swaab, Maddux, & Sinaceur, 2011), 그리고 데이트 상대를 쉽게 구하는 데(Gueguen, 2009)서도 나타났다.

6. 사람들은 공통점보다는 차이에 주의를 기울인다는 생각은 Houston, Sherman, & Baker,

1991 and Olson & James, 2002를 보라. 하지만 이러한 결과는 주로 서구 문화에서 도출되었다. 전통적으로 조화가 강조되는 동양 문화에서도 같은 패턴이 나타나는지 궁금한데, 아직까지 발견된 논문은 없다. Thompson & Hrebec, 1996은 5,000명 이상이 연루된 32건의 협상 연구를 분석했다. 한 연구에 따르면 사람들은 외집단 성원들과 나중에 갖게 되는 상호작용의 호감을 처음에는 과소평가하는데, 남성과 여성 모두 이러한 잘못을 저지른다고 한다(Mallett, Wilson, & Gilbert, 2008). 상호작용에서 조화를 추구하는 여성들의 성향도 다른 사람이 외집단 출신일 때는 이러한 잘못을 막아주지 못했다.

7. MRI 연구는 Sherman et al., 2016의 연구이다. 사람의 칭찬이 상당한 호감을 자극한다는 연구(Higgins & Judge, 2004; Seiter, 2007; Seiter & Dutson, 2007)에 입각하여 기계가 하는 칭찬에 대해 연구하는 이들은 기계의 칭찬 역시 동일한 심리적 효과를 가져오기 때문에 소프트웨어 개발자들은 ('꼼꼼한 작업이 인상적이군요' 또는 '좋은 생각입니다!'와 같이) 자주 칭찬을 하도록 프로그램해 칭찬을 해야 하며, "심지어 칭찬할 만한 근거가 거의 없을 때도 그렇게 해야 한다"라고 주장해왔다(Fogg & Nass, 1997b).

8. 우리가 거짓 칭찬이나 불순한 동기가 있어 보는 칭찬에도 잘 속아 넘어간다는 연구는 Drachman, deCarufel, & Insko, 1978에서 시작해서 최근 Chan & Sengupta, 2010; Vonk, 2002까지 이어지고 있다. 나 자신도 마찬가지다. 한 과학 모임에서 의장으로 선출되고 난 후 주 하원의원이 보낸 나의 "탁월한 연구 성과"를 칭찬하는 쪽지를 받았다. 그 쪽지가 자신의 선거를 위한 아첨이라는 사실을 알았지만, 그 후로도 나는 그녀에 대해 호감을 느꼈다. Vonk, 2002는 칭찬을 받는 사람은 진짜 칭찬과 거짓 칭찬 모두를 믿지만, 주변 사람들은 거짓 칭찬을 하는 사람을 의심하며 그 아첨꾼에게 숨은 속셈이 있다고 생각한다. 따라서 주변에 있는 사람들은 거짓 칭찬을 알아보고는 그 사람을 싫어한다는 점에서 처벌을 받게 된다고 이야기한다.

9. 나만 칭찬을 잘하지 못하는 것은 아니다. 대부분 사람이 그렇다. 그 이유는 하나, 칭찬이 상대방에게 미치는 긍정적인 영향을 과소평가하기 때문이다(Boothby & Bons, 2020; Zhao & Epley, 2020). 사람들은 자신과는 아무런 상관이 없는 소식이라도 좋은 소식과는 연관되고 싶어 하고, 나쁜 소식과는 거리를 두려는 경향이 있다(Rosen & Tesser, 1970). 이는 어떤 메시지를 가지고 가느냐에 따라 자신들이 어떻게 정의되는지를 알고 있기 때문에 나타나는 경향이다(John, Blunden, & Liu, 2019). 등 뒤에서 하는 칭찬은 다른 속셈이 있다는 인식을 피할 수 있다는 장점이 있다. 다른 속셈이 의심받는 상황에서 아첨은 자동적으로 신뢰감을 형성하는 데 부정적 영향을 미친다(Main, Dahl, & Dark, 2007).

10. '새로운 정체성 형성'은 사회학자 Eugene Weinstein와 Paul Deutschberger, 1963가 처음 설명했던 설득 기법이다. 심리학자 Anthony Pratkanis(2000, 2007; Pratkanis & Uriel, 2011는 이를

이론적으로 발전시켰다. 저널리스트 엘리자베스 베른스타인(Elizabeth Bernstein, 2016)은 '새로운 정체성 형성'의 작동 방식을 대중 언론을 통해 보도했다. 이에 대해서는 www.wsj.com/articles/ if-you-want-to-persuade-people-try-altercasting-1473096624을 보라. 칭찬할 만한 특성을 아이들에게 부여하거나(Cialdini et al., 1998; Miller, Brickman, & Bollen, 1975)나 어른에게 부여하면(Kraut, 1973; Strenta & DeJong, 1981) 결과적으로 그 특성과 유사한 행동을 더 많이 하게 된다.

11. 진짜 사진과 뒤집은 사진 연구는 Mita, Dermer, & Knight, 1977가 시작했고, Cho & Schwarz, 2010에 의해 확장되었다. 셀카 사진을 뒤집는 방법은 https://webcazine. com/17190/qa-can-you-flip-or-mirror-a-picture-using-the-native-photo-editor- on-samsung-galaxy-phone을 참조하라. 다양한 상황에서 낯익음이 호감에 긍정적인 영향을 미친다는 사실이 보고된 바 있다(Monahan, Murphy, & Zajonc, 2000; Moreland & Topolinski, 2010; Reis et al., 2011; Verosky & Todorov, 2010). 사람들은 가장 빈번하게 노출되는 메시지를 믿는 경향이 있다는 말은 설득력이 있으면서도, 기분 좋지는 않다(Bornstein, Leone, & Galley, 1987; Fang, Singh, & Ahulwailia, 2007; Moons, Mackie, & Garcia-Marques, 2009; Unkelbach et al., 2019). '가짜 뉴스'와 같은 믿을 수 없는 주장도 마찬가지라고 한다(Fazio, Rand, & Pennycook, 2019; Pennycook, Conner, & Rand, 2018). 반복적으로 경험한 것을 진실이라고 믿게 되는 현상을 살펴본 한 리뷰어 집단은 이를 '유창성 효과(fluency effect)'라고 불렀는데, 이는 반복으로 어떤 아이디어를 떠올리고, 상상하고, 가공하기 쉬워지면서 그것이 진실이라는 심리적 '느낌'을 갖게 되는 현상을 가리키는 용어다(Dechene et al., 2010). 다른 학자들은 유창성의 역할을 인정하는 동시에 '현저성(salience)'의 역할도 지적했다. '현저성'이란 어떤 물건이 관심을 사로잡는 정도를 가리킨다(Mrkva & Van Boven, 2020).

12. 연구자들은 긍정적인 접촉이 외집단 성원에게 호감을 줄 수 있다고 말한다. 가령 다른 인종(예를 들어, Onyeador et al., 2020; Shook & Fazio, 2008), 다른 민족(예를 들어, Al Ramiah & Hewstone, 2013; Kende et al., 2018; Jackson et al., 2019), 다른 성적 지향성(예를 들어, Tadlock et al., 2017)을 가지고 있는 성원들에게도 긍정적 접촉을 통해 호감을 가질 수 있다. 몇몇 학자들은 호감의 원인을 제공했는데, Pettigrew & Tropp, 2006; Wolfer et al., 2019은 불안감이 줄어든 것을, Al Ramiah & Hewstone, 2013; Hodson, 2011는 공감 능력 강화를, Hodson et al., 2018은 경험에 대한 열린 마음을 그 원인으로 들었다. 학교에서 좀 더 많은 접촉을 통해 외집단에 대한 태도를 개선하지 못하는 원인(Stephan, 1978)으로는 인종적인 자기 차별 성향(Dixon, Durrheim, & Tredoux, 2005; Oskamp & Schultz, 1998)과 접촉의 긍정적인 효과를 뒤집어 더욱 부정적으로 만들어버리는 여러 부정적 경험들을 꼽았다(Barlow et al., 2012; Ilmarinen, Lonnqvist, & Paunonen, 2016; McKeown & Dixon, 2017; Richeson & Shelton, 2007).

13. 미국 교실에서 흔히 볼 수 있는 경쟁을 설명하는 긴 인용구는 Aronson, 1975, pp. 44, 47를, 직소 학급 프로그램의 긍정적인 영향은 Aronson et al., 1978을 보라. 다양한 학교 제도에서, 그리고 심지어 기업과 같은 다양한 제도(Blake & Mouton, 1979)에서도 협동 학습 프로그램은 유사한 결과를 낳았다(Johnson, 2003; Oskamp & Shultz, 1998; Roseth, Johnson, & Johnson, 2008).

14. Sherif, et. al., 1961의 고전적인 연구는 여러 다른 연구가 뒷받침해주었다(Paolini et al., 2004; Wright et al., 1997). 이 연구들은 학습 과정을 경쟁에서 협동으로 바꿈으로써 학생들이 서로를 경쟁자가 아닌 친구로 여기게 되었음을 확인해주었다. 악수로 시작하는 협상은 당사자 모두에 유리한 결과를 낳는다는 연구(Schroeder et al., 2019)를 보고, 점심식사 시간에 휴식을 취한 후, 양 당사자가 다시 악수하며 협상을 시작한다면 결과가 강화되지 않을까 하는 생각을 했다. 협동적인 접근 방식이 다른 상호개인적인 형식보다 일반적으로 우월하다는 근거는 많지만(Johnson, 2003; Roseth, Johnson, & Johnson, 2008; Stanne, Johnson, & Johnson, 1999), 그렇다고 해서 협동 행위가 항상 최고라거나 언제나 효과적이라고 생각하는 것은 지나치게 순진한 태도이다. 예를 들어 협상가가 협상 과정 몇 분마다 악수를 계속 청한다면, 이 전략은 오히려 의심만 살 뿐 매우 해로운 결과로 이어질 것이다. 다른 연구에서도 알 수 있듯이, 협력적인 학습 프로그램이라고 해서 항상 성공하는 것은 아니다(Rosenfeld & Stephan, 1981; Slavin, 1983). 때로는 경쟁이 유용할 때도 있다(Murayama & Elliot, 2012). 언제나 협력만 강요하면 예기치 않은 부정적인 결과가 일어날 수도 있다(Cikara & Paluck, 2013). 천국과 지옥에 대한 묘사는 롬시쇼크의 랍비 하임이 했다고 하는데, 불교, 기독교, 힌두교에서도 유사한 내용을 흔히 찾아볼 수 있다. 세부적인 내용은 바뀔 수도 있다. 예를 들어 팔꿈치에 부목을 댄 대신 숟가락과 젓가락이 너무 길어 스스로 먹을 수는 없다는 일화도 있다. 어쨌든 협동이야말로 인간들이 마주하고 있는 문제를 풀어주는 최고의 해결책이라는 교훈이다.

15. 나쁜 소식을 전달하는 사람들이 사람들에게서 적대적인 반응을 받을 때 보이는 순진한 태도를 보면 놀랍다. 합리적으로 생각해보면, 기분 나쁜 소식은 그들 잘못이 아니다. 그들은 단지 그 소식을 전달하라는 임무를 맡았고, 그 일을 좋아한다는 기미도 보여주지 않는다(Blunden, 2019; Manis, Cornell, & Moore, 1974). 이렇게 순진한 태도는 부정적이고 긍정적인 관계 모두에서 나타날 수 있다. 예를 들어 좋아하는 음악이나 싫어하는 음악은 각각 제품 선호도에 긍정적 혹은 부정적인 영향을 미친다(Gorn, 1982). 이렇게 단순한 연상이 양쪽으로 동일한 영향을 미치는 것에 대해서는 Hofmann et al., 2010, Hughes et al., 2019, and Jones, 2009를 보라. 우리를 보는 관찰자들이 우리와 친구들이 같은 특성이 있다고 보는 경향은 Miller et al., 1966를 보라. 자동차 광고의 매력적인 여성 모델이 남성들의 구매를 촉진한다는 연구는 이미 오래전부터 있었다(Smith & Engel, 1968). 신용카드가 지불에 미치는 효과는 Feinberg, 1986, 1990가 시작해서 McCall & Belmont, 1996에서 확장되었으며, 레스토

랑에서 웨이터에게 주는 팁에 대한 연구(Prelec & Simester, 2001)와 스포츠 행사 티켓의 구매 효과까지 이어졌다. 마지막의 경우 팬들은 원하는 프로 농구 게임을 보기 위해 기꺼이 두 배의 금액을 더 지급하겠다고 답했다. 현금이 아니라 신용카드일 때에 한해서이다.

16. 한 문단이나 차지하는 최근의 자연주의 붐에 대한 내용은 Meier, Dillard, & Lappas, 2019에서 가져왔다. 기업이 엄청난 돈을 쓰는 스포츠 행사는 올림픽에 국한되지 않는다. 2018~2019시즌 NFL 후원금만도 총 13억 9,000달러에 달했다. 파파존스가 'NFL 공식 피자'로서 후원을 중단한 순간, 월스트리트의 투자자들은 이 사실에 주목했고, 주가는 즉시 8퍼센트나 떨어졌다(https://thehustle.co/why-do-brands-want-to-sponsor-the-nfl). 저널리스트들은 대중문화 현상이 우연히 연관된 소비재, 예를 들어 마스 캔디 바(White, 1997)나 닛산 로그(Bomey, 2017)에 어떤 영향을 미치는지를 보도했지만, 학자들은 할인 표시 간판이 구매율을 얼마나 더 치솟게 하는지를 밝혀냈다(Naylor, Raghunathan, & Ramanathan, 2006).

17. 물론 그레고리 라즈란의 '오찬 기법' 연구(1938, 1940)에 앞서 이 연구의 기반이 된 파블로프의 고전적인 조건화 연구(1927)가 있었다. Li et al., 2007는 실험 참가자들이 맡을 수 없는 냄새를 가지고 라즈란의 발견을 확장했다. 마치 파블로프의 개처럼 우리가 전략적으로 만들어진 조건화에는 대단히 민감하면서도 왜 그런지는 짐작조차 못 한다는 증거는 넘쳐난다. 예를 들어, 광고주들에게는 대단히 즐거운 이야기이겠지만 항해, 워터스키, 포옹과 같은 즐거운 행동을 보여주는 사진 위에 벨기에 맥주를 다섯 번 정도 겹쳐서 보여주기만 해도 이를 지켜본 사람들 사이에서 맥주에 긍정적인 감정이 증가했다(Sweldens, van Osselaer, & Janiszewski, 2010). 마찬가지로 아름다운 자연 풍광 위에 구강 청결제를 여섯 번 겹쳐서 보여주었더니 사람들은 그 구강 청결제에 훨씬 더 호의적인 반응을 보였고, 무려 3주나 더 그 감정이 지속되었다(Till & Priluck, 2000). 목마른 사람들이 탄산음료를 마시기 직전에 행복해하는 얼굴을 여덟 번 보여주었더니 음료를 더 많이 마시고, 세 배나 높은 가격도 기꺼이 지불하겠다고 답했다(Winkielman, Berridge, & Wilbarger, 2005). 이 연구 어디에서도 참가자들은 자신들이 조건화의 영향을 받은 사실을 깨닫지 못했다. 우리가 연상작용에 부지불식간에 영향을 받는다고 해서, 우리가 그 작동방식에 대해 전혀 모른다고 할 수는 없다. Rosen & Tesser, 1970의 연구는 좋은 소식과는 관계를 맺고 나쁜 소식으로부터는 거리를 두려는 경향이 우리에게 강하게 잠재되어 있다는 사실을 보여주었다.

18. '후광 반사 효과'를 최초로 연구한 것은 나의 팀(Cialdini et al., 1976)으로, 미식축구 팬을 연구했다. 곧 프랑스와 영국 축구 팬에 대한 연구가 이어졌다(Bernache-Assolant, Lacassagne, & Braddock, 2007; Fan et al., 2019). 네덜란드와 미국에서 선거가 끝난 후 유권자를 대상으로 한 연구도 있었다(Boen et al., 2002; Miller, 2009). 추가적인 연구들은 이러한 효과가 나타나는 원인을 설명해주었다. Carter and Sanna, 2006에 따르면 성공한 스포츠 팀과 자신이 연결되

어 있다고 주장하는 사람들은 관찰자에게서 호감을 얻는다고 한다. 하지만 관찰자가 그 성공한 팀에 호의적이지 않을 때는 역시 연상 원리에 따라 역효과가 나타난다. Tal-Or, 2008에 따르면 '후광 반사 효과'는 다른 사람의 특정하고 바람직한 가치 평가에 적용된다. 뛰어난 농구 선수와 가까운 관계('좋은 친구')라고 주장하는 사람은 다른 사람들로부터 성공적인 사람으로 평가받는다.

PART 4 사회적 증거 원칙

1. '가장 인기 있는 음식' 전략을 강화하고 수행하기 쉽게 만들기 위해 베이징 레스토랑 체인 메이조우동포는 모든 체인점에 이 전략을 도입했다(Cai, Chen, & Fang, 2009). 런던 펍의 바 내 간판 전략은 광고 전문가이자, 그 테스트를 설계했던 Richard Shotton, 2018의 연구의 일환이었다. 맥플러리 연구는 Dan Gertsacov의 후원으로 나의 InfluenceAtWork.com 동료 Steve J. Martin과 Helen Mankin이 진행했다. Dan Gersacov는 당시 라틴아메리카 지역에서 맥도널드를 소유하고 있던 Arcos Dorados S.A.의 최고마케팅이사였다. 이 연구 및 우리 팀이 진행한 다른 맥도널드 연구는 www.influenceatwork.com/wp-content/uploads/2020/03/Persuasion-Pilots-McDonalds-Arcos-Dorados-INFLUENCE-AT-WORKpdf.pdf를 보라.

   인기가 인기를 낳는다는 교훈은 음악 다운로드 연구에서도 사실로 판명되었다. 음악 사이트에서 한 번도 들어보지 못한 음악을 (연구자들이 무작위로 선택하여) 인기가 있다고 하면, 실제로 인기를 얻었다(Salganik, Dodds, & Watts, 2006). 이 같은 결과는 사람들은 군중이 대체로 옳다고 믿는다는 주장과 잘 들어맞는다(Surowiecki, 2004). 오늘날 정보 환경에서 인기를 얻게 되는 과정에 대한 포괄적인 연구로는 Derek Thompson, 2017의 매력적인 책을 보라. 이 책에서 톰슨은 "오늘날의 인기는 대단한 인기다"라는 말도 되지 않을 것 같은 익살스러운 말이 사실임을 입증하고 있다.

2. 사회적 증거에 대한 정보를 윤리에 대입한 연구는 Aramovich, Lytle, & Skitka, 2012의 실험이었다. 다른 사람들이 저지르는 범죄 빈도를 어떻게 지각하느냐가 그 사람의 범죄 가능성과 관련이 있다는 연구는 Barnett, Sanborn, & Shane, 2005을 보라. 배우자의 폭력이 빈번하다고 자각하는 사람은 자신도 폭력을 저지를 가능성이 크다(Mulla et al., 2019)는 나쁜 소식도 있지만, 나쁜 행동이 사회적 규범이 아니라는 근거가 주어지면 폭력을 피하려 든다(Paluck, 2009)는 좋은 소식도 있다. 98퍼센트의 온라인 쇼핑객들은 구매 결정을 할 때 진정한 고객 상품평을 무엇보다 우선시한다는 자료는 Search Engine Journal의 설문 조사 결과이다(Nijjer, 2019). Marijn Stok, et al., 2014은 네덜란드 십대의 과일 소비를 연구했다. 루이빌 시가 사람들이 주차위반 범칙금을 늦지 않게 지불하게 만든 내용에 대해 더 알고

싶다면 Behavioral Insights for Cities p. 29(www.bi.team/wp-content/uploads/2016/10/Behavioral-Insights-for-Cities-2.pdf를 보라. 일본의 마스크 연구는 Nakayachi et al., 2020의 작업이다. 사회적 증거를 통해 환경친화적 운동에 개입하는 방법의 효과를 살펴본 글로는 Andor & Fels, 2018, Bergquist, Nilsson, & Schultz, 2019, and Farrow, Grolleau, & Ibanez, 2017를 보라. 사회적 증거를 이용하여 기업의 오염 물질 배출을 줄이고 있는 나라로는 인도네시아(Garcia, Sterner, & Afsah, 2007)와 인도(Powers et al., 2011)가 있다. Albert Bandura 등은 사회적 증거를 이용해서 아이들의 개에 대한 두려움을 감소시키는 방안을 연구했다(Bandura, Grusec, & Menlove, 1967; Bandura & Menlove, 1968).

3. 아마도 거의 자포자기한 상태로 포교에 나섰기 때문에 신도 수를 늘리는 데 성공하지 못했을 것이다. Festinger, Riecken, & Schachter, 1964에 따르면 단 한 명도 신도를 늘리지 못했다고 한다. 그 시점에서 물리적 증거와 사회적 증거가 모두 실패하며 이 집단은 빠르게 와해되었다. 약속했던 날이 지난 지 3주도 채 되지 않아 집단은 뿔뿔이 흩어졌고, 이따금 연락만 주고받을 따름이었다. 아이러니하게도 일어나지 않았던 홍수로 인해 종교 집단만 사라졌다.

하지만 예측이 틀렸다고 해서 모든 종말론 집단이 와해된 것은 아니다. 이러한 집단이 효과적인 신도 확보를 통해 자신들의 믿음이 옳다는 사회적 증거를 획득하면, 엄청난 세를 더하며 번성하곤 했다. 예를 들어, 네덜란드의 재세례파는 종말을 예언했던 1533년에 아무런 일도 일어나지 않는 것을 목격했다. 이들은 곧장 온갖 과격한 방법을 동원하며 신도를 모으는 데 엄청난 에너지를 쏟아부었다. 탁월한 언변을 가지고 있던 제이콥 반 캠펜(Jakob van Kampen)이라는 수도사는 하루에 무려 100명에게 세례를 베풀었다고 전해진다. 재세례파의 입장을 지지하는 사회적 증거가 눈덩이처럼 불어나며 워낙 강력해지다 보니, 얼마 지나지 않아 재세례파에 반대하는 물리적 증거를 압도하고, 네덜란드 대도시 인구의 3분의 2가 재세례파를 믿게 되었다. 좀 더 최근의 연구에 따르면, 사람들이 가진 핵심적인 믿음이 의심의 대상이 되면 그 믿음의 타당성을 회복하기 위한 수단으로 다른 사람들에게 그 믿음을 설득하려 든다고 한다(Gal & Rucker, 2010).

4. 과학 문헌에 따르면 상황이 불확실할수록 다른 사람들의 행동에 주의를 기울이게 된다고 한다. 왜냐하면 그러한 행동이 불확실성을 줄여주기 때문이다(Sechrist & Stangor, 2007; Sharps & Robinson, 2017; Wooten & Reed, 1998; Zitek & Hebl, 2007). 실반 골드먼의 이야기가 궁금하면 Dauten, 2004과 www.wired.com/2009/06/dayintech-0604를 보라.

어떤 특정한 상황에 익숙하지 못할 때도 불확실성이 일어나지만, 어떤 문제에 이미 가진 선호를 확신하지 못할 때도 불확실성이 나타난다. 그런 상황에도 우리는 사회적 근거에 많은 영향을 받는다. InfluenceAtWork.com 동료들인 Steve J. Martin과 Helen Mankin이라틴아메리카의 맥도날드에서 했던 연구를 다시 한 번 예로 들어보자. 대부분의 맥도날드 고객은 처음 주문할 때 디저트를 구매하지 않는다. 따라서 이들은 다양한 디저트 중 자신이 어떤 것을 선호하는지 확신이 없다. 그래서 맥플러리가 사람들이 좋아하는 디저트라는 사회적 증거를 주는 순간, 맥플러리 구매가 상당히 증가했다. 그러나 대부분의 맥도널드 고객은 버거에 대해서는 노련하다. 따라서 자신이 선호하는 버거가 있는 상태에서 다른 사람들이 어떤 버거를 좋아한다는 정보를 제공한다고 해서 버거 선택에 커다란 영향을 미치지 못한다. 추가적인 내용이나 나의 팀이 맥도널드에서 수행했던 다른 연구를 보고 싶다면, www.influenceatwork.com/wp-content/uploads/2020/03/Persuasion-Pilots-McDonaldsArcos-Dorados-INFLUENCE-AT-WORKpdf.pdf를 보라.

마지막으로 한 연구에서는 참가자들의 머리에 뇌 영상 촬영 장비를 달고 아마존에서 소비재 상품평을 보여주었다. 제품에 대한 자신의 의견에 처음부터 신뢰도가 낮았던 참가자들은 상품평을 보면 볼수록 다른 리뷰어들과 같은 견해를 갖는 경향을 보였다. 이러한 상품평의 영향력은 지각된 가치와 관련된 뇌의 영역인 등전두엽 피질에서 나타났다(De Martino et al., 2017).

5. 한때 유명했고, 지금은 악명 높은 제노비스 이웃의 '냉담함'을 질타한 기사는 〈뉴욕 타임스〉 1면에 길고 상세하게 실렸고, Gansberg, 1964, 그 후 타임스의 편집자 A. M. Rosenthal, 1964의 책에도 수록되었다. 이 기사의 핵심적인 세부사항에 의문을 제기했던 초기 연구로는 Manning, Levine, & Collins, 2007와 Philpot et al., 2020를 보라. 다원주의적 무지 효과의 근거로는 Latane and Darley, 1968를 보라. 반면, 관찰자들이 응급상황이라고 확신했을 때는 이런 식으로 상황을 방치하는 일이 일어나기 힘들다는 연구로는 Clark and Word, 1972, 1974와 Fischer et al., 2011를 보라. Shotland and Straw, 1976는 여성이 남성에게 물리적 공격을 당할 때 주변 사람들의 도움을 얻기 위해서는 어떻게 소리를 쳐야 하는지를 연구했다.

6. 뉴욕 시에서 하늘을 쳐다본 실험(Milgram, Bickman, & Berkowitz, 1969)은 거의 50년이 지나 영국 옥스퍼드에서도 진행되었는데, 똑같은 양상이 나타났다(Gallup et al., 2012). 청중의 반응이 미국 대선에 미치는 전염 효과 연구는 Fein, Goethals, & Kugler, 2007와 Stewart et al.,, 2018를 보라.

7. Josef Adalian, "Please Chuckle Here," New York Magazine, November 23, 2011, http://nymag.com/arts/tv/features/laughtracks-2011-12/; "How Do Laugh Tracks Work?" www.youtube.com/watch?v=-suD4KbgTl4).

8. 쇼핑몰 연구는 Alfresco Labs의 연구였다. www.campaignlive.co.uk/article/behavioural-economics-used-herd-shoppers/134814.를 보라. Freling & Dacin, 2010은 광고된 브랜

드를 압도적으로 많은 사람이 선호한다는 광고는 대단한 효과가 있다는 자료를 제시한다. 초파리 연구는 Danchin et al., 2018을 보라. Doug Lansky, 2002는 로열 애스컷 경마에서 겪었던 경험을 한 신문 여행 칼럼에 "Vagabond Roaming the World"이라는 제목으로 실었다. 찰스 맥케이의 1761년 런던 지진에 대한 이야기는 Extraordinary Popular Delusions and the Madness of Crowds, 1841를 보라. 백색 밴 괴담에 관한 상세한 이야기는 www. insider.com/suspicious-white-van-unfounded-facebook-stories-causing-mass-hysteria-2019-12.를 보라.

사회적 증거가 타당성을 구축하는 요소라는 사실을 보여주는 근거는 많다. 한 연구에서 6 ~11세 아이들에게 실험에 참가한 다른 아이들이 당근을 선택해서 먹었다고 하자, 자신도 당근을 많이 먹었다. 주어진 정보를 통해 당근이 훌륭한 선택이라고 확신했기 때문이다 (Sharps & Robinson, 2017). 한 온라인 소비 선택 실험도 비슷한 결과가 나타났다. 참가자들에게 먼저 특정 와인이 3분의 2가 이미 팔렸다고 알리자, 그들은 그 와인을 사려고 했다. 그 와인이 3분의 1이 팔렸다고 알렸을 때보다 그 비율이 높았다. 그 이유는 많이 판매된 상품일수록 품질이 좋다고 생각하기 때문이다(van Herpen, Pieters, & Zeelenberg, 2009.

9. 이탈리아 주민들이 쓰레기를 기꺼이 재활용했다는 자료는 로마, 칼리아리, 테르니, 마코머에서 수집했다(Fornara et al., 2011). 나와 동료들은 가정 에너지 보존 자료를 캘리포니아 주 산마르코스에서 수집했다. 그런데 여기에서 우리가 배운 점이 또 하나 있다. 우리 연구에는 두 통제 집단이 있었다. 하나는 에너지를 절약하라는 메시지를 받았지만, 그 이유를 설명해주지는 않았던 주민들이고, 다른 하나는 아무런 메시지도 받지 않은 주민들이었다. 이 두 통제 집단은 이후 에너지 소비에 있어서 커다란 차이를 보여주지 않았다(Nolan et al., 2008). 다시 말해서, 사람들에게 에너지를 절약하라고 훈계에 그치는 것은 아무런 영향도 미치지 않는다. 사람들은 어떤 행동에 대한 이유를 원하기 때문이다. 물론 중요한 문제는 그 이유가 특별한 동기를 부여하는가 하는 것이다. 우리 연구에서 에너지를 절약해야 하는 가장 설득력 있는 이유는 당연히 "이웃 대부분이 그렇게 하니까"였다.

10. 사람들이 특히 사회적 인정을 바랄 때, 집단의 생각에 그대로 따르는 경향이 강해진다. 좀 더 위험한 것은 사람들이 집단의 알코올 소비에도 영향을 받는 경향이 있다는 사실이다 (Cullum et al., 2013). Berns et al., 2005는 사람들이 다른 사람들의 의견과 다르다고 느낄 때 겪는 심리적 고통과 순응성을 보여주는 자료를 제시했다. Ellemers & van Nunspeet, 2020 은 추가적인 근거를 제공했다. '애정 공세'의 의식에 대한 설명은 Hassan, 2000을 보라.

11. 몇몇 연구팀은 자신들과 같은 걱정을 가졌던 학생들도 잘 극복했다는 이야기를 듣고 걱정이 많았던 학생들도 적응을 잘한다는 사실을 확인했다(Binning et al., 2020; Borman et al., 2019; Stephens et al., 2012; Wilson & Linville, 1985). 사춘기 청소년의 공격성에 대한 연구는 Jung,

Busching, & Krahe, 2019를 보라. Boh & Wong, 2015의 연구는 정보 공유를 판단하는 데 관리자보다는 동료가 더 중요하다는 점을 보여주었다. 의사의 처방도 동료들의 규범을 따른다는 연구는 Fox, Linder, & Doctor, 2016, Linder et al., 2017, Sacarny et al., 2018를 보라. 또래들이 어떤 행동을 하느냐가 환경운동에 중요하다는 로버트 프랭크의 주장은 그의 책 Under the Influence: Putting Peer Pressure to Work, 2020에 실려 있다. 또래 설득이 친환경 행동에 미치는 영향을 보여주는 추가적인 근거를 원한다면 Nolan et al., 2021, Schultz, 1999, Wolske, Gillingham, & Schultz, 2020를 보라. 마지막으로 소수 집단을 대하는 대학생의 태도가 동료들의 태도를 알려주는 정보로 인해 바뀔 수 있다는 관찰은 Murrar, Campbell, & Brauer, 2020의 연구에서 이루어졌다.

12. 캠퍼스에서 모금원이 "저도 이 학교 학생이에요"라고 말할 때, 기부가 증가하리라는 올바른 가설을 세운 것은 Aune & Basil, 1994이었다. 또래가 미치는 영향에 대한 연구는 Murray et al., 1984가 금연 프로그램을, Melamed et al., 1978는 치아에 대한 걱정을 주제로 각각 수행했다. 또래 소비의 비교를 담고 있는 Opower's Home Energy Reports의 성공에 관해서는 Allcott, 2011, Allcott & Rogers, 2014, Ayres, Raseman, & Shih, 2013를 보라. Opower 보고서는 우편을 이용했지만, 전자우편을 이용해서도 마찬가지 결과가 나왔다 (Henry, Ferraro, & Kontoleon, 2019). 기업이 인수되며 Opower는 오라클 유틸리티 오파워(Oracle Utilites/Opower)로 이름을 바꾸었다.

13. 필립스는 베르테르 효과부터 연구하기 시작했다(Phillips, 1974, 1979). 오늘날로 치면 넷플릭스 시리즈물 〈루머의 루머의 루머13(Reasons Why)〉의 연구와 흡사하다(Bridge et al., 2019). 필립스는 계속해서 유명한 자살 보도가 비행기와 자동차 사상자에게 미친 영향을 살펴보았다(Phillips, 1980). 캘리포니아 고등학교에서 있었던 연쇄 기차 자살은 〈로스앤젤레스타임스〉의 기자 Maria La Ganga, 2009의 기사였다. Sumner, Burke, & Kooti, 2020는 매체가 전염성 자살에서 어떤 역할을 하는지 살펴보았다. Toufexis, 1993는 사건 조작이 전염을 불러온다고 했다. 미국의 대량학살은 시간이 지나며 더욱 규모가 거치고 빈번히 일어나고 있다. 2017년에는 사망자가 224명에 달하며 역사상 최고를 기록했고, 2019년에는 41건이나 사건이 일어나며 역시 기록을 세웠다(Pane, 2019). 대량학살은 전염성이 있다는 근거로는 Towers et al., 2015가 있고, Goode & Carey, 2015와 Carey, 2016의 후속 연구가 발표되었다.

존스타운 학살을 자세히 다루고 있는 글로는 저널리스트 J. Oliver Conroy의 2018년 회상이 있다. www.theguardian.com/world/2018/nov/17/an-apocalyptic-cult-900-dead-rememberin-the-jonestown-massacre-40-years-on을 보라. 학살의 생존자 Tim Reiterman도 2008년 자신의 책에서 이 문제를 다루었다. 브랜드의 시장 점유율에 영향을

미치는 요소들을 분석한 글은 Bronnenberg, Dhar, & Dube, 2007였다. 이 논문의 발견은 다양성이 존재하는 지역에 사는 사람들에게 볼 수 있는 커다란 인성과 태도의 차이를 보여주는 연구와 잘 어울린다(Rentfrow, 2010).

14. 섭식장애 연구는 Mann et al., 1997, 자살 예방 연구는 Shaffer et al., 1991, 알코올 억제 연구는 Donaldson et al., 1995을 보라. 좀 더 최근에 고정관념을 줄이려는 프로그램 연구에서 참가자들에게 안타깝게도 사람들 사이에 고정관념이 널리 퍼져 있다고 언급하자, 참가자들도 더 많은 고정관념을 보여주었다(Duguid & Thomas-Hunt, 2015). 나와 나의 팀이 Petrified Forest National Park에서 한 연구는 Cialdini, 2003에 상세하게 설명했다.

불행하게도 연구 결과를 공원 관리부에 설명한 후에도 그들은 표지판을 바꾸지 않겠다고 했다. 이 결정은 설문 결과를 기반으로 한 것이었다. 공원 직원이 몇몇 방문객들에게 물었더니 공원 절도 문제가 심각하다는 안내문이 절도를 증가시키기보다는 감소시킬 것이라고 대답했다는 것이다. 우리는 실망했다. 하지만 사실 놀라지는 않았다. 공원 공무원들은 방문객들의 주관적인 반응이 경험에 입각한 우리의 근거보다 더 믿을 만하다고 생각했다. 이는 사회가 확신과 가치 있는 연구 결과를 구분하지도, 이해하지도 못하고 있다는 사실을 확인해주었다(Cialdini, 1997).

15. 사람들이 어떤 추세가 계속되리라고 기대하는 경향에 대해서는 Hubbard, 2015, Maglio & Polman, 2016, Markman & Guenther, 2007을 보라. 우리 팀은 물 절약 노력과 더불어 보수 없이 기꺼이 설문조사에 임하는 행동도 함께 연구했다(Mortensen et al., 2017). 게다가 연구자들은 육류 없는 식사(Sparkman & Walton, 2017), 설탕 소비 줄이기(Sparkman & Walton, 2019), 재사용 가능한 컵 이용하기(Loschelder et al., 2019), 그리고 여자 고등학교와 여대생 사이에서 STEM(과학 기술 공학 수학)을 공부하겠다는 비율이 늘어나고 있는 현상과 같이 아직 눈에 분명히 띄지는 않지만, 필요한 행동에 긍정적인 영향을 미치는 추세들을 발견했다.

16. 은행 파산을 가져올 수도 있었던 사건이 싱가포르에서 벌어진 것은 우연이 아닐 수도 있다(News, 1988). 여러 연구에 따르면 동아시아 문화권은 서구보다 사회적 증거에 더 민감한 반응을 더 보이는 경향이 있다고 한다(Bond & Smith, 1996). 개인보다 집단을 중시하는 문화는 또래들의 선택에 민감한 반응을 보인다. 몇 년 전 나는 동료들과 함께 서구적 가치가 많이 도입되기는 했지만, 아직도 평균적인 미국인들보다는 공동체적 가치를 더 중요하게 여기는 폴란드에서 이런 성향이 어떻게 나타나는지 실험해보았다. 우리는 폴란드 대학생과 미국 대학생을 상대로 마케팅 연구에 참가할 의사가 있는지 물었다. 미국 대학생은 자신이 과거에 마케팅 연구에 몇 번이나 참가한 경험이 있는지를 가장 중요한 의사결정의 근거로 삼았다. 이는 대부분의 미국인이 보여주는 개인주의적 관점과 일치한다. 반면 폴란드 대학생들은 자신의 친구들이 과거에 마케팅 연구에 몇 번이나 참가한 경험이 있는지를

가장 중요한 의사결정의 근거로 삼았다. 이 역시 폴란드인들이 보여주는 집단주의적 가치와 일치하는 결과이다(Cialdini et al., 1999). 물론 이 장의 근거들이 보여주듯이, 사회적 증거는 미국 같은 개인주의적 문화에서도 강력하게 작동한다. 예를 들어 사회적 증거가 비행기 기장의 결정에 미치는 치명적인 영향을 보여주는 자료는 미국 항공사에서 가져온 것이다(Facci & Kasarda, 2004).

PART 5 권위 원칙

1. '행동 과학이 지금 인기가 있는' 이유를 더 보고 싶다면 Cialdini, 2018를 보라. BIT의 자선 연구는 The Behavioural Insights Team Update, 2013－2015 report, www.bi.team/publications/the-behavioural-insights-team-update-report-2013-2015.를 보라. 설립자 중 한 명이 쓴 BIT의 역사와 초기 작업 설명에 대해서는 Halpern, 2016을 보라. BIT 자선 연구는 설득의 두 가지 원칙이 결합했을 때, 기부 효과가 높다는 것을 보여주었지만, 하나 이상의 원칙을 사용한다고 항상 더 효과가 큰 것은 아니다. 하나의 의사소통에 여러 전략을 마구 쑤셔 넣다 보면 수신자는 자신을 설득하려는 상대방의 노력에 경계 태세를 취하게 되고, 결국 원했던 것과는 정반대의 결과를 초래할 수 있다(Friestad & Wright, 1995; Law & Braun, 2000; Shu & Carlson, 2014).

2. 밀그램의 기본적인 실험 및 이런저런 후속 실험들은 그의 흥미진진한 책 Obedience to Authority, 1974와 Doliński & Grzyb의 훌륭한 저서 Social Psychology of Obedience toward Authority, 2020에 실려 있다. 밀그램의 연구 이후 복종에 관한 많은 후속 연구들은 밀그램이 1960년대에 미국에서 발견한 복종 수준이 최근까지도 미국을 위시한 다른 나라에서 놀라울 정도로 비슷한 수준을 유지하고 있다고 결론짓고 있다(Blass, 2004; Burger, 2009; Doliński et al., 2017; "Fake Torture TV 'Game Show' Reveals Willingness to Obey," www.france24.com/en/20100317-fake-torture-tv-game-show-reveals-willingness-obey.)

밀그램은 나치 지배 아래 독일 국민이 어떻게 수백만 명의 무고한 사람들을 집단수용소에서 살해할 수 있었는지 알고 싶어 연구를 시작했다. 원래는 미국에서 먼저 실험한 다음 독일로 가서 같은 실험을 시행할 계획이었다. 독일인들이야말로 권위에 대한 복종이라는 개념을 과학적으로 분석하기에 가장 적합한 대상이라고 생각했기 때문이다. 그러나 코네티컷 주 뉴헤이븐에서 첫 번째 실험을 하자마자 놀라운 결과가 나왔기 때문에 굳이 독일까지 가서 실험 비용을 낭비할 이유가 없었다. 그는 말했다. "미국 사람들도 극단적인 수준의 복종을 보여줬기 때문에 독일까지 가야 할 필요가 없었다." 그러나 권위에 대한 복종은 미국인들만의 특징이 아니었다. 밀그램의 실험과 비슷한 실험을 남아프리카공화국, 네덜란드, 독일, 오스트리아, 스페인, 이탈리아, 오스트레일리아, 인도, 요르단 등에서 실시한 결과 역시 비슷했다(Blass, 2012; Meeus & Raaijmakers, 1986).

이제 수십 년이 넘은 밀그램의 전설은 마치 탐정소설의 엔딩처럼 끝났다. 저널리스트 Gina Perry는 밀그램의 논문이 있는 예일대학교 문서보관소에서 밀그램이 발표하지 않은 연구 절차와 발견을 찾아냈다. 그 자료를 보면, 밀그램의 실험에서 각각의 교사에게 자신이 친구 혹은 이웃이라고 생각하는 학습자에게 충격을 주라는 지시를 했다. 그 결과 실험자의 명령에 순응하는 비율이 놀라울 정도로 달라졌다. 밀그램의 공식에는 65퍼센트의 실험 참가자들이 명령에 따른다고 했지만, 이런 상황에서는 명령을 따르는 사람들이 15퍼센트에 불과했다. 이러한 결과는 사람들은 낯선 사람이나 단순한 지인에 비해 친구, 이웃, 친족과 같이 연대감을 느끼는 사람들의 편을 들 가능성이 높다. 이런 사실은 8장의 내용과 잘 맞아떨어진다. Perry, 2012나 Rochat & Blass, 2014 역시 밀그램의 '비밀 연구'를 설명하는 논문을 썼다.

3. 의료 과실이 지나치게 잦고 큰 영향을 미치고 있다는 놀라운 통계는 Szabo, 2007, Makary & Daniel, 2016, Wears & Sutcliffe, 2020를 보라. 안타깝게도 〈인간은 실수를 저지르기 마련이다(Err Is Human)〉라는 보고서가 발표된 이후에도 상황은 그리 나아지지 않고 있다. 이 보고서는 20년도 전에 미국 의학원이 미국 의료 과실이 어느 정도 수준인지를 밝힌 논문이다. Kathleen Sutcliffe, 2019에서는 문제는 상당 부분 인간 육체의 작동 방식 때문이 아니라, 인간 심리가 작동하는 방식 때문이라고 지적한다.

4. 지위에 따라 교수, 정치인, 참가자들의 키가 커지는 현상은 Wilson, 1968, Higham & Carment, 1992, Sorokowski, 2010, Duguid & Goncalo, 2012를 보라. 게다가 상대방보다 키가 큰 정치인들은 일반적으로 더 많은 표를 받는다(McCann, 2001). 예를 들어 1900년 이후 미국 대선에서 거의 90퍼센트 이상의 확률로 주요 정당의 후보 중 키가 더 큰 후보가 당선되었다. 따라서 사람들 생각에 지위가 높아지면 키만 커지는 것이 아니라 키가 커지면 지위도 저절로 높아지는 것이다. Hofling et al., 1966의 연구에 따르면, 간호사들은 '의사'라는 직함이 자신들의 판단과 행동에 어느 정도 영향을 행사하는지 의식하지 못한다. 33명의 간호사와 간호사 실습생으로 구성된 별개 집단에 이 실험과 똑같은 상황에서 어떻게 반응하겠느냐고 묻자 실제 실험 결과와 달리 의사의 지시대로 투약하겠다는 학생은 단 2명뿐이었다.

해커들이 심리를 이용하여 정교한 보안장치를 뚫은 이야기는 여러 사례에서 볼 수 있다. 보안 해커계의 제왕 Keven Mitnick이 공저한 책도 있고(Sagarin & Mitnick, 2012), 완벽한 경위를 담고 있는 책도 있다(adnagy & Schulman, 2020).

5. 권위적인 제복이 순응을 조장한다는 연구는 Bickman, 1974와 Bushman, 1988을 보라. Smith, Chandler, & Schwarz, 2020의 연구는 이 연구의 업데이트라 할 만한데, 회사의

직원으로부터 마뜩잖은 대접을 받는 사람은 그 직원이 유니폼을 입고 있었을 경우, 직원보다는 기업을 비난하는 경향을 보였다고 한다. 무단 횡단 연구는 Lefkowitz, Blake, & Mouton, 1955, 고급 자동차와 소형차를 비교한 연구는 Doob & Gross, 1968를 보라. Nelissen & Meijers, 2011는 고급 디자이너 옷이 설문 참여, 자선 기부, 취업 인터뷰 점수에 긍정적인 효과를 주었다는 자료를 모았다. 반면 Oh, Shafir, & Todorov, 2020는 실험에서 사람들은 고급 옷과 싸구려 옷만 보고 사실상 한눈에 두 집단 사이에 능력의 차이가 난다고 평가했다고 한다. 이들은 연구 결과의 문제점을 이렇게 평가했다. "비싼 옷을 입을 여유가 없는 가난한 경제적 배경을 가진 사람들은 취업 인터뷰에서 분명 자동적으로 불이익을 받을 수밖에 없다."

6. Michel Strauss의 설명은 그의 책 Pictures, Passion, and Eye, 2011를 보라. 현대 세계에서 전문가들이 담당하는 소중한 역할에 관해서는 Stehr & Grundmann, 2011을 보라. 병원에서 전문지식의 '후광 효과' 연구는 Devlin et al., 2009을 보라. 전문가가 쓴 기명 논평의 영향은 Coppock, Ekins, & Kirby, 2018의 연구였는데, 이들은 일반적인 독자는 물론, 씽크탱크에 속하는 학자, 저널리스트, 은행가, 법학 교수, 국회의원 보좌관, 학자 등 전문 '엘리트'도 전문가들의 기명 논평에서 영향을 받는다는 것을 보여주었다. 자신이 무엇을 하는지 알고 있는 것으로 보이는 사람을 기꺼이 따르려는 경향은 아주 어릴 때부터 나타난다. Keil, 2012와 Poulin-Dubois, Brooker, & Polonia, 2011는 각각 취학 전 아동과 유아를 연구했다.

전문지식과 신뢰성이 지각적인 믿음을 낳고, 엄청난 설득력을 가지고 있다는 연구는 Smith, De Houwer, & Nosek, 2013을 보라. 법률 환경에서 '약점을 먼저 드러내는' 방법의 효율성은 Dolnik, Case, & Williams, 2003; Stanchi, 2008; Williams, Bourgeois, & Croyle, 1993 등에서 반복적으로 나타난다. 똑같은 전략은 기업에도 효과적이라고 입증되었다 (Fennis & Stroebe, 2014). 정치인도 같은 방법으로 신뢰성을 높이고 표도 확보할 수 있다는 연구는 Cavazza, 2016와 Combs & Keller, 2010를 보라. 정치라는 같은 환경에서는 똑같은 메시지도 ('15퍼센트가 실직 상태입니다'라고) 부정적인 프레임을 사용하여 전달하는 것이 ('85퍼센트가 고용 상태입니다'라고) 긍정적인 프레임으로 전달하는 것보다 더 설득력이 있다고 한다. 이렇게 말할 때 좀 더 신뢰성이 있어 보이기 때문이다(Koch & Peter, 2017). 광고업체 Doyle Dane Bernbach(지금은 회사명을 DDB로 바꿨다)는 약점을 먼저 인정하고, 그런 다음 강점으로 받아치는 전략을 담은 광고를 통해 엄청난 성공을 거둔 최초의 기업이었다. 폭스바겐 비틀 광고는 "추하다는 건 겉모습에 지나지 않아요"라는 문장으로 시작하지만 "추하지만, 언제나 원하는 곳에 데려다줍니다"라는 문장으로 끝난다. Avis 렌터카 광고는 "우리는 2등입니다. 하지만 우리는 더 노력하고 있습니다"이다. 그 후 비슷비슷한 투의 광고가 계속

이어졌다. Buckley 기침 시럽은 "맛은 없지만, 효과는 좋지요"라고 광고했고, 제법 효과도 컸다. Ward & Brenner, 2006는 부정적인 측면을 인정한 전략은 부정적인 측면이 먼저 등장할 때만 효과가 있다고 확인하고 있다.

7. 사람들을 훈련해 가짜 전문가들을 주인공으로 한 광고를 무시하도록 한 팀을 이끌었던 리더는 나의 동료 Brad Sagarin(Sagarin et al., 2002)이었다. 이들은 사람들이 그러한 전문가의 말에 취약하다는 것을 깨닫게 하고, 적절한 전문가와 적절하지 않은 전문가를 구별하게 했다. 공정한 전문가의 주장에 수긍하고, 우리의 순응에서 얻을 것이 있어 보이는 전문가의 주장에 저항하는 현상은 세계적이며(Eagly, Wood, & Chaiken, 1978; McGuinnies & Ward, 1980; Van Overwalle & Heylighen, 2006), 어린 아이에게서도 나타난다(Mills & Keil, 2005).

PART 6 희소성 원칙

1. 손실의 심리적 우선성은 대학교 구내식당 연구(West, 1975), 여러 나라 연구 (Cortijos-Bernabeu et al., 2020), 여러 영역 연구(Hobfoll, 2001; Sokol-Hessner & Rutledge, 2019; Thaler et al., 1997; Walker et al., 2018), 관리자들의 선택에 대한 연구(Shelley, 1994), 프로 골프 선수 정신력 연구(Pope & Schweitzer, 2011), 대학생의 감정 연구 (Ketelaar, 1995), 에너지 공급업자의 선호도 연구(Shotton, 2018), 과제 수행자의 속임수 선택에 대한 연구(Effron, Bryan, & Murnighan, 2015; Kern & Chung, 2009; Pettit et al., 2016), 개인들의 신체적 반응 연구(Sheng et al., 2020; 리뷰로는 Yechiam & Hochman, 2012를 보라) 등에서 너무도 분명히 드러나서 일종의 전망이론(Prospect theory, 기존 경제학의 기대효용이론과 함께 불확실한 상황에서 인간의 선택을 다루는 행동경제학의 한 이론)으로서 널리 이용될 수 있지 않을까 하는 기대를 받고 있다(Kahneman & Tversky, 1979). 다양한 상황에서 살펴본 근거들에 따르면, 위험이나 불확실성이 클수록 손실 회피 경향도 커진다(De Dreu & McCusker, 1997; Kahneman, Slovic, & Tversky, 1982; Walker et al., 2018; Weller et al., 2007). 특히 건강/의학 환경 연구는 Gerend & Maner, 2011; Meyerwitz & Chaiken, 1987; Rothman & Salovey, 1997; Rothman et al., 1999을 보라. 하지만 위험과 동시에 불확실성이 낮을 때 (보호적이기보다는) 촉진적인 성향이 두드러지며, 사람들은 손실을 피하기보다 이익을 얻는 데 더 가치를 둔다(Grant Halvorson & Higgins, 2013; Higgins, 2012; Higgins, Shah, & Friedman, 1997; Lee & Aaker, 2004). 희소성이 새 자동차의 구매자와 공정 가격 판사에게 미치는 영향은 각각 Balancher, Liu, & Stock, 2009, Park, Lalwani, & Silvera, 2020을 보라.

2. 여러 실험에 따르면 소비자들은 독특한 요소를 가진 제품에 강하게 끌린다(Burger & Caldwell, 2011; Keinan & Kivetz, 2011; Reich, Kupor, & Smith, 2018). 부족했던 제품의 공급이 충분해지면 사람들의 관심이 사라진다는 근거는 Schwarz, 1984를 보라. 이와 관련하여, 우리가 그 본질적인 가치 때문에 좋아한다고 생각하는 희귀한 물건도 희소성을 잃는 순간 그 매

력을 잃는다는 것을 발견하고 놀랄 수도 있다는 이야기를 독자 편지에 실었다. 미니애폴리스 여성은 이렇게 말했다. "저는 미국 출신이지만, 런던 빅 벤 직소 퍼즐 조립을 좋아합니다. 미국에서는 발견하기도 힘들어서 그런 퍼즐을 찾을 때마다 즐거웠죠. 이베이가 등장하고 그 퍼즐을 이베이에서 찾을 수 있게 되면서, 저는 하나씩 퍼즐을 사들였습니다. 그렇지만 점차 흥미를 잃었어요. 선생님의 책을 읽으니 빅 벤보다는 빅 벤 퍼즐의 희소성 때문에 제가 퍼즐을 그렇게 좋아했다는 사실을 깨달았습니다. 23년 동안 빅 벤 퍼즐을 조립한 다음 저는 퍼즐에 대한 모든 욕망을 잃었습니다. 그 퍼즐이 많다는 것을 발견한 다음이었습니다."

3. 사람들은 얻기 힘든 물건에 더 많은 가치를 부여하며, 이러한 추정이 대체로 옳다는 연구는 Lynn, 1989과 McKenzie & Chase, 2010를 보라. 부족한 것은 가치 있는 것이라는 믿음이 워낙 깊게 뿌리박혀 있다 보니, 우리는 가치 있는 것은 희귀한 것이라고 믿게 되었다(Dai, Wertenbroch, & Brendel, 2008). Jack Brehm은 1960년대 중반에 반발 이론을 만들었고 (J. W. Brehm, 1966), 이후 많은 연구가 그 이론을 뒷받침해주었다(예를 들어, Burgoon et al., 2002; Bushman, 2006; Dillard, Kim, & Li, 2018; Koch & Peter, 2017; Koch & Zerback, 2013; Miller et al., 2006; Schumpe, Belanger, & Nisa, 2020; Zhang et al., 2011). 두 살배기 여자아이들은 높은 벽에 남자아이들처럼 반발하지 않았다. 또 다른 연구에 따르면 이는 여자아이들이 자유를 제한하려는 시도에 반발하지 않기 때문이 아니다. 오히려 여자아이들은 물리적 장애물보다는 다른 사람에게서 받는 제약에 더욱 반발하는 것으로 나타났다(S. S. Brehm, 1981). 하지만 남자아이나 여자아이 모두 18~24개월 사이에 자신의 '인지적 자아'를 처음 자각하며 자신을 개별 인간으로 보기 시작했다(Southgate, 2020; Howe, 2003). 로미오와 줄리엣 효과를 처음 연구했던 논문은 Driscoll, Davis, & Lipetz, 1972이다. 그렇지만 로미오와 줄리엣 효과를 부모들이 십대 자녀들의 연애 상대를 무조건 허락해야 한다는 경고로 해석해서는 안 된다. 연애라는 미묘한 게임을 처음 시작하는 십대들은 실수를 저지르기 쉽기 때문에 연륜과 지혜를 쌓은 어른들이 지도해주면 많은 도움이 된다. 하지만 청소년을 지도할 때 성인들이 반드시 유념해야 할 것은 십대들은 자신들이 이미 성인이라고 생각하기 때문에 부모와 자식 관계에서 나타나는 전형적인 통제에는 따르지 않는다는 점이다. 특히 '짝짓기'라는 성인의 영역에서는 전통적인 부모의 통제 방법인 금지와 처벌보다 성인들의 설득 방법이라 할 수 있는 선호와 설득이 훨씬 더 효과적이다. 몬테규 가문과 캐퓰렛 가문의 비극은 극단적인 예라 할 수 있지만, 젊은 연인의 풋풋한 사랑이 너무도 강력한 제재를 받다 보면 더 은밀하고 뜨겁고 비극적인 사랑으로 발전할 수도 있다

슈퍼마켓 쇼핑객들의 청원서 서명 연구는 Heilman, 1976을 보라. Moore & Pierce, 2016는 범법자들의 생일에 처벌 빈도가 높아진 현상을 연구했다. 이들은 이 현상을 여섯 번 연

구했는데, 그중 한번은 워싱턴 주에서 13만 4,000건의 음주운전을 살펴본 후 경찰들이 범법자들의 생일에 더 가혹한 처벌을 내렸다는 사실을 발견했다. 인산염 세제 금지 효과 연구는 Mazis, 1975; Mazis, Settle, & Leslie, 1973를 보라. 금지된 정보 연구에는 다양한 학자들이 참여했다(Ashmore, Ramchandra, & Jones, 1971; Lieberman & Arndt, 2000; Wicklund & Brehm, 1974; Worchel, 1992; Worchel & Arnold, 1973; Worchel, Arnold, & Baker, 1975; Zellinger et al., 1974). 상품 부족과 더불어 정보의 독점이 미치는 효과는 Amram Knishinsky, 1982의 박사 논문 주제였다. 이 실험에서는 윤리적인 이유로 고객들에게 언제나 진짜 정보를 제공했다. 실제로도 당시 소고기 수입이 곧 부족하리라고 예측되었고, 회사는 배타적인 정보원을 통해 그 소식을 알게 되었다.

4. 설득 의도를 지각하면 반발이 생기고, 그 반발은 메시지의 효용성을 약화한다는 결론은 Thomas Koch(Koch & Peter, 2017; Koch & Zerback, 2013)의 연구 결과였다. "하지만 선택은 당신 자유예요"라고 말하는 방법을 개발하고 테스트했던 학자는 Nicolas Gueguen과 그 동료들이었다(Gueguen et al., 2013; Gueguen & Pascual, 2000). 42건의 실험을 메타 분석한 학자는 Carpenter, 2013였다. 좀 더 최근에 Gueguen은 반발에 기반에서 허락을 얻어내는 또 다른 전략을 개발했다. "하지만 거절할 자유가 있습니다"라는 말을 덧붙이며 승낙에 반발하는 반응을 줄이는 대신, "거절할 수도 있겠지만…"이라는 말로 거절에 반발하는 반응을 높인 것이다. 한 연구에서 아동보건기구에 기부금을 요청하며 "거절할 수도 있겠지만…"이라는 말을 덧붙이자, 기부자 비율은 25퍼센트에서 39퍼센트로 늘어났다(Gueguen, 2016.)

5. 그 유명한 초콜릿 칩 쿠키 연구는 Worchel, Lee, & Adewole, 1975를 보라. 뉴코크의 마케팅 전략은 Benjamin, 2015과 C. Klein, 2020을, 희소성과 반발 원리로 이 사건을 학문적으로 설명한 글로는 Ringold, 1988를 보라. Davies, 1962, 1969와 Fleming, 1997은 거듭된 박탈감을 정치적 혁명의 시발점으로 간주하고 있다. Lance Morrow, 1991는 소련 사람들이 쿠데타에 맞서 쿠데타를 일으켰다고 주장했다. 부모가 일관성 없이 자유를 부여할 때 일반적으로 반항적인 아이들이 된다는 연구는 Lytton, 1979과 O'Leary, 1995를 보라. 이러한 반항을 피하기 위해서라도 부모들은 아이들에게 지나치게 엄격하거나, 너무도 완고하게 규칙을 지키게 해서는 안 된다. 예를 들어 어쩔 수 없이 점심을 놓친 아이한테는 저녁식사 전에 간식을 줄 수도 있다. 이는 간식과 관련해 기본적인 규칙을 위반한 것이 아니며, 간식과 관련해 일반적인 자유를 준 것도 아니다. 문제는 어느 날은 아이한테 간식을 허용하고 어느 날은 허용하지 않는 등 특별한 이유 없이 규칙을 변덕스럽게 적용할 때 생긴다. 이 자의적인 접근 방식이 아이에게 자유가 주어졌다고 지각하게 만들고, 이를 빼앗길 때 반발을 불러일으키게 된다.

6. 광고업자들은 메시지에 제한된 수량 혹은 제한 시간이라는 형식을 이용한다. 현재까지

는 제한 시간 전략이 가장 흔하게 사용된다. 1만 3,594건의 신문 광고를 분석한 결과, 제한 시간 전략을 사용하는 경우보다 제한된 수량 전략을 사용하는 경우가 세 배나 많았다(Howard, Shu, & Kerin, 2007). 하지만 연구에 따르면, 두 가지 전략 중에 선택이 가능할 때는 제한된 수량을 제시하는 편이 낫다고 한다. 그쪽이 결과가 더 좋기 때문이다. 제한된 수량 전략만이 상호개인적인 경쟁이라는 (잠재적으로 사람을 미치게 만드는) 동기를 부여하기 때문이다(Aggarwal, Jun, & Huh, 2011; Haubl & Popkowski Leszczyc, 2019; Teuscher, 2005).

7. 새로운 연애 가능성이 보일 때, 사람들은 자신을 다른 사람과 차별화하려고 한다는 생각을 Miller, 2000는 동물 연구를 통해서, Griskevicius, Cialdini, & Kenrick, 2006는 인간 연구를 통해 증명했다. 후자의 연구에서, 낭만적인 상태가 된 대학생들은 더 많은 창의성을 나타냈다. 인간들 사이에서의 효과가 대학생에게만 국한되지는 않는다. 예를 들어서 (청색 시대, 장밋빛 시대, 큐비즘 시대, 초현실주의 시대와 같이) 피카소가 왕성하게 활동하던 시기에 항상 각각 그 시기를 대표하는 여성이 있었다. 그리스케비시우스(Griskevicius)는 이렇게 말한다. "각각의 시대는 새로운 여성 그림과 함께 활짝 피어났다. 그 여성들은 모델이 아니라 연인들이다. 그 하나하나는 피카소에게 일시적이긴 했지만, 눈부신 뮤즈였다."(Crespelle, 1969; MacGregor-Hastie, 1988). 샌프란시스코 뮤지엄 오브 아트를 위한 광고 연구를 주도했던 사람도 성이 그리스케비시우스였다(Griskevicius et al., 2009). 사람들은 대다수의 사람들과 같은 의견을 갖고 싶어 하지만, 취향은 그렇지 않다는 주장은 Spears, Ellemers, & Doosje, 2009에 의해 검증되었다. 내집단 성원들이 자신의 개인성을 표현하려는 욕망과 집단 취향 선호에 순응하려는 욕망 사이에서 어떻게 균형을 잡고 있는지를 충분히 설명하고 있는 연구로는 Chan, Berger, & Van Boven, 2012을 보라. 신세키 장군이 검은 베레모를 미 육군 대다수에게 씌우기로 한 결정의 이론적 배경, 그리고 그 결정이 낳은 문제와 해결은 미군 관영 신문 Stars and Stripes, October 20, 2000를 보라.

8. 수량이 부족하면 감정이 동요하고 시야가 좁아진다는 것을 설득력 있게 제시하는 자료는 Shah et al., 2015; Zhu & Ratner, 2015; Zhu, Yang, & Hsee, 2018를 보라. 이렇게 제품 부족을 이용하는 기만적인 마케팅('조작된 희소성'manufactured scarcity)은 눈에 잘 띄지 않는다(www.wired.com/2007/11/best-buy-lying; www.nbcnews.com/technolog/dont-blame-santa-xbox-playstation-supply-probably-wont-meet-demand-6C10765763). 하지만 켈로그는 이러한 기만 마케팅을 오히려 자사 제품인 라이스 크리스피 트리트(Rice Krispies Treats)의 우수함을 보여주는 근거로 공개하기로 했다(www.youtube.com/watch?v=LKc0Gtt91Js).

PART 7 일관성 원칙

1. 아마존의 '자진 퇴사 장려금'에 관해서는 www.cnbc.com/2018/05/21/why-amazon-

pays-employees-5000-to-quit.html.을 보라. 일단 입장이 정립되면 이후의 반응은 상당 부분 그 입장에 따라 정해진다는 근거는 경마장 연구(Knox & Inkster, 1968), 유권자 투표(Regan & Kilduff, 1988), 자원 보호 노력(Abrahamse & Steg, 2013; Andor & Fels, 2018; Pallak, Cook, & Sullivan, 1980) 등에서 찾을 수 있다. 여러 연구에 따르면 일관성의 압력은 실제로 존재한다(Brinol, Petty, & Wheeler, 2006; Bruneau, Kteily, & Urbiola, 2020; Harmon-Jones, Harmon-Jones, & Levy, 2015; Ku, 2008; Mather, Shafir, & Johnson, 2000; Meeker et al., 2014; Rusbult et al., 2000; Stone & Focella, 2011; Sweis et al., 2018).

2. Leon Festinger는 일관성이 인간 행동에서 차지하고 있는 핵심적인 역할을 처음 지적했던 이론가는 아니었지만, 가장 유명한 사람이다. 그의 인지부조화 이론(cognitive dissonance theory, 1957)은 우리는 자신의 비일관성으로 인해 불편함을 느낀다는 가정에서 시작한다. 그래서 우리는 그 불편을 줄이거나 제거하려고 특정한 행동을 한다. 그 행동이 우리를 속이는 것일지라도 말이다. Aronson & Tavris, 2020는 코로나19 팬데믹이라는 환경에 이 공식을 적용해보았다. 라디오 절도 실험은 Moriarty, 1975를 보라. 자신의 비일관성은 자신이 보기에 부정적인 속성이며, 다른 사람의 비일관성도 마찬가지이다(Barden, Rucker, & Petty, 2005; Heinrich & Borkenau, 1998; Wagner, Lutz, & Weitz, 2009; Weisbuch et al., 2010). 일관성 있는 반응은 자동적으로 일어날 수 있는데(Fennis, Janssen, & Vohs, 2009), 합리적인 사고가 낳을 수 있는 바람직하지 못한 결론을 피하기 위해서일 수도 있고(Woolley & Risen, 2018), 그저 생각하기가 힘들어서 그럴 수도 있다. 조슈아 레이놀즈 경이 말하듯, 생각이란 늘 고생스러운 것이기 때문이다(Ampel, Muraven, & McNay, 2018; Wilson et al., 2014). 일관성의 기계적인 경향에서 볼 수 있는 이러한 장점들에 더하여, 초기 해석이나 선택과 일관성을 유지하는 경향이 종종 정확한 결정으로 이어지는 것도 사실이다(Qiu, Luu, & Stocker, 2020). Siegal, 2018은 초월명상의 역사와 사업 모델을 비판적으로 검토했다.

3. 이렇게 비교적 사소한 언어적 다짐이 여러 분야에서 커다란 행동 변화를 낳을 수 있다는 것은 놀랍고도 교훈적인 일이다. Rubinstein, 1985은 자동차 판매, Sherman, 1980은 자선기관의 자원봉사, Greenwald et al., 1987; Spangenberg & Greenwald, 2001는 선거일 투표, Howard, 1990는 가정 내 물건 구매, Clifford & Jerit, 2016는 자기 표현, Sprott et al., 2006는 의료 서비스 선택, Fincham, Lambert, & Beach, 2010는 불륜을 각각 다루었다.

4. 한국전쟁 중 심리 교화 프로그램에 관한 정보는 Edgar Schein, 1956과 Henry Segal, 1954의 보고서를 보라. Schein과 Segal이 묘사한 폭넓은 협력이 항상 의도적인 것만은 아니었다는 사실에 주목해야 한다. 미국 조사단은 협력을 '적에게 도움을 준 모든 행동'이라고 정의했다. 그렇다면 평화협정서에 서명하거나, 간단한 심부름을 하거나, 라디오 방송에 나오거나, 특별대우를 받거나, 거짓 자백을 한다거나, 동료 포로의 정보를 제공하거나, 군사

정보를 누설하는 등 다양한 행위들 모두가 협력행위에 포함됐다.

Daniel Howard, 1990의 "오늘 하루 잘 지내셨어요?" 연구는 세 번 반복했는데, 모두 같은 패턴을 보였다. '중요한 설득(momentum of compliance)'의 효과에 대한 연구로는 Carducci et al., 1989과 Schwartz, 1970를 보라. '한 발 들이밀기(foot-in-the-door)' 전략을 처음으로 설명하고 자료를 제시한 연구는 Freedman & Fraser, 1966였다. 다양한 후속 연구들이 그 효과를 입증하고 있다. Doliński, 2016는 전반적인 리뷰를, Burger and Caldwell, 2003은 사소한 다짐이 자아 이미지에 변화를 가져오는 사례를 보여준다.

5. 적극적인 방식으로 자신의 노력을 기울여서 자유롭게 자신의 입장을 공식적으로 정립하는 것이 우리의 자아 이미지를 바꾸는 이유는 각각의 요소가 우리에게 진정 믿어야 하는 정보를 제공하기 때문이다. 우리가 어떤 문제와 관련하여 특정한 행동을 함으로써 그 문제에 대한 자신의 태도가 정립되었다고 생각할 때, 우리는 그 태도에 개인적으로 강력한 믿음을 갖게 된다. 모든 사람이 볼 수 있도록 공식적으로 태도를 정립했다고 해도 마찬가지이다. 그러한 태도를 정립하는 데에는 많은 노력이 필요하다. 완전히 자발적으로 선택해야 하기 때문이다. 결과적으로 자신의 입장을 정립하는 것이 자아 개념에 미치는 영향은 탄력적이며, 지속적인 변화를 가져오기도 한다(Chugani, Irwin, & Redden, 2015; Gneezy et al., 2012; Kettle & Haubl, 2011; Sharot, Velasquez, & Dolan, 2010; Sharot et al., 2012; Schrift & Parker, 2014).

사람들이 자신의 행위를 정체성 판단의 가장 중요한 요소로 사용한다는 생각은 Bem, 1972이 최초로 철저하게 검증했고, 그 이후로도 여러 연구를 통해 인증을 받고 있다. 예를 들어 Burger & Caldwell, 2003; Doliński, 2000를 보라. Poza, 2016는 정보 요청을 할 때 첫 페이지를 둘 혹은 세 필드로 줄이면 어떤 장점이 있는지를 설명하는 논문을 썼다. 적극적으로 태도가 설정되었을 때, 설득이 쉽다는 근거는 특히 Cioffi & Garner, 1996를 보고, 그 외에도 Allison & Messick, 1988; Fazio, Sherman, & Herr, 1982; Silver et al., 2020를 참조하라. 관찰자들은 강력한 반증이 없는 한 누군가가 어떤 말을 했다면 그것이 그 사람의 생각이라고 믿는 경향에 대해서는 Allison et al., 1993, Gawronski, 2003, Jones & Harris, 1967를 보라. 사람에게 꼬리표를 붙여 어떤 상황에 부응하게 만드는 효과에 대해서는 Kraut, 1973는 자선 요청, Kristensson, Wastlund, & Soderlund, 2017는 슈퍼마켓 구매, Kissinger, 1982는 국가 간 협상이라는 맥락에서 각각 연구했다.

6. 많은 사람 앞에서 하는 다짐이 지속적인 영향을 미칠 수 있다는 연구는 많다. 예를 들어 Dellande & Nyer, 2007; Lokhorst et al., 2013; Matthies, Klockner, & Preisner, 2006; Nyer & Dellande, 2010를 보라. 이런 주장을 뒷받침하는 흥미로운 연구에 따르면, 소비자들은 사적으로 이용하는 브랜드보다 공적으로 이용하는 브랜드에 더욱 충성도를 보인다고 한다(Khamitov, Wang, & Thomson, 2019). 우리는 스스로 일관성을 갖기를 바라며, 다른 사람

들에게도 그렇게 보이고 싶어 한다는 근거는 Schlenker, Dlugolecki, & Doherty, 1994와 Tedeschi, Schlenker, & Bonoma, 1971를 보라. 공적 다짐이 최초의 선택을 좀처럼 바꾸지 못하게 만든다는 Deutsch & Gerard, 1955의 발견은 Kerr & MacCoun, 1985의 교수형 배심원 연구에서도 볼 수 있다.

Gollwitzer et al., 2009의 연구는 공적 다짐과 관련하여 우리가 지금까지 살펴본 결론과는 상반되는 결과를 제시하고 있다. 이 연구는 공약이 오히려 목표에 도달할 가능성을 감소시키는 자료들을 제시하고 있기 때문이다. 여러 문헌을 분석한 결과 H. J. Klein et al., 2020은 이 연구가 제시하는 자료가 지금까지의 결과와 모순되는 유일한 자료임에도 불구하고, 블로그, 대중 서적, 수백만 명이 시청하는 TED 강연 등을 통해 학계 밖에서 가장 많은 조명을 받았다는 사실에 실망감을 표했다. 이 자료의 비전형적 패턴은 어떻게 설명해야 할까? 나는 6장에서 살펴본 심리적 반발이 어느 정도 역할을 했다고 믿는다. 반발이론이 (1) 행동이 자신에게 중요한 자유를 드러내는 경우 (2) 행동에 대한 외적 압력을 경험하는 경우, 사람들은 행동을 꺼린다고 했던 주장을 기억하는가? Gollwitzer et al., 2009 연구에서 실험 참가자들은 우선 교육이라는 목적을 위해 어떤 절차를 밟아나갈 것인지를 명시하라는 요청을 받았고, 그다음에는 이러한 절차를 공적으로 만들기 위해 외부의 평가자, 다시 말해 실험자에게 그 명시된 절차를 제출하라고 요구했다. 실험자는 참가자가 그 절차를 계속 밟아나가도 좋을지 판단한다고 했다. 다른 참가자들은 사적인 환경에서, 실험자의 승인이 필요하지 않고 마음껏 원하는 절차를 밟아나갈 수 있었다. 계획된 절차를 제출하긴 했지만, 실험자의 허락이라는 조항은 없었다. 이러한 상황에서 참가자들은 (1) 목표가 자신에게 중요하며 (2) 실험자에게 절차를 승인받아야 하는 외적 장벽을 경험할 때 자신이 원하는 명시된 절차를 수행할 가능성이 줄어들었다. 반발이론이 정확하게 예측했던 바이다.

7. 힘들게 이룬 태도 정립의 확장성을 다룬 항저우 사례는 Xu, Zhang, & Ling, 2018의 연구였다. 힘들지만 일단 태도를 정립하면 그 영향은 더 크다는 생각을 검증한 추가 연구들에 따르면, 심리적으로 더 불편한 지불 수단(신용카드나 직불카드 대신 현금이나 수표)을 이용하는 사람이 거래와 브랜드에 더 충성도를 보이고, 따라서 재구매 가능성이 더 높았다(Shah et al., 2015).

Whiting, Kluckhohn, & Anthony은 1958년 남아프리카 통가 부족의 성인식에 관해 썼지만, 몇 십 년이 지난 지금도 그 잔인성은 크게 변함이 없다. 예를 들어 2013년 5월 남아프리카공화국 정부는 통가를 포함한 여러 부족에게 성인식을 일시적으로 금지하라는 명령을 내렸다. 9일에 걸친 성인식 동안 23명의 아이가 사망한 후 나온 조치였다(Makurdi, 2013). 학교 사교클럽의 신고식에서도 비슷한 결론을 도출할 수 있다. 신고식은 1657년 하버드 대학교에서 미국 처음으로 기록되었고, 현재까지 치명적인 형태를 유지하며 사라지지 않고 있다. 손쉽게 읽을 만한 요약본으로는 Reilly, 2017를 보라. 종합적이며, 계속 업데이트되는 정보가 궁금하다면 Hank Nuwer교수의 웹사이트(www.hanknuwer.com)와 신고식을 소재로 한 그의 저서들을 보라. 나도 그의 책에서 많은 정보를 얻었다. 수치(Aronson & Mills 1959)나 고통(Gerard & Mathewson, 1966)의 형태로 주어지는 시련이 신입생에게 기회라는 긍정적인 반응을 끌어내는 효과는 상업적인 맥락까지 확대되고 있다. 소비자들이 독점적인 단 하루 할인판매 행사에 접근하기 어렵게 만들자, 행사에 접근이 쉬웠을 때보다 그 행사에 호의적인 반응을 보였다(Barone & Roy, 2010).

8. 적은 액수를 받은 사람이 많은 액수를 받은 사람보다 더 헌신적인 태도를 보인다는 아이디어는 처음 예측된 후(Festinger & Carlsmith, 1959) 계속해서 꾸준한 지지를 받아왔다. 예를 들어 최근 한 실험에서 친구에게 어떤 브랜드를 소개해준 사람은 소개 비용이 적었을 때 그 브랜드에 더 호의적이었고 충성심을 느꼈다(Kuester & Blankenstein, 2014). 마찬가지 맥락에서, 사람들에게 자유롭게 선택할 수 있는 기회를 줄수록 헌신도가 커진다는 주장(Cooper & Fazio, 1984; Deci et al., 1982; Zuckerman et al., 1978)은 후속 연구의 지지를 받고 있다. 예를 들어 Shi et al., 2020; Geers et al, 2013; Staats et al., 2017; Zhang et al., 2011를 보라. 유아를 대상으로 한 실험은 Silver et al., 2020를 보라. 자발적인 선택이 헌신을 강화하는 이유는 그 선택이 우리 두뇌의 보상 영역을 활성화하기 때문이다(Leotti & Delgado, 2011). 커다란 금전적인 보상이나 처벌과 같이 외적인 압력 때문에 태도를 정립할 때 이후에 헌신도가 약해질 수 있다는 근거는 Deci & Ryan, 1985, Higgins et al., 1995, Lepper & Greene, 1978를 보라. 마지막으로 태도가 외적인 이유보다 내적인 이유로 정립될 때 심리적 행복도 커진다. 사우디아라비아와 이란에 사는 무슬림 여성들은 개인적 선호나 가치와 같은 내적인 이유로 베일을 쓸 때, 정부의 통제나 사회의 압력과 같은 외적 이유로 베일을 쓸 때보다 훨씬 더 커다란 만족도을 느꼈다(Legate et al., 2020).

9. 사람들이 새로운 정당화의 근거를 제시하며 자신의 공약을 지켜가는 예로는 Brockner & Rubin, 1985과 Teger, 1980를 보라. Cialdini et al., 1978 연구에 더해 몇몇 실험들이 다양한 상황에서 남성과 여성을 막론하고 '낮은 공' 전략이 효과가 있음을 증명했다(Brownstein & Katzev, 1985; Burger & Petty, 1981; Gueguen & Pascual, 2014; Joule, 1987). Burger & Caputo, 2015는 이 전략의 효과를 확인하는 메타 분석을 했고, Pascual et al., 2016은 일관성에 기반을 둔 설명을 제시했다. 아이오와 주의 에너지 이용자에 대한 연구는 Pallak, Cook, & Sullivan, 1980를 보라.

10. Grant & Hofmann, 2011 연구는 비누와 젤 디스펜서 위에 놓인 다른 두 표지판의 영향에 대해 평가했다. 이번에는 두 표지판 어느 것도 의사들에게 환자의 안전에 대한 공약을 상

기하게 하지 않았다. (하나는 "젤을 누르고, 깨끗이 씻으세요"라고 적어놓았고, 다른 하나는 "손 위생이 감염으로부터 당신을 보호합니다"라고 적어놓았다.) 두 표지판 모두 비누나 젤 이용에 아무런 영향을 미치지 않았다. Meeker et al., 2014는 항생제 처방을 연구했다. 환경보호론자에게 이전 공약을 상기시켜 그 효과를 측정한 연구는 Cornelissen et al., 2008과 Van der Werff, Steg, & Keizer, 2014를 보라.

11. 우리가 잘 알고 있는 인용문 일부가 잘려 나가면서 그 의미가 상당히 달라지는 일은 드물지 않다. 예를 들어, 성경에서 모든 악의 근원이라고 지칭한 것은 돈이 아니라, 돈에 대한 탐욕이었다. 같은 실수를 저지르지 않기 위해서, 에머슨의 인용문은 더 길고 더 복잡했다고 밝히고 싶다. 본문은 "일관성이란 보잘것없는 정신이 가지고 있는 허깨비 같은 것으로, 형편없는 정치인, 철학자, 성직자들이나 찬미하는 것이다(A foolish consistency is the hobgoblin of little minds, adored by little statesmen and philosophers and divines)"라고 쓰여 있다.

우리는 화제에 대한 인식보다는 그 화제에 대한 감정에 더 민감하다는 근거는 Murphy & Zajonc, 1993과 van den Berg et al., 2006를 보라. 물론 그렇다고 해서 어떤 문제에 관해 느끼는 것이 생각하는 것과 언제나 다르다거나, 혹은 느낌이 생각보다 더 믿을 만하다는 이야기는 아니다. 하지만 우리의 감정과 믿음은 흔히 같은 방향을 가리키지는 않는다는 사실은 명백하다. 따라서 일관성과 관련된 상황이 그럴듯한 합리화를 만들어내는 상황에서, 감정은 좀 더 진실된 조언을 해줄 수 있다. 사라에게 행복의 문제처럼, 지금 직면한 문제가 감정적인 것일 때 특히 그렇다고 할 수 있다(Wilson et al., 1989).

12. 일관성의 규모에 대한 선호와 나이와 일관성 선호와의 관계 연구는 각각 Cialdini, Trost, & Newsom, 1995과 Brown, Asher, & Cialdini, 2005를 보라. 노년층을 갈취하려던 사기꾼들의 녹음 분석은 Pratkanis and Shadel의 Weapons of Fraud: A Sourcebook for Fraud Fighters, 2005에 실려 있다. 미국 사람들은 개인주의적이라는 충분한 근거는 여러 자료에서 찾을 수 있으며(Santos, Varnum, & Grossmann, 2017; Vandello & Cohen, 1999), 이러한 성향으로 인해 미국인들은 이전 선택을 일관성 있게 지지하는 태도를 보인다(Cialdini et al., 1999; Petrova, Cialdini, & Stills, 2007).

PART 8 연대감 원칙

1. 이 장은 나의 책 Pre-Suasion: A Revolutionary Way to Influence and Persuade, 2016의 일부와 몇몇 업데이트를 포함하고 있다. 전재를 허락해준 책의 발행인 Simon & Schuster에게 감사드리는 바이다. 내집단에 대한 선호의 다양한 긍정적 효과는 Guadagno & Cialdini, 2007, 합의는 Stallen, Smidts, & Sanfey, 2013, 신뢰는 Platow, & Yamagishi, 2009와 Yuki et al., 2005, 도움과 호감은 Cialdini et al.,, 1997, De Dreu, Dussel, & Ten

Velden, 2015, Gaesser, Shimura, & Cikara, 2020, Greenwald & Pettigrew, 2014, 협조는 Balliet, Wu, & De Dreu, 2014와 Buchan et al., 2011, 정서적 지지는 Westmaas & Silver, 2006, 용서는 Karremans & Aarts, 2007와 Noor et al., 2008, 창조성은 Adarves- Yorno, Haslam, & Postmes, 2008, 도덕성은 Gino & Galinsky, 2012와 Leach, Ellemers, & Barreto, 2007, 인도주의는 Brandt & Reyna, 2011, Haslam, 2006, Smith, 2020, Markowitz & Slovic, 2020를 보라. 내집단에 대한 선호가 다른 영장류와 유아에게서도 나타난다는 연구는 Buttleman & Bohm, 2014, Mahajan et al., 2011, Over & McCall, 2018을 보라.

2. 내집단 정체성에서 볼 수 있는 인지적 혼동은 자신의 속성을 같은 집단 성원에게 투사하는 경향(Cadinu & Rothbart, 1996; DiDonato, Ulrich, & Krueger, 2011), 이전에 평가한 어떤 속성이 자신의 속성이었는지 혹은 동료 내집단에 속한 속성인지 잘 기억하지 못하는 경향(Cadinu & Rothbart, 1996; DiDonato, Ulrich, & Krueger, 2011), 자신과 내집단 성원 사이의 다른 속성을 구분하는 데 많은 시간이 필요한 경향(Aron et al., 1991; Otten & Epstude, 2006; Smith, Coats, & Walling, 1999)에서 볼 수 있다. 자아와 가까운 타자 구별이 모호할 수밖에 없음을 보여주는 신경과학적 증거는 둘을 구별하라고 할 때 전전두피질이라는 뇌 영역과 회로가 공통으로 사용된다는 것이다. Ames et al., 2008; Kang, Hirsh, & Chasteen, 2010; Cikara & van Bavel, 2014; Mitchell, Banaji, & Macrae, 2005; and Volz, Kessler, & von Cramon, 2009. Pfaff, 2007, 2015는 신경 '교차 흥분'이라는 개념을 도입했다.

   종류가 다른 인지적 혼동 역시 다른 과제를 하는 데 두뇌의 같은 구조와 메커니즘이 사용되는 까닭으로 보인다(Anderson, 2014). 예를 들어 어떤 일을 수행한다고 반복적으로 상상하다 보면, 그 일을 실제로 했다고 믿게 되는 경향은 어떤 행동을 수행하는 뇌의 요소와 수행을 상상하는 뇌의 요소가 같기 때문이라는 연구 결과도 있었다(Jabbi, Bastiaansen, & Keysers, 2008; Oosterhof, Tipper, & Downing, 2012). 또 다른 예를 보면, 사회적 거부 경험은 육체적 상처와 동일한 뇌 영역에서 경험되었다. 따라서 타이레놀은 두 상처를 치료하는 데 모두 효과가 있었다(DeWall et al., 2010).

3. Shayo, 2020는 내집단 안에서 공유된 정체성이야말로 동료 성원을 향한 일관성 있는 호감과 순응의 원인이라는 흠잡을 데 없는 근거를 제시했다. 자기 팀의 로봇을 다른 팀 인간보다 선호한다는 결과는 Fraune, 2020의 연구 결과였다. Clark et al., 2019은 "부족주의는 인간 본성이다"라는 주장을 강력하게 지지하고 있으며, Greene, 2014 또한 마찬가지이다. Tomasello, 2020는 인간 집단은 부족주의를 도덕적 의무로 만들어 부족주의 강화를 꾀해 왔다고 주장한다.

4. 어쩌면 당연한 일이지만, 조 지라르의 지지자들은 알리 레다가 판매량이 많다는 사실을 믿으려 들지 않는다. 하지만 판매 기록을 열람할 수 있는 알리의 영업 담당 이사는 알리

의 편을 들어주고 있다. 지라르와 레다의 공통점과 차이점을 비교하는 흥미로운 기사로는 www.autonews.com/article/20180225/RETAIL/180229862/who-s-the-world-s-best-car-salesman과 www.foxnews.com/auto/the-worlds-best-car-salesman-broke-a-44-year-old-record-and-someones-not-too-pleased.을 보라. '우리'라는 정체성을 공유하는 것이 판매에 긍정적인 영향을 미친다는 아이디어는 여러 연구를 통해 입증되고 있다. 차량 구매를 고려하는 사람들은 자신과 영업사원이 태어난 지역이 같을 때, 교습 프로그램에 참여하라는 판매 권유를 훨씬 더 많이 받아들였다. 마찬가지로, 우연히 찾은 치과의 의사가 같은 고향 출신이라는 사실을 알게 된 순간 치과 일괄 서비스의 구매도 늘어났다 (Jiang et al., 2010).

5. Dimmock, Gerken, & Graham, 2018은 재정 고문이 위법을 저지른 경험이 있는 같은 민족 출신의 재정 고문과 접촉할 때 위법 행위를 저지를 가능성이 커진다는 사실을 입증했다. 감사의 재무 허위 진술에 대해서는 Du, 2019를 보라. Fisman, Paravisini, & Vig, 2017는 인도의 대출 직원과 대출 신청자의 종교적 유사성이 대출 승인, 조건, 상황에 어떠한 영향을 미치는지 분석했다. 고객이 웨이터와 성이 같다고 해서 기꺼이 웨이터의 실수를 눈감아준 예는 Wan & Wyer, 2019를 보라. 폴란드에서 '분실한' 편지에 대한 내용은 Dolińska, Jarząbek, & Doliński, 2020의 연구였다. 중간 규모의 도시에서 100여 개 장소에 편지를 떨어뜨렸다. 버스정류장, 쇼핑몰, 현금입출금기 부근, 보도 등 가까운 우편함이 250m 내외 정도 되는 장소였다. Kristin Michelitch, 2015가 연구한 택시 요금 협상이 이루어진 장소는 아크라(Accra)라는 도시 한가운데 위치한 시장 부근이었다.

6. '파란' 거짓말의 과학을 요약하는 보고서(Smith, 2017)는 Scientific American Online: https://blogs.scientificamerican.com/guest-blog/how-the-science-of-blue-lies-may-explain-trumps-support를 보라. 사람들은 집단의 규범이 실제와 동떨어진 것이라는 사실을 알고 있더라도, 그 규범이 집단에 대한 강력한 정체성을 느끼게 한다면 기꺼이 그 규범을 따른다(Pryor, Perfors, & Howe, 2019). 정당과 정체성을 공유하고 있다고 느끼는 사람이 그 정당 국회의원의 탈세를 감춰주려 했던 예는 Ashokkumar, Galaif, & Swann, 2019를, 자신의 정당이 지역사회에 더 많이 공헌했다고 굳게 믿는 예는 Blanco, Gomez-Fortes, & Matute, 2018을, 같은 정당 지지자의 치료를 우선시하는 예는 Furnham, 1966을, 같은 정당 지지자의 형편없는 판단도 받아들이는 예는 Marks et al., 2019를 보라. 이 연구들은 정당 지지자들은 이데올로기보다는 자신의 정체성을 정의해주는 정당과 그 정당원에 대한 충성심에 의존하여 많은 정치적 판단을 한다는 최근 연구 결과와 일치한다(Achen & Bartels, 2017; Iyengar, Sood, & Lelkes, 2012; Jenke & Huettel, 2020; Kalmoe, 2019; Schmitt et al., 2019). 내집단에 대한 충성심이 곧 도덕률이 된다는 견해는 현대의 정치적 설득의 노력에서 핵심적인 측면

이다(Buttrick, Molder, & Oishi, 2020). Ellemers & van Nunspeet, 2020는 이와 같은 내집단에 대한 편향이 등장하는 신경심리적 메커니즘을 잘 요약했다.

정당은 성원들이 같은 구성원의 잘못을 기꺼이 덮어주는 '우리'에 기반을 둔 유일한 조직은 아니다. 일반적으로 사람들은 (1) 가까운 타인, 예를 들어 친구나 가족과 같은 사람들의 해로운 행동을 경찰에 신고하는 것을 대단히 싫어하고, (2) (음악 불법 다운로드나 시각적 성희롱보다는 강도나 육체적 성추행 같이) 특히 해로운 행동이 심각할 때 신고를 더 꺼리는 경향을 보였으며, (3) 이 경향성을 자신의 명성을 지키기 위해서라고 인정했다(Weidman et al., 2020). 그리고 또 Hildreth & Anderson, 2018, Waytz, Dungan, & Young, 2013을 보라. 다시 한 번 말하지만, '우리'의 숨겨진 의미는 '나'이다.

7. 국제 축구 시합, 메이저리그, NBA에서 편향 판정에 대한 내용은 각각 Pope & Pope, 2015, Parsons et al., 2011, Price & Wolfers, 2010를 보라. Asimov, 1975의 말은 TV Guide에 실렸다. 아시모프는 그해 미스 아메리카 선발대회에서 미국 각 주가 자신 주의 후보에 지나칠 정도의 편애를 보인다고 비판했다.

8. 지속적인 문제가 해결되지 않을 때 동반자 관계에 있는 사람들의 건강이 나빠질 수도 있다는 연구는 Shrout et al., 2019를 보라. 여성의 경우 인간관계의 문제가 오랜 기간 지속될 때 건강 문제가 발생했고, 남성의 경우에는 그저 불화가 몇 번 있느냐에 따라 문제가 나타났다. 남성과 여성 모두 동반자와의 관계가 건강에 미치는 영향은 무려 16년이라는 수명의 차이를 낳을 수 있었다. 내가 가장 좋아하는 접근 방식이라 할 수 있는 동반자 관계 증진 연구는 Orina, Wood, & Simpson, 2002의 연구였다. "특정 상황에서 어떤 행동을 결정하게 만드는 것은 그 상황에서 가장 강력하거나 교훈적인 측면보다는, 오히려 결정해야 할 순간에 의식에서 가장 두드러지는 그 어떤 것이다"라는 내 주장의 근거를 자세히 살펴보고 싶다면, Cialdini, 2016를 보라.

9. 친구들 사이의 육체 활동 수준을 비교했던 연구(Priebe & Spink, 2011)에 따르면, 실험 참가자들은 친구들이 자신의 운동에 미치는 영향을 과소평가했다고 한다. 이들은 오히려 건강이나 외모와 같은 요소가 더 많은 영향을 미친다고 잘못 평가했다. 페이스북에서 정치와 선거 관련 실험은 Bond et al., 2012의 연구였다. 절친한 친구가 대학생의 음주에 미치는 영향은 미국 원주민과 백인 대학생을 대상으로 했다(Hagler et al., 2017). 일반적으로 친구들 사이에서 친구가 아닌 사람들보다 더 많은 공통 유전자가 발견되었다(Cunningham, 1986; Christakis & Fowler, 2014; Daly, Salmon, & Wilson, 1997).

10. Norscia & Palagi, 2011는 사람들 사이의 전염성 하품과 하품하는 사람들 사이의 친밀도 사이의 비례 관계를 보여주는 자료를 수집했다. 하품이 소리로만 전달될 때도 같은 관계를 볼 수 있었다(Norscia et al., 2020). 침팬지, 개코원숭이, 보노보, 늑대의 사회적 결합이 강

할수록 전염성 하품도 눈에 띈다는 연구는 각각 Campbell & de Waal, 2011, Palagi et al., 2009, Demuru & Palagi, 2012, Romero et al., 2014를 보라. Romero, Konno, & Hasegawa, 2013는 종을 가로지르는 전염성 하품에 관한 실험을 했다.

고양이 애호가들이 실망할 필요는 없다. 내가 고양이와 집사 사이에 전염성 하품 현상이 나타난다는 자료를 제시하지 않은 것은 그러한 효과가 없어서가 아니다. 근거가 충분치 못한 이유는 연구자들이 아직 이 가능성을 제대로 실험해보지 못해서이다. 아마 고양이를 그렇게 오랫동안 한 자리에서 집중하게 만들기 힘들어서일 수도 있다. 어쨌든 그 가능성을 믿는 사람이라면 용기를 내어 다음 논문을 읽어보는 것도 좋겠다. https://docandphoebe.com/blogs/the-catvocate-blog/why-do-animals-yawn.

11. 사업, 정치, 스포츠, 개인 관계말고도, 인간 상호행동의 다른 중요 영역에서도 '우리' 집단 정체성의 편견 효과가 나타난다. 건강 영역을 보자. 출산 시 유아 사망률은 의사와 신생아가 같은 인종일 때 상당히 감소한다(Greenwood et al., 2020). 법 집행 영역에서는 보스턴 경찰이 차를 세운 후 운전자와 자신이 같은 인종이라는 것을 확인했을 때, 차량 수색까지 이어지는 경우는 많지 않았다(Antonovics & Knight, 2009). 이스라엘의 소액 사건 법원에서 아랍계와 이스라엘계 판사의 판결에서는 자신의 민족 집단을 선호하는 경향이 또렷이 나타났다(Shayo & Zussman, 2011). 교육계에서 교사의 채점도 유사한 효과를 보인다. 교사와 학생이 같은 인종, 종교, 젠더, 민족, 국적일 때, 학생들이 받는 수행 평가와 시험 점수가 높았다(Dee, 2005). 더치대학교에서는 편애의 근거를 분명하게 볼 수 있었다. 독일과 네덜란드의 국경 부근에 자리 잡은 이 학교에는 독일 학생들만큼 네덜란드 학생들도 많이 다니고 있다. 이 학교에서 학생들의 시험지를 국적과 상관없이 교사들에게 무작위로 나누어 채점하게 했더니, 교사의 국적과 같은 학생들이 더 높은 점수를 받았다(Feld, Salamanca, & Hamermesh, 2015).

12. 진화론적 사고의 대들보라고 할 수 있는 "개인은 자신의 생존보다 유전자의 생존을 확보하려 애쓴다"라는 생각은 W. D. Hamilton, 1964가 처음 명시했던 '포괄적합도(inclusive fitness)'라는 개념에서 비롯되었고, 여러 도전에도 불구하고 많은 지지를 받고 있다(Kay, Keller, & Lehmann, 2020). 특히 목숨이 달린 상황에서 친족 관계는 강력한 힘을 행사한다는 연구는 Borgida, Conner, & Mamteufal, 1992, Burnstein, Crandall, & Kitayama, 1994, Chagnon & Bugos, 1979를 보라. 게다가 유전자가 겹친다는 점에서 가까운 친척일수록 (예를 들어, 삼촌 혹은 사촌보다는 부모 혹은 자매) 자아와 타자라는 느낌이 사라진다(Tan et al., 2015). Telzer et al., 2010는 가족을 도운 직후에 십대의 뇌의 보상체계가 활성화된다는 사실을 발견했다. 인상적이었던 '가상 가족' 연구 리뷰로는 Swann & Buhrmester, 2015와 Fredman et al., 2015을 보라. 추가적인 연구는 이처럼 집단을 우선시하는 효과의 이유를 설명해주

었다. 집단 정체성이 의식에서 두드러지면, 개인들은 그 정체성에 걸맞은 정보에 초점을 맞추게 되고(Coleman & Williams, 2015), 그 결과 그 정보를 더욱 중요한 것으로 간주하게 된다. Elliot & Thrash, 2004의 연구에 따르면, 부모가 아이들의 수업을 거의 완벽하게 지지한 것은 우연이 아니었다. 연구자들은 부모가 설문지의 47문항에 답을 하면 자녀들에게 1점의 추가 점수를 주었다. 그 결과 96퍼센트의 설문이 완성되어 돌아왔다. Joel Stein의 "Mama Ann" 칼럼은 http://content.time.com/time/magazine/article/0,9171,1830395,00. html.을 보라. Preston, 2013은 더 넓은 도움의 기반으로서 자녀 양육을 상세하게 분석하고 있다. 생물학자, 경제학자, 인류학자, 사회학자, 심리학자들이라면 모두 연구를 통해 알고 있지만, 굳이 과학자가 되어야만 자식이 부모에 엄청난 영향을 미친다는 사실을 알 수 있는 것은 아니다. 예를 들어, 소설가들은 흔히 이 강력한 감정적 힘을 묘사해왔다. 소설가 어니스트 헤밍웨이는 매우 간결하면서도 정서적으로 강력한 힘을 보여주는 산문으로 유명하다. 어느 날 헤밍웨이는 편집자와 술집에서 술을 마시다가 내기를 제안했다. 헤밍웨이는 6개의 단어로 모든 사람이 완벽하게 이해하며 깊은 경험을 할 수 있는 이야기를 써보겠다고 했다. 만약 헤밍웨이가 쓴 글을 보고 그렇게 생각한다면 편집자가 술집에 있는 모든 사람에게 술을 사고, 그렇지 않으면 헤밍웨이가 모든 사람에게 술을 산다는 내기였다. 헤밍웨이는 술잔 밑에 받친 냅킨 뒤에 그 여섯 단어를 써서 편집자에게 보여주었다. 그는 조용히 일어나서, 바로 다가가서는 모든 손님에게 술을 샀다. 그 여섯 낱말은 "팝니다. 아기 신발요. 한 번도 신지 않았어요(For sale. Baby shoes. Never used)"였다.

13. 버핏의 50주년 기념 편지는 버크셔 해서웨이의 2014년 연례 보고서로 2015년 2월에 발표되었으며, www.berkshirehathaway.com/letters/2014ltr.pdf에서 볼 수 있다. 메신저가 메시가 될 수 있는 방식을 훌륭하게 설명한 흥미진진한 책으로 Martin and Marks, 2019를 보라. 가족이라는 경계 안팎에서 사람들은 유사성을 이용하여 유전적 중복성을 판단하고, 중복성이 높은 사람을 선호한다DeBruine, 2002, 2004; Hehman, Flake, & Freeman, 2018; Kaminski et al., 2010. 닮은 가족일수록 더욱 도와주고 싶고, 가까운 감정을 느끼는 현상은 각각 Leek & Smith, 1989, 1991와 Heijkoop, Dubas, & van Aken, 2009을 보라. 육체적 유사성 조작으로 선거에 영향을 미칠 수 있다는 근거는 Bailenson et al., 2008을 보라.

14. 사람들은 태도의 유사성을 가지고 유전적 관련성을 평가하고, 내집단 형성 기준으로 삼으며, 누구를 돕느냐의 기준을 만든다(Grey et al., 2014; Park & Schaller, 2005). 정치적 · 종교적인 태도는 유전을 통해 전승되어, 유전적인 '우리'를 반영한다는 주장은 Bouchard et al., 2003; Chambers, Schlenker, & Collisson, 2013; Hatemi & McDermott, 2012; Hufer et al., 2020; Kandler, Bleidorn, & Riemann, 2012; Lewis & Bates, 2010을 보라. 이러한 태도는 좀처럼 바뀌지 않는다는 내용은 Bourgeois, 2002; Tesser, 1993를 보라.

15. 인간(과 비인간)이 친족 관계를 확인하기 위해 사용하는 단서에 대해 언급한 글로는 Park, Schaller, & Van Vugt, 2008를 보라. 그 단서 중 하나는 같이 살고 있다는 것이었다 (Lieberman & Smith, 2012). 함께 사는 것과 부모의 이타적인 행동을 지켜보는 것이 아이의 이타주의에 영향을 미친다는 근거는 각각 Cosmides & Tooby, 2013와 Lieberman, Tooby, & Cosmides, 2007를 보라. 스기하라 치우네와 관련해서 말하자면, 하나의 사례만 가지고 광범위한 결론까지 일반화하려는 시도는 언제나 위험하기 마련이다. 심지어 마더 테레사의 사례를 가지고 이야기하더라도 마찬가지이다. 하지만 스기하라는 어린 시절 인종적 다양성을 겪은 까닭에 나중에 많은 사람을 구조했던 유일한 사례가 아니다. Oliner & Oliner, 1988는 나치로부터 유대인을 숨겨주었던 많은 유럽 내 비유대인에게서 그러한 과거사를 발견했다. 당연히 예상했던 대로, Oliner & Oliner의 구조자들은 자라나며 다양한 집단의 사람과 공통성을 느꼈다. 이렇게 확장된 '우리'라는 의식이 홀로코스트 동안 자신과 다른 사람을 돕자는 결정에 영향을 미쳤음은 물론이고, 50년이 지난 후 인터뷰해보니, 이 구조자들은 여전히 다양한 사람을 도우며 여러 대의를 지지하고 있었다(Midlarsky & Nemeroff, 1995; Oliner & Oliner, 1988).

좀 더 최근 들어 연구자들은 개인이 모든 인류와 자신을 어느 정도까지 동일시할 수 있는지를 평가하는 성격 척도를 개발했다. 이 중요한 척도는 '우리'라는 대명사를 사용하는 빈도, 그리고 어느 정도까지 다른 사람을 가족으로 받아들일 수 있으며 일반적인 사람들과 자아-타자 융합의 정도는 어느 정도인지를 측정하여 만들어진다. 그리고 이 척도는 국제 인도주의적 구호 노력에 이바지하여 다른 나라의 가난한 사람들을 얼마나 구하려 드는지를 예측한다(McFarland, Webb, & Brown, 2012; McFarland, 2017). 제2차 세계대전 이전 스기하라의 구조 활동의 상황적 요인과 개인적 요인을 알고 싶다면 당시 일본과 유럽의 상황과 역사(Kranzler, 1976; Levine, 1997; Tokayer & Swartz, 1979), 그리고 스기하라와의 인터뷰(Craig, 1985; Watanabe, 1994)를 보라.

16. Cohen, 1972의 강제수용소 사건 이야기는 전 나치 간수와의 대화에서 들은 것이라고 한다. 섬뜩한 이야기지만, 이 이야기를 전해주던 시점에 그는 코헨의 룸메이트였다고 한다. 르 샹봉 사람들은 앙드레 트로크메와 그의 아내 마그다의 주도하에 3,500명의 목숨을 구했다고 추정된다. 트로크메가 1940년 12월 집 밖에서 얼어 죽어가던 유대인 여성을 왜 도우려 결심했는지는 확실하게 대답하기 힘들다. 하지만 전쟁이 끝날 무렵 구금된 상태에서 당시 프랑스 괴뢰 정부인 비시 정부의 당국자들이 그와 동료 주민들이 도와준 유대인들의 이름을 요구하자, 그의 입에서는 (좀 더 근본적으로는 그의 마음과 세계관에서) 스기하라 치우네의 말이라도 해도 좋을 만한 말이 나왔다. "우리는 유대인이 뭔지 모른다. 우리는 인간만을 알고 있다."(Trocme, 2007/1971) 그의 친척과 이웃 중에 누가 트로크메의 요청에 얼마나 더 부

응했느냐 하는 문제는 여러 근거를 살펴보면, 물론 친척이라는 답이 나온다. 가까운 친척일수록 트로크메의 요청을 받아들여 유대인을 도왔다(Curry, Roberts, & Dunbar, 2013; Rachlin & Jones, 2008). 예를 들어 1990년 중반 르완다 대학살 당시 후투족(Hutus)은 토치족(Tutsis)을 공격하며, 부족 공동체 의식을 자극하는 구호를 외쳤다. '후투족의 힘'은 함께 모이자는 구호이자 학살을 정당화하는 구호이기도 했다.

지역과 현장 사무실 전략의 효과를 통계적으로 분석한 글은 Masket, 2009을 보라. 오바마 전략팀이 선거 유세 내내 행동과학을 얼마나 훌륭하게 이용했는지에 대한 설명은 Issenberg, 2012를 보라. 사람들이 지역의 목소리에 민감하게 반응한다는 발견(예를 들어, Agerstrom et al., 2016)은 '국소 우세 효과(local dominance effect)'라고 부른다(Zell & Alike, 2010). 이를 정치와 선거의 측면에서 보면, 지역사회 주민들이 투표를 독려할 때 그 지역의 투표율이 높아지는 현상이라고 할 수 있다(Nickerson & Feller, 2008). 오바마 캠프의 전략은 방에만 틀어박혀 행동과학 문헌을 읽는다고 떠오를 수 있는 것은 아니었다. David Nickerson이 오바마 선거 전략 캠프에 행동과학 고문으로 있었기에 가능한 전략이었다.

어떤 특정 기업이 자신의 고객이나, 구독자, 추종자를 '우리 사회의 성원'이라 부르는 걸 들어본 적이 있는가? 다른 기업이 고객을 '우리 가족'이라 부르는 이유와 다를 바 없다. 각각의 호출은 강력하며 원시적인 '우리' 의식을 자극한다.

17. 설문조사에 기꺼이 응하고, 아마존 제품 리뷰의 추천을 따르고, 미국 역사에서 자신의 역할을 과대평가하고, 아프가니스탄 전쟁을 반대하고, 부대의 결속이 강조되는 근거는 각각 Edwards, Dillman, & Smyth, 2014, Forman, Ghose, & Wiesenfeld, 2008, Putnam et al., 2018, Kriner & Shen, 2012, Costa & Kahn, 2008을 보라. Levine, 1997에 따르면 스기하라의 비자는 최대 1만 명의 유대인을 구했다. 대부분의 유대인들은 일본 영토로 대피했다. 이들을 보호하기로 한 일본의 결정은 여러 역사가가 기록에 남겼다. 예를 들어 Kranzler, 1976와 Ross, 1994를 보라. 그러나 가장 상세한 설명은 당시 전 도쿄의 유대교 최고지도자였던 Marvin Tokayer를 보라(Tokayer & Swartz, 1979). 내 설명은 교과서에 실린 학술적인 글을 약간 수정한 것이다(Kenrick et al., 2020).

눈썰미 있는 독자라면 홀로코스트 대학살 정책을 설명하며, 독일이 아니라 나치의 정책이라고 말하는 것을 깨달았을 수 있다. 독일의 나치 정권과 독일 사람 혹은 독일 문화를 동일시하는 것은 정확하지도, 공정하지도 않다는 생각 때문이다. 우리는 폴 포트 지배하의 크메르루주, 제2차 세계대전 이후 스탈린, 문화혁명기의 4인방, 콜럼버스 이후 정복자들, 그리고 미국의 사춘기에 등장했던 '명백한 운명'의 주창자들과 이들의 잔인한 계획을 캄보디아, 러시아, 중국, 이베리아반도, 미국 사람들과 문화들과 동일시하지 않는다. 일시적이고 강력한 특정 상황에서 등장하는 정권은 어떤 민족을 있는 그대로 설명하지 못한다. 따라서 나는 독일의 나치 지배 시기를 논의하며 둘을 하나로 묶지 않는다.

18. 동조 반응이 통합이라는 느낌을 낳는다는 행동과학 분야의 자료는 Wheatley et al., 2012 를, 그중에서도 특히 자아와 타자의 정체성 혼동에 미치는 영향은 Milward & Carpenter, 2018; Palidino et al., 2010를 보라. 리듬감 있는 소리와 동작의 박자를 맞추려는 경향은 신석기시대와 금석병용시대보다도 앞선 과거에 등장했다. 침팬지들은 함께 박자에 리듬을 맞춘다. 이를 보면 대략 600만 년 전 우리와 침팬지가 공통의 조상을 갖고 있을 때도 이러한 반응은 있었으리라고 짐작할 수 있다(Hattori & Tomonaga, 2020). 한 연구자는 인간들이 조화로운 동작(춤)을 통해 만드는 집단을 일시적 '이웃'이라 불렀다. 이 일시적 '이웃'에서 각 성원은 다른 사람의 방향 설정에 상당한 영향을 미친다(Warren, 2018). 집단적 유대감을 도모하기 위해 고안된 사회 메커니즘은 Kesebir, 2012와 Paez et al., 2015가 설득력 있게 설명했다. 함께하는 행동이 '우리' 의식에 미치는 영향과 비디오 게임 점수, 뇌파 패턴에 미치는 영향은 각각 Koudenburg et al., 2015, von Zimmermann & Richardson, 2016, Dikker et al., 2017를 보라. 동조의 통합 효과를 이용해서 설득의 달인이 되고 싶은 사람이라면 세계적으로 유명한 사학자 William H. McNeill, 1995, p. 152의 훌륭한 요약을 상기해보는 것도 좋겠다. "목소리를 함께 내며 리듬에 맞춰 움직이는 것은 인류가 개발한 가장 확실하고, 가장 빠르고, 가장 효과적으로 (유의미한) 사회를 만들고 유지하는 방법이다."

19. 손가락으로 테이블을 두드리고, 미소 짓고, 자세를 바꾸는 등의 행동을 동시에 함으로써 얻게 되는 동화 효과(homogenizing effect)에 대한 연구는 각각 Hove & Risen, 2009, Cappella, 1997, Bernieri, 1988를 보라. 물 마시기 실험은 Inzlicht, Gutsell, & Legault, 2012을 보라. 이들은 이 연구에 또 다른 절차를 포함해서, 실험 참가자에게 내집단(백인) 행위자의 행동을 모방해보라고 요청했다. 이 절차는 흑인이 백인에 가지고 있는 전형적인 편견을 다소 과장된 형태로 재생산했다. 흥미롭게도, 또 다른 장점이 있는 동조 행위가 있었다. 정보에 주의를 기울일 때, 사람들은 다른 사람과 동시에 그 정보에 주의를 기울이고 있다는 것을 알게 되면 더욱 집중하여 주의를 기울이게 된다. 다시 말해서, 주의에 더 많은 인지 자원을 할당한다. 그러나 이는 그 사람들이 다른 사람들과 '우리'라는 관계에 있는 경우에만 한정되었다. 긴밀한 관계의 사람과 함께 어떤 것에 함께 주의를 기울이는 행동은 그 어떤 것이 특별한 관심을 받아 마땅하다는 것을 보여주는 신호처럼 보인다(Shteynberg, 2015).

20. '지지 행동'이야말로 사회적으로 영향을 미치는 가장 좋은 방법이라는 나의 말은 설득을 통해 다른 사람의 감정(믿음, 지각, 태도)을 바꾸는 일이 중요하지 않다는 말은 아니다. 동시에, 이러한 변화를 만들려는 노력은 지지 행동에도 변화를 가져온다. 테이블 두드리기 연구는 Valdesolo & DeSteno, 2011, 행진 연구는 Wiltermuth & Heath, 2009의 연구였다. 군

사적인 전술 가치가 이미 사라진 지 오래인데도 발맞춰 함께하는 행진이 군사 훈련에서 아직도 사용되고 있다는 것은 흥미로운 일이다. 일련의 실험을 통해 Wiltermuth는 설득력 있는 이유를 제시하고 있다. 함께 행진한 후에 군인들은 외집단 성원을 해치자는 동료의 요구에 좀 더 순순히 따랐다. 요청을 한 사람이 권위 있는 사람인 경우에도(Wiltermuth, 2012a), 동료인 경우에도 마찬가지였다(Wiltermuth, 2012b).

21. 음악이 사회 통합 메커니즘이라는 근거가 늘어나면서, 사람들은 음악을 집단 유대감을 만들고 자아와 타자의 통합을 불러일으키는 메커니즘으로 더욱 많이 받아들이고 있다(Bannan, 2012; Dunbar, 2012; Harvey, 2018; Loersch & Arbuckle, 2013; Oesch, 2019; Savage et al., 2020; Tarr, Launay, & Dunbar, 2014). 학자들은 음악의 통합 기능만이 아니라 희극적인 기능도 인정하고 있다. 다음 링크를 보고 웃음을 참기란 힘들 것이다. www.youtube.com/watch?v=etEQz7NYSLg. 네 살배기 아이들이 서로를 도운 실험은 Kirschner & Tomasello, 2010를 보라. 14개월 된 유아들에게서도 개념적으로 유사한 결과를 얻었다(Cirelli, Einarson, & Trainor, 2014). 성인 대상 연구는 함께 노래를 부르면 다른 사람과 자아와 타자가 통합되는 느낌을 불러일으켜 결국 그 사람을 돕게 된다는 설명을 제공했다(Bullack et al., 2020).

22. 카너먼의 Thinking, fast and slow은 시스템1과 시스템2를 가장 완벽하게 설명하고 있다. 두 시스템 구분이 타당하다는 근거는 이 책에서 잘 볼 수 있지만, Epstein et al., 1992, 1999의 연구에서도 축약된 형태로 살펴볼 수 있다. '나는 생각한다'와 '나는 느낀다'의 차이는 Clarkson, Tormala, & Rucker, 2011와 Mayer & Tormala, 2010를 보라. 그러나 일반적으로 감정과 이성의 조화가 태도와 설득의 기반이 되어야 한다는 지혜를 말하고 있는 글로는 Drolet & Aaker, 2002, 그리고 Sinaceur, Heath, & Cole, 2005을 보라.

23. Bonneville-Roussy et al., 2013에 따르면 젊은 여성들은 음악을 옷, 영화, 책, 잡지, 컴퓨터 게임, 텔레비전, 스포츠보다 더 중요하다고 여기며, 연애보다는 조금 덜 중요하다고 생각한다. 음악과 리듬은 합리적 사고 과정과는 독립적으로 작동한다는 과학적 근거는 많이 찾아볼 수 있다. 예를 들어 de la Rosa et al., 2012; Gold et al., 2013를 보라. 엘비스 코스텔로의 인용문은 Elizabeth Hellmuth Margulis, 2010에서 가져왔다. 이 흥미로운 논문에서 저자는 베토벤 현악 사중주의 구조적 특성에 관한 정보를 청중에게 먼저 제공한 다음, 음악을 들려주었더니 사람들이 음악을 즐기는 정도가 감소했다는 실험 결과도 언급했다.
최근 40년간의 팝송 가사를 훑어보았더니 80퍼센트는 사랑이나 섹스를 주제로 하고 있었다(Madanika & Bartholomew, 2014). Gueguen, Meineri, & Fischer-Lokou, 2014의 실험에서 여성의 전화번호를 얻는 데 성공하는 비율은 기타 케이스를 든 사람이 31퍼센트, 스포츠 백을 멘 사람이 9퍼센트, 아무것도 들지 않았던 사람은 14퍼센트였다. 광고의 성공과 음악의 관계에 관해서는 Armstrong, 2010, pp. 271－72를 보라.

24. 맨디 렌 카트론의 〈뉴욕타임스〉 기사는 www.nytimes.com/2015/01/11/fashion/modern-love-to-fall-in-love-with-anyone-do-this.html를 보라. 이 링크에는 36개 질문도 실려 있다. 엘레인 애론의 인터뷰는 www.huffingtonpost.com/elaine-aron-phd/36-questions-for-intimacy_b_6472282.html.을 보라. 카트론이 썼던 기사의 기반이 되어준 과학 논문은 Aron et al., 1997이었다. 36개 질문이 가지고 있는 상호적인 순서 바꾸기라는 특징이 중요한 역할을 한다는 근거는 Sprecher et al., 2013을 보라. 이 질문 절차는 민족 간의 편견을 줄이는 데에도 사용되고 있는데, 다소 형태를 수정하여, 다른 민족에게 매우 강한 편견을 보이는 사람에게도 사용할 수 있다(Page-Gould, Mendoza-Denton, & Tropp, 2008).

25. 에른스트 헤스 이야기는 역사가 Susanne Mauss(Mauss, 2012)의 글을 보라. 그녀는 공식 게슈타포 파일에서 히믈러의 편지를 발견하고, 다른 문서와 비교하며 그 편지가 진실이었음을 증명했다. 학자들 사이에서는 히틀러가 개인적으로 히믈러에게 지시해 편지를 보낸 건지 아니면, 히틀러의 명령을 받은 부관 프리츠 비에데만(Fritz Wiedemann)이 편지를 작성해 보냈는지에 대해서는 논쟁이 있다. 그 편지로 헤스는 감히 누구도 건드리지 못하는 위상이 되었지만, 그 위상은 1년도 채 지속되지 못했다. (헤스는 그 이후 전쟁 중 강제노동수용소, 건설 공사 현장, 배관 회사 등에서 강제 노동을 해야 했다.) 하지만 아우슈비츠에서 독가스에 처형을 당했던 여동생 같은 가족들에 비해서는 여전히 좋은 대우를 받아서 집단 처형장 신세는 면할 수 있었다. 전쟁이 끝난 후 그는 철도 회사의 중역으로 임명되었고, 결국은 독일 연방철도 청장까지 역임했다. 그는 1983년 프랑크푸르트에서 사망했다.

보스턴 마라톤 사건 이후 고통의 공유가 내집단의 정체성 통합에 미치는 영향을 분석한 연구자들은 유사한 연구에 착수했다. 이번에는 북아일랜드 연합주의자와 공화주의자 사이의 오랜 분쟁의 효과를 유사한 방법으로 분석하여 비슷한 결과를 얻었다(Jong et al., 2015). 얼음물에 손을 넣는 실험은 예를 들어 매운 칠리 고추를 함께 먹는다든가, 스쿼트를 함께 여러 번 하는 등 고통스러운 다른 방법을 이용하더라도 효과는 같다는 것을 보여주었다(Bastian, Jetten, & Ferris, 2014). 어려움을 공유하는 것이 공통 정체성을 낳고, 이후 지지와 자기희생적 행위로 이어진다는 추가 연구로는 Drury, 2018와 Whitehouse et al., 2017을 보라. 집단적 감정 개념이 그 성격상 개인적 감정 개념과 다르다는 점을 보여준 리뷰로는 Goldenberg et al., 2020와 Parkinson, 2020을 보라.

아일랜드와 미국 원주민 사이의 연대감에 대한 상세한 이야기는 여러 뉴스 기사에서 찾아볼 수 있다. 예를 들어 www.irishpost.com/news/irish-donate-native-american-tribes-hit-covid-19-repay-17-year-old-favour-184706; https://nowthisnews.com/news/irish-repay-a-173-year-old-debt-to-native-community-hard-hit-by-covid-19를 보

라. 훌륭한 정보를 제공해 주는 팟캐스트 The Irish Passport에서도 이 에피소드를 들을 수 있다www.theirishpassport.com/podcast/irish-and-native-american-solidarity. 눈물의 길이 얼마나 끔찍한 시련이었는지는 널리 알려지지 않고 있다. 촉토 부족장이 묘사했던 원래의 이름은 '눈물과 죽음의 길(Trail of tears and death)'이었다(Faiman-Silva, 1997, p. 19).

26. 1949년 출간된 이래, 많은 환경보호 집단의 기본 필독서가 된 Aldo Leopold의 성명서라고도 할 수 있는《모래 군의 열두 달(A Sand Country Almanac)》에 소나무와 전나무에 관한 그의 생각이 나온다(pp. 68-70, 1989). 인간 중심적인 접근보다 생태 중심적인 접근을 통해 환경을 보호할 수 있다고 강력하게 믿고 있는 그는 자연환경에서 포식자를 통제하려는 정부 정책에 완강하게 반대하고 있다. 늑대의 사례에서도 놀라운 근거를 제시하며 자기 뜻에서 물러서지 않고 있다. 그 근거는 www.youtube.com/watch?v=ysa5OBhXz-Q에서 볼 수 있다. 흥미로운 영상이다.

27. 이케아 효과 연구는 Norton, Mochon, & Ariely, 2012를 보라. 동료와 공동 창작품 평가 연구는 내가 알고 있는 가장 뛰어난 학자 Jeffrey Pfeffer와 함께했다(Pfeffer & Cialdini, 1998). 협력이 세 살배기의 공유에 미치는 영향은 Warneken et al., 2011을 보라. 협동 학습이 미친 긍정적인 효과는 Paluck & Green, 2009과 Roseth, Johnson, & Johnson, 2008이 잘 요약하고 있다. Elliot Aronson과 동료들이 개발한 '직소 교실'이라는 접근 방식을 실제로 이용하길 원하는 교육자들은 www.jigsaw.org에서 정보를 찾을 수 있다.

소비자의 충고 요청이 소비자 참여에 미치는 영향은 Liu & Gal, 2011을 보라. 이들은 소비자에게 충고의 대가로 예기치 못했던 많은 보수를 지급하면 오히려 그 브랜드에 호감이 사라지게 만들 수 있다는 흥미로운 사실을 밝혀냈다. 이들은 그 이유를 연구하지는 않았지만, 다음과 같이 추정했다. 참가자들은 충고를 통해 기업과 결속감을 느꼈지만, 보수가 주어짐으로써 그 결속감과 멀어지고 개인적인 측면, 이 경우에는 금전적 거래를 통한 경제적 결과가 다시 부각되었다는 것이다. 다양한 브랜드가 소비자의 참여를 고취하기 위해 공동 창작을 어떻게 이용하고 있는지를 보여주는 몇 가지 예는 www.visioncritical.com/5-examples-how-brands-are-using-co-creation와 더불어 www.visioncritical.com/cocreation-101, 그리고 www.greenbookblog.org/2013/10/01/co-creation-3-0를 보라. 브랜드들이 공동 창작과 같은 방법으로 고객들의 정체성과 브랜드를 묶으려는 데는 당연한 이유가 있다. (예를 들어 애플과 같은) 특정 브랜드에 정체성 공유를 느끼는 고객은 그 브랜드에 대한 태도와 충성도를 결정하는 데 있어서 브랜드의 제품 실패 정보는 무시할 가능성이 훨씬 크기 때문이다(Lin & Sung, 2014).

28. 다양한 종에서 친족은 어떻게 결정되는가는 많은 과학 연구의 주제였다. 예를 들어 Holmes, 2004; Holmes & Sherman, 1983; Mateo, 2003를 보라. 이보다 수는 적지만, 인간

이 친족을 정하는 방식 연구는 우리 연구에 많은 도움이 될 것이다(Gyuris et al., 2020; Mateo, 2015). 예를 들어 Wells, 1987는 '명예 친족(honorary kin)' 개념이 모든 인간 문화에 존재한다고 보고했다. 명예 친족이란 친척관계는 아니지만 같은 집에 살고, 그 결과 가족과 같은 명칭을 얻는 사람을 말한다. Lieberman, Tooby, & Cosmides, 2007와 Sznycer et al., 2016는 사람들이 어떻게 친족을 알아내는가를 분석했고, Cosmides & Tooby, 2013 pp. 219–22는 그 내용을 요약했다. 부모가 집에 찾아온 외집단 방문객을 손님이 아닌 가족의 일원으로 대해야 한다는 나의 주장은 아이들은 어른들의 사회집단 성원을 향한 비언어적 신호를 알아차리고 따른다는 것을 보여주는 연구를 통해 뒷받침되고 있다.

29. Nai et al., 2018는 다양성이 존재하는 동네에 사는 것이 낯선 사람을 대하는 행동이나 모든 인류와 동일시에 긍정적인 영향을 미친다는 자료를 수집했다. 민족적 다양성이 있는 지역이나 국가에서 개념적으로 유사한 효과가 지속적으로 발견되었다(Bai, Ramos, & Fiske, 2020). 교차집단 간 우정이 다수자 집단과 소수자 집단을 막론하고 상호집단적인 태도, 기대, 행위에 좋은 영향을 미친다는 근거는 Page-Gould et al., 2010; Pettigrew, 1997; Swart et al., 2011; Wright et al., 1997를 보라. 예를 들어, 남아프리카공화국에서 백인과 교차집단으로 우정을 나누던 '유색인' 중학생은 백인들을 좀 더 신뢰하고, 적대적인 의도를 덜 드러내 보였다(Stewart et al., 2011). 완고한 편견을 가진 사람들의 편견을 줄인 36개 질문은 Page-Gould et al., 2008가 개발했다. 교차집단의 우정에서 자기 공개가 중요한 역할을 하며 바람직한 효과를 낳는다는 연구는 Davies et al., 2011와 Turner et al., 2007를 보라.

30. 미국 정체성의 통합 효과는 Riek et al., 2010와 Levendusky, 2018의 발견이다. 유전적 정체성도 유사한 효과를 갖는다는 근거는 Kimel et al., 2016, 공통의 적이 갖는 유사한 효과는 Flade, Klar, & Imhoff, 2019를 보고, Shnabel, Halabi, & Noor, 2013도 보라. 사이코패스도 공유 정체성 효과에 반응을 보인다는 연구는 Arbuckle & Cunningham, 2012을 보라. McDonald et al., 2017는 인간 집단은 경쟁 집단을 인간 이하로 본다는 근거를 제시했지만 (Haslem, 2006; Haslam & Loughnan, 2014; Kteily et al., 2015; Markowitz & Slovic, 2020; Smith, 2020), 기본적인 인간 감정은 공유되는 경험이라는 근거로 반박 가능하다.

역지사지의 태도가 자아와 타자의 중복감을 낳는다는 근거는 Ames et al., 2008; Čehajić & Brown, 2010; Davis et al., 1996; Galinsky & Moskowitz, 2000를 보라. Ames et al., 2008의 연구는 처지를 바꿔 생각해본 사람들은 자신을 생각하는 것과 연관된 뇌 영역(복외측전전두피질)이 더 크게 활성화되었다는 것을 보여주면서 특히 훌륭한 지지를 보내주었다. 역지사지의 태도가 소수 집단에 우호적인 정책을 지지하게 만든다는 연구는 Berndsen & McGarty, 2012, Čehajić & Brown, 2010, Broockman & Kalla, 2016를 보라. 다른 사람이 나와 같은 태도를 가졌다는 사실을 알게 되면 우리는 그 사람과 더 커다란 연대감을 느낀다는 발견은 Goldstein, Vezich, & Shapiro, 2014가 여섯 번에 걸친 실험 결과 얻어낸 결과였다.

31. 파도, 잎, 꽃의 비유는 세네카가 말했다고들 하지만, 그렇지 않을 수도 있다. 바하이교의 창시자 바하올라일 가능성도 크다. 경쟁 집단을 인간 이하 취급하는 경향을 감소시키거나 공통의 적을 부각하고, 공통의 정체성을 찾고, 처지를 바꿔봄으로써 경쟁 집단과 통합될 수 있더라도, 그 결합은 대체로 일시적인 것으로 그친다는 근거는 여러 가지가 있다(Catapano, Tormala, & Rucker, 2019; Dovidio, Gaertner, & Saguy, 2009; Goldenberg, Courtney, & Felig, 2020; Lai et al., 2016; Mousa, 2020; Over, 2020; Sasaki & Vorauer; 2013; Todd & Galinsky, 2014; Vorauer, Martens, & Sasaki, 2009). 위험을 지각하면 통합을 낳는 절차의 힘이 약해진다는 근거 또한 많다(Gomez et al., 2013; Kauff et al., 2013; Morrison, Plaut, & Ybarra, 2010; Pierce et al., 2013; Riek, Mania, & Gaertner, 2006; Sassenrath, Hodges, & Pfattheicher, 2016; Vorauer & Sasaki, 2011).

32. 가족, 친구, 지역은 물론 정치적 · 종교적 태도를 공유하는 사람들에게서 유전적 공통성이 더 많이 나타난다는 근거는 이 장의 미주 9, 12, 14, 16, 17을 다시 보라. 카너먼의 '초점의 오류'는 Schkade & Kahneman, 1998의 연구를 기반으로 했고, 이후 Gilbert, 2006, Krizan & Suls, 2008, Wilson et al., 2000, Wilson & Gilbert, 2008 등의 지지를 받았다. 비슷한 입장에서 상점 선반 한가운데 위치한 브랜드가 더 많이 구매되는 현상을 연구했던 논문이 있었다. 중간에 있는 브랜드는 왼쪽이나 오른쪽에 있는 물건에 비해 시각적으로 더 많은 집중을 받는다. 많은 집중을 받는 물건은 그만큼 많이 판매되다고 예측할 수 있다는 결론이었다(Atalay, Bodur, & Rasolofoarison, 2012). 또한 우리가 쉽게 접근할 수 있는 모든 태도는 그렇지 않은 태도보다 더 중요하게 간주된다(Roese & Olson, 1994). 심지어 소비재 상품에 초점을 맞추고 시각적으로 집중하면 지각된 가치를 지배하는 뇌의 부분이 영향을 받으면서 그 물건의 평가 가치가 올라간다는 근거도 있었다(Lim, O'Doherty, & Rangel, 2011; Krajbich et al., 2009). 대중매체 보도와, 랜딩 페이지 이미지, 나이 든 사진에 주의를 집중하는 것이 중요성을 지각하는 데 어떤 영향을 미치는지는 Corning & Schuman, 2013, Mandel & Johnson, 2002, Hershfield et al., 2011를 보라.

모든 방법이 효율적이지는 않았지만, 많은 연구는 위협적인 실체로부터 좀 더 긍정적이거나 혹은 적어도 덜 무서운 쪽으로 관심을 돌리는 일은 훈련을 통해 얼마든지 가능하다는 것을 입증했다*Hakamata et al., 2010; Mogg, Allison, & Bradley, 2017; Lazarov et al., 2017; Price et al., 2016). 훈련을 받아 외집단의 위협적인 특징을 외면하고, 위협으로 인한 불안을 해소하는 방향으로 시선을 돌리는 것은 충분히 가능한 일이다. 불안 그 자체에서 눈을 돌려 우리의 장점을 바라보면 되는 일이다. 위협을 경험할 때는 관심을 우리가 가치 있게 생각하는 어떤 것, 예를 들어 가족, 친구, 친구 관계와 같은 강력한 관계로 돌리는 '자기 확신'을 갖는 것이 중요하다. 우리가 소중하게 생각하는 속성, 다시 말해 창조성, 유머 감각 같은 것을 생각해보는 것도 좋겠다. 그러면 우리의 초점은 위협적인 측면과 (위협에서 파생되는 편견, 호전성, 자기 홍보와 같은) 방어 반응에서, 우리가 가치 있다고 여기는 측면과 (그와 더불어 파생되는 개방성, 평정심, 자제력과 같은) 자신감 있는 반응으로 바뀔 것이다. 시의적절한 자기 확신은 외집단 위협이라는 부정적인 영향을 긍정적으로 이용할 수 있게 해주는 능력이 있다는 사실을 보여준 연구도 많다(Čehajić-Clancy et al., 2011; Cohen & Sherman, 2014; Shnabel et al., 2013; Sherman, Brookfield, & Ortosky, 2017; Stone et al., 2011).

33. '함께'를 강조하는 행동 수칙이 있는 기업에서 직원들의 부정행위가 더 빈번하다는 연구는 Kouchaki, Gino, & Feldman, 2019을 보라. '우리' 집단 성원이 부정행위를 저질렀을 경우 용서하는 경향은 인간에게만 나타나지 않는다. 음식을 훔친 어린 침팬지가 친족 관계라면 용서를 더 많이 받는 경향은 Frohlich et al., 2020을 보라.

비윤리적 행동에는 무관용 정책으로 대응해야 한다는 주장은 비윤리적 행동이 조직 내에서 대단히 해로운 경제적 결과를 낳는다는 근거를 통해 지지를 받고 있다. 동료들과 함께 나는 이 결과를 '부정직한 조직에서 나타나는 3대 종양'이라 불러왔다. 우리는 직원들이 (동료 직원, 고객, 주주, 공급업자, 판매업자, 등등을 대상으로) 기만적인 전략을 사용하도록 방치하는 조직은 엄청난 비용을 초래하는 내적 결과를 경험할 수밖에 없다고 주장해왔다. 그 3대 종양이란 직원 성과 부진, 높은 이직률, 만연한 부정·불법 행위이다. 게다가 그 결과는 악성 종양과 같이 조금씩 자라나고 퍼져나가며 조직의 건강과 활력을 잠식한다. 일련의 연구와 문헌 리뷰와 분석을 통해 우리의 주장을 지지하는 견해를 계속 발견하고 있다(Cialdini, 2016, chap. 13; Cialdini et al., 2019; Cialdini, Petrova, & Goldstein, 2004).

특히 '우리' 의식을 가진 기업에서 윤리적 위반 사항에 무관용 정책을 적용하는 것은 가혹해 보일 수도 있다. 인간 상호작용 그 어디에서도 나는 가혹한 태도를 지지해본 적이 없다. 하지만 우리의 발견에 근거해 볼 때, 여기서는 정당한 태도로 보인다. 물론 나는 관용을 강조하는 태도, 인간은 실수하기 마련이니 다시 한 번 기회를 주어야 한다는 반론을 알고 있으며, 심지어 일반적으로 공감하고 있다. 윤리적인 문제가 있는 사람을 처리하는 데도 셰익스피어의 《베니스의 상인》에 나오는 다음 구절을 지지하고 있다. "자비라는 건 너무 엄격하지 않으니,/ 하늘에서 내리는 부드러운 비처럼/ 아래로 떨어지지요." 하지만 아름다운 시인 셰익스피어와는 달리, 나는 행동과학자이고, 노동집단 내 비윤리적인 행동은 계속 전염되면서 조직 전체를 와해시키는 결과를 초래한다는 사실을 알고 있다. 이러한 행동에 자비를 베푸는 것은 정말 멍청한 짓이라는 사실도 알고 있다.

PART 9 순식간에 설득하라

1. 과도한 지식으로 인해 지각과 판단력이 좁아지고 있다는 근거는 Albarracin & Wyer (2001); Bawden & Robinson (2009); Carr (2010); Chajut & Algom (2003); Conway & Cowan (2001); Dhami (2003); Easterbrook (1959); Hills (2019); Hills, Adelman, & Noguchi (2017); Sengupta & Johar (2001); Tversky & Kahneman (1974)를 보라.

참고문헌

Aaker, D. A. (1991). Managing brand equity. New York: Free Press.

Abrahamse, W., & Steg, L. (2013). Social influence approaches to encourage resource conservation: A meta-analysis. Global Environmental Change, 23, 1773–1785.

Achen, C. H., & Bartels, L. M. (2017). Democracy for realists: Why elections do not produce responsive government. Princeton, NJ: Princeton University Press.

Adarves-Yorno, I., Haslam, S. A., & Postmes, T. (2008). And now for something completely different? The impact of group membership on perceptions of creativity. Social Influence, 3, 248–266.

Agerström, J., Carlsson, R., Nicklasson L., & Guntell L. (2016). Using descriptive social norms to increase charitable giving: The power of local norms. Journal of Economic Psychology, 52, 147–153, http://dx.doi.org/10.1016/j.joep.2015.12.007.

Aggarwal, P., Jun, S. Y., & Huh, J. H. (2011). Scarcity messages. Journal of Advertising, 40, 19–30. http://dx.doi.org/10.2753/JOA0091-3367400302.

Albarracin, D., & Wyer, R. S. (2001). Elaborative and nonelaborative processing of a behavior-related communication. Personality and Social Psychology Bulletin, 27, 691–705.

Alison, L., & Alison, E. (2017). Revenge versus rapport: Interrogation, terrorism, and torture. American Psychologist, 72, 266–277.

Algoe, S. B. (2012). Find, remind, and bind: The functions of gratitude in everyday relationships. Social and Personality Psychology Compass, 6, 455–469.

Algoe, S. B., Gable, S. L., & Maisel, N. (2010). It's the little things: Everyday gratitude as a booster shot for romantic relationships. Personal Relationships, 17, 217–233.

Algoe, S. B., & Zhaoyang, R. (2016). Positive psychology in context: Effects of expressing gratitude in ongoing relationships depend on perceptions of enactor responsiveness. Journal of Positive Psychology, 11, 399–415. http://dx.doi.org/10.1080/17439760.2015.1117131.

Allcott, H. (2011). Social norms and energy conservation. Journal of Public Economics, 95, 1082–1095. http://dx.doi.org/10.1016/j.jpubeco.2011.03.003.

Allcott, H., & Rogers, T. (2014). The short-run and long-run effects of behavioral interventions: Experimental evidence from energy conservation. American Economic Review, 104, 3003–37.

Allison, S. T., Mackie, D. M., Muller, M. M., & Worth, L. T. (1993). Sequential correspondence biases and perceptions of change. Personality and Social Psychology Bulletin, 19, 151–157.

Allison, S. T., & Messick, D. M. (1988). The feature-positive effect, attitude strength, and degree of perceived consensus. Personality and Social Psychology Bulletin, 14, 231–241.

AMAl Ramiah, A., & Hewstone, M. (2013). Intergroup contact as a tool for reducing, resolving, and preventing intergroup conflict: Evidence, limitations, and potential. American Psychologist, 68, 527–542. http://dx.doi.org/10.1037/a0032603.

Ames, D. L., Jenkins, A. C., Banaji, M. R., & Mitchell, J. P. (2008). Taking another person's perspective increases self-referential neural processing. Psychological Science, 19, 642–644. https://doi.org/10.1111/j.1467-

9280.2008.02135.x.

Ampel, B. C., Muraven, M., & McNay, E. C. (2018). Mental work requires physical energy: Self-control is neither exception nor exceptional. Frontiers in Psychology, 9, 1005. https://doi.org/10.3389/fpsyg.2018.01005.

Anderson, M. (2014). After Phrenology: Neural Reuse and the Interactive Brain. Cambridge, MA: The MIT Press.

Anderson, E., & Simester, D. (2003). Mind your pricing cues. Harvard Business Review, 81, 103–134.

Anderson, S. M., & Zimbardo, P. G. (1984). On resisting social influence. Cultic Studies Journal, 1, 196–219.

Andor, M. A., & Fels, K. M. (2018). Behavioral economics and energy conservation—a systematic review of non-price interventions and their causal effects. Ecological Economics, 148, 178–210.

Antonovics, K., & Knight, B. G. (2009). A new look at racial profiling: Evidence from the Boston Police Department. Review of Economics and Statistics, 91, 163–177.

Aramovich, N. P., Lytle, B. L., & Skitka, L. J. (2012). Opposing torture: Moral conviction and resistance to majority influence. Social Influence, 7, 21–34.

Arbuckle, N. L, & Cunningham, W. A. (2012). Understanding everyday psychopathy: Shared group identity leads to increased concern for others among undergraduates higher in psychopathy. Social Cognition, 30, 564–583. https://doi.org/10.1521/soco.2012.30.5.564.

Arizona Republic (1999, March 7). For women, all's pheromones in love, war, E19.

Armstrong, J. S. (2010). Persuasive advertising. London: Palgrave Macmillan.

Arnocky, S., Bozek, E., Dufort, C., Rybka, S., & Herbert, R. (2018). Celebrity opinion influences public acceptance of human evolution. Evolutionary Psychology, https://doi.org/10.1177/1474704918800656.

Aron, A., Aron, E. N., Tudor, M., & Nelson, G. (1991). Self-relationships as including other in the self. Journal of Personality and Social Psychology, 60, 241–253.

Aron, A., Melinat, E., Aron, E. N., Vallone, R. D., & Bator, R. J. (1997). The experimental generation of interpersonal closeness: A procedure and some preliminary findings. Personality and Social Psychology Bulletin, 23, 363–377.

Aronson, E. (1975, February). The jigsaw route to learning and liking. Psychology Today, 43–50.

Aronson, E., & Mills, J. (1959). The effect of severity of initiation on liking for a group. Journal of Abnormal and Social Psychology, 59, 177–181.

Aronson, E., Stephan, C., Sikes, J., Blaney, N., & Snapp, M. (1978). The jigsaw classroom. Beverly Hills, CA: Sage.

Aronson, E., & Tavris, C. (2020, July 20). The role of cognitive dissonance in the pandemic. The Atlantic. www.theatlantic.com/ideas/archive/2020/07/role-cognitive-dissonance-pandemic/614074.

Ashmore, R. D., Ramchandra, V., & Jones, R. A. (1971, April). Censorship as an attitude change induction. Paper presented at the meeting of the Eastern Psychological Association, New York, NY.

Ashokkumar, A., Galaif, M., Swann, W. B. (2019). Tribalism can corrupt: Why people denounce or protect immoral group members. Journal of Experimental Social Psychology, 85. https://doi.org/10.1016/j.jesp.2019.103874.

Asimov, I. (1975, August 30). The Miss America pageant. TV Guide.

Atalay, A. S., Bodur, H. O., & Rasolofoarison, D. (2012). Shining in the center: Central gaze cascade effect on product choice. Journal of Consumer Research, 39, 848–856.

Aune, R. K., & Basil, M. C. (1994). A relational obligations approach to the footin-the-mouth effect. Journal of Applied Social Psychology, 24, 546–556.

Australian. (2009, December 11). Coin by coin, B14.

Ayres, I., Raseman, S., & Shih, A. (2013). Evidence from two large field experiments that peer comparison feedback can reduce residential energy usage. Journal of Law, Economics, and Organization, 29, 992–1022. http://dx.doi.org/10.1093/jleo/ews02056.

Bai, X., Ramos, M. R., & Fiske, S. T. (2020). As diversity increases, people paradoxically perceive social groups as more similar. Proceedings of the National Academy of Sciences, 117, 12741–12749. https://doi.org/10.1073/pnas.2000333117.

Bailenson, J. N., & Yee, N. (2005). Digital chameleons: Automatic assimilation of nonverbal gestures in immersive virtual environments. Psychological Science, 16(10), 814–819. https://doi.org/10.1111/j.1467-9280.2005.01619.x.

Bailenson, J. N., Iyengar, S., Yee, N., & Collins, N. A. (2008). Facial similarity between voters and candidates causes influence. Public Opinion Quarterly, 72, 935–961.

Balancher, S., Liu, Y., & Stock, A. (2009). An empirical analysis of scarcity strategies in the automobile industry. Management Science, 10, 1623–1637.

Balliet, D., Wu, J., & De Dreu, C. K. W. (2014). Ingroup favoritism in cooperation: A meta-analysis. Psychological Bulletin, 140, 1556–1581.

Bandura, A., Grusec, J. E., & Menlove, F. L. (1967). Vicarious extinction of avoidance behavior. Journal of Personality and Social Psychology, 5, 16–23.

Bandura, A., & Menlove, F. L. (1968). Factors determining vicarious extinction of avoidance behavior through symbolic modeling. Journal of Personality and Social Psychology, 8, 99–108.

Bannan, N. (ed.). (2012). Music, language, and human evolution. Oxford: Oxford University Press.

Barden, J., Rucker, D. D., & Petty, R. E. (2005). "Saying one thing and doing another": Examining the impact of event order on hypocrisy judgments of others. Personality and Social Psychology Bulletin, 31, 1463–1474. https://doi.org/10.1177/0146167205276430.

Bargh, J. A., & Williams, E. L. (2006). The automaticity of social life. Current Directions in Psychological Science, 15, 1–4.

Barlow, F. K., Paolini, S., Pedersen, A., Hornsey, M. J., Radke, H. R. M., Harwood, J., Rubin, M., & Sibley, C. G. (2012). The contact caveat: Negative contact predicts increased prejudice more than positive contact predicts reduced prejudice. Personality and Social Psychology Bulletin, 38, 1629–1643. https://doi.org/10.1177/0146167212457953.

Barnett, M. A., Sanborn, F. W., & Shane, A. C. (2005). Factors associated with individuals' likelihood of engaging in various minor moral and legal violations. Basic and Applied Social Psychology, 27, 77–84. http://doi.org/10.1207/s15324834basp2701_8.

Barone, M. J., & Roy, T. (2010). The effect of deal exclusivity on consumer response to targeted price promotions: A social identification perspective. Journal of Consumer Psychology, 20, 78–89.

Bastardi, A., & Shafir, E. (2000). Nonconsequential reasoning and its consequences. Current Directions in Psychological Science, 9, 216–219.

Bastian, B., Jetten, J., & Ferris, L. J. (2014). Pain as social glue: shared pain increases cooperation. Psychological Science, 25, 2079–2085, https://doi.org/10.1177/0956797614545886.

Bawden, D., & Robinson, L. (2009). The dark side of information: Overload, anxiety and other paradoxes and pathologies. Journal of Information Science, 35, 180–191.

Benjamin, J. (2015, June 22). Market research fail: How New Coke became the worst flub of all time. Business 2 Community (website). www.business2 community.com/consumer-marketing/market-research-fail-new-cokebecame-worst-flub-time-01256904.

Benson, P. L., Karabenic, S. A., & Lerner, R. M. (1976). Pretty pleases: The effects of physical attractiveness on race, sex, and receiving help. Journal of Experimental Social Psychology, 12, 409–415.

Benton, A. A., Kelley, H. H., & Liebling, B. (1972). Effects of extremity of offers and concession rate on the outcomes of bargaining. Journal of Personality and Social Psychology, 24, 73–83.

Bergquist, M., Nilsson, A., & Schultz, W. P. (2019). A meta-analysis of field experiments using social norms to promote pro-environmental behaviors. Global Environmental Change, 58. doi.org/10.1016/j.gloenvcha.2019.101941.

Bernache-Assolant, I., Lacassagne, M-F., & Braddock, J. H. (2007). Basking in reflected glory and blasting: Differences in identity management strategies between two groups of highly identified soccer fans. Journal of Language and Social Psychology, 26, 381–388.

Berndsen, M., & McGarty, C. (2012). Perspective taking and opinions about forms of reparation for victims of historical harm. Personality and Social Psychology Bulletin, 38, 1316–1328. https://doi.org/10.1177/0146167212450322.

Bernieri, F. J. (1988). Coordinated movement and rapport in teacher-student interactions. Journal of Nonverbal Behavior, 12, 120–138.

Berns, G. S., Chappelow J., Zink, C. F., Pagnoni, G., Martin-Skuski, M. E., & Richards, J. (2005). Neurobiological correlates of social conformity and independence during mental rotation. Biological Psychiatry, 58, 245–253.

Bickman, L. (1974). The social power of a uniform. Journal of Applied Social Psychology, 4, 47–61.

Binning, K. R., Kaufmann, N., McGreevy, E. M., Fotuhi, O., Chen, S., Marshman, E., Kalender, Z. Y., Limeri, L., Betancur, L., & Singh, C. (2020). Changing social contexts to foster equity in college science courses: An ecological-belonging intervention. Psychological Science, 31, 1059–1070. https://doi.org/10.1177/0956797620929984.

Bizer, G. Y., & Krosnick, J. A. (2001). Exploring the structure of strength-related attitude features: The relation between attitude importance and attitude accessibility. Journal of Personality and Social Psychology, 81, 566–586. https://doi.org/10.1037/0022-3514.81.4.566.

Blake, R., & Mouton, J. (1979). Intergroup problem solving in organizations: From theory to practice. In W. Austin and S. Worchel (eds.), The social psychology of intergroup relations (pp. 19–32). Monterey, CA: Brooks/Cole.

Blanco, F., Gómez-Fortes, B., & Matute, H. (2018). Causal illusions in the service of political attitudes in Spain and the United Kingdom. Frontiers in Psychology, 28. https//:doi.org/10.3389/fpsyg.2018.01033.

Blass, T. (2004). The man who shocked the world: The life and legacy of Stanley Milgram. New York: Basic Books.

Blass, T. (2012). A cross-cultural comparison of studies of obedience using the Milgram paradigm: A review. Social and Personality Psychology Compass, 6, 196–205.

Boen, F., Vanbeselaere, N., Pandelaere, M., Dewitte, S., Duriez, B., Snauwaert, B., Feys, J., Dierckx, V., & Van Avermaet, E. (2002). Politics and basking-in-reflected-glory. Basic and Applied Social Psychology, 24, 205–214.

Boh, W. F., & Wong, S-S. (2015). Managers versus co-workers as referents: Comparing social influence effects on within- and outside-subsidiary knowledge sharing. Organizational Behavior and Human Decision Processes, 126, 1–17.

Bollen, K. A., & Phillips, D. P (1982). Imitative suicides: A national study of the effects of television news stories. American Sociological Review, 47, 802–809.

Bomey, N. (2017, July 3). Nissan Rogue gets a galactic sales boost from "Star Wars." Arizona Republic, B4.

Bond, M. H., & Smith, P. B. (1996). Culture and conformity: A meta-analysis of studies using Asch's (1952b, 1956) line judgment task. Psychological Bulletin, 119, 111–137.

Bond, R., Fariss, C. J., Jones, J. J., Kramer, A. D. I., Marlow, C., Settle, J. E., & Fowler, J. H. (2012). A 61-million-person experiment in social influence and political mobilization. Nature, 489, 295–298. https://doi.org/10.1038/nature11421.

Bonneville-Roussy, A., Rentfrow, P. J., Potter, J., & Xu, M. K. (2013). Music through the ages: Trends in musical engagement and preferences from adolescence through middle adulthood. Journal of Personality and Social Psychology, 105, 703–717.

Boothby, E. J., & Bohns, V. K. (2020). Why a simple act of kindness is not as simple as it seems: Underestimating the positive impact of our compliments on others. Personality and Social Psychology Bulletin. https://doi.org/10.1177/0146167220949003.

Borgida, E., Conner, C., & Manteufal, L. (1992). Understanding living kidney donation: A behavioral decision-making perspective. In S. Spacapan and S. Oskamp (eds.), Helping and being helped (pp. 183–212). Newbury Park, CA: Sage.

Borman, G. D., Rozek, C. S., Pyne, J., & Hanselman, P. (2019). Reappraising academic and social adversity improves middle school students' academic achievement, behavior, and well-being. Proceedings of the National Academy of Sciences, 116, 16286–16291. https://doi.org/10.1073/pnas.1820317116.

Bornstein, R. F., Leone, D. R., & Galley, D. J. (1987). The generalizability of subliminal mere exposure effects. Journal of Personality and Social Psychology, 53, 1070–1079.

Bouchard, T. J., Segal, N. L., Tellegen, A., McGue, M., Keyes, M., & Krueger, R. (2003). Evidence for the construct validity and heritability of the WilsonPaterson conservatism scale: A reared-apart twins study of social attitudes. Personality and Individual Differences, 34, 959–969.

Bourgeois, M. J. (2002). Heritability of attitudes constrains dynamic social impact. Personality and Social Psychology Bulletin, 28, 1063–1072.

Brandt, M. J., & Reyna, C. (2011). The chain of being: A hierarchy of morality. Perspectives on Psychological Science, 6, 428–446.

Brehm, J. W. (1966). A theory of psychological reactance. New York: Academic Press.

Brehm, S. S. (1981). Psychological reactance and the attractiveness of unattainable objects: Sex differences in children's responses to an elimination of freedom. Sex Roles, 7, 937–949.

Brehm, S. S., & Weintraub, M. (1977). Physical barriers and psychological reactance: Two-year-olds' responses to threats to freedom. Journal of Personality and Social Psychology, 35, 830–836.

Brendl, C. M., Chattopadhyay, A., Pelham, B. W., & Carvallo, M. (2005). Name letter branding: Valence transfers when product specific needs are active. Journal of Consumer Research, 32, 405–415. https://doi.org/10.1086/497552.

Bridge, J. A., Greenhouse, J. B., Ruch, D., Stevens, J., Ackerman, J., Sheftall, A. H., Horowitz, L. M., Kelleher, K. J., & Campo, J. V. (2019). Association between the release of Netflix's 13 Reasons Why and suicide rates in the United States: An interrupted times series analysis. Journal of the American Academy of Child and Adolescent Psychiatry. https://doi.org/10.1016/j.jaac.2019.04.020.

Briñol, P., Petty, R. E., & Wheeler, S. C. (2006). Discrepancies between explicit and implicit self-concepts: Consequences for information processing. Journal of Personality and Social Psychology, 91, 154–170.

Brockner, J., & Rubin, J. Z. (1985). Entrapment in escalating conflicts: A social psychological analysis. New York: Springer-Verlag.

Bronnenberg, B. J., Dhar, S. K., & Dubé, J.-P. (2007). Consumer packaged goods in the United States: National brands, local branding. Journal of Marketing Research, 44, 4–13. https://doi.org/10.1509/jmkr.44.1.004.

Broockman, D. & Kalla, J. (2016). Durably reducing transphobia: A field experiment on door-to-door canvassing. Science, 352, 220–224.

Brown, J. L., Drake, K. D., & Wellman, L. (2015). The benefits of a relational approach to corporate political activity: Evidence from political contributions to tax policymakers. Journal of the American Taxation Association, 37, 69–102.

Brown, S. L., Asher, T., & Cialdini, R. B. (2005). Evidence of a positive relationship between age and preference for consistency. Journal of Research in Personality, 39, 517–533.

Browne, W., & Swarbrick-Jones, M. (2017). What works in e-commerce: A metaanalysis of 6700 online experiments. Qubit Digital LTD.

Brownstein, R., & Katzev, R. (1985). The relative effectiveness of three compliance techniques in eliciting donations to a cultural organization. Journal of Applied Social Psychology, 15, 564–574.

Bruneau, E. G., Kteily, N. S., & Urbiola, A. (2020). A collective blame hypocrisy intervention enduringly reduces hostility towards Muslims. Nature Human Behaviour, 4, 45–54. https://doi.org/10.1038/s41562-019-0747-7.

Buchan, N. R., Brewer, M. B., Grimalda, G., Wilson, R. K., Fatas, E., & Foddy, M. (2011). Global social identity and global cooperation. Psychological Science, 22, 821–828.

Budesheim, T. L., & DePaola, S. J. (1994). Beauty or the beast? The effects of appearance, personality, and issue information on evaluations of political candidates. Personality and Social Psychology Bulletin, 20, 339–348.

Bullack, A., Gass, C., Nater, U. M., & Kreutz, G. (2018). Psychobiological effects of choral singing on affective state, social connectedness, and stress: Influences of singing activity and time course. Frontiers of Behavioral Neuroscience. 12:223. https://doi.org/10.3389/fnbeh.2018.00223.

Burger, J. M. (2009). Replicating Milgram: Would people still obey today? American Psychologist, 64, 1–11.

Burger, J. M., & Caldwell, D. F. (2003). The effects of monetary incentives and labeling on the foot-in-the-door effect. Basic and Applied Social Psychology, 25, 235–241.

Burger, J. M., & Caldwell, D. F. (2011). When opportunity knocks: The effect of a perceived unique opportunity on compliance. Group Processes & Intergroup Relations, 14, 671–680.

Burger, J. M., & Caputo, D. (2015). The low-ball compliance procedure: a metaanalysis. Social Influence, 10, 214–220. DOI: 10.1080/15534510.2015.1049203.

Burger, J. M., Horita, M., Kinoshita, L., Roberts, K., & Vera, C. (1997). Effects of time on the norm of reciprocity. Basic and Applied Social Psychology, 19, 91–100.

Burger, J. M., Messian, N., Patel, S., del Prado, A., & Anderson, C. (2004). What a coincidence! The effects of incidental similarity on compliance. Personality and Social Psychology Bulletin, 30, 35–43.

Burger, J. M., & Petty, R. E. (1981). The low-ball compliance technique: Task or person commitment? Journal of Personality and Social Psychology, 40, 492–500.

Burgoon, M., Alvaro, E., Grandpre, J., & Voulodakis, M. (2002). Revisiting the theory of psychological reactance. In J. P. Dillard and M. Pfau (eds.), The persuasion handbook: Theory and practice (pp. 213–232). Thousand Oaks, CA: Sage.

Burnstein, E., Crandall, C., & Kitayama, S. (1994). Some neo-Darwin decision rules for altruism: Weighing cues for inclusive fitness as a function of the biological importance of the decision. Journal of Personality and Social Psychology, 67, 773–789.

Bushman, B. J. (1988). The effects of apparel on compliance. Personality and Social Psychology Bulletin, 14,

459–467.

Bushman, B. J. (2006). Effects of warning and information labels on attraction to television violence in viewers of different ages. Journal of Applied Social Psychology, 36, 2073–2078. https://doi.org/10.1111/j.0021-9029.2006.00094.x.

Buttleman, D., & Bohm, R. (2014). The ontogeny of the motivation that underlies in-group bias. Psychological Science, 25, 921–927.

Buttrick, N., Moulder, R., & Oishi, S. (2020). Historical change in the moral foundations of political persuasion. Personality and Social Psychology Bulletin, 46, 1523-1537. doi:10.1177/0146167220907467.

Cadinu, M. R., & Rothbart, M. (1996). Self-anchoring and differentiation processes in the minimal group setting. Journal of Personality and Social Psychology, 70, 666–677.

Cai, H., Chen, Y., & Fang, H. (2009). Observational learning: Evidence from a randomized natural field experiment. American Economic Review, 99, 864–882.

Campbell, M. W., & de Waal, F. B. M. (2010). Methodological problems in the study of contagious yawning. Frontiers in Neurology and Neuroscience, 28, 120–127.

Cappella, J. N. (1997). Behavioral and judged coordination in adult informal social interactions: Vocal and kinesic indicators. Journal of Personality and Social Psychology, 72, 119–131.

Carducci, B. J., Deuser, P. S., Bauer, A., Large, M., & Ramaekers, M. (1989). An application of the foot-in-the-door technique to organ donation. Journal of Business and Psychology, 4, 245–249.

Carey, B. (2016, July 26). Mass killings may have created contagion, feeding on itself. New York Times, A11.

Caro, R. A. (2012). The passage of power. Vol. 4 of The years of Lyndon Johnson. New York: Knopf.

Carpenter, C. J. (2013). A meta-analysis of the effectiveness of the "But You Are Free" compliance-gaining technique. Communication Studies, 64, 6–17. https://doi.org/10.1080/10510974.2012.727941.

Carr, N. (2010). The shallows: What the internet is doing to our brains. New York: W. W. Norton.

Carter, S. E., & Sanna, L. J. (2006). Are we as good as we think? Observers' perceptions of indirect self-presentation as a social influence tactic. Social Influence, 1, 185–207, https://doi.org/10.1080/15534510600937313.

Catapano, R., Tormala, Z. L., & Rucker, D. D. (2019). Perspective taking and selfpersuasion: Why "putting yourself in their shoes" reduces openness to attitude change. Psychological Science, 30, 424–435. https://doi.org/10.1177/0956797618822697.

Cavazza, N. (2016). When political candidates "go positive": The effects of flattering the rival in political communication. Social Influence, 11, 166–176. https://doi.org/10.1080/15534510.2016.1206962.

Čehajić, S., & Brown, R. (2010). Silencing the past: Effects of intergroup contact on acknowledgment of in-group responsibility. Social Psychological and Personality Science, 1, 190–196. https://doi.org/10.1177/1948550609359088.

Čehajić-Clancy, S., Effron, D. A., Halperin, E., Liberman, V., & Ross, L. D. (2011). Affirmation, acknowledgment of in-group responsibility, group-based guilt, and support for reparative measures. Journal of Personality and Social Psychology, 101, 256–270.

Chagnon, N. A., & Bugos, P. E. (1979). Kin selection and conflict: An analysis of a Yanomano ax fight. In N. A. Chagnon and W. Irons (eds.), Evolutionary biology and social behavior (pp. 213–238). North Scituate, MA: Duxbury.

Chaiken, S. (1979). Communicator physical attractiveness and persuasion. Journal of Personality and Social Psychology, 37, 1387–1397.

Chaiken, S. (1986). Physical appearance and social influence. In C. P. Herman, M. P. Zanna, and E. T. Higgins (eds.), Physical appearance, stigma, and social behavior: The Ontario Symposium (vol. 3, pp. 143–177). Hillsdale, NJ:

Lawrence Erlbaum.

Chajut, E., & Algom, D. (2003). Selective attention improves under stress. Journal of Personality and Social Psychology, 85, 231–248.

Chambers, J. R., Schlenker, B. R., & Collisson, B. (2013). Ideology and prejudice: The role of value conflicts. Psychological Science, 24, 140–149.

Chan, C., Berger, J., & Van Boven, L. (2012). Identifiable but not identical: Combining social identity and uniqueness motives in choice. Journal of Consumer Research, 39, 561–573. https://doi.org/10.1086/664804.

Chan, E., & Sengupta, J. (2010). Insincere flattery actually works: A dual attitudes perspective. Journal of Marketing Research, 47, 122–133.

Cheng, L., Hao, M., Xiao, L., & Wang, F. (2020). Join us: Dynamic norms encourage women to pursue STEM. Current Psychology. https://doi.org/10.1007/s12144-020-01105-4.

Chernyak, N., Leimgruber, K. L., Dunham, Y. C., Hu, J., & Blake, P. R. (2019). Paying back people who harmed us but not people who helped us: Direct negative reciprocity precedes direct positive reciprocity in early development. Psychological Science. https://doi.org/10.1177/0956797619854975.

Christakis, N. A., & Fowler, J. H. (2014). Friendship and natural selection. Proceedings of the National Academy of Sciences, 111, 10796–10801. https://doi.org/10.1073/pnas.1400825111.

Chugani, S., Irwin, J. E., & Redden, J. P. (2015). Happily ever after: The effect of identity-consistency on product satiation. Journal of Consumer Research, 42, 564–577. https://doi.org/10.1093/jcr/ucv040.

Cialdini, R. B. (2003). Crafting normative messages to protect the environment. Current Directions in Psychological Science, 12, 105–109.

Cialdini, R. B. (1997). Professionally responsible communication with the public: Giving psychology a way. Personality and Social Psychology Bulletin, 23, 675–683.

Cialdini, R. B. (2016). Pre-Suasion: A revolutionary way to influence and persuade. New York: Simon & Schuster.

Cialdini, R. B. (2018). Why the world is turning to behavioral science. In A. Samson (ed.), The behavioral economics guide 2018 (pp. vii–xiii). www.behavioral economics.com/the-behavioral-economics-guide-2018.

Cialdini, R. B., & Ascani, K. (1976). Test of a concession procedure for inducing verbal, behavioral, and further compliance with a request to give blood. Journal of Applied Psychology, 61, 295–300.

Cialdini, R. B., Borden, R. J., Thorne, A., Walker, M. R. Freeman, S., & Sloan, L. R. (1976). Basking in reflected glory: Three (football) field studies. Journal of Personality and Social Psychology, 34, 366–375.

Cialdini, R. B., Brown, S. L., Lewis, B. P., Luce, C., & Neuberg, S. L. (1997). Reinterpreting the empathy-altruism relationship: When one into one equals oneness. Journal of Personality and Social Psychology, 73, 481–494.

Cialdini, R. B., Cacioppo, J. T., Bassett, R., & Miller, J. A. (1978). Low-ball procedure for producing compliance: Commitment then cost. Journal of Personality and Social Psychology, 36, 463–476.

Cialdini, R. B., Eisenberg, N., Green, B. L., Rhoads, K. v. L., & Bator, R. (1998). Undermining the undermining effect of reward on sustained interest. Journal of Applied Social Psychology, 28, 249–263.

Cialdini, R. B., Li, J., Samper, A., & Wellman, E. (2019). How bad apples promote bad barrels: Unethical leader behavior and the selective attrition effect. Journal of Business Ethics. https://doi.org/10.1007/s10551-019-04252-2.

Cialdini, R. B., Petrova, P., & Goldstein, N. J. (2004). The hidden costs of organizational dishonesty. MIT Sloan Management Review, 45, 67–73.

Cialdini, R. B., Trost, M. R., & Newsom, J. T. (1995). Preference for consistency: The development of a valid measure and the discovery of surprising behavioral implications. Journal of Personality and Social Psychology, 69, 318–328.

Cialdini, R. B., Vincent, J. E., Lewis, S. K., Catalan, J., Wheeler, D., & Darby, B. L. (1975). Reciprocal concessions procedure for inducing compliance: The doorin-the-face technique. Journal of Personality and Social Psychology, 31, 206–215.

Cialdini, R. B., Wosinska, W., Barrett, D. W., Butner, J., & Gornik-Durose, M. (1999). Compliance with a request in two cultures: The differential influence of social proof and commitment/consistency on collectivists and individualists. Personality and Social Psychology Bulletin 25, 1242–1253.

Cikara, M., & Paluck, E. L. (2013), When going along gets you nowhere and the upside of conflict behaviors. Social and Personality Psychology Compass, 7, 559–571. https://doi.org/10.1111/spc3.12047.

Cikara, M., & van Bavel, J. (2014). The neuroscience of inter-group relations: An integrative review. Perspectives on Psychological Science, 9, 245–274.

Cioffi, D., & Garner, R. (1996). On doing the decision: The effects of active versus passive choice on commitment and self-perception. Personality and Social Psychology Bulletin, 22, 133–147. Cirelli, L. K., Einarson, K. M., & Trainor, L. J. (2014). Interpersonal synchrony increases prosocial behavior in infants. Developmental Science, 17, 1003–1011. https://doi.org/10.1111/desc.12193.

Clark, C. J., Liu, B. S., Winegard, B. M., & Ditto, P. H. (2019). Tribalism is humannature. Current Directions in Psychological Science, 28, 587–592. https://doi.org/10.1177/0963721419862289.

Clark, M. S., Lemay, E. P., Graham, S. M., Pataki, S. P., & Finkel, E. J. (2010). Ways of giving benefits in marriage: Norm use, relationship satisfaction, and attachment-related variability. Psychological Science, 21, 944–951.

Clark, M. S., Mills, J. R., & Corcoran, D. M. (1989). Keeping track of needs and inputs of friends and strangers. Personality and Social Psychology Bulletin, 15, 533–542.

Clark, R. D., III, & Word, L. E. (1972). Why don't bystanders help? Because of ambiguity? Journal of Personality and Social Psychology, 24, 392–400.

Clark, R. D., III, & Word, L. E. (1974). Where is the apathetic bystander? Situational characteristics of the emergency. Journal of Personality and Social Psychology, 29, 279–287.

Clarkson, J. J., Tormala, Z. L., & Rucker, D. D. (2011). Cognitive and affective matching effects in persuasion: An amplification perspective. Personality and Social Psychology Bulletin, 1415–1427.

Clifford, S., & Jerit, J. (2016). Cheating on political knowledge questions in online surveys. Public Opinion Quarterly, 80, 858–887.

Coghlan, T. (2015, July 14). Weidenfeld's crusade to save Christians of Syria. The Times (London), A30.

Cohen, R. (1972). Altruism: Human, cultural, or what? Journal of Social Issues, 28, 39–57.

Cohen, A. (1999, May 31). Special report: Troubled kids. Time, 38.

Cohen, G. L., & Sherman, D. K. (2014). The psychology of change: Selfaffirmation and social psychological intervention. Annual Review of Psychology, 65, 333–371.

Cohen, M., & Davis, N. (1981). Medication errors: Causes and prevention. Philadelphia: G. F. Stickley.

Coleman, N. V., & Williams, P. (2015). Looking for my self: Identity-driven attention allocation. Journal of Consumer Psychology, 25, 504–511.

Collins, J. (2018). Simple heuristics that make algorithms smart. http://behavioralscientist.org/simple-heuristics-that-make-algorithms-smart.

Combs, D. J. Y., & Keller, P. S. (2010). Politicians and trustworthiness: Acting contrary to self-interest enhances trustworthiness. Basic and Applied Social Psychology, 32, 328–339.

Converse, B. A., & Fishbach, A. (2012). Instrumentality boosts appreciation: Helpers are more appreciated while they are useful. Psychological Science, 23, 560–566.

Conway, A., & Cowan, N. (2001). The cocktail party phenomenon revisited: The importance of working memory capacity. Psychonomic Bulletin & Review, 8, 331–335.

Cooper, J., & Fazio, R. H. (1984). A new look at dissonance theory. In L. Berkowitz (ed.), Advances in experimental social psychology (vol. 17, pp. 229–266). New York: Academic Press.

Coppock, A., Ekins, E., & Kirby, D. (2018). The long-lasting effects of newspaper op-eds on public opinion. Quarterly Journal of Political Science, 13, 59–87.

Cornelissen, G., Pandelaere, M., Warlop, L., & Dewitte, S. (2008). Positive cueing: Promoting sustainable consumer behavior by cueing common environmental behaviors as environmental. International Journal of Research in Marketing, 25, 46–55. https://doi.org/10.1016/j.ijresmar.2007.06.002.

Corning, A., & Schuman, H. (2013). Commemoration matters: The anniversaries of 9/11 and Woodstock. Public Opinion Quarterly, 77, 433–454.

Cortijos-Bernabeu, A., Bjørndal, L. D., Ruggeri, K., Alí, S., Friedemann, M., Esteban-Serna, C., Khorrami, P. R., et al. (2020). Replicating patterns of prospect theory for decision under risk. Nature Human Behaviour, 4, 622–633.

Cosmides, L., & Tooby, J. (2013). Evolutionary psychology: New perspectives on cognition and motivation. Annual Review of Psychology, 64, 201–229.

Craig, B. (1985, July 30). A story of human kindness. Pacific Stars and Stripes, 13–16.

Crespelle, J. P. (1969). Picasso and his women. New York: Hodder & Stoughton.Cronley, M., Posavac, S. S., Meyer, T., Kardes, F. R., & Kellaris, J. J. (2005). A selective hypothesis testing perspective on price-quality inference and inferencebased choice. Journal of Consumer Psychology, 15, 159–169.

Cullum, J., O'Grady, M., Sandoval, P., Armeli, A., & Tennen, T. (2013). Ignoring norms with a little help from my friends: Social support reduces normative influence on drinking behavior. Journal of Social and Clinical Psychology: 32, 17–33. https://doi.org/10.1521/jscp.2013.32.1.17.

Cunningham, M. R. (1986). Levites and brother's keepers: A sociobiological perspective on prosocial behavior. Humboldt Journal of Social Relations, 13, 35–67.

Curry, O., Roberts, S. G. B., & Dunbar, R. I. M. (2013). Altruism in social networks: Evidence for a "kinship premium." British Journal of Psychology, 104, 283–295. https://doi.org/10.1111/j.2044-8295.2012.02119.x.

Dai, X., Wertenbroch, K., & Brendel, C. M. (2008). The value heuristic in judgments of relative frequency. Psychological Science, 19, 18–19.

Daly, M., Salmon, C. & Wilson, M. (1997). Kinship: The conceptual hole in psychological studies of social cognition and close relationships. In J. A. Simpson and D. T. Kendrick (eds.), Evolutionary Social Psychology (pp. 265–296). Mahwah, NJ: Erlbaum.

Danchin, E., Nöbel, S., Pocheville, A., Dagaeff, A-C., Demay, L., Alphand, M., Ranty-Roby, S., et al. (2018). Cultural flies: Conformist social learning in fruitflies predicts long-lasting mate-choice traditions. Science, 362, 1025–1030.

Darley, J. M., & Latané, B. (1968). Bystander intervention in emergencies: Diffusion of responsibility. Journal of Personality and Social Psychology, 8, 377–383.

Dauten, D. (2004, July 22). How to be a good waiter and other innovative ideas. Arizona Republic, D3.

Davies, J. C. (1962). Toward a theory of revolution. American Sociological Review, 27, 5–19.

Davies, J. C. (1969). The J-curve of rising and declining satisfactions as a cause of some great revolutions and a contained rebellion. In H. D. Graham and T. R. Gurr (eds.), Violence in America (pp. 547–644). New York: Signet.

Davies, K., Tropp, L. R., Aron, A., Pettigrew, T. F., & Wright, S. C. (2011). Cross-group friendships and intergroup attitudes: A meta-analytic review. Personality and Social Psychology Review, 15, 332–351. https://doi.org/10.1177/1088868311411103.

Davis, M. H., Conklin, L., Smith, A., & Luce, C. (1996). Effect of perspective taking on the cognitive representation of persons: A merging of self and other. Journal of Personality and Social Psychology, 70, 713–726. https://doi.org/10.1037/0022-3514.70.4.713.

DeBruine, L. M. (2002). Facial resemblance enhances trust. Proceedings of the Royal Society, Series B, 269, 1307–1312.

DeBruine, L. M. (2004). Resemblance to self increases the appeal of child faces to both men and women. Evolution and Human Behavior, 25, 142–154.

Dechêne, A., Stahl, C., Hansen, J., & Wänke, M. (2010). The truth about the truth: A meta-analytic review of the truth effect. Personality and Social Psychology Review, 14, 238–257. https://doi.org/10.1177/1088868309352251.

Deci, E. L., & Ryan, R. M. (1985). Intrinsic motivation and self-determination in human behavior. New York: Plenum.

Deci, E. L., Spiegel, N. H., Ryan, R. M., Koestner, R., & Kauffman, M. (1982). Effects of performance standards on teaching styles: Behavior of controlling teachers. Journal of Educational Psychology, 74, 852–859. https://doi.org/10.1037/0022-0663.74.6.852.

De Dreu, C. K. W., & McCusker, C. (1997). Gain-loss frames and cooperation in two-person social dilemmas: A transformational analysis. Journal of Personality and Social Psychology, 72, 1093–1106.

De Dreu, C. K. W., Dussel, D. B., & Ten Velden, F. S. (2015). In intergroup conflict, self-sacrifice is stronger among pro-social individuals and parochial altruism emerges especially among cognitively taxed individuals. Frontiers in Psychology, 6, 572. https://doi.org/10.3389/fpsyg.2015.00572.

DeJong, C., Aguilar, T., Tseng, C-W., Lin, G. A., Boscardin, W. J., & Dudley, R. A. (2016). Pharmaceutical industry–sponsored meals and physician prescribing patterns for Medicare beneficiaries. Journal of the American Medical Association: Internal Medicine, 176, 1114–1122.

de la Rosa, M. D., Sanabria, D., Capizzi, M., & Correa, A. (2012). Temporal preparation driven by rhythms is resistant to working memory interference. Frontiers in Psychology, 3. https://doi.org/10.3389/fpsyg.2012.00308.

Dellande, S., & Nyer, P. (2007). Using public commitments to gain customer compliance. Advances in Consumer Research, 34, 249–255.

De Martino, B., Bobadilla-Suarez, S., Nouguchi, T., Sharot, T., & Love, B. C. (2017). Social information is integrated into value and confidence judgments according to its reliability. Journal of Neuroscience, 37, 6066–6074. https://doi.org/10.1523/JNEUROSCI.3880-16.2017.

Demuru, E., & Palagi, E. (2012). In Bonobos yawn contagion is higher among kin and friends. PLoS ONE, 7. https://doi.org/10.1371/journal.pone.0049613.

DePaulo, B. M., Nadler, A., & Fisher, J. D. (eds.). (1983). Help seeking. Vol. 2 of New directions in helping. New York: Academic Press.

Deutsch, M., & Gerard, H. B. (1955). A study of normative and informational social influences upon individual judgment. Journal of Abnormal and Social Psychology, 51, 629–636.

Devlin, A. S., Donovan, S., Nicolov, A., Nold, O., Packard, A., & Zandan, G. (2009). "Impressive?" Credentials, family photographs, and the perception of therapist qualities. Journal of Environmental Psychology, 29, 503– 512. https://doi.org/10.1016/j.jenvp.2009.08.008.

DeWall, C. N., MacDonald, G., et al. (2010). Acetaminophen reduces social pain: Behavioral and neural evidence. Psychological Science, 21, 931–937.

Dhami, M. K. (2003). Psychological models of professional decision making. Psychological Science, 14, 175–180.

Dikker, S., Wan, L., Davidesco, I., Kaggen, L., Oostrik, M., McClintock, J., Rowland, J., et al. (2017). Brain-to-brain synchrony tracks real-world dynamic group interactions in the classroom. Current Biology, 27, 1375–1380. https://doi.org/10.1016/j.cub.2017.04.002.

Dillard, J. P., Kim, J., & Li, S. S. (2018). Anti-sugar-sweetened beverage messages elicit reactance: Effects on attitudes and policy preferences. Journal of Health Communication, 23, 703–711. https://doi.org/10.1080/108107 30.2018.1511012.

Dimmock, S. G., Gerken, W. C., & Graham, N. P. (2018). Is fraud contagious? Coworker influence on misconduct by financial advisors. Journal of Finance, 73 1417–1450. https://doi.org/10.1111/jofi.12613.

Dion, K. K. (1972). Physical attractiveness and evaluation of children's transgressions. Journal of Personality and Social Psychology, 24, 207–213.

Dixon, J., Durrheim, K., & Tredoux, C. (2005). Beyond the optimal contact strategy:A reality check for the contact hypothesis. American Psychologist, 60, 697–711.

Dolińska, B., Jarząbek, J., & Doliński, D. (2020). I like you even less at Christmas dinner! Basic and Applied Social Psychology, 42, 88–97. https://doi.org/10.1080/01973533.2019.1695615.

Doliński, D. (2000). Inferring one's beliefs from one's attempt and consequences for subsequent compliance. Journal of Personality and Social Psychology, 78, 260–272.

Doliński, D. (2016). Techniques of social influence: The psychology of compliance. New York: Routledge.

Doliński, D., & Grzyb, T. (2020). Social psychology of obedience toward authority: Empirical tribute to Stanley Milgram. London: Routledge.

Doliński, D., Grzyb, T., Folwarczny, M., Grzybała, P., Krzyszycha, K., Martynowska,K., & Trojanowski, J. (2017). Would you deliver an electric shock in 2015? Obedience in the experimental paradigm developed by Stanley Milgram in the 50 years following the original studies. Social Psychological and Personality Science, 8, 927–933.

Dolnik, L., Case, T. I., & Williams, K. D. (2003). Stealing thunder as a courtroom tactic revisited: Processes and boundaries. Law and Human Behavior, 27, 267–287.

Donaldson, S. I., Graham, J. W., Piccinin, A. M., & Hansen, W. B. (1995). Resistance skills training and onset of alcohol use. Health Psychology, 14, 291–300.

Doob, A. N., & Gross, A. E. (1968). Status of frustrator as an inhibitor of hornhonking response. Journal of Social Psychology, 76, 213–218.

Dovidio, J. F., Gaertner, S. L., & Saguy, T. (2009). Commonality and the complexity of "We": Social attitudes and social change. Personality and Social Psychology Review, 13, 3–20. https://doi.org/10.1177/1088868308326751.

Drachman, D., deCarufel, A., & Inkso, C. A. (1978). The extra credit effect in interpersonal attraction. Journal of Experimental Social Psychology, 14, 458–467.

Driscoll, R., Davis, K. E., & Lipetz, M. E. (1972). Parental interference and romantic love: The Romeo and Juliet effect. Journal of Personality and Social Psychology, 24, 1–10.

Drolet, A., & Aaker J. (2002). Off-target? Changing cognitive-based attitudes. Journal of Consumer Psychology, 12, 59–68.

Drury, J. (2018). The role of social identity processes in mass emergency behaviour: An integrative review. European Review of Social Psychology, 29, 38–81. https://doi.org/10.1080/10463283.2018.1471948.

Du, X. (2019). What's in a surname? The effect of auditor-CEO surname sharing on financial misstatement.

Journal of Business Ethics, 158, 849–874. https://doi.org/10.1007/s10551-017-3762-5.

DuBois, D. L., Portillo, N., Rhodes, J. E., Silverthorn, N., & Valentine, J. C. (2011). How effective are mentoring programs for youth? A systematic assessment of the evidence. Psychological Science in the Public Interest, 12, 57–91. https://doi.org/10.1177/1529100611414806.

Duguid, M. M., & Goncalo, J. A. (2012). Living large: The powerful overestimate their own height. Psychological Science, 23, 36–40. https://doi.org/10.1177/0956797611422915.

Duguid, M. M., & Thomas-Hunt, M. C. (2015). Condoning stereotyping? How awareness of stereotyping prevalence impacts expression of stereotypes. Journal of Applied Psychology, 100, 343–359. https://doi.org/10.1037/a0037908.

Dunbar, R. I. M. (2012). On the evolutionary function of song and dance. In N. Bannan (ed.), Music, language and human evolution (pp. 201–214). Oxford: Oxford University Press.

Dunfield, K. A., & Kuhlmeier, V. A. (2010). Intention-mediated selective helping in infancy. Psychological Science, 21, 523–527.

Eagly, A. H., Wood, W., & Chaiken, S. (1978). Causal inferences about communicators and their effect on opinion change. Journal of Personality and Social Psychology, 36, 424–435.

Easterbrook, J. A. (1959). The effects of emotion on cue utilization and the organization of behavior. Psychological Review, 66, 183–201.

Edwards, M. L., Dillman, D. A., & Smyth, J. D. (2014). An experimental test of the effects of survey sponsorship on internet and mail survey response. Public Opinion Quarterly, 78, 734–750.

Effron, D. A., Bryan, C. J., & Murnighan, J. K. (2015). Cheating at the end to avoid regret. Journal of Personality and Social Psychology, 109, 395–414. https://doi.org/10.1037/pspa0000026.

Efran, M. G., & Patterson, E. W. J. (1976). The politics of appearance. Unpublished manuscript, University of Toronto.

Ellemers, N., & van Nunspeet, F. (2020, September). Neuroscience and the social origins of moral behavior: How neural underpinnings of social categorization and conformity affect everyday moral and immoral behavior. Current Directions in Psychological Science. https://doi.org/10.1177/0963721420951584.

Epley, N., & Gilovich, T. (2006). The anchoring-and-adjustment heuristic: Why adjustments are insufficient. Psychological Science, 17, 311–318.

Epstein, S., Lipson, A., Holstein, C., & Huh, E. (1992). Irrational reactions to negative outcomes: Evidence for two conceptual systems. Journal of Personality and Social Psychology, 62, 328–339.

Epstein, S., Donovan, S., & Denes-Raj, V. (1999). The missing link in the paradox of the Linda conjunction problem: Beyond knowing and thinking of the conjunction rule, the intrinsic appeal of heuristic processing. Personality and Social Psychology Bulletin, 25, 204–214.

Facci, E., L., & Kasarda, J. D. (2004). Revisiting wind-shear accidents: The social proof factor. Proceedings of the 49th Corporate Aviation Safety Seminar (pp. 205–232). Alexandrea, VA: Flight Safety Foundation.

Faiman-Silva, S. (1997). Choctaws at the crossroads. Lincoln: University of Nebraska Press.

Fan, M., Billings, A., Zhu, X., & Yu, P. (2019). Twitter-based BIRGing: Big data analysis of English National Team fans during the 2018 FIFA World Cup. Communication& Sport. https://doi.org/10.1177/2167479519834348.

Fang, X., Singh, S., & Ahulwailia, R. (2007). An examination of different explanations for the mere exposure effect. Journal of Consumer Research, 34, 97–103.

Farrow, K., Grolleau, G., & Ibanez, L. (2017). Social norms and pro-environmental behavior: A review of the evidence. Ecological Economics, 140, 1–13.

Fazio, L. K., Rand, D. G., & Pennycook, G. (2019). Psychonomic Bulletin Review. https://doi.org/10.3758/s13423-019-01651-4.

Fazio, R. H., Sherman, S. J., & Herr, P. M. (1982). The feature-positive effect in the self-perception process. Journal of Personality and Social Psychology, 42, 404–411.

Fein, S., Goethals, G. R., & Kugler, M. B. (2007). Social influence on political judgments: The case of presidential debates. Political Psychology, 28, 165–192. https://doi.org/10.1111/j.1467-9221.2007.00561.x.

Feinberg, R. A. (1986). Credit cards as spending facilitating stimuli. Journal of Consumer Research, 13, 348–356.

Feinberg, R. A. (1990). The social nature of the classical conditioning phenomena in people. Psychological Reports, 67, 331–334.

Feld, J., Salamanca, N., Hamermesh, D. S. (2015). Endophilia or exophobia: Beyond discrimination. Economic Journal, 126, 1503–1527.

Fennis, B. M., Janssen, L., & Vohs, K. D. (2008). Acts of benevolence: A limitedresource account of compliance with charitable requests. Journal of Consumer Research, 35, 906–924.

Fennis, B. M., & Stroebe, W. (2014). Softening the blow: Company self-disclosure of negative information lessens damaging effects on consumer judgment and decision making. Journal of Business Ethics, 120, 109–120.

Festinger, L. (1957). A theory of cognitive dissonance. Stanford, CA: Stanford University Press.

Festinger, L., & Carlsmith, J. M. (1959). Cognitive consequences of forced compliance. Journal of Abnormal and Social Psychology, 58, 203–210. https://doi.org/10.1037/h0041593.

Festinger, L., Riecken, H. W., & Schachter, S. (1964). When prophecy fails. New York: Harper & Row.

Fischer, P., Krueger, J. I., Greitemeyer, T., Vogrincic, C., Kastenmüller, A., Frey, D., Heene, M., et al. (2011). The bystander-effect: A meta-analytic review on bystander intervention in dangerous and non-dangerous emergencies. Psychological Bulletin, 137, 517–537. https://doi.org/10.1037/a0023304.

Fiske, S. T., & Neuberg, S. L. (1990). A continuum of impression formation: Influences of information and motivation on attention and interpretation. In M. P. Zanna (ed.), Advances in experimental social psychology (vol. 23, pp. 1–74). New York: Academic Press.

Fisman, R., Paravisini, D., & Vig, V. 2017. Cultural proximity and loan outcomes. American Economic Review, 107, 457–492.

Flade, F., Klar, Y., & Imhoff, R. (2019). Unite against: A common threat invokes spontaneous decategorization between social categories. Journal of Experimental Social Psychology, 85. https://doi.org/10.1016/j.jesp.2019.103890.

Fleming, T. (1997, November 23). 13 things you never knew about the American Revolution. Parade, 14–15.

Flynn, F. J. (2002). What have you done for me lately? Temporal adjustments to favor evaluations. Organizational Behavior and Human Decision Processes, 91, 38–50.

Foddy, M., Platow, M. J., & Yamagishi, T. (2009). Group-based trust in strangers. Psychological Science, 20, 419–422.

Foerster, M., Roser, K., Schoeni, A., & Röösli, M. (2015). Problematic mobile phone use in adolescents: Derivation of a short scale MPPUS-10. International Journal of Public Health, 60, 277–286, https://doi.org/10.1007/s00038-015-0660-4.

Fogg, B. J., & Nass, C. (1997a). How users reciprocate to computers: An experiment that demonstrates behavior change. In Extended Abstracts of the CHI97 Conference of the ACM/SIGCHI. New York: ACM.

Fogg, B. J., & Nass, C. (1997b). Silicon sycophants: The effects of computers that flatter. International Journal of Human-Computer Studies, 46(5), 551–561.

Fombelle, P., Gustafsson, A., Andreassen, T. W., & Witell, L. (2010). Give and thou shall receive: Customer reciprocity in a retail setting. Paper presented at the 19th Annual Frontiers In Service Conference, Karlstad, Sweden.

Forman, C., Ghose, A., & Wiesenfeld, B. (2008). Examining the relationship between reviews and sales: The role of reviewer identity disclosure in electronic markets. Information Research Systems, 19, 291–313. https://doi.org/10.1287/isre.1080.0193.

Fornara, F., Carrus, G., Passafaro, P., & Bonnes, M. (2011). Distinguishing the sources of normative influence on pro-environmental behaviors: The role of local norms in household waste recycling. Group Processes & Intergroup Dynamics, 14, 623–635.

Fox, C. R., Linder, J. A., & Doctor, J., N. (2016, March 27). How to stop overprescribing antibiotics. New York Times. www.nytimes.com/2016/03/27/opinion/sunday/how-to-stop-overprescribing-antibiotics.html.

Fox, M. W. (1974). Concepts in ethology: Animal and human behavior. Minneapolis: University of Minnesota Press.

Frank, R. H. (2020). Under the Influence: Putting peer pressure to work. Princeton, NJ: Princeton University Press.

Fraune, M. R. (2020). Our robots, our team: Robot anthropomorphism moderates group effects in human–robot teams. Frontiers in Psychology, 11, 1275. https://doi.org/10.3389/fpsyg.2020.01275.

Fredman, L. A., Buhrmester, M. D., Gomez, A., Fraser, W. T., Talaifar, S., Brannon, S. M., & Swann, Jr., W. B. (2015). Identity fusion, extreme pro-group behavior, and the path to defusion. Social and Personality Psychology Compass, 9, 468–480. https://doi.org/10.1111/spc3.12193.

Freedman, J. L. (1965). Long-term behavioral effects of cognitive dissonance. Journal of Experimental Social Psychology, 1, 145–155.

Freedman, J. L., & Fraser, S. C. (1966). Compliance without pressure: The footin-the-door technique. Journal of Personality and Social Psychology, 4, 195–203.

Freling, T. H., & Dacin, P. A. (2010). When consensus counts: Exploring the impact of consensus claims in advertising. Journal of Consumer Psychology, 20, 163–175.

Frenzen, J. R., & Davis, H. L. (1990). Purchasing behavior in embedded markets. Journal of Consumer Research, 17, 1–12.

Friedman, H. H., & Rahman, A. (2011). Gifts-upon-entry and appreciative comments: Reciprocity effects in retailing. International Journal of Marketing Studies, 3, 161–164.

Friestad, M., & Wright, P. (1995). Persuasion knowledge: Lay people's and researchers' beliefs about the psychology of persuasion. Journal of Consumer Research, 22, 62–74.

Fröhlich, M., Müller, G., Zeiträg, C., Wittig, R. M., & Pika, S. (2020). Begging and social tolerance: Food solicitation tactics in young chimpanzees (Pan troglodytes) in the wild. Evolution and Human Behavior, 41, 126–135. https://doi.org/10.1016/j.evolhumbehav.2019.11.002.

Furnham, A. (1996). Factors relating to the allocation of medical resources. Journal of Social Behavior and Personality, 11, 615–624.

Gaesser, B., Shimura, Y., & Cikara, M. (2020). Episodic simulation reduces intergroup bias in prosocial intentions and behavior. Journal of Personality and Social Psychology, 118, 683–705. https://doi.org/10.1037/pspi0000194.

Gal, D. & Rucker D. D. (2010). When in doubt, shout! Paradoxical influences of doubt on proselytizing. Psychological Science, 21, 1701–1707.

Galinsky, A. D., & Moskowitz, G. B. (2000). Perspective-taking: Decreasing stereotype expression, stereotype accessibility, and in-group favoritism. Journal of Personality and Social Psychology, 78, 708–724. https://doi. org/10.1037/0022-3514.78.4.708.

Gallup, A. C., Hale, J. J.,. Sumpter, D. J. T., Garnier, S., Kacelnik, A., Krebs, J. R., & Couzin, I. D. (2012). Visual attention and the acquisition of information in human crowds. Proceedings of the National Academy of Sciences, 109, 7245–7250. https://doi.org/10.1073/pnas.1116141109.

Gansberg, M. (1964, March 27). 37 who saw murder didn't call the police. New York Times, 1.

Garcia, D., & Rimé, B. (2019). Collective emotions and social resilience in the digital traces after a terrorist attack. Psychological Science, 30, 617–628. https://doi.org/10.1177/0956797619831964.

Garcia, J. H., Sterner, T., & Afsah, S. (2007). Public disclosure of industrial pollution: The PROPER approach in Indonesia. Environmental and Developmental Economics, 12, 739–756.

Garner, R. L. (2005). What's in a name? Persuasion perhaps? Journal of Consumer Psychology, 15, 108–116.

Gawronski, B. (2003). Implicational schemata and the correspondence bias: On the diagnostic value of situationally constrained behavior. Journal of Personality and Social Psychology, 84, 1154–1171.

Geers, A. L., Rose, J. P., Fowler, S. L., Rasinski, H. M., Brown, J. A., & Helfer, S. G. (2013). Why does choice enhance treatment effectiveness? Using placebo treatments to demonstrate the role of personal control. Journal of Personality and Social Psychology, 105 (4), 549–566. https://doi.org/10.1037/a0034005.

Gehlbach, H., Brinkworth, M. E., King, A. M., Hsu, L. M., McIntyre, J., & Rogers, T. (2016). Creating birds of similar feathers: Leveraging similarity to improve teacher–student relationships and academic achievement. Journal of Educational Psychology, 108(3), 342–352. http://dx.doi.org/10.1037/edu0000042.

George, W. H., Gournic, S. J., & McAfee, M. P. (1988). Perceptions of postdrinking female sexuality. Journal of Applied Social Psychology, 18, 1295–1317.

Gerard, H. B., & Mathewson, G. C. (1966). The effects of severity of initiation on liking for a group: A replication. Journal of Experimental Social Psychology, 2, 278–287.

Gerend, M. A., & Maner, J. K. (2011). Fear, anger, fruits, and veggies: Interactive effects of emotion and message framing on health behavior. Health Psychology, 30, 420–423. https://doi.org/10.1037/a0021981.

Gergen, K., Ellsworth, P., Maslach, C., & Seipel, M. (1975). Obligation, donor resources, and reactions to aid in three cultures. Journal of Personality and Social Psychology, 31, 390–400.

Ghosh, B. (2009, June 8). How to make terrorists talk. Time, 40–43.

Gigerenzer, G., & Goldstein, D. G. (1996). Reasoning the fast and frugal way: Models of bounded rationality. Psychological Review, 103, 650–669.

Gilbert, D. T. (2006). Stumbling on happiness. New York: Knopf.

Gino, F., & Galinsky, A. D. (2012). Vicarious dishonesty: When psychological closeness creates distance from one's moral compass. Organizational Behavior and Human Decision Processes, 119, 15–26.

Gneezy, A., Imas, A., Brown, A., Nelson, L. D., & Norton, M. I. (2012). Paying to be nice: Consistency and costly prosocial behavior. Management Science, 58, 179–187.

Gold, B. P., Frank, M. J., Bogert, B., & Brattico, E. (2013). Pleasurable music affects reinforcement learning according to the listener. Frontiers in Psychology, 4. https://doi.org/10.3389/fpsyg.2013.00541.

Goldenberg, A., Garcia, D., Halperin, E., & Gross, J. J. (2020). Collective Emotions. Current Directions in Psychological Science, 29(2), 154–160.https://doi.org/10.1177/0963721420901574.

Goldenberg, J. L., Courtney, E. P., & Felig, R. N. (2020, April 29). Supporting the dehumanization hypothesis, but under what conditions? A commentary on "Over." Perspectives on Psychological Science. https://doi. org/10.1177/1745691620917659.

Goldstein, N. J., Griskevicius, V., & Cialdini, R. B. (2011). Reciprocity by proxy: A new influence strategy for motivating cooperation and prosocial behavior. Administrative Science Quarterly, 56, 441–473.

Goldstein, N. J., Mortensen, C. R., Griskevicius, V., & Cialdini, R. B. (2007, January 16). I'll scratch your back if you scratch my brother's: The extended self and extradyadic reciprocity norms. Poster presented at the meeting of the Society of Personality and Social Psychology, Memphis, TN.

Goldstein, N. J., Vezich, I. S., & Shapiro, J. R. (2014). Perceived perspective taking: When others walk in our shoes. Journal of Personality and Social Psychology, 106, 941–960. https://doi.org/10.1037/a0036395.

Gómez, Á., Dovidio, J. F., Gaertner, S. L., Fernández, S., & Vázquez, A. (2013). Responses to endorsement of commonality by in-group and outgroup members: The roles of group representation and threat. Personality and Social Psychology Bulletin, 39, 419–431. https://doi.org/10.1177/0146167213475366.

Gonzales, M. H., Davis, J. M., Loney, G. L., Lukens, C. K., & Junghans, C. M. (1983). Interactional approach to interpersonal attraction. Journal of Personality and Social Psychology, 44, 1192–1197.

Goode, E., & Carey, B. (2015, October 7). Mass killings are seen as a kind of contagion. New York Times, A21.

Goodenough, U. W. (1991). Deception by pathogens. American Scientist, 79, 344–355.

Goodman-Delahunty, J., Martschuk, N., & Dhami, M. K. (2014). Interviewing high value detainees: Securing cooperation and disclosures. Applied Cognitive Psychology, 28, 883–897.

Gorn, G. J. (1982). The effects of music in advertising on choice behavior: A classical conditioning approach. Journal of Marketing, 46, 94–101.

Gould, M. S., & Shaffer, D. (1986). The impact of suicide in television movies. New England Journal of Medicine, 315, 690–694.

Grant, A. (2013). Give and take. New York: Viking.

Grant, A. M., & Hofmann, D. A. (2011). It's not all about me: Motivating hand hygiene among health care professionals by focusing on patients. Psychological Science, 22, 1494–1499.

Grant Halvorson, H., & Higgins, E. T. (2013). Focus: Use different ways of seeing the world for success and influence. New York: Penguin.

Green, F. (1965). The "foot-in-the-door" technique. American Salesmen, 10, 14–16.

Greenberg, M. S., & Shapiro, S. P. (1971). Indebtedness: An adverse effect of asking for and receiving help. Sociometry, 34, 290–301.

Greene, J. (2014). Moral tribes. New York: Penguin.

Greenwald, A. F., Carnot, C. G., Beach, R., & Young, B. (1987). Increasing voting behavior by asking people if they expect to vote. Journal of Applied Psychology, 72, 315–318.

Greenwald, A. G., & Pettigrew, T. F. (2014). With malice toward none and charity for some. American Psychologist, 69, 669–684.

Greenwood, B. N., Hardeman, R. R., Huang, L., & Sojourner, A. (2020). Physician–patient racial concordance and disparities in birthing mortality for newborns. Proceedings of the National Academy of Sciences, 117, 21194–21200. https://doi.org/10.1073/pnas.1913405117.

Grey, K., Rand, D. G., Ert, E., Lewis, K., Hershman, S., & Norton, M. I. (2014). The emergence of "us and them" in 80 lines of code: Modeling group genesis in homogeneous populations. Psychological Science, 25, 982–990.

Griskevicius, V., Cialdini, R. B., & Kenrick, D. T. (2006). Peacocks, Picasso, and parental investment: The effects of romantic motives on creativity. Journal of Personality and Social Psychology, 91, 63–76.

Griskevicius, V., Goldstein, N. J., Mortensen, C. R., Sundie, J. M., Cialdini, R. C., & Kenrick, D. T. (2009).

Fear and loving in Las Vegas: Evolution, emotion, and persuasion. Journal of Marketing Research, 46, 384–395.

Guadagno, R. E., & Cialdini, R. B. (2007). Persuade him by email, but see her in person: Online persuasion revisited. Computers in Human Behavior, 23, 999–1015.

Guéguen, N. (2009). Mimicry and seduction: An evaluation in a courtship context. Social Influence, 4, 249–255.

Guéguen, N. (2016). "You will probably refuse, but . . .": When activating reactance in a single sentence increases compliance with a request. Polish Psychological Bulletin, 47, 170–173.

Guéguen, N., Jacob, C., & Meineri, S. (2011). Effects of the door-in-the-face technique on restaurant customers' behavior. International Journal of Hospitality Management, 30, 759–761.

Guéguen, N., Joule, R. V., Halimi, S., Pascual, A., Fischer-Lokou, J., & DufourcqBrana, M. (2013). I'm free but I'll comply with your request: Generalization and multidimensional effects of the "evoking freedom" technique. Journal of Applied Social Psychology, 43, 116–137.

Guéguen, N., Meineri, S., & Fischer-Lokou, J. (2014). Men's music ability and attractiveness to women in a real-life courtship contest. Psychology of Music, 42, 545–549.

Guéguen, N., & Pascual, A. (2000). Evocation of freedom and compliance: The "But you are free of . . ." technique. Current Research in Social Psychology, 5, 264–270.

Guéguen, N., & Pascual, A. (2014). Low-ball and compliance: Commitment even if the request is a deviant one, Social Influence, 9, 162–171. https://doi.org/10.1080/15534510.2013.798243.

Gyuris, P., Kozma L., Kisander Z., Láng A., Ferencz, T., & Kocsor, F. (2020). Sibling relations in patchwork families: Co-residence is more influential than genetic relatedness. Frontiers of Psychology 11:993. ttps://doi.org/10.3389/fpsyg.2020.00993.

Hadland, S. E., Cerda, M., Li, Y., Krieger, M. S., & Marshall, B. D. L. (2018). Association of pharmaceutical industry marketing with opioid products to physicians with subsequent opioid prescribing. Journal of the American Medical Association: Internal Medicine, 178, 861–863.

Hadnagy, C., & Schulman, S. (2020). Human hacking: Win friends, influence people, and leave them better off for having met you. New York: Harper Business.

Hagler, K. J, Pearson, M. R., Venner, B. L., & Greenfield, K. L. (2017). Descriptive drinking norms in Native American and non-Hispanic white college students. Addictive Behaviors, 72, 45–50. https://doi.org/10.1016/j.addbeh.2017.03.017.

Hakamata, Y., Lissek, S., Bar-Haim, Y., Britton, J. C., Fox, N. A., Leibenluft, E., Ernest, M., & Pine, D. S. (2010). Attention bias modification treatment: A metaanalysis toward the establishment of novel treatment for anxiety. Biological Psychiatry, 68, 982–990. https://doi.org/10.1016/j.biopsych.2010.07.021.

Halpern, D. (2016). Inside the nudge unit: How small changes can make a big difference. London: Elbury.

Hamermesh, D. (2011). Beauty pays: Why attractive people are more successful. Princeton, NJ: Princeton University Press.

Hamermesh, D., & Biddle, J. E. (1994). Beauty and the labor market. American Economic Review, 84, 1174–1194.

Hamilton, W. D. (1964). The genetic evolution of social behavior. Journal of Theoretical Biology, 7, 1–52.

Hamlin, J. K., Mahajan, N., Liberman, Z., & Wynn, K. (2013). Not like me = bad: Infants prefer those who harm dissimilar others. Psychological Science, 24, 589–594. https://doi.org/10.1177/0956797612457785.

Harmon-Jones, E., Harmon-Jones, C., & Levy, N. (2015). An action-based model of cognitive-dissonance processes. Current Directions in Psychological Science, 24, 184–189. https://doi.org/10.1177/0963721414566449.

Harvey, A. R. (2018). Music and the meeting of human minds. Frontiers in Psychology, 9, 762. https://doi.org/10.3389/fpsyg.2018.00762.

Haselton, M. G., & Nettle, D. (2006). The paranoid optimist: An integrated evolutionary model of cognitive biases. Personality and Social Psychology Review, 10, 47–66.

Haslam, N. (2006). Dehumanization: An integrative review. Personality and SocialPsychology Review, 10, 252–264.

Haslam, N., & Loughnan, S. (2014). Dehumanization and infrahumanization. Annual Review of Psychology, 65, 399–423. https://doi.org/10.1146/annurev-psych-010213-115045.

Hassan, S. (2000). Releasing the bonds: Empowering people to think for themselves. Boston: Freedom of Mind Press.

Hatemi, P. K., & McDermott, R. (2012). The genetics of politics: Discovery, challenges, and progress. Trends in Genetics, 28, 525–533.

Hattori, Y., & Tomonaga, M. (2020). Rhythmic swaying induced by sound in chimpanzees (Pan troglodytes). Proceedings of the National Academy of Sciences, 117, 936–942. https://doi.org/10.1073/pnas.1910318116.

Häubl, G., & Popkowski Leszczyc, P. T. L. (2019). Bidding frenzy: Speed of competitor reaction and willingness to pay in auctions. Journal of Consumer Research,45, 1294–1314. https://doi.org/10.1093/jcr/ucy056.

Hehman, E., Flake, J. K., & Freeman, J. B. (2018). The faces of group members share physical resemblance. Personality and Social Psychology Bulletin, 44(1), 3–15. https://doi.org/10.1177/0146167217722556.

Heijkoop, M., Dubas, J. S., & van Aken, M. A. G. (2009). Parent-child resemblance and kin investment. European Journal of Developmental Psychology, 6, 64–69.

Heilman, C. M., Nakamoto, K., & Rao, A. G. (2002). Pleasant surprises: Consumer response to unexpected in-store coupons. Journal of Marketing Research, 39, 242–252.

Heilman, M. E. (1976). Oppositional behavior as a function of influence attempt intensity and retaliation threat. Journal of Personality and Social Psychology, 33, 574–578.

Heinrich, C. U., & Borkenau , P. (1998). Deception and deception detection: The role of cross-modal inconsistency. Journal of Personality, 66, 687–712.

Henry, M. L., Ferraro, P. J., & Kontoleon, A. (2019). The behavioural effect of electronic home energy reports: Evidence from a randomised field trial in the United States. Energy Policy, 132, 1256–1261. https://doi.org/10.1016/j.enpol.2019.06.039.

Hershfield, H. E., Goldstein, D. G., Sharpe, W. F., Fox, J., Yeykelis, L., Carstensen, L. L., & Bailenson, J. N. (2011). Increasing saving behavior through ageprogressed renderings of the future self. Journal of Marketing Research, 48, 23–37. https://doi.org/10.1509/jmkr.48.SPL.S23.

Higgins, C. A., & Judge, T. A. (2004). The effect of applicant influence tactics on recruiter perceptions of fit and hiring recommendations: A field study. Journal of Applied Psychology, 89, 622–632.

Higgins, E. T., (2012). Beyond pleasure and pain: How motivation works. New York: Oxford University Press.

Higgins, E. T., Lee, J., Kwon, J., & Trope, Y. (1995). When combining intrinsic motivations undermines interest. Journal of Personality and Social Psychology, 68, 749–767.

Higgins, E. T., Shah, J., & Friedman, R. (1997). Emotional responses to goal attainment: Strength of regulatory focus as moderator. Journal of Personality and Social Psychology, 72, 515–525. https://doi.org/10.1037/0022-3514.72.3.515.

Higham, P. A., & Carment, D. W. (1992). The rise and fall of politicians. Canadian Journal of Behavioral Science, 404–409.

Hildreth, J. A., & Anderson, C. (2018). Does loyalty trump honesty? Moral judgments of loyalty-driven deceit.

Journal of Experimental Social Psychology, 79, 87–94.

Hills, T. T. (2019). The dark side of information proliferation. Perspectives on Psychological Science, 14, 323–330. https://doi.org/10.1177/1745691618803647.

Hills, T. T., Adelman, J. S., & Noguchi, T. (2017). Attention economies, informationcrowding, and language change. In M. N. Jones (ed.), Big data in cognitive science (pp. 270–293). New York: Routledge.

Hobfoll, S. E. (2001). The influence of culture, community, and the nested-self in the stress process. Applied Psychology: An International Review, 50, 337–421.

Hodson, G. (2011). Do ideologically intolerant people benefit from intergroup contact? Current Directions in Psychological Science, 20, 154–159. https://doi.org/10.1177/0963721411409025.

Hodson, G., Crisp, R. J., Meleady, R., & Earle, M. (2018). Intergroup contact as an agent of cognitive liberalization. Perspectives on Psychological Science, 13, 523–548. https://doi.org/10.1177/1745691617752324.

Hofling, C. K., Brotzman, E., Dalrymple, S., Graves, N., & Pierce, C. M. (1966). An experimental study of nurse–physician relationships. Journal of Nervous and Mental Disease, 143, 171–180.

Hofmann, W., De Houwer, J., Perugini, M., Baeyens, F., & Crombez, G. (2010). Evaluative conditioning in humans: A meta-analysis. Psychological Bulletin, 136, 390–421. http://dx.doi.org/10.1037/a0018916.

Holmes, W. (2004). The early history of Hamiltonian-based research on kin recognition. Annales Zoologici Fennici, 41, 691–711.

Holmes, W. G., & Sherman, P. W. (1983). Kin recognition in animals. American Scientist, 71, 46–55.

Hove, M. J., & Risen, J. L. (2009). It's all in the timing: Interpersonal synchrony increases affiliation. Social Cognition, 27, 949–961.

Howard, D. J. (1990). The influence of verbal responses to common greetings on compliance behavior: The foot-in-the-mouth effect. Journal of Applied Social Psychology, 20, 1185–1196.

Howard, D. J., Shu, S. B., & Kerin, R. A. (2007). Reference price and scarcity appeals and the use of multiple influence strategies in retail newspaper advertising. Social Influence, 2, 18–28.

Howe, L. C., Carr, P. B., & Walton, G. W. (in press). Normative appeals are more effective when they invite people to work together toward a common goal. Journal of Personality and Social Psychology.

Howe, M. L. (2003). Memories from the cradle. Current Directions in Psychological Science, 12, 62–65.

Hubbard, T. L. (2015). The varieties of momentum-like experience. Psychological Bulletin, 141, 1081–1119. https://doi.org/10.1037/ bul0000016.

Hufer, A., Kornadt, A. E., Kandler, C., & Riemann, R. (2020). Genetic and environmental variation in political orientation in adolescence and early adulthood: A Nuclear Twin Family analysis. Journal of Personality and Social Psychology, 118, 762–776. https://doi.org/10.1037/pspp0000258.

Hughes, S., Ye, Y., Van Dessel, P., & De Houwer, J. (2019). When people co-occur with good or bad events: Graded effects of relational qualifiers on evaluative conditioning. Personality and Social Psychology Bulletin, 45, 196–208. https://doi.org/10.1177/0146167218781340.

Hugh-Jones, D., Ron, I., & Zultan, R. (2019). Humans discriminate by reciprocating against group peers. Evolution and Human Behavior, 40, 90–95.

Ilmarinen, V. J., Lönnqvist, J. E., & Paunonen, S. (2016). Similarity-attraction effects in friendship formation: Honest platoon-mates prefer each other but dishonest do not. Personality and Individual Differences, 92, 153–158. https://doi.org/10.1016/j.paid.2015.12.040.

Inzlicht, M., Gutsell, J. N., & Legault, L. (2012). Mimicry reduces racial prejudice. Journal of Experimental Social Psychology, 48, 361–365.

Iyengar, S., Sood, G., & Lelkes, Y. (2012). Affect, not ideology: A social identity perspective on polarization. Public Opinion Quarterly, 76, 405–431.

Jabbi, M., Bastiaansen, J., & Keysers, C. (2008). A common anterior insula representation of disgust observation, experience and imagination shows divergent functional connectivity pathways. PLoS ONE, 3, e2939. https://doi.org/10.1371/journal.pone.0002939

Jackson, J. C., Gelfand, M. J., Ayub, N., & Wheeler, J. (2019). Together from afar: Introducing a diary contact technique for improving intergroup relations. Behavioral Science & Policy, 5, 15–33.

Jacob, C., Guéguen, N., Martin, A., & Boulbry, G. (2011). Retail salespeople's mimicry of customers: Effects on consumer behavior. Journal of Retailing and Consumer Services, 18, 381–388.

James, J. M., & Bolstein, R. (1992). Effect of monetary incentives and follow-up mailings on the response rate and response quality in mail surveys. Public Opinion Quarterly, 54, 442–453.

Jenke, L., & Huettel, S. A. (2020) Voter preferences reflect a competition between policy and identity. Frontiers of Psycholology, 11: 566020. https://doi.org/10.3389/fpsyg.2020.566020.

Jiang, L., Hoegg, J., Dahl, D. W., & Chattopadhyay, A. (2010). The persuasive role of incidental similarity on attitudes and purchase intentions in a sales context. Journal of Consumer Research, 36, 778–791.

John, L. K., Blunden, H., & Liu, H. (2019). Shooting the messenger. Journal of Experimental Psychology: General, 148(4), 644–666. http://dx.doi.org/10.1037/xge0000586.

Johnson, D. W. (2003). Social interdependence: Interrelationships among theory, research, and practice. American Psychologist, 58, 934–945.

Jones, E. E., & Harris, V. E. (1967). The attribution of attitudes. Journal of Experimental Social Psychology, 3, 1–24.

Jones, J. T., Pelham, B. W., Carvallo, M., & Mirenberg, M. C. (2004). How do I love thee? Let me count the J's. Implicit egoism and interpersonal attraction. Journal of Personality and Social Psychology, 87, 665–683.

Jong, J., Whitehouse, H., Kavanagh, C., & Lane, J. (2015). Shared negative experienceslead to identity fusion via personal reflection. PloS ONE, 10. https://doi.org/10.1371/journal.pone.0145611.

Joule, R. V. (1987). Tobacco deprivation: The foot-in-the-door technique versus the low-ball technique. European Journal of Social Psychology, 17, 361–365.

Judge, T. A., & Cable, D. M. (2004). The effect of physical height on workplace success and income. Journal of Applied Psychology, 89, 428–441.

Judge, T. A., Hurst, C., & Simon, L. S. (2009). Does it pay to be smart, attractive, or confident (or all three)? Relationships among general mental ability, physical attractiveness, core self-evaluations, and income. Journal of Applied Psychology, 94, 742–755.

Jung, J., Busching, R., & Krahé, B. (2019). Catching aggression from one's peers: A longitudinal and multilevel analysis. Social and Personality Psychology Compass,13. https://doi.org/10.1111/spc3.12433.

Kahn, B. E., & Baron, J. (1995). An exploratory study of choice rules favored for high-stakes decisions. Journal of Consumer Psychology, 4, 305–328.

Kahneman, D. (2011). Thinking, fast and slow. New York: Farrar, Straus and Giroux.

Kahneman, D., Slovic, P., & Tversky, A. (eds.). (1982). Judgment under uncertainty: Heuristics and biases. New York: Cambridge University Press.

Kahneman, D., & Tversky, A. (1979). Prospect theory: An analysis of decision under risk. Econometrica, 47, 263–291.

Kalmoe, N. P. (2019). Dueling views in a canonical measure of sophistication. Public Opinion Research, 83, 68–90.

Kaminski, G., Ravary, F., Graff, C., & Gentaz, E. (2010). Firstborns' disadvantage in kinship detection. Psychological Science, 21, 1746–1750.

Kandler, C., Bleidorn, W., & Riemann, R. (2012). Left or right? Sources of political orientation: The roles of genetic factors, cultural transmission, assortative mating, and personality. Journal of Personality and Social Psychology, 102, 633–645.

Kang, S. K., Hirsh, J. B., Chasteen, A. L. (2010). Your mistakes are mine: Self-other overlap predicts neural response to observed errors. Journal of Experimental Social Psychology, 46, 229–232.

Kardes, F. R., Posavac, S. S., & Cronley, M. L. (2004). Consumer inference: A review of processes, bases, and judgment contexts. Journal of Consumer Psychology, 14, 230–256.

Karim, A. A., Lützenkirchen, B., Khedr, E., & Khalil, R. (2017). Why is 10 past 10 the default setting for clocks and watches in advertisements? A psychologicalexperiment. Frontiers of Psychology 8:1410. https://doi.org/10.3389/fpsyg.2017.01410.

Karremans, J. C., & Aarts, H. (2007). The role of automaticity in determining the inclination to forgive close others. Journal of Experimental Social Psychology, 43, 902–917.

Kauff, M., Asbrock, F., Thörner, S., & Wagner, U. (2013). Side effects of multiculturalism: The interaction effect of a multicultural ideology and authoritarianism on prejudice and diversity beliefs. Personality and Social Psychology Bulletin, 39, 305–320. https://doi.org/10.1177/0146167212473160.

Kay, T., Keller, L., & Lehmann, L. (2020). The evolution of altruism and the serial rediscovery of the role of relatedness. Proceedings of the National Academy of Sciences, 117, 28894–28898; https://doi.org/10.1073/pnas.2013596117.

Keil, F. C. (2012). Running on empty? How folk science gets by with less. Current Directions in Psychological Science, 21, 329–334. https://doi.org/10.1177/0963721412453721.

Keinan, A., & Kivetz, R. (2011). Productivity orientation and the consumption of collectable experiences. Journal of Consumer Research, 37, 935–950.

Kende, J., Phalet, K., Van den Noortgate, W., Kara, A., & Fischer, R. (2018). Equality revisited: A cultural meta-analysis of intergroup contact and prejudice.Social Psychological and Personality Science, 9, 887–895. https://doi.org/10.1177/1948550617728993.

Kenrick, D. T. (2012). Evolutionary theory and human social behavior. In P. A. M. Van Lange, A. W. Kruglanski, and E. T. Higgins (eds.), Handbook of Theories of Social Psychology (pp. 11–31). Thousand Oaks, CA: Sage.

Kenrick, D. T. (2020). True friendships are communistic, not capitalist. http://spsp.org/news-center/blog/kenrick-true-friendships#gsc.tab=0.

Kenrick, D. T., Gutierres, S. E., & Goldberg, L. L. (1989). Influence of popular erotica on judgments of strangers and mates. Journal of Experimental Social Psychology, 25, 159–167.

Kenrick, D. T., Neuberg, S. L., Cialdini, R. B., & Lundberg-Kenrick, D. E. (2020). Social Psychology: Goals in interaction. 7th ed. Boston: Pearson Education.

Kerr, N. L., & MacCoun, R. J. (1985). The effects of jury size and polling method on the process and product of jury deliberation. Journal of Personality and Social Psychology, 48, 349–363.

Kesebir, S. (2012). The super organism account of human sociality: How and when human groups are like beehives. Personality and Social Psychology Review, 16, 233–261.

Ketelaar, T. (1995, June). Emotions as mental representations of gains and losses: Translating prospect theory into positive and negative affect. Paper presented at the meeting of the American Psychological Society, New York, NY.

Kettle, K. I., & Häubl, G. (2011). The signature effect: Signing influences consumption-related behavior by priming self-identity. Journal of Consumer Research.38, 474–489.

Keysar, B., Converse, B. A., Wang, J., & Epley, N. (2008). Reciprocity is not give and take: Asymmetric reciprocity to positive and negative acts. Psychological Science, 19, 1280–1286.

Khamitov, M., Wang, X., & Thomson, M. (2019). How well do consumer–brand relationships drive customer brand loyalty? Generalizations from a metaanalysis of brand relationship elasticities. Journal of Consumer Research, 46, 435–459. https://doi.org/10.1093/jcr/ucz006.

Kimel, S. Y., Huesmann, R., Kunst, J. R., & Halperin, E. (2016). Living in a geneticworld: How learning about interethnic genetic similarities and differences affects peace and conflict. Personality and Social Psychology Bulletin, 42, 688–700. https://doi.org/10.1177/0146167216642196.

Kirschner, S., & Tomasello, M. (2010). Joint music making promotes prosocial behavior in 4-year-old children. Evolution and Human Behavior, 31, 354–364.

Kissinger, H. (1982). Years of upheaval. Boston: Little, Brown.

Klein, C. (2020, March 13). Why Coca-Cola's "New Coke" flopped. History (website).www.history.com/news/why-coca-cola-new-coke-flopped.

Klein, H. J., Lount, R. B., Jr., Park, H. M., & Linford, B. J. (2020). When goals are known: The effects of audience relative status on goal commitment and performance. Journal of Applied Psychology, 105, 372–389. https://doi.org/10.1037/apl0000441.

Klein, N., & O'Brien, E. (2018). People use less information than they think to make up their minds. Proceedings of the National Academy of Sciences. https://doi.org/10.1073/pnas.1805327115.

Knishinsky, A. (1982). The effects of scarcity of material and exclusivity of information on industrial buyer perceived risk in provoking a purchase decision. Unpublished PhD diss., Arizona State University, Tempe.

Knouse, S. B. (1983). The letter of recommendation: Specificity and favorability information. Personal Psychology, 36, 331–341.

Knox, R. E., & Inkster, J. A. (1968). Postdecisional dissonance at post time. Journal of Personality and Social Psychology, 8, 319–323.

Koch, T., & Peter, C. (2017). Effects of equivalence framing on the perceived truth of political messages and the trustworthiness of politicians. Public Opinion Quarterly, 81, 847–865. https://doi.org/10.1093/poq/nfx019.

Koch, T., & Zerback, T. (2013). Helpful or harmful? How frequent repetition affects perceived statement credibility. Journal of Communication, 63, 993–1010.

Kouchaki, M., Gino, F., & Feldman, Y. (2019). The ethical perils of personal, communal relations: A language perspective. Psychological Science, 30, 1745–1766. https://doi.org/10.1177/0956797619882917.

Koudenburg, N., Postmes, T., Gordijn, E. H., & van Mourik Broekman, A. (2015). Uniform and complementary social interaction: Distinct pathways to solidarity. PloS ONE, 10. https://doi.org/10.1371/journal.pone.0129061.

Krajbich, I., Camerer, C., Ledyard, J., & Rangel, A. (2009). Self-control in decision making involves modulation of the vmPFC valuation system. Science, 324, 12315–12320.

Kranzler, D. (1976). Japanese, Nazis, and Jews: The Jewish refugee community of Shanghai, 1938–1945. New York: Yeshiva University Press.

Kraut, R. E. (1973). Effects of social labeling on giving to charity. Journal of Experimental Social Psychology, 9, 551–562.

Kriner, D. L., & Shen, F. X. (2012). How citizens respond to combat casualties: The differential impact of local casualties on support for the war in Afghanistan. Public Opinion Quarterly, 76, 761–770.

Kristensson, P., Wästlund, E., & Söderlund, M. (2017). Influencing consumers to choose environment friendly offerings: Evidence from field experiments. Journal of Business Research, 76, 89–97.

Krizan, Z., & Suls, J. (2008). Losing sight of oneself in the above average effect: When egocentrism, focalism, and group diffusiveness collide. Journal of Experimental Social Psychology, 44, 929–942.

Kteily, N., Bruneau, E., Waytz, A., & Cotterill, S. (2015). The ascent of man: Theoretical and empirical evidence for blatant dehumanization. Journal of Personality and Social Psychology, 109, 901–931. https://doi.org/10.1037/pspp0000048.

Ku, G. (2008). Before escalation: Behavioral and affective forecasting in escalationof commitment. Personality and Social Psychology Bulletin, 34, 1477–1491. https://doi.org/10.1177/0146167208322559.

Kuester, M., & Benkenstein, M. (2014). Turning dissatisfied into satisfied customers: How referral reward programs affect the referrer's attitude and loyalty toward the recommended service provider. Journal of Retailing and Consumer Services, 21, 897–904.

Kunz, P. R., & Woolcott, M. (1976). Season's greetings: From my status to yours. Social Science Research, 5, 269–278.

Lack, D. (1943). The life of the robin. London: Cambridge University Press.Lai, C. K., Skinner, A. L., Cooley, E., Murrar, S. Brauer, M., Devos, T., Calanchini,

J., et al. (2016). Reducing implicit racial preferences: II. Intervention effectiveness across time. Journal of Experimental Psychology: General, 145, 1001–1016. https://doi.org/10.1037/xge0000179.

Lammers, H. B. (1991). The effect of free samples on immediate consumer purchase. Journal of Consumer Marketing, 8, 31–37.

Langer, E., Blank, A., & Chanowitz, B. (1978). The mindlessness of ostensibly thoughtful action: The role of "placebic" information in interpersonal interaction. Journal of Personality and Social Psychology, 36, 635–642.

Langer, E. J. (1989). Minding matters. In L. Berkowitz (ed.), Advances in experimental social psychology (vol. 22, pp. 137–173). New York: Academic Press. Langlois, J. H., Kalakanis, A., Rubenstein, A. J., Larson, A., Hallam, M., &

Smoot, M. (2000). Maxims or myths of beauty: A meta-analytic and theoretical review. Psychological Bulletin, 126, 390–423.

Lansky, D. (2002, March 31). A day for stiffupperlipps, other nags. Arizona Republic, T4.

LaPorte, N. (2018). In a major reversal, Netflix is about to reveal how many people watch its most popular shows. www.fastcompany.com/90335959/in-a-major-reversal-netflix-is-about-to-reveal-how-many-people-watch-its-most-popular-shows.

Latané, B., & Darley, J. M. (1968). Group inhibition of bystander intervention in emergencies. Journal of Personality and Social Psychology, 10, 215–221.

Law, S., & Braun, K., A. (2000). I'll have what she's having: Gauging the impact of product placements on viewers. Psychology & Marketing, 17, 1059–1075.

Lazarov, A., Abend, R., Seidner, S., Pine, D. S., & Bar-Haim, Y. (2017). The effects of training contingency awareness during attention bias modification on learningand stress reactivity. Behavior Therapy, 48, 638–650.

Leach, W. C., Ellemers, N., & Barreto M. (2007). Group virtue: The impact of morality(vs. competence and sociability) in the positive evaluation of in-groups. Journal of Personality and Social Psychology, 93, 234–249.

Leakey, R., & Lewin, R. (1978). People of the lake. New York: Anchor/Double day.

Lee, A. Y., & Aaker, J. L. (2004). Bringing the frame into focus: The influence of regulatory fit on processing fluency and persuasion. Journal of Personality and Social Psychology, 86, 205–218. https://doi.org/10.1037/0022-3514.86.2.205.

Lee, F., Peterson, C., & Tiedens, L. Z. (2004). Mea culpa: Predicting stock prices from organizational attributions. Journal of Personality and Social Psychology, 30, 1636–1649.

Lefkowitz, M., Blake, R. R., & Mouton, J. S. (1955). Status factors in pedestrian violation of traffic signals. Journal of Abnormal and Social Psychology, 51, 704–706.

Legate, N., Weinstein, N., Sendi, K., & Al-Khouja, M. (2020). Motives behind the veil: Women's affective experiences wearing a veil depend on their reasons for wearing one. Journal of Research in Personality, 87, 103969. https://doi.org/10.1016/j.jrp.2020.103969.

Leopold, A. (1989). A Sand County almanac. New York: Oxford University Press.

Leotti, L. A., & Delgado, M. R. (2011). The inherent reward of choice. Psychological Science, 22, 1310–1318. https://doi.org/10.1177/0956797611417005.Lepper, M. R., & Greene, D. (eds.). (1978). The hidden costs of reward. Hillsdale, NJ: Lawrence Erlbaum.

Levendusky, M. S. (2018). Americans, not partisans: Can priming American national identity reduce affective polarization? Journal of Politics, 80, 59–70. https://doi.org/10.1086/693987.

Levine, H. (1997). In search of Sugihara. New York: Free Press.

Levy J., Markell, D., & Cerf, M. (2019). Polar similars: Using massive mobile dating data to predict synchronization and similarity in dating preferences. Frontiers of Psychology. https://doi.org/10.3389/fpsyg.2019.02010.

Lewis, G. J., & Bates, T. C. (2010). Genetic evidence for multiple biological mechanisms underlying in-group favoritism. Psychological Science, 21, 1623–1628.

Li, W., Moallem, I., Paller, K. A., Gottfried, J. A. (2007). Subliminal smells can guide social preferences. Psychological Science, 18, 1044–1049.

Lieberman, J. D., & Arndt, J. (2000). Understanding the limits of limiting instructions. Psychology, Public Policy, and Law, 6, 677–711.

Lieberman, D., & Smith, A. (2012). It's all relative: Sexual aversions and moral judgments regarding sex among siblings. Current Directions in Psychological Science, 21, 243–247. https://doi.org/10.1177/0963721412447620.

Lieberman, D., Tooby, J., & Cosmides, L. (2007). The architecture of human kin detection. Nature, 445, 727–731. https://doi.org/10.1038/nature05510.

Lim, S., O'Doherty, J. P., & Rangel, A. (2011). The decision value computations in the vmPFC and striatum use a relative value code that is guided by visual attention. Journal of Neuroscience, 31, 13214–13223.

Lin, J. □S., & Sung, Y. (2014). Nothing can tear us apart: The effect of brand identity fusion in consumer–brand relationships. Psychology & Marketing., 31, 54–69. https://doi.org/10.1002/mar.20675. Linder, J. A., Meeker, D., Fox, C. R., Friedberg, M. W., Persell, S. D., Goldstein,

N. J., & Doctor, J. N. (2017). Effects of behavioral interventions on inappropriate antibiotic prescribing in primary care 12 months after stopping interventions.Journal of the American Medical Association, 318, 1391–1392. https://doi.org/10.1001/jama.2017.11152.

Liu, W., & Gal, D. (2011). Bringing us together or driving us apart: The effect of soliciting consumer input on consumers' propensity to transact with an organization. Journal of Consumer Research, 38, 242–259.

Lloyd, J. E. (1965). Aggressive mimicry in Photuris: Firefly femme fatales. Science, 149, 653–654.

Loersch, C., & Arbuckle, N. L. (2013). Unraveling the mystery of music: Music as an evolved group process. Journal of Personality and Social Psychology, 105, 777–798.

Lokhorst, A. M., Werner, C., Staats, H., van Dijk, E., & Gale, J. L. (2013). Commitment and behavior change: A meta-analysis and critical review of commitment-making strategies in environmental research. Environment and Behavior 45, 3–34. https://doi.org/10.1177/0013916511411477.

Loschelder, D. D, Siepelmeyer, H., Fischer, D., & Rubel, J. (2019). Dynamic norms drive sustainable consumption: Norm-based nudging helps café customers to avoid disposable to-go-cups. Journal of Economic Psychology, 75, 102146.

Lynn, M. (1989). Scarcity effect on value: Mediated by assumed expensiveness. Journal of Economic Psychology, 10, 257–274.

Lytton, J. (1979). Correlates of compliance and the rudiments of conscience in two-year-old boys. Canadian Journal of Behavioral Science, 9, 242–251.

MacGregor-Hastie, R. (1988). Picasso's women. London: Lennard.

Mack, D., & Rainey, D. (1990). Female applicants' grooming and personnel selection.Journal of Social Behavior and Personality, 5, 399–407.

MacKay, C. (1841/1932). Extraordinary Popular Delusions and the Madness of Crowds. New York: Farrar, Straus and Giroux.

MacKenzie, B. (1974, June 22). When sober executives went on a bidding binge. TV Guide.

Madanika, Y., & Bartholomew, K. (2014, August 14). Themes of lust and love in popular music from 1971 to 2011. SAGE Open, 4(3). https://doi.org/10.1177/2158244014547179.

Maddux, W. W., Mullen, E., & Galinsky, A. (2008). Chameleons bake bigger pies and take bigger pieces: Strategic behavioral mimicry facilitates negotiation outcomes.Journal of Experimental Social Psychology, 44, 461–468.

Maestripieri, D., Henry, A., & Nickels, N. (2017). Explaining financial and prosocialbiases in favor of attractive people: Interdisciplinary perspectives from economics,social psychology, and evolutionary psychology. Behavioral and Brain Sciences, 40, E19. https://doi.org/10.1017/S0140525X16000340.

Maglio, S. J., & Polman, E. (2016). Revising probability estimates: Why increasinglikelihood means increasing impact. Journal of Personality and Social Psychology, 111, 141–158. https://doi.org/10.1037/pspa0000058.

Magruder, J. S. (1974). An American life: One man's road to Watergate. New York: Atheneum.

Mahajan, N., Martinez, M. A., Gutierrez, N. L., Diesendruck, G., Banaji, M. R., & Santos, L. R. (2011). Journal of Personality and Social Psychology, 100, 387–405.

Maheshwari, S. (2019, November 29). The online star rating system is flawed . . . and you never know if you can trust what you read. New York Times, B1, B4.

Main, K. J., Dahl, D. W., & Darke, P. R. (2007). Deliberative and automatic bases of suspicion: Empirical evidence of the sinister attribution error. Journal of Consumer Psychology, 17, 59–69. https://doi.org/10.1207/s15327663jcp1701_9.

Maisel, N. C, & Gable, S. L. (2009). The paradox of received social support: The importance of responsiveness. Psychological Science, 20, 928–932.

Makary, M. A., & Daniel, M. (2016). Medical error—the third leading cause of death in the US. BMJ, 353. https://doi.org/10.1136/bmj.i2139.

Makurdi, W. (2013, May 26). 23 youths dead in South Africa during adulthood initiation rites. Arizona Republic, A32.

Malinowski, B. (1922). Argonauts of the Western Pacific: An account of native enterprise and adventure in the archipelagoes of Melanesian New Guinea. www.gutenberg.org/files/55822/55822-h/55822-h.htm.

Mallett, R. K., Wilson, T. D., & Gilbert, D. T. (2008). Expect the unexpected: Failureto anticipate similarities leads to an intergroup forecasting error. Journal of Personality and Social Psychology, 94, 265–277.

Mallon, B., Redies, C., & Hayn-Leichsenring, G. U. (2014). Beauty in abstract paintings: Perceptual contrast and statistical properties. Frontiers of Human Neuroscience, 8, 161. https://doi.org/10.3389/fnhum.2014.00161.

Mandel, N., & Johnson, E. J. (2002). When web pages influence choice: Effects of visual primes on experts and novices. Journal of Consumer Research, 29, 235–245.

Manis, M., Cornell, S. D., & Moore, J. C. (1974). Transmission of attitude relevant information through a communication chain. Journal of Personality and Social Psychology, 30, 81–94.

Mann, T., Nolen-Hoeksema, S. K., Burgard, D., Huang, K., Wright, A., & Hansen,K. (1997). Are two interventions worse than none? Health Psychology, 16, 215–225.

Mannes, A. E., Soll, J. B., & Larrick, R. P. (2014). The wisdom of select crowds. Journal of Personality and Social Psychology, 107, 276–299.https://doi.org/10.1037/a0036677.

Manning, R., Levine, M., & Collins, A. (2007). The Kitty Genovese murder and the social psychology of helping: The parable of the 38 witnesses. American Psychologist, 62, 555–562. https://doi.org/10.1037/0003-066X.62.6.555.

Marcoux, J-S. (2009). Escaping the gift economy. Journal of Consumer Research, 36, 671–685.

Margulis, E. H. (2010). When program notes don't help: Music descriptions and enjoyment. Psychology of Music, 38, 285–302.

Markman, K. D., & Guenther, C. L. (2007). Psychological momentum: Intuitive physics and naive beliefs. Personality and Social Psychology Bulletin, 33, 800–812. https://doi.org/10.1177/0146167207301026.

Markowitz, D. M., & Slovic, P. (2020). Social, psychological, and demographic characteristics of dehumanization toward immigrants. Proceedings of the National Academy of Sciences, 117, 9260–9269. https://doi.org/10.1073/pnas.1921790117.

Marks, J., Copland, E., Loh, E., Sunstein, C. R., Sharot, T. (2019). Epistemic spillovers: Learning others' political views reduces the ability to assess and use their expertise in nonpolitical domains. Cognition, 188, 74–84. https://doi.org/10.1016/j.cognition.2018.10.003.

Martin, S. J., Goldstein, N. J., & Cialdini, R. B. (2014). The small BIG: Small changes that spark big influence. New York: Grand Central Publishing.

Martin, S. J., & Marks, J. (2019). Messengers: Who we listen to, who we don't, and why. New York: Public Affairs.

Mashek, D. J., Aron, A., & Boncimino, M. (2003). Confusions of self with close others. Personality and Social Psychology Bulletin, 29, 382–392.

Masket, S. E. (2009). Did Obama's ground game matter? The influence of local field offices during the 2008 presidential election. Public Opinion Quarterly, 73, 1023–1039.

Mateo, J. M. (2003). Kin recognition in ground squirrels and other rodents. Journal of Mammalogy. 84, 1163–1181. https://doi.org/10.1644/BLe-011.

Mateo, J. M. (2015). Perspectives: Hamilton's legacy: mechanisms of kin recognitionin humans. Ethology 121, 419–427. https://doi.org/10.1111/eth.12358.Mather, M., Shafir, E., & Johnson, M. K. (2000). Misremembrance of options past: Source monitoring and choice. Psychological Science, 11, 132–138.

Matthies, E., Klöckner, C. A., Preißner, C. L. (2006). Applying a modified moral decision making model to change habitual car use: How can commitment be effective? Applied Psychology 55, 91–106. https://doi.org/10.1111/j.1464-0597.2006.00237.x.

Maus, G. W., Goh, H. L., & Lisi, M. (2020). Perceiving locations of moving object sacross eyeblinks. Psychological Science. https://doi.org/10.1177/0956797620931365.

Mauss, M. (1990). The gift: The form and reason for exchange in archaic societies. Translated by W. D. Halls. Abingdon: Routledge.

Mauss, S. (December 4, 2012). "Hitler's Jewish Commander and Victim." Jewish Voice from Germany. http://

jewish-voice-from-germany.de/cms/hitlers-jewish-commander-and-victim.

Mayer, N. D., & Tormala, Z. (2010). "Think" versus "feel" framing effects. Personality and Social Psychology Bulletin, 36, 443–454.

Mazis, M. B. (1975). Antipollution measures and psychological reactance theory: A field experiment. Journal of Personality and Social Psychology, 31, 654–666.

Mazis, M. B., Settle, R. B., & Leslie, D. C. (1973). Elimination of phosphate detergents and psychological reactance. Journal of Marketing Research, 10, 390–395.

McCall, M., & Belmont, H. J. (1996). Credit card insignia and restaurant tipping: Evidence for an associative link. Journal of Applied Psychology, 81, 609–613.McDonald, M., Porat, R., Yarkoney, A., Reifen Tagar, M., Kimel, S., Saguy, T., &

Halperin, E. (2017). Intergroup emotional similarity reduces dehumanization and promotes conciliatory attitudes in prolonged conflict. Group Processes & Intergroup Relations, 20, 125–136. https://doi.org/10.1177/1368430215595107.

McFarland, S. (2017). Identification with all humanity: The antithesis of prejudice,and more. In C. G. Sibley and F. K. Barlow (eds.), The Cambridge handbook of the psychology of prejudice (pp. 632–654). Cambridge: Cambridge University Press. https://doi.org/10.1017/9781316161579.028.

McFarland, S., Webb, M., & Brown D. (2012). All humanity is my in-group: A measure and studies of identification with all humanity. Journal of Personality and Social Psychology, 103, 830–853.

McGuinnies, E., & Ward, C. D. (1980). Better liked than right: Trustworthiness and expertise as factors in credibility. Personality and Social Psychology Bulletin, 6, 467–472.

McKenzie, C. R. M., & Chase, V. M. (2010). Why rare things are precious: The importance of rarity in lay inference. In P. M. Todd, G. Gigerenzer, and the ABC Research Group (eds.), Ecological rationality: Intelligence in the world (pp. 81–101). Oxford: Oxford University Press.

McKeown, S., & Dixson, J. (2017). The "contact hypothesis": Critical reflections and future directions. Social & Personality Psychology Compass, 11. https://doi.org/10.1111/spc3.12295.

McNeill, W. H. (1995). Keeping together in time: Dance and drill in human history. Cambridge, MA: Harvard University Press.

Meeker, D., Knight, T. K, Friedberg, M. W., Linder, J. A., Goldstein, N. J., Fox, C. R., Rothfeld, A., et al. (2014). Nudging guideline-concordant antibiotic prescribing: A randomized clinical trial. JAMA Internal Medicine, 174, 425–431. https://doi.org/10.1001/jamainternmed.2013.14191.

Meeus, W. H. J., & Raaijmakers, Q. A. W. (1986). Administrative obedience: Carrying out orders to use psychological-administrative violence. European Journal of Social Psychology, 16, 311–324.

Meier, B. P, Dillard, A. J, & Lappas, C. M. (2019). Naturally better? A review of the natural-is-better bias. Social and Personality Psychology Compass. https://doi.org/10.1111/spc3.12494.

Melamed, B. F., Yurcheson, E., Fleece, L., Hutcherson, S., & Hawes, R. (1978). Effects of film modeling on the reduction of anxiety-related behaviors in individuals varying in level of previous experience in the stress situation. Journal of Consulting and Clinical Psychology, 46, 1357–1374.

Melamed, D., Simpson, B., & Abernathy, J. (2020). The robustness of reciprocity: Experimental evidence that each form of reciprocity is robust to the presence of other forms of reciprocity. Science Advances, 6, https://doi.org/10.1126/sciadv.aba0504.

Mercer, A., Caporaso, A., Cantor, D., & Townsend, J. (2015). How much gets you how much? Monetary incentives and response rates in household surveys. Public Opinion Quarterly, 79, 105–129.

Meredith, J. (2020). Conversation analysis, cyberpsychology and online interaction. Social and Personality

Psychology Compass, 14. https://doi.org/10.1111/spc3.12529.

Meyerwitz, B. E., & Chaiken, S. (1987). The effect of message framing on breast self-examination attitudes, intentions, and behavior. Journal of Personality and Social Psychology, 52, 500–510.

Michelitch, K. (2015). Does electoral competition exacerbate interethnic or interpartisan economic discrimination? Evidence from a field experiment in market price bargaining. American Political Science Review, 109, 43–61. https://doi.org/10.1017/S0003055414000628.

Midlarsky, E., & Nemeroff, R. (1995, July). Heroes of the holocaust: Predictors of their well-being in later life. Poster presented at the American Psychological Society meetings, New York, NY.

Milgram, S. (1970). The experience of living in cities: A psychological analysis. In F. F. Korten, S. W. Cook, & J. I. Lacey (eds.), Psychology and the problems of society(pp. 152–173). American Psychological Association. https://doi.org/10.1037/10042-011

Milgram, S. (1974). Obedience to authority. New York: Harper & Row.

Milgram, S., Bickman, L., & Berkowitz, O. (1969). Note on the drawing power of crowds of different size. Journal of Personality and Social Psychology, 13, 79–82.

Miller, C. B. (2009). Yes we did!: Basking in reflected glory and cutting off reflectedfailure in the 2008 presidential election. Analyses of Social Issues and Public Policy, 9, 283–296.

Miller, C. H., Burgoon, M., Grandpre, J. R., & Alvaro, E.M. (2006). Identifying principal risk factors for the initiation of adolescent smoking behaviors: The significance of psychological reactance. Health Communication, 19, 241–252. https://doi.org/10.1207/s15327027hc1903_6.

Miller, G. F. (2000). The mating mind. New York: Doubleday.

Miller, J. M., & Krosnick, J. A. (1998). The impact of candidate name order on election outcomes. Public Opinion Quarterly, 62, 291–330.

Miller, N., Campbell, D. T., Twedt, H., & O'Connell, E. J. (1966). Similarity, contrast,and complementarity in friendship choice. Journal of Personality and Social Psychology, 3, 3–12.

Miller, R. L., Brickman, P., & Bollen, D. (1975). Attribution versus persuasion as a means of modifying behavior. Journal of Personality and Social Psychology, 31, 430–441.

Miller, R. L., Seligman, C., Clark, N. T., & Bush, M. (1976). Perceptual contrast versus reciprocal concession as mediators of induced compliance. Canadian Journal of Behavioral Science, 8, 401–409.

Mills, C. M., & Keil, F. C. (2005). The development of cynicism. Psychological Science, 16, 385–390.

Mita, T. H., Dermer, M., & Knight, J. (1977). Reversed facial images and the mere exposure hypothesis. Journal of Personality and Social Psychology, 35, 597–601.

Mogg, K., Waters, A. M., & Bradley, B. P. (2017). Attention bias modification (ABM): Review of effects of multisession ABM training on anxiety and threatrelatedattention in high-anxious individuals. Clinical Psychological Science, 5, 698–717. https://doi.org/10.1177/2167702617696359.

Monahan, J. L., Murphy, S. T., & Zajonc, R. B. (2000). Subliminal mere exposure:Specific, general, and diffuse effects. Psychological Science, 11, 462–466.

Moons, W. G., Mackie, D. M., & Garcia-Marques, T. (2009). The impact of repetition-induced familiarity on agreement with weak and strong arguments. Journal of Personality and Social Psychology, 96, 32–44. http://dx.doi.org/10.1037/a0013461.

Moore, C., & Pierce, L. (2016). Reactance to transgressors: Why authorities deliverharsher penalties when the social context elicits expectations of leniency. Frontiers in Psychology, 7, 550. http://dx.doi.org/10.3389/fpsyg.2016.00550.

Moore, D. E., Kurtzberg, T. R., Thompson, L. L., & Morris, M. W. (1999). Long and short routes to success in electronically-mediated negotiations: Group affiliationsand good vibrations. Organizational Behavior and Human Decision Processes, 77, 22–43.

Moreland, R. L., & Topolinski, S. (2010). The mere exposure phenomenon: A lingering melody by Robert Zajonc. Emotion Review, 2, 329–339. https://doi.org/10.1177/1754073910375479.

Moriarty, T. (1975). Crime, commitment, and the responsive bystander: Two field experiments. Journal of Personality and Social Psychology, 31, 370–376.

Morris, M., Nadler, J., Kurtzberg, T., & Thompson, L. (2002). Schmooze or lose: Social friction and lubrication in e-mail negotiations. Group Dynamics: Theory, Research, and Practice, 6, 89–100. http://dx.doi.org/10.1037/1089-2699.6.1.89.

Morrison, K. R., Plaut, V. C., & Ybarra, O. (2010). Predicting whether multiculturalism positively or negatively influences white Americans' intergroup attitudes: The role of ethnic identification. Personality and Social Psychology Bulletin, 36, 1648–1661. https://doi.org/10.1177/0146167210386118.

Morrow, L. (1991, September 2). The Russian revolution, Time, 20.Mortensen, C. H., Neel, R., Cialdini, R. B., Jaeger, C. M., Jacobson, R. P., &

Ringel, M. M. (2017). Upward trends: A lever for encouraging behaviors performedby the minority. Social Psychology and Personality Science. https://doi.org/10.1177%2F1948550617734615.

Mousa, S. (2020). Building social cohesion between Christians and Muslims through soccer in post-ISIS Iraq, Science, 369, 866–870. https://doi.org/10.1126/science.abb3153.

Mrkva, K., & Van Boven, L. (2020). Salience theory of mere exposure: Relative exposure increases liking, extremity, and emotional intensity. Journal of Personality and Social Psychology, 118, 1118–1145. https://doi.org/10.1037/pspa0000184. Mulla, M. M., Witte, T. H., Richardson, K., Hart, W., Kassing, F. L., Coffey,

C. A., Hackman, C. L., & Sherwood, I. M. (2019). The causal influence of perceivedsocial norms on intimate partner violence perpetration: Converging cross-sectional, longitudinal, and experimental support for a social disinhibitionmodel. Personality and Social Psychology Bulletin, 45, 652–668. https://doi.org/10.1177/0146167218794641.

Murayama, K., & Elliot, A. J. (2012). The competition–performance relation: A meta-analytic review and test of the opposing processes model of competitionand performance. Psychological Bulletin, 138, 1035–1070. http://dx.doi.org/10.1037/a0028324.

Murphy, S. T., & Zajonc, R. B. (1993). Affect, cognition and awareness. Journal of Personality and Social Psychology, 64, 723–739.

Murrar, S., Campbell, M. R., & Brauer, M. (2020). Exposure to peers' prodiversityattitudes increases inclusion and reduces the achievement gap. Nature Human Behavior. https://doi.org/10.1038/s41562-020-0899-5.

Murray, D. A., Leupker, R. V., Johnson, C. A., & Mittlemark, M. B. (1984). The prevention of cigarette smoking in children: A comparison of four strategies. Journal of Applied Social Psychology, 14, 274–288.

Nai, J., Narayanan, J., Hernandez, I., & Savani, K. (2018). People in more racially diverse neighborhoods are more prosocial. Journal of Personality and Social Psychology, 114, 497–515. https://doi.org/10.1037/pspa0000103.

Nakayachi, K., Ozaki, T., Shibata, Y., & Yokoi, R. (2020). Why do Japanese people use masks against COVID-19, even though masks are unlikely to offer protection from infection? Frontiers in Psychology, 11. https://doi.org/10.3389/fpsyg.2020.01918.

Naylor, R. W., Raghunathan, R., & Ramanathan, S. (2006). Promotions spontaneously induce a positive evaluative response. Journal of Consumer Psychology,16, 295–305.

Nelissen, R. M. A., & Meijers, M. H. C. (2011). Social benefits of luxury brands as costly signals of wealth and status. Evolution and Human Behavior, 32, 343–355.

News. (1988). Stanford Business School Magazine, 56, 3.

Nijjer, R. (2019). 5 types of social proof to use on your website now. Search Engine Journal. www.searchenginejournal.com/social-proof-types/318667.

Nolan, J. M., Schultz, P. W., Cialdini, R. B., & Goldstein, N. J. (2021). The socialnorms approach: A wise intervention for solving social and environmental problems. In G. Walton and A. Crum (eds.) Handbook of Wise Interventions. (pp. 405–428). Guilford.

Nolan, J. M., Schultz, P. W., Cialdini, R. B., Goldstein, N. J., & Griskevicius, V. (2008). Normative social influence is underdetected. Personality and Social Psychology Bulletin, 34, 913–923.

Noor, M., Brown, R., Gonzalez, R., Manzi, Jorge, & Lewis, C. A. (2008). On positivepsychological outcomes: What helps groups with a history of conflict to forgive and reconcile with each other? Personality and Social Psychology Bulletin,34, 819–832.

Norscia, I., & Palagi, E. (2011). Yawn contagion and empathy in Homo sapiens. PLoS ONE, 6. https://doi.org/10.1371/journal.pone.0028472.

Norscia, I., Zanoli, A., Gamba, M., & Palagi, E. (2020). Auditory contagious yawning is highest between friends and family members: Support to the emotionalbias hypothesis. Frontiers of Psycholology, 11, 442. https://doi.org/10.3389/fpsyg.2020.00442.

Norton, M. I., Mochon, D., & Ariely, D. (2012). The IKEA effect: When labor leads to love. Journal of Consumer Psychology, 22, 453–460. https://doi.org/10.1016/j.jcps.2011.08.002.

Oesch, N. (2019). Music and language in social interaction: Synchrony, antiphony, and functional origins. Frontiers of Psychology, 10, 1514. https://doi.org/10.3389/fpsyg.2019.01514.

Oh, D., Shafir, E., & Todorov, A. (2020). Economic status cues from clothes affect perceived competence from faces. Nature Human Behaviour, 4(3), 287–293. https://doi.org/10.1038/s41562-019-0782-4.

Ohadi, J., Brown, B., Trub, L., & Rosenthal, L. (2018). I just text to say I love you: Partner similarity in texting and relationship satisfaction. Computers in Human Behavior, 78, 126–132. https://doi.org/10.1016/j.chb.2017.08.048.

Oliver, A. (2019). Reciprocity and the Art of Behavioural Public Policy. Cambridge: Cambridge University Press. https://doi.org/10.1017/9781108647755.

O'Leary, S. G. (1995). Parental discipline mistakes. Current Directions in Psychological Science, 4, 11–13.

Oliner, S. P., & Oliner, P. M. (1988). The altruistic personality: Rescuers of Jews in Nazi Europe. New York: Free Press.

Olson, I. R., & Marshuetz, C. (2005). Facial attractiveness is appraised in a glance. Emotion, 5, 498–502.

Olson, J. M., & James, L. M. (2002). Vigilance for differences. Personality and Social Psychology Bulletin, 28, 1084–1093. Onyeador, I. N., Wittlin, N. M., Burke, S. E., Dovidio, J. F., Perry, S. P., Hardeman,

R. R., Dyrbye, L. N., et al. (2020). The value of interracial contact for reducing anti-Black bias among non-Black physicians: A cognitive habits and growth evaluation (CHANGE) study report. Psychological Science, 31, 18–30. https://doi.org/10.1177/0956797619879139.

Oosterhof, N. N., Tipper, S. P., & Downing, P. E. (2012). Visuo-motor imagery of specific manual actions: A multi-variate pattern analysis fMRI study, NeuroImage, 63, 262–271. https://doi.org/10.1016/j.neuroimage.2012.06.045.

Oriña, M. M., Wood, W., & Simpson, J. A. (2002). Strategies of influence in close relationships. Journal of Experimental Social Psychology, 38, 459–472.

Oskamp, S., & Schultz, P. W. (1998). Applied Social Psychology. Englewood Cliffs, NJ: Prentice-Hall.

Ott, M., Choi, Y., Cardie, C., & Hancock, J. T. (2011). Finding deceptive opinionspam by any stretch of the imagination. Proceedings of the 49th Annual Meeting of the Association for Computer Linguistics, 309–319. Portland, Oregon.Otten,

S., & Epstude, K. (2006). Overlapping mental representations of self, ingroup, and outgroup: Unraveling self-stereotyping and self-anchoring. Personality and Social Psychology Bulletin, 32, 957–969. https://doi.org/10.1177/0146167206287254.

Over, H. (2020, April 29). Seven challenges for the dehumanization hypothesis. Perspectives on Psychological Science. https://doi.org/10.1177/1745691620902133.

Over, H., & McCall, C. (2018). Becoming us and them: Social learning and intergroupbias. Social and Personality Compass. https://doi.org/10.1111/spc3.12384.

Packard, V. (1957). The hidden persuaders. New York: D. McKay.

Paez, D., Rime, B., Basabe, N., Wlodarczyk, A., & Zumeta, L. (2015). Psychosocial effects of perceived emotional synchrony in collective gatherings. Journal of Personality and Social Psychology, 108, 711–729.

Paese, P. W., & Gilin, D. A. (2000). When an adversary is caught telling the truth. Personality and Social Psychology Bulletin, 26, 75–90.

Page-Gould, E., Mendoza-Denton, R., Alegre, J. M., & Siy, J. O. (2010). Understanding the impact of cross-group friendship on interactions with novel outgroup members. Journal of Personality and Social Psychology, 98, 775–793. https://doi.org/10.1037/a0017880.

Page-Gould, E., Mendoza-Denton, R., & Tropp, L. R. (2008). With a little help from my cross-group friend: Reducing anxiety in intergroup contexts through cross-group friendship. Journal of Personality and Social Psychology, 95, 1080–1094.

Palagi, E., Leone, A., Mancini, G., & Ferrari, P. F. (2009). Contagious yawning in gelada baboons as a possible expression of empathy. Proceedings of the National Academy of Sciences 106, 19262–19267.

Palidino, M-P., Mazzurega, M., Pavani, F., & Schubert, T. W. (2010). Synchronousmultisensory stimulation blurs self-other boundaries. Psychological Science,21, 1202–1207.

Pallak, M. S., Cook, D. A., & Sullivan, J. J. (1980). Commitment and energy conservation. Applied Social Psychology Annual, 1, 235–253.

Paluck, E. L. (2009). Reducing intergroup prejudice and conflict using the media: A field experiment in Rwanda. Journal of Personality and Social Psychology,96, 574–587. http://dx.doi.org/10.1037/a0011989.

Paluck, E. L., & Green, D. P. (2009). Prejudice reduction: What works? A reviewand assessment of research and practice. Annual Review of Psychology, 60, 339–367.

Pane, L. M. (2019, December 29). Study: US mass killings reach new high in 2019. Arizona Republic, 8A.

Paolini, S., Hewstone, M., Cairns, E., & Voci, A. (2004). Effects of direct and indirect cross-group friendships on judgments of Catholics and Protestants in Northern Ireland. Personality and Social Psychology Bulletin, 30, 770–786.

Park, H., Lalwani, A. K., & Silvera, D. H. (2020). The impact of resource scarcityon price-quality judgments. Journal of Consumer Research, 46, 1110–1124. https://doi.org/10.1093/jcr/ucz031.

Park, J. H., & Schaller, M. (2005). Does attitude similarity serve as a heuristic cue for kinship? Evidence of an implicit cognitive association. Evolution and Human Behavior, 26, 158–170.

Park, J. H., Schaller, M., & Van Vugt, M. (2008). Psychology of human kin recognition: Heuristic cues, erroneous inferences, and their implications. Review of General Psychology, 12, 215–235.

Parkinson, B. (2020). Intragroup emotion convergence: Beyond contagion and social appraisal. Personality and Social Psychology Review, 24, 121–140. https://doi.org/10.1177/1088868319882596.

Parsons, C. A., Sulaeman, J., Yates, M. C., & Hamermesh, D. S. (2011). Strike three: Discrimination, incentives, and evaluation. American Economic Review, 101, 1410–1435.

Pavlov, I. P. (1927). Conditioned reflexes. Translated by G. V. Anrep. Oxford: Oxford University Press.

Peiponen, V. A. (1960). Verhaltensstudien am blaukehlchen [Behavior studies of the blue-throat]. Ornis Fennica, 37, 69–83.

Pennycook, G., Cannon, T. D., & Rand, D. G. (2018). Prior exposure increases perceived accuracy of fake news. Journal of Experimental Psychology: General, 147(12), 1865–1880. https://doi.org/10.1037/xge0000465.

Perry, G. (2012). Behind the shock machine: The untold story of the notorious Milgram psychology experiments. Melbourne: Scribe.

Pettigrew, T. F. (1997). Generalized intergroup contact effects on prejudice. Personality and Social Psychology Bulletin, 23, 173–185.

Pettigrew, T. F., & Tropp, L. R. (2006). A meta-analytic test of intergroup contact theory. Journal of Personality and Social Psychology, 90, 751–783. http://dx.doi.org/10.1037/0022-3514.90.5.751.

Petrova, P. K., Cialdini, R. B., & Sills, S. J. (2007). Personal consistency and compliance across cultures. Journal of Experimental Social Psychology, 43, 104–111.

Petty, R. E., Briñol, P., Fabrigar, L., & Wegener, D. T. (2019). Attitude structure and change. In R. Baumeister, and E. Finkel (eds.). Advanced Social Psychology (pp. 117–156). New York: Oxford University Press.

Petty, R. E., Cacioppo, J. T., & Goldman, R. (1981). Personal involvement as a determinant of argument-based persuasion. Journal of Personality and Social Psychology, 41, 847–855.

Pfeffer, J., & Cialdini, R. B. (1998). Illusions of influence. In R. M. Kramer & M. A. Neale (eds). Power and Influence in Organizations (pp. 1–20). Thousand Oaks, CA: Sage.

Phillips, D. P. (1974). The influence of suggestion on suicide: Substantive and theoretical implications of the Werther effect. American Sociological Review, 39, 340–354.

Phillips, D. P. (1979). Suicide, motor vehicle fatalities, and the mass media: Evidence toward a theory of suggestion. American Journal of Sociology, 84, 1150–1174.

Phillips, D. P. (1980). Airplane accidents, murder, and the mass media: Towards a theory of imitation and suggestion. Social Forces, 58, 1001–1024.

Phillips, D. P., & Cartensen, L. L. (1986). Clustering of teenage suicides after television news stories about suicide. New England Journal of Medicine, 315, 685–689.

Phillips, D. P., & Cartensen, L. L. (1988). The effect of suicide stories on various demographic groups, 1968–1985. Suicide and Life-Threatening Behavior, 18, 100–114.

Philpot, R., Liebst, L. S., Levine, M., Bernasco, W., & Lindegaard, M. R. (2020). Would I be helped? Cross□national CCTV footage shows that intervention is the norm in public conflicts. American Psychologist, 75, 66–75.

Pierce, J. R., Kilduff, G. J., Galinsky, A. D., & Sivanathan, N. (2013). From glue to gasoline: How competition turns perspective takers unethical. Psychological Science, 24, 1986–1994. https://doi.org/10.1177/0956797613482144.

Pinsker, J. (2014, October 1). The psychology behind Costco's Free Samples: Mini pizza bagels? Now we're talking. The Atlantic. www.theatlantic.com/business/archive/2014/10/the-psychology-behind-costcos-free-samples/380969.

Plassmann, H., O'Doherty, J., Shiv, B., & Rangel, A. (2008). Marketing actions can modulate neural representations of experienced pleasantness. Proceedings of the National Academy of Sciences, 105, 1050–1054.

Pope, B. R., & Pope, N. G. (2015). Own-nationality bias: Evidence from UEFA Champions League football referees. Economic Inquiry 53, 1292–1304.

Pope, D. G., & Schweitzer, M. E. (2011). Is Tiger Woods loss averse?: Persistent bias in the face of experience, competition, and high stakes. American Economic Review, 101. 129–157. https://doi.org/10.1257/aer.101.1.129.

Poulin-Dubois, D., Brooker, I., & Polonia, A. (2011). Infants prefer to imitate a reliable person. Infant Behavior and Development, 34, 303–309. https://doi.org/10.1016/j.infbeh.2011.01.006.

Powers, N., Blackman, A., Lyon, T. P., & Narain, U. (2011). Does disclosure reduce pollution?: Evidence from India's Green Rating Project. Environmental and Resource Economics, 50, 131–155.

Poza, D. (2016). 7 simple hacks to supercharge your registration process. https://auth0.com/blog/supercharge-your-registration-process.

Pratkanis, A. R. (2000). Altercasting as an influence tactic. In D. J. Terry and M. A. Hogg (eds.), Attitudes, behavior, and social context (pp. 201–226). Mahwah,NJ: Lawrence Erlbaum.

Pratkanis, A. R. (2007). Social influence analysis: An Index of tactics. In A. R. Pratkanis (ed.), The science of social Influence: Advances and future progress(pp. 17–82). Philadelphia, PA: Philadelphia Free Press.

Pratkanis, A., & Shadel, D. (2005). Weapons of fraud: A sourcebook for fraud fighters. Seattle, WA: AARP Washington.

Pratkanis, A. R., & Uriel, Y. (2011). The expert snare as an influence tactic: Surf, turf, and ballroom demonstrations of some compliance consequences of being altercast as an expert. Current Psychology, 30, 335–344. https://doi.org/10.1007/s12144-011-9124-z.

Prelec, D., & Simester, D. (2001). Always leave home without it: A further investigation of the credit-card effect on willingness to pay. Marketing Letters, 12, 5–12.

Preston, S. D. (2013). The origins of altruism in offspring care. Psychological Bulletin, 139, 1305–1341. Price, R. B., Wallace, M., Kuckertz, J. M., Amir, N., Graur, S., Cummings, L.,

Popa, P., et al. (2016). Pooled patient-level meta-analysis of children and adults completing a computer-based anxiety intervention targeting attentional bias. Clinical Psychology Review, 50, 37–49.

Price, J., & Wolfers, J. (2010). Racial discrimination among NBA referees. Quarterly Journal of Economics 125, 1859–1887.

Priebe, C. S., & Spink, K. S. (2011). When in Rome: Descriptive norms and physical activity. Psychology of Sport and Exercise, 12, 93–98. https://doi.org/10.1016/j.psychsport.2010.09.001.

Provine, R. (2000). Laughter: A scientific investigation. New York: Viking.

Pryor, C., Perfors, A., & Howe, P. D. L. (2019). Even arbitrary norms influence moral decision-making. Nature Human Behaviour, 3, 57–62. https://doi.org/10.1038/s41562-018-0489-y.

Putnam, A. L., Ross, M. Q., Soter, L. K., & Roediger, H. L. (2018). Collective narcissism: Americans exaggerate the role of their home state in appraising U.S. history. Psychological Science, 29, 1414–1422. https://doi.org/10.1177/0956797618772504.

Qiu, C., Luu, L., & Stocker, A. A. (2020). Benefits of commitment in hierarchical inference. Psychological Review, 127, 622–639. https://doi.org/10.1037/rev0000193.

Rachlin, H., & Jones, B. A. (2008). Altruism among relatives and non☐relatives. Behavioural Processes, 79, 120–123. https://doi.org/10.1016/j.beproc.2008.06.002.

Rao, A. R., & Monroe, K. B. (1989). The effect of price, brand name, and store name on buyer's perceptions of product quality. Journal of Marketing Research, 26, 351–357. https://doi.org/10.1023/A:1008196717017.

Raue, M., & Scholl, S. G. (2018). The use of heuristics in decision-making underrisk and uncertainty. In M. Raue, E. Lermer, and B. Streicher (eds.), Psychological perspectives on risk and risk analysis: Theory, Models and Applications (pp. 153–179). New York, NY: Springer.

Razran, G. H. S. (1938). Conditioning away social bias by the luncheon technique.Psychological Bulletin, 35,

693.

Razran, G. H. S. (1940). Conditional response changes in rating and appraising sociopolitical slogans. Psychological Bulletin, 37, 481.

Regan, D. T., & Kilduff, M. (1988). Optimism about elections: Dissonance reductionat the ballot box. Political Psychology, 9, 101–107.

Regan, R. T. (1971). Effects of a favor and liking on compliance. Journal of Experimental Social Psychology, 7, 627–639.

Reich, T., Kupor, D. M., & Smith, R. K. (2018). Made by mistake: When mistakes increase product preference. Journal of Consumer Research, 44, 1085–1103. https://doi.org/10.1093/jcr/ucx089.

Reich, T., & Maglio, S. J. (2020). Featuring mistakes: The persuasive impact of purchase mistakes in online reviews. Journal of Marketing, 84, 52–65. https://doi.org/10.1177/0022242919882428.

Reilly, K. (2017, October 23). A deadly campus tradition. Time, 57–61.

Reis, H. T., Maniaci, M. R., Caprariello, P. A., Eastwick, P. W., & Finkel, E. J. (2011). Familiarity does promote attraction in live interaction. Journal of Personality and Social Psychology, 101, 557–570.Reiterman, T. (2008). Raven: The untold story of the Rev. Jim Jones and his people. New York: Tarcher Perigee.

Rentfrow, P. J. (2010). Statewide differences in personality: Toward a psychological geography of the United States. American Psychologist, 65, 548–558. https://doi.org/10.1037/a0018194. Rice, B. (April 24, 2000). How plaintiff's lawyers pick their targets. Medical Economics, 77, 94–110.

Richeson, J. A., & Shelton, J. N. (2007). Negotiating interracial interactions. Current Directions in Psychological Science, 16, 316–320.

Riek, B. M., Mania, E. W., & Gaertner, S. L. (2006). Intergroup threat and outgroupattitudes: A meta-analytic review. Personality and Social Psychology Review, 10, 336–353. https://doi.org/10.1207/s15327957pspr1004_4.

Riek, B. M., Mania, E. W., Gaertner, S. L., McDonald, S. A., & Lamoreaux, M. J. (2010). Does a common in-group identity reduce intergroup threat? Group Processes & Intergroup Relations, 13, 403–423. https://doi.org/10.1177/1368430209346701.

Riley, D., & Eckenrode, J. (1986). Social ties: Subgroup differences in costs and benefits. Journal of Personality and Social Psychology, 51, 770–778.

Ritts, V., Patterson, M. L., & Tubbs, M. E. (1992). Expectations, impressions, and judgments of physically attractive students: A review. Review of Educational Research, 62, 413–426.

Rochat, F., & Blass, T. (2014). Milgram's unpublished obedience variation and its historical relevance. Journal of Social Issues, 70, 456–472.

Rodafinos, A., Vucevic, A., & Sideridis, G. D. (2005). The effectiveness of compliance techniques: Foot-in-the-door versus door-in-the-face. Journal of Social Psychology, 145, 237–240.

Roese, N. J., & Olson, M. J. (1994). Attitude importance as a function of repeated attitude expression. Journal of Experimental Social Psychology, 30, 39–51. http://dx.doi.org/10.1006/jesp.1994.1002.

Rollins, T. (2020). The CEO formula. McLean, VA: Rollins.Romero, T., Ito, M., Saito, A., & Hasegawa, T. (2014). Social modulation of contagious yawning in wolves. PLoS ONE, 9. http://dx.doi.org/10.1371/journal.pone.0105963.

Romero, T., Konno, A., & Hasegawa, T. (2013). Familiarity bias and physiological responses in contagious yawning by dogs support link to empathy. PLoS ONE, 8. http://dx.doi.org/10.1371/journal.pone.0071365.

Rosen, S., & Tesser, A. (1970). On the reluctance to communicate undesirable information: The MUM effect. Sociometry, 33, 253–263.

Rosenthal, A. M. (1964). Thirty-eight witnesses. New York: McGraw-Hill.

Roseth, C. J., Johnson, D. W., & Johnson, R. T. (2008). Promoting early adolescents'achievement and peer relationships: The effects of cooperative, competitive, and individualistic goal structures. Psychological Bulletin, 134, 223–246. http://dx.doi.org/10.1037/0033-2909.134.2.223.

Ross, J. R. (1994). Escape to Shanghai: A Jewish community in China. New York: Free Press.

Rothman, A. J., Martino, S. C., Bedell, B. T., Detweiler, J. B., & Salovey, P. (1999). The systematic influence of gain- and loss-framed messages on interest in and use of different types of health behavior. Personality and Social Psychology Bulletin,25, 1355–1369.

Rothman, A. J., & Salovey, P. (1997). Shaping perceptions to motivate healthy behavior: The role of message framing. Psychological Bulletin, 121, 3–19.

Rubinstein, S. (1985, January 30). What they teach used car salesmen. San Francisco Chronicle.

Rusbult, C. E., Van Lange, P. A. M., Wildschut, T., Yovetich, N. A., & Verette, J. (2000). Perceived superiority in close relationships: Why it exists and persists. Journal of Personality and Social Psychology, 79, 521–545.

Sabin, R. (1964). The international cyclopedia of music and musicians. New York: Dodd, Mead.

Sacarny, A., Barnett, M. L., Le, J., Tetkoski, F., Yokum, D., & Agrawal, S. (2018). Effect of peer comparison letters for high-volume primary care prescribers of quetiapine in older and disabled adults: A randomized clinical trial. Journal of the American Medical Association Psychiatry, 75, 1003–1011. https://doi.org/10.1001/jamapsychiatry.2018.1867.

Sagarin, B. J., Cialdini, R. B., Rice, W. E., & Serna, S. B. (2002). Dispelling the illusion of invulnerability: The motivations and mechanisms of resistance to persuasion. Journal of Personality and Social Psychology, 83, 526–541.

Sagarin, B. J., & Mitnick, K. D. (2012). The path of least resistance. In D. T. Kenrick, N. J. Goldstein, and S. L. Braver (eds.), Six degrees of social influence: Science,application, and the psychology of Robert Cialdini (pp. 27–38). New York: Oxford University Press.

Salant, J. D. (2003, July 20). Study links donations, vote patterns. Arizona Republic,A5.

Salganik, M. J., Dodds, P. S., & Watts, D. J. (2006). Experimental study of inequality and unpredictability in an artificial cultural market. Science, 311, February10, 854–856.

Santos, H. C., Varnum, M. E. W., & Grossmann, I. (2017). Global increases in individualism. Psychological Science, 28, 1228–1239. https://doi.org/10.1177/0956797617700622.

Sasaki, S. J., & Vorauer, J. D. (2013). Ignoring versus exploring differences between groups: Effects of salient color-blindness and multiculturalism on intergroup attitudes and behavior. Social and Personality Psychology Compass, 7, 246–259. https://doi.org/10.1111/spc3.12021.

Sassenrath, C., Hodges, S. D., & Pfattheicher, S. (2016). It's all about the self: When perspective taking backfires. Current Directions in Psychological Science, 25, 405–410. https://doi.org/10.1177/0963721416659253.

Savage, P., Loui, P., Tarr, B., Schachner, A., Glowacki, L., Mithen, S., & Fitch, W. (2020). Music as a coevolved system for social bonding. Behavioral and Brain Sciences, 1–36. https://doi.org/10.1017/S0140525X20000333.

Schein, E. (1956). The Chinese indoctrination program for prisoners of war: A study of attempted "brainwashing." Psychiatry, 19, 149–172.

Schindler, R. M. (1998). Consequences of perceiving oneself as responsible for obtaining a discount. Journal of Consumer Psychology, 7(4), 371–392.

Schkade, D. A., & Kahneman, D. (1998). Does living in California make people happy? A focusing illusion in judgments of life satisfaction. Psychological Science, 9, 340–346.

Schlenker, B. R., Dlugolecki, D. W., & Doherty, K. (1994). The impact of selfpresentations on self-appraisals and behavior. The power of public commitment. Personality and Social Psychology Bulletin, 20, 20–33.

Schmidtke, A., & Hafner, H. (1988). The Werther effect after television films: New evidence for an old hypothesis. Psychological Medicine, 18, 665–676.

Schmitt, M. T., Mackay, C. M. L., Droogendyk, L. M., & Payne, D. (2019). What predicts environmental activism? The roles of identification with nature and politicized environmental identity. Journal of Environmental Psychology, 61, 20–29. https://doi.org/10.1016/j.jenvp.2018.11.003.

Schrange, M. (2004, September). The opposite of perfect. Sales and Marketing Management, 26.

Schrift, R. Y., & Parker, J. R. (2014). Staying the course: The option of doing nothing and its impact on postchoice persistence. Psychological Science, 25, 772–780.

Schroeder, J., Risen, J. L., Gino, F., & Norton, M. I. (2019). Handshaking promotesdeal-making by signaling cooperative intent. Journal of Personality and Social Psychology, 116, 743–768. http://dx.doi.org/10.1037/pspi0000157.

Schultz, P. W. (1999). Changing behavior with normative feedback interventions:A field experiment on curbside recycling. Basic and Applied Social Psychology,21, 25–36.

Schumpe, B. M., Bélanger, J. J., & Nisa, C. F. (2020). The reactance decoy effect: How including an appeal before a target message increases persuasion. Journalof Personality and Social Psychology, 119, 272–292. https://doi.org/10.1037/pspa0000192.

Schwarz, N. (1984). When reactance effects persist despite restoration of freedom:Investigations of time delay and vicarious control. European Journal of Social Psychology, 14, 405–419.

Schwarzwald, D., Raz, M., & Zwibel, M. (1979). The applicability of the door-inthe-face technique when established behavior customs exit. Journal of Applied Social Psychology, 9, 576–586.

Sechrist, G. B., & Stangor, C. (2007). When are intergroup attitudes based on perceived consensus information? The role of group familiarity. Social Influence,2, 211–235.

Segal, H. A. (1954). Initial psychiatric findings of recently repatriated prisoners of war. American Journal of Psychiatry, III, 358–363.

Seiter, J. S. (2007). Ingratiation and gratuity: The effect of complimenting customers on tipping behavior in restaurants. Journal of Applied Social Psychology, 37, 478–485.

Seiter, J. S., & Dutson, E. (2007). The effect of compliments on tipping behavior in hairstyling salons. Journal of Applied Social Psychology, 37, 1999–2007.

Sengupta, J., & Johar, G. V. (2001). Contingent effects of anxiety on message elaborationand persuasion. Personality and Social Psychology Bulletin, 27, 139–150.

Shadel, D. (2012). Outsmarting the scam artists: How to protect yourself from the most clever cons. Hoboken, NJ: Wiley & Sons. Shaffer, D., Garland, A., Vieland. V., Underwood, M., & Busner, C. (1991). The impact of curriculum-based suicide prevention programs for teenagers. Journal of the American Academy of Child and Adolescent Psychiatry, 30, 588–596.

Shah, A. J., & Oppenheimer, D. M. (2008). Heuristics made easy: An effort reduction framework. Psychological Bulletin, 134, 207–222.

Shah, A. M., Eisenkraft, N., Bettman, J. R., & Chartrand, T. L. (2015). "Paper or plastic?": How we pay influences post-transaction connection. Journal of Consumer Research, 42, 688–708. https://doi.org/10.1093/jcr/ucv056.

Sharot, T., Fleming, S. M., Yu, X., Koster, R., & Dolan, R. J. (2012). Is choiceinduced preference change long lasting? Psychological Science, 23, 1123–1129.

Sharot, T., Velasquez, C. M., & Dolan, R. J. (2010). Do decisions shape preference?Evidence from blind choice. Psychological Science, 21, 1231–1235.

Sharps, M., & Robinson, E. (2017). Perceived eating norms and children's eating behavior: An Informational social Influence account. Appetite, 113, 41–50.

Shayo, M. (2020). Social identity and economic policy. Annual Review of Economics, 12, 355–389.

Shayo, M., & Zussman, A. (2011). Judicial in-group bias in the shadow of terrorism. Quarterly Journal of Economics, 126, 1447–1484.

Shelley, M. K. (1994). Individual differences in lottery evaluation models. Organizational Behavior and Human Decision Processes, 60, 206–230.Sheng, F., Ramakrishnan, A., Seok, D., Zhao, W. J., Thelaus, S., Cen, P., & Platt,

M. L. (2020). Decomposing loss aversion from gaze allocation and pupil dilation.Proceedings of the National Academy of Sciences, 117, 11356-11363. https://doi.org/10.1073/pnas.1919670117.

Sherif, M., Harvey, O. J., White, B. J., Hood, W. R., & Sherif, C. W. (1961). Intergroup conflict and cooperation: The Robbers' Cave experiment. Norman, OK: University of Oklahoma Institute of Intergroup Relations.

Sherman, D. K., Brookfield, J., & Ortosky, L. (2017). Intergroup conflict and barriers to common ground: A self-affirmation perspective. Social and Personality Psychology Compass, 11. https://doi.org/10.1111/spc3.12364.

Sherman, L. E., Payton, A. A., Hernandez, L. M., Greenfield, P. M., & Dapretto, M. (2016). The power of the like in adolescence: Effects of peer influence on neural and behavioral responses to social media. Psychological Science, 27, 1027–1035. https://doi.org/10.1177/0956797616645673.

Sherman, S. J. (1980). On the self-erasing nature of errors of prediction. Journal of Personality and Social Psychology, 39, 211–221.Shi, L., Romić, I., Ma, Y., Wang, Z., Podobnik, B., Stanley, H. E., Holme, P., &

Jusup, M. (2020). Freedom of choice adds value to public goods. Proceedings of the National Academy of Sciences, 117, 17516–17521. https://doi.org/10.1073/pnas.1921806117.

Shiv, B., Carmon, Z., & Ariely, D. (2005). Placebo effects of marketing actions: Consumers may get what they pay for. Journal of Marketing Research, 42, 383–393. https://doi.org/10.1509/jmkr.2005.42.4.383.

Shnabel, N., Halabi, S., & Noor, M. (2013). Overcoming competitive victimhood and facilitating forgiveness through re-categorization into a common victim or perpetrator identity, Journal of Experimental Social Psychology, 49, 867–877.

Shnabel, N., Purdie-Vaughns, V., Cook, J. E., Garcia J., & Cohen G. L. (2013). Demystifying values-affirmation interventions: Writing about social belonging is a key to buffering against identity threat. Personality and Social Psychology Bulletin. 39, 663–676.

Shook, N. J., & Fazio, R. H. (2008). Interracial roommate relationships: An experimental field test of the contact hypothesis. Psychological Science, 19, 717–723. https://doi.org/10.1111/j.1467-9280.2008.02147.x.

Shotland, R. I., & Straw, M. (1976). Bystander response to an assault: When a man attacks a woman. Journal of Personality and Social Psychology, 34, 990–999.

Shrestha, K. (2018). 50 important stats you need to know about online reviews. www.vendasta.com/blog/50-stats-you-need-to-know-about-online-reviews.

Shrout, M. R., Brown, R. D., Orbuch, T. L., & Weigel, D. J. (2019). A multidimensional examination of marital conflict and health over 16 years. Personal Relationships, 26, 490–506. https://doi.org/10.1111/pere.12292.

Shteynberg, G. (2015). Shared attention. Perspectives on Psychological Science, 10, 579–590.

Shtulman, A. (2006). Qualitative differences between naïve and scientific theories of evolution. Cognitive Psychology, 52, 170–194.

Shu, S. B., & Carlson, K. A. (2014). When three charms but four alarms: Identifying the optimal number of claims in persuasion settings. Journal of Marketing, 78, 127–139. https://doi.org/10.1509/jm.11.0504.

Siegal, A. (2018). Transcendental deception: Behind the TM curtain—bogus science, hidden agendas, and David Lynch's campaign to push a million public school kids into Transcendental Meditation while falsely claiming it is not a religion. Los Angeles,CA: Janreg.

Silver, A. M., Stahl, A. E., Loiotile, R., Smith-Flores, A. S., & Feigenson, L. (2020). When not choosing leads to not liking: Choice-induced preference in infancy. Psychological Science. https://doi.org/10.1177/0956797620954491.

Sinaceur, M., & Heath, C., & Cole, S. (2005). Emotional and deliberative reaction to a public crisis: Mad cow disease in France. Psychological Science, 16, 247–254.

Skinner, A. L., Olson, K. R., & Meltzoff, A. N. (2020). Acquiring group bias: Observing other people's nonverbal signals can create social group biases. Journal of Personality and Social Psychology, 119, 824–838. https://doi.org/10.1037/pspi0000218.

Slavin, R. E. (1983). When does cooperative learning increase student achievement?Psychological Bulletin, 94, 429–445.

Smith, C. T., De Houwer, J., & Nosek, B. A. (2013). Consider the source: Persuasion of implicit evaluations is moderated by source credibility. Personality and Social Psychology Bulletin, 39, 193–205.

Smith, D. L. (2020). On inhumanity: Dehumanization and how to resist it. Oxford: Oxford University Press.

Smith, G. H., & Engel, R. (1968). Influence of a female model on perceived characteristics of an automobile. Proceedings of the 76th Annual Convention of the American Psychological Association, 3, 681–682.

Smith, R. W., Chandler, J. J., & Schwarz, N. (2020). Uniformity: The effects of organizational attire on judgments and attributions. Journal of Applied Social Psychology, 50, 299–312.

Sokol-Hessner, P., & Rutledge, R. B. (2019). The psychological and neural basis of loss aversion. Current Directions in Psychological Science, 28, 20–27. https://doi.org/10.1177/0963721418806510.

Sorokowski, P. (2010). Politicians' estimated height as an indicator of their popularity. European Journal of Social Psychology, 40, 1302–1309. https://doi.org/10.1002/ejsp.710.

Southgate, V. (2020). Are infants altercentric? The other and the self in early social cognition. Psychological Review, 127, 505–523. https://doi.org/10.1037/rev0000182.

Spangenberg, E. R., & Greenwald, A. G. (2001). Self-prophesy as a method for increasing participation in socially desirable behaviors. In W. Wosinska, R. B. Cialdini, D. W. Barrett, and J. Reykowski (eds.), The practice of social influence in multiple cultures (pp. 51–62). Mahwah, NJ: Lawrence Erlbaum.

Sparkman, G., & Walton, G. M. (2017). Dynamic norms promote sustainable behavior, even if it is counternormative. Psychological Science, 28, 1663–1674. https://doi.org/10.1177/0956797617719950.

Sparkman, G., & Walton, G. M. (2019). Witnessing change: Dynamic norms help resolve diverse barriers to personal change. Journal of Experimental Social Psychology,82, 238–252.

Sprecher, S., Treger, S., Wondra, J. D., Hilaire, N., & Wallpe, K. (2013). Taking turns: Reciprocal self-disclosure promotes liking in initial interactions. Journal of Experimental Social Psychology, 49, 860–866.

Sprott, D. E., Spangenberg, E. R., Knuff, D. C., & Devezer, B. (2006). Selfpredictionand patient health: Influencing health-related behaviors through self-prophecy. Medical Science Monitor, 12, RA85–91. http://www.medscimonit.com/fulltxt.php?IDMAN=8110.

Staats, B. R., Dai, H., Hofmann, D., & Milkman, K. L. (2017). Motivating process compliance through individual electronic monitoring: An empirical examinationof hand hygiene in healthcare. Management Science, 63, 1563–1585.

Stallen, M., Smidts, A., & Sanfey, A. G. (2013). Peer influence: neural mechanismsunderlying in-group conformity. Frontiers in Human Neuroscience, 7. https://doi.org/10.3389/fnhum.2013.00050.

Stanchi, K. M. (2008). Playing with fire: The science of confronting adverse material in legal advocacy. Rutgers Law Review, 60, 381–434.

Stanne, M. B., Johnson, D. W., & Johnson, R. T. (1999). Does competition enhanceor inhibit motor performance: A meta-analysis. Psychological Bulletin, 125, 133–154.

Stehr, N., & Grundmann, R. (2011). Experts: The knowledge and power of expertise. London: Routledge.

Stelfox, H. T., Chua, G., O'Rourke, K., & Detsky, A. S. (1998). Conflict of interest in the debate over calcium-channel antagonists. New England Journal of Medicine,333, 101–106.

Stephan, W. G. (1978). School desegregation: An evaluation of predictions made in Brown vs. Board of Education. Psychological Bulletin, 85, 217–238.

Stern, S. M. (2012). The Cuban Missile Crisis in American memory: Myths versus reality. Palo Alto, CA: Stanford University Press.

Stephens, N. M., Fryberg, S. A., Markus, H. R., Johnson, C., & Covarrubias, R. (2012). Unseen disadvantage: How American universities' focus on independence undermines the academic performance of first-generation college students.Journal of Personality and Social Psychology, 102, 1178–1197.

Stevens, M. (2016). Cheats and deceits: How animals and plants exploit and mislead. New York: Oxford University Press.

Stewart, P. A., Eubanks, A. D., Dye, R. G., Gong, Z. H., Bucy, E. P., Wicks, R. H., & Eidelman, S. (2018). Candidate performance and observable audience response:Laughter and applause-cheering during the first 2016 Clinton-Trump presidential debate. Frontiers in Psychology, 9, 1182. https://doi.org/10.3389/fpsyg.2018.01182.

Stirrat, M., & Perrett, D. I. (2010). Valid facial cues to cooperation and trust: Male facial width and trustworthiness. Psychological Science, 21, 349–354.

Strenta, A., & DeJong, W. (1981). The effect of a prosocial label on helping behavior.Social Psychology Quarterly, 44, 142–147.

Strohmetz, D. B., Rind, B., Fisher, R., & Lynn, M. (2002). Sweetening the till—the use of candy to increase restaurant tipping. Journal of Applied Social Psychology, 32, 300–309.

Stok, F. M., de Ridder, D. T., de Vet, E., & de Wit, J. F. (2014). Don't tell me what I should do, but what others do: The influence of descriptive and injunctive peer norms on fruit consumption in adolescents. British Journal of Health Psychology 19, 52–64.

Stone, J., & Focella, E. (2011). Hypocrisy, dissonance and the self-regulation processes that improve health, Self and Identity, 10, 295–303. https://doi.org/10.1080/15298868.2010.538550.

Stone, J., Whitehead, J., Schmader, T., & Focella, E. (2011). Thanks for asking: Self-affirming questions reduce backlash when stigmatized targets confront prejudice. Journal of Experimental Social Psychology, 47, 589– 598.

Strauss, M. (2011). Pictures, passions, and eye. London: Halban.

Styron, W. (1977). A farewell to arms. New York Review of Books, 24, 3–4.

Suedfeld, P., Bochner, S., & Matas, C. (1971). Petitioner's attire and petition signingby peace demonstrators: A field experiment. Journal of Applied Social Psychology,1, 278–283.

Sumner, S. A., Burke, M., & Kooti, F. (2020). Adherence to suicide reporting guidelines by news shared on a social networking platform. Proceedings of the National Academy of Sciences, 117, 16267–16272. https://doi.org/10.1073/pnas.2001230117.

Surowiecki, J. (2004). The wisdom of crowds. New York: Doubleday.

Sutcliffe, K. (2019, November 25). How to reduce medical errors. Time, 25–26.

Swaab, R. I., Maddux, W. W., & Sinaceur, M. (2011). Early words that work: When and how virtual linguistic mimicry facilitates negotiation outcomes. Journal of Experimental Social Psychology, 47, 616–621.

Swann, W. B., & Buhrmester, M. D. (2015). Identity fusion. Current Directions in Psychological Science, 24,

52–57.

Swart, H., Hewstone, M., Christ, O., & Voci, A. (2011). Affective mediators of intergroup contact: A three-wave longitudinal study in South Africa. Journal of Personality and Social Psychology, 101, 1221–1238. https://doi.org/10.1037/a0024450.Sweis, B. M., Abram, S. V., Schmidt, B. J., Seeland, K. D., MacDonald III, A. W.,

Thomas, M. J., & Redish, D. (2018). Sensitivity to "sunk costs" in mice, rats, and humans. Science, 361, 178–181.

Sweldens, S., van Osselar, S. M. J., & Janiszewski, C. (2010). Evaluative conditioning procedures and resilience of conditioned brand attitudes. Journal of Consumer Research 37, 473–489.

Szabo, L. (2007, February 5). Patient protect thyself. USA Today, 8D.

Sznycer, D., De Smet, D., Billingsley, J., & Lieberman, D. (2016). Coresidence duration and cues of maternal investment regulate sibling altruism across cultures.Journal of Personality and Social Psychology, 111, 159–177. https://doi.org/10.1037/pspi0000057.

Tadlock, B. L, Flores, A. R., Haider-Markel, D. P., Lewis, D.C., Miller, P. R., & Taylor, J. K. (2017). Testing contact theory and attitudes on transgender rights. Public Opinion Quarterly, 81, 956–972. https://doi.org/10.1093/poq/nfx021.

Tal-Or, N. (2008). Boasting, burnishing, and burying in the eyes of the perceivers.Social Influence, 3, 202–222. https://doi.org/10.1080/15534510802324427.

Tan, Q., Zhan, Y., Gao, S., Chen, J., & Zhong, Y. (2015). Closer the relatives are, more intimate and similar we are: Kinship effects on self-other overlap. Personality and Individual Differences, 73, 7–11.

Tarr, B., Launay, J., & Dunbar, R. I. (2014). Music and social bonding: "Selfother"merging and neurohormonal mechanisms. Frontiers in psychology, 5. https://doi.org/10.3389/fpsyg.2014.01096.

Taylor, R. (1978). Marilyn's friends and Rita's customers: A study of party selling as play and as work. Sociological Review, 26, 573–611.

Tedeschi, J. T., Schlenker, B. R., & Bonoma, T. V. (1971). Cognitive dissonance: Private ratiocination or public spectacle? American Psychologist, 26, 685–695.

Teger, A. I. (1980). Too much invested to quit. Elmsford, NY: Pergamon.

Telzer, E. H., Masten, C. L., Berkman, E. T., Lieberman, M. D., & Fuligni, A. J. (2010). Gaining while giving: An fMRI study of the rewards of family assistance among White and Latino youth. Social Neuroscience, 5, 508–518.

Tesser, A. (1993). The importance of heritability in psychological research: The case of attitudes. Psychological Review, 100, 129–142.

Teuscher, U. (2005, May). The effects of time limits and approaching endings on emotional intensity. Paper presented at the meetings of the American Psychological Society, Los Angeles, CA.

Thaler, R. H., Tversky, A., Kahneman, D., & Schwartz, A. (1997). The effect of myopia and loss aversion on risk taking: An experimental test. The Quarterly Journal of Economics, 112, 647–661, https://doi.org/10.1162/003355397555226.

Thompson, D. (2017). Hit makers: The science of popularity in an age of distraction. New York: Penguin.

Thompson, L. (1990). An examination of naive and experienced negotiators. Journal of Personality and Social Psychology, 59, 82–90.

Thompson, L., & Hrebec, D. (1996). Lose-lose agreements in interdependent decision making. Psychological Bulletin, 120, 396–409.Tiger, L., & Fox, R. (1989). The imperial animal. New York: Holt.

Till, B. D., & Priluck, R. L. (2000). Stimulus generalization in classical conditioning:An initial investigation and extension. Psychology & Marketing, 17, 55–72.

Todd, A. R., & Galinsky, A. D. (2014). Perspective-taking as a strategy for improving intergroup relations: Evidence, mechanisms, and qualifications. Social and Personality Psychology Compass, 8, 374–387. https://doi.org/10.1111/spc3.12116.

Todd, P. M., & Gigerenzer, G. (2007). Environments that make us smart. Current Directions in Psychological Science, 16, 167–171.

Tokayer, M., & Swartz, M. (1979). The Fugu Plan: The untold story of the Japanese and the Jews during World War II. New York: Paddington.

Tomasello, M. (2020). The moral psychology of obligation. Behavioral and Brain Sciences, 43, E56. https://doi.org/10.1017/S0140525X19001742.

Tormala, Z. L., & Petty, R. E. (2007). Contextual contrast and perceived knowledge:Exploring the implications for persuasion. Journal of Experimental Social Psychology, 43, 17–30.

Toufexis, A. (1993, June 28). A weird case, baby? Uh huh! Time, 41.

Towers, S., Gomez-Lievano, A., Khan M., Mubayi, A., & Castillo-Chavez, C. (2015). Contagion in mass killings and school shootings. PLoS ONE, 10. https://doi.org/10.1371/journal.pone.0117259.

Trocmé, A. (2007/1971). Jesus and the nonviolent revolution. Farmington, PA: Plough Publishing House.

Turner, R. N., Hewstone, M., Voci, A., Paolini, S., & Christ, O. (2007). Reducing prejudice via direct and extended cross-group friendship. European Review of Social Psychology, 18, 212–255. https://doi.org/10.1080/10463280701680297.

Tversky, A., & Kahneman, D. (1974). Judgment under uncertainty: Heuristics and biases. Science, 185, 1124–1131.

Unkelbach, C., Koch, A., Silva, R. R., & Garcia-Marques, T. (2019). Truth by repetition:Explanations and implications. Current Directions in Psychological Science,28, 247–253. https://doi.org/10.1177/0963721419827854.

Valdesolo, P., & DeSteno, D. (2011). Synchrony and the social tuning of compassion.Emotion, 11, 262–266.

van Baaren, R. B., Holland, R. W., Steenaert, B., & van Knippenberg, A. (2003). Mimicry for money: Behavioral consequences of imitation. Journal of Experimental Social Psychology, 39, 393–398.

Vandello, J. A., & Cohen D. (1999). Patterns of individualism and collectivism across the United States. Journal of Personality and Social Psychology, 77, 279–292.

van den Berg, H., Manstead, A. S. R., van der Pligt, J., & Wigboldus, D. H. J. (2006). The impact of affective and cognitive focus on attitude formation. Journal of Experimental Social Psychology, 42, 373–379.

Van der Werff, E., Steg, L., & Keizer, K. (2014). I am what I am, by looking past the present: The influence of biospheric values and past behavior on environmental self-identity. Environment and Behavior, 46, 626–657. https://doi.org/10.1177/0013916512475209.

van Herpen, E., Pieters, R., & Zeelenberg, M. (2009). When demand accelerates demand: Trailing the bandwagon. Journal of Consumer Psychology, 19, 302–312. https://doi.org/10.1016/j.jcps.2009.01.001.

Van Overwalle, F., & Heylighen, F. (2006). Talking nets: A multiagent connectionist approach to communication and trust between individuals. Psychological Review, 113, 606–627.

Verosky, S. C., & Todorov, A. (2010). Generalization of affective learning about faces to perceptually similar faces. Psychological Science, 21, 779–785. https://doi.org/10.1177/0956797610371965.

Vonk, R. (2002). Self-serving interpretations of flattery: Why ingratiation works. Journal of Personality and Social Psychology, 82, 515–526.

von Zimmermann, J., & Richardson, D. C. (2016). Verbal synchrony and action dynamics in large groups. Frontiers of Psychology, 7. https://doi.org/10.3389/fpsyg.2016.02034.

Vorauer, J. D., Martens, V., & Sasaki, S. J. (2009). When trying to understand detracts from trying to behave: Effects of perspective taking in intergroup interaction. Journal of Personality and Social Psychology, 96, 811–827.

Vorauer, J. D., & Sasaki, S. J. (2011). In the worst rather than the best of times: Effects of salient intergroup ideology in threatening intergroup interactions. Journal of Personality and Social Psychology, 101(2), 307–320. https://doi.org/10.1037/a0023152.

Waber, R. L., Shiv, B., Carmon, Z., & Ariely, D. (2008). Commercial features of placebo and therapeutic efficacy. Journal of the American Medical Association, 299, 1016–1917.

Wagner, T., Lutz, R. J., & Weitz, B. A. (2009). Corporate hypocrisy: Overcoming the threat of inconsistent corporate social responsibility perceptions. Journal of Marketing, 73, 77–91. https://doi.org/10.1509/jmkg.73.6.77.

Walker, J., Risen, J. L., Gilovich, T., & Thaler, R. (2018). Sudden-death aversion: Avoiding superior options because they feel riskier. Journal of Personality and Social Psychology, 115, 363–378. https://doi.org/10.1037/pspa0000106.

Wall, L. L., & Brown, D. (2007). The high cost of free lunch. Obstetrics & Gynecology, 110, 169–173.

Wan, L. C., & Wyer, R. S. (2019). The influence of incidental similarity on observers' causal attributions and reactions to a service failure. Journal of Consumer Research, 45, 1350–1368. https://doi.org/10.1093/jcr/ucy050.

Ward, A., & Brenner, L. (2006). Accentuate the negative. The positive effects of negative acknowledgment. Psychological Science, 17, 959–965.

Warneken, F., Lohse, K., Melis, P. A., & Tomasello, M. (2011). Young children share the spoils after collaboration. Psychological Science, 22, 267–273.

Warren, W. H. (2018). Collective motion in human crowds. Current Directions in Psychological Science, 27, 232–240. https://doi.org/10.1177/0963721417746743.

Warrick, J. (2008, December 26). Afghan influence taxes CIA's credibility. Washington Post, A17.

Watanabe, T. (1994, March 20). An unsung "Schindler" from Japan. Los Angeles Times, 1.

Watson, T. J., Jr. (1990). Father, son, & co. New York: Bantam.

Waytz, A., Dungan, J., & Young, L. (2013). The whistleblower's dilemma and the fairness-loyalty tradeoff. Journal of Experimental Social Psychology, 49, 1027–1033.

Wears, R., & Sutcliffe, K. (2020). Still not safe: Patient safety and the middlemanagement of American medicine. New York: Oxford University Press.

Wedekind, C., & Milinski, M. (2000). Cooperation through image scoring in humans. Science, 288, 850–852.

Weidman, A. C., Sowden, W. J., Berg, M., & Kross, E. (2020). Punish or protect? How close relationships shape responses to moral violations. Personality and Social Psychology Bulletin, 46, 693–708. https://doi.org/10.1177/0146167219873485.

Weinstein, E. A., & Deutschberger, P. (1963). Some dimensions of altercasting. Sociometry, 26, 454–466.

Weisbuch, M., Ambady, N., Clarke, A. L., Achor, S., & Veenstra-Vander Weele, S. (2010). On being consistent: The role of verbal–nonverbal consistency in first impressions. Basic and Applied Social Psychology, 32, 261–268. https://doi.org/10.1080/01973533.2010.495659.

Weller, J. A., Levin, I. P., Shiv, B., & Bechara, A. (2007). Neural correlates of adaptive decision making for risky gains and losses. Psychological Science, 18, 958–964.

Wells, P. A. (1987). Kin recognition in humans. In D. J. C. Fletcher and C. D. Michener (eds.), Kin recognition in animals (pp. 395–416). New York: Wiley.

West, S. G. (1975). Increasing the attractiveness of college cafeteria food: A reactance theory perspective.

Journal of Applied Psychology, 60, 656–658.

Westmaas, J. L., & Silver, R. C. (2006). The role of perceived similarity in supportive responses to victims of negative life events. Personality and Social Psychology Bulletin, 32, 1537–1546.

Wheatley, T., Kang, O., Parkinson, C., & Looser, C. E. (2012). From mind perception to mental connection: Synchrony as a mechanism for social understanding. Social and Personality Psychology Compass, 6, 589–606. https://doi.org/10.1111/j.1751-9004.2012.00450.x.

White, M. (1997, July 12). Toy rover sales soar into orbit. Arizona Republic, E1, E9.Whitehouse, H., Jong, J., Buhrmester, M. D., Gómez, Á., Bastian, B., Kavanagh,

C. M., Newson, M., et al. (2017). The evolution of extreme cooperation via shared dysphoric experiences. Scientific Reports, 7, 44292. https://doi.org/10.1038/srep44292.

Whiting, J. W. M., Kluckhohn, R., & Anthony A. (1958). The function of male initiation ceremonies at puberty. In E. E. Maccoby, T. M. Newcomb, and E. L. Hartley (eds.), Readings in social psychology (pp. 82–98). New York: Henry Holt.

Wicklund, R. A., & Brehm, J. C. (1974) cited in R. A. Wicklund, Freedom and reactance. Hillsdale, NJ: Lawrence Erlbaum.

Williams, K. D., Bourgeois, M. J., & Croyle, R. T. (1993). The effects of stealing thunder in criminal and civil trials. Law and Human Behavior, 17, 597–609.

Wilson, P. R. (1968). The perceptual distortion of height as a function of ascribed academic status. Journal of Social Psychology, 74, 97–102.

Wilson, T. D., Dunn, D. S., Kraft, D., & Lisle, D. J. (1989). Introspection, attitude change, and behavior consistency. In L. Berkowitz (ed.), Advances in experimental social psychology (vol. 22, pp. 287–343). San Diego, CA: Academic Press.

Wilson, T. D., & Gilbert, D. T. (2008). Affective forecasting: Knowing what to want. Current Directions in Psychological Science, 14, 131–134.

Wilson, T. D., & Linville, P. D. (1985). Improving the performance of college freshmen with attributional techniques. Journal of Personality and Social Psychology,49, 287–293. Wilson, T. D., Reinhard, D. A., Westgate, E. C., Gilbert, D. T., Ellerbeck, N.,

Hahn, C., Brown, C. L., & Shaked, A. (2014). Just think: The challenges of the disengaged mind. Science, 345, 75–77.

Wilson, T. D., Wheatley, T. P., Meyers, J. M., Gilbert, D. T., & Axsom, D. (2000). Focalism: A source of durability bias in affective forecasting. Journal of Personality and Social Psychology, 78, 821–836.

Wiltermuth, S. S. (2012a). Synchronous activity boosts compliance with requests to aggress. Journal of Experimental Social Psychology, 48, 453–456.

Wiltermuth, S. S. (2012b). Synchrony and destructive obedience. Social Influence,7, 78–89.

Wiltermuth, S. S., & Heath, C. (2009). Synchrony and cooperation. Psychological Science, 20, 1–5. Bibliography 541

Winkielman, P., Berridge, K. C., & Wilbarger, J. L. (2005). Unconscious affective reactions to masked happy versus angry faces influence consumption behavior and judgments of value. Personality and Social Psychology Bulletin, 31, 121–135.

Wölfer, R., Christ, O., Schmid, K., Tausch, N., Buchallik, F. M., Vertovec, S., & Hewstone, M. (2019). Indirect contact predicts direct contact: Longitudinal evidence and the mediating role of intergroup anxiety. Journal of Personality and Social Psychology, 116, 277–295. http://dx.doi.org/10.1037/pspi0000146.

Wolske, K. S., Gillingham, K. T., & Schultz, P. W. (2020). Peer influence on household energy behaviours.

Nature Energy 5, 202–212. https://doi.org/10.1038/s41560-019-0541-9.

Woolley, K., & Risen, J. L. (2018). Closing your eyes to follow your heart: Avoiding information to protect a strong intuitive preference. Journal of Personality and Social Psychology, 114, 230–245. https://doi.org/10.1037/pspa0000100.

Wooten, D. B., & Reed, A. (1998). Informational influence and the ambiguity of product experience: Order effects on the weighting of evidence. Journal of Consumer Research, 7, 79–99.

Worchel, S. (1992). Beyond a commodity theory analysis of censorship: When abundance and personalism enhance scarcity effects. Basic and Applied Social Psychology, 13, 79–92. https://doi.org/10.1207/s15324834basp1301_7.

Worchel, S., & Arnold, S. E. (1973). The effects of censorship and the attractiveness of the censor on attitude change. Journal of Experimental Social Psychology,9, 365–377.

Worchel, S., Arnold, S. E., & Baker, M. (1975). The effect of censorship on attitude change: The influence of censor and communicator characteristics. Journal of Applied Social Psychology, 5, 222–239.

Worchel, S., Lee, J., & Adewole, A. (1975). Effects of supply and demand on ratings of object value. Journal of Personality and Social Psychology, 32, 906–914.

Wright, S. C., Aron, A., McLaughlin-Volpe, T., & Ropp, S. A. (1997). The extended contact effect: Knowledge of cross-group friendships and prejudice. Journal of Personality and Social Psychology, 73, 73–90.

Xu, L., Zhang, X., & Ling, M. (2018). Spillover effects of household waste separation policy on electricity consumption: Evidence from Hangzhou, China. Resources, Conservation, and Recycling. 129, 219–231.

Yang, F., Choi, Y-U., Misch, A., Yang, X., & Dunham, Y. (2018). In defense of the commons: Young children negatively evaluate and sanction free riders. Psychological Science, 29, 1598–1611.

Yeh, J. S., Franklin, J. M., Avorn, J., Landon, J., & Kesselheim, A. S. (2016). Association of industry payments with the prescribing brand-name statins in Massachusetts. Journal of the American Medical Association: Internal Medicine, 176, 763–768.

Yu, S., & Sussman, S. (2020). Does smartphone addiction fall on a continuum of addictive behaviors? International Journal of Environmental Research and Public Health, 17, art. no. 422. www.mdpi.com/1660-4601/17/2/422/pdf doi: 10.3390/ijerph17020422.

Yuki, M., Maddox, W. M., Brewer, M. B., & Takemura, K. (2005). Cross-cultural differences in relationship- and group-based trust. Personality and Social Psychology Bulletin, 31, 48–62.

Zellinger, D. A., Fromkin, H. L., Speller, D. E., & Kohn, C. A. (1974). A commodity theory analysis of the effects of age restrictions on pornographic materials. (Paper no. 440). Lafayette, IN: Purdue University, Institute for Research in the Behavioral, Economic, and Management Sciences.

Żemła M., & Gladka, A., (2016). Effectiveness of reciprocal rule in tourism: Evidence from a city tourist restaurant. European Journal of Service Management, 17, 57–63. Zhang, Y., Xu,

J., Jiang, Z., & Huang, S-C. (2011). Been there, done that: The impact of effort investment on goal value and consumer motivation. Journal of Consumer Research, 38, 78–93. https://doi.org/10.1086/657605. Zhao, X., & Epley, N. (2020). Kind words do not become tired words: Undervaluing the positive impact of frequent compliments. Self and Identity. https://doi.org/10.1080/15298868.2020.1761438.

Zitek, E. M., & Hebl, M. R. (2007). The role of social norm clarity in the influenced expression of prejudice over time. Journal of Experimental Social Psychology,43, 867–876.

Zuckerman, M., Porac, J., Lathin, D., & Deci, E. L. (1978). On the importance of self-determination for intrinsically-motivated behavior. Personality and Social Psychology Bulletin, 4, 443–446. https://doi.org/10.1177/014616727800400317.

KI신서10906

설득의 심리학 1

1판 1쇄 발행 2002년 9월 30일
개정 6판 1쇄 발행 2023년 4월 26일
개정 6판 12쇄 발행 2024년 10월 30일

지은이 로버트 치알디니
옮긴이 황혜숙 임상훈
펴낸이 김영곤 **펴낸곳** ㈜북이십일 21세기북스

정보개발팀장 이리현 **정보개발팀** 이수정 강문형 최수진 김설아 박종수
디자인 THIS-COVER
출판마케팅팀 한충희 남정한 나은경 최명열 한경화
영업팀 변유경 김영남 강경남 최유성 전연우 황성진 권채영 김도연
해외기획팀 최연순 소은선 홍희정
제작팀 이영민 권경민

출판등록 2000년 5월 6일 제406-2003-061호
주소 (10881)경기도 파주시 회동길 201(문발동)
대표전화 031-955-2100 **팩스** 031-955-2151 **이메일** book21@book21.co.kr

(주)북이십일 경계를 허무는 콘텐츠 리더

21세기북스 채널에서 도서 정보와 다양한 영상자료, 이벤트를 만나세요!
페이스북 facebook.com/jiinpill21   포스트 post.naver.com/21c_editors
인스타그램 instagram.com/jiinpill21   홈페이지 www.book21.com
유튜브 youtube.com/book21pub

서울대 가지 않아도 들을 수 있는 명강의! 〈서가명강〉
유튜브, 네이버, 팟캐스트에서 '서가명강'을 검색해보세요!

ⓒ 로버트 치알디니, 2023

ISBN 978-89-509-5000-2 03320